Studienbücher zur Kommunikations- und Medienwissenschaft

Reihe herausgegeben von
G. Bentele, Leipzig, Deutschland
H.-B. Brosius, München, Deutschland
O. Jarren, Zürich, Schweiz

Herausgeber und Verlag streben mit der Reihe „Studienbücher zur Kommunikations- und Medienwissenschaft" an, das Fachgebiet Kommunikationswissenschaft als Ganzes wie die relevanten Teil- und Forschungsgebiete darzustellen. Die vielfältigen Forschungsergebnisse der noch jungen Disziplin Kommunikationswissenschaft werden systematisch präsentiert, in Lehrbüchern von kompetenten Autorinnen und Autoren vorgestellt sowie kritisch reflektiert. Das vorhandene Basiswissen der Disziplin soll damit einer größeren fachinteressierten Öffentlichkeit zugänglich gemacht werden.

Herausgeber und Verlag wollen mit der Reihe dreierlei erreichen:

- Zum ersten soll zur weiteren Entwicklung, Etablierung und Profilierung des Faches Kommunikationswissenschaft beigetragen werden. Kommunikationswissenschaft wird als sozialwissenschaftliche Disziplin verstanden, die sich mit interdisziplinären Bezügen vor allem mit Phänomenen der öffentlichen Kommunkation in der Gesellschaft befasst.
- Zum zweiten soll den Studierenden und allen am Fach Interessierten ein solider, zuverlässiger, kompakter und aktueller Überblick über die Teilgebiete des Faches geboten werden. Dies beinhaltet die Darstellung der zentralen Theorien, Ansätze, Methoden sowie der Kernbefunde aus der Forschung. Die Bände konzentrieren sich also auf das notwendige Kernwissen. Die Studienbücher sollen sowohl dem studienbegleitenden Lernen an Universitäten, Fachhochschulen und einschlägigen Akademien wie auch dem Selbststudium dienlich sein. Auf die didaktische Aufbereitung des Stoffes wird deshalb großer Wert gelegt.
- Zum dritten soll die Reihe zur nötigen Fachverständigung und zur Kanonisierung des Wissens innerhalb der Disziplin einen Beitrag leisten. Die vergleichsweise junge Disziplin Kommunikationswissenschaft soll mit der Reihe ein Forum zur innerfachlichen Debatte erhalten. Entsprechend offen für Themen und Autorinnen bzw. Autoren ist die Reihe konzipiert. Die Herausgeber erhoffen sich davon einen nachhaltigen Einfluss sowohl auf die Entwicklung der Kommunikationswissenschaft im deutschen Sprachraum als auch einen Beitrag zur Aussendarstellung des Faches im deutschen Sprachraum.

Die Reihe „Studienbücher zur Kommunikationswissenschaft" wird ergänzt um ein „Handbuch der Öffentlichen Kommunikation" sowie ein „Lexikon der Kommunikationswissenschaft", das von den gleichen Herausgebern betreut wird. Das Handbuch bietet einen kompakten, systematischen Überblick über das Fach, die Fachgeschichte, Theorien und Ansätze sowie über die kommunikationswissenschaftlichen Teildisziplinen und deren wesentliche Erkenntnisse. Das Lexikon der Kommunikationswissenschaft ist als Nachschlagewerk für das gesamte Lehr- und Forschungsgebiet der Kommunikationswissenschaft konzipiert.

Weitere Bände in der Reihe http://www.springer.com/series/12331

Klaus Beck

Das Mediensystem Deutschlands

Strukturen, Märkte, Regulierung

2., überarbeitete und aktualisierte Auflage

Klaus Beck
Universität Greifswald
Greifswald, Deutschland

Studienbücher zur Kommunikations- und Medienwissenschaft
ISBN 978-3-658-11778-8 ISBN 978-3-658-11779-5 (eBook)
https://doi.org/10.1007/978-3-658-11779-5

Die Deutsche Nationalbibliothek verzeichnet diese Publikation in der Deutschen Nationalbibliografie; detaillierte bibliografische Daten sind im Internet über http://dnb.d-nb.de abrufbar.

Springer VS

Gedruckt auf säurefreiem und chlorfrei gebleichtem Papier

Springer VS ist ein Imprint der eingetragenen Gesellschaft Springer Fachmedien Wiesbaden GmbH und ist ein Teil von Springer Nature
Die Anschrift der Gesellschaft ist: Abraham-Lincoln-Str. 46, 65189 Wiesbaden, Germany

Vorwort zur zweiten Auflage

Medien spielen zweifellos eine große Rolle in unserem Alltag. Sie durchdringen nahezu alle Sphären unseres öffentlichen und privaten Lebens. Was aktuell unter den Schlagworten Medialisierung und Mediengesellschaft diskutiert wird, ist keine ganz neue Erscheinung, belegt aber aufs Neue, dass die Art und Weise wie wir kommunizieren, nicht unabhängig von den strukturellen Vorgaben der Medien ist.

Die Frage nach den Medienstrukturen zählt daher schon seit langem zu den klassischen Fragen der Publizistik- und Kommunikationswissenschaft. Paul F. Lazarsfeld und Robert K. Merton rechneten sie 1948 zu den drei wichtigsten Facetten der Medienwirkungsforschung, als sie schrieben:

> Secondly, we must look into the effects of the particular structure of ownership and operation of the media in the country, a structure which differs appreciably from that found elsewhere. (…) clearly, the social effects of the media will vary as the system of ownership and control will vary (Lazarsfeld und Merton 1964, S. 98, 106).

Besonders relevant erschien ihnen dabei die kapitalistische Organisationsweise, zumal diese auch Einfluss darauf nimmt, was überhaupt zum Medieninhalt werden – und in der Folge genutzt werden und „wirken" – kann (vgl. Lazarsfeld und Merton 1964, S. 107). Ohne hinreichende Kenntnis der Medienstrukturen, so Lazarsfeld und Merton, kann empirische Kommunikationsforschung insgesamt also nicht zu schlüssigen Ergebnissen kommen.

Doch was wissen wir eigentlich über diese Medienstrukturen, die sich zudem in einem Prozess des Wandels befinden? Nun herrscht an Forschung und Fachliteratur zu Medienfragen zwar kein Mangel. Meist handelt es sich dabei aber um Analysen einzelner Medien oder um spezielle Fragen nach der Nutzung und Wirkung sowie den Inhalten von Medien. Die Analyse von Medienstrukturen erfolgt anhand konkreter Beispiele und meist verfolgt sie eine bestimmte, oft von den Nachbardisziplinen bestimmte Perspektive: Medienstrukturen werden dann historisch, juristisch, politik- oder wirtschaftswissenschaftlich untersucht.

Eine integrative Analyse, die ausgehend von einem publizistikwissenschaftlichen Medienbegriff theoretisch fundiert und systematisch die Dimensionen und Ebenen der Medienstruktur im Gesamtzusammenhang darstellt, fehlte lange Zeit.

Das Anliegen dieses Lehrbuches besteht nun genau darin, ausgehend von einem Medienbegriff, der kommunikative, organisatorische und institutionelle Dimensionen ebenso wie die zugrunde liegenden verschiedenen Medientechniken berücksichtigt, die Organisationsstrukturen und die institutionelle Ordnung der Medien in Deutschland zu analysieren.

Seit der ersten Auflage dieses Lehrbuches haben sich die Medien und mit ihnen das Mediensystem weiter entwickelt; vielfach wird sogar eine „disruptive", ja revolutionäre Veränderung diagnostiziert. Einige dieser Diagnosen erscheinen bloß interessegeleitet und sollen den vollständigen Verzicht auf medienpolitische Regulierung begründen, aber der Wandel des Mediensystems darf auch bei unparteiischer und nüchterner Betrachtung nicht übersehen werden. Vor monokausalen Erklärungen, die insbesondere technische Faktoren wie die Digitalisierung als unabhängige, nahezu natürliche und gesellschaftlich nicht steuerbare Variable betrachten, zu warnen, ist eines der Ziele der vorliegenden zweiten Auflage. Zweifellos spielen neben den ökonomischen, sozialen und politischen Wirkkräften auch technische Neuerungen eine wichtige, aber eben keine deterministische Rolle. Es bedarf eines komplexen Medienbegriffs, wie er in diesem Band angeboten wird, um auch die Medieninnovation verstehen zu können. Neue Akteure, vor allem Intermediäre in Gestalt von digitalen Plattformen haben in den wenigen Jahren seit dem Erscheinen der ersten Auflage zusehends an Bedeutung gewonnen und sind vermutlich im Begriff auch grundlegende Strukturen des Mediensystems zu verändern. Die etablierten Abgrenzungen zwischen Informations- und Kommunikationsdiensten und Medien sowie zwischen publizistischen Medien (öffentliche Kommunikation) und sog. sozialen Medien (mit fließenden Übergängen zwischen privaten, gruppenöffentlichen und öffentlichen Kommunikationen) stehen allerdings schon seit zwei Jahrzehnten infrage.

Gerade weil die Grenzen des Mediensystems heutzutage schwieriger zu bestimmen sind, erweist sich der Versuch als hilf- und lehrreich: Neben Entgrenzungs- und Konvergenzprozessen können auch neue Binnendifferenzierungen beobachtet werden. Die hier vorgeschlagene, und bereits in der ersten Auflage explizierte Sichtweise eines offenen und dynamischen Mediensystems erscheint mir nach wie vor geeignet.

Dabei gelten vier wichtige, vor allem der Lesbarkeit des Lehrbuches geschuldete Beschränkungen:

- Es geht hier – bei allen Problemen der Abgrenzung – nur um die Medien der öffentlichen Kommunikation (Publizistik), während die im Alltag durchaus bedeutsamen Musikmedien und die Onlinespiele sowie die Medien der Individualkommunikation (Brief, Telefonie, E-Mail, Instant Messaging etc.) gänzlich außen vor bleiben müssen. Auch die Onlinemedien der Gruppenkommunikation („Social Media"-Plattformen wie Facebook, Google+, Whatsapp, Youtube, Twitter) können hier nur am Rande berücksichtigt werden, auch wenn sie zunehmend als Verbreitungsmedien publizistischer Inhalte genutzt werden und für die herkömmlichen Medienorganisationen von wachsender Bedeutung sind.

- Es können nicht alle drei sozialen Ebenen gleichermaßen fokussiert werden: Für das Verständnis der Medienstrukturen und Institutionen erscheinen die mittlere Ebene der Medienorganisationen (Medienunternehmen sowie korporative Akteure und ihre Strategien) und die übergeordnete Makroebene (Medienmärkte und Medienverfassung) besonders relevant. Die Mikroebene des individuellen kommunikativen Akteurshandelns tritt hingegen in den Hintergrund, auch wenn alle drei Ebenen letztlich miteinander in Wechselwirkung stehen.
- So lohnend eine Langzeitbetrachtung der Evolution des Mediensystems ist (vgl. Wilke 2000), sie kann hier nicht geleistet werden. Nur dort, wo es zum Verständnis der aktuellen Strukturen besonders hilfreich ist, werde ich auf mediengeschichtliche Darstellungen zurückgreifen.
- Auch der internationale Querschnittsvergleich und die Darstellung internationaler Medienstrukturen sind lohnende Forschungsfelder (vgl. hierzu Thomaß 2013; Blum 2014), die hier leider nur gelegentlich betreten werden können, um die internationalen Einflussfaktoren auf die deutschen Medien zu berücksichtigen. Allerdings soll unsere Darstellung aufgrund ihrer Systematik komparatistische Forschungen, also der internationale Vergleich von Mediensystemen, durchaus erleichtern und anregen.

Im Gegensatz zu bloß beschreibenden Medienkunden oder -lehren sowie Daten- und Faktensammlung, wird hier der Anspruch der theoretisch fundierten und systematischen Analyse erhoben, allerdings trotz des titelgebenden Begriffs nicht in Gestalt einer „dogmatischen“ Systemtheorie.

Das vorliegende Lehrbuch richtet sich an Studierende der Publizistik-, Medien- und Kommunikationswissenschaft sowie der Journalistik, darüber hinaus aber auch an Studierende und Lehrende benachbarter Disziplinen. Die hier entwickelte Analysesystematik soll dazu dienen, die dauerhaften Grundstrukturen zu vermitteln, die soweit vorhanden mit aktuellen Daten aus den verschiedenen Medienbranchen angereichert werden. Die Datenlage hat sich je nach Medium als recht unterschiedlich erwiesen; in jedem Fall veralten Daten aufgrund der Dynamik von Medien rasch. Deshalb wurden vor allem bei den Lesehinweisen auch Links zu den Webangeboten von Branchenverbänden aufgenommen, die eine aktuelle Nachrecherche erleichtern sollen. Aus Gründen der besseren Lesbarkeit werden in diesem Buch in der Regel die maskulinen grammatischen Formen verwendet; weibliche Akteure sind hiermit gleichermaßen gemeint.

Das vorliegende Buch wäre ohne die Hinweise zahlreicher Kollegen sicherlich schlechter geworden. Ohne die engagierte Recherche, die kritische Lektüre und die zeitraubende Erstellung der Grafiken durch die Kolleginnen und Kollegen der Arbeitsstelle Medienökonomie/Kommunikationspolitik an der Freien Universität Berlin wäre das Buch gar nicht entstanden.

Für die zweite Auflage habe ich versucht, die kollegialen Anregungen und Korrekturen zu berücksichtigen sowie dem strukturellen Wandel und medienrechtlichen Veränderungen Rechnung u tragen. Vor allem mit der Hilfe von Tabitha Kühn konnten die wichtigsten Marktdaten aktualisiert werden.

Allen, die zur Entstehung des nun vorliegenden Lehrbuches beigetragen haben, gilt mein Dank.

Berlin
im Dezember 2017

Prof. Dr. Klaus Beck

Literatur

Blum, Roger. 2014. *Lautsprecher & Widersprecher. Ein Ansatz zum Vergleich der Mediensysteme.* Köln: Halem.

Lazarsfeld, Paul F., und Robert K. Merton. 1964. Mass communication, popular taste and organized social action. In *The communication of ideas. A series of adresses*, Hrsg. Lyman Bryson, 95–118. New York: Cooper Square Pub.

Thomaß, Barbara, Hrsg. 2013. *Mediensysteme im internationalen Vergleich*, 2. Aufl. Konstanz: UVK & Lucius.

Wilke, Jürgen. 2000. *Grundzüge der Medien- und Kommunikationsgeschichte. Von den Anfängen bis ins 20. Jahrhundert.* Köln: Böhlau.

Inhaltsverzeichnis

Abbildungsverzeichnis

Tabellenverzeichnis

Medien und Mediensystem

1

▶ **Wichtig** In diesem Kapitel werden die begrifflichen Grundlagen und Kriterien für die systematische Analyse der deutschen Medien erläutert. Der Titel dieses Buches unterstellt, dass es in Deutschland nicht nur unterschiedliche Medien gibt, sondern dass diese eine Gesamtheit als systematischen Zusammenhang bilden: ein aus kleineren Einheiten (Elementen oder Komponenten) zusammengesetztes „Ganzes" (gr. Sýstema), das zudem trotz Globalisierung und europäischer Integration geografisch oder politisch abgrenzbar ist. Erörtert wird in diesem Kapitel, in welchem Sinn von einem Mediensystem hier die Rede sein kann und was mit den Medien, die hier ein „System" bilden, eigentlich gemeint ist. Diesem Zweck dient ein differenzierter kommunikationswissenschaftlicher Medienbegriff, der neben der technischen Basis weitere Dimensionen berücksichtigt: Medien werden als Zeichensysteme verstanden, deren Organisation und Institutionalisierung untersucht werden soll. Dabei müssen mediensemiotische (Zeichentypen), kommunikationssoziologische (Akteure, Rollen und Regeln), medienökonomische (Medienunternehmen und -märkte), kommunikationspolitische sowie medienrechtliche und -ethische (Regulierung und Selbstregulierung von Medien) Perspektiven zusammenwirken.

Für diese verschiedenen Mediendimensionen werden theoretisch begründete Analysekriterien entwickelt, um das Mediensystem Deutschlands zu beschreiben und zu verstehen. Damit soll über eine – rasch veraltende – Datensammlung hinaus die systematische Analyse grundlegender Medienstrukturen und -prozesse aus kommunikations- und publizistikwissenschaftlicher Sicht ermöglicht werden.[1]

[1]Dieser gerade in einer europäischen und globalen Perspektive interessante und manchmal das „eigene" Mediensystem erst erhellende internationale Vergleich ist nicht das Anliegen dieses Bandes, wohl aber die Herstellung von *Vergleichbarkeit* durch Begründung und Offenlegung der Kriterien.

K. Beck, *Das Mediensystem Deutschlands*, Studienbücher zur Kommunikations- und Medienwissenschaft, https://doi.org/10.1007/978-3-658-11779-5_1

1.1 Medien als System?

1.1.1 Medienlandschaft oder Mediensystem?

Der Begriff „Mediensystem" ist weder neu noch originell: Er ist nach dem Zweiten Weltkrieg als Sammelbegriff für die nationalstaatlich organisierten „Massenmedien" Presse, Rundfunk und ggf. Film sowie weitere Medien eingeführt worden (vgl. Hardy 2008, S. 5). Wir haben uns im Alltag ebenso wie im Kontext von Forschung und Lehre daran gewöhnt, von Mediensystemen zu sprechen wie wir auch von Wirtschaftssystemen oder politischen Systemen reden. Alternativ werden „die Medien" als Sammelbegriff verwendet, ohne auf Wechselwirkungen und strukturierte Zusammenhänge weiter einzugehen; vor allem in der praktischen Kommunikationspolitik ist häufig von der *„Medienlandschaft"* einer bestimmten Region oder eines Nationalstaates die Rede (vgl. z. B. Schrag 2007). System oder Landschaft – beide Metaphern haben ihre Vor- und Nachteile: Die verlockende Anschaulichkeit der Landschafts-Metapher scheint letztlich in die falsche Richtung zu weisen. Zum einen schwingt bei ihr immer der romantische Rekurs auf das Natürliche, Urwüchsige, bereits Gegebene mit, auch wenn wir de facto gerade in Mitteleuropa in alten Kulturlandschaften leben. Besonders mit Blick auf die wechselvolle deutsche Mediengeschichte zeigt sich, wie stark einerseits die geografisch-politischen Grenzen variieren und wie willkürlich hier Landschaften „abgeschnitten" oder gar im buchstäblichen Sinne „verheert" wurden. Die Dominanz politischer und ökonomischer Faktoren über geografische, naturräumliche oder physische Grenzen hinweg ist augenscheinlich. Noch vor gut zwei Jahrzehnten hätte die Formulierung „deutsche Medienlandschaft" sofort die Frage aufgeworfen, welches Deutschland man gerade meine.

Zweifellos tragen Medien zur Entfaltung von Kommunikationsräumen bei, die keineswegs homogen sind. In Deutschland unterscheiden sich Ost und West hinsichtlich der Medien ebenso wie Nord und Süd. Diese ökonomisch, politisch und soziokulturell bedingten regionalen Unterschiede müssen bei der Analyse berücksichtigt werden, zwingen aber deshalb noch nicht zur Übernahme der Landschafts-Metapher.

Noch grundlegender erscheinen aber Zweifel an der Tragweite der Landschafts-Metapher: Was sind bezogen auf Medien die Berge, Flüsse und Täler, die Wälder, Wüsten und Seen? Wie wären die vorgefundenen medialen „Urlandschaften" zu begreifen, wie vergleichbar wären denn die jeweiligen Kultivierungstechniken und -tempi? Wie vergleichbar sind die Kräfte, die auf Landschaften und Medien einwirken, und wie vergleichbar sind die Funktionen von Medien und Landschaften? Gäbe es Analogien zu den großen natürlichen Gestaltungskräften von Landschaften, also zu Erosion, Vulkanismus, gar Plattentektonik?

Vielleicht liegen hierin auch die Gründe, weshalb in der Fachliteratur weitaus häufiger die Rede vom *Mediensystem* ist. Doch was genau versteht man darunter in der Kommunikationswissenschaft? Zumindest der Blick in die Literatur über das deutsche Mediensystem enttäuscht in dieser Hinsicht, denn man findet nur ausnahmsweise theoretisch begründete Überlegungen (vgl. Beck 2015). So verzichten Altendorfer (2001) und Röper (1994) völlig auf eine Definition und theoretische Grundlegung; sie beginnen recht unvermittelt mit einer rechtshistorischen Darstellung des Rundfunks in der Weimarer Republik bzw. mit einer – durchaus verdienstvollen – Deskription der ökonomischen Medienstruktur und ihrer kommunikationspolitischen Genese. Über die offenbar als selbstverständlich erachtete systematische (oder gar systemische) Zusammensetzung und die Funktionen der einzelnen Medien erfährt man in solchen Nachschlagewerken nichts. Marktstrukturen, Medienausstattung und Mediennutzung werden zwar skizziert, der konzeptionelle Rahmen ist bei Altendorfer aber die rechtliche, bei Röper die wirtschaftliche *Medienordnung*. Auch in manchen komparatistischen Beiträgen und Handbüchern (vgl. z. B. Kleinsteuber 2003; Hans-Bredow-Institut 2009) erfährt man zwar wichtiges über einzelne Mediensysteme oder die international vergleichende Forschung zu Mediensystemen, aber nicht, was eigentlich ein Mediensystem genau ist. Kleinsteuber (2005, S. 275) definiert Mediensysteme als „die Gesamtheit von Ordnungen oder Strukturen, die Medien in einem definierten Raum – zumeist ein Staat – charakterisieren." Er stellt dabei auf die Merkmale Dauerhaftigkeit (Strukturen), Ordnung, und Begrenztheit (definierter Raum) und auf die Zusammengesetztheit von Mediensystemen ab und liefert damit wichtige Definitionselemente, die aber in dieser Abstraktheit ebenso für das politische oder das Wirtschaftssystem gelten und daher einer weiteren medienspezifischen bzw. medientheoretischen Differenzierung bedürfen.

1.1.2 Medien als abhängiges oder unabhängiges System?

Je nach disziplinärer Herkunft der Autoren wird das Mediensystem als von der Umwelt bzw. anderen Systemen wie Politik, Recht oder Wirtschaft mehr oder weniger abhängiges und gesteuertes (dependentes) System aufgefasst. Dies gilt auch für die internationale Forschungsliteratur: Der Begriff „Media System" ist gebräuchlich, umschreibt aber meist nicht mehr als eine Gesamtheit oder „Interdependence" der Medien untereinander und akzentuiert ihre Einbettung in Politik und Wirtschaft (vgl. Bogart 1995, S. 33–62). Cardoso definiert „Media systems" als „set of interconnections between technologies and organizations that guide the diverse forms of communication" (Cardoso 2006, S. 24) und unterscheidet anhand von Medienfunktionen zwischen „Entertainment Meta-System" und „Information Meta-System" (Cardoso 2006, S. 148, 222), wobei er Bezug auf die Netzwerktheorie von Castells und die Feldtheorie von Bourdieu nimmt (vgl. Cardoso 2006, S. 207–210).

Auch die beiden Politikwissenschaftler Daniel C. Hallin und Paolo Mancini verwenden in ihrem komparatistischen Standardwerk den Begriff „Media Systems" und entwickeln – in polemischer Abgrenzung zu den sog. „Theories of the Press" von Siebert et al. (1956) – drei idealtypische Modelle. Dabei orientieren sie sich aus der Sicht ihrer Disziplin an der normativen Frage, worin jeweils die empirisch beschreibbaren Stärken und Schwächen der verschiedenen Systeme „as a support for democracy" bestehen (Hallin und Mancini

2004, S. xiii). Das Mediensystem soll eben nicht als primär von politischen Ideologien (wie bei den „Theories of the Press") abhängige Variable betrachtet werden, sondern als dynamisches, pfadabhängiges soziales System mit eigenen, keineswegs homogenen Strukturen. Der Fokus von Hallin und Mancini, die sich nicht weiter mit dem Medienbegriff befassen und Film, Musik, Unterhaltungsmedien sowie Telekommunikation und PR explizit ausschließen, bleibt politikwissenschaftlich.[2] Sie konzentrieren sich sehr stark auf die *demokratietheoretischen Kernfunktionen* der Publizistik (vgl. Hallin und Mancini 2004, S. 7–12). Aus politikwissenschaftlicher Sicht berücksichtigen sie bei ihren empirischen Vergleichen ökonomische (historische Pressemarktentwicklung) und publizistische Kriterien (Professionalisierung des Journalismus) zwar ansatzweise, im Vordergrund stehen aber eindeutig die politischen Kategorien.[3] Das Mediensystem, von ihnen als Begriff recht pragmatisch verwendet, und das politische System stehen demnach in einem Verhältnis von Koevolution (vgl. Hallin und Mancini 2004, S. 47). Entscheidend sind die Rolle des Staates und politischer Parallelismus im Sinne einer publizistischen Nähe von Medien und Parteien. Eine normativ bedeutsame, aber historisch-empirisch offene Frage ist für beide Autoren, wie geschlossen (autonom bzw. liberal) oder abhängig von politischer Steuerung (instrumentalisiert bzw. reguliert) ein Mediensystem ist.

Hieran anknüpfend hat Roger Blum für die international vergleichende Analyse von Mediensystemen den „pragmatischen Differenz-Ansatz" entwickelt: Anhand von neun Dimensionen mit jeweils drei Ausprägungsmöglichkeiten sollen weltweit sechs Mediensystem-Modelle erfasst und empirisch beschrieben werden können. Auch Blum betont die politischen Faktoren Regierungssystem, Politische Kultur, Medienfreiheit, Politischer Parallelismus, Staatskontrolle über die Medien (eigentlich ein Aspekt der Medienfreiheit); die politische Funktion der Medien als „Lautsprecher" oder „Widersprecher" (vgl. Blum 2014) steht für ihn im Fokus. Die medienökonomischen Kriterien Medienbesitz, Medienfinanzierung und Medienorientierung werden primär als ordnungspolitische Dimensionen verstanden. Hinzu kommt bei Blum die Medienkultur als eigener, institutionell zu interpretierender Faktor. Die aufgeführten Dimensionen sind sicherlich dienlich für die Analyse von Mediensystemen (und spielen auch in diesem Band eine wichtige Rolle), ob aber die Politik die Mediensysteme „determiniert" und die „politischen Systeme … als Determinanten wichtiger als die ökonomischen Systeme" sind, wie Blum (2005, S. 10) behauptet (vgl. auch Blum 2014, S. 51), bedarf weiterer Forschung.

[2]Das zeigt sich nicht nur an den konkreten Indikatoren, sondern auch an drei Systemmodellen, die letztlich politisch und geografisch (und nicht publizistisch oder ökonomisch) definiert sind: Mediterranean or Polarized Pluralist, North/Central European or Democratic Corporatist, North Atlantic or Liberal Model.

[3]Jakubowicz (2010) zeigt, wie stark viele komparatistische Ansätze der Mediensystemforschung sich dominant an politischen Faktoren und normativen Kriterien der Demokratietheorie orientieren.

1.1.3 Medien als offenes oder geschlossenes System?

Der pragmatischen Sichtweise auf die Medien als mehr oder weniger dependentes (abhängiges) „System" stehen verschiedene systemtheoretische Ansätze gegenüber. Diese unterscheiden sich vor allem im Hinblick darauf, wie viel Geschlossenheit (Autonomie, Autopoieses) oder Offenheit (Interdependenz, Allopoiesis) dem Mediensystem zugeschrieben wird.

> Autopoietische Systeme produzieren und reproduzieren sich selbstständig; sie folgen ausschließlich ihrer eigenen Funktionslogik und sind von ihrer Umwelt allenfalls unspezifisch „irritierbar", aber nicht informierbar oder gar steuerbar. Die Theorie wurde in den Naturwissenschaften (Neurobiologie, Kognitionswissenschaft) entwickelt und von Niklas Luhmann auf soziale Systeme übertragen.

Aus der Perspektive der Theorie autopoietischer Systeme argumentiert Klaus Merten (1999, S. 394), der das Mediensystem als *Teil des Kommunikationssystems einer Gesellschaft* begreift und ihm die „basale Funktion" zuweist, „laufend das gesamte Informationsangebot der Gesellschaft bereitzustellen." Die Struktur des Mediensystems kann nach Merten (1999, S. 396) anhand der „Prozeßstruktur der Informationsauswahl und -bearbeitung, aber auch nach ihrer Organisationsstruktur beschrieben werden." Beide Aspekte werden auch in diesem Band eine wichtige Rolle spielen. Für Merten ist das „Mediensystem *das* gesellschaftliche Teilsystem, das durch permanente Bereitstellung von Wirklichkeitsentwürfen einen nicht absehbaren Einfluß auf Wissen, Einstellungen und Verhalten der Rezipienten besitzt" (Merten 1999, S. 402). Es ist seinerseits wirtschaftlichen, rechtlichen und politischen Einflüssen ausgesetzt. Die Unbestimmtheit dieser Einflüsse stellt allerdings Mertens Darstellung und die Eignung der *Theorie autopoietischer Systeme* infrage. Hinzu kommt, dass die Bereitstellung von Wirklichkeitsentwürfen keine systemspezifische, zumindest aber keine exklusive Funktion der Medien ist, jedenfalls solange sich der Medienbegriff nicht auch auf Literatur, Theater, bildende Kunst etc. erstreckt. Zum anderen sind alle von Merten genannten Charakteristika Argumente für ein dynamisches und offenes System – sowohl was die Einflüsse und Steuerungsmöglichkeiten betrifft als auch hinsichtlich der Wirkungsseite. Es erscheint zudem schwierig, die Sinngrenzen (den Code) des Mediensystems klar zu definieren, denn Mertens Hinweis auf Luhmann überzeugt nicht: Der systemeigene Code Information/Nichtinformation und die Prozesslogik des Mediensystems, das ständig (aktuelle) Information in (bereits bekannte, also redundante) Nicht-Information überführt, zeichnet *alle* sozialen Kommunikationsprozesse aus, und nicht nur die („innerhalb") des Mediensystems. Vorsicht scheint auch beim Aktualitätskriterium geboten, denn dieses gilt für mediale Unterhaltungsangebote und wiederkehrende Medienrituale nicht ohne weiteres. Auch der Einwand von Meckel und Scholl (2002, S. 155), Luhmann habe die Massenmedien zwar als soziales System bezeichnet, „dieses System dabei aber rein technisch definiert", verdeutlicht, dass die Theorie autopoietischer Systeme für die Analyse des Mediensystems nicht trägt.[4] Der Medienbegriff der Systemtheorie bezieht sich entweder auf symbolisch generalisierte Medien (wie Macht, Geld etc.) oder auf technische Verbreitungsmedien; für die kommunikations- und mediensoziologisch relevanten Aspekte bleibt er damit blind. Luhmann zählt tatsächlich „alle Einrichtungen der Gesellschaft…, die sich zur Verbreitung von Kommunikation technischer Mittel der Vervielfältigung bedienen" (Luhmann 1996, S. 10) zu den Massenmedien als einem „der Funktionssysteme der modernen Gesellschaft" (Luhmann 1996, S. 22). Die Organisationsweise dieser „Einrichtungen" wird nicht weiter untersucht, die Beschreibung ihrer Funktionsweise ignoriert ökonomische Bedingungen und politische Faktoren. Luhmann beobachtet eine Ausdifferenzierung des Mediensystems, allerdings nicht in Form von Subsystemen sondern von drei Programmbereichen, die den Code Information/Nicht-Information unterschiedlich prozessieren (vgl. Luhmann 1996, S. 51). Seine pragmatische Unterscheidung von a) Nachrichten und Berichten, b) Werbung und c) Unterhaltung ist weder dem Forschungsstand noch realen Erscheinungsformen angemessen: Propaganda oder Öffentlichkeitsarbeit, Infotainment und andere hybride Formen ordnet er nicht schlüssig ein. Florian Töpfl (2011, S. 53) kritisiert, dass sich Luhmanns Mediensystem-Konzept an pluralistischen Demokratien orientiert, aber die Dynamik von Schließung und Öffnung gegenüber Politik (und Ökonomie) nicht berücksichtigt.

Meckel und Scholl (2002, S. 156) schlagen aufgrund dieser Defizite als Alternative Talcott Parsons offenen Systembegriff vor, weil dieser es erlaube, die „relevanten Austauschbeziehungen und Kopplungen" mit den anderen Funktionssystemen Politik, Ökonomie, soziokulturelles System und der gesellschaftlichen Gemeinschaft zu beobachten.

Bereits 1971 hatte Ronneberger unter Hinweis auf Robert K. Mertons Funktionsbegriff das „Zusammenwirken und Zusammenspiel aller Medien als … System Massenkommunikation" mit *verschiedenen* Funktionen für die Gesellschaft und ihre Subsysteme begriffen.[5] Diese sozialen und politischen Funktionen ergeben sich aus „zahlreichen Einzelleistungen", die auf gesellschaftliche Bedürfnisse und Erwartungen reagieren (Ronneberger 1990, S. 158–159). Auch Haas (1990, S. 1) plädiert für eine Sichtweise als *offenes, interdependentes System bzw. begrenzt steuerbares allopoetisches System:*

> Ordnung und Konzeption des Gesamtmediensystems hängen von den kommunikationspolitischen Leitwerten ab, die in Mediengesetzen festgeschrieben werden, und vom infrastrukturellen Umfeld durch mittel- oder unmittelbar die wirtschaftliche Entwicklung der

[4]Einige Mediensystemforscher halten sogar alle systemtheoretischen Ansätze für dem Gegenstand grundsätzlich unangemessen, weil sie entweder den Fokus der Analyse zu sehr ausweiten würden (Funktionalismus) oder weil sie Komplexität, Kontingenz und Normativität von Mediensystemen nicht erklären können; vgl. Hardy (2008, S. 6–7) oder Jarren (1996, S. 80).

[5]Neben der übergreifenden Informationsfunktionen können ökonomische (z. B. Markttransparenz), soziale (z. B. Integration, Sozialisation) und politische Funktionen (z. B. Öffentlichkeit, Kritik und Kontrolle) unterscheiden werden, vgl. Beck (2010, S. 92–102).

> Medienlandschaft betreffende ordnungspolitische Entscheidungen … Das politische System legt gesellschaftlich und politisch legitimierte Spielräume für Medienentwicklung fest und schafft gemeinsam mit den Systemen Wirtschaft, Gesellschaft und Kultur die Kontext- und Rahmenbedingungen für Massenkommunikationsmittel.

Medien werden von Saxer zutreffend als *problemlösende und problemschaffende bzw. komplexitätsreduzierende und -produzierende Systeme* begriffen (Saxer 1997, S. 74 bzw. Saxer 2007, S. 88, 97–98), d. h. ihre Evolution folgt nicht *nur* einer Eigenlogik, sondern sie vollzieht sich immer im gesellschaftlichen Kontext: „Das Mediensystem, gewissermaßen als universeller Problemlöser institutionalisiert, wird aber freilich selber in mancher Hinsicht problematisch und verursacht seinerseits auch *Probleme.*" Das Mediensystem gilt Saxer (1997, S. 75) zwar als „hyperkomplexes, d. h. durch sehr viele Subsysteme gekennzeichnetes System", aber gerade nicht als autopoietisch geschlossenes, d. h. nur nach seiner Eigenlogik operierendes System:

> „Das Verhältnis zwischen den publizistischen Medien und diesen wichtigen gesellschaftlichen Teilsystemen kann mithin als eines des gegenseitigen Problemschaffens und -lösens interpretiert werden. (…) Angesichts der einengenden Bedingungen durch die allgemeine Verschränktheit der Systeme ist allenthalben günstigenfalls bloß eine relative Autonomie der Massenmedien in der Demokratie zu erwarten" (Saxer 1990a, S. 10–11). „Medien und politisches System sind in starkem Maße funktional und strukturell einander zugeordnet, was ihre Produktivität betrifft" (Saxer 1990b, S. 49).

Saxer (1981) unterscheidet Input-, Throughput- und Outputphasen und stellt die Systeme in ein wechselseitiges Zulieferungsverhältnis. Auch die „Grenzprobleme zwischen dem Medien- und dem Wirtschaftssystem" (Saxer 2007, S. 95) sollten Gegenstand der Mediensystemanalyse sein und nicht durch den Autopoiesisbegriff a priori entschieden werden. Für die Analyse des Mediensystems stellen Hyperkomplexität und gesellschaftliche Einbindung neben der historischen Perspektive der Systemevolution eine weitere Herausforderung dar, die im vorliegenden Band nur begrenzt gemeistert werden kann. Die Einbettung in eine grundlegende Gesellschaftsanalyse, die notwendig wäre, um gesellschaftliche Kommunikationsprobleme zu verstehen, kann hier ebenso wenig geleistet werden, wie die Auseinandersetzung mit problematischen Medienwirkungen. Wir beschränken uns hier auf die näherliegenden Probleme im Mediensystem selbst, also beispielsweise Fragen nach dem Zusammenhang zwischen Institutionalisierung, Organisationsstrukturen (wie Markt oder öffentlich-rechtliche Korporation) und Funktionalität bzw. Dysfunktionalität (zum Beispiel hinsichtlich normativer Funktionen wie Medienvielfalt oder Medienfreiheit).

An Saxer anknüpfend betont Künzler (2005, S. 9–11) die „Wechselbeziehungen" der Medien „untereinander und zu den Akteuren verschiedener gesellschaftlicher Teilsysteme (Politik, Wirtschaft, Kultur)"; er betrachtet das *Mediensystem als „Infrastruktur der Gesellschaft",* die spezifische Funktionen für Politik, Wirtschaft und Gesellschaft erbringt. Das Mediensystem ist in dieser Sichtweise ein offenes System, das in *Austauschbeziehungen* mit anderen sozialen Systemen der Umwelt, aber auch zu anderen nationalen Mediensystemen steht (Künzler et al. 2005, S. 181–183). Thomaß (2007, S. 13–15) und Donges (2008, S. 331–334, 341) sowie Kiefer und Steininger (2014, S. 363) begreifen Medien als *Handlungssysteme,* und nicht als autopoietische Kommunikationssysteme im Sinne Luhmanns. Dies hat den großen analytischen Vorteil, unterschiedliche Stufen der Öffnung bzw. Schließung sowie der Emergenz von eigenständigen Handlungslogiken empirisch beobachten zu können. So begreift auch Wiio (1983, S. 86–89) Offenheit bzw. Geschlossenheit von Mediensystemen als Variable, weil Einflüsse (Inputs) aus der Umwelt in verschiedenen nationalen Mediensystemen und im historischen Verlauf eben unterschiedlich stark ausfallen. Wir können also festhalten: Publizistik weist nicht nur *eine* Handlungslogik auf und ist ein offenes System.

Eine durchgängig systemtheoretische Beschreibung des (deutschen) Mediensystems ist bislang soweit ich sehe noch nicht versucht worden; mir erscheint dies in Anbetracht der hier nur angedeuteten Schwierigkeiten auch nicht sehr aussichtsreich, vielleicht sogar kontraproduktiv: Hält man an strengen Kriterien für autopoietische Systeme fest, dann drohen gerade die interessanten Interdependenzen mit anderen sozialen Feldern (Wirtschaft, Politik, Technik) ebenso aus dem Blick zu geraten wie die *Dynamik der Differenzierung (Abgrenzung) und Entdifferenzierung (Entgrenzung)* des Mediensystems, also Prozesse wie Kommerzialisierung oder Politisierung des Mediensystems. Die Gefahr ist groß, an die Stelle dialektischer, spannungsreicher und widersprüchlicher Prozesse nahezu naturgesetzliche Determinismen, lineare oder gar teleologische Vorstellungen zu setzen. Ohne absehbaren Erkenntnismehrwert würden damit auch Machtfragen, etwa einer politischen Ökonomie der Medien, a priori als nicht beobachtbar ausgeblendet. Gibt man die orthodoxen Definitionskriterien der Autopoiesis auf, dann weitet sich auch der Blick des wissenschaftlichen Beobachters.[6] Ob und in welchem Maße die Medien (oder Teile davon) abhängig oder unabhängig von anderen sozialen Feldern oder Systemen sind, ob und in welchem Maße eine Binnendifferenzierung stattfindet und bestimmte Leistungen oder gesellschaftliche Funktionen tatsächlich erbracht werden – all dies sind zunächst offene Forschungsfragen, und keine durch eine nicht weiter begründete Übernahme einer biologischen Theorie in die Sozialwissenschaften dogmatisch vorentschiedenen Fragen. Analytisch interessant sind gerade die möglicherweise reversiblen Prozesse von Schließung und Öffnung, Selbst- und Fremdsteuerung. Um ein Beispiel zu nennen: Der politische Autonomiegewinn der postsowjetischen

[6]Diesen Weg gehen letztlich auch Marcinkowski (1993) für die rundfunkpolitische Analyse von Publizistik und Blöbaum (1994) für die Analyse von Journalismus als autopoietische bzw. soziale Systeme. Beide verstehen autopoietische Schließung als Prozess, der auch Zwischenstufen zulässt. Görke (2002) differenziert zwei Leistungssysteme, Journalismus und Unterhaltung, innerhalb des Funktionssystems Öffentlichkeit; als Leitdifferenz gilt bei ihm Aktualität/Nicht-Aktualität. Allen Vorschlägen ist gemeinsam, dass sie nicht das gesamte Mediensystem umfassen und folglich strukturelle, vor allem medienorganisatorisch und -ökonomisch relevante Zusammenhänge nicht beobachten.

Medien ist durch eine marktradikale und erneut politisierte Oligopolbildung teilweise wieder verloren gegangen – mit der Vorstellung eines autopoietischen Mediensystems ist dies schwerlich erklärbar. Und weiter: Die Interdependenz – wohlgemerkt nicht: das Gleichgewicht – von Ökonomie und Publizistik äußert sich nicht allein in ökonomischen *Rahmen*bedingungen für Publizistik, etwa in Finanzierungsfragen. Unter Umständen nehmen ökonomische Prozesse oder Zwänge, wenngleich nicht völlig unvermittelt, konkreten Einfluss auf die publizistische Leistung oder gar direkt auf den Medieninhalt. Es handelt sich dann nicht mehr nur um eine strukturelle Kopplung, sondern um eine (dys)funktionale oder operationelle Kopplung.

Auch wenn im vorliegenden Band also nicht der Weg der „orthodoxen", d. h. autopoietischen Systemtheorie Luhmanns beschritten werden soll, wird nicht nur am Begriff Mediensystem, sondern auch am Nutzen systemtheoretischer Konzepte festgehalten: Der Zusammenhang von Struktur und Funktion, die Dynamik von Differenzierung, Binnendifferenzierung und Entdifferenzierung, Komplexität (also die Einheit und Gesamtheit von Elementen und Komponenten) sowie Feedback- und Emergenzeffekte sind seit langem Gegenstand von Kybernetik und Systemtheorie, und sie spielen auch in der vorliegenden Darstellung eine wichtige Rolle.

Als Zwischenfazit lässt sich festhalten, dass Medien hier als offenes, dynamisches, interdependentes und differenziertes System mit einer historisch entstandenen Struktur verstanden werden sollen. Medien stehen dabei über Leistungen und Funktionen mit anderen gesellschaftlichen Feldern (oder Systemen) und der Gesellschaft insgesamt in einem näher zu analysierenden und dynamischen Wechselverhältnis. Mediensysteme bewegen sich dabei zwischen den Polen Fremdsteuerung (Allopoesis) durch Politik (Staat, Parteien, Militär), Wirtschaft (Unternehmen, Markt, Börse, Werbung) oder Gesellschaft (Kirche, Gewerkschaften, Verbände) und Selbstorganisation (Autopoiesis).

Die Analyse des Mediensystems muss dabei nicht nur die Spezifika von Medien sowie die funktionale Differenzierung (bzw. Entdifferenzierung) der Medien berücksichtigen, sondern auch das Zusammenspiel von Strukturen und Prozessen. Weil Mediensysteme Handlungssysteme sind, spielen beobachtbare Akteure eine wichtige Rolle. Diese Medienakteure handeln auf der Mikro-, Meso- und Makroebene des Mediensystems (vgl. unten).

Was ist nun mit den Spezifika von Medien und was mit den drei Ebenen des Mediensystems gemeint?

1.2 Dimensionen des Mediensystems

1.2.1 Medienbegriff

Die Frage nach den Grenzen des deutschen Mediensystems stellt sich nicht nur, wie oben bereits angedeutet, in geografischer und sozialer Hinsicht (deutsche Gesellschaft in einer globalisierten Welt) sowie unter politischen (Bundesrepublik in der Europäischen

Union etc.)[7] und zeitlichen Gesichtspunkten (Mediengeschichte).[8] Die Grenzen des Mediensystems müssen auch in der Sachdimension gezogen werden, und wer sich aus publizistik- und kommunikationswissenschaftlicher Sicht mit Mediensystemen beschäftigt, sollte definieren, was er unter Medien versteht.

▶ Medien sind nach Harry Pross *Mittel zum Zweck der Kommunikation zwischen Menschen;* mithilfe von sekundären und tertiären Medien werden dabei raumzeitliche Distanzen sozio-technisch überbrückt (vgl. Beth und Pross 1976, S. 109–123; Beck 2010, S. 82–89). Sprache und die primären Medien der interpersonalen Kommunikation kommen ohne technische Basis aus, sind völlig anders organisiert als sekundäre oder tertiäre Medien und werden deshalb hier nicht als Elemente des Mediensystems betrachtet. Die Kommunikation mittels sekundärer Medien setzt Medientechnologie auf der Produzentenseite (z. B. Druckmedien), die mittels tertiärer Medien auf der Produzenten- wie der Rezipientenseite (z. B. Rundfunk) voraus.

Es wird im Folgenden ein publizistikwissenschaftlicher Schwerpunkt gesetzt, sodass die Medien der öffentlichen Kommunikation[9] – Print-, Rundfunk- und Onlinemedien – den Gegenstand der Analyse bilden. Gerade die „klassischen" publizistischen Medien greifen in weiten Teilen auf gemeinsame Infrastrukturen zurück, die hier als Teil des Systems begriffen werden (vgl. Kap. 3). Das betrifft vor allem die Beschaffungs- und die Vertriebswege, also die Quellen von Nachrichten und Inhalten (Nachrichten- und PR-Agenturen) sowie von Werbeeinnahmen (Werbe- und Mediaagenturen). Von großer Bedeutung sind die Vertriebsnetze, insbesondere elektronische Netze der Telekommunikationsdienstleister, die von Rundfunk- wie von Onlinemedienanbietern (und damit letztlich auch von vielen Printmedienverlagen) benötigt werden. Gerade für die Beschaffungswege gilt, dass eine nationale Begrenzung des „deutschen Mediensystems" den realen Strukturen, man denke nur an Kinofilme, Romane und Fernsehserien oder Nachrichtenagenturen, keine faktische, sondern eine Grenze der Betrachtung darstellt.

Die publizistikwissenschaftliche Analyse des Mediensystems soll den Besonderheiten von Kommunikationsmedien, insbesondere den Medien öffentlicher Kommunikation,

[7]Vgl. zur internationalen Mediensystemforschung Thomaß (2007).

[8]Vgl. Wilke (2000).

[9]Das ist, gerade in Anbetracht der Mediendynamik, eine nicht unproblematische pragmatische Grenzziehung, weicht doch gerade Onlinekommunikation sowohl die Grenzen zwischen den klassischen Medien als auch die zwischen Öffentlichkeit und Privatheit auf. Zum anderen werden neben den traditionell in der Publizistikwissenschaft behandelten Medien hier auch Buch, Film sowie die publizistisch relevanten Onlinemedien einbezogen; auf die Betrachtung der Audio-Speichermedien (Tonträger) muss allerdings verzichtet werden – zum Teil auch deshalb, weil hier die kommunikationswissenschaftliche Forschung bislang wenig zu bieten hat.

Rechnung tragen. Aus dieser Sicht müssen wir einen *mehrdimensionalen Medienbegriff*[10] zugrunde legen, aus dem sich Kriterien und thematische Perspektiven für die Analyse von Mediensystemen gewinnen lassen:

- Sekundäre und tertiäre Medien sind
  1. technisch basierte
  2. Zeichensysteme zum Zwecke der Kommunikation zwischen Menschen, die
  3. soziale Institutionen begründen und
  4. auf spezifische Weise organisiert sind.

Dieser mehrdimensionale Medienbegriff reduziert die tatsächliche Komplexität von Medien(systemen), ohne die Analyse zu stark zu vereinfachen: Medien sind *auch*, aber eben *nicht nur* ökonomische Organisationen, technische Infrastrukturen usw., und gerade an diesen spezifischen Gleichzeitigkeiten setzt das Erkenntnisinteresse der Kommunikations- und Publizistikwissenschaft an. Die Darstellung des Mediensystems muss daher auf verschiedene Teildisziplinen zurückgreifen: Mithilfe der klassischen Medienökonomie können vor allem Organisationsaspekte, mit der Institutionenökonomie der Medien sowie der Mediensoziologie und der Medienethik vor allem Institutionalisierungsaspekte aufgeklärt werden. Als weitere Teildisziplinen analysieren die Kommunikations- und Medienpolitik sowie das Medienrecht Institutionen und Organisationen der Medien, während Medientechnik und Mediensemiotik zur Untersuchung des „technischen Zeichensystems" und in diesem Band vor allem zur systematischen Gliederung des Mediensystems (Print, Rundfunk, Film, Online) dienen.

Der zweite Vorteil des mehrdimensionalen Medienbegriffs ist, dass Ökonomie, Politik, Recht usw. nicht nur als Rahmenbedingung (oder gar als Randbedingung und systematische Abgrenzung) aufgefasst werden: Medien operieren nicht nur in Volkswirtschaften, sie konstituieren selbst Unternehmen und bilden Märkte aus.

Medien und mit ihnen Mediensysteme unterliegen in allen vier miteinander korrespondierenden Dimensionen einem zeitlichen Wandel, der jeweils unterschiedlich schnell verlaufen kann.[11]

[10]Vgl. ausführlicher Beck (2010, S. 82–89) in Anlehnung an Saxer (1980) und Pross.

[11]Mit Blick auf technische Innovationen ist oft von der „Revolution" der Medien die Rede. Legt man aber – wie in diesem Band – einen „ganzheitlichen" Medienbegriff zugrunde und reduziert Medien eben nicht auf technische Artefakte, dann erscheint die Metapher der Evolution besser geeignet. Medien und damit Mediensysteme sind in all ihren Dimensionen das (Zwischen-)Ergebnis historischer Prozesse, wobei sich auch die relative Bedeutung der vier Dimensionen im Laufe der Zeit wandeln kann: Zeitweise mag die technische Innovation ein „Treiber" der Medienentwicklung sein, zeitweise eine neue Organisationsform, zum Beispiel ein Geschäftsmodell oder die „Erfindung" der Werbefinanzierung.

Um diese analytischen Vorteile bei der Darstellung des deutschen Mediensystems nutzen zu können, müssen sie näher erläutert werden, um dann konkretere Beschreibungskriterien zu gewinnen.

1.2.2 Dimensionen der Analyse

1.2.2.1 Medientechnik

Die Evolution der Medien kann mit Harry Pross als eine Entwicklung von der interpersonalen Kommunikation im primären Medium Sprache zu einem Mediensystem beschrieben werden, in dem sekundäre und tertiäre Medien neben – nicht an die Stelle von – Sprache als Mittel menschlicher Kommunikation getreten sind. Menschliche Kommunikation, auch und gerade die öffentliche Kommunikation der Gesellschaft, ist also zu einem bestimmten, kulturgeschichtlich und interkulturell variablen Grad durch Kommunikations- und Medientechnik geprägt. Und die einzelnen Medien unterscheiden sich hinsichtlich Technisierungsart und -grad, sodass die Analysedimension der Medientechnik gemeinhin als erste, große Einteilung differenzierter Mediensysteme gilt: Wir unterscheiden Printmedien, Rundfunk, Film und Onlinemedien – eine Einteilung, die sich auch in der Gliederung des vorliegenden Buches niederschlägt.

Jenseits dieser grundlegenden Systematik erscheint der Erkenntnisgewinn einer vertiefenden Auseinandersetzung mit Medientechnik im Rahmen der Mediensystemanalyse allerdings recht begrenzt, zumal es hier nicht um eine historische oder prognostische Untersuchung des sozialen Prozesses der Medientechnikentwicklung geht.[12] Aus kommunikationswissenschaftlicher Sicht stehen grundsätzlich die Medien zweiter Ordnung (zum Beispiel der Hörfunk oder das World Wide Web), und weniger die Medien erster Ordnung (zum Beispiel Basistechnologien wie Buchdruck oder Internet) im Vordergrund. Zentral sind *institutionalisierte Anwendungsformen von Medientechnik als Kommunikationsmedien* (vgl. Kubicek et al. 1997, S. 32; Burkart 2002, S. 67–68).

> Medientechnik meint dabei nicht nur Apparate oder „Hardware", sondern „die Gesamtheit von Objekten, Maßnahmen und Verfahren, die vom Menschen durch sinnvolle, zielgerichtete Ausnutzung der Naturgesetze und Naturprozesse sowie geeigneter Stoffe als Erweiterung der begrenzten menschlichen Fähigkeiten hergestellt und eingesetzt werden" (Wersig 2000, S. 17).

[12] Die andernorts vorliegende systematische Erörterung von Medientechniken (vgl. hierzu Wersig 2000) hätte nicht nur den Umfang rasch gesprengt, sondern auch die Frage aufgeworfen, wie spezifisch diese Analysen für das deutsche im Vergleich zu vielen anderen Mediensystemen sind.

Medientechnik bzw. Informations- und Kommunikationstechnologien[13] erweitern die „intellektuellen“, also kognitiven und kommunikativen Grenzen des Menschen. Sie fungieren als „Extensions of Man“ (McLuhan), indem sie Daten raumzeitlich übermitteln, aggregieren, de- und re-aggregieren, transformieren und speichern, die von Menschen als kommunikative Signale wahrgenommen und als Grundlage für die Konstruktion von Information genutzt werden können (vgl. Wersig 2000, S. 19–20). Sie bilden damit die in ausdifferenzierten, komplexen Gesellschaften notwendige Voraussetzung für kommunikative Vermittlungsprozesse und die soziale Konstruktion von Wirklichkeit.[14] Und Medientechnik ist für die drei anderen Dimensionen von Medien bzw. Mediensystemen von eminenter Bedeutung: Wie beispielsweise die Erfindung des Buchdrucks oder die Digitalisierung der Speicherung und Übertragung von Daten zeigt, verändern sich auf dieser Grundlage Medienunternehmen und -märkte, ja ganze Medien- und Wissensökonomien.

1.2.2.2 Medien als Zeichensysteme

Medientechnik fungiert als Basis, als materieller Träger (Speicher) oder immaterieller Transporteur von Daten, die in Zeichensystemen geordnet sind:

- Vereinfacht ausgedrückt sind Zeichen Stellvertreter oder Repräsentanten (Signifikanten), die für etwas anderes, meist abwesendes Bezeichnetes (Signifikat) stehen und so die Kommunikation erleichtern.

Die Printmedien organisieren Buchstaben und das gedruckte Wort, aber auch unterschiedliche Bildelemente. Der Hörfunk überträgt das gesprochene (oder gesungene) Wort, Musik und Geräusch – digitale Kommunikationsnetze sogar (fast) alle Zeichentypen, die jeweils unterschiedliche Sinnesmodalitäten des Menschen ansprechen. Zeichensysteme, zuallererst die Sprache, sind kulturell geprägt und prägen Kultur. Mit dem Hinzukommen sekundärer und tertiärer Medien hat sich unsere Kultur zu einer Medien-

[13]Wersig (2000, S. 20) unterscheidet Informations- und Kommunikationstechnologien, schildert aber an einem treffenden Beispiel deren Zusammenwirken: „So ist etwa der reine Druck eigentlich eher eine Informationstechnologie (insbesondere in der Prozesskette des Setzens), zur Kommunikationstechnologie wird er eigentlich erst in der massenhaften Produktion und deren Vertrieb (der nicht mehr Drucktechnik ist),“ der sich anderer Techniken (Verkehrs- und Transportnetze) bedient. Für die Informations- und Kommunikationstechnologien, die primär der öffentlichen Kommunikation (Publizistik) dienen, wird im Folgenden der zusammenfassende Begriff der Medientechnik verwendet.

[14]Entgegen den bei McLuhan (1964) oder Kittler (1986) anzutreffenden technikdeterministischen Annahmen spricht empirisch wenig für eine *monokausale und lineare Wirkung* der Medientechnik auf Wahrnehmung und Kommunikation einer gesamten Gesellschaft oder Kultur. Technologische Leistungsfähigkeit sowie Art und Weise der Datenübermittlung können gleichwohl großen *Einfluss auf* die sozialen Vermittlungsprozesse, also gesellschaftliche Kommunikation, haben; erinnert sei hier an Saxers Auffassung von Medien als problemlösenden und -schaffenden Systemen.

kultur entwickelt: Für das deutsche Mediensystem ist sicherlich die deutsche gesprochene und geschriebene Sprache typisch, aber nicht exklusiv. Auch in Österreich, der Schweiz und vielen anderen Mediensystemen gibt es deutschsprachige Medien. Teil des deutschen Mediensystems sind Minderheitenmedien (etwa der Sorben, Dänen oder Friesen), Diasporamedien von Migranten und – schon aufgrund der institutionell verbürgten Informationsfreiheit und potenziert durch internationalen Hörfunk, das World Wide Web und Satellitenfernsehen – ausländische und internationale Medien.

Neben und in Kombination mit der Sprache der Medien gibt es weitere Zeichentypen und -systeme, die in Fotografie, Fernsehen und Film, aber auch im WWW eine große Rolle spielen. Wie jedes andere Mediensystem lässt sich das deutsche Mediensystem mediensemiotisch entlang der Mediengattungen gliedern (vgl. Kap. 4). Für die tiefere Analyse erscheinen diese Dimensionen hier, ganz anders als für interkulturell vergleichende Studien, jedoch weniger ergiebig[15] als die beiden übrigen Dimensionen unseres Medienbegriffs: Organisation und Institutionalisierung.

1.2.2.3 Organisation von Medien

Die Organisation der Medien ist zentral für das Verständnis eines Mediensystems (vgl. hierzu auch Studer et al. 2013, S. 32). Oftmals aber vermischen sich Organisations- und Institutionsbegriff nicht nur im alltäglichen Sprachgebrauch; für die Analyse von Mediensystemen benötigen wir jedoch beide Aspekte in spezifischem Verständnis. Was also ist mit Organisation von Medien, was mit Medieninstitutionen (vgl. Abschn. 1.2.2.4) gemeint?

▶ Organisation von Medien meint zugleich

- den *Prozess* bzw. die Tätigkeit des Organisierens von öffentlicher Kommunikation, also das Erzeugen einer raumzeitlichen Ordnung,
- das Ergebnis dieser Tätigkeit, also ein *konkretes Sozialgebilde* (oder „Organisat") und
- die spezifische, von anderen Formen wie Gemeinschaft oder Familie unterschiedene, *arbeitsteilige* Weise, Leistungen in Hinsicht auf ein *Organisationsziel* zu erbringen (vgl. hierzu auch Esser 2000, S. 237–243; sowie Kiefer 2010, S. 125).
- Medienakteure nehmen definierte *Mitgliedsrollen* in Medienorganisationen ein; sie können Medienorganisationen verlassen oder aus ihnen ausgeschlossen werden.

---

[15] Aus medienökonomischer oder mediensoziologischer Sicht wären durchaus andere Gliederungslogiken denkbar, etwa nach – multimedial operierenden – Medienkonzernen oder funktional nach Informations- und Unterhaltungsmedien. Mediensemiotische und medienkulturelle Einflussgrößen werden in der vorliegenden Analyse zwar nicht vollständig ausgeblendet, ihnen wird aber eine im Vergleich zu den politischen, rechtlichen und ökonomischen Faktoren geringere Relevanz zur Erklärung der spezifischen nationalen Ausgestaltung unterstellt.

- Medienorganisationen selbst sind auf *Dauer* angelegt und können in differenzierten Gesellschaften bestimmte Leistungen erbringen und damit soziale *Medienfunktionen* erfüllen, womit sie andere Teile der Gesellschaft entlasten.

Die Organisationsziele können unterschiedlicher Art sein oder verschieden akzentuiert werden: Bei Unternehmen werden die Organisationsziele ökonomisch definiert, und sie sollen nach Effizienzgesichtspunkten[16] erreicht werden. Organisation bezeichnet dabei sowohl die Koordinierung von Handlungen und damit die *Strukturierung der Prozesse* Beschaffung, Produktion, Distribution, als auch die *Strukturierung des Aufbaus* – in der Regel als hierarchische Bildung von Rollen, Stellen und Abteilungen etc.

Neben wirtschaftlichen Zielen (Gewinn, Rendite) können Unternehmen andere Ziele erfüllen, etwa die gemeinnützige und daher gesellschaftlich wünschenswerte („meritorische“) Bereitstellung von Rundfunkprogrammen für die Öffentlichkeit. Bei vielen solchen meritorischen Gütern in der Publizistik stehen die Medienorganisationen vor einer besonders schwierigen Finanzierungsaufgabe: Die Zahlungsbereitschaft für ein „öffentliches Gut“, das ohnehin zur Verfügung steht (wie etwa das Rundfunkprogramm), ist gering.[17]

Damit liegt auf der Hand, dass auch *Medienunternehmen* aller Art sehr gut mit dem Organisationsbegriff zu beschreiben sind, wobei sich Medienorganisationen als zusammengesetzte Gebilde auf einer mittleren Analyseebene, der *Mesoebene*, befinden.[18] Auf einer darunter liegenden *Mikroebene* findet das kommunikative Handeln individueller Akteure, genauer das Handeln von Kommunikatoren (Medienproduzenten) und Rezipienten (bzw. Medienkonsumenten), statt. Es geht dabei um Medienproduktion, -nutzung, -rezeption und die Bewertung von Medien. Das Akteurshandeln erfolgt in organisierter Form (etwa in Redaktionen oder Verlagen) und zugleich in institutionalisierter Weise,[19] also geprägt durch kognitive Schemata und Scripts, Wertorientierungen und Normen. Oberhalb der Mesoebene sind grundlegende, die einzelnen Medienunternehmen übergreifende Aspekte anzusiedeln, die als organisationales Umfeld auf Handeln und Strategien der Marktteilnehmer Einfluss nehmen und ihm Grenzen setzen. Auf dieser Makroebene geht es um die Organisation eines nationalen Mediensystems, auch hier spielen wiederum Medieninstitutionen (vgl. Abschn. 1.2.2.4) eine wichtige Rolle.

---

[16]Entweder sollen nach dem Minimumprinzip vorgegebene Ziele mit möglichst geringem Einsatz an sachlichen, personellen, zeitlichen oder sonstigen Ressourcen erbracht werden. Oder es sollen nach dem Maximumprinzip aus den vorgegebenen begrenzten Ressourcen möglichst hohe Zielgrößen, etwa Umsatzerträge oder Gewinne, erwirtschaftet werden.

[17]Vgl. auch Abschn. 1.2.2.4 sowie zur Gütersystematik von Medien ausführlich Kiefer (2001, S. 128–157).

[18]Wir folgen hier Donges (2008, S. 330) und nicht McQuail (1992, S. 97), der Medienunternehmen auf der Mikroebene ansiedelt und Mediengattungen bzw. Medienteilmärkte (Tageszeitungen, Lokalradio etc.) als Mesoebene begreift.

[19]Vgl. hierzu die institutionelle Analyse, Abschn. 1.2.2.4.

Für die Mediensystemanalyse aus der Organisations- und der Institutionenperspektive sind die Makro- und die Mesoebene entscheidend, während die Mikroebene vor allem Gegenstand der Mediennutzungs- und der Kommunikatorforschung ist. Wichtig ist aber zu verstehen, dass die unterschiedlichen Ebenen in einem strukturierten und sich wechselseitig strukturierenden Zusammenhang stehen: Aus dem Handeln von individuellen Akteuren entstehen Organisationen, und aus dem Handeln solcher kollektiven und korporativen Akteure erwächst eine Medienordnung, die nun ihrerseits wieder individuelles und kollektives Handeln erleichtert oder begrenzt. Wenden wir uns zunächst der Mesoebene der Medienorganisation zu.

1.2.2.3.1 Mesoebene von Medienorganisation

Wir hatten bereits gesehen, dass sich Medien sehr gut als Medien*unternehmen* verstehen lassen, und zwar unabhängig davon, ob es sich um kommerzielle oder um nicht-kommerzielle bzw. gemeinwohlorientierte Medienunternehmen handelt, und unabhängig davon, ob es sich um Print-, Rundfunk-, Film- oder andere Medien handelt.

> Medienunternehmen sind „als planvoll organisierte Wirtschaftseinheiten [zu] definieren, in denen die Bündelung eigen- und fremderstellter redaktioneller Inhalte, die Transformation dieser Inhalte auf ein speicherfähiges Trägermedium sowie die direkte oder indirekte Distribution vorgenommen werden" (Wirtz 2006, S. 11). Medienunternehmen stellen in den meisten Fällen Verbund- oder Koppelprodukte her, die zugleich auf dem Rezipienten- bzw. Käufer- und dem Werbemarkt gehandelt werden, weil redaktionelle Inhalte und Werbung miteinander gekoppelt werden. Aus ökonomischer Perspektive handelt es sich bei Medienprodukten um „veredelte Dienstleistungen", weil ein beträchtlicher Teil ihres Nutzens immateriell erfolgt, aber teilweise an materielle Träger (Buch, Zeitung, DVD etc.) gebunden ist (vgl. Wirtz 2006, S. 29).

Aus der Organisationsperspektive können wir Unternehmen aller Medienbranchen analysieren, und die Medienökonomie gibt uns dafür auch Kriterien an die Hand, denn sie versteht Medienunternehmen als „Leistungssysteme", die über

- Wertschöpfungsketten,
- Kernkompetenzen,
- ein Geschäftsmodell und
- sog. Core Assets

verfügen.

- Die ökonomische *Wertschöpfungskette* beschreibt dabei alle Unternehmensaktivitäten, die dem Medienprodukt (bzw. der Dienstleistung) einen Nutzen (Wert) für den Mediennutzer hinzufügen. Wertschöpfungsketten können sich in jedem einzelnen Medienunternehmen (und im Zeitverlauf) unterscheiden; im Rahmen unserer Analyse des deutschen Mediensystems können nur die branchentypischen Wertschöpfungsketten und die Unterschiede zwischen Print-, Rundfunk und Online-Anbietern etc. dargestellt werden.[20] Grundlegend hat Wirtz (2006, S. 54) eine allgemeine Wertkette für Medienunternehmen formuliert (Abb. 1.1).

- Die Wertschöpfung im Mediensektor folgt in weiten Teilen dem Kommunikationsprozess, wobei die Medienunternehmen vor allem als Vermittlungspartner der öffentlichen Kommunikation fungieren. Wir können also an den beiden Enden der Wertschöpfungskette die Kommunikationspartner ergänzen, nämlich die Ausgangspartner, also die Urheber von Aussagen, und die Zielpartner, vor allem die Rezipienten.[21] Allerdings sind die Urheber von Medienaussagen organisatorisch oftmals eng mit dem Medienunternehmen verbunden und ökonomisch von ihm abhängig. Hier lassen sich Unterschiede zwischen den Medienbranchen und den einzelnen Unternehmen beschreiben.
- *Kernkompetenzen* eines Medienunternehmens sind die besonderen Fähigkeiten, die der Organisation einen Wettbewerbsvorteil gegenüber anderen Medienunternehmen verschaffen, zum Beispiel, weil eine Redaktion besonders leistungsfähig ist, man viel Erfahrung in der Vermarktung von Büchern oder den Zugang zu vielen, auch crossmedialen Vertriebskanälen hat usw. Zu den Kernkompetenzen von Medienunternehmen zählt Wirtz (2006, S. 63–65) die Fähigkeit, gute Medieninhalte und -produzenten bzw. Talente zu gewinnen (Content Sourcing), gute Inhalte selbst herzustellen (Content Creation), bestimmte Medienformate markt- und zielgruppengerecht zu entwickeln, Medieninhalte effizient und effektiv zu vertreiben (Distribution) sowie neue Produktions- und Vertriebstechnologien zur Kostensenkung oder Reichweitenmaximierung und Markterschließung einzusetzen (Technologiekompetenzen).

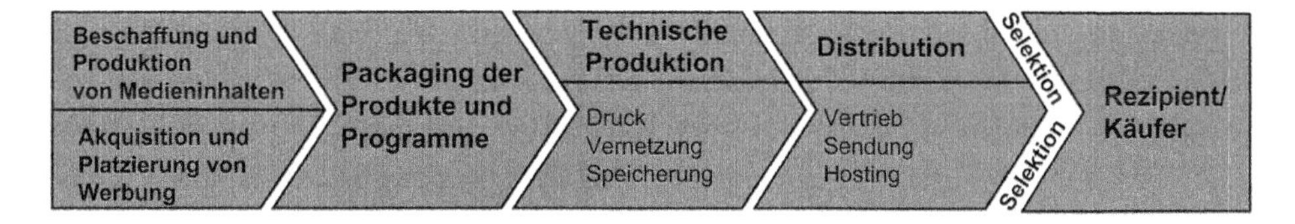

Abb. 1.1 Wertschöpfungskette und Kommunikationsprozess publizistischer Medien

[20]Dabei geht es nicht nur um die Betrachtung der einzelnen Zeitungsredaktion und des journalistischen Arbeitsprozesses als „organisiertes soziales System" (Rühl 1969), sondern um das gesamte Medienunternehmen.

[21]Mitunter sind Zielpartner, also der angezielte Adressat und der tatsächliche Rezipient, nicht identisch und die Kommunikation verläuft indirekt mithilfe interpersonaler Kommunikation oder anderer Medien.

- Mit *Core Assets* hingegen sind materielle oder immaterielle Eigenschaften von Medienunternehmen gemeint, die sich nicht direkt auf die Handlungskompetenzen beziehen, zum Beispiel der Besitz einer „starken", d. h. beim Publikum bekannten Marke (vgl. Wirtz 2006, S. 54), die es etwa dem „Spiegel" erheblich erleichtern, neben dem wöchentlichen Magazin auch Bücher, Fernsehsendungen etc. zu verkaufen.
- Medienunternehmen verfolgen unterschiedliche *Geschäftsmodelle* und Geschäftstypen, d. h. sie legen fest, auf welchen (medialen) Teilmärkten sie aktiv sind und ob sie alle Stufen der Wertschöpfung (Medienproduktion, Aggregation von Medieninhalten, Medienvertrieb) im eigenen Unternehmen oder in Kooperation mit anderen organisieren und natürlich, wie die Unternehmenstätigkeit finanziert wird, ob also die Erlöse aus dem Verkauf, der Werbung, dem Verleih, der Vorführung, dem Handel mit Rechten, Lizenzen, dem Verkauf von Nutzerdaten gar aus Gebühren etc. stammen sollen. (vgl. Wirtz 2006, S. 67, 71).
- Medienunternehmen sind korporative Akteure, d. h. sie bestehen aus einer Vielzahl individueller Akteure, die absichtsvoll und zielorientiert handeln; das Management entscheidet über die Unternehmensstruktur und entwickelt *Unternehmensstrategien*[22] in Bezug auf das Geschäftsmodell und das Marktverhalten auf dem Rezipienten- und Werbemarkt. Dieses wird mithilfe der Kriterien Produktstrategie, Publikumsforschung und Innovation, Werbung, Preispolitik – also letztlich den Kriterien des Marketingmixes mit branchentypischer Betonung von Innovation und Medienforschung – beschrieben (vgl. McQuail 1992, S. 87–95): Ein Medienunternehmen kann sich auf ein bestimmtes Produktangebot (z. B. Kinderbuch) oder eine spezielle Tätigkeit (Filmproduktion) fokussieren, es sich mit anderen Unternehmen im Wertschöpfungsprozess arbeitsteilig vernetzen (Netzwerkstrategie). Es kann aber auch verschiedene Integrationsstrategien verfolgen, die Auswirkungen auf die Marktstruktur (also die Makroebene) haben können. Strategien der horizontalen Integration setzen auf die Steigerung des Marktanteils in einer Wertschöpfungsstufe, zum Beispiel durch die Verbreiterung des Zeitschriftenangebots aus demselben Verlag, was durch den Start neuer Titel (internes Wachstum) oder den Zukauf von Konkurrenztiteln (externes Wachstum) erzielt werden kann – im Ergebnis kommt es zu einer horizontalen Marktkonzentration. Vertikale Integrationsstrategien richten sich auf vor- oder nachgelagerte Wertschöpfungsstufen: Wenn ein Buchverlag eine Druckerei gründet oder kauft, dann handelt es sich um Rückwärtsintegration, wenn er eine Buchhandelskette erwirbt, ist es Vorwärtsintegration. Und wenn er ins Kinogeschäft einsteigen würde, also in eine andere Wertschöpfungskette, dann würde man von diagonaler oder lateraler Integration sprechen (vgl. Wirtz 2006, S. 86–88).

[22]Dabei geht es entweder darum, das eigene Unternehmen so im Markt zu positionieren, dass es dem Wettbewerb entzogen ist (marktorientierte Strategien), oder darum, Wettbewerbsvorteile aus den eigenen Ressourcen (Core Assets, Kompetenzen) zu ziehen (ressourcenbasierte Strategien); vgl. hierzu ausführlich Sjurts (2005).

- Auch die Binnenstruktur der Medienorganisation kann sich unterscheiden: In großen Verlagen und Medienkonzernen erfolgt die Bildung von Abteilungen meist objekt- (auf Pressetitel, Fernsehprogramme) oder kundenbezogen, bei multinationalen Konzernen regional (länderbezogen). Kleinere Medienunternehmen bündeln eher gleichartige Tätigkeiten an zentraler Stelle, um Zeit und Kosten zu sparen (vgl. Wirtz 2006, S. 116–122).

1.2.2.3.2 Makroebene von Medienorganisation

Bei der Betrachtung von Medienunternehmen als Organisationen bewegen wir uns primär auf einer mittleren, sog. *Mesoebene:* Es stehen nicht die einzelnen Akteure oder Personen, etwa Käufer oder Nutzer von Medien *(Mikroebene),* aber auch nicht die Rahmenbedingungen und Vorgaben der *Makroebene,* etwa der Wirtschaftsordnung und der politisch-rechtlichen Medienverfassung, im Vordergrund der Betrachtung.

Die Analyse von Medienorganisation sollte nicht nur einzelne Medienunternehmen in den Blick nehmen, sondern das gesamte organisationale Feld, in dem Medienorganisationen handeln – also auch Zulieferbetriebe, Vertriebsinfrastrukturen, Verbände, staatliche oder andere Regulierungsakteure und -organisationen im Umfeld (vgl. auch Jarren 2001, S. 147–149). Das organisationale Feld prägt das Handeln von Medienunternehmen auf unterschiedliche Weise: „In einem organisationalen Feld entstehen Angleichungsprozesse zwischen den einzelnen Organisationen" (Hasse und Krücken 2005, S. 25), die als „institutionelle Isomorphie" bezeichnet werden: Zwang (Recht und Gesetz), Mimesis (Nachahmung von Konkurrenzstrategien) oder normativer Druck (professionelle Regeln und Standards) sind die wesentlichen Mechanismen, die nicht nur auf eine Organisation, sondern – nahezu systemisch – auf das gesamte Organisationsfeld wirken (vgl. Hasse und Krücken 2005, S. 25–27). Die Frage der politischen Einflussnahme auf die Medienorganisation, besonders die staatliche Medienregulierung, spielt – aus guten normativen Gründen – eine größere Rolle in der historischen kommunikationspolitischen und der international vergleichenden Forschung (vgl. zusammenfassend Hallin und Mancini 2004, S. 26–33). Politische Parallelen zwischen dem Parteiensystem und der publizistischen Orientierung im Mediensystem schlagen sich vor allem auf der Organisationsebene nieder: Medien im Eigentum von Staaten, Parteien oder Gewerkschaften, Personalunion zwischen politischen und publizistischen Akteuren, Medienwirtschaftspolitik (einschließlich Subventionen und Konzentrationskontrolle), straf- und zivil- sowie staatsschutzrechtliche Regulierung von Medieninhalten, staatliche Regulierung journalistischer Tätigkeit und Rundfunklizenzierung, außen- oder binnenplurale Rundfunkorganisation wären hier zu nennen (vgl. Hallin und Mancini 2004, S. 41–44).

Zum organisationalen Feld von Medienunternehmen zählen neben den staatlichen und übrigen politischen Akteuren die anderen Medienunternehmen – auf der *Makroebene* können wir folglich den *Medienmarkt* bzw. einzelne Teilmedienmärkte analysieren. Medienunternehmen sind, wie alle Unternehmen immer auch auf dem Personal-, dem Finanz- und vielen anderen Märkten tätig; für unsere Mediensystemanalyse sind diese aber nicht alle gleichermaßen relevant.[23] Grundlegend für die meisten Medienprodukte ist, dass sie auf dem Publikumsmarkt und dem Werbemarkt zugleich gehandelt werden und dass diese Märkte miteinander korrespondieren. Der Erfolg auf dem Rezipientenmarkt ist die Voraussetzung dafür, dass Werbekunden ihre Anzeigen oder Spots schalten. Werbeeinnahmen sind wiederum die Voraussetzung für die Finanzierung eines publikumsattraktiven Angebotes. Dieser spiralförmige Zusammenhang fällt für verschiedene Medienbranchen (und einzelne Unternehmen) unterschiedlich aus, ist für die Mediensystemanalyse aber von großer Bedeutung. Zu diesen beiden Märkten kommen vor allem die spezifischen Beschaffungsmärkte – für Nachrichten, Unterhaltungsprogramme, Bilder, Sportrechte, Spielfilme etc. – hinzu. Auch für die Analyse diese Medienmärkte auf der Makroebene liefert die Medienökonomie hilfreiche Instrumente und Kriterien: Marktstruktur und -konzentration, Markteintrittsbarrieren (vgl. McQuail 1992, S. 87–91) sowie die Marktentwicklung insgesamt.

- *Marktstruktur und -konzentration* beschreiben das Verhältnis von Anbietern und Nachfragern. Je weniger Anbieter auf einem Markt agieren oder umso mehr Umsatz- bzw. Nutzungsanteile einige von ihnen besitzen, umso höher ist die Konzentration. Bei den meisten Medienmärkten in Deutschland handelt es sich um oligopolistische bis monopolistische Märkte: Aufgrund der hohen Fixkostenanteile bei der Medienproduktion, des daraus resultierenden hohen Kapitalbedarfs und der Größenvorteile (Economies of Scale) haben sich in den meisten Märkten nämlich wenige große Anbieter durchgesetzt. Dabei handelt es sich oft um weltweit und multimedial operierende Medienkonzerne (wie Bertelsmann), um überwiegend national operierende Großverlage (wie Springer oder DuMont Schauberg) oder um mittelständische Verlage, die oft ein lokales Tageszeitungsmonopol besitzen.
- *Marktzutrittsbarrieren* entscheiden darüber, wie aussichtsreich es für ein Medienunternehmen ist, neu auf einen Medienmarkt zu gehen. Neben *institutionellen* Barrieren, die meist gesetzliche Grundlagen haben, sind vor allem *strukturelle* und *strategische* Barrieren zu nennen (vgl. Sjurts 2005, S. 17): Entscheidend sind hierbei die (im Mediensektor hohen) Kosten für ein konkurrenzfähiges Angebot, aber auch vorhandene Kundenbindungen (und Kosten, die Kunden bei einem Wechsel entstehen), regulatorische Hürden (Lizenzen, Frequenzvergabe), strategische Hürden bei den Vertriebswegen, aber auch kartellartige Strukturen oder sog. Netzwerkeffekte. Hiermit ist gemeint, dass der Nutzen eines Medienproduktes (z. B. eines Mobiltelefons) mit der Zahl der erreichbaren Netzteilnehmer steigt (direkte Netzwerkeffekte) oder dass es für weit verbreitete Basistechnologie (z. B. PC-Betriebssysteme) eine größere Auswahl an tendenziell billigeren Anwendungstechnologien (Büro- oder Unterhaltungssoftware) gibt.

[23]Gleichwohl kann natürlich der Finanzmarkt durch den Einstieg von Finanzinvestoren (sog. „Heuschrecken") in traditionelle Verlage, aber auch eine Veränderung auf dem Personalmarkt höchst relevante Folgen für Medienunternehmen und das Mediensystem insgesamt zeitigen.

- Auch die Beschreibung der *Marktentwicklung* liefert auf der Makroebene wichtige Hinweise zum Verständnis eines Mediensystems: Verschiebungen im Werbemarkt, zum Beispiel durch die allgemeine wirtschaftliche Konjunktur oder durch regulatorische Eingriffe (Verbot von Tabakwerbung) verursacht, ändern die Finanzierungsbedingungen für Medien insgesamt, und medienspezifisch jeweils für Print-, Rundfunk- und Onlinemedien. Aber auch Verschiebungen innerhalb des Gesamt-Medienmarktes durch intermediäre Konkurrenz auf dem Käufer- oder dem Werbemarkt können zu Strukturveränderungen des gesamten Mediensystems führen.

Fassen wir kurz zusammen, welche Beschreibungskriterien hinsichtlich der Organisationsdimension von Medien und deren medienökonomischer und kommunikationspolitischer Betrachtung gewonnen wurden (vgl. Tab. 1.1).

McQuail nennt als dritten Analysegegenstand neben Marktstruktur und Marktverhalten die „Performance", also das *Marktergebnis* und die erbrachten Leistungen. Hierunter versteht er neben klassisch ökonomischen Kriterien wie Effizienz (bei Ressourcenverwendung wie Kapitalverwertung, aber auch hinsichtlich der Bereitstellung öffentlicher Güter wie z. B. Information), Produktqualität und den Fortschritt („Progress") im Sinne einer medialen Innovationsleistung auch die Erfüllung normativer Ansprüche und Funktionen der Medien für die Gesellschaft, wie es die (institutionelle) Sonderstellung der Medien begründet:

> Media performance is often assessed by criteria which have nothing to do with normal business criteria, and may even be inconsistent or in conflict (for instance, political criteria), as well as according to the usual internal standards of successful operation. This fact lies in the heart of some of the basic conflicts between society and the media. The ‚public interest' does not necessarily coincide with the organization's own interest as a business firm (McQuail 1992, S. 90).

Tab. 1.1 Organisation von Medien

Organisation von Medien		
Analyse-Ebene	Perspektive	Kriterien
Mikroebene	Medienakteure	Medienrezeption Medienkonsum
Mesoebene	Medienunternehmen (Prozess- und Strukturorganisation)	Wertschöpfungskette Kernkompetenzen Core Assets Geschäftsmodell und –typ Unternehmensstrategien (z. B. Produkte, Innovation, Werbung, Preispolitik)
Makroebene	Medienverfassung und Medienmarkt als organisationales Umfeld	Marktstruktur Markteintrittsbarrieren Marktentwicklung Mediengovernance (Regulierung und Selbstregulierung)

Marktstrukturen, Marktverhalten und Marktergebnis sind voneinander abhängig: So wirken sich beispielsweise Medienmonopole auf das Marktverhalten, etwa die Preissetzung, und das Marktergebnis aus: Wahrscheinlich ist die Effizienz eher niedrig, die Produktqualität gering (weil die Nutzer ohnehin keine Alternativen haben) und die Innovationsrate eher bescheiden. Für McQuail (1992, S. 87, 90) wirkt sich die Organisationsstruktur unmittelbar auf das Marktverhalten, und dieses direkt auf das Marktergebnis aus. Er sieht aber auch Rückkopplungseffekte, d. h. das Marktergebnis kann sich auf das Marktverhalten und auf die Marktstrukturen auswirken – so könnten beispielsweise neue Wettbewerber den Markt betreten oder alte verdrängt werden; es könnten aber auch politische Regulierungsmaßnahmen Einfluss auf die Medienstrukturen nehmen, um unerwünschte Marktergebnisse (Marktversagen) zu korrigieren.

Unterschiedliche Medienstrukturen und Organisationsmodelle führen mit hoher Wahrscheinlichkeit auch zu unterschiedlichen Ergebnissen. Das gilt nicht nur im internationalen Vergleich ganzer Mediensysteme, sondern auch für verschiedene Organisationsweisen von Teilmärkten der Medien (vgl. Kap. 4).

1.2.2.4 Institutionalisierung von Medien

Die oben geschilderten Merkmale der Organisation von Medien und die Überlegungen von Dennis McQuail haben gezeigt, dass Medien aus publizistikwissenschaftlicher Sicht nicht hinreichend als ökonomische Größen, allein als Medienunternehmen und -märkte, beschrieben werden können. Die ökonomische Organisationsanalyse stellt in hohem Maße auf intentionales, rationales und strategisches Handeln von Organisationsmitgliedern bzw. von Organisationen als korporativen Akteuren in einem organisationalen Feld ab. Medienorganisationen sind dann vor allem an Effektivität und Effizienz orientierte Arbeitsorganisationen in Unternehmensform, die gegenüber anderen Formen der Handlungskoordination oder „Governance" Transaktionskosten minimieren (vgl. Kiefer 2010, S. 137–139). Dass eine ökonomische Analyse hilfreich und notwendig, aber nicht hinreichend ist, hängt mit einigen Besonderheiten von Medienprodukten zusammen.

- Medienprodukte sind veredelte Dienstleistungen und soweit sie immateriell bleiben, sind sie öffentliche Güter, von deren Konsum man nur schwer ausgeschlossen werden kann (Nichtausschließbarkeit), was sich negativ auf die Zahlungsbereitschaft und damit die Finanzierbarkeit der Produktion auswirkt. Durch den Konsum öffentliche Güter, z. B. dem Radiohören, werden andere Hörer nicht vom Konsum abgehalten (Nichtrivalität), vielleicht sogar im Gegenteil dazu animiert. Erst durch die materielle Bindung der immateriellen Dienstleistung oder durch technische Verfahren (Verschlüsselung) werden Zahlungsbereitschaft und Vermarktbarkeit hergestellt. Die meisten Mediengüter sind zudem meritorische Güter, d. h. die tatsächliche Nachfrage (und Zahlungsbereitschaft) bleibt hinter der gesellschaftlich (und volkswirtschaftlich) erwünschten Nachfrage zurück.

Der unregulierte Medienmarkt erbringt damit keinen optimalen wohlfahrtsstaatlichen Nutzen. So warnt beispielsweise Kiefer (2010, S. 145) vor ökonomistischen Verkürzungen, wenn sie schreibt:

> Selbst aus ökonomischer Perspektive stellt sich ... das Problem der gesellschaftlichen Effizienz und Effektivität. Wenn überhaupt, steht Organisation, vor allem in Form der Wirtschaftsunternehmung, allenfalls für einzelwirtschaftliche Effizienz. (...) Allerdings ist eines mit Sicherheit auszuschließen, dass einzelwirtschaftliche Effizienzen von Medienorganisationen sich systematisch zu gesellschaftlicher Effizienz oder gar Effektivität, journalistischer oder auch nur wirtschaftlicher, addieren.

Die rational verfolgten Organisationsziele eines kapitalistischen Medienunternehmens bestehen unter Marktbedingungen notwendigerweise in der Profitmaximerung; folglich wird die „Arbeitskraft von Journalisten für ‚gegenüber diesen [den Journalisten, KB] fremde Zwecke', nämlich zur Erzielung von Rendite, ... Kapitalverzinsung und Kapitalvermehrung" genutzt (Kiefer 2010, S. 146), also am Unternehmensziel und nicht dem institutionellen Ziel publizistischer Qualität orientiert. Journalistische Qualität, Meinungsvielfalt etc. sind keine genuinen Organisationsziele, aber das organisationale Umfeld, insbesondere Regulierungsakteure und -organisationen, können hier politischen Einfluss nehmen. Dabei fungieren diese Akteure letztlich als Agenten gesellschaftlicher Interessen und versuchen die institutionellen Erwartungen an Medien im Zweifel auch gegen organisationale, einzelwirtschaftliche Rationalitäten durchzusetzen. Organisation und Institution können einander widersprechen, „organisatorische Arrangements ihre jeweilige institutionelle Einbettung überlagern", wie Kiefer (2010, S. 149) am Beispiel Pressefreiheit und Tendenzschutz verdeutlicht: Die hierarchische Ordnung der Arbeitsorganisation und das Betriebsverfassungsgesetz bestimmen, dass der *kaufmännisch* verantwortliche Verleger die *publizistische* Tendenz eines Mediums festlegen darf. Damit ist der Verleger (Medienunternehmer) aufgrund von Eigentumsrechten und Besitzverhältnissen Grundrechtsträger, während der publizistisch tätige Journalist zu Tendenzloyalität und -verwirklichung verpflichtet ist. Aus einer einzelwirtschaftlichen, klassischen Organisationssicht lässt sich das dahinter liegende Problem der Institution Medienfreiheit kaum hinreichend beschreiben – notwendig ist die institutionelle Perspektive.[24]

Aus institutioneller Sicht sind Medien soziale Regelwerke für Problemlösungen im alltäglichen Handeln (vgl. Berger und Luckmann 1969), nämlich für die individuelle und gruppenbezogene Kommunikation wie für die gesellschaftliche und öffentliche Verständigung. Institutionelle Vorgaben (der Makroebene), wie zum Beispiel „Kommunikationsfreiheit", begründen institutionelle Kerne von Organisationen, ohne jedoch die Organisationsform (öffentlich-rechtlich, genossenschaftlich, privatwirtschaftlich) genau vorzugeben, schließen aber bestimmte Organisationsformen (staatlich, kirchlich, parteilich) aus.

---

[24]In der Alltagssprache, aber auch mit Bezug auf Medien (vgl. z. B. Meckel und Scholl 2002) werden die Begriffe Institution und Organisation oftmals miteinander vermengt.

Die spezifischen Guteigenschaften und die von der Gesellschaft den Medien zugeschriebenen externen Funktionen sowie die hohen normativen Funktionserwartungen[25] führen dazu, dass Medien besonderen politischen Steuerungsversuchen unterliegen. Medien stellen nicht nur Organisationen, sondern zugleich Institutionen dar, und wie bereits angedeutet, hängt beides eng miteinander zusammen.[26] Kiefer (2010, S. 152) fasst das Verhältnis von Medienorganisation und Institutionalisierung so auf, dass Institutionen „die Spielregeln einer Gesellschaft" sind, während Organisationen „die wichtigsten Spieler" sind, die sich institutionenkonform oder -widrig verhalten können. Die Etablierung neuer Organisationsformen, wie des kommerziellen Rundfunks, kann wiederum die Institution Rundfunk verändern. Kommt es dann noch zu einem mimetischen, also nachahmenden Verhalten der öffentlich-rechtlichen Rundfunkanstalten (Isomorphie, z. B. in Gestalt von Programmkonvergenz), verschärft sich der institutionelle Wandel weiter. Auch Donges bezeichnet – an Saxers Medienbegriff anknüpfend – Medien als Institutionen, nämlich als Regelsysteme, die einerseits das Medienhandeln begrenzen, andererseits gerade aus diesen Handlungsvollzügen hervorgehen: „Medien erzeugen ihre eigenen Regeln und Regelsysteme", beispielsweise Nachrichtenfaktoren, und „Medien schaffen und festigen Erwartungen" bei anderen, an der Kommunikation beteiligten Akteuren, zum Beispiel Politikern und Wählern (Donges 2008, S. 336).

Was versteht man nun unter „Institutionen" und welche Kriterien lassen sich hieraus für die Mediensystemanalyse ableiten?

▶ Als *Institutionen* bezeichnet man in der Soziologie *soziale Regelwerke oder Regelsysteme im alltäglichen Handeln.* Über Rollenzuweisungen werden *wechselseitige Erwartungen* geprägt: Ehe oder Familie sind klassische Beispiele für soziale Institutionen, die übrigens kultur-, religions- und milieuabhängig sowie historisch ganz unterschiedlich organisiert sein können. Es gibt einen institutionellen Kern von Organisationen, nämlich *Werte* und daraus abgeleitete Handlungsnormen, die sich allenfalls langsam wandeln. So wird beispielsweise in Familien wechselseitige Fürsorge erwartet.

Beispiel

Auch Universitäten sind nicht nur Organisationen, sondern Institutionen: Es gibt berechtigte Erwartungen an Studierende und Dozenten und Erwartungs-Erwartungen, d. h. Studierende erwarten nicht nur etwas rollenspezifisches von ihren Dozenten (und

[25] Insbesondere: demokratische Meinungs- und Willensbildung, Sozialisation, gesellschaftliche Integration, Allgemeinbildung, Kritik und Kontrolle der Staatsgewalten etc.

[26] Dem versuchen neben mediensoziologischen vor allem institutionenökonomische Ansätze in der publizistikwissenschaftlichen Medienökonomie Rechnung zu tragen; vgl. Kiefer (2001), Schröder (2008) und Kiefer (2010).

umgekehrt), sondern sie erwarten auch, dass die Dozenten etwas rollenspezifisches von ihnen erwarten usw.

> Institutionen sind normativ aufgeladen, sie begründen unser Handeln und unsere Motive also *wertrational,* während Organisationen individuelles Handeln *zweckrational,* nämlich ausgerichtet am Organisationsziel, motivieren. Es handelt sich um kollektive Wertvorstellungen oder Ideale, aus denen das Individuum nicht ohne Sanktionen ausscheren kann. Institutionen sind also nicht nur deshalb Regeln oder Normen, weil sie den empirischen Normalfall be-schreiben, sondern weil sie ihn vor-schreiben. „Alle institutionellen Strukturen sind Machtstrukturen", wie Kiefer (2010, S. 24) schreibt, und müssen schon deshalb bei der Mediensystemanalyse berücksichtigt werden.

Die Institutionalisierung der Medien[27] erbringt eine Reihe gesellschaftlich bedeutsamer Funktionen[28] und begründet moralisch-ethisch als berechtigt (legitim) angesehene wechselseitige Erwartungen. Institutionen prägen als dauerhafte soziale Regelsysteme auch die Art und Weise, wie wir kommunizieren: Normen, Rollen und Skripts müssen nicht jedes Mal neu ausgehandelt werden. Für den Soziologen René König sind Institutionen „...die *Art und Weise,* wie bestimmte Dinge getan werden *müssen*", also *legitime Modelle des Handelns.* Sie geben dem individuellen Akteur *Orientierung,* stiften gesellschaftliche *Ordnung* und *kollektiven Sinn.*

Institutionen können als Gesetze oder Dienstanweisungen absichtsvoll gesetzt und formalisiert werden, es können aber auch durch bloße Gewohnheit „habitualisierte" und dann eben „institutionalisierte", nicht-intendierte Routinen, Sitten, Gebräuche, geteilte Erwartungen und Annahmen, kognitive Muster sein, die im Laufe der Sozialisation von individuellen Akteuren internalisiert und auf diese Weise im Handeln gesellschaftlich reproduziert werden (vgl. Hasse und Krücken 2005, S. 65). Wichtig ist der Hinweis von Hasse und Krücken (2005, S. 15), dass „Institutionen nicht nur einschränken, sondern bestimmte Verhaltensweisen erst ermöglichen." Institutionen sind relativ stabil in der Zeit, unterliegen aber durchaus einem Wandel; für eine Prozessperspektive spricht, dass

---

[27]Dem von Kiefer (2010, S. 58–62) vorgeschlagenen Weg, Journalismus als Institution, Medien primär als Organisation und deren Verhältnis als Netzwerk in Koevolution zu betrachten, wird hier nicht gefolgt. In dieser Organisations- und Institutionalisierungsanalyse des Mediensystems spielt Journalismus zwar eine wichtige Rolle, aber eine Beschränkung auf „journalistische Medien als Institutionen" (Kiefer 2010, S. 68–77) würde den Zweck der umfassenden Analyse verfehlen.

[28]Zu nennen sind: Ordnung und Entlastung (durch Reduktion von Komplexität durch Selektion), Motivation (durch Gestaltung), Koordination und Kohäsion (durch Miteinanderteilen derselben Informationen bzw. Daten), Bewertung (auch in moralischer Hinsicht) und Herrschaftssicherung (vgl. Kiefer 2010, S. 27–28). Institutionen treten entwicklungsgeschichtlich an die Stelle von Instinkten, sie prägen als Muster die wechselseitigen Erwartungshaltungen von Akteuren, und zwar nicht nur indem sie bestimmte Reaktionen wahrscheinlicher und damit empirisch erwartbarer oder „berechenbarer" machen, sondern auch indem sie normativ aufgeladen werden.

Institutionen erst einmal entstehen müssen und womöglich auch wieder vergehen.[29] In der neo-institutionalistischen Forschung ist daher oft nicht nur von Institutionen, sondern treffend von einer *Institutionalisierung* von Handeln und Verhalten, verstanden als Prozess, die Rede (vgl. Hasse und Krücken 2005, S. 31).

> Medien stellen soziale Regelwerke für die Lösung von Kommunikationsproblemen zur Verfügung: Durch *Rollenzuweisungen* werden *wechselseitige Erwartungen* der Kommunikations- und Vermittlungspartner geprägt. Der institutionelle Kern von Medienorganisationen besteht aus *Werten* (insbesondere die Kommunikationsfreiheiten und die öffentliche Aufgabe der Medien), aus denen Handlungsnormen für individuelle Medienakteure (Journalisten, Öffentlichkeitsarbeiter, Rezipienten) und korporative Medienakteure (Medienunternehmen, Selbstkontrollorganisationen der Medien) abgeleitet werden. Medieninstitutionen liefern nicht nur *legitime Modelle des Handelns* und individuelle *Orientierung,* auf der Makroebene der Medienordnung erzeugen sie *kollektiven Sinn (demokratische Öffentlichkeit).*

1.2.2.4.1 Drei Ebenen der Institutionalisierung von Medien

Wie die Organisationsdimension, so lässt sich auch die Institutionalisierung von Medien auf drei Ebenen beobachten:

Sie leiten auf der *Mikroebene* als Regeln das individuelle Handeln von unterschiedlichen Medienakteuren: Die beruflichen Rollen von Journalisten, Fernsehregisseuren, Nachrichtensprechern, Chefredakteuren oder Verlagsleitern usw. sind institutionalisiert und orientieren sich an normativen Vorgaben (Ausgewogenheit, Fairness) oder ästhetischen Idealen, die nicht vollständig durch die Organisationsdimension erfasst werden können. Die professionelle Kommunikation zwischen Politikern und Journalisten folgt nicht nur gesetzlichen Normen, sondern informellen Regeln, die als Institution verstanden werden können:

> Es gilt strenge Vertraulichkeit, weshalb sich Beteiligte daran halten. ‚Unter drei' heißt das im Journalistenjargon. Eingeladen wird telefonisch. Berichten darf niemand, nur Wissen sammeln. Trotzdem versuchen Journalisten, manche Aussage oder Information für eine Darstellung ‚unter zwei' zu gewinnen, sie also zur öffentlichen Verwendung bei Nennung des Quellen-Umfelds freigegeben zu bekommen. Das sind oft ‚Regierungskreise' oder ‚die Parteispitze.' Nur ‚unter eins' darf die Information der genauen Quelle zugeschrieben werden (‚Merkel sagte, dass…').[30]

[29]Jarren (1996, 1998) betont die Dynamik der Institutionalisierung. Für ihn gewinnen die Medien erst in der „Mediengesellschaft" den Status „vollwertiger Institutionen", die sich von den traditionellen Institutionen (politische Öffentlichkeit, Parteien, Kirchen, Gewerkschaften) entkoppeln. Vgl. zu den Institutionen- und Organisationsaspekten von Medien auch Jarren (2003).

[30]Vgl. o. V. „Unter drei" – die Sache mit den Hintergrundgesprächen. Der Tagesspiegel; www.tagesspiegel.de/polozik/politik-und-presse-unter-drei-die-sache-mit-den-hintergrundgespraechen/19413420html [21.02.2017].

Auch für das Medienhandeln von Leserinnen, Zuschauern, Zeitungsabonnenten oder Bloggern gilt, dass sie sich an Erfahrungen und Erwartungen orientieren, die nicht vollständig durch die Organisation von Medien festgelegt sind. Die Erwartungen der verschiedenen Akteure greifen ineinander: Wer eine Nachrichtenwebsite aufruft, erwartet aktuelle Informationen in Text und Bild; wer eine Nachrichtenwebsite anbietet, weiß – zumindest ungefähr – was die User erwarten. Institutionenökonomisch betrachtet leisten Institutionen eine Verringerung von Unsicherheit und Transaktionskosten, denn sie begründen Erwartungssicherheit und Vertrauen in die Kontinuität der bisherigen Erfahrung[31]:

> Der Rezipient muss dem Nachrichtenproduzenten genauso vertrauen wie in der Regel der Patient dem Arzt oder der Klient dem Anwalt. Solche Situationen einer Informationsasymmetrie werden institutionenökonomisch als Prinzipal-Agent-Beziehung modelliert, der Prinzipal (Rezipient oder Patient) delegiert Entscheidungsbefugnis an einen sachverständigeren Agenten (Kiefer 2010, S. 94).

Die Betrachtung von Medien als Institutionen bezieht damit die Nutzer und Rezipienten der Medien, die ja nicht Bestandteil der Medienorganisation sind, besser ein. Die Institutionalisierungsformen gesellschaftlicher Kommunikation schlagen gewissermaßen eine Brücke zwischen den Normen, die möglicherweise auf der Makroebene von Verfassungen festgeschrieben sind, und den Handlungen individueller Akteure auf der Mikroebene der Betrachtung. Institutionen sind also von Beginn an nichts rein Individuelles, sondern soziale Phänomene.

Auch auf der *Mesoebene* prägen Regeln für kollektives und korporatives Handeln ein Mediensystem, denn vor allem die professionellen Medienakteure in den Medienunternehmen handeln weniger als Individuen denn als Funktions- und Rollenträger – jedenfalls erwarten wir genau das von professionellen Redaktionen, Verlagen und anderen Medienproduzenten. Die bereits erwähnten journalistischen Selektionsregeln und Nachrichtenfaktoren sind hierfür ein gutes Beispiel. Hinzu kommen eine Fülle von Usancen und branchenüblichen Verfahren, die sich herausgebildet haben, ohne dass sie eine gesetzliche Grundlage haben müssen, zum Beispiel bestimmte Ansichten über den „State of the art" audiovisueller Medien, die Streuung und Platzierung von Werbung, die „Einteilung" der Welt in Ressorts usw. Die ethischen Grundsätze des Deutschen Presserates haben als nicht-gesetzliche Konvention institutionellen Charakter (kollektive Mesoebene), ebenso wie die „Sitten" der Mediennutzung (operative Mikroebene) oder die formal garantierten Kommunikationsfreiheiten (konstitutionelle Makroebene) (vgl. Kiefer 2010, S. 24).

Die *Makroebene* eines Mediensystems lässt sich als dessen institutionelle Verfassung kennzeichnen (vgl. Kiefer 2010, S. 21), denn die „Art und Weise, wie verschiedene

[31]Statt immer wieder von neuem damit zu beginnen, die Situation zu definieren und alle eigenen und fremden Handlungsoptionen „durchzuspielen", greifen wir auf (stereo)typisierte Muster von Rollen und Akteuren zurück. Das verringert die „kognitiven Kosten" enorm und reduziert die Komplexität ungemein.

Gesellschaften die Massenmedien in ihren Dienst stellen, variiert" (Saxer 1990a, S. 11, 2007, S. 101).[32] So erwarten wir in demokratischen Gesellschaften beispielsweise Vielfalt (Pluralismus) der Themen, Meinungen, Präsentationsformen nicht (nur) von einem einzelnen Medium, sondern von der Institution der „freien Presse", von den „unabhängigen Medien" oder von dem „Medienmarkt" insgesamt. Die ordnungspolitische Entscheidung für eine überwiegend, aber eben nicht vollständig marktwirtschaftliche Organisationsweise der Medien hat weitreichende Folgen für Struktur (und Organisation) unseres Mediensystems:

Mit der Institution Markt gehen spezifische Koordinierungsmechanismen, also handlungsleitende Normen einher: Nicht Abstimmung oder Anweisung entscheiden über die Allokation von Ressourcen und die Produktion von Medienangeboten, sondern – zumindest im Idealfall und bei funktionierendem Wettbewerb – die Nachfrage. Besonders für Medien ergibt sich daraus das Problem des Marktversagens bei öffentlichen Gütern: So ist beispielsweise die Zahlungsbereitschaft für Rundfunkprogramme gering, solange nicht zahlende Konsumenten nicht wirksam oder nur mit hohem Mitteleinsatz (also hohen Transaktionskosten) vom Konsum ausgeschlossen werden können. Um ein weiteres Beispiel zu nennen: Politische Information kann medienökonomisch als meritorisches Gut verstanden werden, d. h. Angebot und Nachfrage bleiben hinter dem Maß zurück, das gesellschaftlich vielleicht wünschenswert wäre. Marktversagen droht aber auch aufgrund von Konzentrationsprozessen, und selbst dort, wo eine Deregulierung zu einer Zunahme der Anbieter geführt hat, stellt sich nicht automatisch eine höhere Vielfalt des publizistischen Angebotes ein, wie ein Blick auf den Fernsehmarkt zeigt (Owen et al. 1974).

Die ökonomische *Institution des Wettbewerbs* soll die Freiheit der Konsumenten bzw. Rezipienten erhöhen, Medienangebote nach ihren Bedürfnissen wählen zu können. Zugleich sollen hierdurch technische und publizistische Innovationen erzeugt werden: Als ökonomische Externalität soll damit ein publizistischer Wettbewerb der Meinungen hervorgebracht werden.

Die Institutionalisierung der Medien bringt auf der Makroebene zudem formalisierte Institutionen hervor, die als Ergebnis eines politischen Prozesses und mitunter auch Machtkampfes die Gestalt von kodifizierten Gesetzen annehmen. Hier sind neben dem Grundgesetz die Landespressegesetze und eine Vielzahl weiterer Mediengesetze zu nennen und – medienspezifisch – zu analysieren. Zusammenfassend kann man von normativen Grundlagen einer institutionellen Ordnung öffentlicher Kommunikation sprechen (vgl. Abschn. 2.1).

Organisations- und Institutionsdimension von Mediensystemen stehen nicht nur in einem Bedingungs- und Ermöglichungszusammenhang. Sie können auch in einen Widerspruch

---

[32]An anderer Stelle hat Saxer (2002, S. 418–419) zutreffend bemerkt, dass die theoretisch wenig überzeugenden „Theories of the Press" eigentlich „unterschiedliche Institutionalisierungsprinzipien" darstellen, allerdings ohne dass bei Siebert/Peterson/Schramm (1956) „das weiterführende soziologische Konzept der Institutionalisierung von Medienkommunikation … verfolgt" würde.

geraten, weil es zu Ungleichzeitigkeiten in ihrer Evolution kommt: So beschreibt Andrew K. Milton (1997) in einem Mehrländervergleich, dass es vor allem die institutionellen Kontinuitäten waren, die in vielen Transformationsgesellschaften trotz des organisatorischen Wandels dafür gesorgt haben, dass lange Zeit keine demokratischen Medien entstanden: Journalisten verwendeten weiterhin nahezu ausschließlich offizielle Regierungsquellen, boten wenig Erklärungen und Hintergründe, betrieben kaum Eigenrecherche, geschweige denn Investigation. Die Institution der leninistischen Presse prägte weiterhin das Selbstverständnis der Kommunikatoren und möglicherweise sogar die Erwartungen des Publikums, selbst zu einem Zeitpunkt, als die Organisationsweise von staatssozialistisch auf privatwirtschaftlich umgestellt worden war.[33]

Für die weitere Analyse des deutschen Mediensystems ergeben sich in der Dimension der Institutionalisierung somit die in Tab. 1.2 aufgeführten Kriterien.

Tab. 1.2 Institutionalisierung von Medien

Institutionalisierung von Medien		
Analyse-Ebene	Perspektive	Kriterien
Mikroebene	Medienakteure	Leistungserfahrungen und -erwartungen Habitualisierte Medienhandlungsmuster Persönliche „Medienmoral" Berufsrolleninterpretation
Mesoebene	Medienunternehmen Medienverbände Medienpolitische Akteure	Professionelle Normen und Standesethik Qualitätsstandards und Branchenregeln (State of the art, Best practice) Medienethische Normen und Kodizes
Makroebene	Medienverfassung und Medienmarkt als institutionelle Ordnung	Kommunikationsfreiheiten Media Governance (Rolle von Staat, Gemeinschaft, Markt) Mediengesetze

[33]In Staaten wie der Ukraine, Weißrussland oder Serbien lässt sich zum Teil ähnliches beobachten: Trotz des Organisationswandels, also der Privatisierung der Medienunternehmen und der grundlegenden Veränderung der Medienverfassung auf der Makroebene wurden die Normen der marxistisch-leninistischen Pressetheorie beibehalten. Journalisten verstehen sich weiterhin als Propagandisten, Agitatoren und Organisatoren, nur eben nicht mehr der leninistischen Staatspartei, sondern der nun herrschenden Partei oder des sich neu bildenden und noch fragilen Nationalstaats. Owen Johnson (1998) kommt in einer vergleichenden Untersuchung der Transformation und Medientransformation in den mittelosteuropäischen Staaten ebenfalls zu dem Befund, dass nicht der organisatorische Umbruch, sondern der institutionelle Wandel ausschlaggebend für unterschiedliche Entwicklungen ist.

1.3 Zusammenfassung

Medien sind Mittel zum Zweck der Kommunikation zwischen Menschen und bilden in modernen Gesellschaften ein offenes, dynamisches, interdependentes und differenziertes Handlungssystem mit einer historisch entstandenen Struktur. Akteure und Prozesse aus Politik, Wirtschaft und Gesellschaft können Einfluss auf das Mediensystem nehmen und entscheiden mit darüber, wie autonom oder dependent die Medien – zum Beispiel von politischen (Medienlenkung und -zensur) und wirtschaftlichen Interessen (Kommerzialisierung) – sind.

Medien sind zugleich Organisationen und Institutionen: Der Prozess der Medienkommunikation wird arbeitsteilig von verschiedenen korporativen Akteuren (Medienunternehmen) organisiert, die über spezifische Kernkompetenzen, Core Assets und Strategien verfügen. Als Institutionen regeln Medien den Prozess gesellschaftlicher Kommunikation, indem sie orientiert an Werten und Normen mithilfe von *Rollenzuweisungen wechselseitige Erwartungen* der Kommunikations- und Vermittlungspartner prägen.

Sowohl unter dem Organisations- als auch unter dem Institutionalisierungsaspekt können mit der Mikro-, der Meso- und der Makroebene drei Analyseebenen unterschieden werden, von denen vor allem die beiden oberen Ebenen für die Analyse des deutschen Mediensystems hilfreich sind (vgl. Tab. 1.1 und 1.2).

Wichtige Literatur

- Beck (2010); McQuail (1992); Kiefer (2010)
- sowie für den internationalen Vergleich: Hallin und Mancini (2004); Hardy (2008); Thomaß (Hrsg.) (2007)

Literatur

Altendorfer, Otto. 2001. *Das Mediensystem der Bundesrepublik Deutschland,* Bd. 1. Wiesbaden: Westdeutscher Verlag.

Beck, Klaus. 2010. *Kommunikationswissenschaft*, 2. Aufl. Konstanz: UVK & UTB.

Beck, Klaus. 2015. Systemtheorie/ Mediensystem. In *Handbuch Medienökonomie*, Hrsg. Jan Krone, Tassilo Pellegrini. https://doi.org/10.1007/978-3-658-09632-8_1-1. Wiesbaden: Springer VS.

Berger, Peter L., und Thomas Luckmann. 1969. *Die gesellschaftliche Konstruktion der Wirklichkeit. Eine Theorie der Wissenssoziologie*. Frankfurt a. M.: Fischer.

Beth, Hanno, und Harry Pross. 1976. *Einführung in die Kommunikationswissenschaft*. Stuttgart: Kohlhammer.

Blöbaum, Bernd. 1994. *Journalismus als soziales System. Geschichte, Ausdifferenzierung und Verselbständigung*. Opladen: Westdeutscher Verlag.

Blum, Roger. 2005. Bausteine zu einer Theorie der Mediensysteme. *Medienwissenschaft Schweiz* 2 (2): 5–11.

Blum, Roger. 2014. *Lautsprecher und Widersprecher: Ein Ansatz zum Vergleich der Mediensysteme*. Köln: Halem.

Blumler, Jay G. 2002. Wandel des Mediensystems und sozialer Wandel: Auf dem Weg zu einem Forschungsprogramm. In *Mediensysteme im Wandel. Struktur, Organisation und Funktion der Massenmedien*, Hrsg. Hannes Haas und Otfried Jarren, 3. Aufl., 170–188. Wien: Braumüller.

Bogart, Leo. 1995. *Commercial culture. The media system and the public interest*. New York: Oxford University Press.

Burkart, Roland. 2002. Was ist eigentlich ein „Medium". Überlegungen zu einem kommunikationswissenschaftlichen Medienbegriff angesichts der Konvergenzdebatte. In *Die Zukunft der Kommunikation. Phänomene und Trends der Informationsgesellschaft*, Hrsg. Michael Latzer et al., 61–72. Innsbruck: StudienVerlag.

Cardoso, Gustavo. 2006. *The media in the network society: Browsing news, filters and citizenship*. Lisbon: CIES.

Donges, Patrick. 2008. Medien als Strukturen und Akteure: Kommunikationswissenschaftliche Theoriediskussion zwischen System- und Handlungstheorie. In *Theorien der Kommunikationswissenschaft. Grundlegende Diskussionen, Forschungsfelder und Theorieentwicklungen*, Hrsg. Carsten Winter, Andreas Hepp, und Friedrich Krotz, 329–344. Wiesbaden: VS Verlag.

Esser, Hartmut. 2000. *Institutionen. Soziologie. Spezielle Grundlagen*, Bd. 5. Frankfurt a. M.: Campus.

Görke, Alexander. 2002. Journalismus und Öffentlichkeit als Funktionssystem. In *Systemtheorie und Konstruktivismus in der Kommunikationswissenschaft*, Hrsg. Armin Scholl, 69–90. Konstanz: UVK.

Haas, Hannes. 1990. Einleitung. In *Mediensysteme. Struktur und Organisation der Massenmedien in den deutschsprachigen Demokratien*, Hrsg. Hannes Haas, S. 1–3. Wien: Braumüller.

Hallin, Daniel C., und Paolo Mancini. 2004. *Comparing media systems. Three models of media and politics*. Cambridge: Cambridge University Press.

Hans-Bredow-Institut, Hrsg. 2009. *Internationales Handbuch Medien*, 28. Aufl. Baden-Baden: Nomos.

Hardy, Jonathan. 2008. *Western media systems*. London: Routledge.

Hasse, Raimund, und Georg Krücken. 2005. *Neo-Institutionalismus*, 2., vollst. überarb. Aufl. mit einem Vorwort von John Meyer. Bielefeld: Transcript.

Jakubowicz, Karol. 2010. Introduction. Media systems research: An overview. In *Comparative media systems: European and global perspectives*, Hrsg. Boguslawa Dobek-Ostrowska, 1–22. Budapest: Central European University Press.

Jarren, Otfried. 1996. Auf dem Weg in die „Mediengesellschaft"? Medien als Akteure und institutionalisierter Handlungskontext. Theoretische Anmerkungen zum Wandel des intermediären Systems. In *Politisches Raisonnement in der Informationsgesellschaft*, Hrsg. Kurt Imhof und Peter Schulz, 79–96. Zürich: Seismo.

Jarren, Otfried. 1998. Medien, Mediensystem und politische Öffentlichkeit im Wandel. In *Politikvermittlung in der Demokratie. Beiträge zur politischen Kommunikationskultur*, Hrsg. Ulrich Sarcinelli, 74–94. Opladen: Westdeutscher Verlag.

Jarren, Otfried. 2001. Medien als Organisationen – Medien als soziale Systeme. In *Einführung in die Publizistikwissenschaft*, Hrsg. Otfried Jarren und Heinz Bonfadelli, 137–160. Bern: Haupt, UTB.

Jarren, Otfried. 2003. Institutionelle Rahmenbedingungen und Organisation der öffentlichen Kommunikation. In *Öffentliche Kommunikation. Handbuch Kommunikations- und Medienwissenschaft*, Hrsg. Günter Bentele, Hans-Bernd Brosius, und Otfried Jarren, 13–27. Wiesbaden: Westdeutscher Verlag.

Johnson, Owen W. 1998. The media and democracy in Eastern Europe. In *Communicating democracy: The media and political transitions*, Hrsg. Patrick O'Neil, 103–124. Boulder: Rienner.

Kiefer, Marie Luise. 2001. *Medienökonomik. Einführung in die ökonomische Theorie der Medien*. München: Oldenbourg.

Kiefer, Marie Luise. 2010. *Journalismus und Medien als Institutionen*. Konstanz: UVK.
Kiefer, Marie Luise, und Christian Steininger. 2014. *Medienökonomik*, 3. Aufl. München: Oldenbourg.
Kittler, Friedrich. 1986. *Grammophon – Film – Typewriter*. Berlin: Brinkmann & Bose.
Kleinsteuber, Hans J. 2005. Mediensysteme. In *Handbuch Journalismus und Medien*, Hrsg. Siegfried Weischenberg, Hans J. Kleinsteuber, und Bernhard Pörksen, 275–280. Konstanz: UVK.
Kleinsteuber, Hans J. 2003. Mediensysteme im internationalen Vergleich. In *Öffentliche Kommunikation. Handbuch Kommunikations- und Medienwissenschaft*, Hrsg. Günter Bentele, Hans-Bernd Brosius, und Otfried Jarren, 382–396. Wiesbaden: Westdeutscher Verlag.
Kubicek, Herbert, Ulrich Schmid, und Heiderose Wagner. 1997. *Bürgerinformation durch neue Medien*. Opladen: Westdeutscher Verlag.
Künzler, Matthias. 2005. Das schweizerische Mediensystem im Wandel: Eine Einleitung. In *Das schweizerische Mediensystem im Wandel. Herausforderungen, Chancen, Zukunftsperspektiven*, Hrsg. Matthias Künzler, 9–32. Bern: Haupt.
Künzler, Matthias, Lucie Hribal, und Otfried Jarren. 2005. Mediensysteme – Medienorganisationen. In *Einführung in die Publizistikwissenschaft*, Hrsg. Heinz Bonfadelli, Otfried Jarren, und Gabriele Siegert, 2. Aufl., 179–202. Bern: Haupt.
Luhmann, Niklas. 1996. *Die Realität der Massenmedien*, 2. erw. Aufl. Opladen: Westdeutscher Verlag.
Marcinkowski, Frank. 1993. *Publizistik als autopoietisches System. Politik und Massenmedien. Eine systemtheoretische Analyse*. Opladen: Westdeutscher Verlag.
McLuhan, Marshall. 1964. *Understanding media*. New York: McGraw Hill.
McQuail, Dennis. 1992. *Media Performance. Mass communication and the public interest*. London: Sage.
Meckel, Miriam, und Armin Scholl. 2002. Mediensysteme. In *Einführung in die Medienwissenschaft. Konzeptionen, Theorien, Methoden, Anwendungen*, Hrsg. Gebhard Rusch, 155–170. Wiesbaden: Westdeutscher Verlag.
Merten, Klaus. 1999. *Grundlagen der Kommunikationswissenschaft. Einführung in die Kommunikationswissenschaft*, Bd. 1. Münster: Lit.
Milton, Andrew K. 1997. News media reform in Eastern Europe: A cross-national comparison. In *Post-communism and the media in Eastern Europe*, Hrsg. Patrick H. O'Neil, 7–23. London: Cass.
Owen, Bruce M., Jack H. Beebe, und Willard G. Manning. 1974. *Television economics*. Lexington: Heath.
Ronneberger, Franz. 1990. Funktionen des Systems Massenkommunikation. In *Mediensysteme. Struktur und Organisation der Massenmedien in den deutschsprachigen Demokratien*, Hrsg. Hannes Haas, 2. Aufl., 158–164. Wien: Braumüller (Erstveröffentlichung Zuerst in: Franz Ronneberger. 1971. *Sozialisation durch Massenkommunikation. Der Mensch als soziales und personales Wesen*, Bd. IV, 48–53. Stuttgart: Enke).
Röper, Horst. 1994. Das Mediensystem der Bundesrepublik Deutschland. In *Die Wirklichkeit der Medien. Eine Einführung in die Kommunikationswissenschaft*, Hrsg. Klaus Merten, Siegfried J. Schmidt, und Siegfried Weischenberg, 506–543. Opladen: Westdeutscher Verlag.
Rühl, Manfred. 1969. *Die Zeitungsredaktion als organisiertes soziales System*. Bielefeld: Bertelsmann Universitätsverlag.
Rühl, Manfred. 1980. *Journalismus und Gesellschaft. Bestandsaufnahme und Theorieentwurf*. Mainz: v. Hase & Koehler.
Saxer, Ulrich. 1980. Grenzen der Publizistikwissenschaft. *Publizistik* 35 (4): 525–543.
Saxer, Ulrich. 1981. Publizistik und Politik als interdependente Systeme. *Media Perspektiven* 1981 (7): 501–514.
Saxer, Ulrich. 1990a. Der gesellschaftliche Ort der Massenkommunikation. In *Mediensysteme. Struktur und Organisation der Massenmedien in den deutschsprachigen Demokratien*, Hrsg. Hannes Haas, 2., geänd. Aufl., 8–20. Wien: Braumüller.

Saxer, Ulrich. 1990b. Funktionen, Strukturen und Probleme des Schweizerischen Mediensystems. In *Mediensysteme. Struktur und Organisation der Massenmedien in den deutschsprachigen Demokratien*, Hrsg. Hannes Haas, 2., geänd. Aufl., 48–63. Wien: Braumüller.
Saxer, Ulrich. 1997. Medien als problemschaffende und problemlösende Systeme: Zur Notwendigkeit der Annäherung der Medienforschung an ihren Gegenstand. *Publizistik* 42 (1): 73–82.
Saxer, Ulrich. 2002. In *Four Theories of the Press*, Hrsg. Fred S. Siebert, Theodore Peterson, Wilbur Schramm. In *Schlüsselwerke für die Kommunikationswissenschaft*, Hrsg. Christina Holtz-Bacha, Arnulf Kutsch, 418–419. Wiesbaden: Westdeutscher Verlag.
Saxer, Ulrich. 2007. Systemtheorie und Kommunikationswissenschaft. In *Kommunikationstheorien. Ein Textbuch zur Einführung*, Hrsg. Roland Burkart und Walter Hömberg, 85–110. Wien: Braumüller.
Schrag, Wolfram. 2007. *Medienlandschaft Deutschland.* Konstanz: UVK.
Schröder, Guido. 2008. *Positive Medienökonomik. Institutionenökonomischer Ansatz für eine rationale Medienpolitik.* Baden-Baden: Nomos.
Siebert, Fred S., Theodore Peterson, und Wilbur Schramm. 1956. *Four theories of the press.* Urbana: University of Illinois Press.
Sjurts, Insa. 2005. *Strategien der Medienbranche. Grundlagen und Fallbeispiele*, 3., überarb. u. erw. Aufl. Wiesbaden: Gabler.
Studer, Samuel, Matthias Künzler, und Otfried Jarren. 2013. Mediensystemwandel als Medienorganisationswandel – Implikationen der Population-Ecology. In *Langfristiger Wandel von Medienstrukturen. Theorie, Methoden, Befunde.* Hrsg. Wolfgang Seufert und Felix Sattelberger. 31–50. Baden-Baden: Nomos.
Thomaß, Barbara. 2007. Mediensysteme vergleichen. In *Mediensysteme im internationalen Vergleich*, Hrsg. Barbara Thomaß, 12–41. Konstanz: UVK & UTB.
Toepfl, Florian. 2011. *Mediensysteme in Transformationsprozessen. Wie entstehen pluralistische Mediensysteme – und warum nicht?* Baden-Baden: Nomos.
Wersig, Gernot. 2000. *Informations- und Kommunikationstechnologie. Eine Einführung in Geschichte, Grundlagen und Zusammenhänge.* Konstanz: UVK.
Wiio, Osmo A. 1983. The mass media role in the western world. In *Comparative mass media systems*, Hrsg. L. John Martin und Anju Grover Chaudhary, 85–94. New York: Longman.
Wilke, Jürgen. 2000. *Grundzüge der Medien- und Kommunikationsgeschichte. Von den Anfängen bis ins 20. Jahrhundert.* Köln: Böhlau.
Wirtz, Bernd W. 2006. *Medien- und Internetmanagement*, 5., überarb. Aufl. Wiesbaden: Gabler.

Der normative Rahmen des deutschen Mediensystems

2

Bevor wir die einzelnen Medien bzw. Medienteilsysteme genauer analysieren, soll hier zunächst der normative Rahmen des deutschen Mediensystems in der gebotenen Kürze dargestellt werden. Es geht dabei um die medienübergreifenden rechtlichen und ethischen Grundlagen, auf denen die publizistischen Medien insgesamt basieren. Die für einzelne Medienfelder wie Buch, Film, Rundfunk oder Onlinemedien spezifischen gesetzlichen Regelungen und Selbstkontrollinstitutionen werden hingegen in den folgenden Kapiteln behandelt (vgl. Kap. 4).

2.1 Demokratische Medienpolitik, Medienordnung und Media Governance

Die Normen gesellschaftlicher Kommunikation sind das Ergebnis politischer Entscheidungen und sozialer Praxis im kommunikativen Alltag. Politische Entscheidungen, die das gesamte Mediensystem und die gesellschaftliche Kommunikation prägen, indem sie einen Rahmen von Regeln und Strukturen mehr oder weniger stark vorgeben, werden in unterschiedlichen politischen Systemen auf ganz verschiedene Art getroffen: Die Kommunikations- und Medienpolitik sieht in pluralistischen Gesellschaften mit demokratischer Verfassung ganz anders aus als in autoritären oder gar totalitären Staaten bzw. historischen Phasen. Auch die alltäglichen Kommunikationspraxen, in denen Regeln ausgehandelt werden, unterliegen einem historischen Wandel und sie unterscheiden sich je nach kulturellem Hintergrund, Milieu und Lebensstil. Das Mediensystem erweist sich einmal mehr als offenes interdependentes System, sodass die Darstellung seiner normativen Grundlagen stets den politischen Ordnungsrahmen sowie die politische Kultur berücksichtigen muss.

K. Beck, *Das Mediensystem Deutschlands*, Studienbücher zur Kommunikations- und Medienwissenschaft, https://doi.org/10.1007/978-3-658-11779-5_2

Die Bundesrepublik Deutschland, um deren Mediensystem es hier geht, versteht sich als „demokratischer und sozialer Bundesstaat“ (Art. 20.1 GG). Alle drei Charakteristika besitzen auch für die Medien- und Kommunikationspolitik die höchste Bedeutung:

- Das Demokratiegebot des Grundgesetzes bezieht sich nicht nur auf die Art und Weise der Gesetzgebung durch eine vom Volk gewählte parlamentarische Legislative, sondern – wie wir sehen werden – auch auf die Verfasstheit und die normative Funktionszuschreibung von publizistischen Medien.
- Das Sozialstaatsgebot schreibt dem Staat eine Pflicht zu, aktiv für eine gerechte Ressourcen- und Chancenverteilung zu sorgen, auch was die Teilhabe an gesellschaftlicher Kommunikation betrifft.
- Das föderale Prinzip bewirkt gerade in der Medienpolitik eine Aufteilung der Kompetenzen zwischen Bund und Ländern. Die Bundesländer spielen eine wichtige Rolle (Art. 30 GG), weil ihnen die Kulturhoheit und damit eine Kompetenz für die Medien zugeschrieben wird.

Vor allem die Auslegung des Sozialstaatsgebotes und die Abgrenzung der Zuständigkeiten zwischen Bund und Ländern führen immer wieder zu politischen Konflikten – nicht zuletzt in Bezug auf die Medien. Je nachdem, ob Medien eher als Wirtschaftsgut (Ware, Dienstleistung) oder als Kulturgut (Bildung, Wissen, Information, Verständigung und Meinungsbildung) betrachtet werden, und abhängig davon, was man dem Markt als Regelungsmechanismus zutraut, fallen auch medienpolitische Einschätzungen und Positionen in Deutschland recht unterschiedlich aus. Die Rolle des Staates in der Kommunikations- und Medienpolitik wird folglich unterschiedlich interpretiert. Eine zentrale Herausforderung besteht in Demokratien darin, dass die Medien eben keine Staatsgewalt darstellen, sondern eine von ihm unabhängige gesellschaftliche Institution. Hieraus ergibt sich die paradox anmutende Aufgabe für den Staat (Bund und Länder), Medien einerseits zu regulieren, aber andererseits möglichst ohne ihre Unabhängigkeit und Freiheit zu beschränken. Die nicht zuletzt aufgrund der Erfahrung des Nationalsozialismus, während dem die Medien durch Partei und Staat gesteuerte Propagandaorgane waren, gebotene staatliche Zurückhaltung in der Medien- und Kommunikationspolitik hat in der Bundesrepublik zu einer besonderen Situation geführt:

- Es gibt kein zentrales und einheitliches „Mediengesetz“ wie in vielen anderen Staaten, darunter auch demokratisch verfassten. Auch das Grundgesetz enthält keine *konkreten* Aussagen, wie die Medien in Deutschland organisiert sein müssen. Weder der öffentlich-rechtliche Rundfunk noch die marktwirtschaftliche Verfasstheit der anderen Medien sind hier festgelegt.
- Weil in der Bundesrepublik Deutschland das Prinzip der Gewaltenteilung zwischen Legislative, Exekutive und Judikative (Art. 20.2 GG) herrscht, kommt neben den Länderparlamenten und dem Bundestag (Legislative) sowie der Exekutive (Regierungen und Behörden) der Judikative, also den Gerichten, eine bedeutende Rolle in der Medienpolitik

zu. Insbesondere das Bundesverfassungsgericht hat durch seine Interpretationen des Grundgesetzes zur Ausgestaltung der Medienordnung ganz wesentlich beigetragen, und zwar sowohl inhaltlich als auch hinsichtlich der Kompetenzverteilung zwischen Bund und Ländern.

- Aufgrund der föderalen Struktur speisen sich die normativen Grundlagen öffentlicher Kommunikation aus verschiedenen Quellen: In einer Vielzahl von *Gesetzen* des Bundes und der Bundesländer sowie von *Staatsverträgen* der Bundesländer sind die rechtlichen Normen kodifiziert, sodass man das Medienrecht als heterogenes Rechtsgebiet bezeichnen muss. Dem Bund steht zwar de jure eine Gesetzgebungskompetenz für die *Presse* zu, die er de facto nach einigen gescheiterten Anläufen für ein Presserechtsrahmengesetz nicht nutzt. Ausschlaggebend für die Pressemedien im weiteren Sinne (alle materiellen Trägermedien und ggf. Teilgeltungen auch für den Rundfunk) sind daher die 16 Landespressegesetze, die aber in allen wesentlichen Punkten übereinstimmen, sodass von einer weitestgehend einheitlichen Medienordnung gesprochen werden kann.

  Dies gilt auch für die ebenfalls der Länderkompetenz unterfallenden *Rundfunkmedien,* für die Landesrundfunkgesetze (öffentlich-rechtlicher Rundfunk) und Landesmediengesetze (privatrechtlicher Rundfunk) bestehen. Die einheitliche normative Grundlage wird hier durch bi- und multilaterale Staatsverträge sowie durch Staatsverträge aller Bundesländer hergestellt: Staatsvertrag für Rundfunk und Telemedien (Rundfunkstaatsvertrag RStV), Rundfunkfinanzierungsstaatsvertrag, Rundfunkgebührenstaatsvertrag und Staatsvertrag über den Schutz der Menschenwürde und den Jugendschutz in Rundfunk und Telemedien (Jugendmedienschutz-Staatsvertrag JMStV) sowie die Staatsverträge über die ARD, das ZDF und DeutschlandRadio (vgl. hierzu die Abschn. 4.4 und 4.5).
- Als Mitglied der Europäischen Union (EU) hat sich die Bundesrepublik verpflichtet, ihre nationale Gesetzgebung im Einklang mit den *Richtlinien der EU* zu gestalten. Das Recht der Europäischen Union steht – auch in Medienfragen – über dem der Nationalstaaten, einschließlich der Bundesländer. Darüber hinaus hat die Bundesrepublik eine Reihe internationaler Abkommen und Deklarationen unterzeichnet, aus denen verbindliche Pflichten resultieren, auch wenn hier die Sanktionsmechanismen deutlich schwächer wirken als die der EU.
- Weil aus demokratietheoretischen Gründen, und nicht zuletzt aufgrund der Kette von unterschiedlichen aber durchweg negativen deutschen Erfahrungen mit Obrigkeitsstaat, Nationalsozialismus und dem SED-Regime in der DDR, eine Zurückhaltung des Staates geboten ist, besitzen neben gesetzlichen Normen *medienethische Normen* einen besonders hohen Stellenwert. Handlungsleitende Regeln der Kommunikation werden von den Akteuren selbst in der Praxis ausgehandelt und finden ihren Niederschlag mitunter in institutionalisierter Form, etwa als „Publizistische Grundsätze" (Pressekodex) oder unternehmensinterne Leitsätze. In Deutschland haben sich eine ganze Reihe von *Selbstkontrolleinrichtungen* entwickelt, die medienspezifisch arbeiten und deshalb an anderer Stelle behandelt werden (vgl. hierzu Kap. 4).

Wie in vielen anderen Demokratien und bestärkt durch die neoliberale Deregulierungspolitik der Europäischen Union hat sich in Deutschland das Konzept der *Media Governance*[1] etabliert: Der Staat ist demnach nicht mehr der zentrale Regulierungsakteur, d. h. er soll immer weniger in die überwiegend kapitalistisch organisierten Medien eingreifen, weil dies die (unternehmerische oder gesellschaftliche) Freiheit bedrohe (liberales Argument). Als Begründung für einen Rückzug des (Sozial-)Staates wird auch angeführt, dass staatliche Regulierungen wenig erfolgreich oder gar kontraproduktiv sind (These vom Staatsversagen). Aus ideologisch begründeten ordnungspolitischen Vorstellungen (Glaube an den Markt als optimaler Verteilungsmechanismus) oder aus pragmatischen Erwägungen werden den Marktakteuren selbst Aufsichts- und Kontrollfunktionen, also vormals staatliche Regulierungsaufgaben, überantwortet. Im Mediensektor, für den Staatsfreiheit essenzielle Bedeutung besitzt, erscheint ein solcher Ersatz von hoheitlichem Government durch kooperative Governance besonders angemessen. Allerdings stehen dem empirische Befunde über das reale Marktverhalten (Profitmaximierung durch Kostenwettbewerb statt Qualitätswettbewerb) und die Marktentwicklungen (Konzentration) gegenüber (vgl. KEK 2015), die die These vom Marktversagen begründen: Der Blick auf die Eigentumsverhältnisse der publizistischen Medien, die Zugangschancen zu öffentlicher Kommunikation und die Qualität der Medieninhalte lassen ernsthafte Zweifel an einer weitergehenden Deregulierung („Liberalisierung") aufkommen. In Deutschland hat sich deshalb bislang ein gemischtes System durchsetzen können, das sich als Media Governance with Government oder als „regulierte Selbstregulierung" verstehen lässt. Dabei spielen Marktakteure, also Medienunternehmen und ihre Verbände, zwar über Normenwerke und Selbstkontrolleinrichtungen eine wichtige Rolle, aber staatliche Akteure bleiben deshalb nicht völlig passiv außen vor. Sie formulieren und kontrollieren Mindeststandards und Vorgaben für die Art und Weise der Selbstkontrolle. Bei deren Versagen können sie im Sinne einer Aufsichtsbehörde (Exekutive) auf gesetzlicher Grundlage eingreifen, im Konfliktfall angerufen werden (Judikative) oder mittelfristig auch die rechtlichen Grundlagen (die Regulierung) der Selbstregulierung verändern (Legislative).

Die Erweiterung des Akteursnetzes in Gestalt von Media Governance ändert nicht nur die Rolle staatlicher Medienregulierer, sondern gleichzeitig auch die Art und Weise der politischen Steuerung. Während staatliche Politik klassischerweise mit den Mitteln Verbot und Gebot sowie entsprechenden Strafandrohungen hierarchisch und vertikal steuerte, spielen nun horizontale Aushandlungsprozesse (also: Kommunikation), Überzeugung, finanzielle und andere Anreize (etwa Image und Reputation) eine stärkere Rolle. Entscheidend ist dabei aus demokratietheoretischer und sozialstaatlicher Sicht allerdings, welche Chancen Mediennutzer – als Konsumenten und als Bürger – besitzen, ihre Interessen und Werte in den Media Governance-Prozess einzubringen, bzw. wer das „öffentliche Interesse" wirksam artikuliert und im Netzwerk der ressourcenstarken Akteure (Unternehmen, Verbände, Behörden) durchsetzt.

[1]Vgl. zum Konzept der Media Governance Donges (2007), Puppis (2010, S. 49–62) sowie Seufert und Gundlach (2017, S. 129–137).

Media Governance bedeutet für die Bundesrepublik Deutschland zudem, dass nationalstaatliche Akteure – Bund und Länder – an Bedeutung für das Mediensystem zugunsten von *trans- und internationalen Akteuren* verloren haben. An erster Stelle ist hier die Europäische Union zu nennen, aber auch der Europarat, die Vereinten Nationen (UNO) und andere.[2]

2.2 Kommunikations- und Medienfreiheiten

Die zentrale normative Grundlage gesellschaftlicher Kommunikation bilden die Kommunikationsfreiheiten, die das Ergebnis eines in Deutschland besonders langwierigen und an Rückschlägen reichen Institutionalisierungsprozesses sind (vgl. Pürer und Raabe 2007, S. 57–63):

- Als klassische liberale Forderung spielten die Kommunikationsfreiheiten bei der Revolution von 1848 bereits eine zentrale Rolle, konnten sich aber im Deutschen Reich aufgrund der Pressepolitik von Bismarck (insbesondere Sozialistengesetze und Kulturkampf gegen katholische Kirche) sowie der Militärzensur im Ersten Weltkrieg bis zur Revolution 1918 nicht nachhaltig etablieren.
- Die Weimarer Verfassung (Art. 118) schütze die Kommunikationsfreiheiten nur in zurückhaltender Form (Meinungsfreiheit und Zensurverbot), aufgrund der in Art. 48 vorgesehenen Notverordnungen aber nur unzureichend.
- Die nationalsozialistische Diktatur setze die Kommunikationsfreiheiten wie alle anderen Grund- und Menschenrechte mithilfe der Notverordnungen de facto vollständig außer Kraft.
- Erst mit der Gründung der Bundesrepublik Deutschland und dem Inkrafttreten des Grundgesetzes 1949 sind die Kommunikationsfreiheiten im umfassenden Sinn garantiert. Durch den Beitritt der fünf ostdeutschen Bundesländer im Jahre 1990 gilt diese Garantie für ganz Deutschland.

Beispiel

In der Verfassung der Deutschen Demokratischen Republik fand sich 1949 eine Garantie der Meinungs- und der Medienfreiheiten, die später ausdrücklich relativiert wurde: In der zweiten Verfassung von 1968 wurde das explizite Zensurgebot gestrichen, die Meinungsfreiheit wurde an die „Grundsätze der Verfassung" gebunden, eine Informationsfreiheit nicht garantiert (Art. 27). Tatsächlich waren die Kommunikationsfreiheiten in der DDR immer dem Staatsverständnis und den politischen Zielen des Regimes untergeordnet, wie die zentralistische Medienorganisation, die inhaltliche Medienlenkung durch die Staatspartei SED, aber auch zahlreiche Fälle politischer Gefangener belegen.

[2] Vgl. hierzu Abschn. 5.4 sowie ausführlich Berghofer (2017) (für die globale Ebene) und Holtz-Bacha (2006, 2011) für die europäische Medienpolitik.

Die zum Verständnis des Mediensystems unabdingbaren Kommunikationsgrundrechte sind im Grundgesetz an sehr prominenter Stelle garantiert, nämlich in Artikel 5:

1. Jeder hat das Recht, seine Meinung in Wort, Schrift und Bild frei zu äußern und zu verbreiten und sich aus allgemein zugänglichen Quellen ungehindert zu unterrichten. Die Pressefreiheit und die Freiheit der Berichterstattung durch Rundfunk und Film werden gewährleistet. Eine Zensur findet nicht statt.
2. Diese Rechte finden ihre Schranken in den Vorschriften der allgemeinen Gesetze, den gesetzlichen Bestimmungen zum Schutze der Jugend und in dem Recht der persönlichen Ehre.
3. Kunst und Wissenschaft, Forschung und Lehre sind frei. Die Freiheit der Lehre entbindet nicht von der Treue zur Verfassung.

Im Gegensatz zu einigen anderen Staatsverfassungen stellen diese Freiheitsrechte in Deutschland nicht nur Bürgerrechte, sondern Menschenrechte dar, d. h. sie gelten voraussetzungslos und ohne Rücksicht auf eine Staatsbürgerschaft oder sonstige soziale Zugehörigkeit. Dies ist vor allem ein Resultat der historischen Erfahrungen, denn im Nationalsozialismus wurden Staatsbürgerrechte willkürlich aus rassistischen, antisemitischen und politischen Gründen entzogen, sodass den betroffenen Menschen auch juristisch die grundlegendsten Freiheitsrechte aberkannt wurden. Die Kommunikationsfreiheiten sind sehr hochrangige Grundrechte, die nach liberaler Tradition vor allem Abwehrrechte gegenüber dem Staat bedeuten, darüber hinaus aber mittelbare „Drittwirkungen“ entfalten. Das heißt, sie verpflichten staatliche Akteure nicht nur, selbst keine Einschränkungen vorzunehmen, sondern dazu, sich schützend und fördernd vor diese Grundrechte zu stellen, wenn sie von nicht-staatlichen Akteuren bedroht werden (vgl. Fechner 2006, S. 19–26).

Grundgesetz Art. 5, Absatz 1 schützt drei elementare Kommunikationsfreiheiten:

- Die *Meinungsfreiheit* ist Ausdruck von Menschenwürde und Freiheit; für eine demokratische Gesellschaft ist sie konstituierend. Als individuelles Recht seine Meinung zu bilden, sie zu äußern und zu verbreiten, umfasst es neben der direkten Rede auch den Gebrauch aller medialen Formen, es dürfen folglich alle „technisch basierten Zeichensysteme“ verwendet werden. Die Meinungsfreiheit umfasst auch die „negative Meinungsfreiheit“, also das Freiheitsrecht (auch gegenüber dem Staat) seine Meinung zu verschweigen. Während auch die für die Medien ja nicht unerhebliche Wirtschaftswerbung und sogar offenkundig wenig fundierte oder unsinnige Meinungen grundrechtlich geschützt sind, gilt Art. 5 nicht für Tatsachenbehauptungen. Diese sind „wahrheitsfähig“, allerdings nicht ohne Probleme von Meinungen abzugrenzen und daher im Zweifel (d. h. so lange sie nicht nachweislich unzutreffend sind) zu tolerieren. Als weitere Grenze der Meinungsäußerung ist die sog. „Schmähkritik“ zu nennen, bei der es um die Herabwürdigung einer Person ohne Tatsachenbezug geht, weil hier das Rechtsgut der Menschenwürde auf dem Spiel steht (vgl. Fechner 2006, S. 33–41).

- Die *Informationsfreiheit* gilt als individuelles Recht, sich zu informieren, vor allem weil Information die Voraussetzung für eine freie und demokratische Meinungs- und Willensbildung ist. Unterstellt werden dabei sowohl ein individuelles Informationsbedürfnis wie ein öffentliches Informationsinteresse, zu deren Erfüllung Medien einen konstitutiven Beitrag leisten. Es ist wiederum die Erfahrung des Nationalsozialismus, während dessen Herrschaft die Nutzung internationaler Medien bestraft wurde, die für eine ausdrückliche Garantie dieser Kommunikationsfreiheit gesorgt hat. Als „allgemein zugängliche Quellen" gelten alle Angebote, die „technisch geeignet und bestimmt [sind], der Allgemeinheit, d. h. einem individuell nicht bestimmbaren Personenkreis Informationen zu vermitteln" (BVerfGE 27, S. 71, 82 f.) (vgl. Fechner 2006, S. 42–44). Akten von Behörden, insbesondere von Sicherheitsbehörden, Staatsgeheimnisse etc. sind gleichwohl geschützt. Individuelle Auskunftsrechte von Bürgern gegenüber Behörden regeln „Informationsfreiheitsgesetze" des Bundes[3] und der Länder; die professionellen Auskunftsrechte von Journalisten hingegen die Landespressegesetze (siehe unten).
- Die *Presse- bzw. Medienfreiheit* ist ein institutionelles Recht[4] mit unterschiedlichen „Grundrechtsträgern." Im Grundgesetz ausdrücklich aufgeführt sind Presse, Rundfunk und Film, wobei der verfassungsrechtliche Rundfunkbegriff stets Hörfunk und Fernsehen umfasst. In der Rechtssprechung erstreckt sich die Medienfreiheit auf die gesamten Medien, also nicht nur auf die „journalistische" Berichterstattung von Rundfunk und Film, deren nicht-journalistische Teile im Zweifel auch von der Kunstfreiheit (Abs. 3) geschützt wären. Eingeschlossen in den Grundrechtsschutz sind neben den nicht-periodischen Medien alle neueren „anderen Medien" mit publizistischen Funktionen, die zum Teil in den Grundrechtskatalogen der Landesverfassungen eigens aufgeführt werden (vgl. Fechner 2006, S. 32, 46). Geschützt sind die Tätigkeit, die Erzeugnisse und die Träger der Pressefreiheit mit den notwendigen Produktionsmitteln.

Kommunikationspolitisch umstritten ist zuweilen, wer genau Träger der Pressefreiheit im Binnenverhältnis zwischen dem Medieneigentümer (Verleger) und den Journalisten ist. Medienbetriebe sind als Tendenzbetriebe von der unternehmensinternen Mitbestimmung (gem. § 118 Betriebsverfassungsgesetz) eindeutig ausgenommen. Die publizistische Grundsatzkompetenz kommt daher letztlich den Eigentümern als Trägern der Medienfreiheit zu, während sich die Pressefreiheit der Journalisten auf die Richtlinien- und Detailkompetenz beschränkt.

[3]Vgl. für den Bund: Informationsfreiheitsgesetz vom 5. September 2005 (BGBl. I S. 2722); online unter: http://www.gesetze-im-internet.de/bundesrecht/ifg/gesamt.pdf [18.11.2011].

[4]Grundrechte gelten für natürliche Personen; für juristische Personen wie Medienunternehmen unter Maßgabe von Art. 19 GG, Abs. 3, wenn sie ihrem Wesen nach auf juristische Personen, also korporative Akteure, anwendbar sind. Das ist bei Medienunternehmen und Medienfreiheiten leicht einsichtig, allerdings gibt es konfligierende Auffassungen darüber, ob innerhalb der Medienorganisation die Journalisten oder die Verleger bzw. Eigentümer Grundrechteträger sind.

Eigens aufgeführt, wiederum als Lehre aus der politischen Geschichte Deutschlands, wird in Absatz 1 das *Zensurverbot*. Es untersagt eine staatliche Zensur vor der Publikation und Verbreitung (staatliche Vorzensur), schützt Medien aber nicht vor Strafverfolgung aufgrund allgemeiner Gesetze (Nachzensur) und dem Verbot durch andere Akteure (Herausgeber, Chefredakteure, Kirchen etc.). Zudem unterliegt auch das Zensurverbot den Grundrechtsschranken, sodass eine Indizierung bzw. die Erteilung von Vertriebsverboten aus Gründen des Jugendschutzes möglich sind (vgl. Fechner 2006, S. 47–48).

Absatz 2 des Art. 5 GG definiert für alle drei Kommunikationsfreiheiten mögliche Beschränkungen, die auf rechtsstaatlicher Basis zu erfolgen haben und nicht unbegrenzt erlassen werden können (sog. „Schranken-Schranken"). Die Medienfreiheiten sind kein Selbstzweck, sondern werden garantiert, weil sie konstitutiv für die Demokratie sind, also insofern eine dienende Funktion haben. Die Einschränkungen des Art. 5 GG Abs. 1 sind insbesondere denkbar, wenn letztlich andere hochrangige Grundrechte mit den Kommunikationsfreiheiten kollidieren, denn die Grundfreiheiten stehen letztlich in Wechselwirkung miteinander. Das für die öffentliche Kommunikation als Schranke relevanteste Grundrecht ist die in Art. 1, Abs. 1 verbürgte „unantastbare" Würde des Menschen, die im Recht der persönlichen Ehre konkretisiert wird. Abs. 2 sieht als Schranken außerdem allgemeine Gesetze vor (etwa das Strafgesetzbuch mit einigen medienrelevanten Paragrafen), was spezielle Einzelfallgesetze – etwa zur Verhinderung bestimmter Meinungsäußerungen oder zum Ausschluss bestimmter Personen(gruppen) – verhindern soll. Und schließlich wird der Jugendschutz ausdrücklich als mögliche Schranke der Kommunikationsfreiheiten genannt, der aber einer „gesetzlichen Bestimmung" (vgl. unten) bedarf, also nicht willkürlich wechselnden moralischen ad hoc-Urteilen unterliegen darf.

Die Bundesrepublik Deutschland ist Mitglied internationaler Organisationen, die ebenfalls Kommunikationsfreiheiten garantieren:

- In der *Deklaration der Menschenrechte der UNO* von 1948 werden Meinungs-, Meinungsverbreitungs- und Informationsfreiheit über nationale Grenzen hinweg garantiert (Art. 19).
- Die *Europäische Menschenrechtskonvention*[5] von 1950 deklariert in Art. 10 ebenfalls die grenzüberschreitende Kommunikations- und Medienfreiheit und räumt den Bürgern der 46 Europarats-Staaten ein individuelles Klagerecht vor dem Menschenrechtsgerichtshof in Straßburg ein. In einer Konvention über das grenzüberschreitende Fernsehen[6] wurden 1993 neben der Kommunikationsfreiheit nochmals explizit die Empfangsfreiheit und die Weiterverbreitungsfreiheit festgehalten.

---

[5]Konvention zum Schutze der Menschenrechte und Grundfreiheiten in der Fassung des Protokolls Nr. 11 Rom/Rome, 4.XI.1950; aktualisierte Fassungen mit den Protokollen online unter: http://conventions.coe.int/Treaty/ger/Treaties/Html/005.htm [11.11.2011].

[6]Aktualisierte Fassungen online unter: http://conventions.coe.int/treaty/ger/Treaties/Html/132.htm [11.11.2011].

- Seit dem 2009 geschlossenen *Vertrag von Lissabon* gilt in der Europäischen Union die *Grundrechte-Charta,* die in Art. 11 die individuelle Meinungs- und Informationsfreiheit (gemäß der Europäischen Menschenrechtskonvention) bestätigt sowie Freiheit und Pluralität der Medien garantiert.

2.3 Weitere medienrelevante Grundrechte

Absatz 3 des Art. 5 GG ist für die gesellschaftliche Kommunikation und für die Medien ebenfalls relevant, auch wenn es auf den ersten Blick gar nicht um Medien geht. Medien sind aber in vielen Fällen, vor allem bei Literatur und Filmkunstwerken, Vermittler von Kunst, die letztlich auch als Kommunikationsprozess verstanden werden kann. Verfassungsrechtlich ist in diesem Zusammenhang von „Werkbereich" als künstlerischer Betätigung und von „Wirkbereich" als öffentlichem Zugang zur Kunst die Rede; und in diesem Wirkbereich sind neben Museen, Galerien etc. die publizistischen Medien von erheblicher Bedeutung. Im Gegensatz zu den Kommunikations- und Medienfreiheiten unterliegen *Kunst- und Wissenschaftsfreiheiten* keinen weiteren gesetzlichen Schranken (sog. „geschlossenes Grundrecht"), d. h. sie werden nur durch die Wechselwirkung mit anderen Grundrechten begrenzt. In der Praxis muss jeweils im Einzelfall eine Güterabwägung erfolgen, mit dem Ergebnis, dass insbesondere die Kunstfreiheit weiter gesteckt ist als die Medienfreiheiten (vgl. Fechner 2006, S. 30, 48–52).

Das deutsche Grundgesetz garantiert weitere Freiheitsrechte, die für das Mediensystem bedeutsam sind, insbesondere die Berufsfreiheit (Art. 12 GG) und die Eigentumsfreiheit (Art. 14 GG): Die *Berufsfreiheit* betrifft insbesondere die Wahl des journalistischen Berufs, der in Deutschland von jedem ergriffen werden kann; es bedarf keiner staatlichen Zulassung oder Mitgliedschaft in einer Kammer. Das hindert Medienorganisationen nicht daran, bestimmte Berufsqualifikationen von Mitarbeitern (journalistische Ausbildung) zu fordern, aber auch niemanden daran, sich selbst als Journalist zu bezeichnen. Die Berufsfreiheit umfasst auch die *Gewerbefreiheit* von Medienunternehmern, die keinerlei Genehmigung oder Lizenz für die Gründung und den Betrieb benötigen.[7]

Das *Recht auf Eigentum* in Art. 14 GG ist ein gesetzlich beschränkbares Recht und an die Pflicht gebunden, zum Wohle der Allgemeinheit zu wirken, für die publizistischen Medien ist es in zweifacher Hinsicht bedeutsam: Zum einen ermöglicht und sichert es privatrechtliche Medienunternehmen, zum zweiten ist es Grundlage für das Urheberrecht am geistigen Eigentum.

Für die gesellschaftliche Kommunikation, zunehmend auch für die Kommunikation mittels Onlinemedien, ist Art. 10 GG besonders wichtig, der das *Brief-, Post- und*

[7]Die Zulassungspflicht für die Veranstaltung von privatrechtlichen Rundfunkprogrammen ist daher sehr aufwändig begründet und vergleichsweise staatsfern durch öffentlich-rechtliche Landesmedienanstalten geregelt; vgl. Abschn. 4.4.3.2 und 4.4.3.3).

Fernmeldegeheimnis schützt, das nur in besonderen Fällen durch staatliche Ermittlungsbehörden und die Inlandsgeheimdienste zeitweilig verletzt werden darf. Ähnliches gilt für die Unverletzlichkeit der Wohnung (Art. 13 GG) – etwa bei sog. „digitalen Hausdurchsuchungen“ durch staatliche Behörden oder Kriminelle. Für das Mediensystem bzw. die öffentliche Kommunikation sind auch diese auf das Individuum bezogenen Grundrechte insofern relevant, als mit Mitteln der Telekommunikation (Onlinemedien) viel einfacher als zuvor jeder gruppenöffentlich oder öffentlich kommunizieren kann. Andererseits eröffnen digitale Mediennetze aber der staatlichen und kommerziellen Überwachung von privater Kommunikation neuartige technische und organisatorische Möglichkeiten. Das automatisierte und meist für die Betroffenen nicht erkennbare und nachvollziehbare Sammeln von Profil- und Mediennutzungsdaten sowie die freiwillige und willentliche Preisgabe persönlicher Daten können zu erheblichen Beschränkungen der Kommunikationsfreiheit führen. Unter dem Schlagwort „Big Data“ diskutierte Auswertungswerkzeuge und für die Nutzer weitestgehend undurchschaubare Algorithmen prägen das individuelle verfügbare Medienangebot und tendenziell auch die tatsächliche Mediennutzung. Diese Gefahren bedrohen die Freiheitlichkeit gesellschaftlicher Kommunikation nicht nur in autoritären oder totalitären Staaten und haben zu einer politisch kontrovers geführten Debatte geführt.

Eine zentrale Frage ist, wie das Verhältnis von Privatheit und Öffentlichkeit unter veränderten Medienbedingungen zu definieren ist. Das Bundesverfassungsgericht hat im Streit um die Verfassungsmäßigkeit einer staatlichen Volkszählung das *Recht auf informationelle Selbstbestimmung* begründet (sog. Volkszählungsurteil des BVerfG vom 15. Dezember 1983, vgl. BVerfG 1983), das unter den aktuellen Bedingungen digitaler Netzkommunikation erheblich an Relevanz gewonnen hat. Dieses Grundrecht ergibt sich aus den in Art. 1 und 2 GG garantierten Rechten auf Freiheit und Würde des Menschen, die durch das Gericht auf die Verfügungsrechte über die eigenen Daten bezogen wurden. Für die Einhaltung der Grundrechte wie für die Funktionsfähigkeit der Gesellschaft muss demnach gewährleistet sein, dass die Bürger „wissen können, wer was wann und bei welcher Gelegenheit über sie weiß … Hieraus folgt: Freie Entfaltung der Persönlichkeit setzt unter den modernen Bedingungen der Datenverarbeitung den Schutz des Einzelnen gegen unbegrenzte Erhebung, Speicherung, Verwendung und Weitergabe seiner persönlichen Daten voraus.“ (BVerfGE 65, 1).

2.4 Grundrechtsschranken, Jugendschutz und allgemeine Gesetze

Ausdrücklich als Grundrechtsschranke wird in Art. 5 GG der Jugendschutz genannt, dessen Ziel in der Gewährleistung einer ungestörten Persönlichkeitsentwicklung (ohne Gefahren einer sozialethischen Desorientierung) besteht, was sich wiederum aus den ersten beiden Artikeln des Grundgesetzes (Menschenwürde, allgemeines Freiheitsrecht) ergibt. Die (konkurrierende) Gesetzgebungskompetenz liegt beim Bund, der mit dem zuletzt 2016 novellierten *Jugendschutzgesetz (JuSchG)* eine einheitliche Rechtgrundlage für alle „Trägermedien“ (neben Druckwerken auch Film, Video und digitale Speichermedien) geschaffen hat. Die Kompetenz der Bundesländer betrifft hingegen die „trägerlosen“ Rundfunk- und Mediendienste; zentrale normative Grundlage für den Jugendschutz im Fernsehen und den Onlinemedien ist der Jugendmedienschutz-Staatsvertrag (vgl. Fechner 2006, S. 137–141).

- Jugendgefährdende Trägermedien können nach dem *JuSchG* indiziert, also auf Antrag des Bundesfamilienministeriums, der Landesjugendschutzbehörden oder der Jugendämter von der *Bundesprüfstelle für jugendgefährdende Medien (BPjM)* in eine Liste „schwer jugendgefährdender Medien“ („Index“) aufgenommen werden, wenn sie gewaltverharmlosende oder -verherrlichende, verrohende, zu Rassenhass, Verbrechen usw. aufrufende Inhalte enthalten. Die Indizierung ist eine Form staatlicher Nachzensur, weil sie zu Vertriebs- und Werbebeschränkungen führt; sie bedeutet aber kein Verbot der Medien, die auch weiterhin unter bestimmten Bedingungen (und wenn sie nicht gegen das Strafrecht verstoßen) an volljährige Mediennutzer verbreitet werden dürfen (vgl. hierzu Abschn. 4.1.3.1 und 4.5.3.1). Der gesetzliche Jugendschutz soll altersgerecht erfolgen, d. h. Medieninhalte werden – ganz im Sinne der staatsfernen Media Governance – von Einrichtungen der Freiwilligen Selbstkontrolle fachkundig geprüft und eingestuft („Altersfreigabe ohne Altersbeschränkung“, ab 6, 12, 16 Jahren oder „keine Jugendfreigabe“). Das Jugendschutzgesetz beschränkt auch die Anwesenheit von Kindern und Jugendlichen bei Kinovorführungen (je nach Uhrzeit und Begleitung von Erwachsenen), die Werbung für und den Vertrieb von jugendgefährdenden Medien u. v. a. m. Auch periodisch erscheinende Publikationen sowie „trägerlose“ Telemedien (insbesondere Online-Angebote) können auf die Liste der BPjM aufgenommen werden, wenn die dafür zuständigen Landesbehörden dies beantragen. Damit wird sichergestellt, dass dieselben Medieninhalte gleich behandelt werden, unabhängig von ihrem Verbreitungs- und Nutzungsweg.
- Der *Jugendmedienschutz-Staatsvertrag der Länder (JMStV)* bezieht sich auf Rundfunk- und Telemedienangebote, wie die Online-Angebote genannt werden. Er enthält neben einem Katalog unzulässiger Angebote und Bestimmungen für jugendgefährdende Inhalte Ausführungen zu einer staatsfernen Medienselbstregulierung für den Jugendmedienschutz im öffentlich-rechtlichen und privatrechtlichen Rundfunk sowie den Onlinemedien. Zuständig sind die Landesmedienanstalten, die eine gemeinsame Kommission für Jugendmedienschutz (KJM) gebildet haben. Die KJM zertifiziert wiederum Freiwillige Selbstkontrolleinrichtungen, wenn diese bestimmte qualitative und rechtliche Voraussetzungen erfüllen (vgl. hierzu Abschn. 4.4.3.3 und 4.5.3.1). Auf diese Weise wird dem Zensurvorwurf wirksam begegnet, denn es handelt sich um Nachzensur (auf der Grundlage konkreter Beschwerden), die zudem nicht von staatlichen Behörden ausgeübt wird (regulierte Selbstregulierung bzw. Coregulierung). Eine altersgerechte Bewertung (in den Abstufungen ab 6, 12, 16 oder 18 Jahren) von Medienangeboten soll hier ebenfalls durch fachkundige Selbstkontrolleinrichtungen und durch eine zeitliche Freigabe (beim Rundfunk) bzw. Zugangsbeschränkungen (bei nicht-linearen Online-Angeboten) erfolgen.

Wie der Jugendschutz so wird das *Recht der persönlichen Ehre* explizit als Grundrechtsschranke, also Grenze der Pressefreiheit, genannt. Die allgemeingesetzlichen Regelungen hierzu finden sich im Strafrecht (§ 185 ff. StGB), in der Praxis sind darüber hinaus zivilrechtliche Schadensersatz- oder Schmerzensgeldansprüche bedeutsam. Medienrelevant sind zudem die Ansprüche auf Unterlassung (ggf. kurzfristig per Einstweiliger Verfügung sowie durch eine Unterlassungsklage durchsetzbar), Widerruf, Berichtigung, Ergänzung und Gegendarstellung, die auch in den Pressegesetzen geregelt sind. Die medienrelevanten Ehrschutzdelikte sind Verleumdung (als nachweislich unrichtige Aussage über eine Person), üble Nachrede und Beleidigung als gezielte Missachtung einer Person.

Eine wichtige Rolle in der medienrechtlichen Praxis spielt das *Recht am eigenen Bild*, das im Kunsturhebergesetz (§ 22 ff. KUG) geregelt ist. Grundsätzlich dürfen „Bildnisse" nur mit expliziter oder impliziter Einwilligung (bei einem Interview o. ä.) der Abgebildeten publiziert werden. Das KUG und die Rechtsprechung unterscheidet dann weiter zwischen verschiedenen sozialen Sphären einerseits und zwischen verschiedenen Personengruppen andererseits: Der Intim- und Privatbereich aller Personen ist grundsätzlich geschützt. Für Personen der absoluten Zeitgeschichte („Prominente") und vorübergehend bezogen auf bestimmte Ereignisse auch für Personen der relativen Zeitgeschichte gelten andere Maßstäbe, d. h. es dürfen Fotos auch ohne Genehmigung veröffentlicht werden, allerdings nicht unbegrenzt. Nach der Rechtsprechung des Bundesverfassungsgerichts gilt die Publikationserlaubnis nicht für die Kinder von Prominenten oder wenn diese erkennbar versuchen, nicht öffentlich in Erscheinung zu treten, also eine private Situation vorliegt. Nach europäischer Rechtssprechung ist das ausschlaggebende Kriterium, ob die jeweilige Abbildung einen Beitrag zur öffentlichen Meinungsbildung bzw. zur „Debatte von allgemeinem Interesse" leistet oder nur die (möglicherweise weit verbreitete) individuelle Neugier befriedigt. Fotos aus dem privaten Alltagsleben dürfen auch von Prominenten nicht ohne Einwilligung publiziert werden, wobei für politische Amtsträger ein stärkeres öffentliches Interesse vermutet wird (vgl. Fechner 2006, S. 70–78).

Neben dem Jugendschutzgesetz und dem Recht der persönlichen Ehre als explizite Grundrechtsschranken regeln weitere *allgemeine Gesetze des Straf- und Zivilrechts* medienfreiheitsrelevante Fragen. Strafrechtlich verboten sind Pornografie (§ 184 StGB), Propagandamittel verfassungsfeindlicher Organisationen (§ 86 StGB), die Verunglimpfung des Staates und seiner Symbole (§ 90a StGB), das Offenbaren von Staatsgeheimnissen (§ 95 StGB) sowie die Verletzung des Wahlgeheimnisses (§ 107c StGB). Außerdem steht die Verbreitung von Medieninhalten unter Strafe, die zu Straftaten und Gewalt anleiten, für terroristische Vereinigungen werben oder volksverhetzend wirken könnten (§ 130 ff. StGB). Vor Verunglimpfung und Verächtlichmachung religiöser und weltanschaulicher Bekenntnisse schützt § 166 StGB, und die nicht genehmigte Publikation nicht-öffentlicher Äußerungen stellt § 201a StGB unter Strafe (vgl. Fechner 2006, S. 159–160). Allerdings folgt hieraus nicht die Pflicht, von vorneherein zum Zwecke der Publikation geführte journalistische Interviews von den Interviewpartnern autorisieren zu lassen. Grenzen der Publikation enthält auch das Wertpapierhandelsgesetz (§ 20a WpHG), denn es soll verhindert werden, dass Wirtschaftsjournalisten durch ihre Berichterstattung gezielt Kursentwicklungen auslösen, auf die sie sich zuvor bereits durch den Kauf oder Verkauf entsprechender Wertpapiere eingestellt haben, um daraus ihren privaten Nutzen zu ziehen.

2.5 Landespressegesetze

Auf der Ebene der Länder besitzen neben den Landesverfassungen und der medienspezifischen Rundfunkgesetzgebung die Landespressegesetze grundlegende und medienübergreifende Bedeutung. Der Pressebegriff ist dort nämlich (wie im GG) weit gefasst und bezeichnet nicht nur Periodika, sondern „alle mittels der Buchdruckerpresse oder eines sonstigen zur Massenherstellung geeigneten Vervielfältigungsverfahrens hergestellten und zur Verbreitung bestimmten Schriften, besprochene Tonträger, bildlichen Darstellungen mit und ohne Schrift und Musikalien mit Text oder Erläuterungen" einschließlich aller Agentur- und Mediendienste von „presse-redaktionellen Hilfsunternehmen … ohne Rücksicht auf die technische Form" (§ 6 Berliner Pressegesetz). In den Gesetzen wird dann weiter zwischen periodischen und nicht-periodischen Medien unterschieden; einige Landespressegesetze besitzen zudem eine Teilgeltung für den Rundfunk (z. B. § 23 des Berliner Pressegesetzes). Die Landespressegesetze weisen der Presse eine der Demokratie dienende Funktion und *öffentliche Aufgabe* zu: wahrheitsgemäße Berichterstattung, Information der Öffentlichkeit sowie Kritik und Beitrag zur Meinungsbildung. Verbunden mit dieser herausgehobenen gesellschaftlichen Funktion sind besondere Rechte (Privilegien) und Pflichten, vor allem die Sorgfaltspflicht und formale Auflagen des Presseordnungsrechts. Die Landespressegesetze legen fest, dass die Presse *keine staatliche Zulassung* benötigt, dass sie einen Anspruch auf Auskunft gegenüber den Behörden hat und wie dieser zu erfüllen ist. Eine *Durchsuchung* von Redaktionsräumen sowie eine *Beschlagnahme* von Presseerzeugnissen können nur aufgrund eines richterlichen Beschlusses unter Maßgabe der Verhältnismäßigkeit erfolgen. Das strafprozessuale *Zeugnisverweigerungsrecht* (s. u.) ist auch in den Landespressegesetzen als wichtige Institution des Informantenschutzes enthalten.

Die *Sorgfaltspflicht* besagt, dass alle Nachrichten vor ihrer Publikation auf Inhalt, Wahrheit und Herkunft zu prüfen sind. Werbung muss gekennzeichnet und vom redaktionellen Teil getrennt werden. Das Presseordnungsrecht erlegt den Medienorganisation eine *Impressumspflicht* zur Identifikation der straf- und zivilrechtlich Verantwortlichen auf, bei periodischen Medien darüber hinaus die Bestimmung eines verantwortlichen Redakteurs. Zudem müssen meist die Eigentumsverhältnisse offen gelegt werden. Geregelt ist die *Haftung* für die Inhalte und das Recht auf (eine unverzüglich abzudruckende) *Gegendarstellung* für Personen, die von einer Tatsachen-Berichterstattung betroffen sind (das Gegendarstellungsrecht gilt nicht für die Meinungsäußerung).

Dem Schutz der Pressefreiheit dient ganz wesentlich der Schutz der Informanten der Presse. Presseangehörigen wird daher in der Strafprozessordnung (§§ 53 f. StPO) ein erweitertes Zeugnisverweigerungsrecht zugestanden, sodass sie auch im Rahmen eines

Strafverfahrens ihre Informanten nicht preisgeben müssen. Da die Strafverfolgungsbehörden in den letzten Jahren wiederholt zu Durchsuchungen, Beschlagnahmen und Ermittlungsmethoden gegriffen haben, die als unverhältnismäßig eingestuft werden können, wurden im Gesetz zur Stärkung der Pressefreiheit im Straf- und Strafprozessrecht (PrStG) vom 25. Juni 2012 entsprechende Klarstellungen nachgeholt und ggf. die Landespressegesetze angepasst.[8] Demselben Zweck dient auch der erweiterte Schutz vor Durchsuchungen von Redaktions- und Arbeitsräumen und gegen die Beschlagnahme (§ 97 u. 105 StPO). Die Geltung des Bundesdatenschutzgesetzes (BDSG) wird für die Presse eingeschränkt; ebenfalls um Informanten zu schützen, können Redaktionen den Datenschutz ausnahmsweise organisationsintern sichern (Redaktionsdatenschutz).

2.6 Urheber- und Leistungsschutzrechte sowie weitere relevante rechtliche Normen

Das *Urheberrecht* ist für Medien von erheblicher Bedeutung, weil Medienorganisationen einerseits geistige Werke Dritter verwerten und andererseits selbst Urheber geistigen Eigentums sind bzw. Leistungen bei der Vermittlung geistigen Eigentums erbringen. Das Urheberrecht entsteht zwangsläufig mit der Schöpfung von Sprach- und Druckwerken, Fotos, Filmen, Musik, bildender Kunst usw. und muss nirgends beantragt, eingetragen oder gekennzeichnet werden. Urheberrechtlich geschützt können Werke der Literatur, Wissenschaft und Kunst (de facto auch alle Medienprodukte) werden, sofern sie einen persönlichen geistigen Schöpfer haben, sinnlich wahrnehmbar (also keine bloßen Ideen) sind und eine bestimmte, allerdings schwer zu bestimmende, „Schöpfungshöhe" aufweisen: Medienunternehmen können also keine Urheberrechte erwerben, weil diese bei den persönlichen Urhebern (ggf. ihren Angestellten) verbleiben, aber sie können die Verwertungsrechte erwerben oder erwerben sie durch die Anstellung des geistigen Schöpfers automatisch, sofern die Urheberleistung im Rahmen der Beschäftigung erbracht wird.

In Deutschland gibt es seit 1965 das *Urheberrechtsgesetz (UrhG),* das in den letzten 15 Jahren aufgrund der medientechnischen und der europarechtlichen Veränderungen wiederholt novelliert wurde und wahrscheinlich vor weiteren Änderungen steht. Das Urheberrecht ist seit langem Gegenstand des internationalen Rechts, das auch in Deutschland gilt: 1886 wurde die *Berner Übereinkunft* zum Schutz von Werken der Literatur und Kunst getroffen und mittlerweile mehrfach überarbeitet sowie durch eine Reihe weiterer Abkommen seit den 1950er Jahren ergänzt. Seit den 1990er Jahren ist die Welthandelsorganisation mit den Vertragswerken *TRIPS* (Agreement on Trade-Related Aspects of Intellectual Property Rights Including Trade in Counterfeit Goods) und dem *GATS* (General Agreement on Trade in Services) bedeutsam. Ausländische Urheberrechtsinhaber sind

[8] Vgl. BGBl 2012, Teil I, Nr. 28; S. 1324; online unter: www1.recht.makrolog.de/irfd/show?normid=bd_bgbl_2012S1374B1374a_H28®ion=bund [17.08.2017].

demnach den deutschen Urhebern gleichzustellen. Die *World Intellectual Property Organization (WIPO)* ist 1967 Nachfolgerin des Büros der Berner Konvention (BIRPI) geworden und seit 1974 die für Urheberrecht zuständige Einrichtung der UNO. Die WIPO hat zwei Vertragswerke zu Software und Tonträgern hervorgebracht (vgl. Fechner 2006, S. 185–189; WIPO 2016).

Das Ziel des Urheberrechts besteht darin, den geistigen Urheber in zweifacher Hinsicht zu schützen und damit die Kreativität zu fördern. Als Hervorbringer („Schöpfer") soll der Urheber zum einen angemessen an der wirtschaftlichen Verwertung, also an den Erlösen beteiligt werden, damit sich Kreativität lohnt (Verwertungsrecht und angemessene Vergütung). Zum anderen geht es um die Verfügungsrechte an der persönlichen Schöpfung (Urheberpersönlichkeitsrecht), also den Schutz vor Verfremdung, Verfälschung, Entstellung oder sonstigem Missbrauch (vgl. Fechner 2006, S. 107–113). Urheberrechte sind in Deutschland unveräußerlich und nicht übertragbar, aber vererbbar, denn sie gelten 70 Jahre über den Tod des Urhebers hinaus. Diese lange Schutzfrist wird immer wieder kritisiert; der Gesetzgeber wollte den Anreiz für kreatives Schaffen dadurch erhöhen, dass der Urheber seine Rechte vererben kann. Nach Ablauf der Frist wird das Werk „gemeinfrei" und darf ohne Genehmigung von jedermann auch kommerziell verwertet und inhaltlich verändert, z. B. gekürzt werden, wie dies beispielsweise Buchverlage für Klassikerausgaben oder Film- und Fernsehproduzenten bei der Verfilmung literarischer Vorlagen nutzen.

Die *Nutzungs- und Verwertungsrechte* an seinem Werk kann ein Urheber als einfaches Recht (Lizenz) für eine bestimmte mediale Verwertungsform verkaufen oder er kann die ausschließlichen, also vollständigen Verwertungsrechte (einschließlich der Rechte für noch nicht bekannte Verwertungsformen) veräußern, wie dies beispielsweise in vielen Verlagsverträgen geschieht. Die Verwertungsrechte umfassen körperliche (Vervielfältigung, Verbreitung, Ausstellung) und unkörperliche Formen (Vortrag, Aufführung, Vorführung, Sendung, Wiedergabe und Zugänglichmachung), also alle erdenklichen Medientypen. Die Wahrnehmung der Verwertungsrechte übertragen die meisten Urheber speziellen *Verwertungsgesellschaften,* die in den Darstellungen zu den einzelnen Medien behandelt werden. Die Verwertungsgesellschaften vereinnahmen auch die pauschalen Geräte- und Trägerabgaben, die auf Leerkassetten und DVD sowie Fotokopierer erhoben bzw. von Bibliotheken und Mediatheken gezahlt werden.

Für die Medien relevant sind auch bestimmte *Schranken des Urheberrechts,* denn die Nachrichtenberichterstattung der Medien darf unbegrenzt verwendet, zitiert und vervielfältigt werden, während dies für Kommentare und journalistische Eigenleistungen jenseits der Nachricht, also etwa Reportagen, Essays, Features usw. nicht gilt. Insbesondere in der wissenschaftlichen und der Fachpublizistik dürfen Auszüge anderer Werke (Kleinzitate), aber auch vollständige Werke übernommen werden, sofern diese erläutert, analysiert oder kritisiert werden (Großzitat). Umstritten ist, gerade vor dem Hintergrund der Digitalisierung, das Recht auf die „Privatkopie" (das es formell nicht gibt), also die Vervielfältigung von urheberrechtlich geschützten Medieninhalten für den nicht gewerblichen, eigenen privaten Gebrauch (vgl. Fechner 2006, S. 128–130).

Medien bzw. dort tätige Personen sind nicht (immer) geistige Urheber von Werken, sondern in vielen Fällen primär Vermittler. Auch diese Leistungen sind durch *Leistungsschutzrechte,* allerdings deutlich schwächer als die Urheberrechte im UrhG geschützt. Auf massiven und erfolgreichen politischen Druck der Presseverleger hin hat die Bundesregierung in einer Novelle des Urhebergesetzes 2013 (vgl. UrhG §§ 87 f-h) den Verlegern (nicht den von ihnen beschäftigten Journalisten als Urhebern) das ausschließliche Recht eingeräumt, Presseartikel öffentlich zugänglich zu machen – sofern es sich nicht um einzelne Wörter oder kleinste Textausschnitte handelt. Die Wahrnehmung dieser Leistungsschutzrechte, insbesondere gegenüber Suchmaschinen und anderen intermediären Onlineanbietern, erfolgt durch die Verlage selbst oder die Verwertungsgesellschaft Media. Diese VG Media vertritt medienübergreifend die Interessen von Presseverlagen, Hörfunk- und Fernsehanbietern (vgl. VG Media 2016).

Die meisten Medien sind in Deutschland privatrechtlich organisiert und unterliegen damit denselben zivilrechtlichen Bestimmungen wie alle anderen Unternehmen, also dem *Vertragsrecht des BGB* ebenso wie dem *Gesetz gegen unlauteren Wettbewerb (UWG),* das auch der medialen Werbung bestimmte Regeln auferlegt. Insbesondere darf Werbung nicht irreführen, unzumutbar belästigen oder die Unwissenheit, vor allem von Kindern und Jugendlichen, gezielt ausnutzen. Werbung muss kenntlich gemacht und deutlich vom redaktionellen Teil getrennt werden (Trennungsgebot), um „Schleichwerbung" zu verhindern. Die Werbung für bestimmte Produktgruppen (Tabak, Alkohol, Arzneimittel) ist beschränkt (vgl. Fechner 2006, S. 146–158), um Konsumenten vor vermuteten Medienwirkungen zu schützen, die individuell wie gesamtgesellschaftlich negative Folgen nach sich ziehen könnten.

Als Unternehmen sind Medien Gegenstand des *Kartellrechts (Gesetz gegen Wettbewerbsbeschränkungen GWB),* das die Aufgabe hat, die Marktkonzentration soweit zu begrenzen, dass ein funktionsfähiger Wettbewerb gewährleistet wird. Im Falle der Medien geht es dabei nicht nur um die ökonomische Marktmacht, die sich als Preissetzungsmacht negativ bemerkbar macht. Vielmehr berücksichtigt das Kartellrecht die besondere publizistische Funktion der Presse und setzt hier eine deutlich niedrigere Schwelle fest, ab der Verlagszusammenschlüsse (Fusionen) genehmigungspflichtig sind, als bei allen anderen Branchen (vgl. Abschn. 4.1.3.1 und 4.2.4.1). Ergänzt wird das deutsche Wettbewerbsrecht durch die Praxis der Europäischen Union: Hier kann die EU-Kommission auf Vorschlag der zuständigen Generaldirektion Fusionen untersagen (vgl. Fechner 2006, S. 159).

2.7 Zusammenfassung

Die normativen Grundlagen des deutschen Mediensystems bestehen aus kodifizierten Gesetzen und Staatsverträgen sowie ethischen Normen und Standards. Wichtigste Rechtsquelle ist Art. 5 GG, der umfassende Meinungs-, Informations- und Medienfreiheiten garantiert sowie staatliche Vorzensur verbietet. Vor allem in den Landespressegesetzen und dem Jugendschutzgesetz sowie dem Jugendmedienschutzstaatsvertrag, dem Strafrecht und dem Urheberrecht des Bundes werden medienübergreifende Normen festgeschrieben. Für den Rundfunk sind die Bundesländer zuständig, die Landesrundfunk- und Landesmediengesetze sowie Staatsverträge hierzu abgeschlossen haben. Der Staatsvertrag für Rundfunk und Telemedien, den alle 16 Länder unterzeichnet haben, stellt eine bundeseinheitliche Regulierung des „Dualen Rundfunksystems" und der Telemedien (öffentliche Onlinekommunikation) sicher.

Die Bundesrepublik ist an die Richtlinien der Europäischen Union sowie eine Reihe internationaler Vertragswerke gebunden, die vor allem die Rundfunkordnung (EU), die Kommunikationsfreiheiten sowie den internationalen Urheberrechtsschutz regeln. In den einzelnen Mediensektoren gewinnen Institutionen der Medienselbstkontrolle als staatsferne Akteure der Media Governance an Bedeutung (vgl. hierzu Kap. 4).

Wichtige Quellen zu den normativen Grundlagen

- Fechner (2016); Seufert und Gundlach (2017); Schulz (2015)

Gesetze und Staatsverträge

- *Berliner Pressegesetz:* Berliner Pressegesetz vom 15. Juni 1965 (GVBl. S. 744); zuletzt geändert durch Aufhebungen sowie Neufassung durch Artikel 1 des Gesetzes vom 04.04.2016 (GVBl. S. 150).
- *Betriebsverfassungsgesetz:* Betriebsverfassungsgesetz in der Fassung der Bekanntmachung vom 25. September 2001 (BGBl. I S. 2518), das zuletzt durch Artikel 3 Abs. 4 des Gesetzes vom 20. April 2013 (BGBl. I S. 868) geändert worden ist.
- *Gesetz gegen Wettbewerbsbeschränkungen:* Gesetz gegen Wettbewerbsbeschränkungen (GWB) in der Fassung der Bekanntmachung vom 15. Juli 2005 (BGBl. I 2005, S. 2114), zuletzt geändert durch Gesetz vom 26. Juli 2013 (BGBl. I 2013, S. 1750, 3245), zuletzt geändert durch Artikel 1 des Gesetzes vom 17. Februar 2016 (BGBl. 2010, I S. 203).
- *Grundgesetz:* Grundgesetz für die Bundesrepublik Deutschland in der im Bundesgesetzblatt Teil III, Gliederungsnummer 100–1, veröffentlichten bereinigten Fassung, das zuletzt durch Artikel 1 des Gesetzes vom 23. Dezember 2014 (BGBl. I S. 2438) geändert worden ist; online unter: www.gesetze-im-internet.de/bundesrecht/gg/gesamt.pdf [09.08.2016].
- *Informationsfreiheitsgesetz:* Informationsfreiheitsgesetz vom 5. September 2005 (BGBl. I S. 2722), zuletzt geändert durch Artikel 2 Absatz 6 des Gesetzes vom 07. August 2013 (BGBl. I S. 3154); online unter: www.gesetze-im-internet.de/bundesrecht/ifg/gesamt.pdf [09.08.2016].
- *Jugendmedienschutzstaatsvertrag:* Staatsvertrag über den Schutz der Menschenwürde und den Jugendschutz in Rundfunk und Telemedien (Jugendmedienschutz-Staatsvertrag – JMStV) in der Fassung des Neunzehnten Staatsvertrages zur Änderung

rundfunkrechtlicher Staatsverträge (Neunzehnter Rundfunkänderungsstaatsvertrag). Online unter: http://www.kjm-online.de/fileadmin/Download_KJM/Recht/JMStV_ge%C3%A4nd._durch_19._R%C3%84StV.pdf [19.12.2016].

- *Jugendschutzgesetz:* Jugendschutzgesetz (JuSchG) vom 23. Juli 2002 (BGBl. I S. 2730, 2003 I S. 476), zuletzt geändert durch Artikel 4 des Gesetzes vom 18. Juli März 2016 (BGBl. I S. 1666); online unter: https://www.gesetze-im-internet.de/juschg/index.html [19.12.2016].
- *Telekommunikationsgesetz:* Telekommunikationsgesetz vom 22. Juni 2004 (BGBl. I S. 1190), das zuletzt durch Artikel 14 des Gesetzes vom 24. Mai 2016 (BGBl. I S. 1217) geändert worden ist; online unter: www.gesetze-im-internet.de/bundesrecht/tkg_2004/gesamt.pdf [09.08.2016].
- *Unlauterer Wettbewerb-Gesetz (UWG):* Gesetz gegen den unlauteren Wettbewerb in der Fassung der Bekanntmachung vom 3. März 2010 (BGBl. I S. 254), zuletzt geändert durch Artikel 4 des Gesetzes vom 17. Februar 2016 (BGBl. I S. 233); online unter: www.gesetze-im-internet.de/bundesrecht/uwg_2004/gesamt.pdf [09.08.2016].
- *Urheberrechtsgesetz:* Urheberrechtsgesetz vom 9. September 1965 (BGBl. I S. 1273), das durch Artikel 7 des Gesetzes vom 04. April 2016 (BGBl. I S. 558) geändert worden ist; online unter: http://www.gesetze-im-internet.de/bundesrecht/urhg/gesamt.pdf [09.08.2016].
- *Urheberrechtswahrnehmungsgesetz:* Urheberrechtswahrnehmungsgesetz vom 9. September 1965 (BGBl. I S. 1294), das zuletzt durch Artikel 218 der Verordnung vom 31. August 2015 (BGBl. I S. 1474) geändert worden ist; online unter: www.gema.de/fileadmin/user_upload/Gema/Urheberrechtswahrnehmungsgesetz.pdf [09.08.2016].

Literatur

Berghofer, Simon. 2017. *Globale Medien- und Kommunikationspolitik.* Nomos: Konzeption und Analyse eines Politikbereichs im Wandel. Baden-Baden.

Bundesverfassungsgericht (BVerfG). 1983. Urteil des Ersten Senats vom 15. Dezember 1983, 1 BvR 209/83 u. a. – Volkszählung, BVerfGE 65, 1. https://web.archive.org/web/20101116085553/http://zensus2011.de/fileadmin/material/pdf/gesetze/volkszaehlungsurteil_1983.pdf. Zugegriffen: 19. Dez. 2016.

Donges, Patrick, Hrsg. 2007. *Von der Medienpolitik zur Media Governance.* Köln: Halem.

Fechner, Frank. 2006. *Medienrecht,* 7. Aufl. Tübingen: Mohr Siebeck & UTB.

Fechner, Frank. 2016. *Medienrecht*, 17. überarb. Aufl. Tübingen: Mohr Siebeck & UTB.

Holtz-Bacha, Christina. 2006. *Medienpolitik für Europa.* Wiesbaden: VS Verlag.

Holtz-Bacha, Christina. 2011. *Medienpolitik für Europa 2. Der Europarat.* Wiesbaden: VS Verlag.

KEK. 2015. Von der Fernsehzentrierung zur Medienfokussierung – Anforderungen an eine zeitgemäße Sicherheit medialer Meinungsvielfalt. Bericht der Kommission zur Ermittlung der Konzentration im Medienbereich (KEK) über die Entwicklung der Konzentration und über Maßnahmen zur Sicherung der Meinungsvielfalt im privaten Rundfunk. Leipzig 2015. http://www.kek-online.de/fileadmin/Download_KEK/Informationen_Publikationen/KEK_Bericht_ALM_Band_49.pdf. Zugegriffen: 6. Aug. 2016.

Puppis, Manuel. 2010. *Einführung in die Medienpolitik,* 2. Aufl. Konstanz: UVK.
Pürer, Heinz, und Johannes Raabe. 2007. *Presse in Deutschland*, 3., völlig überarb. u. erw. Aufl. Konstanz: UVK.
Schulz, Wolfgang. 2015. Gesetzessammlung Information, Kommunikation, Medien. 16. Aufl. Hamburg: Hans-Bredow-Institut. www.hans-bredow-institut.de/webfm_send/1113. Zugegriffen: 19. Dez. 2016.
Seufert, Wolfgang, und Hardy Gundlach. 2017. *Medienregulierung in Deutschland. Ziele, Konzepte, Maßnahmen*, 2. akt. Aufl. Baden-Baden: Nomos.
VG Media. 2016. Daten & Fakten. www.vg-media.de/de/daten-fakten.html. Zugegriffen: 19. Dez. 2016.
WIPO. 2016. WIPO – A brief history. http://www.wipo.int/about-wipo/en/history.html. Zugegriffen: 19. Dez. 2016.

3 Infrastrukturen des deutschen Mediensystems

> Alle publizistischen Medien sind auf Infrastrukturen angewiesen, um an Themen, Nachrichten und andere Medieninhalte zu gelangen, die sie für die öffentliche Kommunikation zur Verfügung stellen: Redaktionen der Presse und des Rundfunks sowie der Onlinemedien fungieren als Vermittler, d. h. sie benötigen selbst Quellen für Nachrichten. Hierfür greifen sie vor allem auf Nachrichtenagenturen zurück. Auch PR-Agenturen beliefern Medien mit Inhalten, die sie im Interesse von Unternehmen, Verbänden, Organisationen oder Regierungen verbreiten. Und schließlich zählt auch Werbung nicht nur zu den weit verbreiteten Medieninhalten, sondern stellt eine wichtige Finanzierungsquelle des deutschen Mediensystems dar. Für alle drei Zwecke greifen die meisten Medien in Deutschland auf spezialisierte Agenturen zurück, die jedoch nach ganz unterschiedlichen Logiken und Normen arbeiten, weil sie verschiedene Ziele verfolgen. Diese medienübergreifenden Infrastrukturen auf der Beschaffungsseite werden in diesem Kapitel dargestellt. Abschließend geht es dann um die wichtigsten Infrastrukturen für Verbreitung und Vertrieb von Medien.

3.1 Nachrichtenagenturen

Nachrichtenagenturen gehören zu den zentralen Quellen der überregionalen und internationalen Berichterstattung der publizistischen Medien. Sie sammeln weltweit Nachrichten und recherchieren dabei aktiv nach journalistischen Maßstäben und Normen; zugleich sind sie Adressaten von Pressemitteilungen politischer, wirtschaftlicher und zivilgesellschaftlicher Akteure (Regierungen, Parteien, Behörden, Unternehmen, Organisationen, Verbände etc.). Den Agenturen kommt damit eine sehr wichtige Selektionsfunktion zu, denn sie wählen oft als erste im Kommunikationsprozess aus, über welche Ereignisse Nachrichten verfasst und verbreitet werden. Nachrichten, die nicht über die Agenturen

K. Beck, *Das Mediensystem Deutschlands*, Studienbücher zur Kommunikations- und Medienwissenschaft, https://doi.org/10.1007/978-3-658-11779-5_3

verbreitet werden, gelangen nur dann in die Medien, wenn diese selbst bzw. ihre Korrespondenten davon erfahren. Die Agenturen besitzen aber ein sehr viel dichteres Netz von Korrespondenten und Regionalbüros als es sich ein einzelnes Medienunternehmen, auch mit hohen Qualitätsansprüchen und guter Personalausstattung leisten könnte. Je geringer die eigenen Ressourcen der Medien sind, umso wichtiger sind daher die Leistungen der Nachrichtenagenturen als primäre „Lieferanten" von Nachrichten und zunehmend auch von vollständigen Beiträgen, die mitunter aus Kostengründen unverändert in die Zeitung oder das Rundfunkprogramm übernommen werden. Mit wachsendem Kostendruck nimmt die Übernahmequote zu und die Quellenvielfalt ab, was aus publizistischer Sicht problematisch ist, weil Vielfalt verloren geht. Durch Sparten- bzw. Ressortkennungen der Agenturtexte[1] wird der Nachrichtenfluss zudem vorstrukturiert (vgl. Meier 2002, S. 412–413).

Deutschland gilt als der am härtesten umkämpfte Markt für Agenturen (vgl. Wilke 2007, S. 330; Segbers 2007, S. 39–57; Goldhammer und Lipovski 2011). Auch wenn es in den letzten fünf Jahren aufgrund der Insolvenz des Deutschen Auslandsdepeschendienstes (dapd) und der Vertriebskooperation von Associated Press (AP) mit dpa eine Marktkonzentration gab, konkurrieren mit dem Marktführer deutsche presseagentur (dpa) die deutschsprachigen Dienste zweier „Welt-Agenturen", nämlich von Agence France-Press (AFP) und Reuters.[2] Die dpa liefert die meisten Meldungen – mehr als die drei Wettbewerber zusammen – und ist besonders stark bei Inlandsmeldungen (vgl. Wilke 2007, S. 336). Die anderen Agenturen haben im Wettbewerb bestimmte Profile entwickelt:

> Das sind bei AP die Auslandsnachrichten, insbesondere aber die ‚bunten' Meldungen für das Vermischte. Reuters hat sich noch mehr als früher zu einer Nachrichtenagentur mit dem Schwerpunkt Wirtschaft entwickelt. Und AFP zeichnet sich durch Auslandsnachrichten, aber auch durch den höchsten Anteil an Nutzwert-Meldungen aus (Wilke 2007, S. 353).

Meistens beziehen die Medien dpa als Primäragentur und ggf. zusätzliche Dienste weiterer Agenturen als Ergänzung. Zwischenzeitlich versuchten einige Redaktionen (bzw. Verlage)[3] aus Kostengründen ganz auf Agenturen bzw. auf dpa zu verzichten, sind damit jedoch zum Teil schon nach kurzer Zeit gescheitert (vgl. HBI 2017, S. 117).

Die Preise der Nachrichtenagenturen orientieren sich an den Auflagen und Reichweiten der Abnehmermedien, sodass auch kleinere Medienunternehmen sich den Bezug von Nachrichtenagenturen leisten können; im Sinne der Genossenschaft „subventionieren"

---

[1]„pl" für Politik, „wi" für Wirtschaft, „ku" für Kultur, „sp" für sport und „vm" für Vermischtes; vgl. Meier (2002, S. 416–417).

[2]Den harte Konkurrenzkampf auf dem deutschen Nachrichtenagenturen-Sektor zeichnet Schulten-Jaspers 2013, S. 63–76 nach; zur Insolvenz von dapd vgl. Der Tagesspiegel, 02.03.2013, S. 35; zur Kooperation von AP und dpa vgl. www.dpa.com/de/produkte-services/newsrooms-redaktionen/ap/ [20.12.2016].

[3]Das sind vor allem die großen Kunden der Funke-Gruppe, die Rheinische Post und die Rheinpfalz in Ludwigshafen. Gesellschafter von dpa müssen (im Gegensatz zu AP-Genossen) die Dienste nicht abonnieren (vgl. Segbers 2007, S. 142).

die größeren damit letztlich die kleineren Medien. Der Bezug der dpa-Dienste ist teuer und macht durchschnittlich 5 % des Redaktionsetats aus (vgl. Pürer und Raabe 2007, S. 331). Die hohen Kosten haben immer wieder zu Diskussionen und Beschwerden sowie zum (meist zeitweiligen) Ausstieg von Verlagen geführt. Die dpa hat daraufhin Rabatte eingeräumt und zusätzliche Services eingeführt (vgl. Meier 2002, S. 421; Segbers 2007, S. 157–164). Nach eigenen Angaben beziehen alle deutsche Tageszeitungen Nachrichten von dpa; im Jahr 2016 verzeichnete dpa einen Umsatz von 136,2 Mio. € und – nach wechselhaften Ergebnissen – im Jahr 2015 einen Nettogewinn von 1,8 Mio. €.[4]

Die deutschen und deutschsprachigen allgemeinen Agenturdienste werden in vielen Redaktionen durch thematisch spezialisierte Nachrichtenagenturen ergänzt: Zu nennen sind der Evangelische Pressedienst epd (mit etwa 80 Mitarbeitern), der neben den Themen Kirche und Religion sowie Sozial- und Entwicklungspolitik einen Medienschwerpunkt (und den Fachdienst epd medien) aufweist, die Katholische Nachrichtenagentur KNA (75 Angestellte, davon geschätzt 30 Journalisten), ebenfalls mit einer spezialisierten „Medienkorrespondenz" sowie dem „Filmdienst",[5] der Sportinformationsdienst sid (53 feste Journalisten)[6] und für Unternehmens- und Wirtschaftsnachrichten Dow Jones Newswire und dpa-AFX, ein Gemeinschaftsunternehmen von dpa (76 %) und der österreichischen Austria Presse Agentur (24 %)[7]. Für die Wirtschaftsagenturen, einschließlich Reuters gilt, dass ihr Erlösmodell nicht alleine auf den Medien beruht, vielmehr erwirtschaften sie den Hauptumsatz mit Interessenten aus Banken, Börse und anderen Wirtschaftsunternehmen. Auch der Sportinformationsdienst verbreitet seine Nachrichten online und mobil an nicht-redaktionelle Kunden. Mitunter werden auch Spezialdienste wie beispielsweise der informationsdienst wissenschaft (idw) als Agentur bezeichnet (z. B. HBI 2017, S. 118), allerdings verbreiten solche Dienste vor allem PR-Meldungen, in diesem Fall von Universitäten und Forschungseinrichtungen.

Der Gesamtmarkt belief sich auf 170 Mio. € (2010), wobei dpa einen Marktanteil von 52 % erreicht; dapd erzielte 18 %; der Sportinfomationsdienst (sid) acht und die beiden kirchlichen Agenturen jeweils 7 % Marktanteil (vgl. epd 05.09.2011, S. 2). Die deutschen Dienste von AFP, der mit 53 Journalisten in 11 Regionalbüros und der Berliner Zentrale erstellt wird, und von Thomson-Reuters (140 Journalisten in vier Büros) kommen auf einen Marktanteil von jeweils 4 % (vgl. Goldhammer und Lipovski 2011, S. 7; vgl. Tab. 3.1).[8]

---

[4]Vgl. epd medien 116a v. 20.06.2017 sowie die Angaben der dpa unter www.dpa.com/de/unternehmen/zahlen-fakten/ [20.12.2016].

[5]Vgl. www.kna.de/agentur/zahlen-fakten/ [20.12.2016].

[6]Vgl. https://sid.de/ueber-uns/ [20.12.2016].

[7]http://www.dpa-afx.de/index.php?option=com_content&view=article&id=35&Itemid=74 [28.09.2011].

[8]Derzeit liegen keine neueren Marktdaten zu den Nachrichtenagenturen in Deutschland vor. Trotz ihrer grundlegenden Bedeutung ist der Forschungsstand hierzu insgesamt äußerst lückenhaft; vgl. auch Schulte-Jaspers (2013, S. 54–55).

Tab. 3.1 Nachrichtenagenturen in Deutschland (nur deutsche Dienste). (Quelle: Goldhammer und Lipovski 2011, S. 13)

Agentur	Feste Journalisten	Meldungen/Tag	Fotos/Tag	Videos/ Monat	Büros im Inland	Landesdienste mit jeweils … Meldungen	Umsatz 2010 in Mio. €
AFP	ca. 50	220	500–800	20	6	–	ca. 7,5
dapd[a]	305	550	800	500	32	12 mit 120	29,9
dpa	451[b]	650–750	600–800	80	50	12 mit 80–200	87,8
Thomson Reuters	ca. 135	250–300	800	420	7	–	ca. 7,5
sid	ca. 60	14	k. A	–	5	–	ca. 14

[a]dapd ist nichtmehr am Markt
[b]Angaben inkl. Auslandsjournalisten

3.1.1 dpa

Die Deutsche Presseagentur gehört 182 Gesellschaftern, bei denen es sich um Zeitungsverlage und Rundfunkveranstalter handelt. Jeder Verlag darf höchstens 1,5 % der Anteile halten; alle Rundfunkunternehmen zusammen nicht mehr als ein Viertel, sodass die Eigentümerstruktur bereits für eine Vielfalt sorgt und vor allem ein Nachrichtenmonopol verhindern soll (vgl. HBI 2017, S. 117). dpa beschäftigt insgesamt 730 Mitarbeiter, davon 420 Journalisten, von denen 270 in der Berliner Zentralredaktion arbeiten; die übrigen arbeiten für die 12 Landesdienste und an sog. Regio-Desks in Hamburg, Hannover, Berlin, Düsseldorf, Frankfurt, München und Stuttgart (vgl. epd 29.06.2011, S. 1). In Deutschland unterhält die Agentur 58 Büros, weltweit berichten 1300 Journalisten in rund 100 Büros für dpa aus rund 200 Ländern.[9] Die Redaktionen von dpa erstellen

- den Basisdienst, der weitgehend zum Standard der Qualitätsmedien gehört,
- zwölf Landesdienste für die Bundesländer,
- dpa-Auslandsdienste in deutscher, englischer, spanischer und arabischer Sprache,
- Themenpakte für die Produktion von Sonderseiten,
- den zielgruppenbezogenen „dpa-Nachrichten für Kinder“,
- tägliche, wöchentliche und monatliche Terminvorschauen sowie Themendispositionen, mit denen die pünktliche Lieferung bestimmter Beiträge angekündigt wird
- sowie „Reporting on demand“ (im Auftrag von Medienredaktionen) bei den Landesdiensten.

[9]Vgl. www.dpa.com/de/unternehmen/zahlen-fakten/ [20.12.2016].

Der Basisdienst umfasst täglich bis zu 800 Meldungen mit einem Gesamtumfang von etwa 500 Seiten (ca. 220.000 Wörter).[10] Die Textdienste von dpa werden ergänzt durch

- Globus Infografik (Schaubilder und visualisierte Statistiken);
- Rundfunkagenturdienste der dpa-Tochter Rufa, die sprechfertige oder bereits gesprochene Nachrichtentexte, O-Töne und Korrespondentenberichte für private Radioprogramme anbieten;
- dpa Infocom für Onlinemedien;
- Global Media Services (gms) für Verbraucherinformationen und Ratgeberjournalismus
- und den „Original-Text-Service" (ots) für die Verbreitung von PR-Material (vgl. Segbers 2007, S. 149–152).

Auslandsnachrichten werden zudem im Tausch gegen deutsche Nachrichten von zahlreichen nationalen Agenturen, aber nicht von den konkurrierenden Agenturen AFP und Thomson Reuters bezogen. International getauscht werden auch Pressefotos und zunehmend Videoclips (dpa Picture-Alliance, European Press Photo Agency) (vgl. Pürer und Raabe 2007, S. 328–329; Schulz 2009, S. 384–385; Meier 2002, S. 421–422; Segbers 2007, S. 45, 152, 182).

Die deutschsprachigen „Weltnachrichten" der über dpa in Deutschland verbreiteten US-amerikanischen Agentur AP umfassen 60 bis 80 internationale Nachrichten und 5 bis 6 Korrespondentenberichte pro Tag. Die Schwerpunkte liegen auf der internationalen Politik- und Krisenberichterstattung, vor allem aus Nord- und Südamerika, dem Nahen Osten, Asien und dem pazifischen Raum. AP kann dafür weltweit auf 3200 Korrespondenten an 280 Orten zurückgreifen.[11]

Der deutschsprachige Textdienst sowie der Bilder- und Videoservice der französischen AFP kann auf die Leistungen von 1575 Journalisten aus 200 Büros in 150 Ländern zurückgreifen. AFP bietet auch Dienste in Englisch, Spanisch, Portugiesisch und Arabisch an.[12] Auf dem deutschen Markt ist AFP auch durch den Sport-Informationsdienst sid präsent, den es 1997 übernommen hat.

Die traditionsreiche britische Agentur Reuters ist Teil des börsennotierten kanadischen Medienkonzerns Thomson Reuters mit Sitz in New York. Von den insgesamt 60.000 Konzernbeschäftigten arbeiten weltweit über 2500 Journalisten und 600 Fotografen an 200 Orten in 16 Sprachen für die Agenturdienste.[13] Neben spezialisierten Wirtschaftsinformationen enthält das deutschsprachige Angebot auch politische und andere Nachrichten.[14]

[10]Vgl. www.dpa.com/de/unternehmen/zahlen-fakten/ [20.12.2016].

[11]Vgl. www.dpa.com/fileadmin/user_upload/Produkte_Services/AP/140509_PI_AP-Weltnachrichten.pdf [20.12.2016].

[12]Vgl. www.afp.com/de/die-agentur/afp-zahlen [20.12.2016].

[13]Vgl. agency.reuters.com/en/about-us.html [20.12.2016].

[14]Vgl. de.reuters.com/ [20.12.2016].

Die Bedeutung der Bilderdienste für die gedruckte wie die Onlinepresse nimmt zu; der Weltmarkt wird von zwei Anbietern beherrscht, die riesige Bildarchive besitzen: Getty Images, die mit der Nachrichtenagentur AFP zusammenarbeiten, und Corbis, die sich im Besitz von Bill Gates befindet und Verwertungsrechte an 70 Mio. Bildern hält (vgl. Segbers 2007, S. 179). dpa verbreitet täglich 2100 Bilder und verfügt über ein Archiv von 21 Mio. Aufnahmen.[15]

Für die Rundfunkmedien bieten Nachrichtenagenturen spezielle Dienste, insbesondere aktuelles Bildmaterial (APTV und Reuters TV), das auch über Programmaustauschdienste der Fernsehveranstalter verbreitet wird. Hier sind Eurovision sowie ENEX zu nennen: Seit 1961 tauschen die mittlerweile 73 Mitglieder der European Broadcasting Union (EBU) Nachrichtenbeiträge aus; die EBU-Mitglieder arbeiten in 56 Ländern rund um das Mittelmeer, zusammengeschlossen sind in der EBU vor allem öffentliche (öffentlich-rechtliche oder staatliche) Programmveranstalter. Dem European News Exchange-Verbund ENEX gehören 33 private Fernsehveranstalter aus Europa, Japan und den USA an (vgl. Schulz 2009, S. 378). Auf dem deutschen Hörfunkmarkt liefern neben der dpa-Tochter Rufa das FM Radio Network und der RadioDienst Programmbestandteile zu (vgl. Schulz 2009, S. 385).

3.1.2 Entwicklung des Agentursystems

Die zentrale Stellung der Nachrichtenagenturen, insbesondere für internationale Nachrichten aus Politik und Wirtschaft, ist der Grund für das intensive politische Interesse staatlicher Akteure an den Agenturen.[16] Neben der britischen Reuters und der französischen Havas-Agentur (heute Agence France Press) entstand in Berlin bereits 1849 das anfangs privatwirtschaftlich organisierte Wolff´sche Telegraphenbüro (WTB; „Telegraphische Correspondenzenbüro"), das jedoch rasch eng mit preußischen Regierungsbehörden kooperierte. Die Monopolstellung des WTB wurde staatlich gefördert und im Gegenzug unterwarf sich die Agentur den politischen Vorstellungen Bismarcks. International wurde der Weltnachrichtenfluss zwischen Reuters, Havas, WTB und der amerikanischen Associated Press „aufgeteilt"; dieses Kartell wirkte bis 1933 fort. In Deutschland entwickelte sich ab 1914 mit der Telegraphen Union (TU) des rechtsnationalistischen Hugenberg-Konzerns und dem durch das Auswärtige Amt und Wirtschaftskreise gegründete Deutschen Überseedienst (DÜD) allenfalls eine wirtschaftliche Konkurrenz, aber keine publizistische. Die Nationalsozialisten fusionierten WTB und TU zum Deutschen Nachrichtenbüro (DNB), das sie vollständig kontrollierten (vgl. Pürer und Raabe 2007,

[15]Vgl. www.dpa.com/de/unternehmen/zahlen-fakten/ [20.12.2016].

[16]Das hat zusammen mit den empirisch feststellbaren Ungleichgewichten im Nachrichtenfluss und einer Zentrierung des Nachrichtenstroms auf New York, London und Paris auch zu internationalen Debatten um die „Weltinformationsordnung" geführt, die vor allem im Rahmen der UNESCO geführt wurde.

S. 76–79). Auch für die Alliierten nach dem Zweiten Weltkrieg galt es, die Nachrichtenagenturen in ihrem Sinne zu formen, um die kommunikationspolitischen Ziele durchzusetzen: In allen vier Zonen wurden zunächst eigene Nachrichtenagenturen gegründet, die dann in deutsche Hände überführt wurden: in der US-Zone der German News Service, der bald in DANA und schließlich in DENA (Deutsche Nachrichtenagentur) umbenannt wurde; in der britischen Zone entstand der Deutsche Pressedienst (dpd); in der französischen Zone die RHEINA (ab 1947 als SÜDENA) und in der sowjetischen Zone das Sowjetische Nachrichtenbüro (SNB), das 1946 zum Allgemeinen Deutschen Nachrichtendienst (ADN) wurde (vgl. Wilke 1999, S. 470–471).

Die Presseverleger zogen ebenfalls Konsequenzen aus der Geschichte der politischen Zensur und Selbstzensur der Nachrichtenagenturen und gründeten die Deutsche Presseagentur dpa 1949 als Genossenschaft, in der die Agenturen der drei Westzonen aufgingen. Das Genossenschaftsmodell folgte dem Modell von Associated Press und legte fest, dass nur Verleger und Rundfunkunternehmer Anteile kaufen können, je Gesellschafter aber nicht mehr als 1,5 % des Stammkapitals. Der Anteil der Rundfunkunternehmen wurde auf insgesamt 25 % begrenzt (vgl. Pürer und Raabe 2007, S. 327). Durch diese Konstruktion, die weltweit von 18 Agenturen gewählt wurde (vgl. Segbers 2007, S. 143), soll der staatliche Zugriff ebenso wie der Einfluss großer Konzerne und Unternehmen, aus dem Mediensektor oder aus medienfremden Märkten, verhindert werden. Tatsächlich versuchen auch demokratisch gewählte Politiker, wie das Beispiel der Bundesregierung Adenauer zeigt (vgl. Wilke 1999, S. 478), Einfluss auf die Agenturen zu nehmen. Die dpa wird derzeit von mehr als 180 Gesellschaftern getragen, darunter vor allem Zeitungs- und Zeitschriftenverlage sowie Rundfunkanstalten.[17]

Rechtlich unterstehen die Nachrichtenagenturen – neben den allgemeinen Gesetzen – den Landespressegesetzen[18] (z. B. § 6, 2 des Berliner Landespressegesetzes).

Technisch haben im Agenturwesen Telegraf und Fernschreiber („Ticker“) längst ausgedient; die Redaktionen arbeiten mit vernetzen Onlinesystemen, Beschaffung und Verbreitung der Nachrichten erfolgen über das Internet und per Satellit.

3.1.3 Andere Quellen

Mittlerweile nutzen die Medien statt der Agenturen und der anderen Medien (etwa über Tauschringe wie die Arbeitsgemeinschaft Regionalzeitungen RZP) auch Quellen, die professionellen Standards nicht genügen, aber in manchen Situationen die einzige verfügbare

[17] Vgl. epd medien aktuell 116a v. 20.06.2017.

[18] So heißt es beispielsweise im Berliner Landespressegesetz, § 6 „(2) Zu den Druckwerken gehören auch die vervielfältigten Mitteilungen, mit denen Nachrichtenagenturen, Pressekorrespondenzen, Materndienste und ähnliche Unternehmungen die Presse mit Beiträgen in Wort, Bild oder ähnlicher Weise versorgen.“ Als Druckwerke gelten ferner die von einem presse-redaktionellen Hilfsunternehmen gelieferten Mitteilungen ohne Rücksicht auf die technische Form, in der sie geliefert werden.

Quelle darstellen: User Generated Content, von twitter-Feeds bis hin zu Handyfotos und -videos werden verwendet, um überhaupt Material aus Kriegs- und Krisengebieten oder aus autoritären Staaten ohne professionelle, d. h. freie Presse zu erhalten. Bei der internationalen Politik- und Krisenberichterstattung sind es weniger ökonomische als publizistische Erwägungen, die dazu führen, dass mitunter einseitiges, gefälschtes oder sonstiges Propagandamaterial verwendet wird. Weitere webbasierte Quellen von Nachrichten und Dokumenten sind mit Wikileaks und Openleaks entstanden, die es Informanten aus Behörden, Organisationen oder Unternehmen erleichtern, den Journalisten Dokumente und Informationen anonymisiert zur Verfügung zu stellen. Auf diese Weise sollen Informanten besser ihre Position oder gar ihr Leben schützen können (Informantenschutz). Wie nicht weiter verwunderlich gehen Regierungen mit zum Teil rechtlich zweifelhaften Mitteln gegen diese Praxis des Online-Leaking vor. Die Betreiber solcher Plattformen stehen allerdings vor der Frage, ob und wie sie tatsächlich ihre Informanten schützen sowie ob und wie sie das gelieferte Material prüfen (können).

3.2 Pressestellen und PR-Agenturen

Publizistische Relevanz besitzen neben den Nachrichtenagenturen auch die Pressestellen von politischen, wirtschaftlichen und zivilgesellschaftlichen Organisationen und die PR-Agenturen, denn sie alle versuchen in Form von Medien- und Pressearbeit (Media Relations) mit ihren Themen und Mitteilungen Einfluss auf die Medienredaktionen zu nehmen, die ihrerseits auch auf diese Quellen angewiesen sind. PR-Stellen und -Agenturen beachten zwar journalistische Handwerksregeln, um bei den Medien erfolgreich zu sein, aber im Gegensatz zu den Nachrichtenagenturen orientieren sie sich nicht an den Werten und Normen journalistischer Ethik. Sie üben auch keine journalistische Funktion aus, stellen aber einen Teil der notwendigen Infrastruktur für die publizistischen Medien dar.

> Öffentlichkeitsarbeit bzw. Public Relations (PR) richtet sich direkt an Entscheidungsträger in Politik und Gesellschaft (Lobbying) sowie an Bürger, Kunden und die Fachöffentlichkeit, die zum Teil direkt mit Veranstaltungen (Events, Sponsoring) und eigenen Medien (Corporate Publishing: Broschüren, Kundenzeitschriften, Flyer, Website etc.) erreicht werden. In Mediengesellschaften (und daher für diese Analyse des Mediensystems) besonders relevant sind aber die Media Relations, also die Presse- und Medienarbeit, die auf die publizistischen Medien sowie deren Berichterstattung und Kommentierung zielen.[19]

Public Relations-Akteure, in Gestalt von organisationsinternen Stabstellen oder von beauftragten Agenturen, nutzen publizistische Medien, um im Interesse der jeweiligen

[19]Abgrenzungs- und Systematisierungsprobleme von Öffentlichkeitsarbeit und Public Relations können an dieser Stelle nicht behandelt werden; vgl. hierzu Röttger (2004).

Organisation unentgeltlich öffentlich zu kommunizieren. Dabei geht es um die Vermittlung von Informationen und vor allem um den Aufbau von öffentlichem Vertrauen; und gerade deshalb versucht man, das Vertrauen in Journalismus statt der bezahlten und schon daher wenig glaubwürdigen Werbung zu nutzen. Anders als bei der Werbung entscheiden die PR-Akteure nicht direkt über den tatsächlichen Medieninhalt, sondern sie leisten einen für die Medien unentgeltlichen Input. Über das Ob und das Wie der redaktionellen Verarbeitung entscheiden die Medien, also professionelle Journalisten nach Medienregeln und nicht die Urheber der Aussagen (wie bei der Werbung). PR stellt demnach für die Medien keine Erlösquelle dar, bietet aber die Möglichkeit, redaktionelle Kosten zu reduzieren – freilich um den Preis publizistischer Freiheit und Qualität. Als Lieferant von Nachrichten und Quelle der Recherche sind die Akteure der Öffentlichkeitsarbeit und der Medien-PR für die Redaktionen ohnehin kaum verzichtbar. Dabei übernehmen auch die Nachrichtenagenturen (vgl. Abschn. 3.1) eine zweifache Rolle als Vermittlungspartner: Sie nehmen überregional und international an Pressekonferenzen von Regierungen, Organisationen und Unternehmen teil, über die sie anschließend berichten; und sie verbreiten die Pressemitteilungen im Originaltext über spezielle Dienste (wie OTS von dpa).

Das Verhältnis zwischen Medienredaktionen und der Medienarbeit von Organisationen kann als *Intereffikation* beschrieben werden: PR induziert durch Pressemitteilungen, Pressekonferenzen, Journalistenreisen usw. Medienberichterstattung, sie erzeugt journalistische Resonanzen in Gestalt von Themensetzungen, Nachrichten, Kommentaren. Dabei muss sie sich allerdings an den Medienregeln (Nachrichtenfaktoren, Redaktionszeiten und -routinen, formale Genreregeln) orientieren und ihre Maßnahmen entsprechend anpassen (Adaption) (vgl. Bentele et al. 1997, S. 240–246). In bestimmten Fällen verschieben sich die Macht- und Einflussverhältnisse jedoch, etwa wenn eine journalistische Recherche praktisch unmöglich und die Pressestelle oder PR-Agentur einer Organisation die einzige Quelle darstellt. Oder wenn umgekehrt die investigative Berichterstattung oder das „Durchsickern" (Leaking) von organisationsinternen Quellen die Organisation zu einer reaktiven Krisen-PR zwingt. Insgesamt verfügt die PR-Seite über größere Ressourcen, d. h. die an der Beeinflussung der öffentlichen Meinung interessierten Organisationen beschäftigen mehr Pressesprecher und Öffentlichkeitsarbeiter als es Journalisten in Deutschland gibt,[20] sie besitzen zum Teil erheblich höhere Budgets für Honorare sowie vielfach einen strategischen Informationsvorsprung. In dem Maße, wie die redaktionellen Ressourcen publizistischer Medien und die journalistischen Qualifikationen aufgrund der Marktentwicklung und des Kostenwettbewerbs weiter sinken, dürften sich die Gewichte weiter zulasten des unabhängigen Journalismus verlagern.

Pressesprecher und PR-Berater bzw. PR-Agenturen nehmen im Prozess der öffentlichen Kommunikation eine indirekte Vermittlungsfunktion ein: Sie nutzen und werten

[20]Szyszka et al. (2009, S. 200) gehen von 40.000 bis 50.000 PR-Fachkräften in Deutschland aus, von denen ein Fünftel in Agenturen oder als externe Berater arbeitet.

Medien aus, um die Organisation über ihre gesellschaftliche Umwelt und das Fremdbild der Organisation in der öffentlichen Meinung zu informieren. Und sie versuchen strategisch, diese öffentliche Meinung im Interesse der Organisation positiv zu beeinflussen.

3.2.1 Organisation von Public und Media Relations

Pressearbeit und Media Relations können unterschiedlich organisiert sein, als *organisationsinterne Stabsstellen und Fachabteilungen* oder als *PR-Agentur*, die auf Vertragsbasis ein treuhänderisches Mandat sowie ein Budget erhält. Agenturen können für die gesamte strategische und operative Öffentlichkeitsarbeit, für bestimmte Projekte (Online-PR, Bilanzpressekonferenz, Parteitag etc.), und Phasen (Krisen-PR, Wahlkampf-PR) oder für die strategische Beratung engagiert werden und arbeiten dann mit organisationsinternen Akteuren zusammen. Der Vorteil der Agenturen liegt in der externen Expertise und der Möglichkeit bestehende Journalistenkontakte und -netzwerke für weitere Mandanten zu nutzen (vgl. Szyszka et al. 2009, S. 197–199, 304). Vergleichbar mit den Werbeagenturen müssen PR-Agenturen analytische und konzeptionelle Aufgaben einerseits und kreative Leistungen andererseits erbringen. Ähnlich wie Werbeagenturen wirken in PR-Agenturen daher Kundenberater (Kontakter) und Kreative (Texter, Fotografen, Grafiker, Eventmanager) zusammen (vgl. Leipziger und Lempart 1993, S. 145–147). Im PR-Sektor arbeiten viele *Freelancer*, darunter vielfach auch Journalisten, die dauerhaft oder teilweise „die Seiten gewechselt haben." Normativ ist dies durchaus problematisch, weil eine unabhängige fachliche Berichterstattung nur schwer möglich ist, wenn eine persönliche wirtschaftliche Abhängigkeit durch die vergleichsweise üppigen PR-Honorare entstanden ist. Die Berufsrollen von Journalisten und Öffentlichkeitsarbeitern mögen sich systematisch ergänzen, persönlich sind sie unvereinbar.[21]

Die Agentur- und Beraterbranche ist in Deutschland kleinteilig und mittelständisch strukturiert: Einzelberater und Kleinagenturen mit bis zu zehn Mitarbeitern, einzelnen Kundenetats zwischen 25.000 und 50.000 € und weniger als zehn Kunden sind typisch, während es nur wenige Großagenturen mit Großkunden gibt. Als Auftraggeber dominieren Wirtschaftsunternehmen klar vor den politischen Akteuren; die Alltagsarbeit der Agenturen ist überwiegend projektbezogen und operativ, wobei die Medienarbeit deutlich im Vordergrund steht (vgl. Szyszka et al. 2009, S. 205–216, 314–315).

[21]Die einschlägige DRPR-Richtlinie erkennt zwar an, dass „Journalismus und PR-Arbeit … unterscheidbare, eigenständige Kommunikationsaufgaben" sind und bleiben müssen. Der DRPR beharrt auch auf einer institutionellen Trennung und fordert, dass „weder mit finanziellen noch mit sonstigen Zuwendungen … die Trennlinie zwischen den Funktionen PR und Presse verwischt werden" darf. Bezogen auf die Personalunion von Journalist und Öffentlichkeitsarbeiter wird aber lediglich die Offenlegung gegenüber den Redaktionen und bei dauerhafter Tätigkeit auch gegenüber den „betroffenen Öffentlichkeiten" gefordert; vgl. DRPR-Richtlinie für den Umgang mit Journalisten; DPRG-Satzung S. 38–40.

Als Berufsverband der Öffentlichkeitsarbeiter fungiert die *Deutsche Public Relations Gesellschaft e. V. (DPRG)* mit Sitz in Berlin (vgl. www.dprg.de). Neben der Interessenvertretung und Öffentlichkeitsarbeit in eigener Sache geht es ihr um die Professionalisierung der Branche und die Etablierung von normativen Standards, die durch einen *Deutschen Rat für Public Relations (DRPR)* als Organ der Selbstkontrolle durchgesetzt werden sollen. An dieser Beschwerdeinstitution sind auch die Berufsverbände der Pressesprecher (BdP), die Gesellschaft Public Relations Agenturen e. V. (GPRA) mit 36 Mitgliedsunternehmen (www.gpra.de) und die Deutsche Gesellschaft für Politikberatung e. V. (degepol) beteiligt. Beschwerden können von jedermann eingereicht werden; der DRPR prüft sie und kann Rügen oder Mahnungen aussprechen. Allerdings bleibt die PR-Selbstkontrolle damit weit hinter dem Presserat und anderen Selbstkontrollinstitutionen der Medien zurück. In Deutschland gelten über die Richtlinien des DRPR hinaus internationale und meist sehr abstrakt gehaltene Ethik-Codes für die PR wie der Code d'Athènes, der Code de Lisbonne und der Code of Venice u. a. Die Vielzahl der Kodizes, deren Aussagen sich in weiten Teilen überschneiden, deutet auf eine noch nicht abgeschlossene Professionalisierung und Institutionalisierung hin. Die DRPR-Richtlinien bieten vergleichsweise konkrete Hinweise für einzelne Felder der PR- und Medienarbeit wie beispielsweise Online-PR, Medienkooperationen oder zur Publizitätspflicht in der Finanzbranche.

3.3 Werbe- und Mediaagenturen

Aus der Sicht der werbetreibenden Wirtschaft und der werbeausführenden Agenturen sind publizistische Medien vor allem *Werbeträger*, die mit anderen Werbeträgern und Werbeformen (Außenwerbung, Direktwerbung etc.)[22] im Wettbewerb stehen.

> Unter Werbung wird eine Form der persuasiven Kommunikation verstanden, die Rezipienten zu einer Einstellungs- und Verhaltensänderung (oder -verstärkung) überreden oder überzeugen soll. Werbung wird gegen Bezahlung als Auftragskommunikation von Dritten geleistet.[23]

Meist handelt es sich um kommerzielle Werbung für Produkte und Dienstleistungen; für die Medien wirtschaftlich relevant sind ferner weltanschauliche und politische Werbung

[22]Die begrifflichen Einteilungen sind uneinheitlich; auch die modische „Above-the-line" vs. „Below-the-line"-Nomenklatur trägt wenig zur Klärung bei, zumal Plakat-, Verkehrsmittel- und Verzeichnismedienwerbung (also Adress- und Telefonbuchanzeigen) verschieden zugeordnet werden; vgl. Siegert und Brecheis (2005, S. 29–40).

[23]Zur Problematik der publizistik- und kommunikationswissenschaftlichen Einordnung von Werbung sowie der fragwürdigen Begründung eines Systems Werbung; vgl. Siegert und Brecheis (2005, S. 108–118).

(von Parteien, Verbänden, Bürgerinitiativen) sowie öffentlich finanzierte Aufklärungskampagnen (z. B. Gesundheit, Suchtprävention etc.).

In den Medien wird Werbung entweder in gestalteter und gekennzeichneter Form platziert oder sie wird in das Programm bzw. den redaktionellen Textteil integriert (Product Placement) und gegen Bezahlung verbreitet, wobei der zahlende Auftraggeber in diesem – normativ bedenklichen – Fall über die Aussagen und damit über Teile des Medieninhalts entscheidet.

Der Vorteil der Publikumsmedien besteht in der kontrollierten Reichweite und der – zumindest unterstellten – hohen Kontaktqualität bzw. Aufmerksamkeit, mit der diese Medien wegen ihres redaktionellen Inhaltes rezipiert werden. Es lässt sich vergleichend messen bzw. hochrechnen, in welchem Maße Anzeigen, Spots, Banner oder Produktplatzierungen potenziell wahrgenommen werden.[24] Die Medienunternehmen finanzieren zum Teil branchenweit aufwendige Mediennutzungsforschungen, um den Werbetreibenden vergleichbare Daten zur Verfügung zu stellen. Hier sind neben einzelnen Leser- und Mediennutzeranalysen vor allem die Interessengemeinschaft zur Feststellung der Verbreitung von Werbeträgern (IVW), die Media Analyse (AG.MA), die Allensbacher Werbeträger-Analyse (AWA) und die Gesellschaft für Konsumforschung (GfK) zu nennen.

Beispiel

Der 1949 gegründeten Informationsgemeinschaft zur Feststellung der Verbreitung von Werbeträgern e. V. (IVW) gehören unter anderem rund 1100 Verlage, 770 Onlineanbieter, 28 Rundfunkveranstalter, 26 Werbeagenturen, 5 Paid Content-Anbieter, 8 werbende Unternehmen und 20 sonstige Mitglieder an; insgesamt wird sie von knapp 2000 Mitgliedern finanziert. Sie kontrolliert (quartalsweise) Auflagen- und Besuchszahlen von Pressemedien (Zeitungen einschließlich E-Paper, Zeitschriften) und Onlinemedien (einschließlich Paid Content) sowie der Kinos (Besucherzahlen sowie korrekte Vorführung von Werbespots) und stellt diese Daten ihren Mitgliedsunternehmen aus werbetreibender Wirtschaft und Medien für die Werbevermarktung zur Verfügung.[25]

Für die Allensbacher Werbeträger-Analyse (AWA) werden zweimal im Jahr rund 24.000 Personen mündlich zur Nutzung von rund 240 Zeitschriften und 5 Wochenzeitungen befragt[26]; die Media Analyse Print erhebt durch rund 39.000 standardisierte computergestützte Interviews die Nutzung von ca. 180 Zeitschriften und Wochenzeitungen sowie über 1500 Tageszeitungsausgaben. Die MA Hörfunk basiert auf über 65.000 Telefoninterviews und Rekonstruktionen des Tagesablaufs.

[24]Die Wirkungsannahmen sind aus kommunikationswissenschaftlicher Sicht unbefriedigend fundiert, weil von Präsentation auf Rezeption und Wirkung geschlossen wird. Entscheidend ist aber, dass die Entscheider der Wirtschaft aus pragmatischen Gründen mit unterkomplexen Modellen arbeiten (müssen), und dass die mangelhafte Validität für alle alternativen Werbeträger gleichermaßen gilt.

[25]Vgl. ivw.de [31.03.2016].

[26]Vgl. hierzu auch: www.ifd-allensbach.de/awa/medien/uebersicht.htm [06.01.2017].

Die Nutzung des Fernsehens wird durch GfK-Meter-Geräte in über 5000 repräsentativ für deutsche und in Deutschland lebende EU-Bürger ausgewählten Haushalten – also nicht bevölkerungsrepräsentativ – gemessen.[27]

Der Nachteil der Publikumsmedien als Werbeträger liegt in der ungenauen Adressierung von potenziellen Kunden, die zwar als soziodemografisch umschriebene Zielgruppe angesprochen werden können, aber nicht individuell und persönlich. Im Ergebnis weisen die publizistischen Medien größere „Streuverluste" auf, weil immer auch eine Vielzahl von Rezipienten erreicht wird, die gar nicht konkreter Zielpartner der persuasiven Kommunikation sind. Andere Werbeformen gewinnen daher seit Jahren zulasten der klassischen Medien an Bedeutung. Dies gilt vor allem für Onlinewerbung, die aufgrund von persönlichen Profil- und Verhaltensdaten aus der vorangegangen Onlinenutzung (Behavioral Advertising) – ggf. kombiniert mit Konsumdaten – der Nutzer sehr zielgenau an bestimmte Personen adressiert werden kann („Targeting").

Aus der Sicht der publizistischen Medien stellen Einnahmen aus der Werbung eine Erlösmöglichkeit dar, die in den meisten Fällen fundamentaler Bestandteil des Geschäftsmodells ist. Der Vorteil von Werbeerlösen liegt in der ökonomischen und publizistischen Unabhängigkeit von staatlichen Mitteln und politischen Einflussnahmen; insofern kann Werbefinanzierung die Medienfreiheit sichern helfen. Der Nachteil der teilweisen oder vollständigen Werbefinanzierung besteht in der Abhängigkeit von diesen Erlösen und einer strukturellen Macht der Werbewirtschaft, die publizistische Freiheiten einschränken kann: Die vor allem im Lokalen vorhandene Abhängigkeit von bestimmten (insbesondere lokalen) Anzeigenkunden sowie das generelle Bemühen um ein konsumfreundliches und wirtschaftsunkritisches redaktionelles Umfeld stellen Risiken für die Innere Pressefreiheit dar. Im Ergebnis kann dies bedeuten, dass sich Medienangebote für Menschen, die nicht als kaufkräftige Konsumenten gelten, nicht „lohnen" und folglich marktwirtschaftlich nicht angeboten werden (können). Führt man sich vor Augen, dass als „werberelevante Zielgruppen" noch immer die 14- bis 49-Jährigen gelten, so gibt dies vor dem Hintergrund der demografischen Entwicklung zu denken. Sozial und wirtschaftlich benachteiligte Bevölkerungsgruppen und Minderheiten fallen mit großer Wahrscheinlichkeit durch das grobe und sozialwissenschaftlich nicht eben valide Relevanzraster der Werbetreibenden. Insgesamt sind die publizistischen Medien in erheblichem Umfang von der Werbung abhängig; das betrifft insbesondere den Rundfunk und die periodische Presse sowie die Onlinemedien, während Buch und Film in weitaus geringerem Maße auf Werbeerlöse angewiesen sind. Veränderungen im Werbemarkt, sowohl die Gesamtinvestitionen in Werbung als auch die Verteilung auf Medienwerbung vs. sonstige Werbung und die Verteilung des Werbebudgets im Mediamix stellen damit strukturelle Schlüsselfaktoren des deutschen Mediensystems dar. Diese überaus bedeutsamen Verteilungsentscheidungen liegen in der „unsichtbaren Hand" des Werbemarktes

[27]Vgl. https://www.agf.de/forschung/methode/fernsehpanel/ [06.01.2017].

als Institution, zunehmend aber in der Hand von Mediaagenturen als besonders einflussreiche Organisationen mit erheblicher Nachfragemacht und Steuerungsfunktion.

3.3.1 Organisation der Werbekommunikation

Werbekommunikation ist ein komplexer arbeitsteiliger Prozess, der nach wirtschaftlichen Effektivitäts- und Effizienzgesichtspunkten geplant und durchgeführt wird. Die Produktion von Werbeaussagen und damit die Rolle des Kommunikators (Ausgangspartners) ist dabei kaum von der Rolle der Vermittlungspartner zu trennen, die in einem koordinierten und organisierten Prozess gemeinsam „Werbebotschaften" kampagnen- und medienspezifisch gestalten. Es müssen also Planungs- und Managementfunktionen einerseits und kreative Funktionen andererseits miteinander in effizienter Weise koordiniert werden. Diese Aufgabe wird in der Regel nicht vom eigentlichen Auftraggeber der Werbung, dem werbetreibenden Unternehmen selbst, erbracht, sondern von einem Auftragnehmer bzw. einem Netzwerk von Auftragnehmern.

Werbe- und Mediaagenturen nehmen eine zentrale Rolle ein, weil sie bereits vor dem eigentlichen Werbekommunikationsprozess die Interessen bzw. die Nachfrage der werbetreibenden Wirtschaft mit den Werbeplatz- und -zeitangeboten der publizistischen Medien (und aller anderen Werbeträger) in einem spezifischen Mediamix vermitteln. Ausgangspunkt des *Werbemanagements* ist die Situationsanalyse, die mehr oder weniger methodisch fundiert (aufgrund von Markt- und Trendforschung) Auskunft über den Markt (Wettbewerber), den potenziellen Kundennutzen (Unique Selling Proposition) und die Käufergruppe (Zielgruppe) sowie die vom Auftraggeber angestrebten Kommunikationsziele (Produkteinführung und -bekanntheit, Markenimage, Umsatz- oder Marktanteilssteigerung etc.) gibt und diese im besten Falle auch quantifiziert. Aus der Situationsanalyse erwächst ein Briefing für die Agentur, die sich durch ein Rebriefing mit dem Auftraggeber verständigt und ein Konzept für die Werbekampagne entwickelt (vgl. Siegert und Brecheis 2005, S. 119–125).

Eine zentrale Aufgabe von *Werbeagenturen* besteht in der Entwicklung und Gestaltung von Werbung, die sich der publizistischen Medien als Werbeträger (für Anzeigen, Beilagen, Spots, Banner etc.) bedient oder über andere Werbeträger wie Plakate, Direct-Mail, Postwurfsendungen, Kataloge etc. verbreitet wird. Das Gesamtkonzept einer Kampagne umfasst neben der Werbeidee und den Textbotschaften (Slogan, Headlines, Anzeigen- und Werbetexte) sowie den übrigen kreativen Werbemitteln (etwa Anzeigen- und Plakatmotiven, Radio- und Fernsehspots) die Zeit-, Budget- und Mediaplanung. Festgelegt wir, wann welche Werbemittel und Werbeträger mit welchem Ressourceneinsatz (Budget des Auftraggebers) eingesetzt („geschaltet") und verbreitet („gestreut") werden, um Kontakt- und Wirkungschancen zu optimieren. Der mittlerweile auf der Grundlage spezieller Software erstellte Mediaplan enthält damit das Zeit-Mengen-Gerüst der Werbung (vgl. Schweiger und Schrattenecker 2005, S. 279–317). Bei großen Kampagnen werden die Werbemittel vorab im Labor getestet oder im Nachhinein evaluiert.

Das Leistungsspektrum der beauftragten Agenturen fällt sehr unterschiedlich aus:

Einige *Full-Service-Agenturen* erstellen neben den Analysen, Konzepten und kreativen Komponenten die gesamte Mediaplanung und übernehmen im Auftrag des Werbekunden die Buchung von Anzeigen, Bannern oder Spots. Zum Teil beauftragen sie selbst wiederum *spezielle Dienstleister* (beispielsweise für Events, Direktmarketing, Online-Komponenten, Produktion von Werbespots)[28] und kleinere Agenturen sowie *freie Texter und Grafiker (Freelancer).*

Innerhalb der Agenturen (bzw. innerhalb des Netzwerkes) spielen unterschiedliche Berufsrollen und Akteursprofile zusammen. Die beiden Hauptabteilungen, die Full-Service-Agenturen von bloßen Grafikbüros oder Werbeberatern unterscheiden, sind die Kreation und die Kundenberatung (Kontakter). Die *Kontakter* sind sowohl für die Beratung und Kundenkommunikation nach außen als auch für die Vermittlung der Kundenwünsche an die kreativen Kollegen (Briefing) zuständig. Die Professionalisierung der nach wie vor zugangsoffenen Werbeberufe und die Spezialisierung macht die Agenturen zu komplexen Organisationen mit einer spezifischen Sprache und speziellen Hierarchiebezeichnungen, z. B. Junior-Texter, Texter, Konzeptionstexter sowie in den leitenden Gestaltungspositionen Art Director (als Chefgrafiker) und Creative Director (als Leiter des kreativen Teams aus Text und Grafik). Große Agenturen arbeiten mit zum Teil deutlich mehr als einhundert Mitarbeitern, sodass eine eigene „Traffic"-Abteilung die Binnenkoordination zwischen den Kollegen übernimmt; große Agenturen verfügen über eigene FFF-Abteilungen für Funk-, Film- und Fernsehspots (vgl. Schierl 2002, S. 429–438). Werbeagenturen finanzieren sich in den meisten Fällen (rund 75 %; vgl. ZAW 2011, S. 26) über vertraglich vereinbarte Einzel-, Projekt- oder Pauschalhonorare oder sie behalten die von den Medien, in denen sie (im Auftrag) Werbung schalten, gezahlten Provision (meist 15 % des Nettopreises). Vereinbart werden auch Service-Fees, d. h. die Agentur gibt alle Provisionen und Rabatte der Medien an den Auftraggeber weiter, erhält von diesem aber einen Satz von 17,65 % der Nettowerbe-Investitionen (vgl. Schweiger und Schrattenecker 2005, S. 153). An Bedeutung gewinnen Festhonorare bzw. projekt- und erfolgsorientierte Vergütungen, die zwischen 12 und 22 % des Kampagnenbudgets betragen (vgl. Zurstiege 2007, S. 78–82).

Die Hauptwerbekunden (und damit maßgeblichen Medienfinanciers) stammen in Deutschland aus der Autoindustrie, gefolgt von E-Commerce sowie Werbung für Zeitungen. Das Werbeträgerprofil der einzelnen Medien unterscheidet sich: In Zeitungen dominiert die Werbung für Zeitungen (auch Eigenwerbung des Verlages) und die Werbung des Lebensmitteleinzelhandels, beim Fernsehen sind es E-Commerce, Online-Dienstleistungen und Mobilnetze (vgl. ZAW 2016, S. 16, 143, 255). Internationale Dienstleistungskonzerne und Markenartikler arbeiten bevorzugt mit globalen *Agenturverbünden und -netzwerken* zusammen. Dies sichert zum einen Kundennähe durch die regionalen Agenturen, zum anderen erleichtert es einen einheitlichen „Auftritt" des Unternehmens und senkt die

[28]Werbetreibende und Agenturen werden damit wiederum zu Auftraggebern der Medienunternehmen.

Transaktionskosten, weil nur mit einem Auftragnehmer zentral verhandelt werden muss. Solche Agenturverbünde können vergleichsweise lose Zusammenschlüsse für die Kooperation sein, sie können aber auch als Holding mit erheblichen Kostenvorteilen organisiert werden. Der Weltmarkt wird dabei von fünf Konzernen, sog. Agenturnetzwerken, dominiert: WPP, Omnicon, Publicis, Interpublic, Dentsu und Havas. Solche Netzwerke mit Firmensitzen in London, New York oder Paris sind meist in über 100 Ländern (darunter auch Deutschland) präsent, erwirtschaften Umsätze in zweistelliger Milliardenhöhe und haben bis zu 80.000 Mitarbeiter. Oft gehören die großen unter den rund 22.000 deutschen Werbeagenturen, wie die Hirschen Group mit rund 500 Mitarbeitern und einem Umsatz von 45 Mio. €, selbst zu einem internationalen Netzwerk (WPP) (vgl. van Rinsum 2017, S. 26–32).

Die Mediaagenturen spielen eine ökonomische Schlüsselrolle, weil in Deutschland etwa 90 % der Werbebudgets von ihnen verwaltet werden, während kaum noch Unternehmen direkt bei den Medien Werbeplätze kaufen. Vor allem für die Presse und den Rundfunk treten die großen Mediaagenturen, die zudem ein Oligopol bilden, als sog. „Trader" auf, d. h. sie kaufen auf eigene Rechnung Werbeplätze und -zeiten in großen Mengen, erhalten entsprechende Rabatte von den Medien und verkaufen den Werberaum dann mit Gewinn an ihre Kunden aus der werbetreibenden Industrie weiter. Sie handeln also nicht mehr nur im Auftrag des Kunden auf Grundlage eines Mediaplans, sondern auf eigene Rechnung und verfolgen dabei möglicherweise eigene Interessen. Vor allem aber besitzen sie zunehmende Nachfragemacht gegenüber den Medien als Werbeträger. Den Agenturen kommt auch eine publizistische Macht zu, weil die Medien auf die Agenturen angewiesen sind (vgl. auch Ukrow und Cole 2017, S. 15–17 u. 23–24).

Bei der *programmintegrierten Werbung, also dem Product, Location oder Themen Placement* sowie dem sogenannten *Native Advertising* in den dramaturgischen oder gar redaktionellen Angeboten kooperieren Werbeagenturen oder spezialisierte Product Placement-Agenturen von Anfang an mit den Film- und Fernsehproduzenten bzw. Presseredaktionen; zum Teil geht die Initiative zur Erschließung dieser Finanzierungsquelle von den Produzenten oder Verlagen selbst aus. Normativ sind solche Praktiken, wenngleich mittlerweile grundsätzlich in der EU legal, aus zwei Gründen bedenklich: Zum einen ist nicht immer sicher, ob Rezipienten das Placement als Werbung erkennen, das Trennungsgebot sowie die Kennzeichnungspflicht also ausreichend beachtet werden. Zum anderen erlangen werbetreibende Unternehmen vermittelt über die Agenturen über den finanziellen Einfluss hinaus Einfluss auf die Medieninhalte, d. h. sie bestimmen Themen, Plots, Handlungsträger und -verläufe von Unterhaltungsangeboten – meist auf nicht sehr transparente Weise – mit, sodass redaktionelle und künstlerische Autonomie verloren gehen (vgl. Siegert und Brecheis 2005, S. 155, 256).

3.3.2 Mediaplanung und Mediaagenturen

Die Aufgabe der *Mediaplanung* kann von *Mediaagenturen* erfüllt werden, also getrennt von den kreativen Tätigkeiten der Werbeagentur. Diese Mediaagenturen können eigenständige Unternehmen oder Tochterunternehmen von Werbeagenturen sein und finanzieren sich über Provisionen, in der Regel 15-prozentige Anteile am Werbebudget, das sie im Kundenauftrag verwalten. Mediaagenturen verhandeln mit den Werbevermarktern der Medien, entweder mit einzelnen Werbeabteilungen von Verlagen und Rundfunkunternehmen oder mit Vermarktungsagenturen. Weil die Mediaagenturen eine Vielzahl von Kunden vertreten, besitzen sie gegenüber den Medien eine erhebliche Verhandlungsmacht und können Rabatte auf die Bruttowerbepreise erzielen, die beträchtlich sind. Hier werden also Größenvorteile wirksam, die eine Konzentration des Mediaagenturmarktes fördern (vgl. Siegert und Brecheis 2005, S. 140; Holznagel et al. 2008, S. 80–81; KEK 2010, S. 373).

3.3.3 Werbemarkt

In Werbung wurden in Deutschland 2016 insgesamt (brutto) fast 26 Mrd. € (netto 15,36 Mrd. €) investiert, von denen die Medien brutto 15,36 Mrd. € einnahmen (vgl. ZAW 2017, S. 9);[29] der Rest entfällt auf Honorare für Agenturen und Gestalter sowie die Werbemittelproduktion und die anderen Werbeträger. Der Anteil der Medien an den Gesamtwerbeeinnahmen und die absoluten Werbeumsätze der Medien stagnieren bzw. schrumpfen seit Jahren (vgl. ZAW 2017, S. 9), und zwar nicht allein aufgrund konjunktureller Entwicklungen, sondern aus strukturellen Gründen: Die publizistischen Medien verlieren tendenziell gegenüber der Direktwerbung an Bedeutung und die Reichweitenverluste insbesondere der Printmedien werden durch die stark wachsenden Onlinewerbeeinnahmen nur teilweise kompensiert. Hinzu kommt, dass gerade im Onlinesektor Werbeinvestitionen an den publizistischen Onlinemedien vorbei in Suchmaschinenwerbung und Social Network Services (Facebook etc.) fließen. Der ohnehin rückläufige Werbemarkt der Medien strukturiert sich derzeit neu: Die Fernsehveranstalter erzielen 2016 mit knapp 4,6 Mrd. € erneut die höchsten Werbeeinnahmen, während die Jahrzehnte lang führenden Tageszeitungen nach beträchtlichen und anhaltenden Verlusten auf nur noch 2,5 Mrd. € kommen (2009 waren es noch 3,6 Mrd. €, von 2015 bis 2016 verloren sie 4,5 %); damit liegen sie aber noch immer auf Platz 2. Die Anzeigenblätter haben fast 6 % zugelegt und kommen mit über 1,9 Mrd. € noch vor den Onlinemedien auf Rang 3. Auch der Hörfunk konnte 2016 hinzugewinnen (auf rund 770 Mio. €), während mit Ausnahme der Fachzeitschriften alle Printmedien deutlich an Werbeeinnahmen verloren haben (Publikumszeitschriften −5,6 %, Wochen- und Sonntagszeitungen −6,8 %). Auch die Kinobranche zählt mit einem Minus von über 7 % und einem Gesamterlös von nur noch knapp 90 Mio. € zu den strukturellen Verlierern auf dem Werbemarkt (vgl. ZAW 2017, S. 13). Das größte Wachstum verzeichnete in den letzten fünfzehn Jahren die Onlinewerbung, allerdings von einem sehr geringen Niveau ausgehend und mittlerweile

[29]Auch vom wachsenden Gesamtmarkt des Sponsorings, der 2016 rund 5 Mrd. € ausmachte (ZAW 2017, S. 15), können Medien profitieren.

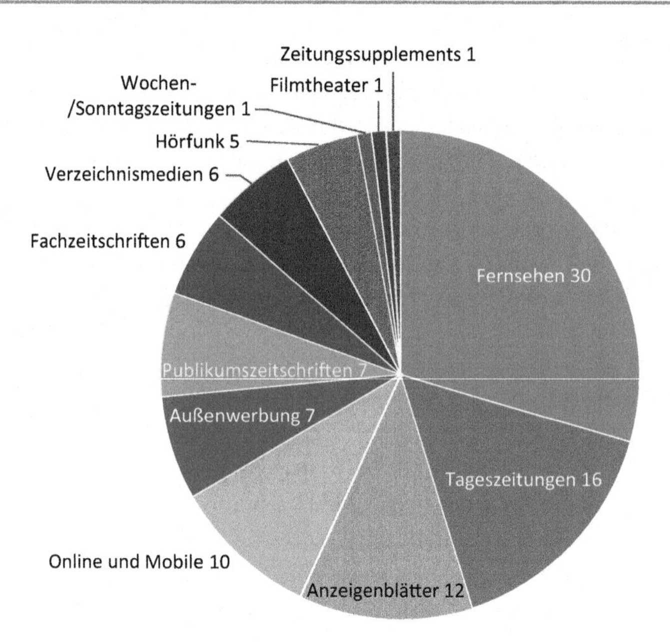

Abb. 3.1 Marktanteile der Medien und anderer Werbeträger 2016 in Prozent. (Quelle: ZAW 2017, S. 14)

weniger stürmisch zunehmend.[30] In den letzten Jahren wuchsen vor allem die Werbeeinnahmen der mobilen Onlinemedien. Insgesamt wurden 2016 etwas über 1,5 Mrd. € eingenommen. Onlinewerbung ist also sicherlich ein Wachstumsmarkt, aber mit einem Drittel des Volumens deutlich weniger bedeutsam wie der Fernsehmarkt und alle Printmedien zusammen; insgesamt macht er nur 10 % des Gesamtmarkts an Werbeinvestitionen aus (vgl. ZAW 2017, S. 14). Die Marktanteile der verschiedenen Medien sowie der Direkt- und Außenwerbung zeigt für das Jahr 2016 die Abb. 3.1.

In Deutschland dominieren wenige Werbe- und Mediaagenturen, zu den größeren und bekannten zählen: Serviceplan (rund 250 Mio. € Umsatz 2015; über 2000 Mitarbeiter), Jung von Matt (77 Mio., über 700 Mitarbeiter), Media Consulta (55 Mio., 340 Mitarbeiter) und Vertikom (52 Mio., 500 Mitarbeiter). Nimmt man die Bruttoumsatzmeldungen der 50 am Branchenranking beteiligten Agenturen zur Grundlage, dann besitzen die fünf größten Agenturen einen Marktanteil von zusammen rund 55 %.[31] Nach anderen Quellen

[30]Die Wachstumsraten betrugen 49 % (2006), 39 % (2007), 9 % (2008), 1,3 % (2009) und 12,7 % (2010); vgl. ZAW (2011, S. 340); und danach jeweils zwischen 6,0 und 6,6 %/Jahr (vgl. ZAW 2017, S. 13).

[31]www.wuv.de/content/download/382.539/7348.062/version/1/file/Agentur-Umsatzranking_2016.pdf [22.12.2016] bzw. eigene Berechnungen. Im Ranking der Branchenzeitschrift W&V werden allerdings nur die inhabergeführten Agenturen erfasst und nicht alle Bruttoumsätze sind testiert.

verfügt allein die Hamburger Holding GroupM über einen Marktanteil von 45 %, die führenden drei Holdings zusammen über 76 % (oder 12,6 Mrd. €) des Gesamtwerbebudgets. Räumlich konzentrieren sich die großen Agenturen auf Hamburg, München und Berlin. Die Bund-Länder-Kommission zur Medienkonvergenz (2016, S. 19–22) hat das Problem der großen Marktmacht 2016 aufgegriffen und plädiert für die weitere Klärung des politischen Handlungsbedarfs.

3.3.4 Normen und Institutionen

Werbekommunikation ist in Deutschland durch die im Grundgesetz (Art. 5) garantierten Kommunikationsfreiheiten geschützt. Diese Grundrechte werden durch medienspezifische Werbe-, Product Placement- und Sponsoring-Begrenzungen im Rundfunkstaatsvertrag (vgl. Abschn. 4.4.3.2), den Jugendschutz und den Verbraucherschutz eingeschränkt: So darf für jugendgefährdende Medien, aber auch für Alkohol, Tabakwaren, verschreibungspflichtige Medikamente und ärztliche Berufe nicht geworben werden. Für eine faire Werbepraxis soll das Gesetz gegen unlauteren Wettbewerb (UWG) sorgen, dass vor allem irreführende Werbung und das Ausnutzen der Gutgläubigkeit von Konsumenten (insbesondere von Kindern und Jugendlichen) verhindern soll. Vor dem Hintergrund werbekritischer Diskussionen und einer Initiative des Europarats hat der Dachverband der Werbewirtschaft (ZAW) 1972 mit dem Deutschen Werberat eine Selbstkontrollinstitution begründet. Der *Werberat* dient als Anlaufstelle für Beschwerden und er hat eine Reihe von Verhaltensregeln für die Werbebranche erlassen; seine eigentliche Wirkung besteht allerdings in der Abwehr staatlicher Regulierung (vgl. Zurstiege 2007, S. 51–69; Siegert und Brecheis 2005, S. 89–92). Im Jahr 2016 erhielt der Werberat 2265 Beschwerden gegen 441 Kampagnen; meist ging es dabei um sexistische Werbung (273 Fälle); es wurden insgesamt 22 öffentliche Rügen erteilt, 341 Beschwerden als unbegründet abgewiesen.[32] In den ersten vierzig Jahren hat der Werberat insgesamt 17.750 Beschwerden gegen 7700 Kampagnen erhalten; in einem Drittel der Fälle wurden diese daraufhin verändert oder beendet. Öffentliche Rügen wurden insgesamt erst 114 Mal ausgesprochen (vgl. epd medien aktuell Nr. 215a, 06.11.2012.).

Der *Zentralverband der deutschen Werbewirtschaft* ist ein Dachverband aus 42 Verbänden; vertreten sind neben den Agenturen (Gesamtverband Kommunikationsagenturen GWA) auch werbetreibende Unternehmen (über den BDI), die Zeitschriftenverleger (VdZ) und die Marktforscher. Individuell sind rund 1000 der in der Werbung Beschäftigten im Kommunikationsverband e. V. organisiert, rund 650 im Art Directors Club Deutschland (vgl. ZAW 2016, S. 275).

[32]Quelle: https://de.statista.com/statistik/daten/studie/168620/umfrage/beschwerden-ueber-werbekampagnen-beim-werberat/ [28.08.2017].

3.4 Telekommunikationsnetze und -dienste

Die sekundären Medien benötigen für die Produktion wie für die Verbreitung an die Rezipienten materielle Vertrieb- und Transportnetze, wie das Straßen- und Schienensystem, und Organisationen wie die Post und Pressezustelldienste. Seit langem werden bei der Produktion von Presse, Film und Buch aber auch Telekommunikationsnetze (Fernmeldenetze) intensiv genutzt, insbesondere für die aktuelle Nachrichtenbeschaffung über Agenturen (vgl. Abschn. 3.1) und Korrespondenten sowie die redaktionelle Recherche. Für den Austausch von Medieninhalten und Vorprodukten sowie die Übermittlung von Druckdaten u. v. a. m. werden Telekommunikationsdienste, allen voran Telefon und E-Mail bzw. File-Transferdienste benötigt.

3.4.1 Netze und Dienste

▶ Unter Telekommunikationsnetzen versteht man die organisierte Struktur von Wegen für die Fernkommunikation über – mehr oder weniger – große räumliche Distanzen. Die Boten- und Postdienste für den materiellen Transport von Speichermedien (Briefe etc.) bedienten sich bereits eines Telekommunikationsnetzes, das allerdings weitgehend identisch mit den Straßen- und Wegesystemen für Reise und Transport war. Mit der Erfindung von Diensten wie Telegrafie, Telefonie und Rundfunk entwickelten sich materiell hiervon getrennte elektrische und elektronische Leitungs- und Funknetze für die schnelle bzw. synchrone Telekommunikation.

Geradezu essenzielle Bedeutung besitzen Telekommunikationsnetze für die tertiären Medien: Rundfunk und Onlinemedien sind ohne Telekommunikation gar nicht denkbar, weil weder die Produktions- noch die Distributionsfunktionen erfüllt werden könnten, ohne dass elektromagnetische Signale in analoger oder (zunehmend) digitaler Form entlang materieller Leitungen, über terrestrische Funkfrequenzen oder per Satellit übermittelt werden.

Das Leistungsspektrum (übermittelte Daten bzw. codierte Zeichentypen) und die Leistungsfähigkeit (Bandbreite) von Telekommunikationsnetzen sind zwar nicht die Ursache, aber eine wichtige Grundlage für die weitere Entwicklung der Medien. Technik und Organisation von Telekommunikationsnetzen und die Institutionalisierung von Telekommunikationsdiensten besitzen folglich einige Relevanz für das Verständnis eines Mediensystems, auch wenn hier die publizistischen Medien im Vordergrund stehen und wir uns nicht systematisch mit den Strukturen der Individual- und Organisationskommunikation beschäftigen.

Man unterscheidet grundsätzlich zwei Strukturen von Telekommunikationsnetzen:

- *Vermittlungsnetze* verbinden viele Sender und Empfänger über ein Leitungsnetz miteinander, wobei aus den Empfängern jederzeit Sender werden können, was den kommunikativen Rollenwechsel wie beim Telefon erlaubt. Innerhalb des Netzes müssen die Signale deshalb vermittelt werden, d. h. es sind Vermittlungsstellen notwendig, die dafür sorgen, dass die Signale (Daten) auch den richtigen Empfänger (und nicht alle Netzteilnehmer) erreichen. Auf dem Vermittlungsnetz der Telefonie aufbauend bzw. diesem Prinzip folgend nutzen alle Tele- oder Onlinemedien solche Vermittlungsnetze: Individuelle Nutzer können über ihre Endgeräte (Client-Rechner) selektiv Daten von andern Rechnern im Netz (Servern, Hosts) abrufen und in Kontakt mit allen anderen Clients treten; die Datenübermittlung erfolgt in beide Richtungen ohne Medienbruch.
- *Verteilnetze* mit Baumstruktur hingegen dienen der hierarchischen Verbreitung von Signalen (Daten) von einem Sender an viele Empfänger bzw. Empfangsgeräte; das klassische Beispiel ist das Kabelfernsehnetz. Eine wechselseitige Datenübertragung (Rückkanal) ist, falls überhaupt, nur in sehr begrenztem Maße und nur zum Sender, aber nicht zu anderen Netzteilnehmern möglich.

Telekommunikationsnetze können physikalisch ganz unterschiedlich aufgebaut sein: Als *terrestrisches Funknetz* (Richtfunk, Rundfunk, Mobiltelefonie) kommen sie ebenso wie beim *Satellitenbetrieb* ohne materielle Leitung aus; als *Leitungsnetz* benötigen sie Kabel, die sich in Material und Bandbreite (also transportierbarer Datenmenge je Zeiteinheit; Kilo- oder Megabit/Sekunde) unterscheiden. Und schließlich können bei Funk- wie bei leitungsgebundenen Telekommunikationsnetzen die Daten in analoger oder in der komprimierten und daher effizienteren digitalen Form codiert übertragen werden.

3.4.2 Vermittlungsnetze: Vom Telefon zum Internet

Das klassische Telefonnetz (PLOTS = Plain Old Telephone Service) bestand aus einem doppelten Kupferdraht („twisted pair") und wurde analog betrieben. Erst mit der Einführung von ISDN (Integrated Services Digital Network) und vor allem durch verschiedene DSL-Varianten (Digital Subscriber Line) entsteht aus dem schmalbandigen Telefonnetz ein leistungsfähiges Datennetz, wie es für die komfortable Nutzung von Onlinemedien und den Abruf von Bewegtbildern notwendig ist: Statt 56 kbit (analoges Netz mit Modem) oder 2 × 64 kbit (ISDN), sind Bandbreiten von 1 bis 50 Mbit (VSDL) möglich, auch über konventionelle Kupferleitungen auf der „letzten Meile" zwischen digitaler Ortsvermittlungsstelle und Teilnehmer (TAL = Teilnehmeranschlussleitung). Weite Teile der Fernverbindungen, insbesondere die nationalen und internationalen Hauptrouten (Backbones) verwenden keine Kupferleiter mehr, sondern weitaus leistungsfähigere

Glasfaserkabel (Lichtwellenleiter). Alle Haushalte und Betriebe an Glasfasernetze anzuschließen, als auch die Leitungen sog. „letzte Meile" auf den neuesten Stand zu bringen, erfordert erhebliche Investitionen.

Kommunikationspolitisch wichtig, auch unter dem Gesichtspunkt der Gleichheit und Versorgungsgerechtigkeit (Sozialstaatsgebot als Norm), erschien es der Bundesregierung schon 2008, „möglichst rasch eine annähernd vollständige Flächendeckung mit breitbandigen Internetzugängen zu erreichen" durch den „Ausbau aller öffentlichen Kommunikationsnetze (Festnetze, terrestrische Netze, mobile Netze, Satellitennetze) zu digitalen Triple-Play-Breitbandnetzen" für Rundfunk, Telekommunikation und Internetnutzung (BKM 2008, S. 29–30). Weil diese „Breitbandinitiative" Investitionen von 30 bis 50 Mrd. € erforderlich macht, hielt die Monopolkommission diese Pläne 2009 für unrealistisch (vgl. Monopolkommission 2009, S. 89–90). Tatsächlich konnte die Zahl der Breitbandanschlüsse in Deutschland um rund 5 Mio. auf nun 30,1 Mio. (2015) gesteigert werden, aber fast 80 % nutzen hierfür DSL auf der Basis von Kupferleitungen, während nur 400.000 neue Glasfaseranschlüsse eingerichtet werden konnten (vgl. Monopolkommission 2015, S. 14) und bis 2016 erst 791.000 Haushalte Glasfaserkabel tatsächlich nutzten (vgl. Bernau und Ludwig 2016).

Das seit den 1960-er Jahren zunächst in den USA entwickelte *Internet* stellt ein mittlerweile globales Netzwerk von Netzen dar: Physikalisch recht unterschiedliche lokale Telekommunikationsnetze (Local Area Networks, LAN) und regionale Netze (Metropolitan Area Networks, MAN) sowie Wide Area Networks (WAN) auf nationaler oder kontinentaler Ebene werden auf der Grundlage festgelegter Datencodierungs- und Übertragungsprotokolle miteinander vernetzt. Dabei werden weltweit Kupfer- und Glasfaserleitungen über Land und unter den Meeren mit Funk- und Satellitenverbindungen kombiniert. Die Daten werden in Paketen gebündelt, die eine Adresse erhalten, und Routerserver sorgen dafür, dass die Datenpakete alle ihren Bestimmungsort erreichen. Auf diese Weise können die Leitungen gleichzeitig für viele parallele Übertragungen genutzt werden (vgl. Beck 2006, S. 7–11).

IP-basierte Dienste des Internet können stationär und mobil genutzt werden, entweder mit dem „Universalgerät" Mobiltelefon (Smart-Phone) oder mit portablen Computern (Notebook, Netbook, Tablet). Mobile Internet-Zugänge ermöglichen neben der interpersonalen Telekommunikation die Nutzung publizistischer Onlinemedien, wenn diese entweder an die Übertragungs- und Darstellungsstandards mobiler Geräte angepasst werden oder wenn genügend große Übertragungs- und Darstellungskapazitäten wie es bei Wireless Local Area Networks (W-LAN) und WiFi sowie WiMax (Mikrowellenspektrum mit großer Reichweite) in Kombination mit Notebook- und Netbook-Displays der Fall ist.

Die großen Anbieter von Übertragungswegen für den internetbasierten Datenverkehr und hierauf basierenden Medien- und Kommunikationsleistungen besitzen selbst leistungsfähige Leitungsnetze, die das „Rückgrat" des Internets, das sog. „Backbone" bilden. Sie betreiben, mieten („Transit") oder vermieten extrem leistungsfähige Glasfasernetze mit Anbindungen an das globale Datennetz, und sie vereinbaren mit ähnlich starken Wettbewerbern wechselseitig eine gebührenfreie Weiterleitung („Peering").

Zu den großen, international vernetzten Backboneanbietern gehören die multinationalen Telekommunikationskonzerne, wie Telefonica (O_2, BASE), Vodafone und Deutsche Telekom. Auf einer zweiten Ebene bieten Unternehmen wie 1&1 (United Internet), Amazon oder Host Europe Firmen- und Privatkunden das Hosting von Websites oder anderen Angeboten sowie E-Mail-Dienste, einschließlich der Domainverwaltung, und Cloud Computing auf ihren Servern an. Für die Internetwirtschaft wichtig sind auf einer weiteren Ebene diejenigen Unternehmen, die Angebote vermarkten sowie Transaktionen ermöglichen, also Kauf-, Buchungs- und Bezahlvorgänge im Electronic Commerce möglichst effizient und sicher organisieren. Hierauf greifen in einer vierten Stufe dann viele Anbieter wie Netflix, Maxdome oder Spotify zurück, die Musik, Videos, Spiele oder andere Produkte an Mediennutzer bzw. -kunden verkaufen. Den größten Teil des auf rund 75 Mrd. € (2015) geschätzten Gesamtumsatzes der deutschen Internetwirtschaft erzielen die E-Commerce-Anbieter der Stufe 3 sowie die Backbone- und Netzbetreiber auf Ebene 1 (43 bzw. 23 Mrd. €), während die Hosting- und die Medieninhalte-Anbieter mit 3 bis 4 Mrd. € deutlich geringere Anteile verzeichnen (vgl. eco 2015, S. 2, 11).

3.4.3 Verteilnetze: terrestrischer, Satelliten- und Kabelrundfunk

Für die Verbreitung des Rundfunks werden *Verteilnetze* betrieben, bei denen ein Sender viele Empfänger erreicht. Beim terrestrischen (also erdgebundenen, im Gegensatz zum Satelliten) Rundfunk bedient man sich spezifischer Frequenzbereiche (Wellenlängen) mit unterschiedlichen Ausbreitungscharakteristika (vgl. Abschn. 4.4.2.5):

- Langwellen und Kurzwellen haben sehr große geografische Reichweiten, Mittelwellen mittlere bis große Reichweiten. Sie sind aber sehr störungsanfällig und bieten eine heute kaum noch akzeptable Klangqualität für den Hörfunk und sind für das Fernsehen ungeeignet.
- Qualitativ am besten sind für Hörfunk und Fernsehen Ultrakurzwellen (UKW: 30–300 MHz) geeignet, die wegen ihrer begrenzten Reichweite von hohen Sendemasten oder Fernsehtürmen ausgestrahlt werden.

Beim *Kabelfernsehen* besteht das leitungsgebundene Baumnetz aus analog betriebenen Kupferkoaxialkabeln, die eine hohe Bandbreite gewährleisten, aber in der Regel nicht rückkanalfähig sind. Während die Digitalisierung des terrestrischen und des satteliten-basierten Fernsehrundfunks in Deutschland abgeschlossen ist, gilt dies nicht für die Hörfunknetze und den Kabelrundfunk. Die Digitalisierung des Kabelfernsehnetzes hat begonnen, wobei in diesen modernisierten Netzen auch schneller Internetzugang und Telefonie angeboten werden können. Rundfunk- und Telekommunikationssektoren konvergieren dabei.

Der *Satellitenrundfunk* basiert ebenfalls auf elektromagnetischen Wellen, die von einem im Weltraum-Orbit stationierten Satellitensender (Transponder) zurück auf die

Erde gestrahlt und mithilfe von relativ kleinen Parabolantennen („Satellitenschüssel“) und Receivern von jedem Haushalt innerhalb des Abstrahlungsgebietes (Beam, aufgrund der ovalen Kontur auch „Sendekeule“ genannt) empfangen werden können.

Alle terrestrischen Sender müssen ebenso wie die Einspeisungsstationen für das Kabelfernsehnetz und die Rundfunksatelliten im geostationären Orbit mit dem Rundfunksignal versorgt werden, das im Sendestudio produziert wird. Um diese Programmsignale heranzuführen nutzt man *Richtfunk,* also Punkt-zu-Punkt-Verbindungen im hochfrequenten Gigahertzbereich (vgl. Geretschläger 1983, S. 63–66).

3.4.4 Organisation der Telekommunikations- und Rundfunknetze: Deregulierung des Staatsmonopols

Die Organisation der Telekommunikations- und Rundfunknetze ist in Deutschland das Ergebnis eines spezifischen Entwicklungspfades und eines erst langsam schwindenden ehemaligen Staatsmonopols für die gesamte Telekommunikation. Wie in den meisten europäischen Staaten war die Telekommunikation seit der Einführung von Telegrafie und Telefonie in Deutschland bis zur Liberalisierung in den 1990er Jahren in der Hand staatlicher Monopolunternehmen.

Beispiel

In Deutschland waren zunächst die Reichspost- und Telegrafenverwaltung, dann die Deutsche Post (DDR) bzw. die Deutsche Bundespost und schließlich die Deutsche Telekom Eigner und Betreiber der öffentlichen Telekommunikationsstruktur. Sie standen jeweils unter dem Schutz des staatlichen Fernmeldemonopols und waren dem Wettbewerb entzogen. Einerseits wurde damit der mehrfache parallele Aufbau von teuren Infrastrukturen mit entsprechenden Investitionen vermieden, was volkswirtschaftlich sinnvoll erscheint und als „natürliches Monopol“ bezeichnet wird. Zudem wurde eine flächendeckende Versorgung des gesamten Landes zu erschwinglichen Preisen garantiert. Andererseits führt mangelnder Wettbewerb zu hohen Preisen und geringer Innovationskraft. Vor diesem Hintergrund hat die Europäische Union seit den 1990er Jahren unter neoliberalem Vorzeichen maßgeblich eine Deregulierung oder Liberalisierung der nationalen Telekommunikationsmärkte im europäischen Binnenmarkt durchgesetzt. Die Deutsche Telekom wurde in eine Aktiengesellschaft umgewandelt und teilweise privatisiert (der Bund hält derzeit insgesamt noch 31,7 % der Aktien) und es wurde mit dem Telekommunikationsgesetz (TKG)[33] von 1996 schrittweise Wettbewerb zugelassen.

[33]Das 85 Seiten umfassende TKG regelt auch Kunden- und Datenschutz, das Fernmeldegeheimnis, Fragen der Frequenzzuteilung u. v. a. m.

Die westlichen Alliierten übertrugen den öffentlich-rechtlichen Hörfunkanstalten auch die Befugnis zum Betrieb der Rundfunknetze, damit nicht erneut eine zentrale staatliche Postverwaltung zu viel Einfluss auf den Rundfunk erlangen sollte. Bis zum 1. Rundfunkurteil des Bundesverfassungsgerichts 1961 lag die Netzkompetenz bei den ARD-Anstalten, die den Fernsehrundfunk selbst betrieben. Das BVerfG räumte nun jedoch dem Bund diese technischen Betriebskompetenzen als Teil der Fernemeldehoheit für alle künftigen Rundfunkprogramme ein. Seit 1961 wurden die Rundfunknetze von der staatlichen Bundespost, ab 1992 unter dem Namen Telekom betrieben, mit Ausnahme der ARD-Netze, die bis heute von den Rundfunkanstalten betrieben werden. Alle anderen öffentlich-rechtlichen und privatrechtlichen Rundfunkprogramme werden terrestrisch von der Media Broadcast GmbH verbreitet, die de facto das Monopol der Bundespost fortführt: Die 1994 privatisierte Deutsche Telekom AG (DTAG) hatte den Rundfunkbetrieb zunächst an das Tochterunternehmen T-Systems Business Services GmbH gegeben, die 2007 wiederum als Tochterunternehmen die T-Systems Media&Broadcast gründete. Dieses Unternehmen wurde 2008 als Media Broadcast GmbH von der Deutschen Telekom an die Télédiffuison de France (TDF) verkauft.

Die Bundesnetzagentur kann zwar konkurrierenden Sendernetzbetreibern Frequenzen zuteilen, doch diese sind auf geeignete Standorte für Sendemasten angewiesen. Die hierfür technisch bzw. topografisch geeigneten Standorte und Sendetürme sind im Eigentum einer anderen Tochtergesellschaft der DTAG, nämlich der Deutschen Funkturm GmbH. Diese DFMG betreib 23.000 Antennenstandorte für Richtfunk, Rundfunk und Mobilfunk, darunter 500 Sendetürme. Die von den privaten Rundfunkbetreibern unter Beteiligung von RTL Radio Deutschland 2005 gegründete Derutec GmbH & Co. KG ist seit 2014 ein Tochterunternehmen der UPLINK Network GmbH und konzentriert sich auf die Senderzuleitung (also den Weg vom Studio bis zum Sender) und die Hörfunkverbreitung über das Internet-Protokoll sowie UKW.

Die Deutsche Bundespost hat ihrer (teil)privatisierten Rechtnachfolgerin Deutsche Telekom AG das Monopol im Telefonnetz und beim Kabelfernsehen übergeben. Bis heute dominiert die Deutsche Telekom den Markt im Festnetz, der nicht nur für die Telefonie sondern auch für den Internetzugang am wichtigsten ist, ebenso wie die Rundfunknetze:

- Laut Monopolkommission betrug der Marktanteil der DTAG bei den Festnetzanschlüssen 2015 noch knapp 55 %; ein Fünftel der Endkunden wohnten in Gebieten, in denen es keine Alternativanbieter gab. Bei den breitbandigen DSL-Anschlüssen betrug der DTAG-Anteil noch fast 42 % (Monopolkommission 2015, S. 3, 8, 14).
- Die Markteintrittsbarrieren für alternative Sendenetzbetreiber im terrestrischen Rundfunk erweisen sich als extrem hoch; auch die Digitalisierung des Fernsehens und künftig des Hörfunks ändern daran kaum etwas: Die vor rund zehn Jahren regional gegründeten Digital Radio GmbHs gehörten der Media Broadcast GmbH sowie den ARD-Anstalten und den Landesmedienanstalten (vgl. Roßnagel et al. 2010, S. 13–34; Böckelmann 2006, S. 162–176; www.derutec.de [21.09.2011]).

Derzeit gilt die 2016 geänderte Fassung des *Telekommunikationsgesetzes (TKG)* von 2004: Um einerseits einen fairen Wettbewerb angesichts der starken Ausgangsstellung des Ex-Monopolisten Deutsche Telekom und andererseits weiterhin eine flächendeckende und diskriminierungsfreie Versorgung (Universaldienst) sicherzustellen, fungiert gemäß TKG (§§ 116 ff.) die dem Wirtschaftsminister unterstehende *Bundesnetzagentur für Elektrizität, Gas, Telekommunikation, Post und Eisenbahnen (BNetzA)* als Zulassungs- und Regulierungsbehörde. Sie ist unter anderem für die Kontrolle der Preise zuständig, vor allem im Verhältnis zwischen der Telekom und ihren Wettbewerbern, die von der Telekom Leitungen anmieten müssen. Die BNetzA stellt damit einen diskriminierungsfreien Marktzugang der Wettbewerber, das störungsfreie Zusammenwirken verschiedener Netze (Interoperabilität) und den Universaldienst für die Bürger, de facto den einfachen schmalbandigen Telefondienst (§§ 78–87 TKG) sicher. Sie reguliert auch die Preise, zu denen der Quasimonopolist Telekom Wettbewerbern Leitungskapazitäten vermieten muss.

Die Märkte für die Kabel- und Satellitenrundfunknetze sind (ebenfalls) monopolistisch strukturiert:

- Die Deutsche Bundespost hatte – letztlich aus den Überschüssen des Telefongeschäfts und auf politische Weisung – seit den 1980er Jahren neben dem Telefonvermittlungsnetz ein *Breitbandkabel-Verteilnetz* für Kabelfernsehen aufgebaut, auf das sich ihr Monopol ebenfalls erstreckte. Lediglich die sog. Netzebene 4, also die haus- oder wohnanlageninterne Verteilung war in der Hand anderer Betreiber, meist der Wohnungsbaugesellschaften. Im Zuge der Deregulierung und Marktöffnung hat die Deutsche Telekom als Rechtsnachfolgerin diese Breitbandkabelnetze der Netzebene 3 in neun Regionalgesellschaften aufgegliedert und in den Jahren 2000 bis 2003 an Kabel Deutschland, Kabel BW und Unitymedia verkauft. Einige kleinere lokale Kabelnetzbetreiber (Netzebene 4) haben sich Teilnetze auf der höheren Netzebene 3 gesichert und durch die Einspeisung von Satellitenprogrammen ein eigenes Angebot geschaffen. Wirtschaftlich von Vorteil sind jedoch möglichst große und zusammenhängende Kabelregionen, sodass es immer wieder zu Fusionsbestrebungen kommt, die das Bundeskartellamt genehmigen muss. Digitale Fernseh- und Online-Angebote in diesen Netzen werden in Deutschland hauptsächlich (93 % Marktanteil im Jahre 2014) von vier Unternehmen verbreitet: Kabel Deutschland (8,4 Mio. Haushalte), Unity Kabel BW (rund 7,1 Mio. Haushalte in Baden-Württemberg, Hessen und Nordrhein-Westfalen), Tele Columbus (Berlin und Brandenburg) sowie Primacom (1,3 Mio. Haushalte in Ostdeutschland). Die Kabelgesellschaften sind Teil internationaler Telekommunikationskonzerne: Kabel Deutschland gehört überwiegend Vodafone, Unity den amerikanischen Eigentümern Liberty bzw. John Mallone, Tele Columbus und Primacom haben ihren Sitz in Luxemburg (vgl. KEK 2015, S. 405) – sicherlich auch aus Gründen der „Steueroptimierung." Die Kabelnetzbetreiber besitzen Gebietsmonopole bezogen auf diesen Verbreitungsweg, der in Deutschland von strategischer Bedeutung für den Rundfunk und allenfalls durch IP-TV (also Internetfernsehen) ersetzbar ist.

- Der *Satellitenrundfunkmarkt* wird von der SES ASTRA S.A., einem Tochterunternehmen des luxemburgischen Weltmarktführers SES S.A., dominiert, der mit einer Flotte von 56 Satelliten 99 % der Weltbevölkerung technisch erreichen kann. Zwei Drittel der Aktien sind im Besitz privater Anleger, ein Drittel gehört direkt oder indirekt dem luxemburgischen Staat. In Deutschland versorgt ASTRA über einen Satelliten auf der Position 19,2° Ost knapp 98 % der Satellitenhaushalte direkt oder über Kabeleinspeisungen. Neben 2500 analogen und digitalen Rundfunkprogrammen bieten die 15 europäischen Satelliten Telekommunikations- und Internetdienste an. Weltweit versorgen ASTRA-Satelliten 291 Mio. Haushalte. Als zweites Unternehmen unterhält Eutelsat S.A. eine Flotte von 34 Rundfunksatelliten für den Direktempfang (Direct Broadcasting Satellites DBS) mit mehr als 5000 Fernseh- und 1000 Radioprogrammen. Die technische Reichweite beträgt 204 Mio. Haushalte in über 150 Ländern. Die Verteilung der Marktanteile innerhalb dieses Duopols lässt sich nicht genau ermitteln, weil vielfach „Dual Feed"-Antennen genutzt werden, die Programme aus beiden Satellitensystemen empfangen; gleichwohl gilt ASTRA als klarer Marktführer. Die Markteintrittsbarrieren sind beim Satellitenrundfunk ebenfalls sehr hoch (vgl. KEK 2015, S. 398–400).

3.4.5 Konvergenz der Netze und Integration der Dienste

Die technische Konvergenz der Netze eröffnet neue Möglichkeiten der Medienorganisation. Aus der Organisationsstruktur des Telekommunikationssektors folgen zudem Marktzutrittsbarrieren im Rundfunk bzw. den Onlinemedien: Wer über die technischen Netze verfügt, besitzt Einfluss auf die dort übertragenen Daten und damit auf die Medienangebote, sofern nicht Regulierung für Netzneutralität und fairen Wettbewerb sorgen.

Die Digitalisierung der ehemaligen Telefon- und Kabelfernsehnetze, die Erhöhung der Bandbreiten und die Paketvermittlung auf der Basis des Internet-Protokolls führen de facto zu einer *Konvergenz der vormals getrennten Netze für Telekommunikation und Rundfunk.* Damit ergeben sich organisatorisch und vor allem ökonomisch neue Möglichkeiten: Rundfunkanbieter können Telekommunikations- und Onlinedienste anbieten und umgekehrt, weil all dies über dasselbe Netz als „Triple Play" (Rundfunk, Telekommunikation, Onlinemedien) oder gar unter Einbeziehung der mobilen Zugänge als „Quadruple Play" realisierbar ist.

In der Folge verschmelzen oder „konvergieren" auch Wertschöpfungsketten, Branchen und Märkte zumindest stufenweise. Dies kann zu mehr Wettbewerb, wahrscheinlich aber eher zur Nutzung von Synergie-Effekten durch die größten Anbieter und eine weitere Integration bzw. Konzentration führen. Für Telekommunikationsregulierung und Rundfunkregulierung, die ebenfalls konvergieren, entsteht vor diesem Hintergrund zunehmender Koordinations- und Regulierungsbedarf.

Wenn Netzbetreiber zu Diensteanbietern werden (oder umgekehrt), ist die Institution der Netzneutralität gefährdet: Für einem neutralen Netzbetreiber macht es keinen Unterschied, wessen Dienste er verbreitet. Im „eigenen" Netz kann es nun aber strategisch und wirtschaftlich sinnvoll sein, entweder nur noch die „eigenen" Medienangebote und -dienste zu verbreiten oder diese zumindest gegenüber der Konkurrenz zu bevorzugen.

Die Kommission zur Ermittlung der Konzentration (KEK) beobachtet deshalb aufmerksam, dass sich die Kabelgesellschaften selbst zu Programmanbietern bzw. Plattformbetreibern insbesondere im digitalen Pay-TV entwickeln. Betriebswirtschaftlich ist diese Strategie der vertikalen Integration sinnvoll, allerdings ist damit die Netzneutralität in Gefahr, wenn die eigenen Programme bevorzugt angeboten werden. Die Kabelnetzbetreiber können darüber hinaus Einfluss auf die Programmgestaltung nehmen, wenn sie – mit dem Argument der bessern Vermarktbarkeit beim Endkunden – die Einspeisung von ihren inhaltlichen Wünschen abhängig machen (vgl. KEK 2010, S. 314–315, 346–352).

3.5 Zusammenfassung

Für das deutsche Mediensystem, vor allem für die journalistische Berichterstattung über bundesweite und internationale Themen bieten die Nachrichtenagenturen eine wesentliche Grundlage. Nachrichtenagenturen beschaffen und selektieren Nachrichten, in zunehmendem Maße bieten sie auch selbst fertige Beiträge an. Die Auswahl an deutschsprachigen Textdiensten sowie an Bilder-, Hörfunk- und Fernsehdiensten ist vergleichsweise hoch; Marktführer und Erstagentur der meisten Publikumsmedien ist die Deutsche Presseagentur (dpa). Dpa ist wie viele Nachrichtenagenturen international vernetzt und befindet sich im genossenschaftlichen Besitz von Medienunternehmen, ist also staatsfern organisiert.

Einnahmen aus der Werbung stellen für die meisten publizistischen Medien einen wesentlichen Teil ihres Geschäftsmodells dar: Der redaktionelle Inhalt wird von den Rezipienten aktiv nachgefragt, die bei der Rezeption erzeugte Aufmerksamkeit und der Publikumskontakt werden von den Medien an die werbetreibende Industrie verkauft. Als Vermittlungspartner spielen Werbe- und Mediaagenturen in diesem Prozess eine entscheidende Rolle, weil sie Werbemittel (Anzeigen, Spots etc.) im Rahmen einer Werbekampagne gestalten und die medialen Werbeträger nach strategischen Gesichtspunkten (Reichweiten, Kontaktchancen, Werbekosten) auswählen. Die Medien stellen den Agenturen hierfür Daten der Mediennutzungsforschung (Mediaforschung) zur Verfügung. Der Anteil der Medien am Gesamtwerbemarkt geht zurück, besonders stark ist die Presse betroffen. Der Markt der Agenturen ist stark konzentriert, die drei größten vereinigen rund die Hälfte des Branchenumsatzes auf sich.

Journalismus und Öffentlichkeitsarbeit stehen trotz unterschiedlicher normativer Zielsetzungen in einem wechselseitigen Abhängigkeitsverhältnis: Pressesprecher, -mitteilungen und -konferenzen von Organisationen und extern beauftragte PR-Agenturen sind wesentliche Quellen für Nachrichten und Anlaufstellen für die journalistische Recherche. Die deutschen Medien sind mit einer sehr ressourcenstarken Public Relations konfrontiert, auch wenn diese eher kleinteilig organisiert ist.

Für die technische Verbreitung (Distribution) und die Herstellung (Produktion) von Medien sind Telekommunikationsnetze unerlässlich. In besonderem Maße gilt dies für die Verbreitung von Rundfunk über terrestrische Sender, Kabelnetze und Satellit sowie für die publizistischen Onlinemedien (Internet). Ausgehend von einem traditionellen staatlichen Fernmeldemonopol haben sich in Deutschland monopolistische und oligopolistische Strukturen bis heute erhalten: Die Vermittlungsnetze für die Tele- und Onlinekommunikation sind in der Hand weniger international operierender Konzerne, wobei der Marktanteil der Deutschen Telekom AG bei knapp 42 % (DSL- bzw. Festnetzanschlüsse) liegt (Monopolkommission 2015, S. 3). Die Deutsche Telekom dominiert auch die terrestrische Rundfunkverbreitung, während das Kabelfernsehen in regionalen Monopolen strukturiert ist und der Satellitenrundfunk von zwei internationalen Anbietern (ASTRA, Eutelsat) beherrscht wird. Durch die Konvergenz von Mediendiensten und die Digitalisierung der Telekommunikationsnetze ergibt sich das Problem der Netzneutralität, weil Infrastrukturbetreiber („Telcos“) zunehmend zu Dienste- und Medienanbietern werden.

Wichtige Quellen zu den Infrastrukturen

- Segbers (2007); Siegert und Brecheis (2010); Schweiger und Schrattenecker (2016); Szyska et al. (2009)
- Jahrbücher des ZAW „Werbung in Deutschland 2016“ ff.

Gesetze

- *Berliner Pressegesetz:* Berliner Pressegesetz vom 15. Juni 1965 (GVBl. S. 744); zuletzt geändert durch Aufhebungen sowie Neufassung durch Artikel 1 des Gesetzes vom 04.04.2016 (GVBl. S. 150).
- *Betriebsverfassungsgesetz:* Betriebsverfassungsgesetz in der Fassung der Bekanntmachung vom 25. September 2001 (BGBl. I S. 2518), das zuletzt durch Artikel 3 Abs. 4 des Gesetzes vom 20. April 2013 (BGBl. I S. 868) geändert worden ist.
- *Gesetz gegen Wettbewerbsbeschränkungen:*Gesetz gegen Wettbewerbsbeschränkungen (GWB) in der Fassung der Bekanntmachung vom 15. Juli 2005 (BGBl. I 2005, S. 2114), zuletzt geändert durch Gesetz vom 26. Juli 2013 (BGBl. I 2013, S. 1750, 3245), zuletzt geändert durch Artikel 1 des Gesetzes vom 17. Februar 2016 (BGBl. 2010, I S. 203).
- *Grundgesetz:* Grundgesetz für die Bundesrepublik Deutschland in der im Bundesgesetzblatt Teil III, Gliederungsnummer 100–1, veröffentlichten bereinigten Fassung, das zuletzt durch Artikel 1 des Gesetzes vom 23. Dezember 2014 (BGBl. I S. 2438) geändert worden ist; online unter: www.gesetze-im-internet.de/bundesrecht/gg/gesamt.pdf [09.08.2016].
- *Informationsfreiheitsgesetz:* Informationsfreiheitsgesetz vom 5. September 2005 (BGBl. I S. 2722), zuletzt geändert durch Artikel 2 Absatz 6 des Gesetzes vom 07. August 2013 (BGBl. I S. 3154); online unter: www.gesetze-im-internet.de/bundesrecht/ifg/gesamt.pdf [09.08.2016].

- *Jugendschutzgesetz:* Jugendschutzgesetz (JuSchG) vom 23. Juli 2002 (BGBl. I S. 2730, 2003 I S. 476), zuletzt geändert durch Artikel 1 des Gesetzes vom 03. März 2016 (BGBl. I S. 369); online unter: www.gesetze-im-internet.de/bundesrecht/juschg/gesamt.pdf [09.08.2016].
- *Telekommunikationsgesetz:* Telekommunikationsgesetz vom 22. Juni 2004 (BGBl. I S. 1190), das zuletzt durch Artikel 14 des Gesetzes vom 24. Mai 2016 (BGBl. I S. 1217) geändert worden ist; online unter: www.gesetze-im-internet.de/bundesrecht/tkg_2004/gesamt.pdf [09.08.2016].
- *Unlauterer Wettbewerb-Gesetz (UWG):* Gesetz gegen den unlauteren Wettbewerb in der Fassung der Bekanntmachung vom 3. März 2010 (BGBl. I S. 254), zuletzt geändert durch Artikel 4 des Gesetzes vom 17. Februar 2016 (BGBl. I S. 233); online unter: www.gesetze-im-internet.de/bundesrecht/uwg_2004/gesamt.pdf [09.08.2016].
- *Urheberrechtsgesetz:* Urheberrechtsgesetz vom 9. September 1965 (BGBl. I S. 1273), das durch Artikel 7 des Gesetzes vom 04. April 2016 (BGBl. I S. 558) geändert worden ist; online unter: http://www.gesetze-im-internet.de/bundesrecht/urhg/gesamt.pdf [09.08.2016].
- *Urheberrechtswahrnehmungsgesetz:* Urheberrechtswahrnehmungsgesetz vom 9. September 1965 (BGBl. I S. 1294), das zuletzt durch Artikel 218 der Verordnung vom 31. August 2015 (BGBl. I S. 1474) geändert worden ist; online unter: www.gema.de/fileadmin/user_upload/Gema/Urheberrechtswahrnehmungsgesetz.pdf [09.08.2016].

Literatur

Beck, Klaus. 2006. *Computervermittelte Kommunikation im Internet.* München: Oldenbourg.

Bentele, Günter, Tobias Liebert, und Stefan Seeling. 1997. Von der Determination zur Intereffikation. Ein integriertes Modell zum Verhältnis von Public Relations und Journalismus. In *Aktuelle Entstehung von Öffentlichkeit,* Hrsg. Günter Bentele und Michael Haller, 225–250, Konstanz: UVK.

Bernau, V., und K. Ludwig. 2016. Breitband-Ausbau. Im Internet-Entwicklungsland. *Süddeutsche Zeitung.* http://sz.de/1.3212304. Zugegriffen: 20. Okt. 2016.

BKM Der Beauftragte der Bundesregierung für Kultur und Medien, Hrsg. 2008. *Medien- und Kommunikationsbericht der Bundesregierung 2008.* Berlin: BKM.

Böckelmann, Frank. 2006. *Hörfunk in Deutschland. Rahmenbedingungen und Wettbewerbssituation.* Berlin: Vistas.

Bund-Länder-Kommission. 2016. *Bericht Bund-Länder-Kommission zur Medienkonvergenz.* https://www.bundesregierung.de/Content/DE/_Anlagen/BKM/2016/2016-06-14-medienkonvergenz-bericht-blk.pdf?__blob=publicationFile&v=3. Zugegriffen: 14. Aug. 2017.

eco Verband der Internetwirtschaft e. V. 2015. *Die deutsche Internetwirtschaft 2015–2019.* o. O: Arthur D. Little.

epd. 2011a. dpa schließt 2010 mit „planmäßigem" Fehlbetrag ab. *evangelischer pressedienstmedien aktuell* 2011 (122a): 1–2. (29.06.2011).

epd. 2011b. Deutsche Nachrichtenagenturen setzten 2010 rund 170 Mio. € um. *evangelischer pressedienstmedien aktuell* 2011 (171a): 2–3. (05.09.2011).

Geretschläger, Erich. 1983. *Medientechnik I. Nonprint-Medien*. München: Ölschläger.

Goldhammer, Klaus, und Jana Lipovski. 2011. *Markt der Nachrichtenagenturen in Deutschland und Europa. Kurzanalyse*. Berlin: Goldmedia.

HBI. Hans-Bredow-Institut, Hrsg. 2017. *Zur Entwicklung der Medien in Deutschland zwischen 2013 und 2016. Wissenschaftliches Gutachten zum Kommunikations- und Medienbericht der Bundesregierung*. Hamburg: Hans-Bredow-Institut.

Holznagel, Bernd, Dieter Dörr, und Doris Hildebrand. 2008. *Elektronische Medien. Entwicklung und Regulierungsbedarf*. München: Vahlen.

KEK. 2010. Auf dem Weg zu einer medienübergreifenden Vielfaltssicherung. Bericht der Kommission zur Ermittlung der Konzentration imMedienbereich (KEK) über die Entwicklung der Konzentration und über Maßnahmen zur Sicherung der Meinungsvielfalt im privaten Rundfunk. Potsdam 2010. http://www.kek-online.de/Inhalte/mkbericht_4_gesamt.html. Zugegriffen: 18. Aug. 2011.

KEK. 2015. Von der Fernsehzentrierung zur Medienfokussierung – Anforderungen an eine zeitgemäße Sicherheit medialer Meinungsvielfalt. Bericht der Kommission zur Ermittlung der Konzentration im Medienbereich (KEK) über die Entwicklung der Konzentration und über Maßnahmen zur Sicherung der Meinungsvielfalt im privaten Rundfunk. Leipzig 2015. http://www.kek-online.de/fileadmin/Download_KEK/Informationen_Publikationen/KEK_Bericht_ALM_Band_49.pdf Zugegriffen: 06. Aug. 2016.

Leipziger, J.W., und R. Lempart. 1993. Die PR-Agentur als Mittler. In *Öffentlichkeitsarbeit und Werbung. Instrumente, Strategien, Perspektiven*, 4. Aufl, Hrsg. Gero Kalt, 145–148. Frankfurt a. M.: IMK.

Meier, Klaus. 2002. *Ressort, Sparte, Team. Wahrnehmungsstrukturen und Redaktionsorganisation im Zeitungsjournalismus*. Konstanz: UVK.

Monopolkommission. 2009. Telekommunikation 2009: Klaren Wettbewerbskurs halten. Sondergutachten 56. o.O.:Bonn. www.monopolkommission.de/sg_56/s56.pdf. Zugegriffen: 21. Sept. 2011.

Monopolkommission 2015. Telekommunikation 2015: Märkte im Wandel. Sondergutachten 73.O.: Bonn. http://www.monopolkommission.de/images/PDF/SG/s73_volltext.pdf: Zugegriffen: 29. Aug. 2016.

Pürer, Heinz, und Johannes Raabe. 2007. *Presse in Deutschland*, 3., völlig überarb. u. erw. Aufl. Konstanz: UVK.

Rinsum, Helmut van. 2017. Übernahmestrategien internationaler Agentur-Netzwerke, *Media Perspektiven* 2017 (1), 26–35.

Röttger, Ulrike Hrsg. 2004. *Theorien der Public Relations. Grundlagen und Perspektiven der PR-Forschung*. Wiesbaden: Springer VS.

Roßnagel, Alexander, Thomas Kleist, und Alexander Scheuer. 2010. *Wettbewerb beim Netzbetrieb Voraussetzung für eine lebendige Rundfunkentwicklung*. Berlin: Vistas.

Schierl, Thomas. 2002. Der Werbeprozess aus organisationsorientierter Perspektive. In *Die Gesellschaft der Werbung*, Hrsg. Herbert Willems, 429–443. Wiesbaden: Springer VS.

Schulte-Jaspers, Yasmin. 2013. *Zukunft der Nachrichtenagenturen. Situation, Entwicklungen, Prognose*. Baden-Baden: Nomos.

Schulz, Winfried. 2009. Nachricht. In *Fischer Lexikon Publizistik Massenkommunikation*, Hrsg. Elisabeth Noelle-Neumann, Winfried Schulz, und Jürgen Wilke, 359–396. Frankfurt a. M.: Fischer.

Schweiger, Günter und Gertrud Schrattenecker. 2005a. *Werbung. Eine Einführung*, 6., neu überarb. Aufl. Stuttgart: Lucius & Lucius.

Schweiger, Günter und Gertrud Schrattenecker. 2005b. *Werbung. Eine Einführung*, 9. überarb. u. erw. Aufl. Stuttgart: Lucius & Lucius.

Segbers, Michael. 2007. *Die Ware Nachricht. Wie Nachrichtenagenturen ticken*. Konstanz: UVK.

Siegert, Gabriele, und Dieter Brecheis. 2005. *Werbung in der Medien- und Informationsgesellschaft. Eine kommunikationswissenschaftliche Einführung*. Wiesbaden: VS.
Siegert, Gabriele, und Dieter Brecheis. 2010. *Werbung in der Medien- und Informationsgesellschaft. Eine kommunikationswissenschaftliche Einführung*, 2. Aufl. Wiesbaden: Springer VS.
Szyska, Peter, Dagmar Schütte, und Katharina Urbahn. 2009. *Public Relations in Deutschland. Eine empirische Studie zum Berufsfeld Öffentlichkeitsarbeit*. Konstanz: UVK.
Ukrow, Jörg, und Mark D. Cole. 2017. *Zur Transparenz von Mediaagenturen. Eine rechtswissenschaftliche Untersuchung*. Bonn: Friedrich-Ebert-Stiftung.
Wilke, Jürgen. 1999. Nachrichtenagenturen. In *Mediengeschichte der Bundesrepublik Deutschland,* Hrsg. Jürgen Wilke, 469–488. Köln u. a.: Böhlau.
Wilke, Jürgen. 2007. Das Nachrichtenangebot der Nachrichtenagenturen im Vergleich. *Publizistik* 52 (3): 329–354.
ZAW (Zentralverband der deutschen Werbewirtschaft), Hrsg. 2011. *Werbung in Deutschland 2011*. Berlin: edition zaw.
ZAW (Zentralverband der deutschen Werbewirtschaft) Hrsg. 2016. *Werbung in Deutschland 2016*. Berlin: edition zaw.
ZAW (Zentralverband der deutschen Werbewirtschaft), Hrsg. 2017. *Werbung in Deutschland 2011*. Berlin: edition zaw.
Zurstiege, Guido. 2007. *Werbeforschung*. Konstanz: UVK.

4 Die publizistischen Medien

Wichtig Im folgenden Kapitel wird das Buch als ältestes publizistisches Medium zunächst semiotisch und technisch charakterisiert: Herstellung und Verbreitung technisch und massenhaft mittels Druckpresse (und mittlerweile auch in digitalem Format) reproduzierte linearere Langtexte kennzeichnen die Buchkommunikation. Aus der Organisationsperspektive werden daher die Strukturen und Funktionen des Buchwesens vorgestellt: Ausgehend von den Autoren werden in einem arbeitsteiligen Verfahren Texte durch Lektoren ausgewählt und für die Publikation vorbereitet sowie durch Verleger finanziert und vermarktet. An diesen herstellenden Buchhandel schließt mit einem für Deutschland sehr spezifischen und weltweit einzigartigen Groß- und Einzelhandesssystem der verbreitende Buchhandel an. Erläutert werden die Rollen der beteiligten Akteure sowie dieGeschäftsmodelle und Strategien der Verlage sowie die besonderen Strukturen des Buchmarktes.

Ausführlich analysiert wird auch die Institutionalisierung der Buchkommunikation, die sich durch normative und organisatorische Besonderheiten wie die Buchpreisbindung, eine flächendeckende Versorgung bei einer extrem hohen Titelzahl, den traditionsreichen Börsenverein des Deutschen Buchhandels als spartenübergreifendem Akteur und eine Reihe weiterer Besonderheiten auszeichnet.

K. Beck, *Das Mediensystem Deutschlands*, Studienbücher zur Kommunikations- und Medienwissenschaft, https://doi.org/10.1007/978-3-658-11779-5_4

4.1 Buch

4.1.1 Das Buch als technisch basiertes Zeichensystem

Das Buch konnte lange Zeit über seine Materialität und technische Herstellung definiert werden:

> Es handelt sich um ein mechanisch mittels der Druckerpresse bzw. Druckmaschine auf einem materiellen Trägermedium (in der Regel Papier) in einer bestimmten Auflage (Anzahl, Exemplare) hergestelltes Druckwerk (Printmedium), das einen gewissen Mindestumfang[1] besitzt und gebunden (oder geheftet, geklebt etc.) ist. Es bedient sich als „linearer Langtext" (Dietrich Kerlen)[2] graphischer Zeichensysteme, entweder in Textform (Buchstaben) oder in Bildform (Graphiken, Diagramme, Fotos etc.) oder in kombinierter Form.

Im Unterschied zur Presse handelt es sich nicht um ein periodisches Medium, d. h. Bücher erscheinen zunächst „einmalig" und nur im Erfolgsfalle, also nach Bedarf (und nicht vorab hinsichtlich der Erscheinungsperiode festgelegt) als Nachdrucke (Teilauflagen) oder – mitunter überarbeitete, korrigierte, erweiterte, aktualisierte – Neuauflagen. Grenzfälle stellen Jahrbücher, Kalender und Almanache dar, die einmal im Jahr (also periodisch) erscheinen, in ihrer Materialität aber dem Buch entsprechen.

Das Definitionskriterium der Materialität unterliegt sowohl einem historischen als auch einem aktuellen Wandel: Als Zeichenträger wurden auch Papyrus oder Pergament etc. verwendet, zur Aufbringung der Zeichen dienten vor der Gutenberg zugeschriebenen Erfindung der Druckerpresse und des Satzes mit beweglichen, d. h. wieder verwendbaren Lettern handschriftliche Verfahren oder Stempel- und Holzdruckverfahren. Aktuell stellt sich die auch rechtlich relevante Frage[3], ob digitale Buchformen (CD, DVD oder E-Books) als Bücher zu betrachten sind oder ob eine veränderte Materialität des Mediums das „Ende der Gutenberg-Galaxis" bedeutet.

[1]Die UNESCO definiert Buch als „a non periodical printed publication of at least 49 pages excluding covers"; vgl. Schönstedt (1991, S. 9). Nicht-periodische Druckwerke von geringerem Umfang können als Broschüren bezeichnet werden, die aber letztlich denselben hier beschriebenen institutionellen und organisatorischen Bedingungen unterliegen. Anders verhält es sich mit nicht im eigentlichen Sinne verlegten Flugschriften und Flugblättern.

[2]Der Buchwissenschaftler Kerlen (2006, S. 282–285) unterscheidet weiter zwischen informativen Langtexten (Fachtexten) und performativen Langtexten, die Urteilsvermögen, Imaginationsfähigkeit und intellektuelle Sensibilität der Leser ansprechen.

[3]Dabei geht es vor allem um die Preisbindung und den auf 7 % reduzierten Mehrwertsteuersatz.

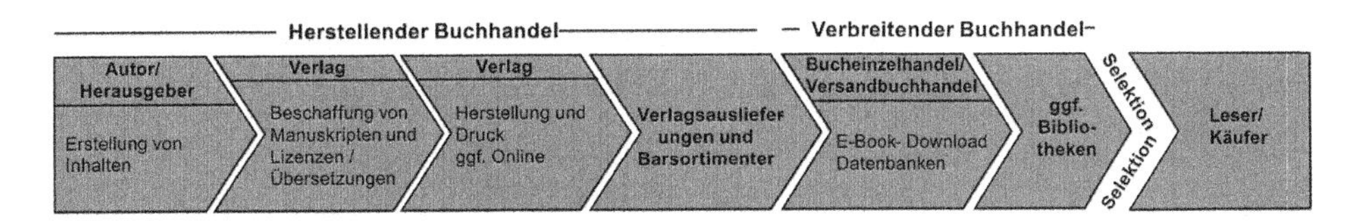

Abb. 4.1 Wertschöpfungskette der Buchkommunikation

4.1.2 Organisation und Institutionalisierung des Buchwesens

4.1.2.1 Akteure und Leistungen

Aus kommunikationswissenschaftlicher Sicht sind Leser als Zielpartner und Autoren als Ausgangspartner die zentralen Akteure im Prozess der Buchkommunikation. Allerdings treten wie bei allen Formen der Publizistik Vermittlungspartner hinzu, die als Akteure die Buchkommunikation organisieren und dabei bestimmte, institutionalisierte Rollen einnehmen. Sieht man von der Ausnahme des Selbstverlags ab, bei dem Autoren ihre Bücher selbst verlegen und vermarkten, also zugleich Ausgangs- und Vermittlungspartner in Personalunion sind, handelt es sich um einen komplexen Prozess vermittelter, d. h. organisierter und institutionalisierter, Mitteilung. Dabei wird traditionell zwischen dem herstellenden Buchhandel (vgl. Abschn. 4.1.2.2) und dem verbreitenden Buchhandel (Abschn. 4.1.2.3) unterschieden. In einem arbeitsteiligen Prozess wirken Lektoren, ggf. Übersetzer und Literaturagenten, Verleger und Buchhändler zusammen, sie organisieren den Buchkommunikationsprozess und bilden dabei medienspezifische Strukturen, die wir im Folgenden als Teil des Mediensystems beschreiben können. Aus medienökonomischer Perspektive kann Buchkommunikation vereinfachend entlang der Wertschöpfungskette[4] beschrieben werden, die parallel zum Kommunikationsprozess verläuft (vgl. Abb. 4.1). Sie veranschaulicht, welche Akteure oder Organisationen durch bestimmte Tätigkeiten (Leistungen) dem Produkt Buch einen Mehrwert zufügen, der sich schließlich beim Buchkonsumenten (oder ggf. beim Bibliotheksnutzer) realisiert.

Neben den ökonomischen Grundfunktionen, wie sie die Wertschöpfungskette beschreibt, müssen für die Mediensystemanalyse die Akteursrollen sowie die konkreten Handlungs- und Strategiemuster detaillierter beschrieben werden:

Autoren sind die geistigen Urheber von Büchern und damit die Ausgangspartner der Buchkommunikation; sie sind nur in Ausnahmefällen Teil der Verlagsorganisation. In der Regel handelt sich entweder um „freie Schriftsteller“ oder um Verfasser von Sach- und Fachtexten, die bei Universitäten, Forschungseinrichtungen und Museen, im Journalismus oder anderweitig angestellt sind. Insbesondere die freien Schriftsteller müssen ganz oder teilweise von Verlags- oder Aufführungshonoraren (Theater) sowie weiteren

[4]Picot und Janello (2007, S. 20–21) entwickeln sogar eine 14-stufige Wertschöpfungskette, um deren potenziellen Wandel aufgrund von Digitalisierung und Vernetzung zu analysieren.

Verwertungsformen leben. Verlage zahlen entweder Pauschal- oder Erfolgshonorare bzw. eine Kombination beider Formen, verbreitet sind aber auch sog. Nullhonorare bzw. negative Honorare:

- Gegen *Pauschalhonorare* veräußern Autoren einmalig alle oder bestimmte (geographisch oder medial begrenzte) Verwertungsrechte für ein Manuskript an den Verlag.
- Bei *Erfolgshonoraren* fließen Anteile des Verkaufserlöses an den Autor zurück, meist 5 bis 10 % des Nettoladenpreises, also des Buchpreises abzüglich der (auf sieben Prozent reduzierten) Umsatzsteuer.
- Autoren, die ökonomisch wenig Erfolg versprechende Manuskripte verlegt und gedruckt sehen wollen, oder als Verfasser von wissenschaftlichen und anderen Fachtexten über eine institutionelle Finanzierung (Universitätsmitarbeiter etc.) verfügen, erhalten oft gar kein Honorar *(Nullhonorar)*.
- Häufig müssen sie sogar einen „verlorenen Druckkostenzuschuss" als *„negatives Honorar"* zahlen, damit der Titel verlegt werden kann (vgl. v. Lucius 2007, S. 147–151), bzw. das verlegerische Risiko übernommen wird. Wenn kein Sponsor für dieses „negative Honorar" aufkommt, scheitert die Verlagspublikation.

Als Alternative bietet sich insbesondere für wissenschaftliche Autoren eine honorarfreie Publikation ohne einen Verlag als Vermittlungspartner an. Hochschulen und andere wissenschaftliche Institutionen gehen dazu über, Publikationen kostenlos zum Download in „Online Open Access"-Systemen bereitzuhalten. Ob diese Systeme für eine gute Auffindbarkeit und vor allem eine nachhaltige Verfügbarkeit der Publikationen sorgen, wird sich erst noch zeigen müssen. Zudem stellt sich die Frage, ob solche Online-Publikationen den Autoren einen ähnlichen Reputationsgewinn verschaffen wie Verlagspublikationen.

Literaturagenten sind meistens verlagsexterne Dienstleister, die nationale und vor allem internationale Verwertungsrechte (Buch, Film, Fernsehen, Computerspiele etc.) im Auftrag von Autoren wahrnehmen. Sie verhandeln für diese mit Verlagen, die beispielsweise an der Publikation eines US-Bestsellers in deutscher Übersetzung interessiert sind. Nicht immer handelt es sich aber um bereits abgeschlossene Manuskripte oder gar verlegerische Erfolge aus dem Ausland. Bei der Belletristik werden auf der Grundlage kurzer Abstracts Lizenzen von Werken versteigert, die noch gar nicht geschrieben sind. Literaturagenten erhalten Provisionen in Höhe von etwa zehn Prozent des Vertragsvolumens. Sie dringen auf hohe Vorauszahlungen der Verlage oder der anderen Rechteerwerber an die Autoren, um deren Verwertungsinteresse und damit das Marketing für das Produkt zu steigern. Das Zentrum der europäischen Lizenzhändler ist Zürich, bedeutendster Marktplatz die Frankfurter Buchmesse. *Scouts,* die ebenfalls meist nicht fest beim Verlag angestellt sind, suchen im Auftrag der Verlage aktiv nach Autoren und Manuskripten und ergänzen damit die Arbeit von Verlagslektoren.

Bei fremdsprachigen Manuskripten, deren Lizenzen für den deutschen oder deutschsprachigen Markt erworben wurden, werden mit Ausnahme von wissenschaftlichen Fachtexten meist *Übersetzer* tätig, die in der Regel als externe Freiberufler oder Angestellte von Übersetzungsagenturen und -büros beschäftigt sind.

Lektoren und vor allem *Lektorinnen* sind ein Spezifikum des Buchwesens, das es bei den anderen Printmedien in dieser Form nicht gibt und sich auch von Redakteurstätigkeiten in der Presse unterscheidet. Lektoren sind in Deutschland[5] ganz überwiegend Frauen, die ein sehr hohes Bildungsniveau aufweisen; sie nehmen eine kommunikative Vermittlungsrolle zwischen Autoren und Verleger ein. Institutionelle Rolle und Berufsbild des Lektors haben sich gewandelt, denn diese fungieren vielfach als Produktmanager, die mehr oder weniger große Verantwortung nicht nur für das publizistische, sondern auch für das ökonomische Ergebnis tragen (vgl. v. Lucius 2007, S. 93–96). Die rund 2300 in Deutschland fest angestellten Lektoren, deren Hauptaufgabe eigentlich das Lesen (lat. legere) ist, werden also tendenziell zu Produktmanagern.[6] Sie akquirieren Autoren und Manuskripte (Beschaffungsaufgabe), sie sichten und bewerten auch die vielfach unaufgefordert eingesandten Manuskripte. In guten Verlagen korrigieren und redigieren Lektoren die Manuskripte in formaler, sprachlicher, ggf. auch didaktischer und inhaltlicher Hinsicht. Als „schreibende Lektoren" verfassen sie auch selbst Sachtexte, etwa für Schulbücher, Lexika, Reiseführer etc. und sind damit de facto fest angestellte Autoren (vgl. v. Lucius 2007, S. 99–100).

Verleger nehmen eine Schlüsselrolle bei der Buchkommunikation ein, die sich mit den Worten des Schriftstellers Alfred Döblin wie folgt beschreiben lässt:

> Der Verleger schielt mit einem Auge nach dem Schriftsteller, mit dem anderen nach dem Publikum. Aber das dritte Auge, das Auge der Weisheit, blickt unbeirrt ins Portemonnaie.[7]

Diese Vermittlungsfunktion wird heute in den meisten Fällen arbeitsteilig durch den Verlag als Unternehmen des „herstellenden Buchhandels" erbracht.

Buchverlage können vor allem anhand wirtschaftlicher (Unternehmensgröße, Umsatz, Auflagen, Zielgruppen), rechtlicher (Unternehmensform) und bibliographischer Kriterien (Schöne Literatur, Fachbuch, Sachbuch, aber auch Kalender, Musikalien, Taschenbuch, Kunstbuch etc.) eingeteilt werden (vgl. Stiehl 1980, S. 36–38).

Die *Leserinnen* und (de facto ökonomisch weniger bedeutsam) die Leser von Büchern erzeugen nicht nur eine intellektuell oder affektiv motivierte „immaterielle", sondern jenseits von öffentlichen Bibliotheken und privatem „Leihverkehr" auch eine kaufkräftige Nachfrage an Büchern. Noch immer zählt die Buchlektüre trotz einer Vervielfachung der Freizeitmöglichkeiten und mit leicht nachlassender Häufigkeit zu den bevorzugten Aktivitäten der Deutschen: 18,8 % lesen Bücher „häufig", weitere 27,5 % „gelegentlich",

---

[5]Vgl. auch für weitere Details der Berufsrolle die repräsentative Studie von Hömberg (2010).

[6]Vgl. Hömberg (2010, S. 206–209) sowie kritisch zur Charakterisierung als Produktmanager: Kerlen (2006, S. 72–73).

[7]Alfred Döblin (1878–1957); das Zitat stammt aus: Ders. 1985. Kleine Schriften. Bd. 1 Olten und Freiburg: Walter, und wurde hier Schönstedt (1991) entnommen. Kerlen (2006, S. 293) betont hingegen vor allem die gesellschaftliche Rolle der Verlage als Tutoren der Informationsgesellschaft und Schutzinstanzen des kulturellen Gedächtnisses.

25,2 % bekannten sich in einer Verbraucheranalyse großer Presseverlage dazu „nie" Bücher zu lesen. Bücherlesen nimmt damit, trotz einer steigenden Zahl von Nichtlesern (rund ein Viertel der Bevölkerung) in der Beliebtheitsskala der Freizeitbeschäftigten immerhin Rang 14 von 51 abgefragten Aktivitäten ein (vgl. Börsenverein 2017, S. 32–34). Die durchschnittliche Lesedauer beträgt in Deutschland 19 min; täglich greifen 35 % der Deutschen zum Buch (vgl. Börsenverein 2016, S. 37; Engel und Breunig 2015, S. 312).[8] Lesedauer und -häufigkeit sowie inhaltliche Präferenzen variieren stark zwischen Männern und Frauen sowie in verschiedenen gesellschaftlichen Milieus (vgl. Engel und Mai 2015). Fast zwei Drittel der Frauen und rund die Hälfte der Männer kaufen mindestens einmal im Jahr Bücher, die Nachfrage steigt signifikant mit dem Bildungsniveau und dem Haushaltseinkommen.[9]

4.1.2.2 Herstellender Buchhandel

Die zentralen Teile der Wertschöpfung in der Buchkommunikation sind unternehmensförmig organisiert. Die mittleren und großen der etwa 15.000 deutschen Buchverlage koordinieren als kommerzielle Unternehmen wichtige Akteure und ihre Leistungserbringung. Einer betriebswirtschaftlichen Organisationslogik folgend müssen die Wertschöpfungsprozesse zeitlich und sozial in effektiver und effizienter Weise koordiniert werden. Dabei bestehen die verlegerischen Kernaufgaben in der Produktentwicklung und -erstellung, in Marketing und Vertrieb sowie der Erfolgskontrolle und Abrechnung. Diese Leistungen können dabei innerhalb des Verlagsunternehmens, zumindest teilweise durch externe Zulieferer und Kooperationspartner erbracht werden.[10]

Das Geschäft mit Büchern ist riskant, weil der Erfolg eines Buches bei Lesern bzw. Käufern unsicher und damit schwer prognostizierbar ist, der Verlag aber vorab investieren muss: Verlage gehen in Vorlage, legen also Geld vor, und heißen eben deshalb Verlage. Die Bindung von Kapital in Form einer gedruckten Buchauflage, die sich womöglich erst im Laufe der Jahre absetzen lässt (oder eben unverkäuflich ist) und dabei weitere Kosten für das Lager verursacht, wird damit zu einem zentralen Problem der Verlage. Bei Wissenschaftsverlagen, deren Titel sich viel langsamer „umsetzen" als Taschenbuch-Bestseller, können bis zu 40 % des Betriebskapitals in Büchern festliegen (vgl. v. Lucius 2007, S. 113).

---

[8]Die Daten stammen aus der für die Bevölkerung ab 14 Jahren repräsentativen ARD/ZDF-Langzeitstudie Massenkommunikation; die Medien- und Buchnutzung nach 24 Uhr wurde nicht erfasst.

[9]Hinsichtlich der formalen Bildung gilt für 2015 (Anteil der Buchkäufer) Hauptschule 41 %, Mittelschule 61 %, Abitur/Studium 78 %; beim Haushaltsnettoeinkommen ergibt sich: bis 1000 €: 47 %; ab 3000 €: 68 %; Daten der Allensbacher Markt-Analyse Werbeträger-Analyse (AWA) 2015, zit. Nach Börsenverein (2016, S. 36).

[10]Im Rahmen dieses Überblicks kann nicht auf die kaufmännischen Details eingegangen werden; wir beschränken uns auf einige typische Besonderheiten, in denen sich der Buchverlag von anderen Unternehmen unterscheidet. In Details des Buchmanagements führt Wirtz (2006, S. 207–252, Kap. 4) ein.

Eine Risikominderung verspricht man sich im Verlagswesen durch die Institution des *Verlagsprogramms,* bei dem verkaufsstarke Bestseller oder gewinnträchtige Titel andere Titel mitfinanzieren sollen (Mischkalkulation). Ökonomisch hilfreich ist die Kombination von Buch- und (Fach-)Zeitschriftenverlag, wenn die Zeitschrift einen regelmäßigen Umsatz- und Gewinnstrom zur Grundfinanzierung liefert. Die Zusammenstellung des Verlagssortiments ist Gegenstand der Programmpolitik, bei der man die sog. Backlist, also die bereits am Markt eingeführten, stabil absetzbaren Titel, von den risikoträchtigeren Neuerscheinungen (Novitäten, Novas) und Neuauflagen unterscheidet (vgl. v. Lucius 2007, S. 73–85). Das Verlagsprogramm steht in hohem Maße für das inhaltliche, literarische, wissenschaftliche oder politische Profil eines Verlages. Die institutionelle Rolle des klassischen Verlegers ist daher keine rein ökonomische, sondern auch eine publizistische und kulturelle.

Eine weitere „Stellschraube" für den Verleger ist die Festlegung der Auflagenhöhe, denn diese entscheidet letztlich über das Ausmaß der Kapitalbindung und der Lagerkosten. Durch die Digitalisierung von Druckvorlagen und Druck hat sich ein Trend zu kleineren Auflagen durchgesetzt, denn nun kann im Bedarfsfall rasch und ohne hohe Vorkosten nachgedruckt werden. Das reicht hin bis zum „Print on demand", bei dem nach Bestelleingang ein einzelnes Exemplar digital gedruckt und dann gebunden bzw. geklebt wird (vgl. v. Lucius 2007, S. 165–170). Auch die Verlagskalkulation[11] und die Preispolitik liegen weitgehend in der Hand des Verlegers, der sich hier die besonderen Guteigenschaften des Buches zunutze machen kann: Der Nutzen des Buches liegt ganz überwiegend im immateriellen Inhalt; der Verlag erwirbt meist alle oder zumindest die verlagstypischen Verwertungsrechte und kann nun verschiedene materielle Produkte (Versioning) anbieten: eine Paperbackausgabe in Klebeheftung, ein in Leinen gebundenes Hardcoverbuch und eine in Leder gebundene, ggf. limitierte Schmuckausgabe zu ganz unterschiedlichen Preisen. Die Digitalisierung der Medien eröffnet darüber hinaus die Möglichkeit, einzelne Buchkapitel oder ganze Bücher online gegen Bezahlung zu vermarkten, entweder durch die Lizenzierung gegen eine Pauschalgebühr (Campuslizenz für eine Universität, Firmenlizenz für eine Anwaltskanzlei oder Einzellizenz) oder im Einzelverkauf (Pay per view bzw. Pay per print). Zeitlich versetzt und nachdem die Kaufkraft für die teure Ausgabe abgeschöpft ist (sog. Windowing), werden preiswertere Taschenbuchausgaben angeboten. Hinzu kommen ggf. weitere materielle Verwertungen des immateriellen Buchinhalts: als Hörbuch, als Film- oder Fernsehrecht usw. Aufgrund der Digitalisierung nahezu aller Wertschöpfungsstufen zeichnet sich auch im Buchverlag ein Trend zum plattformneutralen Inhalt ab, der digital vorliegt und auf unterschiedliche materielle Träger bzw. Vertriebswegen verwertet wird (vgl. auch Wilking 2009, S. 28, 40).

[11]Vgl. hierzu Standardwerke wie Kerlen (2006) und Mundhenke und Teuber (2002) sowie zur Kostensystematik Heinold (2009, S. 134).

Im Buchverlagswesen lassen sich verschiedene *Geschäftsmodelle* und *Verlagstypen* unterscheiden:

- Literarische und die meisten wissenschaftlichen Verlage sind *Autorenverlage,* weil sie für die Manuskripte auf externe Autoren (Schriftsteller, Wissenschaftler) angewiesen sind, deren kreative Arbeit sie nur begrenzt planen und steuern können.
- Fach- und Sachbuchverlage hingegen können Lektoren und Redakteure selbst anstellen und mit der termin- und vorgabengerechten Erstellung von Manuskripten für Schulbücher, Lexika, Ratgeber, Wörterbücher etc. beauftragen. Solche *Lektoratsverlage* können die betrieblichen Abläufe weitaus besser planen und kontrollieren.
- Seit einigen Jahren im Trend liegen *Themen- und Zielgruppenverlage,* die ihre Programme sehr stark auf inhaltliche Spezialisierungen, zum Beispiel ein Wissen(schaft) sgebiet, oder bestimmte Zielgruppen (Traveller, Weinliebhaber und Hobbyköche, Tierfreunde, aber auch politische und weltanschauliche Gruppen) ausrichten (vgl. v. Lucius 2007, S. 84–89).
- *Original- und Lizenzverlage* konzentrieren sich auf Erstpublikationen meist literarischer Werke und sind international tätig: Sie kaufen auf dem weltweiten, angelsächsisch dominierten Markt Lizenzen für Deutschland und lassen die Werke übersetzen, um sie hier zu publizieren. Von großer Bedeutung sind bei diesem Verlagstyp also verlagsexterne „Lieferanten“: Autoren, Scouts, Agenten und Übersetzer.
- *Kommissionsverlage* handeln primär als Vertriebspartner im Auftrage von Dritten, die das gesamte finanzielle Risiko tragen, weil die Bücher nur in Kommission genommen werden. Als „Kommissionsgeber“ fungieren wissenschaftliche Institute oder andere Organisationen, die ein starkes Interesse an der Publikation haben und diese auch finanzieren können, selbst aber keine Kernkompetenz im Buchvertrieb besitzen.

Buchverlage verfolgen unterschiedliche unternehmerische *Strategien* (vgl. Kerlen 2006, S. 227–238; v. Lucius 2007, S. 75): Während kapitalstarke Großverlage meist eine Marktführerschaft anstreben, besetzen kleinere Verlage spezielle thematische bzw. zielgruppenorientierte Nischen (Nischenstrategie) oder sie konzentrieren sich auf ein klares Novitätenprofil (Innovationsstrategie). Erfolgreiche Buchprodukte und -ideen werden durch einige Verlage auch kopiert (Nachahmerstrategie), wenn der Markt als genügend groß eingeschätzt wird. Und schließlich können kleinere und mittlere Verlage auch kooperieren (Kooperationsstrategie), um wechselseitig die jeweiligen Schwächen zu kompensieren. Ein Beispiel ist die Kooperation von 16 wissenschaftlichen Verlagen aus drei Ländern unter der bekannten Vertriebsmarke „UTB“.

Um den verlagsinternen Wertschöpfungsprozess effizient zu organisieren und die Kosten für die Entscheidungsfindung und Koordination (Transaktionskosten) zu senken, haben sich dauerhafte, je nach Verlag aber unterschiedliche Binnenstrukturen entwickelt: Grundlegend können Buchverlage nach Funktionsbereichen (Herstellung, Vertrieb, Controlling und Rechnungswesen, Personal etc.), nach Produktgruppen (wie im Verlagsprogramm) oder nach Märkten (bei großen Verlagen nach Ländern) gegliedert sein.

Die klassische und bei kleineren Verlagen bis heute gängige Organisationsstruktur belässt die Verantwortung für das Programm bei der Verlagsleitung, während Lektoren einzelne Titel, Autoren oder Themen betreuen.

Eine zentrale Institution der Entscheidungsfindung und Koordination ist die *Verlagskonferenz,* „in der die Leiter aller Abteilungen zusammen mit der Geschäftsleitung über Programm, geeignetes Produktdesign, Preisfindung, Absatzkanäle, Werbemaßnahmen usw. entscheiden“ (v. Lucius 2007, S. 179).

Das Kerngeschäft und die Kernkompetenzen des Buchverlages liegen vor und nach dem Druck des Buchs. Neben der Beschaffung, Autorenbetreuung und Produktentwicklung durch das Lektorat müssen vertrags- und urheberrechtliche Fragen (mit dem Autor, aber zum Beispiel bei Bildrechten auch mit Dritten) geklärt und betriebswirtschaftliche Planungs- und Managementleistungen erbracht werden. Als *Core Assets* von Buchverlagen gelten daher neben einer bekannten Marke (Verlagsname, Reihentitel) die Netzwerke der Mitarbeiter, vor allem auf der Beschaffungsseite und damit zentral im Lektorat (vgl. Wirtz 2006, S. 226–227).

Die meisten Verlage lagern hingegen die technische Herstellung aus. Dies betrifft insbesondere Druck und Bindung, mitunter auch die graphische Gestaltung und bei wissenschaftlicher Literatur sogar die technische Druckvorlagenherstellung, die von den Autoren selbst am PC übernommen wird. Der Austausch von Manuskripten und Druckvorlagen ist nahezu vollständig digitalisiert und erfolgt meist online. Autoren liefern vielfach bereits Dateien, die im Verlag weiter verarbeitet werden können, und die Druckereien greifen für die Herstellung der Druckformen (Offsetdruck) oder den direkten Digitaldruck auf die Druckdaten des Verlags zu. Die technischen Produktionskosten und damit der materielle Warenwert von Büchern macht nur acht bis 15 % des Ladenverkaufspreises aus, während die meisten Kosten vorher und nachher, nämlich bei Marketing und Vertrieb entstehen. Gemessen am Erlös betragen die Herstellungskosten (inklusive Druckkosten) etwa 25 %, die Personalkosten 23 %; für Autorenhonorare wurden durchschnittlich 12 %aufgewendet.[12] Gemessen am Ladenpreis belaufen sich die Handelsmargen, also die Rabatte des Verlags für den Buchhandel auf 40 % (vgl. Wirtz 2006, S. 229).

Beim Absatz von Büchern spielt neben den in allen Wirtschaftszweigen anzutreffenden Marketingstrategien und -maßnahmen die spezifische Eigenschaft der Bücher eine Rolle. Als Medien zählen sie nämlich zu den *Erfahrungs- und Vertrauensgütern,* d. h. man kann erst nach dem Lesen (und damit meist: Kaufen) entscheiden, ob sich der Kauf gelohnt hat. Um dieses Risiko zu minimieren, greifen viele potenzielle Käufer auf Rezensionen und Empfehlungen vertrauenswürdiger Bekannter und Freunde zurück. Für Verlage (und Buchhandlungen) bedeutet dies, dass sie neben der Werbung auch

[12]Alle Angaben beziehen sich auf das Jahr 2013 und stammen aus der sog. „Schnellumfrage“ des Börsenvereins; vgl. www.boersenblatt.net/artikel-schnellumfrage_des_boersenvereins.1017194.html [21.12.2016].

Produkt-PR betreiben und für (möglichst positive) Rezensionen in den anderen Medien sorgen müssen, indem sie Rezensionsexemplare kostenlos an die jeweils richtigen und wichtigen Rezensenten verschenken. Die gesellschaftliche Institution der Literaturkritik, zumindest in ihrer Schrumpfform als Rezensionswesen, wird hier dienstbar gemacht, wobei neben einer Sperrfrist für die Publikation auch die Regel gilt, Rezensionsexemplare nicht weiter zu verkaufen. Ein ähnlicher Effekt wie mit Rezensionen kann, gerade bei Fach- und Wissenschaftsliteratur, durch den Versand kostenloser „Dedikations- oder Prüfexemplare" an Multiplikatoren und Meinungsführer erzielt werden. Der verlagsseitig eingesetzte Materialwert der Bücher ist etwa im Vergleich zu einer Anzeigenkampagne marginal (vgl. v. Lucius 2007, S. 221, 242–243). Lange vor der Etablierung des sog. Social Web und anderer, ebenfalls für lancierte oder nicht lancierte Buchempfehlungen genutzter Online-Angebote, setzte schon die Logik der „Bestsellerliste" auf die angebliche „Schwarmintelligenz". Tatsächlich dürften viele Buchkonsumenten ihre Transaktionskosten senken, indem sie sich bei ihrer Kaufentscheidung an solchen methodisch mitunter fragwürdigen Rankings[13] und an Empfehlungen von – mehr oder weniger bekannten – „Peers" orientieren (vgl. Braun 2009, S. 277). In Deutschland dürfte die Bestsellerliste des SPIEGEL einen erheblichen Einfluss auf den Buchmarkt haben, denn letztlich wird hier eine begrenzte kaufkräftige Nachfrage auf nur wenige der jährlich neu erscheinenden 90.000 Titel kumuliert und damit einer Titelkonzentration Vorschub geleistet.

4.1.2.3 Verbreitender Buchhandel

Der Handel mit Büchern wird in der Regel nicht direkt zwischen Verlag und Endkunden (Leser) abgewickelt (Ausnahme „Verlagsbuchhandlung"), sondern in einem gestuften Verfahren des *verbreitenden Buchhandels und des Zwischenbuchhandels.* Mit Ausnahme sehr kleiner und sehr großer Verlage liefern diese ihre Bücher gar nicht mehr selbst aus, sondern beauftragen eine der rund 40 deutschen *Verlagsauslieferungen,* die für jeweils 60 bis 200 Verlage und deshalb kostengünstig arbeiten. Schätzungsweise 90 % des Branchenumsatzes werden in Deutschland von rund 12 dieser externen Dienstleister abgewickelt (vgl. v. Lucius 2014, S. 192). Eine sehr wichtige Rolle nehmen speziell in Deutschland die fünf allgemeinen (z. B. KNV, Libri, Umbreit) und etwa zehn spezialisierte *Barsortimenter*[14] als Groß- und Zwischenhändler ein. Bei ihnen bestellen die Ladenbuchhandlungen aus einem Sortiment von bis zu 500.000 Titeln aus über 4000 Verlagen, und werden – vergleichbar wohl nur mit Apotheken – über Nacht beliefert. Das entlastet Lagerhaltung und Kapitalbindung und ist in Anbetracht der hohen Titelzahl auf dem deutschen Buchmarkt gerade für kleinere Buchhandlungen existentiell. Über 90 % der bestellten Titel haben Barsortimenter auf Lager (vgl. Bez 2010, S. 7). Aufgrund der hohen Bedeutung und Nachfragemacht der Barsortimenter (über 20 % des Verlagsumsatzes)

[13]Neben der Frage der Repräsentativität stellt sich die Frage nach dem geeigneten Erhebungszeitraum; valide dürften vor allem Erhebungen sein, die durch eine automatische Erfassung an den Ladenkassen bzw. in allen Vertriebswegen erfolgt; vgl. v. Lucius (2007, S. 243).

[14]Der Begriff geht auf die Mitte des 19. Jahrhunderts entstandenen großen Buchzwischenhändler zurück, die Bücher Einzelhändler nur gegen Bargeldzahlung verkauften.

müssen die Verlage ihnen hohe Handelsrabatte einräumen. Zudem verfügen die Barsortimenter über exzellente Marktdaten und sind in der Lage, standardisierte Buchpakte für bestimmte Themen und Buchhandlungstypen zu schnüren. Dieses Geschäftsmodell minimiert das Absatzrisiko für die Buchhandlung, führt allerdings tendenziell zu einer Standardisierung des Angebotes und verschlechtert die publizistischen wie die ökonomischen Chancen kleiner Verlage oder unbekannter Autoren (vgl. v. Lucius 2007, S. 197–198).

4.1.3 Buchmarkt und organisationales Umfeld

4.1.3.1 Media Governance: Normative Grundlagen der Buchbranche

Herstellender und verbreitender Buchhandel genießen in Deutschland eine normative Sonderstellung, die ihren Ausdruck in einer Reihe von speziellen gesetzlichen Vorschriften und Privilegien sowie einem traditionsreichen Netzwerk von Institutionen rund um den Börsenverein des Deutschen Buchhandels findet.

Wie für alle publizistischen Medien in der Bundesrepublik Deutschland stellt Art. 5 des Grundgesetzes (GG) die wichtigste rechtliche Grundlage dar, weil hier staatliche Vorzensur verboten und die elementaren Meinungs- und Kommunikationsfreiheiten u. a. unter Hinweis auf „Schrift und Bild“ (also das Zeichensystem des Buchdrucks) garantiert und zugleich mit den Argumenten Jugendschutz, Recht der persönlichen Ehre sowie der allgemeinen Gesetze begrenzt werden.[15] Die gesetzlichen Schranken der Grundrechtsausübung ergeben sich wie für alle anderen Medien insbesondere aus dem Strafgesetzbuch, wobei vor allem Beleidigungsdelikte, Gewaltdarstellungen und Pornographie für das Buchwesen besonders relevant sind.[16] Die Bundesprüfstelle für jugendgefährdende Medien (BPJM) kann auf Antrag der Jugendschutzbehörden auch Bücher indizieren, d. h. diese Werke werden auf eine Liste der vertriebs- und werbebeschränkten Titel gesetzt. Diese Bücher dürfen nicht an Minderjährige abgegeben werden. Durch richterlichen Beschluss können Bücher dann auch „eingezogen“ (StGB § 74d), beschlagnahmt und ihre Verbreitung unterbunden werden. Die Details solcher relativ selten durchgeführten Verfahren sind auf der Ebene der 16 Bundesländer durch im Kern nahezu identische Landespressegesetze geregelt.[17] Neben diesen Landesgesetzen regulieren vor allem Bundesgesetze den Buchsektor: Auf der Makroebene des Buchmarktes gilt

[15] v. Lucius (2007, S. 25) weist zudem auf Art. 18 GG hin, der eine durch das Bundesverfassungsgericht festzustellende Verwirkung dieser Grundrechte regelt.

[16] Hinzu kommen: Verunglimpfungen und Beleidigungen des eigenen wie eines ausländischen Staates sowie seiner Symbole und Organe, Offenbarung von Staatsgeheimnissen, Aufforderungen zu Straftaten, Volksverhetzung und Kriegshetze; vgl. Abschn. 2.4.

[17] Diese beziehen sich nicht nur auf Belange der periodischen Presse, sondern auch die anderer „Druckwerke“, zu denen neben dem Buch auch Ton- und Bildträger sowie Musikalien gezählt werden.

wie für die periodische Presse eine *Sonderregelung des Gesetzes gegen Wettbewerbsbeschränkungen (GWB):* Der Zusammenschluss von Buch- wie Presseverlagsunternehmen ist schon ab einer gemeinsamen Umsatzsumme von jährlich 12,5 Mio. € genehmigungspflichtig, während für alle anderen Unternehmensfusionen eine Schwelle von 250 Mio. € gilt. Hiermit wird dem Doppelcharakter des Buchs als Ware und als Kulturgut mit dem Ziel Rechnung getragen, durch eine Vielzahl der Anbieter die strukturelle Voraussetzung für inhaltliche und formale Angebotsvielfalt zu schaffen bzw. zu bewahren. Dem „Schutz des Kulturgutes Buch" ist eine weitere Ausnahmeregelung geschuldet: das *Buchpreisbindungsgesetz (BuchPrG)* aus dem Jahre 2002 (in der Fassung v. 31. Juli 2016).[18] Der Buchhandel ist hierdurch verpflichtet, Bücher und E-Books nur zu einem vom Verlag (oder Importeur) festgesetzten Preis an Endkunden abzugeben. Die Preisbindung gilt für mindestens 18 Monate und wird im Börsenblatt des Deutschen Buchhandels bekannt gegeben sowie ggf. später wieder aufgehoben. Auf diese Weise soll eine Vielzahl auch kleinerer Buchhandlungen vor der Konkurrenz durch Großanbieter geschützt und damit die flächendeckende Versorgung Deutschlands mit dem Kulturgut Buch gesichert werden. Dies ist auch Ziel und Legitimation der privilegierten Behandlung von Büchern bei der *Umsatzsteuer,* die für Bücher nur sieben Prozent (statt derzeit 19 %) beträgt und den Kauf von Büchern verbilligen soll.

Gesetzlich geregelt sind auch *Urheber- und Verwertungsrechte* im Buchwesen: Nach deutschem Recht (Urhebergesetz UrhG) entsteht das Urheberrecht, beim Buch also das des Autors, automatisch mit der Schaffung des Werkes, gilt bis 70 Jahre nach dessen Tod und kann auch nicht veräußert werden. Der Autor hat gesetzlichen Anspruch auf „angemessene Vergütung", kann aber die Verwertungsrechte an seinem Werk insbesondere an einen Buchverlag verkaufen, der sie ggf. weiter veräußert. Zu diesen Rechten zählt das Gesetz u. a.: Vervielfältigung und Verbreitung (also das „typische" Buchgeschäft), öffentliche Zugänglichmachung (relevant vor allem für Bibliotheken und Online-Angebote), Aufführungsrechte (vor allem bei Theaterautoren) sowie andere Medienverwertungen (Verfilmung, Sendung etc.). Der Verlagsvertrag regelt, welche Rechte genau, für wie lange und für welche Region sowie zu welchem Preis eingeräumt werden. Darüber hinaus werden Auflagenhöhe, Manuskriptbeschaffenheit (Inhalt, Umfang, Format) und Abgabefristen, die Ladenpreisgestaltung, aber auch Übersetzungs- und Lizenzrechte etc. vertraglich festgelegt.

Rund 3000 Autoren und über 1000 Übersetzer sind im *Verband deutscher Schriftsteller (VS)* organisiert, der 1969 gegründet wurde und mittlerweile Teil der Dienstleistungsgewerkschaft ver.di ist. Der VS vertritt Schriftsteller und Übersetzer in kulturpolitischen

---

[18]Dieses Bundesgesetz ist aus EU-rechtlichen Gründen an die Stelle des sog. „Sammelrevers"-Systems als brancheninterner vertraglicher Selbstregulierung getreten. Zum Wortlaut vgl. http://www.preisbindungsgesetz.de/content/gesetze/1009-preisbindungsgesetz-deutschland.htm [12.05.2011]. Die Preisbindung erstreckt sich auch auf E-Books, allerdings können die Verlage hierfür andere Preise festsetzen.

und urheberrechtlichen Fragen.[19] Darüber hinaus hat er mit dem Börsenverein des deutschen Buchhandels erstmals 1978 einen Normvertrag für Verlagsverträge ausgehandelt, der zuletzt 1999 neu gefasst wurde und die Interessen beider Parteien fair regeln soll.[20] Für die wissenschaftlichen Buch- und Zeitschriftenautoren hat der *Deutsche Hochschulverband (DHV)* als Interessenverband eine Vereinbarung mit Musterverträgen mit dem Börsenverein geschlossen. Hier reicht die Tradition der institutionellen Regelung sogar bis ins Jahr 1929 zurück.[21] Was nicht im Verlagsvertrag zwischen Autor und Verlag geregelt ist, regelt automatisch das auf das Jahr 1901 zurückgehende *Verlagsgesetz (Gesetz über das Verlagsrecht in der Fassung vom 22. März 2002)*[22]. Darüber hinaus fließen Autoren und Verlagen Anteile aus der Verwertung jenseits des Buchhandels zu, die durch die Verwertungsgesellschaften treuhänderisch erhoben und ausgeschüttet werden. Die *Verwertungsgesellschaft Wort (VG Wort)*[23] ist als Verein mit derzeit rund 180.000 Autoren und 8000 Verlagen als Mitgliedern (VG Wort 2015, S. 6) aufgrund des UrHG exklusiv dazu berechtigt, mit unterschiedlichen Verwertern wie Bibliotheken, Schulen und Universitäten sowie Herstellern von Kopiergeräten und Scannern (über den Branchenverband BITKOM) Verträge abzuschließen und die Erlöse an Autoren, Übersetzer und Verlage auszuschütten. Bislang galt, dass die Autoren 70 und Verlage 30 %, bei wissenschaftlichen Werken und Übersetzungen beide jeweils 50 % der Ausschüttungen (entsprechend den durch VG Wort erzielten Einnahmen nach Abzug der eigenen Verwaltungskosten und einem Anteil von acht Prozent für Sozialeinrichtungen der Branche) erhalten. Insgesamt wurden im Jahre 2015 auf diese Weise über 80 Mio. € ausgeschüttet, wobei die Vergütung für das Kopieren über die Hälfte der Einnahmen, die Verwertungsrechte für Hörfunk und Fernsehen insgesamt knapp 16 Mio. € und die „Bibliothekstantieme" knapp 11 Mio. € erbrachten (vgl. VG Wort 2015, S. 7, 9–10). Aufgrund einer Entscheidung des Bundesgerichtshofs vom 21. April 2016[24] wurde die Höhe des Verlagsanteils rückwirkend bis 2012 als rechtswidrig eingestuft und durch die VG Wort wurden entsprechende Rückforderungen erhoben. Der Börsenverein des Deutschen Buchhandels geht von fast 100 Mio. € aus, sodass er um die Solvenz bzw. Existenz kleinerer Verlage fürchtet (vgl. Börsenverein 2016, S. 6).

[19]Weitere Informationen zur Organisation und ihrer Politik unter: http://vs.verdi.de/ [12.05.2010].

[20]Zum Normvertrag vgl. http://www.boersenverein.de/sixcms/media.php/976/Autorennormvertrag.pdf [12.05.2010].

[21]Zum DHV vgl. http://www.hochschulverband.de/cms1/; zur Vereinbarung und den Verträgen vgl. http://www.boersenverein.de/sixcms/media.php/976/wiss_vertragsnormen.pdf [12.05.2010].

[22]Für den Wortlaut vgl. http://www.gesetze-im-internet.de/bundesrecht/verlg/gesamt.pdf [12.05.2010].

[23]Satzungen, Verteilungspläne, aktuelle Berichte des Vorstands etc. sind online verfügbar unter: www.vgwort.de [12.05.2011].

[24]Az. I ZR 198/13 und den neuen Verteilungsplan der VG Wort unter: http://www.vgwort.de/fileadmin/pdf/verteilungsplan/Korrektur-Verteilungsplan_der_VG_WORT_2012-2016.pdf [21.12.2016].

Bibliothekstantiemen, Geräteabgaben und Gebühren für die Reproduktion von Buchinhalten nimmt auch die *Verwertungsgesellschaft Bild-Kunst* ein, die u. a. die Reproduktionsrechte für Werke der Bildenden Kunst einschließlich der Fotografie und Buchillustrationen wahrnimmt. Die VG Bild-Kunst schüttet Erlöse an die Bildurheber und an Bildagenturen sowie Verlage aus.[25] Die gesetzliche Grundlage dieser beiden Verwertungsgesellschaften bilden das UrHG und das *Urheberrechtswahrnehmungsgesetz (UrhWahrnG in der Fassung vom 31. August 2015).*

Der Verlag besitzt durch den faktischen Gebrauch oder die Voranmeldung (Titelschutzanzeigen im Börsenblatt) die markenrechtlich garantierten Titelrechte an Büchern oder Buchreihen, was ihn vor konkurrierenden Nachahmern schützt.

Das Urheberrecht regelt aber nicht nur die wirtschaftliche Seite einer Publikation, sondern auch die geistige, denn das UrhG schützt das Werk vor nicht autorisierten Bearbeitungen und Verfälschungen (Urheberpersönlichkeitsrechte) (vgl. v. Lucius 2007, S. 337–364).

Der 1825 in Leipzig gegründete *„Börsenverein des Deutschen Buchhandels"*[26] ist ein bedeutender korporativer Akteur mit 4809 Mitgliedern unterschiedlicher Produktionsstufen, darunter 1745 Verlage und etwas mehr als 3000 Buchhandelsunternehmen. Er wirkt nicht nur innerhalb der Branche als selbstregulierende Institution beim Interessenausgleich der Akteure verschiedener Wertschöpfungsstufen, sondern auch medien- und imagepolitisch als Lobbyorganisation nach außen: Bei wichtigen Themen wie Buchpreisbindung und Urheberrecht vertritt er die Interessen der Branche; mithilfe von Buchpreisen (seit 1951 „Friedenspreis des Deutschen Buchhandels", seit 2005 „Deutscher Buchpreis") agiert er öffentlichkeitswirksam im kulturellen und politischen Leben. Seit 1959 finanziert der Börsenverein einen Vorlesewettbewerb zur schulischen Leseförderung. Die brancheninterne Kommunikation wird vor allem durch das „Börsenblatt – Wochenmagazin für den Deutschen Buchhandel", das Verzeichnis lieferbarer Bücher (VLB), das Adressbuch des deutschsprachigen Buchhandels und zahlreiche Tagungen auch der zehn Landesverbände befördert (vgl. Börsenverein 2010, S. 32, 99–100). Auch die Kundenzeitschrift „Buchjournal" wird vom Börsenverein herausgegeben.

Zu den Institutionen der Buchbranche gehören die durch den Börsenverein (bzw. einer kommerziellen Tochter, der Ausstellungs- und Messe-GmbH) getragenen traditionellen *Buchmessen* in Frankfurt und in Leipzig: Die im Zuge der deutschen Teilung begründete Frankfurter Buchmesse ist sehr stark international ausgerichtet und hat im Oktober 2015 rund 275.000 Besucher sowie über 7300 Verlage angezogen. Hier werden auch Lizenzen im „Literary Agents and Scouts Centre (LitAG)" mit über 500 Literaturagenten und Talentscouts gehandelt. Die traditionsreichere und auch in der DDR fortgeführte Leipziger Buchmesse wurde im Frühjahr 2016 von 250.000 Menschen besucht und ist vor allem eine beliebte Publikumsmesse (vgl. Leipziger Messe 2016, S. 5.)

[25]Informationen zur Organisation und den Verteilungsplänen unter: http://www.bildkunst.de/ [12.05.2010].

[26]Stiehl (1980, S. 54) bemerkt, die Bezeichnung „Börse" sei auf eine Abrechnungsstelle auf der Leipziger Buchmesse zurückzuführen.

Die Buchbranche hat sich über die gesetzlichen Regelungen hinaus selbst ein Set von drei *Regelwerken* gegeben, die das Verhalten der unterschiedlichen Akteure trotz vorhandener Interessengegensätze regeln und damit letztlich Transaktionskosten sparen sollen: Die „Verkehrsordnung für den Buchhandel“[27] regelt vor allem Rabatte, Preisänderungen, Rückgaberechte für unverkaufte Exemplare oder nicht länger preisgebundene Titel (Remission), Subskriptionspreise, den Umgang mit beschädigten oder fehlerhaften Exemplaren, den Versand und die Rechnungsstellung – sofern es keine abweichende Vertragsvereinbarungen gibt. Die „Wettbewerbsregeln des Börsenvereins des Deutschen Buchhandels“ behandeln das Verhältnis zwischen dem Buchhandel und den Verlagen, die mitunter gleichzeitig als Buchhändler (insbesondere im Versandgeschäft) auftreten. Noch grundsätzlicher, als „Orientierungshilfe“ für die gesamte Buchbranche mit allen ihren Sparten (Verlage, Zwischenbuchhandel, Sortiment etc.) sind die „Verhaltensgrundsätze des Buchhandels“[28] abgefasst.

Weil Bücher in Deutschland seit Jahrhunderten als Kulturgüter gelten, besteht seitens der Verlage seit 1913 eine Pflichtstückablieferungs-Regelung, die gesetzlich verankert ist *(Gesetz über die deutsche Nationalbibliothek vom 22. Juni 2006)*[29] sowie die „Verordnung über die Pflichtlieferung von Medienwerken.“ Ohne Kostenerstattung muss jeweils ein Buchexemplar an die beiden Standorte der Deutschen Bibliothek in Leipzig und Frankfurt geliefert werden, die „im Gegenzug“ die deutsche Nationalbibliographie erstellen – eine wichtige Arbeitsgrundlage für praktisch alle Bibliotheken und die Wissenschaft (vgl. v. Lucius 2007, S. 380).

4.1.3.2 Marktstruktur und Markteintrittsbarrieren

Anders als für die periodische Presse oder den privatrechtlichen Rundfunk spielt der Werbemarkt praktisch keine Rolle für Bücher; allenfalls Sponsorenanzeigen oder Eigenwerbung wird man in wenigen Büchern finden. Auch das Geschäft mit Lizenzen und Nebenrechten für andere mediale Verwertungen hält sich mit insgesamt 2 % der Gesamterlöse in engen Grenzen und ist für die meisten Verlage bedeutungslos (vgl. Wirtz 2013, S. 279). Entscheidend ist daher der Erfolg von Büchern auf dem Publikumsmarkt. Im Gegensatz zur hohen Bedeutung, die dem Buch als Bildungs- und Kulturgut traditionell in Deutschland beigemessen wird, steht seine geringe gesamtwirtschaftliche Bedeutung: Mit fast 9,3 Mrd. € Umsatz im Jahr 2016 (Börsenverein 2017, S. 5) liegt die „buchhändlerischen Betriebe“ der gesamten Branche deutlich hinter dem Umsatz einer einzelnen Lebensmittelkette. Die Zahl der Beschäftigten in den Verlagen wurde in den letzten

[27]Die letzte Fassung datiert vom November 2006, vgl. http://www.boersenverein.de/sixcms/media.php/976/Verkehrsordnung_Buchhandel.pdf [12.05.2011].

[28]Vgl. zum Wortlaut des „Spartenpapiers“ von 1985: http://www.boersenverein.de/sixcms/media.php/976/Spartenpapier_neu.pdfsowiedas sog. Grundlagenpapier von 2007 (http://www.boersenverein.de/sixcms/media.php/976/Grundlagenpapier_2007.pdf) [12.05.2010].

[29]Zuletzt geändert 2009; vgl. http://www.gesetze-im-internet.de/bundesrecht/dnbg/gesamt.pdf.

Tab. 4.1 Umsatzanteile der zehn größten deutschen Buchverlage. (Quelle: eigene Berechnungen auf der Basis von Börsenverein (2016) und Buchreport. Ranking der zwanzig größten Verlage in Deutschland nach ihrem Umsatz im Jahr 2015; online unter: https://de.statista.com/statistik/daten/studie/157647/umfrage/die-zehn-groessten-verlage-in-deutschland-nach-umsatz-im-jahr-2009/ [21.12.2016])

Platz	Verlag	Umsatz 2015 Mio. €	Kumulierter Umsatzanteil[a]
1	Springer Nature	510,2	9,4
2	Random House	329	15,4
3	Westermann Verlagsgruppe	300	20,1
4	Klett Gruppe	283,8	26,2
5	Cornelsen Bildungsgruppe	260	30,9
6	Haufe	255,8	35,7
7	Wolters Kluwer Deutschland	216	39,7
8	Weka	179	42,9
9	C.H. Beck	171,8	46,1
10	Thieme	148,5	48,9

[a]Anteil am Gesamtumsatz der Buchverlage 2015 (5,43 Mrd. €) (Hochrechnung des Börsenvereins, vgl. Börsenverein 2016, S. 25) in Prozent

15 Jahren drastisch um 55.000 auf nunmehr 110.000[30] reduziert; hinzu kommen 28.900 Arbeitsplätze im Buchhandel. Die Umsatzrenditen liegen bei ca. drei bis fünf Prozent (vgl. Wirtz 2006, S. 230; v. Lucius 2007, S. 45), wobei allerdings sehr große Unterschiede bestehen. Der Markt ist auf der Verlagsseite sehr kleinteilig, mitunter handelt es sich sogar um nebenerwerblich tätige Einzelverleger und Kleinbetriebe. Die Markteintrittsbarrieren sind vergleichsweise niedrig (v. Lucius 2007, S. 46).

Die Marktstruktur mit den insgesamt knapp 15.000 deutschen *Buchverlagen* ist sehr heterogen: einer Vielzahl von Klein- und Kleinstverlagen steht eine kleine Zahl von umsatz- und gewinnträchtigen Großverlagen, oft wiederum Teil großer Medienkonzerne, gegenüber: Von den 2217 umsatzsteuerpflichtigen Verlagen erzielten 2014 nur 20 einen Umsatz von mehr als 50 Mio. € (also weniger als ein Prozent), während fast ein Viertel aller Verlage weniger als 50.000 € umsetzte.[31]

Der Verlagsmarkt ist also in hohem und weiter zunehmendem Maße ökonomisch konzentriert (vgl. Tab. 4.1), übrigens auch in regionaler Hinsicht: Führende Verlagsstädte sind Berlin (155 Verlage im Jahr 2014) und München (125), gefolgt von Stuttgart (85) und Hamburg (81), während die traditionelle Verlagsstadt Leipzig nur noch auf 45 Verlage kommt (vgl. Börsenverein 2016, S. 130). Auch bei der Anzahl der Neuerscheinungen liegen Berlin (8292) und München (7396 Titel im Jahre 2015) weit vor Stuttgart (3826)

[30]Einschließlich Zeitungs- und Zeitschriftenverlage; vgl. Börsenverein (2016, S. 122–123).
[31]Vgl. Börsenverein (2016, S. 42, 48).

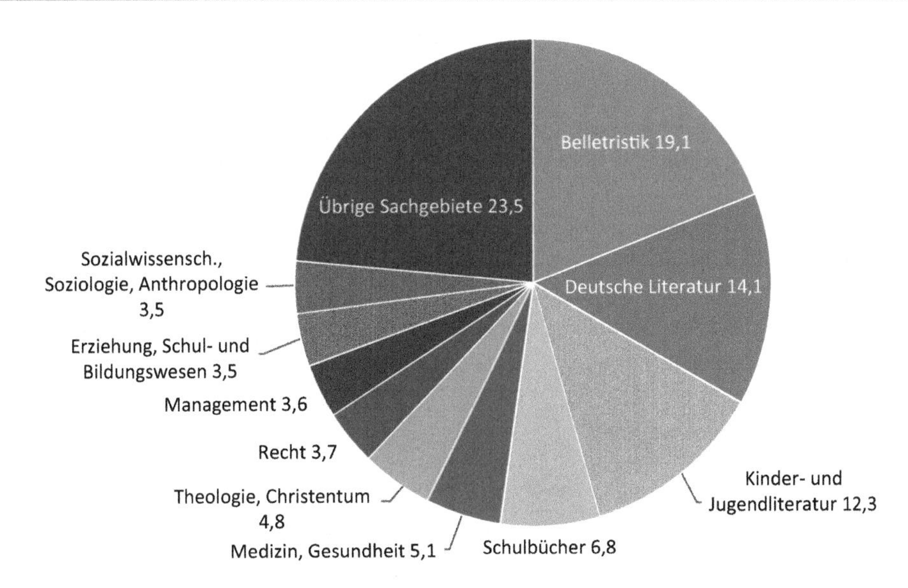

Abb. 4.2 Titelproduktion (Erstauflagen) nach Sachgruppen 2016. (Quelle: Börsenverein 2016, S. 83–86 sowie)

und den anderen Verlagsorten, d. h. gut 30 % (16.000 von 48.000) aller Neuerscheinungen stammen aus nur zwei Städten (vgl. Börsenverein 2016, S. 145). Die publizistische Konzentration ist aufgrund der hohen Zahl der Verlage hingegen vergleichsweise gering. Die Markteintrittsbarrieren sind aufgrund der begrenzten First-Copy-Kosten[32] von durchschnittlich 39 % der Gesamtkosten vergleichsweise niedrig; institutionell soll die Buchpreisbindung die Marktentwicklung und -vielfalt fördern (vgl. Wirtz 2013, S. 280). Die Grundfreiheiten des GG sehen (anders als beispielsweise in der DDR) auch keine Lizenzpflicht für Verlage vor, die als Markteintrittsbarriere wirken könnte.

Insgesamt werden jährlich rund 85.000 Titel produziert, 2015 waren es 89.506, davon 85 % Erstauflagen. Innerhalb der letzten zehn Jahre ist die Titelproduktion um 5,5 % gesunken (vgl. Börsenverein 2017, S. 81). Deutschland nimmt auch im internationalenVergleich mit bevölkerungsstarken Märkten wie den USA, Russland und China eine Spitzenstellung ein (vgl. Börsenverein 2010, S. 61–73).

Ein Drittel der Titelproduktion entfällt auf Belletristik und deutsche Literatur; knapp 12 % auf das Kinder- und Jugendbuch und rund sieben Prozent auf Schulbücher. Bei den Fachbüchern dominieren Themen bzw. Titel aus Medizin und Gesundheit; aus der Sachgruppe Sozialwissenschaften stammten 2015 über 14.144 Neuerscheinungen,was 18,5 % entspricht (vgl. Börsenverein 2016, S. 83 und Abb. 4.2).

[32]Hierunter versteht man insbesondere bei Printmedien alle diejenigen Kosten, die notwendig sind, um eine Auflage von einem Exemplar herzustellen. Je höher diese Erstkosten sind, umso stärker wirken die Economies of Scale, also Massenproduktionsvorteile (durch „Umlegen“ der Fixkosten auf die Anzahl; sog. Fixkostendegression).

Der Anteil der Taschenbücher betrug 2016 gut 12 %, wobei über die Hälfte Belletristik-Bücher (rund 4800 Titel) ausmachten. Seit 2013 ist die Taschenbuchproduktion rückläufig (vgl. Börsenverein 2017, S. 87–93).

Rund 10.500 Bücher wurden 2016 für den deutschen Markt übersetzt (13,6 % der Titelproduktion), davon knapp zwei Drittel aus dem Englischen bzw. Amerikanischen und 10 % aus dem Französischen. Umgekehrt konnten 7300 deutsche Buchlizenzen ins Ausland verkauft werden (vgl. Börsenverein 2017, S. 99–104).

Die Marktstruktur im *Buchhandel* (vgl. Abb. 4.3) unterliegt seit einigen Jahren einem deutlichen Wandel. Noch immer verfügt Deutschland über ein sehr dichtes Netz von Buchhandlungen, auch in kleineren Städten und Orten sind Bücher vielfach noch in einem Ladengeschäft erhältlich. Trotz absoluter Steigerungen erzielen diese „klassischen" stationären Sortimentsbuchhandlungen nur noch etwas weniger als die Hälfte des Gesamtumsatzes. Der Versand-Sortimentsbuchhandel hingegen hat vor allem aufgrund der bequemen Bestellmöglichkeiten im WWW kontinuierlich Marktanteile gewonnen (rund 19 % Marktanteil oder 1,6 Mrd. € Umsatz 2015; vgl. Börsenverein 2016, S. 7). Marktführer sind hier „Amazon" und „Weltbild", während der Online-Bestellweg für die „Buchhandlung um die Ecke" praktisch bedeutungslos ist. Die Verlage hingegen erzielen mit dem Direktversand ihrer Bücher einen Umsatzanteil von fast 21 %, was schon deshalb ein lukratives Geschäft darstellen kann, weil die Rabatte und Profite der Zwischenhändler direkt an den Verlag

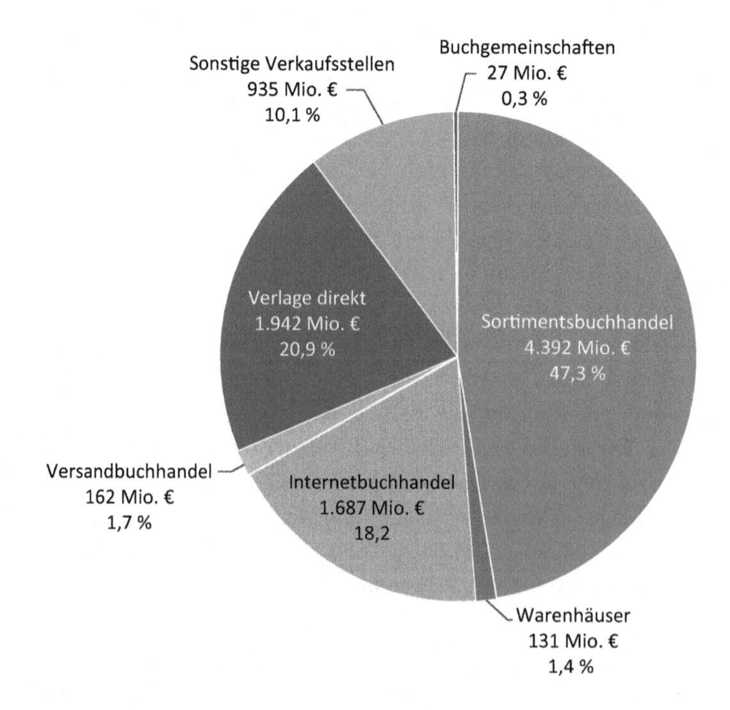

Abb. 4.3 Umsätze des Buchhandels 2016 nach Vertriebswegen (Ladenpreise; geschätzt). (Quelle: Börsenverein 2017, S. 6–7)

fließen (Disintermediation)[33], der ja aufgrund der Buchpreisbindung vom Endkunden denselben Betrag einnimmt. Marktanteile verloren haben die Warenhäuser und die Buchclubs (zusammen zwei Prozent Marktanteil), während neue Wettbewerber in Gestalt von branchenfremden Lebensmitteldiscountern etc. („sonstige Verkaufsstellen“) kontinuierlich gewonnen haben und 2015 einen Marktanteil von 10 % aufwiesen (vgl. Börsenverein 2016, S. 7).

Noch stärker als beim herstellenden Buchhandel sind Konzentrationsprozesse im Zwischenbuchhandel und im verbreitenden Buchhandel: In Deutschland arbeiten drei bundesweite (KNV, Libri, Umbreit) und ein regionaler (Könemann) allgemeine Barsortimenter; die zwei führenden Barsortimenter (KNV, Libri) erzielen zusammen einen Marktanteil von 80 bis 90 % (vgl. v. Lucius 2007, S. 197); Koch Neff Volckmar (KNV) betreibt gleichzeitig auch noch eine große Verlagsauslieferung (vgl. Kerlen 2006, S. 24). Auch der Sortimentsbuchhandel ist durch eine starke Umsatzkonzentration geprägt: Zwar gibt es in Deutschland noch rund 3500 Buchhandlungen (zum Vergleich: in den USA sind es nur 2300), doch nur neun Großunternehmen (0,2 %) erwirtschaften über ein Drittel des Gesamtumsatzes (vgl. Börsenverein 2016, S. 59). Zu nennen sind vor allem die beiden großen Buchfilialketten DBH (Hugendubel, Weltbild) und Thalia mit zusammen mehreren Hundert Ladengeschäften, die in den letzen Jahren allerdings einige Flialen schließen und andere verkleinern mussten. Der Zusammenschluss von Hugendubel (rund 90 Filialen) und Weltbild wurde wieder aufgelöst, Weltbild und das Nachfolgeunternehmen Lesensart mussten Insolvenz anmelden und über 60 Filialen schließen. Thalia mit 160 Filialen wurde ebenfalls verkauft (vgl. Börsenverein 2016, S. 59–61 und Glaubitz 2015).

Diese Marktkonzentration im Sortimentsbuchhandel (vgl. Tab. 4.2) setzt nicht nur kleinere Wettbewerber unter Druck, sondern auch die Verlage (und die Barsortimenter als Zwischenhändler): Aufgrund ihrer großen Nachfragemacht und Bedeutung für den Absatz können die Marktführer höhere Rabatte aushandeln, sog. Werbekostenzuschüsse für die bevorzugte Platzierung im Ladengeschäft verlangen und im Zweifel sogar mit „Delisting“ drohen, also damit die Bücher eines Verlages gar nicht mehr in das Sortiment aufzunehmen. Rabatte bevorteilen zwangsläufig die großen Nachfrager, die hierdurch weitere Kostenvorteile erzielen und trotz der Buchpreisbindung ihre Marktposition ausbauen können – im Ergebnis wird damit die Konzentration also befördert (vgl. auch v. Lucius 2007, S. 205).

Die Konzentration im Buchhandel betrifft auch die Barsortimenter, also den Großhandel, über den 34 % des Vertriebs läuft (Börsenverein 2016, S. 70), und den prosperierenden

[33]Mit Blick auf die Wertschöpfungskette kann jede Stufe als Vermittlung (Intermediation) verstanden werden. Fällt nun ein Akteur einer Zwischenstufe weg, spricht man von Disintermediation, tritt eine neue Akteursstufe hinzu von Re-Intermediation. Vgl. für den Buchsektor Janello (2010, S. 22–29).

Tab. 4.2 Umsatz der zehn größten deutschsprachigen Buchhandlungen. (Daten des Buchreports; Quelle: www.marketing-boerse.de/Marktuebersicht/details/Buchhandlungen/18929 [22.12.2016])

Platz	Buchhandlung	Umsatz 2015 Mio. €
1	Thalia	855
2	DBH	755
3	Mayersche	160
4	Schweitzer	158
5	Libro (A)	84
6	Orell Füssli (CH)	80
7	Kaufhof	78
8	Lehmanns	76
9	Morawa (A)	48
10	Osiander	44

Bahnhofsbuchhandel: Hier entfallen fast 80 % des bundesdeutschen Umsatzes auf vier Unternehmen[34] mit zahlreichen Filialen, 38 % alleine auf die 170 Valora-Filialen (vgl. Börsenverein 2016, S. 71–72).

Fast drei Viertel des Buchumsatzes werden mit gebundenen Hardcoverausgaben erzielt; ein gutes Fünftel des Buchhandelumsatzes geht auf den Verkauf von Taschenbüchern, knapp vier Prozent auf Hörbücher zurück. Die größten Umsatzbringer sind neben der Belletristik mit rund einem Drittel das Kinder- und Jugendbuch (15,8 % im Jahre 2015) sowie Ratgeber (14,3 %), die ganz überwiegend (zu 88 %) als teure Hardcoverausgaben vermarktet werden (Börsenverein 2016, S. 13–15). Die umsatzstärksten Monate sind für den Buchhandel der Dezember (Weihnachtsgeschäft mit dem Geschenkartikel Buch) und mit einigem Abstand der Urlaubsmonat August (Börsenverein 2016, S. 57). Trotz der beeindruckenden Gesamttitelzahl auf dem deutschen Buchmarkt (über 1,2 Mio. lieferbare Titel) werden allein mit den 150 Bestsellern über 10 %, mit den Top-500-Titeln fast 20 % des Umsatzes erzielt (vgl. Brunn und Blömeke 2009, S. 194). Der Bucheinzelhandel erzielt auch mit „Nonbooks" (Branchenjargon), also Schreibwaren, Geschenkpapier, Timeplanern, Notizbüchern, Sprachcomputern, Globen etc. einen Teil seines Umsatzes. Neben den klassischen Antiquariaten, von denen es in Deutschland etwa 1500 gibt (Börsenverein 2010, S. 51), haben sich sog. „moderne Antiquariate" etabliert, in denen tatsächliche oder deklarierte „Mängelexemplare" und Restauflagen zu herabgesetzten Preisen angeboten werden.

4.1.3.3 Marktentwicklung

Moderater Marktrückgang, neue Teilmärkte, Marktkonzentration und Professionalisierung der Branche prägen neben der Digitalisierung der Medien die Buchbranche.

In den letzten fünf Jahren sank der Gesamtumsatz der Branche von 9,60 auf 9,19 Mrd. €, was einem Verlust von rund vier Prozent entspricht (vgl. Börsenverein 2016, S. 5).

[34]Valora, HDS Retail (Lagardère-Gruppe), Dr. Eckert, Schmitt.

Onlinedienste (z. B. Datenbanken für Fachliteratur) und Nebenrechte (Film-, Theater- und Hörfunkrechte sowie Lizenzen für Computerspiele und Merchandisingartikel) sind Wachstumsmärkte für die Verlage (Börsenverein 2010, S. 34–38). Die überproportionalen Umsatzzuwächse der großen Verlage sowie Verlagsübernahmen dürften die Marktkonzentration verstärken. Der absolute und relative Bedeutungszuwachs der größeren Verlags- und Buchhandelsunternehmen führt zu einer größeren innerbetrieblichen Arbeitsteilung und tendenziell zu einer Ablösung der klassischen Verlegerpersönlichkeit mit Familientradition durch angestellte und zum Teil erfolgsbasiert bezahlte Manager, die sich stärker an kurzfristigen Erfolgen orientieren. Stärkeres Kostenbewusstsein, zum Beispiel durch Verringerung von Kapital- und Lagerkosten führen zu einer schnelleren Umschlagsgeschwindigkeit von Büchern, mit potenziell negativen Folgen für die verfügbare Vielfalt von Literatur (vgl. v. Lucius 2007. 67–71). Hinzu kommt eine stärkere Ausrichtung auf den Käufermarkt sowie an den Markterfolgen des Auslands, mitunter auf Kosten „intellektuell geprägte[r] Inhaltsorientierung der klassischen Verlage“ (v. Lucius 2007, S. 71).

Auch im verbreitenden Buchhandel dürften die großen Filialisten weiter Marktanteile gewinnen, obwohl Filialnetze ausgedünnt und Verkaufsflächen deutlich verkleinert werden. Kleine Buchhandlungen hingegen schließen und werden allenfalls teilweise durch Filialen der Ketten ersetzt werden, denn auch hier gibt es erste Stagnationserscheinungen und Filialzusammenlegungen (vgl. Bellmann 2009, S. 186).

Seit einigen Jahren wird die Entwicklung digitaler elektronischer Bücher, insbesondere des *E-Books* und seiner Folgen für Buchwesen und Buchmarkt rege diskutiert. Bei der derzeitigen Marktentwicklung sowie der Prognose muss zwischen den Textsorten und Produktgruppen deutlich unterschieden werden: Für wissenschaftliche Lektüre von Aufsätzen und einzelnen Buchkapiteln, die online gut recherchierbar und als Volltexte verfügbar sind, zeichnet sich ein Markt ab, weil hier die Produktvorteile überwiegen. Begrenzt trifft dies auch für andere Sachtexte, weitaus weniger aber für belletristische Literatur zu (vgl. Picot und Janello 2007, S. 17). Im Wissenschafts- und Fachbuchsektor könnte dies mittel- und langfristig die Verlage gegenüber dem verbreitenden Buchhandel stärken, weil online die Zwischenhandelsstufen leicht übersprungen werden können (Disintermediation).

Das US-Unternehmen Amazon hat 2007 in Deutschland mit „Kindle“ das erste erfolgreiche E-Book eingeführt. 2013 haben deutsche Anbieter, darunter Thalia, Weltbild und Hugendubel mit Tolino ein alternatives System etablieren können, dessen Marktanteil 2015 bereits 45 % betrug. Der Gesamtmarkt der E-Books stagniert: Zwar steigt die Nachfrage, aber die Preise je E-Book sind deutlich gefallen. Dies ist auch auf neue Abonnement- und Flatrate-Modelle zurückzuführen. Insgesamt wurden 2015 an Privatkunden 27 Mio. E-Books verkauft, ihr Anteil am Buchmarkt beträgt 4,5 %. Auch öffentliche Bibliotheken verleihen mittlerweile „online“ (vgl. Börsenverein 2016, S. 25–31).

Durch die Digitalisierung des Buchwesens und die Nutzung von Print-on-demand könnte ein sog. Long Tail-Effekt[35] auftreten. Damit ist gemeint, dass aufgrund gesunkener Lager- und Transaktionskosten es sich zunehmend lohnen könnte, auch mit selten nachgefragten Buchtiteln der Backlist zu handeln. Die Nischenmärkte zusammen genommen könnten dann den (bisherigen) Hauptmarkt überflügeln (vgl. Robertz 2009, S. 231; Hagenmüller und Künzel 2009, S. 261–266).

Als Folge der Preisentwicklungen auf dem wissenschaftlichen Buch- und Fachzeitschriftensektor beginnen sich so genannte „Open Acess"-Systeme zu etablieren, bei denen Wissenschaftler bzw. Universitäten und Institute wissenschaftliche Texte ohne die Hilfe eines Verlags publizieren und auf die ohnehin meist marginalen oder gar negativen Autorenhonorare der Verlage verzichten.[36] Sollte diese Form der wissenschaftlichen Publikation sich tatsächlich international durchsetzen, dürften die Wissenschafts- und Fachverlage vor erheblichen ökonomischen Problemen stehen – bis hin zum Verlust dieser institutionellen „Tutoren der Wissensgesellschaft" (vgl. Güntner 2009, S. 13).

Die Wahrnehmung von Urheber- und Verwertungsrechten von Büchern wird durch Digitalisierung und Vernetzung schwieriger: Anfertigung und Vertrieb von illegalen Kopien sind durch Kopiersperren (Digital Rights Management) und „digitale Wasserzeichen" nur begrenzt einzudämmen. Dies gilt umso mehr, wenn die Digitalisierung erst durch Dritte erfolgt, wie das Beispiel Google Books/Library Project zeigt: In Zusammenarbeit mit 42 Bibliotheken und einigen Verlagen und Autoren sollen bis 2015 zwischen 15 und 17 Mio. Titel,[37] darunter auch 100.000 deutschsprachige Bücher digitalisiert und zum Online-Abruf als Volltext bereitgehalten werden, ohne dass von allen, mitunter nur schwer zu ermittelnden, Urhebern die Verwertungsrechte eingeholt oder gar vergütet werden. Nach amerikanischem Recht ist dies durch die sog. „Fair Use"-Regelung gedeckt, wie US-Richter 2016 entschieden.[38] Deutsche Autoren können die VG Wort mit der Wahrnehmung ihrer Rechte betrauen, wie es ein Vergleich mit Google vorsieht. Andere Projekte einer Digitalen Bibliothek wie The Gutenberg Project (mit 53.000 Texten) oder die Universal Digital Library sowie die auf Initiative der EU Ende 2008 gestartete europäische digitale Bibliothek und Artefaktsammlung Europeana[39]

---

[35]Zum Konzept des „Long Tail" vgl. Anderson (2007).

[36]Vgl. hierzu die „Berliner Erklärung über den offenen Zugang zu wissenschaftlichem Wissen" vom 22.10.2003 (http://oa.mpg.de/files/2010/04/Berliner_Erklaerung_dt_Version_07-2006.pdf), die von allen namhaften Spitzenverbänden der Wissenschaft unterzeichnet wurde, sowie die „Göttinger Erklärung zum Urheberrecht für Bildung und Wissenschaft" vom 05.07.2004 (http://www.urheberrechtsbuendnis.de/GE-Urheberrecht-BuW-Mitgl.pdf).

[37]Mit dem „Downloader" sind (Stand Ende 2016) in Deutschland etwa 3 Mio. Titel vollständig aus dem Netz zu beziehen.

[38]Vgl. http://www.sueddeutsche.de/digital/zehnjaehriger-rechtsstreit-google-darf-millionen-buecher-scannen-endgueltig-1.2955967 [23.12.2016].

[39]Vgl. auch: www.gutenberg.org/wiki/Main_Page; www.ulib.org/index.html; www.europeana.eu/portal/de [23.12.2016].

beschränken sich meist auf gemeinfreie Bücher, für die keine Urheberrechte mehr bestehen. In Deutschland ist neben der nicht kommerziellen Deutschen Digitalen Bibliothek (DDB) als Netzwerk bzw. Portal von rund 30.000 öffentlichen Kultureinrichtungen[40] in Deutschland das kommerzielle Projekt Libreka des Börsenvereins zu nennen, das als Vertriebsplattform dient.[41]

4.1.4 Zusammenfassung: Strukturmerkmale

Buchkommunikation ist ein komplexer Wertschöpfungsprozess, an dem als wesentliche Akteure Autoren, ggf. Übersetzer, Scouts und Agenten, Lektoren, Verleger, Groß-, Zwischen- und Bucheinzelhändler sowie Leser bzw. Käufer beteiligt sind.

Der Buchmarkt ist abhängig von der stabilen bzw. steigenden Nachfrage des Publikums, während andere Erlösformen (insbesondere Werbung) keine nennenswerte Rolle spielen.

Das Buchwesen in Deutschland ist im internationalen Vergleich sehr leistungsfähig: Jährlich werden rund 90.000 Titel neu produziert, weit über eine Million Titel sind lieferbar, größtenteils per Barsortiment innerhalb von 24 h in eine der flächendeckend anzutreffenden Buchhandlungen.

Die ökonomischen und institutionellen Markteintrittsbarrieren für Verlage und Buchhandlungen sind gering, de facto ist die wirtschaftliche Konzentration jedoch beträchtlich: Fünf Prozent der Verlage erzielen rund vier Fünftel des Umsatzes, zwei von vier Barsortimenter beherrschen den Teilmarkt, und die zehn größten Buchhändler erzielen rund ein Viertel des Sortimentsbuchhandelsumsatzes.

Neben der weiteren Zunahme der ökonomischen Konzentration spielen technologisch indizierte Innovationen künftig voraussichtlich eine wichtige Rolle; zu nennen sind hier insbesondere die Digitalisierung der Produktion bzw. der gesamten Wertschöpfungskette, die das materielle Produkt Buch ergänzende Vermarktung immaterieller Nutzungsrechte über digitale Netze, in Teilbereichen aber auch das E-Book sowie Open Access-Publikationsformen.

Aus der Organisationsperspektive können die wesentlichen Grundzüge des Buchwesens in Deutschland auf der Meso- und Makroebene wie in Tab. 4.3 zusammengefasst werden.

Es hat sich eine institutionelle Ordnung der Branche herausgebildet, die vor allem durch den Börsenverein des deutschen Buchhandel, die Verwertungsgesellschaften und eine Reihe von schriftlichen Regelwerken (Verkehrsordnung, Wettbewerbsregeln, Orientierungshilfe/Spartenpapier), Verlags- und Verwertungsverträge sowie traditionellen Institutionen (Verlagsprogramm, Verlagskonferenz, Buchmessen, Rezensionswesen) geprägt sind.

[40]Vgl. www.deutsche-digitale-bibliothek.de [23.12.2016].

[41]Vgl. http://info.libreka.de/ [23.12.2016].

Tab. 4.3 Organisation des Buchwesens

Mesoebene	• Privatwirtschaftlich-kommerzielle, nebengewerbliche und nicht gewerbliche Verlage als zentrale Akteure (Selektion, Produktion, Vermarktung) • Ausschließliche Entgeltfinanzierung durch enge Koppelung an materiellen Träger Buch • Mischkalkulation (Sortiment aus Novas, Bestseller, Backlist) und hohe Kapitalbindung • Handel mit Verwertungsrechten
Makroebene	• Vielzahl von Verlagen unterschiedlicher Größe bei hoher Marktkonzentration trotz niedriger Markteintrittsbarrieren • Sehr stark konzentrierter Zwischenbuchhandel • Flächendeckende Einzelhandelsstruktur (Sortimenter) bei hoher Umsatzkonzentration (Filialisten) und Titelkonzentration (Bestseller) • Ausdifferenziertes Bibliothekswesen

Tab. 4.4 Institutionalisierung des Buchwesens

Mesoebene	• Doppelfunktion des Verlegers als Kulturvermittler (Mäzen) und Verlagskaufmann • Verlagsprogramm und Verlagskonferenz als zentrale Mechanismen • Lektorat als genuine Institution des Buchwesens
Makroebene	• Schutz durch Art. 5.1 und Art. 5.3 GG und Landespressegesetze • normative Sonderstellung des Kulturguts Buch: Preisbindung, Umsatzsteuerermäßigung, Pflichtexemplare • Urheber- und Verwertungs- bzw. Wahrnehmungsrecht • Börsenverband des Deutschen Buchhandels als spartenübergreifender integrativer Akteur mit „Verkehrsordnung" • Deutsche Bibliothek als Bewahrerin des Kulturerbes

Bücher gelten in Deutschland gleichermaßen als Kulturgut und als Ware. Deshalb genießt die Buchbranche trotz ihrer relativ geringen gesamtwirtschaftlichen Bedeutung eine normative Sonderstellung (Preisbindung, ermäßigter Umsatzsteuersatz, Fusionskontrolle, Pflichtexemplarabgabe, Verlagsgesetz, Urhebergesetz).

Aus der Institutionalisierungsperspektive können daher die folgenden Strukturmerkmale der Buchkommunikation festgehalten werden (vgl. Tab. 4.4).

Wichtige Quellen und Websites zum Buch

- Börsenverein des deutschen Buchhandels: Buch und Buchhandel in Zahlen (jährlicher Branchenbericht mit aktuellen Daten); zuletzt Börsenverein (2010)
- v. Lucius (2007)
- www.boersenverein.de
- sowie das Börsenblatt für den Deutschen Buchhandel und das buchreport.magazin

Gesetze

- *Buchpreisbindungsgesetz:* Gesetz über die Preisbindung für Bücher (BuchPrG) vom 2. September 2002 (BGBl. I S. 3448), zuletzt geändert durch Art. 1 des Gesetzes vom 31. Juli 2016 (BGBl. I S. 1937).
- *Gesetz über die Deutsche Nationalbibliothek:* Gesetz über die Deutsche Nationalbibliothek vom 22. Juni 2006 (BGBl. I S. 1338), das durch Artikel 15 Absatz 62 des Gesetzes vom 5. Februar 2009 (BGBl. I S. 160) geändert worden ist.
- *Gesetz gegen Wettbewerbsbeschränkungen:* Gesetz gegen Wettbewerbsbeschrankungen (GWB) in der Fassung der Bekanntmachung vom 15. Juli 2005 (BGBl. I 2005, S. 2114), zuletzt geandert durch Gesetz vom 22. Dezember 2010 (BGBl. 2010, I S. 2262).
- *Urheberrechtsgesetz:* Urheberrechtsgesetz vom 9. September 1965 (BGBl. I S. 1273), das zuletzt durch Artikel 7 des Gesetzes vom 4. April 2016 (BGBl. I S. 558) geändert worden ist; online unter: http://www.gesetze-im-internet.de/bundesrecht/urhg/gesamt.pdf [30.11.2016].
- *Urheberrechtswahrnehmungsgesetz:* Urheberrechtswahrnehmungsgesetz vom 9. September 1965 (BGBl. I S. 1294), das zuletzt durch Artikel 218 vom 31. August 2015 (BGBl. I S. 1474) geändert worden ist; online unter: http://datenbank.nwb.de/Dokument/Anzeigen/429325/ [31.08.2016].

4.2 Periodische Presse: Zeitungen und Zeitschriften

Wichtig Ausgangspunkt ist die Materialität der periodischen Presse als ein durch Druck identisch vervielfältigtes und an stoffliche Träger (meist Papier) gebundenes und transportables Medium. Die Presse verfügt über ein spezifisches Zeichenrepertoire und institutionelle Medienspezifika, die in diesem Kapitel erläutert werden. Mithilfe der Kriterien Periodizität, Aktualität, Universalität und Publizität werden die Periodika gegenüber anderen publizistischen Medien unterschieden sowie systematisiert. Anschließend werden die wesentlichen Akteure der Pressekommunikation entlang der Wertschöpfungskette analysiert. Zentral sind hierbei die Redaktionen und Verlage sowie die besonders ausdifferenzierten und leistungsfähigen Vertriebsorganisationen.

Auf der Makroebene werden die typischerweise miteinander gekoppelten Leser- und Werbemärkte untersucht, anschließend wird das hier zu beobachtende Problem der wirtschaftlichen und publizistischen Pressekonzentration in Deutschland erläutert. Daran schließt sich die systematische Darstellung der pressepolitischen und -rechtlichen Regulierung sowie der ethischen Selbstregulierung mit ihren normativen Grundlagen, Akteuren und Institutionen an.

4.2.1 Zeitungen und Zeitschriften als technisch basierte Zeichensysteme

Der Begriff „Presse“ beinhaltet bereits einen deutlichen Hinweis auf die technische Basis der damit bezeichneten Medien, nämlich die Druckerpresse als unabdingbares Werkzeug, um Zeichen auf einen materiellen Träger (in der Regel Papier) mittels „Druck“ zu pressen.[42]

Bei den verwendeten Zeichen handelt es sich um die Buchstaben der Schriftsprache mit einer hohen typographischen Varianz (Schriftart, -grad und -auszeichnungen sowie Druckfarbe) in Kombination mit schwarz-weißen und zunehmend auch farbigen Stehbildern, meist Pressefotos. Diese fungieren als ikonische Abbildungen (zur Dokumentation von Ereignissen) oder als symbolische Abbildungen, bei denen das Dargestellte für einen umfassenderen Zusammenhang steht. Neben den Pressefotos gewinnen Infographiken (Schaubilder, Diagramme und graphisch aufbereitete statistische Daten) an Bedeutung. Als meinungsbetonte Bilder sind Karikaturen für die Presse typisch, als unterhaltende Form kommen Bildwitz und Comic Strip hinzu.

Je nach Pressetyp machen die einzelnen Pressemedien spezifischen Gebrauch von diesen Zeichentypen: Die Boulevardpresse (beispielsweise BILD) und die illustrierten Publikumszeitschriften sind bekannt für einen hohen Anteil meist farbiger und oft großformatiger Fotos, für farbige Hervorhebungen von Texten, graphisch gestaltete, große Lettern-Überschriften und nicht zuletzt für einen geringeren Textanteil sowie einen umgangssprachlicheren Stil als er bei Qualitätszeitungen (Hoch- und Schriftsprache) oder Fachzeitschriften (Fachsprachen, mitunter Fachjargon) gepflegt wird.

Hinsichtlich ihrer Materialität und Form unterscheiden sich Zeitungen und Zeitschriften außerdem durch Papierqualität, Heftung und Papierformat.[43] Hinzu kommen digitalisierte Varianten von Presseprodukten, die als „E-Paper“ (Electronic Paper) meist im Portable Document Format (pdf) zum Onlineabruf bereitgestellt werden. Das durch Johannes Gutenberg um 1450 erfundene Verfahren des beweglichen Lettersatzes in Kombination mit einer mechanischen Presse und die zahlreichen technischen Innovationen der folgenden Jahrhunderte (von der automatischen Rotationspresse bis zu computergesteuerten Satz- und Druckverfahren) haben erst die massenhafte und schnelle Reproduktion von Texten möglich gemacht. Die materielle Herstellung von Presseprodukten, also Druckvorbereitung, Druck sowie ggf. Heftung und Verpackung erfolgen industriell und mittlerweile weitgehend digital gesteuert, was die laufende Produktion zwar verbilligt, aber sehr hohe Investitionskosten voraussetzt.

[42]In die deutsche Sprache gelangte das lateinische Partizip „pressum“ vermutlich über das französische „la presse“; vgl. Pürer und Raabe (2007, S. 9).

[43]Gängige Formate für tages- und Wochenzeitungen sind das „nordische“ (beispielsweise: Die Zeit, FAZ, SZ), das „rheinische“ (Thüringer Allgemeine, Rhein-Zeitung), das „Berliner“ (taz, Badische Zeitung) und das „Tabloid“-Format (FR, Welt kompakt, Handelsblatt).

Die vermutlich weltweit ersten gedruckten (Wochen-)Zeitungen erschienen 1609 in Wolfenbüttel (Aviso) und Straßburg (Relation), die ersten modernen Tageszeitungen 1780 (Zürcher, seit 1821 Neue Zürcher Zeitung) und 1788 (The Times, London).[44] Zunächst zählten alle gedruckten Medien, für die sich auch in Deutschland der aus dem Englischen abgeleitete Begriff Printmedien (Druckmedien) eingebürgert hat, zur Presse. Seit Mitte des 19. Jahrhunderts unterscheidet man in der deutschen Sprache und in der Zeitungs- und Publizistikwissenschaft zwischen nicht-periodischen Druckmedien (Bücher, Broschüren, Flugblätter, Plakate etc.) und periodischen Druckmedien (Periodika). Nur letztere gelten in diesem engere Sinne als Presse, während medienrechtlich (Landespressegesetze) hierzu auch andere durch „mechanische Vervielfältigung" erzeugte Zeichenträger einschließlich Buch und Tonträgern zählen (vgl. Abschn. 2.1). Neben die Herstellungstechnik tritt als weiteres Definitionsmerkmal der Presse im engeren Sinne also die Periodizität der Erscheinungsweise: Damit wird einerseits die Grenze zum Buch beschrieben, das nur punktuell – meist einmalig, seltener in Folgeauflagen – erscheint und sich auch materiell hinsichtlich Einband, Umfang oder Format von Zeitung und Zeitschrift unterscheidet. Andererseits wird die Grenze zu den kontinuierlichen Rundfunk- und Onlinemedien deutlich, die als immaterielle Medien nicht mehr an die Dauer von materieller Produktion und Vertrieb und damit an festgelegte Erscheinungszeiträume (Perioden) gebunden sind.[45]

Als technisch-basiertes Zeichensystem ist die Presse also charakterisiert durch:

- eingeschränkte Zeichenvielfalt (Ausschluss von Bewegtbild und Ton) sowie deren spezifische Gestaltung und Kombination (Kurztexte + Stehbild),
- die Materialität eines sekundären Mediums, das mobil, disponibel und selektiv sowie ohne technischen Aufwand genutzt werden kann, sofern das Trägermedium Papier ist,
- die „gewerbsmäßige Herstellung" (Groth 1928, S. 73–82), wobei mit steigender Auflage die fixen Zeit- und Arbeitskosten im massenhaften industriellen (Re-)Produktionsprozess sowie im Vertrieb sinken.

Diese Medienspezifika besitzen weit reichende Folgen für die Organisation und die Institutionalisierung dieses Teilsystems der Medien.

[44]Vgl. Wilke (2009b, S. 505, 516). Die interessante Geschichte und Vorgeschichte der Presse kann hier nicht behandelt werden; empfehlenswert sind insbesondere Stöber (2000), Pürer und Raabe (2007, S. 37–116) sowie vertiefend von Koszyk (1966, 1972, 1986).

[45]Die tatsächliche Zeitstruktur der Medien ist allerdings nicht nur technisch bestimmt, sondern sozial (institutionell und organisatorisch), wie ein Blick in die periodisch gestalteten Rundfunkprogramme zeigt. Vgl. vertiefend dazu Beck (1994, S. 203–333).

4.2.2 Periodizität, Aktualität, Universalität und Publizität

Zur systematischen Unterteilung der Printmedien und zur Analyse ihrer Strukturen reichen Materialität und Herstellungstechnik des Buchdrucks nicht aus: Periodizität war das ausschlaggebende Unterscheidungskriterium gegenüber dem Buch (vgl. Abschn. 4.1.1). Für eine systematische Binnendifferenzierung der periodischen Medien können weitere institutionelle Kriterien herangezogen werden: Die periodischen Druckmedien unterscheiden sich nämlich auch hinsichtlich Aktualität, Universalität und Publizität untereinander.

4.2.2.1 Periodizität und Aktualität

Das wiederholte und regelmäßige Erscheinen einer Publikation ist nur unter bestimmten institutionellen und organisatorischen (sowie gesellschaftlichen) Voraussetzungen sinnvoll. Organisatorisch und medienökonomisch liegt es nahe, Investitionen in Satz- und Drucktechnik optimal zu nutzen, also für eine kontinuierlich hohe und kalkulierbare Auslastung der Maschinen zu sorgen. Eine solche permanente Produktion setzt kontinuierliche Zulieferung (Beschaffung von „Inhalten") und Nachfrage (Absatz) voraus, die bei der Presse durch die Aktualität der Berichterstattung hergestellt werden: Die Ereignisse des Zeitgeschehens eröffnen die Möglichkeit, permanent Nachrichten, Berichte, Reportagen und Kommentare zu verfassen – also Journalismus zu betreiben und damit immer wieder neu, aber voraussehbar periodisch kaufkräftige Nachfrage zu erzielen.

Eine je nach Pressemedium unterschiedliche, für die einzelne Presseorganisation aber festgelegte Regelmäßigkeit erleichtert die Koordination der betrieblichen Abläufe für Erstellung und Vertrieb jeweils aktueller Ausgaben. Periodizität und Aktualität stehen also in einem Wechselverhältnis (vgl. Stöber 2003, S. 314) und begründen die institutionelle Ordnung der Presse: Als Leser erwarten wir ein periodisches Erscheinen, um immer wieder aktuelle Neuigkeiten in einer vertrauten und vertrauenswürdigen Form zu erfahren. Diese Nachrichten können wiederum nur publiziert werden, weil Journalisten (und Leser) Ereignissen Aktualität zuschreiben, die sie routiniert verarbeiten können, und weil Verleger davon ausgehen können, dass eine periodische Nachfrage besteht. Es handelt sich also um ein System wechselseitiger Verhaltens- und Handlungserwartungen.

Im Laufe der Jahrhunderte hat die Institutionalisierung der Presse in Deutschland zu einer Binnendifferenzierung entlang der Dimension Periodizität geführt: Wir unterscheiden heute Tages-, Sonntags- und Wochenzeitungen sowie Zeitschriften[46] anhand

[46]Das Wort Zeitung (seit dem späten 13. Jhdt.) bedeutete ursprünglich Nachricht und war nicht an die mediale Form der Zeitung, ja nicht einmal an die Schrift gebunden. Die Zeitschrift ist seit Ende des 17. Jhs. als Begriff nachweisbar; vgl. Stöber (2003, S. 114). „Zeitung" beschreibt zugleich das gedruckte Exemplar (Produkt), das Unternehmen (Organisation) und eine Institution: Im 19. Jhdt., etwa bei Goethe, ist wörtlich vom „Institut" Zeitung als einer gesellschaftlich-kulturellen Einrichtung die Rede; vgl. Groth (1928, S. 74).

ihrer verschiedenen Periodizität: wöchentlich, zweiwöchentlich, monatlich, zweimonatlich, quartalsmäßig, und im Grenzfall sogar halbjährlich und jährlich sind die heute in Deutschland gängigen Erscheinungsweisen der Presse.[47] Entsprechend unterschiedlich sind die wechselseitigen Erwartungen an die Aktualität der Berichterstattung, von der sogar die Tagespresse durch Rundfunk- und Onlinemedien mittlerweile entlastet wird.

4.2.2.2 Universalität und Publizität

Die Pressemedien unterscheiden sich nicht nur hinsichtlich ihrer Periodizität (und in deren Folge auch Aktualität), sondern auch hinsichtlich der thematischen Universalität: Publikumszeitschriften und Nachrichtenmagazine berichten thematisch ähnlich breit und vielfältig wie Tages- und Wochenzeitungen, von denen einige das „Allgemeine" ja schon in ihrem Titel führen. Sie richten sich an das allgemeine Interesse (General Interest), wenden sich an eine breite Öffentlichkeit und nehmen dabei die Funktion eines Kaleidoskops ein (vgl. Vogel 1998, S. 37–42), während Special Interest-Zeitschriften mit thematischen Schwerpunkten ein eingeschränktes Laienpublikum bestimmter, zum Teil sehr großer Zielgruppen (von der Frauenzeitschrift über die Fußballzeitschrift bis hin zur Fangemeinde bestimmter Popstars, Computerspiele oder Fernsehserien) fokussieren. Auch Fachzeitschriften orientieren sich in ihrer redaktionellen Tätigkeit nicht an der Universalität, sondern an zum Teil äußerst spezialisierten Themen aus der beruflichen Praxis oder einzelnen wissenschaftlichen Teildisziplinen. Im Gegensatz zu den Special Interest-Zeitschriften adressieren sie aber ein professionelles Publikum, dem sie als Podium (vgl. Vogel 1998, S. 42–46) für Fachdiskussionen dienen.

Ein viertes institutionelles Kriterium zur Systematisierung der Presse bietet der Grad der Publizität: Je nach thematischer Spezialisierung oder Universalität der Berichterstattung unterscheiden sich die jeweils adressierten Öffentlichkeiten bzw. Teilöffentlichkeiten. Auch wenn periodische Publikationen allgemein zugänglich sind, stoßen sie doch auf unterschiedlich große, zahlungsbereite und qualifizierte (Teil-)Öffentlichkeiten. Zudem kann die Publizität durch die organisatorische Einbindung des Pressemediums absichtlich und gezielt eingeschränkt werden:

Die Verbreitung erfolgt dann nur innerhalb einer – mehr oder weniger geschlossenen – Gruppe von Vereins-, Verbands-, Gemeinde-, Kirchen-, Partei-, Gewerkschaftsmitgliedern, den Angehörigen eines Unternehmens (Mitarbeiter- und Betriebszeitschriften) oder seiner Kunden (Kundenzeitschriften). Solche Periodika erfüllen Funktionen wie „Gemeinschaftspflege" (Mitgliederpresse) oder werden als „Führungsmittel" (vgl. Vogel 1998, S. 46–47, 56–58) eingesetzt. Parteien und politische oder weltanschauliche Organisationen

[47]Heute erscheinen die Tageszeitungen als „Morgenzeitungen", die am Vortag produziert und über Nacht gedruckt und vertrieben werden. Historische Titel wie „B.Z. am Mittag", aber auch aktuelle Titel wie „Hamburger Abendblatt", „Abendzeitung" oder „8-Uhr-Blatt" verweisen auf eine andere Tradition. Anfang des 20. Jhs. erschienen manche Tageszeitungen mehrmals täglich in zum Teil aktualisierten Ausgaben; vgl. Groth (1928, S. 273–283) sowie Beck (1994, S. 241–246).

versuchen Einfluss auf die öffentliche Meinungsbildung zu nehmen und über die Grenzen der engeren Mitgliedschaft hinaus pressepublizistisch zu wirken. Allerdings spielt die einst bedeutende Parteipresse (historisch vor allem der SPD; in Ostdeutschland bis 1989/1990 der SED und der Blockparteien sowie der Massenorganisationen)[48] ebenso wie die Gewerkschafts- und die konfessionelle Presse[49] in Deutschland mittlerweile kaum noch eine Rolle jenseits der jeweiligen Mitglieder.

Auch die publizistische und ökonomische Rolle von Amtsblättern, die durch Gemeinde- und Stadtverwaltungen herausgegeben werden, ist gering: Ähnlich wie bei den Kunden- und den Mitarbeiterzeitschriften handelt es sich nicht um journalistische Produkte, sondern um Verlautbarungsorgane für amtliche Bekanntmachungen, d. h. sie tragen zur Erfüllung einer aktiven Informationspflicht bei, ohne dass die Staatsferne der Presse hierdurch berührt wird. Institutionelle Trägerschaften von Pressemedien haben nicht nur publizistische, sondern auch organisatorische Auswirkungen, vor allem auf die ökonomische Seite von Verlag und Vertrieb: Die Subvention durch Mitgliedsbeiträge oder Kirchensteuern stellt ein spezielles Geschäftsmodell dar.

Das Feld der Presse umfasst also sehr unterschiedliche Publikationen, die nur schwer zu systematisieren sind.[50] Insbesondere der Zeitschriftensektor ist in Deutschland sehr stark ausdifferenziert und entsprechend heterogen, was zu erheblichen Definitionsproblemen führt.[51]

▶ Der Presseforscher und Begründer der deutschen Pressestatistik Walter J. Schütz (2009b, S. 454) versteht unter Zeitungen „alle Periodika …, die mindestens zweimal wöchentlich erscheinen und einen aktuellen politischen Teil mit inhaltlich unbegrenzter (universeller) Nachrichtenvermittlung enthalten."

Die für statistische Zwecke notwendige amtliche Definition nennt mindestens zweimaliges Erscheinen pro Woche sowie die „thematisch nicht auf bestimmte Stoff- oder Lebensgebiete begrenzte" redaktionelle Berichterstattung über Politik, Wirtschaft, Zeitgeschehen, Kultur, Sport und Unterhaltung. Zeitschriften hingegen werden als die „periodischen Druckwerke" definiert, die auf kontinuierliche Berichterstattung angelegt sind, mindestens vier Mal im Jahr, aber seltener als Zeitungen erscheinen (vgl. Presse- und Informationsamt der Bundesregierung 1994, S. 104–105; Statistisches Bundesamt 1996, S. 6). Hierdurch ergibt sich eine sehr uneinheitliche Residualkategorie, die aus publizistikwissenschaftlicher Sicht nicht befriedigt. Viele Wochen- und Sonntagszeitungen sowie die Nachrichtenmagazine teilen mehr Gemeinsamkeiten mit den Tageszeitungen als mit

[48]1912 machte die parteinahe und parteieigene Presse die Hälfte aller Titel aus, vgl. Raabe und Pürer (2007, S. 67).

[49]Zum Forschungsstand über die Kirchenpresse vgl. Schmolke (2002).

[50]Die Versuche der Definition begleiten unser Fach von Beginn an; vgl. Groth (1928, S. 21–90).

[51]Vgl. zur funktionalen Definition und Klassifikation Vogel (1998, S. 13–27).

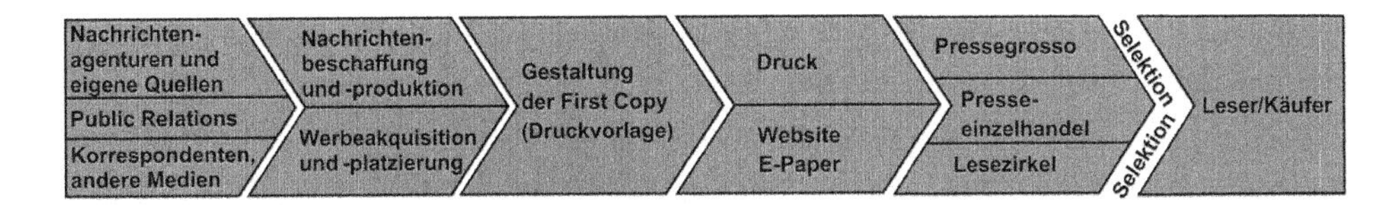

Abb. 4.4 Wertschöpfungskette der Pressekommunikation (Periodika)

einer Fachzeitschrift wie der Neuen Juristischen Wochenschrift, der Publizistik oder einem Fachjournal für Kinderonkologie. Vieles spricht deshalb dafür, in unserer Untersuchung zunächst die für die gesamte Presse geltenden Strukturen aufzuzeigen und an den Punkten, wo sich verschiedene Pressetypen unterscheiden, entsprechend weiter zu differenzieren.[52]

4.2.3 Organisation und Institutionalisierung der Presse

Mit Periodizität und Aktualität, Universalität und Publizität sind bereits wesentliche institutionelle Merkmale der Pressekommunikation genannt. Eine weitere typische Institution der periodischen Presse, die sie wesentlich von den anderen Printmedien unterscheidet und in die Nähe der übrigen aktuellen Medien rückt, ist die Redaktion. Die Leistung des Redigierens und die übrigen Kernaufgaben der Redakteursrolle gehen weiter als die des Lektorats im Buchverlag (vgl. Abschn. 4.1): Die Erstellung eigener Texte und die mitunter erhebliche Veränderung fremder Texte sind wesentlich für Presseredaktionen, während in Buchverlagen „schreibende Lektoren" nur im Ausnahmefall redaktionell tätig sind.[53]

Entlang der Wertschöpfungskette der Pressekommunikation (vgl. Abb. 4.4) können im Anschluss an die Redaktion auch die anderen Akteure, ihre sozialen Rollen und ökonomischen Funktionen dargestellt werden:

Ausgangspunkt ist die Beschaffung, Bewertung und Auswahl (Selektion) oder Erstellung von redaktionellen Inhalten durch eine Redaktion bzw. externe Lieferanten (Agenturen, Korrespondenten, freie Mitarbeiter, kooperierende Redaktionen) und parallel dazu bei ganz oder teilweise werbefinanzierten Periodika die Akquise von Anzeigen- und Beilagenwerbung. Redaktioneller Teil und Anzeigenteil werden nun zu einem *Koppelprodukt* verbunden und technisch hergestellt, d. h. aufgrund digitaler Vorlagen

[52]Dies vermeidet auch einige Wiederholungen, zum Beispiel bei der für alle Periodika in weiten Teilen gleichen Presseregulierung und Selbstregulierung, und eröffnet zugleich den Blick auf wesentliche medienökonomische Unterschiede, die nicht entlang der Trennlinie von Zeitungen und Zeitschriften verlaufen. Für eine Aufhebung dieser Trennung plädieren auch die Presseforscher Vogel (1998, S. 20); Bohrmann (1999, S. 136) und Stöber (2003, S. 2003).

[53]Vgl. Abschn. 4.1.2.1.

in Auflagenstärke gedruckt. Hieran schließt sich der materielle Vertrieb der gedruckten Exemplare bzw. der immaterielle Vertrieb von Online-Angeboten und E-Papers an. Der Wert einer Zeitung oder Zeitschrift realisiert sich schließlich durch die Lektüre und Rezeption der redaktionellen wie der werblichen Beiträge.

Diese Prozessstruktur wird in jedem einzelnen Presseunternehmen individuell organisiert, wir können aber zwei Idealtypen als Pole in einem Spektrum von realen Mischtypen unterscheiden: Zum einen die alleine durch Werbung finanzierte und dann meist gratis vertriebene Zeitung oder Zeitschrift, die redaktionelle und werbliche Inhalte beschaffen, bündeln und präsentieren muss. Und zum anderen die werbefreie, alleine durch den Verkaufspreis oder durch dritte Quellen finanzierte Pressepublikation, die keine Werbeakquise betreibt. Zwischen diesen Polen agieren sehr viele publizistisch relevante Pressemedien, die Werbe- und Verkaufserlöse kombinieren oder diese beiden Erlösformen sogar durch Subventionen und Mitgliedsbeiträge ergänzen.

4.2.3.1 Redaktion

Redaktionen dienen der planmäßigen, auf die Erscheinungsperiodik und die damit verbundenen technischen Produktions- sowie Vertriebsabläufe abgestimmten, arbeitsteiligen Erstellung eines journalistischen Text-Bild-Angebotes. Redaktionen sind hierarchische Organisationen, an deren Spitze der *Chefredakteur* steht. Er (in der bundesdeutschen Praxis nur sehr selten: sie) plant und leitet die journalistische Produktion, disponiert interne und externe Ressourcen (einschließlich der Arbeitskraft von Reportern, Korrespondenten und freien Mitarbeitern) und vertritt die publizistische „Blattlinie" sowie die journalistischen Interessen gegenüber dem Verlag. Die operative Leitung des „Tagesgeschäfts" oder der einzelnen Ausgabe, also die Festlegung der Themensetzung und -mischung, die Entscheidung über Umfänge, Aufmachung und Prioritäten der Berichterstattung sowie die Koordination der Ressorts werden meist einem *Chef vom Dienst (CvD)* übertragen. Der CvD ist auch für die Zusammenarbeit mit den anderen konkret an der jeweiligen Ausgabe beteiligten Abteilungen des Verlags verantwortlich, insbesondere der Druckerei und der Anzeigenabteilung.

In der aktuellen Publikumspresse (Tages- und Wochenzeitungen, Nachrichtenmagazine und Publikumszeitschriften) haben sich fünf klassische *Ressorts* herausgebildet: Politik, Wirtschaft, Kultur (Feuilleton), Sport und ggf. Lokales. Hinzu kommen je nach publizistischem Profil weitere Ressorts wie Unterhaltung, Medien, Musik, Auto, Ratgeber etc. Starre Ressortgrenzen sind heute eher die Ausnahme; an ihre Stelle treten ressortübergreifende thematische Berichterstattungsformen und Großressorts („Wirtschaft und Soziales"; „Arbeit und Umwelt") oder zielgruppen- und lifestylebezogene Einteilungen (Kinder- und Jugend, Single- oder Familienseiten; „Mein Garten", „Body & Wellness"). Die Ressortleiter planen und koordinieren die Produktion innerhalb des festgelegten Themen- und Aufgabenbereichs, sie leiten die Arbeit der fest angestellten Redakteure und Volontäre sowie der freien Mitarbeiter an und stimmen sich mit den anderen Ressortleitern sowie der Chefredaktion ab.

Freie Mitarbeiter sind bei der Presse häufig anzutreffen, da sie für den Verlag meist kostengünstiger und für die Redaktion flexibler einsetzbar sind. Wer regelmäßig und hauptberuflich für ein bestimmtes (Presse-)Medium arbeitet, gilt als „Fester Freier."

Die Binnenorganisation von Zeitungs- und Zeitschriftenredaktionen hat sich in den letzten Jahren zunehmend in Richtung „Newsdesk" oder „Newsroom" gewandelt:

▶ „Gemeint ist eine Koordinations- und Produktionszentrale, in der alles zusammenläuft, was die Redaktion an Material zur Verfügung hat. In Zeitungsredaktionen werden dort alle Seiten verschiedener Ressorts oder Lokalredaktionen gemeinsam koordiniert und produziert. Am Newsdesk können zudem mehrere Medien crossmedial abgestimmt und bedient werden – mehr dazu im Beitrag »Crossmediales Arbeiten«." (von La Roche 2013, S. 23).

Vor allem aus Kostengründen sollen Redakteure nun themenzentriert und „plattformneutral" arbeiten, also journalistische Inhalt („Content") produzieren, der in verschiedenen Print- und Onlinemedien des eigenen Verlags oder Konzerns mehrfach verwendet oder extern verwertet („Syndication") werden kann. Für die nun vorzugsweise in Großraumbüros („Newsroom") arbeitenden Redakteure verdichten sich hierdurch die Arbeitsabläufe (Mikroebene). Für die Organisation (Mesoebene) sollen damit Synergieeffekte und Effizienzsteigerungen erzeugt werden, auf dem „Meinungsmarkt" (Makroebene) könnte dies jedoch zu einem Verlust von publizistischer Vielfalt führen.

Eine wichtige Institution sind *Redaktionskonferenzen,* bei denen Produkt und Produktion grundlegend koordiniert werden. Bei Tageszeitungen finden täglich ein bis zwei solcher Konferenzen statt, zum Beispiel eine Themenkonferenz am frühen Vormittag und eine „Umbruch"- oder Schlusskonferenz, bei der die endgültige Gestalt letztmals vor dem Andruck besprochen werden kann. Teil der ersten Redaktionskonferenz ist bei vielen Redaktionen die „Blattkritik", eine kritische und vergleichende Durchsicht des eigenen Produktes, bei der oftmals Leitmedien wie BILD, Der Spiegel, die überregionale Qualitätspresse oder die unmittelbare Konkurrenz herangezogen werden. Hinzu können weitere Konferenzen bei aktuellen Ereignissen oder zur längerfristigen Planung und konzeptionellen Weiterentwicklung des Blatts kommen.

▶ Die zentralen Funktionen und Kernkompetenzen der Redaktion liegen in der „Herstellung und Bereitstellung von Themen zur öffentlichen Kommunikation" (Rühl 1980, S. 323), konkret der Sammlung, Bewertung, Auswahl (Selektion) sowie sach-, medien- und publikumsgerechten Präsentation von Nachrichten und Berichten mit „Faktizitätsanspruch" (also wahre, keine erfundenen Nachrichten).

Dabei bedienen sie sich spezifischer journalistischer *Stilformen und Genres,* deren Kunstregeln sich im Laufe der Jahrzehnte institutionalisiert haben. Die wesentlichen Formen sind: Nachricht (Meldung), Bericht, Reportage, Feature, Interview; einige weitere dienen explizit der publizistischen Meinungsartikulation und -bildung: Leitartikel, Kommentar, Glosse, Karikatur. Im publizistischen Wettbewerb der Redaktionen spielen – je nach Pressetyp abgestuft – Aktualität und Exklusivität von Nachrichten und Quellen eine große Rolle, weil hiermit eine Reputationssteigerung der Redaktion verbunden ist.

Insgesamt waren 2016 bei den deutschen Tages- und Wochenzeitungen 10.557 Redakteure und 904 Volontäre beschäftigt; der Frauenanteil betrug bei den Redakteuren 32,4 % und bei den Volontären 54,0 % (vgl. Keller und Eggert 2016, S. 131). Die Anzahl der Journalisten ist in Deutschland seit Jahren rückläufig: Für 1993 ging man noch von insgesamt 54.000 bzw. 18.000 hauptberuflichen Journalisten aus, heute von etwa 41.000 bzw. 22.500, davon etwa die Hälfte in den Pressemedien (vgl. Steindl et al. 2017, S. 411). Die Größe der einzelnen Presseredaktionen variiert erheblich aufgrund des publizistischen Profils und der Verlagsstrategien; die Unterschiede zwischen den Zeitungstypen spiegeln sich redaktionell auch im Gewicht der Ressorts wieder: Bei der überregionalen Qualitätspresse dominiert das Politikressort, bei den Boulevardzeitungen der Sport, bei den regionalen Abozeitungen liegen Politik- und Sportressort fast gleichauf (vgl. Maier 2002, S. 276).

Der Organisation redaktioneller Prozesse und Strukturen, dem journalistischen Berufsrollenverständnis sowie vor allem den Regeln und dem tatsächlichen journalistischen Handeln bei der Auswahl und Akzentuierung von Nachrichten und Themen werden große Bedeutung für die öffentliche Meinung beigemessen. Diese Fragen sind seit langem Gegenstand intensiver empirischer Forschung und Theoriebildung, deren Stand im Rahmen dieser Mediensystemanalyse nicht referiert werden kann.[54] Wichtig ist an dieser Stelle aber, auf die spezifischen redaktionellen Profile und Anforderungen hinzuweisen, die sich für die unterschiedlichen Pressetypen ergeben.

4.2.3.1.1 Tageszeitungsredaktionen

Die Arbeit der Redaktionen steht in Tageszeitungen unter einem erheblich größeren Aktualitätsdruck als bei der Wochen- und Zeitschriftenpresse. Zugleich müssen Tageszeitungsredakteure ähnlich wie Wochentitel und General Interest-Zeitschriften ein breites „universales" Themenspektrum bearbeiten. Sie sind daher in hohem Maße auf die Zulieferung von Nachrichtenagenturen (vgl. Abschn. 3.1) sowie ihren eigenen Korrespondenten und Mitarbeitern für die Lokalberichterstattung angewiesen. Weil eigene Korrespondenten vergleichsweise teuer sind, greifen Redaktionen der Lokalpresse für bundesweite und internationale Nachrichten oft nur auf die Nachrichtenagenturen zurück – zeitweise versuchten einige Verlage aus Kostengründen sogar hierauf zu verzichten. Tageszeitungen

[54]Rühl (1979) begreift die Zeitungsredaktion beispielsweise als organisiertes soziales System. Vgl. zur publizistikwissenschaftlichen Redaktions- und Kommunikatorforschung einführend Löffelholz (2004); für empirische Daten: Weischenberg et al. (2006) sowie Meyen und Riesmeyer (2009) sowie Steindl et al. (2017).

verfügen meist über viele freie Mitarbeiter, die über das lokale Geschehen (Sport, Vereine etc.) berichten. Vor allem kleinere Lokalzeitungen, in den letzten Jahren aber auch auflagenstärkere Tageszeitungen (Frankfurter Rundschau, Berliner Zeitung) erstellen den sog. Zeitungsmantel, also den aktuellen Teil mit überregionalen, bundesweiten und internationalen Nachrichten nicht mehr selbständig, sondern beziehen diese entweder von anderen Redaktionen oder erstellen ihn in Kooperation oder Redaktionsgemeinschaft mit anderen Blättern. Sie produzieren redaktionelle Ausgaben oder „Kopfblätter", bei denen lediglich der lokale oder regionale Teil auf eigenständiger journalistischer Arbeit beruht. Solche Redaktionen stellen keine selbständigen Vollredaktionen (sog. „Publizistischen Einheiten"; vgl. Abschn. 4.2.4.2.5) mehr dar, weil sie nur noch die Lokal- und ggf. Hintergrundberichterstattung unabhängig produzieren, folglich also nur in geringem Maße zur publizistischen Vielfalt beitragen.

Die redaktionelle Leistung der Tageszeitungen in Deutschland unterscheidet sich hinsichtlich des Umfangs, der Mischung von lokaler, nationaler und internationaler Berichterstattung, der Aufmachung und der journalistischen Qualität. Alle diese Faktoren hängen in hohem Maße von den redaktionellen Ressourcen und den adressierten Zielgruppen ab:

- Die für Deutschland typischen *lokalen und regionalen Abonnementzeitungen* legen den Schwerpunkt ihrer Berichterstattung eindeutig auf das lokale Geschehen und den Sport, berichten aber auch über nationale und internationale Ereignisse. Bei einer Befragung von 76 Tageszeitungs-Chefredakteuren konnten Redaktionsgrößen zwischen sieben und 314 Redakteuren festgestellt werden, wobei die Auflagenhöhe nur eine indirekte Rolle spielte: Die Zahl der Redakteure bei Tageszeitungen mit 100.000 bis 200.000 Auflage schwankten zwischen 32 und 225, auch bei einer Auflage über 200.000 liegen die Werte zwischen 90 und 314 (vgl. Maier 2002, S. 273–264).
- Nationale und internationale Themen prägen das Profil der *überregional verbreiteten Qualitätstageszeitungen* (Süddeutsche Zeitung, Frankfurter Allgemeine Zeitung, Die Welt, Frankfurter Rundschau, die tageszeitung), die zudem auch eine Lokalredaktion am Erscheinungsort unterhalten. Bei diesen Zeitungen dominieren Politik, Wirtschaft und Feuilleton, während bei den Lokalzeitungen der (lokale) Sport erheblichen Raum einnimmt. Große überregionale Qualitätszeitungen wie die Frankfurter Allgemeine unterhalten Redaktionen mit mehr als 300 Redakteuren sowie weit reichende Korrespondentennetze, während durchaus auflagenstarke Regionalblätter durch Redaktionskooperationen und Agenturen mit vergleichsweise wenigen Redakteuren arbeiten, die ggf. durch (preiswertere) Volontäre und Hospitanten unterstützt werden. Die von Auflagenrückgang und Redaktionszusammenlegungen betroffene Frankfurter Rundschau verfügt seit der Übernahme durch die FAZ[55] noch über 28 Redakteure (vgl. epd 28.02.2013) – Mitte 2011 waren es noch rund 190 (vgl. epd 05.07.2011).

[55]Im Januar 2018 hat die Fazit-Stiftung die FR und Frankfurter Neue Presse an den Münchner Verleger Dirk Ippen verkauft; die Genehmigung des Kartellamtes steht noch aus; vgl. epd medien aktuell Nr. 29a, 9.2.2018.

- Sport und Lokales dominieren die meisten *Boulevardzeitungen,* hinzu kommt hier die unterhaltsame Berichterstattung über Prominente, Sensationen und Skandale sowie die stärkere Ausrichtung am konkreten Nutzwert für die Leser. Das Geschäftsmodell der Kaufzeitung setzt auf den spontanen Kaufimpuls und die Ansprache der Leser am Kiosk, die durch die Redaktion gestaltet werden müssen.
- Die Redaktionen (börsen)täglich erscheinender *Wirtschaftszeitungen* (Handelsblatt, Börsenzeitung) fokussieren hingegen ökonomische Themen und eine fachlich interessierte Leserschaft.

Diese publizistischen Redaktionsprofile prägen die unterschiedliche Organisation der Abläufe und Strukturen; sie entscheiden über die Einrichtung oder das personelle Gewicht einzelner Ressorts, den Bezug zusätzlicher Spezialnachrichtenagenturen und Bilderdienste, die Kooperation mit anderen Medien und das Engagement internationaler Korrespondenten. Fast alle deutschen Tageszeitungen verstehen sich als parteiunabhängige Blätter; die wichtigste Ausnahme bildet das „Neue Deutschland" als ehemaliges Zentralorgan der SED und bis heute der Partei Die Linke nahe stehend. Eine weitere Ausnahme stellt die in Würzburg drei Mal in der Woche erscheinende „Tagespost" dar, die sich dezidiert als katholische Zeitung versteht und u. a. alle Papstreden im Wortlaut druckt.

4.2.3.1.2 Redaktionen anderer Zeitungstypen

Die Redaktionen der *Wochen- und Sonntagspresse* arbeiten unter einem geringeren Aktualitätsdruck als die Tageszeitungskollegen. Die Stärken der Wochentitel liegen in der redaktionellen Recherche und Hintergrundberichterstattung sowie der mittel- bis langfristigen Themenauswahl und -gestaltung.

Eine ganz andere Funktion und redaktionelle Organisation haben hingegen wöchentlich erscheinende lokale *Anzeigenblätter,* deren Erlösmodell sich allein auf die Werbung stützt. Die Redaktionen sind zum Teil sehr klein, ein größerer Teil der journalistischen Arbeit wird von freien Mitarbeitern zugekauft. In begrenztem Maße füllen solche Anzeigenblätter eine Lücke in der lokalen und sublokalen (stadtteilbezogenen) Berichterstattung.[56] Ihr Schwerpunkt liegt aber auf lokalem Service (Veranstaltungshinweise etc.).

Redaktionell und publizistisch weniger bzw. überhaupt nicht bedeutsam sind sog. *Handelsmedien und Offertenblätter.* Die Handelsmedien sind vor allem Werbeträger, die von Handelsketten herausgegeben werden und nur marginalen redaktionellen Inhalt als Leseanreiz enthalten; die gegen Entgelt vertriebenen Offertenblätter haben keine Redaktionen, sondern bestehen ausschließlich aus privaten Kleinanzeigen der Rubrikenmärkte (vor allem Fahrzeuge, Immobilien, Kaufe/Verkaufe, Bekanntschaften) sowie einigen Handelsanzeigen (vgl. auch Wilke 2009a, S. 479–481).

[56]Laut Heinrich (2010, S. 370) ist der redaktionelle Teil von unentgeltlich verteilten Anzeigenblättern wettbewerbsrechtlich (UWG) auf max. ein Drittel des Umfangs beschränkt.

4.2.3.1.3 Zeitschriftenredaktionen

Wie die politische Wochen- und Sonntagspresse leisten auch die Redaktionen von Monatszeitungen und einigen Publikumszeitschriften Hintergrundberichterstattung und einen diskursiven Beitrag zur politischen Meinungs- und Willensbildung. In Deutschland sind die *Nachrichtenmagazine* Der Spiegel und Focus sowie der illustrierte Stern und einige Monatstitel wie Le Monde Diplomatique, Cicero oder die Kulturzeitschrift Merkur zu nennen. Auch bei parteinahen Publikationen wie Vorwärts (SPD) und Neue Gesellschaft/Frankfurter Hefte (Friedrich Ebert-Stiftung) stehen Diskurs und öffentliche Meinungsbildung im Vordergrund.

Der weitaus größere Teil der Zeitschriftenredaktionen behandelt jedoch speziellere Themenfelder oder adressiert bestimmte Zielgruppen: Bei den *Fernseh-Programmzeitschriften* geht es vor allem um Servicefunktionen, wobei die Redaktionen hier mittlerweile stark nach Genrevorlieben und weiteren Zielgruppenmerkmalen (sowie Preisniveaus) differenzieren. Auch der Sektor der unterhaltenden *Frauen- und Modezeitschriften* ist sehr stark differenziert und stellt entsprechend unterschiedliche redaktionelle Anforderungen. Als Teil der *illustrierten Presse* spielen Fotos (vom Paparazzi-Foto bis zur Modestrecke) und personalisierte Genres (Interview, Porträt, Homestory) hier eine große Rolle.

Bei *Wirtschaftsmagazinen,* wie Capital, Wirtschaftswoche oder Managermagazin, und bei *Reportagemagazinen* wie Geo, National Geographic oder Mare orientieren sich die Redaktionen an den inhaltlichen Interessen des Zielpublikums. Die Redaktionen der *Hobby- und Lifestyle-Zeitschriften* sprechen noch weitaus speziellere Interessen an, und sie benötigen redaktionelles Fachwissen zu Automobilen, Computern, Inneneinrichtungen, ökologisch korrekter Ernährung, bestimmten Sportarten, Zierfischen etc. oder müssen dieses Fachwissen von externen Mitarbeitern heranziehen. Wilke (2009a, S. 490) beschreibt die Differenzierung als Entwicklung von der *Special Interest-* zur *Very Special Interest-Zeitschrift,* etwa wenn statt Autozeitschriften nun eigene Titel für Offroad-, Camping-, Cabrio-, Oldtimer- oder Sportfahrzeuge erscheinen. Je nach redaktionellen Ressourcen und publizistischen Qualitätsansprüchen besteht hier die Gefahr, dass journalistische Objektivitäts- und Neutralitätsgebote verletzt werden. Das Herausgeben von Special Interest-Zeitschriften ist für die Verlage attraktiv, weil sie hierdurch Werbeflächen mit vergleichsweise geringen Streuverlusten an die Auto-, Elektronik- oder Möbelindustrie bzw. die Touristik-, Sport- und Freizeitbranchen vermarkten können. Mitunter liefern diese nicht nur die Anzeigen sondern auch journalistisch gefasste PR-Beiträge als werbefreundliches und für den Verlag preiswertes Umfeld.

Ein sehr großer Teil der Zeitschriftenredaktionen arbeitet für *Fachzeitschriften,* die sich weniger an interessierte Laien als an beruflich an einem bestimmten Themenbereich interessierte und entsprechend qualifizierte Leser richten. Neben journalistischen Qualifikationen sind hier folglich in hohem Maße fachliche Qualifikationen innerhalb der Redaktion notwendig. In vielen Fällen sind Redakteure von Fachzeitschriften nur nebenberuflich redaktionell tätig, während sie weiter ihrem Fachberuf nachgehen.

Einen Sonderfall stellen die Redaktionen von *Wissenschaftlichen Zeitschriften* dar, denn die redaktionelle Auswahl der Aufsätze erfolgt hier meist durch redaktionsexterne Fachwissenschaftler in einem anonymisierten Begutachtungsverfahren („Double blind peer review"), das von der Redaktion organisiert, überwacht und ausgewertet wird. Die

Manuskripte werden von der Redaktion wissenschaftlicher Zeitschriften nicht selbst verfasst, sondern redaktionell betreut und für die Publikation formal und sprachlich aufbereitet. Die Redakteure müssen dabei selbst über wissenschaftliche Qualifikationen und Kenntnisse des Forschungsstands sowie der akademischen Disziplin verfügen. Die weitaus meisten als Redakteure tätigen Wissenschaftler dürften allenfalls geringe Aufwandsentschädigungen erhalten, lediglich große internationale (natur)wissenschaftliche Journals können sich hauptberuflich tätige Redaktionen leisten.

Die Redaktionen von *Kundenzeitschriften* wie der Apotheken-Umschau und von unternehmensinternen *Mitarbeiterzeitschriften* genießen keine oder allenfalls geringe institutionelle Autonomie. Diese Publikationen bedienen sich zwar journalistischer Stil- und Darstellungsformen, sind aber allein von wirtschaftlichen Interessen geleitete Produkte professioneller Public Relations und zum Teil sogar direkter Verkaufsförderung.[57] Zur institutionellen Ordnung der Presse gehört grundlegend und wesentlich die Pressefreiheit (vgl. Abschn. 2.2 bis 2.5). Hieraus ergibt sich normativ eine wichtige Anforderung auch für die innere Organisation der Presse: Die publizistische Unabhängigkeit der Redaktion von den wirtschaftlichen Interessen des Verlags oder seiner Anzeigenkunden.

Bei der Wahrung zumindest einer begrenzten redaktionellen Autonomie kann dem oder den *Herausgeber/n* einer Zeitung oder Zeitschrift eine wichtige Rolle zukommen. Ihre Funktion und ihre Kompetenzen sind nicht einheitlich definiert, und viele Presseunternehmen verzichten gänzlich auf diese Institution, aber Herausgeber definieren die publizistische Grundhaltung eines Blatts und können zwischen Chefredakteur (Redaktion) und Verleger (Verlag) bei Konflikten oder Personalentscheidungen vermitteln.

4.2.3.2 Verlag

Presseverlage erfüllen eine doppelte Aufgabe: Sie bewirken das Erscheinen und die Verbreitung von Periodika, die zur öffentlichen Meinungs- und Willensbildung in demokratischen Gesellschaften wesentlich beitragen (öffentliche Aufgabe) und sie agieren als Unternehmen gewerbsmäßig, um Presseprodukte als Waren – in Marktwirtschaften notwendigerweise nicht nur kostendeckend sondern gewinnbringend – zu verkaufen (private Aufgabe). Entsprechend der formalen Vielfalt der Presse sowie der variierenden Periodizität und Auflagenhöhen haben sich unterschiedliche Strukturen von Presseverlagen entwickelt. Gleichwohl können die *Kernaufgaben* von Presseverlagen hier zunächst benannt und dann vor dem Hintergrund typischer Geschäftsmodelle verdeutlicht werden.

Alle Presseverlage benötigen neben der Redaktion (Chefredaktion), der kaufmännischen Verlagsleitung und der Verwaltung (Personal, Buchführung, Betriebsräume) eine Vertriebsabteilung. Die materielle Herstellung besorgt eine technische Abteilung, während der eigentliche Druck entweder in einer unternehmens- oder konzerneigenen Druckerei oder – vor allem bei den kleineren Zeitschriften – im Lohndruckverfahren erfolgt,

[57] Vgl. für eine differenzierte Darstellung und zum Forschungsstand über Kundenzeitschriften Röttger (2002).

also ein externes Druckunternehmen beauftragt und bezahlt wird. Auch der materielle Transport kann durch externe Dienstleistungsunternehmen übernommen werden. Bei teilweise oder vollständig werbefinanzierten Periodika kommt als bedeutende Abteilung die Anzeigenabteilung hinzu.

Grundsätzlich kann die Organisation des Presseverlages als sog. Einlinien-Organisation entlang dieser Grundfunktionen für alle Titel gemeinsam erfolgen. Vor allem bei größeren Verlagen mit heterogenem Titelangebot können für einzelne Titel und Produktgruppen aber auch Matrix-Organisationen bzw. eigene Verwaltungs-, Herstellungs- und Vertriebsorganisationen sowie relativ unabhängig handelnde Profit-Centern aufgebaut werden (vgl. Vogel 1998, S. 222–226).

- Die *Verlagsleitung* in Gestalt eines Verlegers, eines angestellten Verlagsgeschäftsführers oder eines kollektiven Leitungsgremiums ist für den wirtschaftlichen Erfolg des Presseverlages verantwortlich. Je nach Verlagsgröße übernehmen einzelne Objektleiter die wirtschaftliche Verantwortung für bestimmte Zeitungs- oder Zeitschriftentitel oder Produktgruppen, ggf. auch einschließlich der jeweiligen Online-Angeboten. Die kaufmännische Verlagsleitung ist für unternehmensstrategische Entscheidungen verantwortlich, zum Beispiel für die Produktinnovation (neue Titel, Relaunch), das Engagement auf neuen regionalen (Ausland) oder sektoralen Märkten (Zusatzgeschäfte mit anderen Medien wie Büchern, CD, DVD oder gänzlich branchenfremden Artikeln).
- Die *Verlagsverwaltung* übernimmt wie in allen anderen Unternehmen die kaufmännischen Planungs-, Controlling- und Abrechnungsaufgaben für Personal, Steuern, Betriebsgebäude, Einkauf usw.
- Die *Vertriebsabteilung* von Presseverlagen unterscheidet sich sehr stark aufgrund der Vertriebs- und Auslieferungsformen (vgl. Abschn. 4.2.3.3); mit Ausnahme der gratis vertriebenen sowie der nur im Einzelverkauf erhältlichen Blätter (insbesondere Anzeigenblätter, Boulevardzeitungen) ist ein Abonnentenstamm zu verwalten. Der jährliche Verlust von etwa zehn Prozent der Kunden muss durch Neu- und Wiedergewinnung von Abonnements ausgeglichen werden, sodass auch das Marketing meist in der Vertriebsabteilung angesiedelt ist. Hier wird auch das Inkasso betrieben und die Logistik des materiellen Transports organisiert und überwacht. Insbesondere für die „leicht verderblichen" aktuellen Tages- und Wochenzeitungen ist der effiziente und pünktliche Vertrieb von herausragender Bedeutung.
- Sofern vorhanden, ist die *Anzeigenabteilung* des Presseverlags für die Vermarktung der Anzeigenflächen im gedruckten Produkt (graphisch gestaltete Text-Bild-Anzeige), der Beilagenwerbung (Prospektbeilage, Verlagsbeilage mit journalistisch anmutenden Textbeiträgen) und ggf. auch der Sonderformen sowie crossmedialer Werbeoptionen (im Online-Angebot des Periodikums) zuständig. Die Anzeigenabteilung akquiriert aktiv Werbekunden und benötigt hierfür sog. Mediadaten, also Informationen über die soziodemographische Zusammensetzung, Mediennutzung, Freizeit- und Konsuminteressen sowie Anschaffungspläne der eigenen Leserschaft. Diese Daten müssen in Leser- und Medianalysen meist in standardisierter Form erhoben werden, damit

sie für die Anzeigenkunden mit den Daten konkurrierender Medien und Werbeträger vergleichbar sind. Als Standardinstrumente gelten Media Analyse, Allensbacher Werbeträger Analyse (AWA) und von zentraler Bedeutung sind die Daten der Interessengemeinschaft zur Feststellung der Verbreitung von Werbeträgern (IVW).[58] Die Anzeigenabteilung ist auch für die Kalkulation der Werbepreise und die Verhandlungen mit den Werbekunden zuständig, die entweder über eigene Werbeabteilungen verfügen oder Agenturen beauftragen (vgl. Abschn. 2.3). Presserechtlich ist der Anzeigenleiter für die Werbung verantwortlich.

- Die *technische Abteilung* der Presseverlage arbeitet heute weitestgehend digital und vernetzt, wobei die Redaktion nicht nur Texte erstellt und redigiert, sondern in elektronischen Redaktions- oder Content-Management-Systemen ablegt, in denen alle Formatierungs- und Layoutmerkmale bereits festgelegt sind. Auch die Anzeigenerfassung und -gestaltung erfolgt digital. Die Herstellungsabteilung übernimmt also keine Texterfassungs-, Satz- oder Montagearbeiten, sondern den Betrieb dieser digitalen Redaktionssysteme sowie die – ebenfalls weitgehend digitalisierte – Herstellung der Druckvorlagen und -formen, sofern dies nicht in der Druckerei erfolgt.

4.2.3.2.1 Geschäftsmodelle von Presseverlagen

Fast alle deutschen Tageszeitungen sowie die meisten Wochenzeitungen und Publikumszeitschriften sind *Koppelprodukte.*

> Koppelprodukte werden auf zwei Märkten verkauft: dem Werbemarkt und dem Publikumsmarkt, die beide miteinander in einem Wechselverhältnis stehen. Die redaktionelle Leistung trifft auf das kaufkräftige Interesse des Publikums (Lesermarkt), das per Abonnement oder im Einzelverkauf das Produkt erwirbt. Der Verlag finanziert und verwertet also die redaktionelle Leistung und er produziert damit zugleich eine zweite Ware, die auf kaufkräftige Nachfrage auf dem Werbemarkt stößt, nämlich die gesammelte Nutzungszeit und Aufmerksamkeit der Leser. Für die werbetreibende Industrie bietet sich die Chance, in Kontakt mit potenziellen Kunden zu kommen, die eine Anzeige oder eine Werbebeilage wahrnehmen und sich von ihr möglicherweise im Sinne des Unternehmens beeinflussen lassen. Die werbetreibenden Unternehmen zahlen an den Verlag für diese im Vergleich zu anderen Werbeformen erhöhte Kontakt- und Aufmerksamkeitschance des Koppelproduktes, das für

[58]Für die AWA werden zweimal im Jahr rund 24.000 Personen mündlich zur Nutzung von rund 240 Zeitschriften, 13 Kundenzeitschriften und 5 Wochenzeitungen befragt (www.ifd-allensbach.de/awa/); die Media Analyse Print erhebt durch 39.000 standardisierte Onlinine-Interviews die Nutzung von ca. 180 Zeitschriften und Wochenzeitungen sowie 700 Tageszeitungsausgaben bzw. 1600 Belegungseinheiten für die Werbung. Damit werden nahezu 100 % des Tageszeitungsmarktes abgedeckt (www.agma-mmc.de/media-analyse/tageszeitungen.html); die IVW sammelt (und kontrolliert) viermal jährlich die Auflagenmeldungen der Verlage (www.ivw.de).

sie vor allem die Funktion des Werbeträgers erfüllt. Der Verlag koppelt also im Sinne einer Verbundproduktion ein meist nur schwer kostendeckend oder gewinnbringend zu vermarktendes öffentliches Gut (Journalismus) und ein leicht zu vermarktendes knappes privates Gut (Werberaum).

Aus normativer Sicht wird diese enge Verbindung seit fast einem Jahrhundert kritisiert, weil die Trennlinien zwischen beiden Teilen der Presse nicht immer klar sind, und zwar sowohl für die Leser als auch für die „anzeigenabhängigen" Kommunikatoren. Die Zeitung, schreibt Karl Bücher (1917, S. 258),

> verkauft neue Nachrichten an ihre Leser, und sie verkauft ihren Leserkreis an jedes zahlungsfähige Privatinteresse. Auf dem selben Blatte, oft auf der selben Seite, wo die höchsten Interessen der Menschheit Vertretung finden oder doch finden sollten, treiben Käufer und Verkäufer in niedriger Gewinnsucht ihr Wesen, und für den Uneingeweihten ist es im ‚Reklameteil' oft schwer genug, zu unterscheiden, wo das öffentliche Interesse aufhört und das private anfängt.

Die Zeitungen und Zeitschriften unterscheiden sich erheblich hinsichtlich der Erlösanteile, die aus den beiden Märkten stammen. Medienökonomisch differenziert man vertriebsbetonte und anzeigenbetonte Titel bzw. Verlage.

Werbeerlöse spielen traditionell für Straßenverkaufszeitungen eine größere Rolle als für Abonnementzeitungen. Die Werbemärkte unterliegen zum einen der allgemeinen Wirtschaftskonjunktur, zum anderen einem strukturellen Wandel zu Lasten der Presse. Damit ändert sich auch der durchschnittliche Erlösmix: Die Vertriebserlöse nehmen seit einigen Jahren bei den regionalen und überregionalen Abonnemenzeitungen wie bei den Kaufzeitungen (Boulevardblättern) fast zwei Drittel der Erträge (2016: 62,4 %) ein, bei den Wochenzeitungen sind es mit 58 % etwas weniger (vgl. Keller und Eggert 2017, S. 55 sowie Keller und Eggert 2016, S. 95, 98–99). Die hohe Bedeutung der Vertriebserlöse war in der Anfangszeit der bundesdeutschen Presse der Normalfall; erst ab Mitte der 1970er Jahre erhöhten sich Werbeerlöse auf zwei Drittel der Gesamterlöse der Abozeitungen (vgl. Pürer und Raabe 2007, S. 130). Strukturell bereitet die Werbefinanzierung den Verlagen in Ostdeutschland Schwierigkeiten, während einige politisch eher links oder tendenziell konsum- und werbekritisch positionierte Tageszeitungen wie taz, Neues Deutschland, Junge Welt und die konfessionelle Presse teils aufgrund schwacher Nachfrage und teils aufgrund (verlags-)politischer Entscheidungen nur geringe Werbeerlöse erzielen. Die *Vertriebserlöse* werden bei der Boulevardpresse nahezu ausschließlich über den Einzelverkauf (wie bei vielen anderen Medienprodukten) erzielt.

Pressetypisch gerade in Deutschland ist jedoch das Abonnement-Geschäftsmodell: Zu einem festgelegten Preis wird eine Reihe künftig erscheinender Nummern eines Periodikums verkauft. Der Verlag kann relativ langfristig (meist drei Monate und länger im Voraus) seine Ressourcen planen und kalkulieren, eine konstante Auslastung erzielen, Geld für zum Teil noch nicht kostenwirksame Leistungen kassieren und die Kosten für die Rücknahme nicht verkaufter Exemplare (Remittenden) sparen. Für Abonnenten ist es attraktiv einen Rabatt, Vorteile beim Bezug (früher als Einzelverkauf, Hauszustellung) und gesicherte Belieferung zu erhalten.

Die Kopplung von Publikums- und Werbemarkt hat Konsequenzen für den Presseverlag, die medienökonomisch als *Anzeigen-Auflagen-Spirale* (vgl. Abb. 4.5) bekannt sind, letztlich aber als Werbe-Publikums-Spirale auf alle mischfinanzierten Medien verallgemeinerbar sind.

> Verändert sich die Nachfrage auf dem Publikumsmarkt, dann verändert dies auch die Situation auf dem Werbemarkt, und umgekehrt. Gelingt es also durch eine qualitativ oder quantitativ verbesserte redaktionelle Leistung, ein neues Layout, eine Preissenkung oder Veränderungen bei den Konkurrenten, die verkaufte Auflage zu steigern, dann gewinnt der Titel auch an Werbewert. Folglich kann der Verlag höhere Werbeeinnahmen erzielen, was entweder seinen Profit maximiert oder zu Investitionen in die Qualität der Zeitung bzw. Zeitschrift führt. Führt eine solche Produktverbesserung wiederum zu einer verstärkten Nachfrage bei den Lesern, dann steigen Werbenachfrage und -erlöse erneut usw. Allerdings kann sich diese Spirale auch abwärts drehen: sinkende Werbeerlöse zwingen zu Einsparungen, was zu Qualitätsverlusten und Verkaufsrückgängen führt. In der Folge sinken Werbewert und -erlöse, was die Verlagsleitungen mit weiteren Einsparungen beantwortet usw.

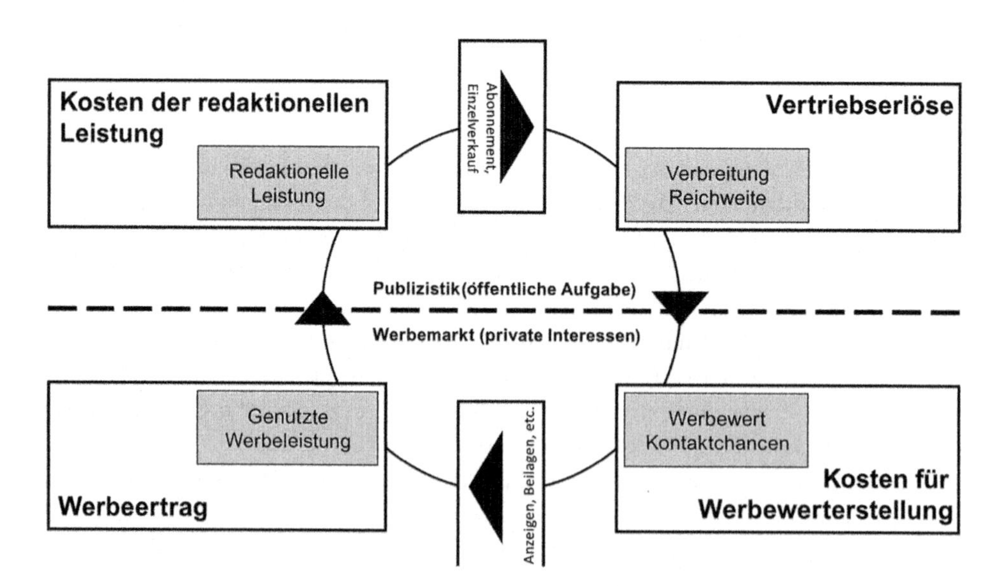

Abb. 4.5 Anzeigen-Auflagen-Spirale. (In Anlehnung an Nussberger 1961, S. 19)

Allerdings ist empirisch nicht nur zweifelhaft, ob wachsende Erlöse aus dem Werbemarkt tatsächlich in die redaktionelle Qualitätssteigerung investiert werden, sondern auch ob eine solche Qualitätssteigerung wirklich von den Rezipienten wahrgenommen und sich in steigenden Verkaufszahlen auszahlen würde. Die Anzeigen-Auflagen-Spirale stellt insofern nur zwei Fälle eines komplexeren Zusammenhangs dar, der in der Medienökonomie als „zweiseitige Märkte" diskutiert wird: Nicht jede Auflagensteigerung ist aus Sicht der Werbetreibenden ein Argument, wenn diese nur an bestimmten Zielgruppen interessiert sind. Eine Auflagensteigerung bedeutet dann möglicherweise nur wachsende Streuverluste, weil die – aus Sicht der Werbenden – „Falschen" erreicht werden. Offen ist auch die Frage, wie Werbung von den den Rezipienten bewertet wird und sich auf deren Medienkonsum auswirkt. Wenn (zuviel) Werbung als störend empfunden wird, dann kann sich das negativ auf den Verkauf der Medien auswirken, wenn Werbung als informativ oder unterhaltsam wahrgenommen wird, kann dies sogar die Verkaufszahlen der Medien steigern. Dann würde sich auch deren Werbewert erhöhen, d. h. der Zusammenhang zwischen Werbemarkt und Rezipientenmarkt kann von unterschiedlichen positiven und negativen Rückkopplungen geprägt sein (vgl. Dewenter und Rösch 2015, S. 134–136).

Auch Verlagsmodelle, die ausschließlich Erlöse auf dem Werbemarkt vorsehen, unterliegen ansatzweise dem beschriebenen Zusammenhang, denn die Nachfrage der Werbekunden (oder zumindest die erzielbaren Werbepreise) sinken *tendenziell* mit nachlassendem Absatz auf dem Lesermarkt. Lediglich Pressetitel bzw. Verlagsmodelle, die weitestgehend oder vollständig auf Werbeerlöse verzichten, unterliegen der Anzeigen-Auflagen-Spirale nicht, stehen aber vor dem Problem, eine journalistische Leistung entweder durch vergleichsweise hohe Verkaufspreise oder andere Erlösquellen finanzieren zu müssen. Den ersten Weg wählen Presseverlage bei Fachzeitschriften und wissenschaftlichen Journals. Der zweite Weg ist typisch für viele nicht-kommerzielle Pressetitel, die von Parteien, Kirchen, Verbänden oder Unternehmen aus publizistischen (weltanschaulichen oder politischen) Gründen finanziert und über *Mitgliedsbeiträge oder Stiftungen* subventioniert werden.

Als weitere Erlösquellen für Presseverlage kommt die sog. *Syndication,* also die Vermarktung der redaktionellen Inhalte an Dritte, zum Beispiel Online-Anbieter und Portale ohne eigene Redaktion, infrage. Zeitschriftenverlage versuchen ihre *Konzepte und Formate international* zu verwerten bzw. ausländischen Verlagen entsprechende Titel- und Konzeptlizenzen zu verkaufen. Der Verlag Grunner + Jahr hat derzeit 33 Lizenzen an andere Verlage im Ausland vergeben; das Magazin Geo erscheint in 19 Ländern; Men's Health gibt es weltweit in 40, die Women's Health in 54 Ländern.[59] Dabei variieren die Anteile der zentral und länderspezifisch produzierten redaktionellen Beiträge stark, denn

[59]Datenquellen: www.tagesspiegel.de/medien/magazine-in-33-kopien-um-die-welt/4299498.html; www.menshealth-power.com/de/unternehmen; www.womenshealth.de/fitness/workouts-trainingsplaene/das-women-s-health-e-magazin.87654.htm [30.01.2017].

ohne eine Adaption an die Landeskultur scheitern Lizenzkonzepte im Ausland häufig (vgl. Pohlmann 2011, S. 34).

Die Leser-Blatt-Bindung wird zunehmend als Kundenbindung auch für *Nebengeschäfte* genutzt, d. h. Verlage vertreiben pressefremde Produkte (vom Ökokaffee bis zum Fahrrad oder Versicherungsvertrag) an ihren Abonnenten- oder Leserstamm.

4.2.3.2.2 Kosten- und Erlösstrukturen

Die Kostenstruktur von Presseverlagen variiert in hohem Maße mit der publizistischen und technischen Qualität des Produkts (Format, Druck- und Papierqualität) sowie der Produktionsmenge (Umfang × Auflage): die Kosten für eine regionale Monopolzeitung mit Millionenauflage setzen sich ganz anders zusammen als für eine durchgehend farbig gestaltete, großformatige Kunst- und Kulturzeitschrift mit ausgewählten Autoren aber verschwindend kleiner Auflage, die noch dazu bundesweit verbreitet werden soll. Gleichwohl lassen sich einige Grundstrukturen und Durchschnittswerte beschreiben.

Unabhängig von der Anzahl der gedruckten und vertriebenen Exemplare (Auflage), aber abhängig vom Umfang (Seitenzahl) entstehen in jedem Presseverlag *First Copy-Kosten:* Sie umfassen alles, was zur Produktion des ersten Exemplars aufgewendet werden muss: journalistisches und technisches Personal, Kosten für externe Zulieferer wie Freie Mitarbeiter, Korrespondenten, Nachrichtenagenturen und Bilderdienste, allgemeine Verwaltungs- und Kapitalkosten des Unternehmens, Mieten etc. Diese First Copy-Kosten verändern sich nur bei der Veränderung des Produkts, insbesondere bei Umfangsänderungen (umfangsvariable Kosten). Als Fixkosten können die First Copy-Kosten jedoch auf die gesamte Auflage umgelegt werden.

Der Anteil der Fixkosten je Exemplar sinkt also mit wachsender Auflage – ein Zusammenhang der als Economies of Scale bzw. Fixkostendegression aus vielen Industriebereichen geläufig ist. Diese Economies of Scale sind bei der Presse aber auch publizistisch potenziell folgenreich, denn auflagenstarke Publikationen und die Verlage, die sie herausgeben, erzielen Wettbewerbsvorteile, die letztlich zu Pressekonzentration und damit zum Wegfall von Zeitungen und Zeitschriften führen, die ggf. Minderheitenpositionen vertreten und einen Beitrag zur Pluralität erbringen.

Für die Abonnement-Tageszeitungen in Deutschland ergibt sich die in Abb. 4.6 dargestellte (durchschnittliche) Kosten- und Erlösstruktur.

Das Verhältnis von Anzeigen und redaktionellem Umfang liegt bei den Tageszeitungen bei ungefähr 1 zu 4, für Boulevardzeitungen bei nahezu 1 zu 3 (vgl. Keller und Eggert 2016, S. 74–75) und bei den Publikumszeitschriften beträgt der Anzeigenumfang gut ein Fünftel der Heftumfänge (vgl. ZAW 2011, S. 293). Die Anzeigenumfänge und -anteile nehmen tendenziell ab (vgl. Keller und Eggert 2016, S. 74–75), was schon deshalb ein Problem darstellt, weil der Verkauf von Anzeigenraum ein lukratives Geschäft war und ist, denn die Produktionskosten sind niedriger als für den redaktionellen Teil und die Erträge höher: Ein Fünftel bzw. ein Viertel des Zeitungsumfangs (für Anzeigen) erwirtschaftet noch immer über rund ein Drittel der Erträge – und zwar ohne direkte redaktionelle Kosten und bei sehr geringen Herstellungskosten. Dies verdeutlicht

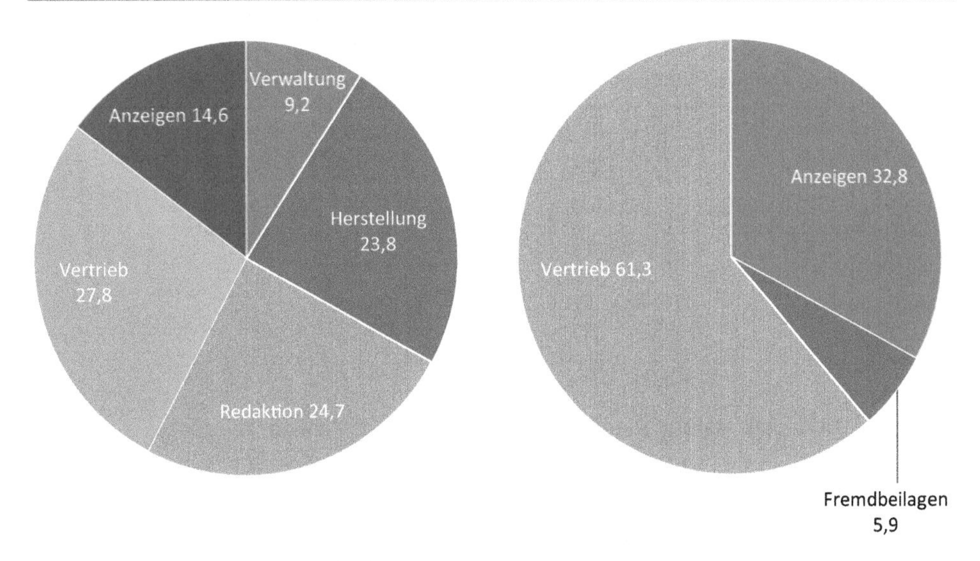

Abb. 4.6 Kosten- und Erlösstruktur deutscher Abonnement-Tageszeitungen 2015. (Quelle: Keller und Eggert 2016, S. 75)

die große Bedeutung der Querfinanzierung der Redaktion durch die Werbung. Verständlich wird auch, dass Einbußen auf dem Werbemarkt entweder die redaktionelle Leistung gefährden oder über Kostensenkungsstrategien bzw. eine Steigerung des Vertriebserlöses kompensiert werden müssen. Wie Tab. 4.5 zeigt, ergeben sich je Zeitungstyp unterschiedliche Umsätze und Erlösstrukturen (vgl. Keller und Eggert 2016, S. 98–99):

Verlässliche Befunde über die *Kosten- und Erlösstruktur von Zeitschriften* liegen aus zwei Gründen nicht vor: Marktversagen und Staatsversagen. Zum einen hält sich die Branche mit Informationen sehr zurück, auch die großen Zeitschriftenkonzerne publizieren seit Jahren keine vergleichbaren Daten mehr (vgl. Vogel 2016, S. 328) und kommen damit dem – von den eigenen Redaktionen zu Recht geforderten – Transparenzgeboten systematisch nicht nach. Offenbar sieht sich die Branche, die soweit bekannt enorme Umsatzrenditen[60] einfährt, kritischen Nachfragen nicht gewachsen. Aber auch die Bundesregierung versagt kläglich – ob als Folge mangelnden Problembewusstseins oder erfolgreicher Verlegerlobby muss hier spekulativ bleiben – und zwingt die publizistischen Unternehmen nicht zu mehr Publizität. Die amtliche Pressestatistik, die auf der Basis von Durchschnittswerten operierte, wurde 1996 per Kabinettsbeschluss eingestellt, sodass vergleichbare Daten nur bis 1994 vorliegen.

---

[60]Der Springer-Konzern (also nicht konkret die Publikumszeitschriften) gibt für 2015 eine Umsatzrendite von 17 %; Gruner + Jahr 8,3 % an; vgl. Vogel (2016, S. 328).

Tab. 4.5 Umsätze (je Monatsstück/Euro) und Erlösstruktur 2015. (Indem man die Gesamtvertriebs- und die Gesamtwerbeerlöse durch die Höhe der verkauften Auflage teilt, erhält man die Monatsstückumsätze; Quelle: Keller und Eggert 2016, S. 99)

Zeitungstyp	Gesamterlös	Vertriebserlöse	Anzeigenerlöse	Vertrieb: Anzeigen
Überreg. Tagespresse	51,32	33,82	17,50	59,9:34,1
Regionale Tagespresse	40,96	25,89	15,07	63,2:36,8
Boulevardpresse	18,43	12,02	6,40	65,3:34,7
Sonntagspresse	7,51	4,25	3,26	56,7:43,3
Wochenpresse	17,69	10,26	7,43	58,0:42,0

Die Werbeeinnahmen der Publikumszeitschriften beliefen sich 2015 nach erheblichen Einbußen (2010: 1450 Mio.) noch auf 1075 Mio. (netto);[61] über die Verkaufserlöse und damit die Erlösstruktur ist wie über die Kostenstruktur praktisch nichts bekannt. Traditionell war bei den Publikumszeitschriften und den Zeitschriften insgesamt ist das Verhältnis von Werbe- und Vertriebserlösen ungefähr hälftig, während wissenschaftliche und vor allem konfessionelle Zeitschriften deutlich geringere Werbeeinnahmen erzielen (vgl. Heinrich 2002, S. 77). Vermutlich hat die relative Bedeutung der Verkaufserlöse in den letzten Jahren zugenommen. Die Kostenstruktur variiert aufgrund der Vielfalt von publizistischen Formaten erheblich stärker als bei den Zeitungen. Generell fallen die Fixkosten bei den meisten Zeitschriften weniger stark ins Gewicht als bei den Tageszeitungen (vgl. Heinrich 2001, S. 315).

Für alle Pressetitel gilt, dass Veränderungen von Umfang und Auflage unterschiedliche *variable Kosten* verursachen, hier sind vor allem Druck, Papier und Vertrieb zu nennen, bei Umfangsveränderungen aber auch Kosten für redaktionelle und gestalterische Leistungen. Werden kurzfristig Umfang und Auflage verändert, kann es zu einer „ominösen Quadratur" kommen: Eine Steigerung des Umfangs erhöht die First-Copy-Kosten, führt aber vermutlich (je nach Preispolitik) zu einer steigenden Nachfrage auf dem Lesermarkt. Die gesteigerte Auflage erhöht einerseits die Druckkosten und andererseits die Erlöse aus dem Verkauf an die Leser. Dabei wachsen die Kosten für Papier und Druck geometrisch (bedruckte Fläche = Umfang × Auflage), zum Beispiel von 16 Seiten bei 5000 Auflage (80.000 Druckseiten) auf 32 Seiten bei 10.000 Auflage (320.000 Druckseiten, also um den Faktor 4!). Wenn im Idealfall eine Verdopplung des Verkaufspreises aufgrund der Verdopplung des Umfangs am Markt durchsetzbar ist, dann wachsen die Verkaufserlöse zwar ebenfalls um den Faktor 4, aber nicht zwangsläufig und unmittelbar auch die Werbeerlöse. Zunächst muss der gestiegene Werbewert durch Media-Analysen nachgewiesen und der Anzeigenpreis erhöht werden, dann muss auch der zusätzliche Anzeigenraum zu erhöhten Preisen verkauft werden. Besonders für überwiegend anzeigenorientierte Verlagsobjekte können hieraus Kostendeckungsprobleme resultieren. Diese treten auch auf, wenn der Umfang kurzfristig und ohne entsprechende

[61] Vgl. Vogel (2016, S. 322).

Preiserhöhung auf dem Lesermarkt erweitert wird, zum Beispiel weil dies publizistisch aufgrund aktueller Ereignisse erforderlich ist. In der Berechnung der Preis-Mengen-Gerüste in Abhängigkeit vom Gewicht der beiden interdependenten Märkte liegt eine kaufmännische Kernaufgabe des Verlags (vgl. Nussberger 1984, S. 102–106).

4.2.3.2.3 Verlagsstrategien

Vor dem Hintergrund der ausgeschöpften und aufgrund von demographischem Wandel und intermediärer Konkurrenz tendenziell schrumpfenden Publikums- und vor allem Werbemärkte haben die Presseverlage die Wahl zwischen einer *Kostensenkungsstrategie,* die sich negativ auf die publizistische Qualität und Vielfalt auswirkt, einer *Verdrängungsstrategie* (also dem Kampf um Marktanteile) und einer *Expansionsstrategie* (Ausland, Nebengeschäfte).

Beispiel

Die deutschen Zeitschriftenverlage bemühen sich durch die Entwicklung und Platzierung neuer Titel, also die Differenzierung ihres Programms (oder „Portfolios"), im Wettbewerb zu behaupten. Dabei geht es um das Erschließen neuer Leserkreise, die sich aufgrund gesellschaftlicher Differenzierungsprozesse herausgebildet haben. Beispiele hierfür sind die Finanz- und Anlegermagazine während des Börsenbooms der 1990er Jahre, das Segment der PC- und Internetzeitschriften sowie die Differenzierungsstrategien bei den Frauen- und den TV-Programmzeitschriften. Hier wurden vor allem niedrigpreisige und 14-täglich erscheinende Titel sowie neue Formate („Pocket") eingeführt (vgl. Sjurts 2005, S. 127–131). Für den Sektor der Special- und Very Special-Interest-Zeitschriften ist dabei der Werbemarkt ausschlaggebend. Die Differenzierungs- und Spezialisierungsstrategie richtet sich weniger auf die Maximierung der Reichweite als vielmehr auf die Optimierung der Zielgruppe. Die Verlage versuchen, den Anbietern spezieller Produkte und Dienstleistungen eine Anzeigenplatzierung ohne Streuverluste zu bieten, sodass möglichst alle Leser potenzielle Kunden sind. Neue Titel können entweder in verlagsinternen Entwicklungsabteilungen oder in externen „Laboren" entworfen werden; mitunter entstehen sie auch als Line Extensions aus Sonderheften bestehender Redaktionen. Der Markterfolg kann mithilfe sogenannter Nullnummern (einer vollständigen Textversion vor dem ggf. regelmäßigen Erscheinen) oder auf regionalen Testmärkten geprüft werden, bevor der Titel eingeführt wird. Die Markteinführung kann zunächst zum verbilligten Einführungspreis oder direkt zum Normalpreis erfolgen. Die Mediaforschung, insbesondere Leserumfragen, Focusgruppen und Tiefeninterviews sowie die Wünsche der potenziellen Werbekunden spielen eine große Rolle bei der Konzeption neuer Titel, von denen sich viele nicht lange am Markt halten können und durch neue Variationen ersetzt werden.[62]

---

[62] Vgl. zu Produktmanagement und Strategien von Zeitungs- und Publikumszeitschriftenverlagen Vogel (1998, S. 165–238); Wirtz (2006, S. 194–205); Wehrle und Busch (2002) sowie die Fallstudien von Sjurts (2005, S. 47–113, 135–207).

Auch die Tageszeitungsverlage versuchen ihre Absatzprobleme mit Produktinnovationen zu lösen; neben gelegentlichen „Face Liftings" beim Layout gehören hierzu Formatwechsel (derzeit Tendenz zum Tabloid) oder zu umfangreduzierten Kompakt- und Lite-Zeitungen, die für neue Leserschichten und veränderte Nutzungssituationen attraktiver sein sollen.

Ihre lokale Vertriebskompetenz nutzen viele Zeitungsverlage für die Zustellung von Geschäfts- und zum Teil auch von Privatpost, seit das staatlich geschützte Postmonopol aufgehoben wurde. Für die bundesweite Postzustellung wurde als „grüne Post" die PIN Mail AG gegründet, die sich mittlerweile überwiegend in der Hand des Holtzbrinck-Verlags (Handelsblatt, Die Zeit u. a.) befindet.

Die *Core Assets von Presseverlagen* liegen in der Bekanntheit der Zeitungs- und Zeitschriftentitel (also der Marke), der Leser-Blatt-Bindung, den redaktionellen Kompetenzen und Profilen sowie der Reichweite des Mediums (vor allem für den Werbemarkt, aber auch für die Beschaffung exklusiver Nachrichten hilfreich). Die Kernkompetenzen liegen also in der Redaktion, vor allem bei den Zeitschriftenverlagen zusätzlich bei der Titelentwicklung und (vor allem bei den Tageszeitungen) im Vertrieb (vgl. auch Wirtz 2006, S. 177).

Die Umsatzrenditen der deutschen Tageszeitungen und der Publikumszeitschriften galten lange Zeit als außergewöhnlich hoch (vgl. Heinrich 2001, S. 245, 316); Schätzungen gehen noch immer von durchschnittlich 10 % aus (vgl. Wirtz 2013, S. 221–222), wobei Großverlage auch deutlich besser abschneiden düften.

4.2.3.3 Pressevertrieb

Für den materiellen Vertrieb der gedruckten Auflage stehen dem Verlag mehrere Wege offen; meist werden spezifische Kombinationen aus Abonnement (Haushaltszustellung oder Post) und Einzelverkauf oder die Gratisverteilung genutzt; hinzu kommen Lesezirkel (bei Publikumszeitschriften) sowie Bibliotheken (vor allem bei wissenschaftlichen Fachzeitschriften).

Für die *regionalen Abonnementzeitungen* spielt die Hauszustellung zu den Abonnenten durch einen verlagseigenen oder beauftragten Trägerdienst in den frühen Morgenstunden die wichtigste Rolle; über 90 % der Auflage werden auf diese Weise zugestellt. Die übrigen Teile der Auflage gehen in den Einzelverkauf direkt an die lokalen Verkaufsstellen im Verbreitungsgebiet, ggf. auch an ambulante „fliegende" Händler (Kolporteure) für den Straßenverkauf (mancherorts auch als Vorabendverkauf) sowie einzelne Exemplare per Pressepost (Postzeitungsdienst; vgl. Abschn. 4.2.4.1) an Abonnenten außerhalb des eigentlichen Verbreitungsgebietes.

Bei den *überregional vertriebenen Tageszeitungen* mit einem Abo-Anteil von 70 % (vgl. Keller und Eggert 2016, S. 82) tritt zu dieser regionalen Vertriebsorganisation die bundesweite Verbreitung durch das Pressegrosso und die Pressepost (etwa drei Prozent der Auflage) hinzu. Von wachsender Bedeutung ist der digitale (und daher extrem kostengünstige) Vertrieb von E-Papers (faksimilierte Printausgabe im Originallayout als pdf) über die Website der Zeitung, vor allem im Abonnement. Für die überregionale

Qualitätspresse (mit 16 % Vertrieb als E-Paper) ist diese Form des Paid Content-Geschäfts bedeutsamer als für die Regionalzeitungen, Wochen- und Sonntagszeitungen (4–6 %) und die Boulevardpresse (1,4 %). Die Gesamtauflage der 193 E-Paper-Angebote lag 2016 bei fast einer Million (977.000);[63] 2010 waren es erst rund 95.000 (IVW II/2010 nach Kansky 2010, S. 183).

Bei *Boulevard- oder Straßenverkaufszeitungen* hingegen spielen Hauszustellung und Pressepost nur eine marginale Rolle, weil der Absatz nicht an Abonnenten erfolgt,[64] sondern per Einzelverkauf über eine der insgesamt über 122.000 Verkaufsstellen (vgl. Nebel 2011, S. 4). Etwa 20–30 % der gelieferten Exemplare werden nicht abgesetzt und remittiert (vgl. Schütz 2009a, S. 546). Die deutschen Boulevardzeitungen haben ebenfalls regionale Vertriebsgebiete, nur ein kleiner Teil geht über den Bahnhofsbuchhandel in den überregionalen Handel. Eine Ausnahme stellt hierbei BILD dar, die neben den 28 Regionalausgaben auch eine Bundesausgabe produziert und überall dort vertreibt, wo es keine Regionalausgabe gibt. Einige Boulevard- und Sonntagszeitungen werden auch an Zeitungsautomaten („stumme Verkäufer“) zur Selbstbedienung angeboten, bei denen zwar die Personalkosten minimiert, dafür aber auch die „Schwundquote“ (Diebstahl) erhöht sind.

Ein Teil der *Sonntagszeitungen* wird per Trägerdienst direkt den Abonnenten zugestellt, wobei die Vertriebsstrukturen der wochentäglichen Zustellung genutzt werden können. Von großer Bedeutung, zumal für die überregionale Verbreitung ist jedoch der Einzelverkauf (rund 57 %),[65] der an Sonntagen aufgrund der deutschen Ladenöffnungszeiten verstärkt über ambulanten Handel, Bahnhofsbuchhandel und pressefremde Verkaufsstellen wie Tankstellen und Bäckereien erfolgt. Hinzu kommen für BILD am Sonntag und Welt am Sonntag sog. Zustellhändler, die beide Sonntagszeitungen des Springer-Verlags auf der Basis einer Interessentenliste im Haustürgeschäft anbieten.

Wochenzeitungen (mit einer Abo-Quote von rund 90 %)[66] und *Zeitschriften* werden mit wenigen Ausnahmen überregional per Pressepost an die Abonnenten und per Pressegrosso an die 108.000 Einzelverkaufsstellen[67] geliefert.

Um sicherzustellen, dass am Kiosk einzelne Ausgaben trotz schwankender Nachfrage nicht ausverkauft sind, müssen immer mehr Exemplare gedruckt und vertrieben werden als tatsächlich verkauft werden. Die nicht verkauften Exemplare, rund 30–45 % der verbreiteten Auflage, können an den Grossisten remittiert werden. Ein anderer Teil der verbreiteten Auflage wird zu Werbezwecken gratis verteilt, um neue Abonnenten und Käufer zu gewinnen. Und schließlich wird ein Teil der Auflage verschenkt, um

---

[63]Vgl. Keller und Eggert (2016, S. 80–81).

[64]Bundesweit werden nur rund 200.000 der 2,5 Mio. Exemplare im Abonnement vertrieben; vgl. Keller und Eggert (2016, S. 82).

[65]Vgl. Keller und Eggert (2016, S. 82).

[66]Vgl. Keller und Eggert (2016, S. 82).

[67]Vgl. epd medien aktuell Nr. 34a, 16.02.2017.

Reichweite und damit Werbewert der Publikation zu erhöhen. Ein verbreitetes Marketinginstrument ist hierbei die sog. „fliegende Auflage", also Freiexemplare für die Fluggesellschaften bzw. -gäste. Im Jahr 2016 summierten sich diese „Bordexemplare" auf über 240.000 Stück (IVW II/2016 nach Keller und Eggert 2016, S. 110–111). Gegenüber den Anzeigenkunden werden diese Exemplare als Argument für die werbewirksame Verbreitung angeführt.

4.2.3.3.1 Pressegroß- und Einzelhandel

In Deutschland sorgt ein differenziertes Handelssystem für die flächendeckende Versorgung der Zeitungs- und Zeitschriftenleser mit einem reichhaltigen Titelangebot:

- Der *Großhandel mit Zeitschriften und Zeitungen (Pressegrosso)* wird von Pressegrossisten mit Gebietsmonopolen betrieben, die als Zwischenhändler einen flächendeckenden Vertrieb auch von kleinauflagigen und an sich unrentablen Titel an alle Verkaufsstellen ermöglichen. Die Verlage räumen dafür dem Pressgrosso ein Remissionsrecht ein, sodass die nicht verkauften Exemplare zum Einkaufspreis an die Verlage zurückgeschickt werden (vgl. Nebel 2011, S. 3–4). Vereinbart ist auch die „körperlose Remission", d. h. Bahnhofsbuchhandel und Grossisten erfassen Remittenden elektronisch im Branchensystem EDI-Press und makulieren selbst (vgl. Breyer-Mayländer et al. 2005, S. 300). Das international als vorbildlich geltende deutsche Pressegrossosystem basiert auf einer jahrzehntelangen Institution, nur ein Teil ist durch Verträge sowie die erst 2004 abgeschlossene gemeinsame Erklärung der Branchenverbände BDZV, VDZ und Bundesverband Presse-Grosso kodifiziert (vgl. BKM 2008, S. 163). Die Handelsspanne des Grossos beträgt zwischen 15 und 30 %[68]; einige Großverlage bemühen sich darum, verstärkt direkt mit Lebensmitteldiscountern und anderen Verkaufsstellen ins Vertriebsgeschäft zu kommen, um so das Pressegrossosystem zu umgehen und damit die Handelsspanne zu minimieren. Der Großverlag Bauer setzt fast die Hälfte jenseits der klassischen Presseeinzelhandlungen ab, vor allem in Supermärkten und bei Discountern (vgl. Nebel 2011, S. 5). Der Aufbau dieser parallelen Vertriebsstruktur steigert die Gewinnmargen des Verlags zulasten des Grossos und droht das Grossosystem – rechtlich gesehen ein Kartell – auszuhebeln. Nach einem jahrelangen Rechtsstreit hat der Bundesgerichtshof 2015 entschieden, dass zur Wahrung eines flächendeckenden (einschließlich kleiner und aus Verlagssicht nicht rentabler Verkaufsstellen) und diskrimierungsfreien Vertriebs (keine Rabatte seitens der Großverlage) auch weiterhin das Presse-Grosso exklusiv über den Vertrieb bestimmen soll.[69] Sechs Großverlage (Bauer, Burda, Funke, Klambt, Spiegel und Springer) haben

[68]Vgl. www.bpv-medien.com/images/download/Handelspanne.pdf [29.12.2016].

[69]BGH 06.10.2015 KZR 17/14; vgl. auch: www.pressegrosso.de/news-archiv/newsdetail/article/grosso-verband-begruesst-heutige-entscheidung-des-bgh-zur-zulaessigkeit-von-branchenvereinbarungen/115.html [29.12.2016].

sich zu einer Allianz zusammengeschlossen, um das bis Anfang 2018 vertraglich festgeschriebene System zu ihren Gunsten zu verändern[70].

- Der Vertrieb ausländischer Presseerzeugnisse, zunehmend auch von kleineren Spezialzeitschriften erfolgt über *Nationalvertriebe* (National Distributeur, ND), die dann an die Stelle von Grossisten treten (vgl. Breyer-Mayländer et al. 2005, S. 300–301).
- Der *Werbende Buch- und Zeitschriftenhandel (WBZ)* wurde 2009 im Bundesverband der Medien- und Dienstleistungshändler (BMD) organisiert. Er wirbt an der Haustüre und beliefert Abonnenten mit Zeitschriften. Hierbei handelt es sich um derzeit in Deutschland rund 200 eigenständige Unternehmen, die Periodika ohne Remissionsrecht von den Verlagen zu sehr günstigen Konditionen beziehen. Die auch als „Drückerkolonnen" in Verruf geratenen Anbieter sind im Bundesverband der Medien- und Dienstleistungshändler organisiert (vgl. www.bmd-verband.de) und werben zum Teil mit hohen Prämien und Vergünstigungen sowie zusätzlichen Versicherungsleistungen um Abonnenten, mittlerweile auch über Online-Portale. Rund 4 % des Vertriebsumsatzes mit Zeitschriften entfällt auf den WBZ (vgl. Breyer-Mayländer et al. 2005, S. 306).
- Die knapp 111.000 Verkaufsstellen des *Presseeinzelhandels* finanzieren sich aus der Handelsspanne von 17 bis 20 %, 58 % sind Einzelunternehmen mit nur einer Verkaufsstelle (vgl. Bundesverband Presse-Grosso 2016, S. 47), oftmals handelt es sich um gemischte Betriebe (Kiosk mit Tabak, Getränken, Süßwaren), die auch als Lotto- oder Postannahmestellen fungieren und auf eine hohe Kundenfrequenz setzen. Rund zwölf Prozent der Verkaufsstellen befinden sich im Lebensmittelhandel; sie erzielen rund ein Viertel des Presse-Einzelhandelumsatzes. Im Durchschnitt werden den Kunden 229 Pressetitel angeboten; allerdings sind es in den Bäckereien deutlich weniger als am Kiosk oder in den größeren Fachgeschäften (vgl. Bundesverband Presse-Grosso 2016, S. 47–49).
- Eine Sonderstellung nimmt der *Bahnhofsbuchhandel* in Deutschland ein, der von den Verlagen direkt (also nicht über das Pressegrosso) beliefert wird: Durch seine verlängerten Tages- und Wochenöffnungszeiten und das große Sortiment (meist mehr als 1000 Titel) sowie die bevorzugte (und teure) Lage entstehen höhere Kosten, die durch einen größeren Rabatt (Einzelhändler- und Grossorabatt werden seitens des Verlags eingeräumt) ausgeglichen werden (vgl. Breyer-Mayländer et al. 2005, S. 299–300). Im Ergebnis verbleiben statt rund 20 % wie beim städtischen Kiosk 50 % des Verkaufspreises beim Händler.[71] Über den Bahnhofsbuchhandel mit seinen nur 450 Verkaufsstellen werden rund 10 % der Einzelverkaufserlöse der Presse erzielt (vgl. VDZ 2015, S. 88).

Anzeigenblätter und andere gratis verbreitete Blätter werden ohne Bestellung meist per Trägerdienst vertrieben; Kunden- und Mitarbeiterzeitschriften am Point-of-Sale (Ladengeschäft), am Arbeitsplatz oder per Post.

---

[70]Vgl. epd medien aktuell, Nr. 34a, 16.02.2017.

[71]http://www.pressehandel-in-deutschland.de/index.php/tipps-fuer-verlage/handelsspannen [29.12.2016].

Tab. 4.6 Vertriebsstruktur der Presse in Prozent der verbreiteten Auflage. (vgl. IVW 2016, S. 18–31)

Pressegattung	Abonnement	Einzelverkauf	Lesezirkel	Sonstige, inkl. Bordexemplare
Tageszeitung	70,8	21,8	–	7,4
Wochenzeitung	85,5	5,8	–	8,7
Publikumszeitschrift	48,1	36,0	4,3	11,4
Fachzeitschrift	88,6	0,8	–	10,6
Kundenzeitschrift	1,9	0,2	–	0,3

Die *Publikumszeitschriften* werden zu 48 % der Auflage, *Fachzeitschriften* zu 90 % per Abonnement abgesetzt und per Pressepost zugestellt; 4,4 % der Auflage der Publikumspresse wird über Lesezirkel verbreitet und 36,1 % über den Einzelverkauf (vgl. IVW-Geschäftsbericht 2015/2016, S. 24–26). Bei Fachzeitschriften können Abonnements auch als Abholabo in einer Buchhandlung organisiert sein. Für wissenschaftliche Fachzeitschriften besitzt der *Online-Vertrieb* kompletter Ausgaben oder einzelner Aufsätze mittlerweile eine große Bedeutung.

Neben dem Verkaufen und dem Verschenken spielt das Vermieten für den Vertrieb von Zeitschriften eine Rolle, und zwar über *„Lesezirkel"*. Diese Unternehmen kaufen die Zeitschriften zu sehr günstigen Konditionen bei den Verlagen (bis zu 90 % Rabatt), die Interesse an der hohen Reichweite der Lesezirkelexemplare[72] haben, und bündeln sie zu Lesemappen. Vor allem Arzt- und Anwaltspraxen sowie Friseure abonnieren diese Lesezirkel. In Deutschland kursieren rund 190.000 „Lesemappen", die zugleich als Werbeträger fungieren (vgl. VDZ 2015, S. 89). Die Bedeutung der verschiedenen Vertriebswege für die Pressegattungen geht aus Tab. 4.6 hervor.

4.2.3.4 Leser und Käufer

Zeitungen und Zeitschriften zählen wie alle Medienprodukte zu den Erfahrungsgütern, deren Qualität die Leser erst nach der Lektüre bzw. dem Kauf wirklich beurteilen können. Der Vorteil der periodischen Presse gegenüber dem Buch oder dem Kinofilm liegt aber nun gerade in der Periodik, also der regelmäßigen Wiederkehr bekannter Formen und der Wiedererkennbarkeit des Titels, der als starke Produkt-Marke wirkt. Die Periodika zeichnet eine spezifische Leser-Blatt-Bindung aus sowie eine geringe Preiselastizität, d. h. vergleichsweise hohe Akzeptanz für Preissteigerungen (vgl. Heinrich 1994, S. 203). Die Lektüre von Tages- und Wochenzeitungen, aber auch von Zeitschriften erfolgt habitualisiert, in zeitliche Alltagsrhythmen eingebunden oder ritualisiert (vgl. Beck 1994; Ridder und Engel 2010, S. 528). Die Deutschen wenden im Durchschnitt

[72]Breyer-Mayländer (2005, S. 305) geht von 200.000 Geschäfts- sowie 500.000 Privatkunden der rund 300 Lesezirkel sowie wöchentlich rund 10 Mio. Nutzern aus; aktuelle Daten werden in der Mediaforschung jeweils separat ausgewiesen.

23 min täglich für ihre Zeitungslektüre auf, Zeitschriften werden sechs Minuten täglich genutzt, was nur 4 bzw. 1 % des Zeitbudgets für Medien ausmacht (vgl. Media Perspektiven Basisdaten 2016, S. 65). Das Lesen von Tageszeitungen rangierte 2015 an vierter, das von Zeitschriften an neunter Stelle der beliebtesten Freizeitbeschäftigungen (vgl. Börsenverein 2016, S. 33).

Tageszeitungen gelten als besonders glaubwürdiges Medium: 2015 rangierte die Tageszeitung (wenn auch bei nachlassender Tendenz) mit 39 % noch vor dem öffentlich-rechtlichen Rundfunk (Fernsehen: 22 %, Hörfunk: 11 %); 95 % die empfinden die regionale Tageszeitung als glaubwürdig (vgl. BDZV 2016, S. 330, 325). Auch im Vergleich mit Fernsehen und Hörfunk spielen für die Tageszeitungslektüre die Motive Allgemeine Information, Nützliches für den Alltag erfahren und das Mitredenkönnen eine herausragende Rolle.[73]

Die Presseleser unterscheiden sich erheblich aufgrund von Alter, Geschlecht und Wohnort (West- vs. Ostdeutschland) in ihrem Nutzungsverhalten.

- Rund 33 % lesen trotz erkennbarem Rückgang täglich eine *Tageszeitung* (vgl. Media Perspektiven Basisdaten 2016, S. 65). Laut BDZV beträgt die Tagesreichweite (gemessen als Leser pro Ausgabe) der regionalen Abonnementzeitungen 33,4 Mio. (48,0 %), die der Boulevardzeitungen 14,3 Mio. (20,0 %). Die überregionale Qualitätspresse erreicht täglich 3,0 Mio. Leser in Deutschland (4,3 %) (vgl. Pasquay 2016, S. 163). Insgesamt betrug 2016 die Tagesreichweite der Tagespresse rund 60 % – ein international betrachtet noch immer hoher Wert (vgl. HBI 2017, S. 21). Wochenzeitungen erreichen zwei Prozent (2016: 2,5 %) und Sonntagszeitungen 14,6 % der Bevölkerung (vgl. Pasquay 2016, S. 161). In Ostdeutschland ist die Reichweite der Tageszeitungen insgesamt mit 59,7 % geringer als im Westen (62,0 %) am stärksten ist der Unterschied bei der überregionalen Qualitätspresse (West: 6,3 vs. Ost: 1,7 %). Bayern und Rheinland-Pfalz liegen mit 64,1 bzw. 65,1 % über dem Durchschnitt; Berlin und das Saarland mit 48,3 und 54,7 % darunter (vgl. Pasquay 2016, S. 121). Männer lesen eher als Frauen Tageszeitung (67,5 zu 60,0 % Reichweite). Während das Boulevardpublikum insgesamt städtisch und eher männlich (Reichweite Männer 22,2 vs. Frauen 11,1 %) zusammengesetzt ist, liegt die Reichweite der regionalen Abozeitungen bei Frauen etwas höher als bei Männern (49,1 bzw. 47,0 %; vgl. Pasquay 2016, S. 165, 169). Ältere Menschen lesen eher als jüngere Tageszeitung: In der Altersgruppe ab 70 Jahren sind es 77,4 %, in der Gruppe zwischen 20 und 29 Jahren nur 38,5 und bei den 14–19-Jährigen nur 25,8 %. Zudem ist die Tageszeitungsnutzung in allen Altersgruppen und damit auch insgesamt seit Jahren rückläufig (vgl. Pasquay 2016, S. 164).

[73]Bei allen drei Motiven liegt die Tageszeitung klar vor den Rundfunkmedien; vgl. Engel und Mai (2015, S. 562–563).

- Insgesamt 1,7 Mio. deutschsprachige Leser ab 14 Jahren nutzen laut Medianalyse 2016 *Wochenzeitungen* (Reichweite insgesamt 2,5; Ost: 1,0, West: 2,6 %), wiederum dominieren Männer (Reichweite 2,8 vs. Frauen 1,9 %), die jüngeren und formal höher gebildeten Gruppen.
- *Sonntagszeitungen* werden mit leicht rückläufiger Tendenz von 10,3 Mio. Menschen gelesen, was einer Reichweite von 14,6 % entspricht, wiederum stärker in West- als in Ostdeutschland (vgl. Pasquay 2016, S. 161 und ZAW 2016, S. 257).
- *Anzeigenblätter* werden von 67,2 % der Menschen über 14 Jahre genutzt (Leser pro Ausgabe); das wichtigste Nutzungsmotiv ist das Interesse an lokalen Themen (vgl. BVDA 2016, S. 4–8).
- Insgesamt nutzen 64 Mio. Menschen ab 14 Jahren Zeitschriften zumindest gelegentlich (vgl. Börsenverein 2016, S. 33), was eine Reichweite von 91,3 % (Tagesreichweite: 6 %) ergibt (vgl. Breunig und van Eimeren 2015, S. 510 sowie VDZ 2015, S. 20).

Im Einzelhandel (also ohne die für die Presse in Deutschland sehr wichtigen Abonnements) gibt jeder Deutsche durchschnittlich 43 € jährlich (2010) für Zeitungen und Zeitschriften aus (vgl. Bundesverband Presse-Grosso 2011, S. 10), laut Statistisches Bundesamt (2015, S. 204) waren es hingegen nur 22 € pro Haushalt (einschließlich der Abonnements) im Jahre 2012.

4.2.4 Pressemärkte und organisationales Umfeld

4.2.4.1 Media Governance: Normative Grundlagen der Presse

Die Presse war von Beginn an Gegenstand überwiegend sehr restriktiver, kirchlicher und staatlicher Kommunikationspolitik. Das Ziel der Regulierung bestand in der Kontrolle von Inhalten und Zugang zur Presse sowie der Verbreitung von Ideen: Berufs-, Druck-, Erscheinungs- und Verbreitungsverbote und Beschlagnahmen, Vorzensur, Impressums- und Lizenzzwang, strafrechtliche oder willkürliche Verfolgungen, Publikationspflichten und Presselenkung durch Personalauswahl sowie presseökonomische Regulierungen über Konzessionen, Kautionspflichten, Privilegien auf dem Anzeigenmarkt, Besteuerung, Zuteilung von Nachrichten, Druck- Papier- sowie Vertriebsressourcen beeinträchtigten über Jahrhunderte gerade die deutsche Presse. Durchbrochen wurde die restriktive kirchliche, staatliche und militärische Praxis nur durch kurze Phasen der Demokratie (vgl. Pürer und Raabe 2007, S. 57–63; Stöber 2000, S. 95–112, 129–145).

4.2.4.1.1 Pressefreiheit

Die heutige Freiheit der Presse, hier im engeren Sinne der periodischen Presse, ist das Ergebnis der Pressepolitik der westlichen Alliierten nach dem Zweiten Weltkrieg und der demokratischen Entwicklung auf der Basis des Grundgesetzes von 1949 sowie – bezogen auf das vereinte Deutschland – des Beitritts der fünf ostdeutschen Länder 1990. Rechtlich zuständig für die Presse ist eigentlich der Bund, der seine Kompetenz jedoch nicht genutzt hat. Die Bundesländer haben Landespressegesetze erlassen, die in den wesentlichen Punkten übereinstimmen und von einem Pressebegriff im weiteren Sinn ausgehen bzw. Teilgeltung auch für den Rundfunk besitzen. Spezifisch für die Presse im engeren Sinn sind:

- das Beschlagnahmeverbot für Presseprodukte,
- die Impressumspflicht (Name und Anschrift von Drucker, Verleger und verantwortlichem Redakteur),
- formalrechtliche Qualifikationsanforderungen an verantwortliche Redakteure,
- die Pflicht zur Offenlegung der Eigentumsverhältnisse (z. B. § 7a des Berliner Pressegesetzes),
- die Kennzeichnungspflicht für Anzeigen (Trennung vom redaktionellen Teil),
- die Regelung zum Abdruck von Gegendarstellungsansprüchen (vgl. Abschn. 2.4 und 2.5).

Die kapitalistische Organisation der Presse hat zu der gebotenen Staatsfreiheit im Sinne *Äußerer Pressefreiheit* geführt. Allerdings ist die *Innere Pressefreiheit,* also die institutionelle Ausgestaltung der Pressefreiheit im Kommunikationsprozess sowie innerhalb der unternehmensförmigen Organisation durchaus politisch umstritten. Dabei geht es um die Frage, wer letztlich Träger der Pressefreiheit ist und wie die Entscheidungs- bzw. Gestaltungskompetenzen verteilt sind. Die äußere Pressefreiheit schließt unstrittig auch die Unternehmensfreiheit ein, also die Freiheit ohne staatliche Lizenz und Zensur jederzeit eine Zeitung oder Zeitschrift zu gründen (sofern hinreichendes Kapital vorhanden ist). Das Grundgesetz garantiert die Pressefreiheit aber nicht allein den Verlegern als Unternehmern, sondern allen Menschen (nicht nur den bundesdeutschen Bürgern) und damit auch jedem einzelnen Journalisten innerhalb eines Medienbetriebs. Als Arbeit- oder Auftragnehmer sind Journalisten abhängig Beschäftigte und damit weisungsabhängig vom Verleger, der die ökonomische Verantwortung für die Organisation trägt[74] und mit der Publikation möglicherweise eine bestimmte politische oder weltanschauliche Tendenz vertreten möchte. Es stellt sich also, gerade bei privatwirtschaftlichen Presseunternehmen die Frage nach der institutionellen Kompetenzverteilung.

- Juristisch gelten Verlage wie alle Medienunternehmen, aber auch Kirchen, Parteien oder Gewerkschaften als *Tendenzbetriebe,* die von den üblichen Mitbestimmungsrechten der Arbeitnehmer ausgenommen sind (§ 118 Betriebsverfassungsgesetz). Damit soll die öffentliche Aufgabe des Presseunternehmens, und keineswegs das private Erwerbsinteresse des Verlegers, geschützt werden. Um mögliche Konflikte zwischen dem Tendenzschutz des Verlegers und den publizistischen Grundrechten der Journalisten zu regeln, hat sich ein Kompetenzteilung etabliert, die allerdings nicht

[74]Am ökonomischen Risiko ist der Journalist durch sein Arbeitsplatzrisiko ggf. existentiell beteiligt, was wiederum Mechanismen von Selbstzensur und vorauseilender Anpassung bewirken kann.

immer reibungslos funktioniert: Der Verleger besitzt demnach die *Grundsatzkompetenz* und bestimmt die publizistische Haltung (liberal, konservativ, sozialistisch usw.).

- Die *Richtlinienkompetenz* bezieht sich auf die Beurteilung von Themen und Fragen der Zeit; es geht beispielsweise um die publizistische Haltung zu Migration, Atomenergie oder Europäischer Integration. Auf dieser mittleren Ebene dürften die meisten Konflikte auftreten, weil Redaktion, Chefredaktion, Herausgeber und Verleger hier am ehesten konkurrieren.
- Die *Detailkompetenz* hingegen betrifft die Entscheidung über die aktuelle Berichterstattung und muss daher schon aus organisatorischen Gründen bei den Journalisten liegen (vgl. Heinrich 1994, S. 193).

Das sozialdemokratische Anliegen, in einem Presserechtsrahmengesetz des Bundes u. a. die Innere Pressefreiheit durch die Einrichtung von Mitbestimmungsgremien für die Redaktion zu regeln, stieß auf den Widerstand der Verlegerseite und wurde trotz mehrfacher Ankündigungen der SPD-Bundesregierung nie realisiert. Lediglich das Landespressegesetz von Brandenburg (Art. 4, 2) enthält einen Passus, der die Meinungs- und Kommunikationsfreiheit vor verlegerischen Direktiven schützen soll. Zur Sicherung von Mitbestimmung und Innerer Pressefreiheit waren seit den 1970er Jahren eine Reihe von Redaktionsstatuten zwischen Redaktion und Verlag ausgehandelt und kodifiziert worden; bei den meisten Zeitungen und Zeitschriften spielen diese allerdings heute keine Rolle mehr.

Ein Erbe der Pressepolitik der Westalliierten nach 1945 ist neben der staatsfernen, kapitalistischen Presseordnung auch ein verändertes Presse(selbst)verständnis: Die Partei- und Gesinnungspresse ist weitgehend ebenso verschwunden wie die vermeintlich neutrale, unpolitische Geschäftspresse. Der vor dem Zweiten Weltkrieg verbreitete Typus des ganz überwiegend anzeigenfinanzierten und sehr reichweitenstarken „Generalanzeigers" existiert heute nicht mehr.[75] Die meisten publizistisch relevanten Zeitungen verstehen sich als politisch unabhängig, aber nicht als meinungs- und überzeugungslos. Redaktionen nehmen Stellung, aber erkennbar vom nachrichtlichen Teil getrennt in Kommentaren und Meinungsrubriken.

4.2.4.1.2 Pressekonzentration als kommunikationspolitisches Problem

Pressekonzentration ist ein zentrales Strukturmerkmal des deutschen Mediensystems (vgl. Abschn. 4.2.4.2), dass bereits im 19. und frühen 20. Jahrhundert das deutsche Zeitungswesen in Gestalt großer Pressekonzerne wie Mosse, Ullstein, Scherl, Hugenberg, Girardet oder Münzenberg kennzeichnete und schon von der frühen Zeitungswissenschaft kritisch diskutiert wurde (vgl. Groth 1928, S. 220–238). Auch in der bundesdeutschen Pressegeschichte

[75]Typische Vertreter waren Scherls „Berliner Lokal-Anzeiger" und Ullsteins „Berliner Morgenpost"; die Alliierten machten die „standpunktlose" Generalanzeigerpresse für den mühelosen Aufstieg der Nationalsozialisten mit verantwortlich. Die heutige Boulevardpresse kommt dem Typus des Generalanzeigers noch am nächsten.

war die Pressekonzentration – insbesondere bei den Tageszeitungen – Gegenstand publizistikwissenschaftlicher Pressekonzentrationsforschung (vgl. Hartung 1962; Schütz 1963; Kötterheinrich 1965; Kisker et al. 1979; Knoche 1978) wie politischer Auseinandersetzung (vgl. Springer 1967; Arndt 1967: Glotz und Langenbucher 1968). Die kontroverse kommunikationspolitische Diskussion führte Mitte der 1960er Jahre auf der Bundesebene zu politischen Maßnahmen, zunächst in Gestalt von Kommissionen, später dann durch gesetzliche Regulierungen.

Beispiel

Vor dem Hintergrund der Klagen der Zeitungsverleger über einen unfairen Wettbewerb auf dem Werbemarkt wurde die „Kommission zur Untersuchung der Wettbewerbsgleichheit von Presse, Funk/Fernsehen und Film", nach ihrem Vorsitzenden kurz **Michel-Kommission** benannt, eingesetzt. Der Abschlussbericht stellte 1967 fest, dass Presse und öffentlich-rechtlicher Rundfunk sich publizistisch ergänzen, und die öffentlich-rechtlichen Anstalten aufgrund der Umfangsbeschränkungen nur in sehr geringem Maße und allenfalls gegenüber Zeitschriften als Wettbewerber im Werbemarkt auftreten. Eine Wettbewerbsverzerrung konnte nicht festgestellt werden, ebenso wenig wie eine Verursachung der pressewirtschaftlichen Probleme durch den Rundfunk (vgl. Michel-Kommission 1967).

Die Pressekonzentration stand dann im Mittelpunkt einer weiteren, 1967 eingesetzten „Kommission zur Untersuchung der Gefährdung der wirtschaftlichen Existenz von Presseunternehmen und der Folgen der Konzentration für die Meinungsfreiheit in der Bundesrepublik Deutschland (Pressekommission)", die nach ihrem Vorsitzenden und Kartellamtspräsidenten **Günther-Kommission** genannt wurde. Die Expertenkommission, an der auch Verleger und Journalisten beteiligt waren, stellte fest, dass die Pressefreiheit durch die Konzentration zwar nicht „beeinträchtigt", aber „bedroht" sei und schlug eine Reihe von pressepolitischen Maßnahmen vor, von denen einige umgesetzt wurden und bis heute wirksam sind: Kleinere Pressverlage können beispielsweise Investitionskredite zu vergünstigten Konditionen erhalten (vgl. Günther-Kommision 1968).

Zu den gesetzlichen Maßnahmen zählen die Pressestatistik, das Pressefusionskontrollgesetz sowie das Umsatzsteuerprivileg, die Preisbindung sowie die Ausnahme vom Kartellverbot beim Pressegrosso:

- Per Gesetz vom 01.04.1975 wurde die *amtliche Pressestatistik* eingeführt (vgl. Tonnemacher 1996, S. 98–100), weil die Diskussion über die Pressekonzentration gezeigt hatte, dass wichtige Unternehmens- und Branchendaten zur Presse nicht öffentlich verfügbar und zum Teil aus politischem Interesse der Verleger heraus systematisch verweigert worden waren. Die amtliche Pressestatistik war zudem eine wichtige kommunikationswissenschaftliche Quelle, die von der Bundesregierung unter Helmut Kohl 1996 per Kabinettsbeschluss mit dem Berichtsjahr 1994 eingestellt wurde. Der ab 1970 regelmäßig erstellte *Medienbericht* der Bundesregierung, der weit über die Presse hinausreicht, wird mittlerweile nur noch sporadisch erstellt. In einige Landespressegesetzen wurde eine Pflicht zur Offenlegung der Besitzverhältnisse (z. B. § 7a Berliner Pressegesetz) aufgenommen. Auch die *Monopolkommission* der Bundesregierung erstellt immer wieder Gutachten zur Konzentration im Presse- und Mediensektor. Eine Entflechtung der Pressekonzerne oder die Schaffung von Marktgegengewichten wurde politisch nicht gegen die starken Verlegerinteressen durchgesetzt und die handlungsrelevanten Marktanteilsgrenzen wurden gerade so definiert, dass der Stand der Unternehmenskonzentration (insbesondere der Marktanteil des Axel Springer-Verlags) konserviert wurde: Die Gefährdung der Pressefreiheit ist demnach gegeben, wenn ein Verlag insgesamt mehr als 20 % der Lesermarktanteile bei den Tages- und Sonntagszeitungen oder bei den Zeitschriften besitzt, eine Beeinträchtigung der Pressefreiheit erst bei 40 %.

- Das *Pressefusionskontrollgesetz* von 1976 brachte eine Novellierung des Kartellrechts (GWB, Gesetz gegen Wettbewerbsbeschränkungen) und erschwert zumindest die weitere Konzentration, wie das Scheitern von Großverlagsfusionen (Burda und Axel Springer Verlag, 1981) oder medienübergreifender Konzentration (Fusion von Springer mit ProSiebenSat.1, 2006)[76] am Einspruch des Bundeskartellamtes zeigt. Unternehmenszusammenschlüsse im Pressesektor sind genehmigungspflichtig, wenn eines der Unternehmen einem Umsatz von 25 Mio. € und das zweite mindestens 5 Mio. € umsetzt, während für alle anderen Branchen grundsätzlich der zwanzigfache Wert (500 Mio. € Umsatz) gilt (§ 35 GWB). Auf Initiative der verlegerfreundlichen Bundesregierung hin wurde 2013 das Pressefusionskontrollgesetz (§ 38 GWB) gelockert und die Pressekonzentration weiter gefördert: Die „Aufgreifschwelle" wurde auf 62,5 Mio. festgelegt, d. h. erst bei einem gemeinsamen (weltweiten) Umsatz in dieser Höhe bzw. einem Inlandsumsatz des kleineren Verlages von 3,125 Mio. € muss eine Fusion von Presseverlagen kartellrechtlich geprüft und ggf. untersagt werden. Die Übernahme defizitärer Verlage durch andere (sog. „Sanierungsfusion") soll zunächst befristet bis zum Jahre 2017 durch einen reformierten § 36 GWB (1) als pressespezifische Ausnahme auch dann erlaubt werden, wenn es zu marktbeherrschenden Stellungen oder deren Verstärkung kommt. Weitere Lockerungen gelten für verlagswirtschaftliche Kooperationen, die nicht die Redaktionen betreffen (vgl. epd 11.11.2016), also etwa gemeinsamen Vertrieb oder Werbeakquise. Auch die bloße Zulieferung von redaktionellen Beiträgen oder ganzen Zeitungsmänteln ist kartellrechtlich unerheblich, auch wenn die publizistische Vielfal hiervon negativ betroffen sein dürfte.
- Der wirtschaftlichen Förderung der gesamten Branche dienen zwei weitere ordnungspolitische Maßnahmen: Presseerzeugnisse unterliegen einem niedrigeren *Umsatzsteuersatz* von derzeit sieben statt 19 %, was auch die flächendeckende Verbreitung und den Kauf des öffentlichen Gutes befördern soll.

---

[76]Das Bundesverwaltungsgericht hat im Jahre 2014 festgestellt, dass Untersagung rechtswidrig war (vgl. HBI 2017, S. 58).

- Der flächendeckenden Versorgung soll auch die *Preisbindung* zweiter Hand für Presseerzeugnisse, also die Bindung des Endpreises (§ 30, 1 GWB) dienen. Hierdurch soll die Nutzung von Größenvorteilen und Marktmacht (Weitergabe von Rabatten durch Großabnehmer) verhindert werden.
- Mit dem Ziel der homogenen flächendeckenden Belieferung wird das *Pressegrosso-Kartell als Ausnahme von § 1 GWB* geduldet: Der Großhandel mit Zeitungen und Zeitschriften liegt in Deutschland in der Hand von 57 unabhängigen und zwölf weiteren Grossisten mit Verlagsbeteiligung (vgl. Bundesverband Presse-Grosso 2011, S. 156), die mit ganz wenigen Ausnahmen.[77] über eine Alleinstellung (Monopol) in ihrem jeweiligen Gebiet verfügen. Diese Gebietsmonopole werden von den Presseverlagen (und vom Staat bzw. dem Kartellamt) nur geduldet, weil die Pressegrossisten sich im Gegenzug verpflichtet haben, die Titel aller Verlage zu nichtdiskriminierenden Bedingungen zu gewährleisten („Netzneutralität"), auch wenn nachfrageschwache Titel nicht kostendeckend oder gar gewinnbringend vertrieben werden können (Kontrahierungszwang).
- Traditionell spielt die (staatliche) Post in Deutschland eine große Rolle im Pressevertrieb: Aus der Mitte des 19. Jahrhunderts stammt die Institution des Postzeitungsdienstes, die heute als *Pressepost* der Post AG fortgeführt wird. Aufgrund ihrer starken Marktstellung und politischer Regulierung räumt sie den Verlagen vertragliche Sonderkonditionen bei der flächendeckenden Verbreitung von Presseprodukten ein, weil diese einen wichtigen Beitrag zur öffentlichen Kommunikation leisten. Periodika mit einer Mindestauflage von 1000 Exemplaren und mindestens quartalsweisem Erscheinen werden als verbilligte Pressesendung, Zeitschriften mit mindestens 30 % redaktionellem Anteil und mindestens 10 % entgeltlicher Auflage als Postvertriebsstück und einzelne Presseexemplare als Streifbandzeitung befördert. Mit dem Ziel der flächendeckenden und diskriminierungsfreien Presseversorgung und um die Erfüllung der öffentlichen Aufgabe der Presse auch da zu erleichtern, wo dies wirtschaftlich schwierig oder unmöglich ist (Marktversagen), findet hier also eine Subvention der Presse statt.[78]

Die Deutsche Post AG kooperiert aber nicht nur mit der Presse, sie entwickelt sich zu einer Konkurrenz der Verlage, die wiederum im Briefzustellungsgewerbe tätig geworden sind. Die Post AG verbreitet jeden Samstag an 18,5 Mio. Haushalte gratis einen presseartig aufgemachten Werbeträger („Einkauf Aktuell") und droht, selbst verlegerisch im Markt der Anzeigenblätter tätig zu werden. Hier stellt sich nicht nur die wettbewerbsrechtliche Frage nach der Umsatzsteuerbefreiung der Post, sondern – solange der Bund größter Aktionär ist – auch die grundrechtliche Frage nach der Staatsfreiheit der Medien (vgl. auch BKM 2008, S. 161–162).

[77]Nur in 3 der 108 Vertriebsregionen herrscht Wettbewerb; vgl. Breyer-Mayländer (2005, S. 301).

[78]Weitere Informationen unter: www.deutschepost.de/pressedistribution [31.05.2011].

4.2.4.1.3 Akteure der Pressepolitik

Jenseits der staatlichen Pressepolitik, die aufgrund der demokratietheoretisch und verfassungsrechtlich gebotenen Staatsferne der Presse immer nur Pressestruktur- und -wirtschaftspolitik sein kann, agieren weitere Akteure. Hierzu gehören neben den ressourcenstarken Unternehmen und Verbänden im Ausnahmefall auch zivilgesellschaftliche Gruppen. Ein gutes Beispiel hierfür ist die aus der sog. Studentenbewegung und APO (Außerparlamentarischen Opposition) hervorgegangene *Alternativpresse-Bewegung.* Ausgangspunkt war die Kontroverse um die Pressekonzentration und die von der Studentenbewegung sowie der Neuen Linken intensiv wahrgenommenen Meinungsmonopole der „bürgerlichen Presse", allen voran des „Springer-Konzerns", sowie die unzureichenden Publizitätschancen für die eigenen Themen und Positionen. Ausgehend von den Universitätsstädten und getragen von den neuen sozialen Bewegungen (Umwelt-, Frauen-, Friedens-, Schwulen- und Lesbenbewegung) entstanden überwiegend lokale Pressemedien und meist als „Stattmagazine" bezeichnete Alternativen zur „bürgerlichen Kommerzpresse" (vgl. Stamm 1988). Von diesen Publikationen hat praktisch keine bis heute überlebt: Entweder sind die Blätter ökonomisch und publizistisch gescheitert oder sie wurden professionalisiert (wie die „tageszeitung") und kommerzialisiert (wie viele Stadtillustrierte und sog. Off-Kulturmagazine). Partiell können heute Online-Angebote die Funktionen einer alternativen Öffentlichkeit übernehmen.

Als weitaus machtvollere und dauerhaft handlungsfähige Akteure haben sich die Branchenverbände und (allerdings presseübergreifend) die Journalistengewerkschaften erwiesen:

- Der *Bundesverband Deutscher Zeitungsverleger e. V. (BDZV)* mit seinen elf Landesverbänden ist über seine Funktion als Tarifpartner hinaus die organisierte Vertretung der wirtschaftlichen, publizistischen und medienpolitischen Interessen der Tages- und Wochenzeitungsverleger. Er entstand 1954 durch den Zusammenschluss des Gesamtverbands der Deutschen Zeitungsverleger (der Organisation der Lizenzträger) und des Vereins Deutscher Zeitungsverleger (Altverleger) und wird von den Landesverbänden getragen. Das Präsidium aus fünf Verlegern wird für die Dauer von zwei Jahren durch die Delegiertenversammlung gewählt, bei der die Landesverbände gemäß der von ihnen repräsentierten Auflagen vertreten sind. Heute repräsentiert der BDZV rund 300 Zeitungstitel. Im Jahre 2016 wurde der BDZV intern umstrukturiert und neu ausgerichtet. Die großen Verlage wurden gegenüber den Landesverbänden deutlich gestärkt (Stimmrechte im Präsidium); der Vorstandsvorsitzende der Axel Springer SE, Mathias Döpfner wurde zum Präsidenten gewählt (vgl. BDZV 2016, S. 240, 253–254). Der BDZV ist ein medienpolitisch sehr aktiver und aufgrund der meinungsbildenden publizistischen Funktion der Presse einflussreicher Unternehmensverband, der sich immer wieder an den politischen Debatten um die jeweils neuen Medien und die Folgen medialer Innovationen beteiligt hat (vgl. Schulze 1994, 2004). Die Linie verläuft von der Debatte über die Pressekonzentration, das öffentlich-rechtliche Werbefernsehen und die Einführung von privatrechtlichem Rundfunk (Kabel- und Satellitenrundfunk),

Video- und Bildschirmtext bis hin zu öffentlich-rechtlichen Online- und Mobil-Angeboten sowie den Verwertungsrechten von Online-Angeboten der Verleger durch Dritte (Leistungsschutzrechte, vgl. Abschn. 2.6).[79] Im Kern geht es um die medienpolitischen Rahmenbedingungen und die Wettbewerbssituation der gedruckten Presse, wobei mediale Innovationen seitens der Verleger immer wieder als bedrohlich für ihre wirtschaftlichen Grundlagen auf den Werbe- und Rezipientenmärkten angesehen werden. Die Positionen des BDZV bewegen sich zwischen Abwehr durch politische und rechtliche Maßnahmen, also Regulierung, und der unternehmerischen Beteiligung an den Medieninnovationen sowie der Erschließung neuer Märkte, wofür dann meist die politische Deregulierung gefordert wird, etwa hinsichtlich der Presse- und Medienkonzentrationsregelungen. Der BDZV trat und tritt einerseits für Begrenzungen des öffentlich-rechtlichen Rundfunks bei der Erschließung neuer (Werbe-)märkte ein, wie dies bei der Einführung der Rundfunkwerbung ab Mitte der 1950er Jahre, aber auch bei den sog. Neuen Medien Bildschirmtext und Videotext sowie zuletzt bei den Online-Angeboten von ARD und ZDF der Fall ist. Zum anderen richtet sich die Politik des BDZV auf die Teilhabe der Zeitungsverleger an den neuen Märkten, insbesondere bei Hörfunk und Fernsehen seit den 1980er Jahren im Zuge der Einführung des „Dualen Systems." In Anbetracht der herausragenden Bedeutung der Presse für die politische Meinungs- und Willensbildung und vor dem Hintergrund des medialen Wandels tritt der BDZV für den Erhalt systemrelevanter Presseprivilegien und -subventionen ein, etwa für den reduzierten Umsatzsteuersatz oder die Duldung des Pressegrossokartells, sowie die 2013 erfolgte Schaffung neuer Rechte wie der Leistungsschutzrechte für die Presse. Der Verband fordert eine stärkere Regulierung des öffentlich-rechtlichen Rundfunks und eine Deregulierung des privatwirtschaftlichen Mediensektors, insbesondere sollen Bestimmungen des Pressefusionskontrollgesetzes geändert und so die Pressekonzentration erleichtert werden (vgl. Wolff 2010). In seinem Engagement für die Äußere Pressefreiheit setzt sich der BDZV gemeinsam mit den Journalistenverbänden für eine publizistische Selbstregulierung (Deutscher Presserat) sowie gegen staatliche Beschränkungen der Recherche und Berichterstattung, etwa im Rahmen von sog. Anti-Terror- und Sicherheitsgesetzen, ein. In der Frage der Inneren Pressefreiheit besteht der BDZV auf Tendenzschutz für die Presse und hat weitergehende Mitbestimmungsregelungen, wie sie im Presserechtsrahmengesetzes des Bundes geplant waren, verhindern können.

- Der *Verband Deutscher Zeitschriftenverleger e. V. (VDZ)* wurde 1949 als Zusammenschluss von zunächst fünf westdeutschen Landesverbänden in der Tradition des Reichsverbands Deutscher Zeitschriftenverleger von 1925 gegründet; heute repräsentiert er rund 400 Verlage mit 6000 Titeln und etwa 80 % des Gesamtumsatzes. Der VDZ vertritt medienpolitisch im Grunde ähnliche Positionen wie der BDZV: Er tritt

[79]Vgl. hierzu auch die Kapitel zum Rundfunk, den Onlinemedien sowie den kommunikationspolitischen Konflikten und Positionen, Tonnemacher (1996, S. 61–196).

für Presse- und verlegerische Gewerbefreiheit ein, gegen Regulierungen der Pressekonzentration, Werbeverbote und Einschränkungen der Bildberichterstattung über Prominente. Als Werbeträger für nationale Markenartikel sahen und sehen sich die Zeitschriftenverlage in besonderem Maße von der „Werbekonkurrenz" durch das (öffentlich-rechtliche) Fernsehen betroffen. Der VDZ ist als Spitzenverband in sieben Landes- und drei Fachverbände für Publikumszeitschriften, die konfessionelle und die Fachpresse gegliedert.[80]

- Für Fragen der Fachpresse hat sich die Zusammenarbeit von Zeitschriftenverlegern und Buchverlegern in Gestalt der *„Deutschen Fachpresse"* institutionalisiert. Fünf Verleger werden vom Fachverband Fachpresse im Verband der Zeitschriftenverleger (VDZ) und fünf von der Arbeitsgemeinschaft Zeitschriftenverlage des Verleger-Ausschusses des Börsenvereins des deutschen Buchhandels gewählt. Gemeinsam werden zwei Geschäftsstellen und die Deutsche Fachpresse Servicegesellschaft mbH betrieben.

Die wirtschaftlichen Interessen der *Regionalpresse* werden nicht nur durch den BDZV, sondern zusätzlich auch von einer *Arbeitsgemeinschaft regionaler Abonnementzeitungen e. V.* vertreten (vgl. Schulze 1994, S. 27). Seitens des BDZV fungiert die Zeitungs-Marketing-Gesellschaft ZMG als branchenweites Instrument; beide sind medienpolitisch allerdings weniger relevant.

Zeitungs- und Zeitschriftenverlage konkurrieren (wenn sie nicht vollständig auf Werbeerlöse verzichten) untereinander sowie intermediär um Werbeeinnahmen. Im gemeinsamen Interesse der Wettbewerber liegen daher zuverlässige und branchenweit vergleichbare Daten zur Verbreitung und Nutzung der Presse. Daher wurde 1949 mit der *Interessengemeinschaft zur Feststellung der Verbreitung von Werbeträgern (IVW)* eine erste Institution zur quartalsweisen Auflagenkontrolle geschaffen. An der IVW sind auch die Werbebranche und die werbetreibende Wirtschaft beteiligt, seit das IVW-Qualitätssiegel auch für Onlinemedien, Hörfunk, Kinofilm und andere Werbeträger vergeben wird, hat sich der Teilnehmerkreis erweitert. Ähnliches gilt auch für die Arbeitsgemeinschaft Media-Analyse e. V. (ag.ma), die regelmäßig Befragungen auch der Printnutzer durchführt.[81]

4.2.4.1.4 Presseselbstkontrolle

Eine wichtige Institution der Presse-Governance, die mittlerweile über den engeren Bereich der gedruckten Presse bzw. der Presseverlagsmedien hinaus paradigmatisch wirkt, ist der *Deutsche Presserat e. V. (DPR)*. Gegründet wurde diese Selbstkontrolleinrichtung 1956 nach dem Vorbild des British Press Council, um ein Bundespressegesetz abzuwehren und die Pressefreiheit als Institution im Sinne möglichst weitgehender Staatsfreiheit zu bewahren. Obgleich es sich bei den Zeitungs- und Zeitschriftenverlagen insgesamt um eine renditestarke Branche handelt, muss der DPR seit 1976 auf Bundesmittel in geringem

[80]Vgl. die Website des VDZ unter: http://www.vdz.de/ueber-den-vdz/ [10.06.2011].

[81]Vgl. hierzu auch www.ivw.de und www.agma.mmc.de [10.06.2011].

Umfang zurückgreifen.[82] Aufgrund brancheninterner Konflikte ruhte die Arbeit des DPR von 1982 bis 1985. Träger des Presserates ist seitdem ein gemeinnütziger Verein, dem die Bundesverbände der Zeitungsverleger (BDZV) und der Zeitschriftenverleger (VDZ) sowie die journalistischen Berufsverbände Deutscher Journalistenverband (DJV) und die Deutsche Journalistinnen und Journalisten Union (dju) in der Dienstleistungsgewerkschaft ver.di angehören. Der Presserat nimmt zu presse- und kommunikationspolitischen Fragen Stellung, insbesondere wenn die Berufs- und Kommunikationsfreiheiten durch gesetzliche Maßnahmen (zuletzt vor allem im Rahmen der sog. Anti-Terror-Gesetze) betroffen sind.[83] Der Deutsche Presserat fungiert zudem als Beschwerdeinstanz, die von jedermann bei einem vermuteten Verstoß gegen berufsethische Normen angerufen werden kann; der DPR kann auch ohne Eingabe Dritter selbst aktiv werden. Die normative Grundlage für die Beschwerdeverfahren bilden die 16 „Publizistischen Grundsätze (Pressekodex)" und die hieraus abgeleiteten Richtlinien, die erstmals 1973 beschlossen und seitdem mehrfach erweitert und aktualisiert wurden (zuletzt im Dezember 2008). Einen Überblick über die Regelungsgegenstände gibt die Tab. 4.7.

Für das besonders sensible Feld der Wirtschafts- und Finanzmarktberichterstattung gelten seit März 2006 spezialisierte „Journalistische Verhaltensgrundsätze und Empfehlungen", die vor allem einschlägige gesetzliche Regelungen interpretieren und die Publizistischen Grundsätze konkretisieren. Im Kern geht es darum, unlautere Einflussnahmen auf das Marktgeschehen (ggf. zum privaten Nutzen des Journalisten oder gegen Bezahlung) zu verhindern und die Neutralität der Berichterstattung zu gewährleisten (vgl. Deutscher Presserat 2010, S. 171–178).

Aufgrund europarechtlicher Anforderungen und unter Wahrung der Staatsferne wurde 2001 der Redaktionsdatenschutz in die Zuständigkeit des DPR (statt in die der staatlichen Datenschutzbehörden) gegeben und der Pressekodex entsprechend ergänzt. Dabei geht es um den Schutz der persönlicher Daten von Menschen, über die in Wort und Bild berichtet wird oder deren Leserbriefe abgedruckt werden. Die Veröffentlichung von nicht anonymisierten Akten, die vollständige Namens- und Adressnennung oder Unfallfotos ohne geschwärzte Autokennzeichen sind typische, wenngleich bislang nicht sehr häufig vom Presserat behandelte Fälle. An der Prüfung hinsichtlich des Redaktionsdatenschutzes ist auch der Bundesverband der Anzeigenblätter beteiligt.

Das Plenum des Deutschen Presserates (vgl. Abb. 4.7) mit 28 Mitgliedern wird paritätisch von den vier Trägern des Vereins besetzt und ist für grundsätzliche Stellungnahmen sowie die Behandlung der Eingaben zuständig. Für diese Aufgabe werden zwei achtköpfige, ebenfalls paritätisch besetzte Beschwerdeausschüsse sowie ein weiterer für den Redaktionsdatenschutz für die Dauer von zwei Jahren gewählt. Aufgrund einer Vorprüfung der

[82] Vgl. „Gesetz zur Gewährleistung der Unabhängigkeit des vom Deutschen Presserat eingesetzten Beschwerdeausschusses vom 18. August 1976 (BGBl. I S. 2215)".

[83] Eine thematisch geordnete Zusammenstellung der Entschließungen des DPR bietet Wassink (2010, S. 132–136).

Tab. 4.7 Ziele und Richtlinien des Presskodex (DPR) im Überblick

Ziffer	Regelungsziel	Konkrete Richtlinien
1.	Wahrhaftigkeit und Menschenwürde	Keine Informationsmonopole durch Exklusivverträge; ausgewogene Wahlkampfberichterstattung; Kennzeichnung von Pressemitteilungen
2.	Journalistische Sorgfalt	Umfrageergebnisse; Symbolfotos; Vorausberichte; Infographiken; Leserbriefe
3.	Richtigstellung	Formale Gestaltung und Dokumentation
4.	Grenzen der Recherche	Verdeckte Recherche; schutzbedürftige Personen; personenbezogene Daten
5.	Berufsgeheimnis	Vertraulichkeit von Informationen und Informanten; nachrichtendienstliche Tätigkeit; Datenschutz
6.	Trennung von Tätigkeiten	Politische Mandate und Ämter; wirtschaftliche Interessen
7.	Trennung von Redaktion und Werbung	Trennung von redaktionellem Text und Anzeigen; Schleichwerbung; Sonderveröffentlichung; Wirtschafts- und Finanzberichterstattung
8.	Persönlichkeitsrechte	Namensnennung und Personenabbildung; Schutz des Aufenthaltsortes; Freitod; Resozialisierung; Erkrankungen; politische Opposition und Flucht; Jubiläumsdaten; Auskunftsrechte
9.	Schutz der Ehre	Darstellung in Wort und Bild
10.	Schutz von Religion, Weltanschauung, Sitte	Schmähungen
11.	Sensationsberichterstattung und Jugendschutz	Angemessenheit der Darstellung; Gewalttaten; Unglücksfälle; Katastrophen; Drogen; Kriminalität; Abstimmung mit Behörden
12.	Diskriminierungsverbot	Berichterstattung über Straftaten
13.	Unschuldsvermutung	Vorverurteilung; Folgeberichterstattung; Straftaten Jugendlicher
14.	Medizin-Berichterstattung	Erweckung von unbegründeten Befürchtungen und Hoffnungen
15.	Vergünstigungen	Einladungen und Geschenke an Journalisten
16.	Rügenveröffentlichung	Inhalt, Art und Weise der Publikation

Eingaben durch den Vorsitzenden des Beschwerdeausschusses und die Geschäftsführung des Presserats wird entschieden, ob der DPR zuständig ist und es sich um einen konkreten nach dem Pressekodex behandelbaren Fall für den Beschwerdeausschuss handelt.[84] Der Presserat gibt den Betroffenen Gelegenheit zur Stellungnahme und ggf. zu einer

[84]Die Eingabe darf nicht offenkundig missbräuchlich oder unschlüssig sein. Es muss sich um ein redaktionelles Zeitungs- oder Zeitschriftenangebot handeln; der Fall darf nicht länger als ein Jahr zurückliegen und nicht bereits Gegenstand eines Verfahrens gewesen sein.

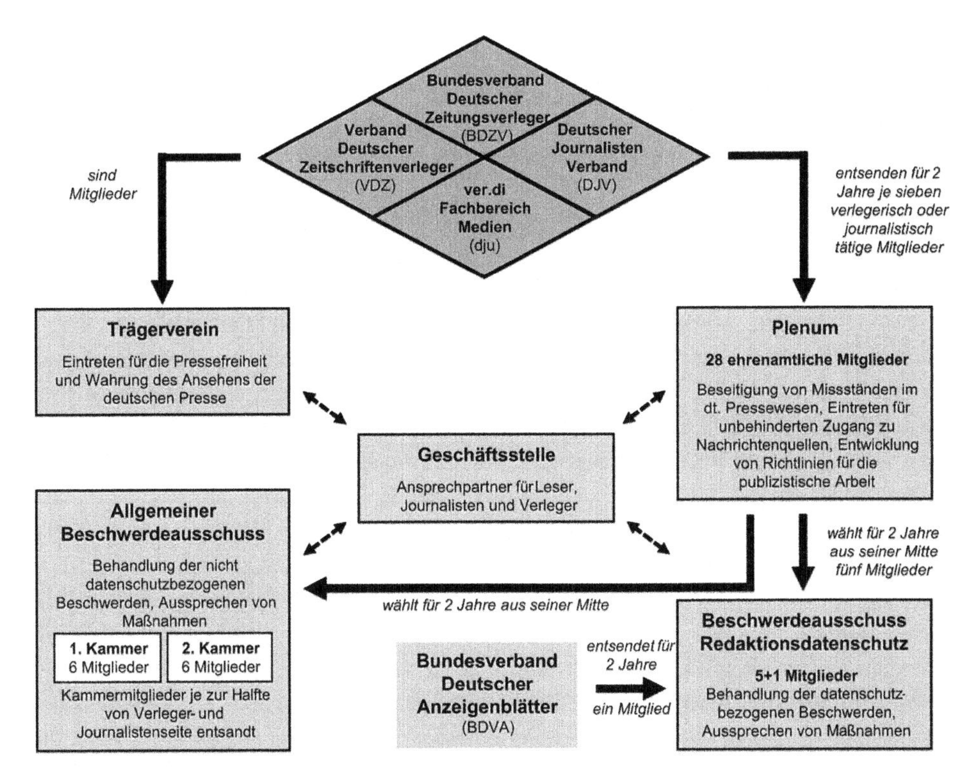

Abb. 4.7 Struktur und Beschwerdeverfahren des Deutschen Presserats. (Quelle: DPR, Pürer und Raabe 2007, S. 376)

Wiedergutmachung; er kann eine mündliche Beratung mit Zeugenanhörung durchführen und auf dieser Basis entscheiden. Wenn die Eingabe als gerechtfertigt angesehen wird, kann der DPR verschiedene Maßnahmen ergreifen: Er kann die betroffenen Redaktionen bzw. Journalisten auf den Verstoß hinweisen, das Vorgehen missbilligen oder er kann den Fall rügen. Öffentliche Rügen werden nicht nur per Pressemitteilung publiziert, sie müssen gemäß Ziffer 16 des Pressekodex auch vom gerügten Medium in angemessener Form veröffentlicht werden. Der DPR entscheidet sich dann für nicht öffentliche Rügen, wenn durch eine Veröffentlichung der Schaden für das Opfer noch vergrößert würde (vgl. die „Beschwerdeordnung", Deutscher Presserat 2010, S. 163–170 sowie Weyand 2010, S. 129–131).

Die Anzahl der Beschwerden beim Presserat hat in den letzten Jahren in Deutschland sehr stark zugenommen: Im Jahr 2016 sind beim DPR insgesamt 1851 Beschwerden schriftlich oder online eingegangen, darunter 1058 von Einzelpersonen. Die meisten Beschwerden richteten sich gegen regionale Tageszeitungen (523), Publikumszeitschriften (191) und Boulevardzeitungen (178); die Beschwerden gegen Online-Publikationen nehmen insgesamt zu. Nach Prüfung der Fälle, für die der Presserat zuständig ist,[85] wurden 33 öffentliche Rügen, 64 Missbilligungen und 151 Hinweise an die Redaktionen ausgesprochen (vgl. epd 26.01.2017).

Formal erfasst die Zuständigkeit des DPR die Angebote von 90 % der Zeitungs- und Zeitschriftenverlage (vgl. Tillmanns 2010, S. 27) sowie die Mitglieder von DJV und dju/ver.di; also nicht die gesamte Presse. Anzeigenblätter, aber auch einige Zeitungen und vor allem Zeitschriften sowie die Fachpresse sind nicht erfasst. Allerdings haben die im Pressekodex formulierten Richtlinien als standesethische Normen sogar über die Presse hinaus Geltung und werden von vielen Journalisten auch im Rundfunk und den Onlinemedien anerkannt. Sogar die Rechtssprechung zu den Medien nimmt mitunter Bezug auf dieses Normenwerk. Bei den nicht durch formale Selbstverpflichtung erfassten Medien handelt es sich zum Teil um Angebote, die – etwa bei wissenschaftlichen Fachzeitschriften – viele ethische Fragen nicht aufwerfen, die für die aktuelle Publizistik typisch sind.

Seit 2009 ist der DPR auch für die redaktionellen Online-Angebote von Verbandsmitgliedern zuständig (vgl. Tillmanns 2010, S. 26); mittlerweile beziehen sich die meisten Beschwerden auf Online-Publikationen. 2015 wurden die Publizistischen Grundsätze den Online-Entwicklungen erneut angepasst, sodass die Redaktionen nun auch die Verantwortung für publizierte Nutzerkommentare tragen und ggf. presseethische Verstöße korrigieren müssen (vgl. Deutscher Presserat 2016, S. 14, 17).

Vielfach kritisiert wird, dass der DPR keine Sanktionsmacht habe, was allerdings den Kern seiner Aufgaben und Funktionen verfehlt: Es geht um eine ethische, das heißt auf innerer Überzeugung begründete Selbstkontrolle, und nicht um einen Ersatz für das – übrigens auch nur begrenzt und ex post wirksame – sanktionsbewehrte Presserecht. Das Ziel des DPR ist die Wahrung der Pressefreiheit, und gerade nicht das Schaffen eines „Ersatz-Staates".[86]

4.2.4.2 Marktstruktur und Markteintrittsbarrieren

Die Analyse der Marktstruktur muss drei grundlegenden Merkmalen Rechnung tragen:

- der Ausdifferenzierung der deutschen Presse hinsichtlich Periodizität (Tages- und Wochenzeitungen, Zeitschriften), Verbreitungsgebiet und redaktionellem Profil bzw. Zielpublikum;
- den unterschiedlichen Geschäftsmodellen bzw. Kommerzialisierungsgraden (vom Anzeigenblatt über die Boulevardzeitung bis hin zur konfessionellen Presse oder der Mitgliederzeitschrift);
- der Tatsache, dass ein bedeutender Teil der Presse mit ihren Koppelprodukten gleichzeitig auf dem Publikums- und dem Werbemarkt agiert.

---

[85]Beschwerden über den Rundfunk, Anzeigenblätter, ausländische Medien, nicht abgedruckte Leserbriefe sowie länger als ein Jahr zurückliegende Fälle müssen bzw. können nicht behandelt werden.

[86]Vgl. zur Diskussion um den Presserat auch Bermes (1991), Eisermann (1993).

4.2.4.2.1 Angebotsstruktur: Tagespresse

Insgesamt geben fast 350 Verlage in Deutschland knapp 1500 Tageszeitungsausgaben mit einer Gesamtauflage von 15,3 Mio. Exemplaren heraus (vgl. BDZV 2016, S. 312). Bei der Zeitungsreichweite (Zeitung wird mindestens einmal pro Woche genutzt) liegt Deutschland hinter der Schweiz, Österreich und Schweden an vierter Stelle in Europa (vgl. BDZV 2016, S. 312). Die Struktur der deutschen Tagespresse ist das Ergebnis der deutschen Pressetradition und der pressepolitischen Entscheidungen der Alliierten nach 1945; sie unterscheidet sich signifikant von der Presse anderer europäischer Länder: Typisch sind die 244 *regionalen und lokalen Abonnementzeitungen* mit einer Gesamtauflage von 11,8 Mio. Exemplaren (vgl. Keller und Eggert 2016, S. 82) (über drei Viertel der Gesamtauflage), während es keine wirklich nationale Zeitung (etwa mit Sitz in der Hauptstadt) gibt. Bis heute dominieren die ehemaligen Lizenzzeitungen den bundesdeutschen Tageszeitungsmarkt. Die vier Alliierten hatten von 1945 bis 1949 insgesamt 178 Zeitungen (mit 753 Ausgaben) lizensiert (vgl. Pürer und Raabe 2007, S. 111) und damit auch die bis heute anzutreffenden regionalen Marktstrukturen (rund 80 % des Zeitungslesermarktes) bestimmt: An die Stelle der sehr kleinteilig organisierten, ökonomisch und in der Folge auch publizistisch abhängigen Heimatzeitung sind damit in Westdeutschland *regionale Abonnementzeitungen* getreten, in Ostdeutschland blieb hingegen durch die vielfach kritisierte Pressepolitik der Treuhandanstalt nach 1990 die politische Struktur der DDR-Bezirke bei den Tageszeitungen erhalten. Nach einem Wieder-Gründungsboom nach 1949, in dessen Verlauf zunächst rund 600 neue Titel der zum Teil politisch belasteten Altverleger auf den Markt kamen, setzte eine starke Konzentration ein, bei der die Lizenzzeitungen sich sehr viel besser behaupten konnten.

In Deutschland gibt es acht *Straßenverkaufs- oder Boulevardzeitungen* mit einer Gesamtauflage von 2,5 Mio. Exemplaren und über 11 Mio. Lesern (vgl. Keller und Eggert 2016, S. 82; Pasquay 2016, S. 163). Der Markt für Boulevardzeitungen ist lokal bzw. regional gegliedert (rund 50 verschiedene Ausgaben) und wird durch eine bundesweit vertriebene Ausgabe von BILD ergänzt. Etwa jede sechste in Deutschland verkaufte Tageszeitung ist eine Straßenverkaufszeitung (vgl. ZAW 2016, S. 260; Pasquay 2016, S. 163).

Der Markt der sieben *überregional verbreiteten Qualitätszeitungen* ist nach politisch-publizistischen Kriterien differenziert, d. h. die Welt/Welt kompakt, Frankfurter Allgemeine Zeitung, Süddeutsche Zeitung, Frankfurter Rundschau, die tageszeitung (taz) und Junge Welt sowie Neues Deutschland lassen sich entlang des Rechts-Links-Spektrums ordnen, auch wenn die meisten einem liberal-pluralistischen Grundverständnis folgen. Es handelt sich um ein enges Anbieteroligopol mit hohen Marktzutrittsbarrieren und geringer Dynamik, aber im Vergleich zu den Boulevard- und den Lokalzeitungen findet hier noch am ehesten Wettbewerb statt. Mit einer Gesamtauflage von 1,02 Mio. Exemplaren machen sie nur 7,3 % der deutschen Tageszeitungsauflage aus und erreichen gerade einmal 4,3 % der Bevölkerung (vgl. Pasquay 2016, S. 163; BDVZ 2016, S. 312).

Zu den überregionalen Tageszeitungen können auch *spezialisierte Wirtschafts- und Berufsgruppenzeitungen* wie das Handelsblatt (122.000 Auflage)[87] und die Börsenzeitung gerechnet werden, die zumindest begrenzt zur politischen Meinungs- und Willensbildung im Sinne des publizistischen Wettbewerbs beitragen, während die dreimal wöchentlich erscheinende Ärztezeitung (43.000)[88] nur im professionellen Zielgruppenkontext meinungsbildend wirken dürfte.

In Deutschland existieren, im Unterschied zu vielen anderen europäischen Ländern, keine *kostenlosen Tageszeitungen.* Diesen auch Pendlerzeitungen, Gratis- oder Verteilblätter genannten kompakten und vollständig anzeigenfinanzierten Zeitungen für ein städtisches Publikum gelang es trotz intensiver Versuche zwischen 1998 bis 2001 in Deutschland nicht, sich gegen die Marktabschottungsstrategien der etablierten deutschen Tageszeitungsverleger durchzusetzen.[89]

4.2.4.2.2 Angebotsstruktur: Wochen- und Sonntagspresse

Die *politische Wochenpresse* weist eine begrenzte Vielfalt von Qualitätsmedien auf: Die Wochenzeitung Die Zeit (Auflage 490.000) sowie die beiden Nachrichtenmagazine Der Spiegel (790.000) und Focus (475.000)[90] sind die reichweitenstärksten und publizistisch vermutlich einflussreichsten Wochentitel. Hinzu kommen weltanschaulich positionierte Wochenblätter wie die Katholische SonntagsZeitung, (Auflage 36.808), die Jüdische Allgemeine (9900), die „Meinungszeitung" der Freitag (18.800), das CSU-Parteiblatt Bayernkurier (47.000), die rechtsradikale Junge Freiheit (36.000, mit starkem Zuwachs), die Preußische Allgemeine Zeitung (Ostpreußenblatt) als Zeitung der Lansmannschaft Ostpreußen (Vertriebenenverband) und am äußersten rechten Rand die NPD-nahe „National-Zeitung". Im linken Teil des Spektrums ist die Jungle World (mit einer DDR-Vorgeschichte als Teil von Junge Welt und einer Auflage von etwa 15.000)[91], eine Ausgabe des Vatikanblatts L'Oservatore Romano mit Verlagsort Ostfildern (9200) sowie die Wochenzeitung der Bundestagsverwaltung Das Parlament (56.000).[92]

Fast alle Titel der *konfessionellen* bundesweiten Wochenpresse sind vor einigen Jahren eingestellt oder zu Supplements (Beilagen) anderer Publikationen umgewandelt worden. Der selbst bereits aus einer Fusion hervorgegangene Rheinische Merkur – Christ und Welt, erscheint seit 2010 nur noch als Beilage der Wochenzeitung Die Zeit. Als Wochenzeitung für Politik, Kultur, Religion und Jüdisches Leben erscheint die Jüdische Allgemeine.

---

[87]IVW III/2016; vgl. www.iqm.de/print/marken/handelsblatt/media/keyfacts-aktuelles/ [06.01.2017].

[88]IVW III/2016; vgl. www.aerztezeitung.de/includes/mediadaten/pdf/2017/Aerzte_Zeitung_2017.pdf [06.01.2017].

[89]Vgl. ausführlicher zu den Gratiszeitungen in Deutschland und Europa Haas (2005).

[90]IVW III/2016; vgl. www.ivw.eu/aw/print/qa/titel/122 [05.01.2017].

[91]Vgl. jungle-world.com/mediadaten/mediadaten13.pdf [06.01.2017].

[92]Auflagen Stand IVW III/2016 bzw. II/2016.

Die *Staatsanzeiger* bzw. *Staatszeitungen* in Baden-Württemberg (bw Woche; 12.800 Auflage)[93] und Bayern (17.300)[94] haben keine nennenswerte publizistische Bedeutung, was aus normativer Sicht begrüßenswert erscheint.

Zur Wochenpresse zählen auch *zielgruppenbezogene* Publikationen wie die VDI Nachrichten des Verbands deutscher Ingenieure oder die Allgemeine Hotel- und Gastronomiezeitung.

Als Zeitungen gelten vor allem aufgrund ihrer Materialität und Gestaltung auch zweiwöchentlich erscheinende Titel wie die Deutsche Handwerkszeitung als „Wirtschaftszeitung für den Mittelstand" oder die Monatszeitung „Jüdische Rundschau".[95] Hinzu kommen Zeitungs-Supplements, die teilweise als Magazin aufgemacht Wochen- und überregionalen Tageszeitungen beigelegt werden. Ein Beispiel hierfür ist Chrismon als Beilage, die im Jahr 2000 aus dem ehemaligen Deutschen Allgemeinen Sonntagsblatt der evangelischen Kirche hervorgegangen ist und monatlich einigen ostdeutschen Tageszeitungen, der Welt am Sonntag (nur Norddeutschland) sowie überregionalen Qualitätszeitungen beiliegt.[96]

Jede Woche erscheinen in Deutschland überregional verbreitete *Sonntagszeitungen* mit einer verkauften Gesamtauflage von rund 2,1 Mio. Stück (vgl. Keller und Eggert 2016, S. 82): Hier ist neben der schon seit 1948 existierenden Welt am Sonntag und der Bild am Sonntag (seit 1956) die Frankfurter Allgemeine Sonntagszeitung (FAS) zu nennen, die seit 2001 als überregional verbreitete Qualitätszeitung am Sonntag hinzugekommen ist. Während regional, zum Beispiel in Berlin am Sonntag eine siebte, aktuelle Tageszeitungsausgabe verbreitetet wird, verfügen die drei überregionalen Sonntagszeitungen über eigenständige Redaktionen, die sich nicht primär an der Tagesaktualität orientieren. Welt am Sonntag und FAS setzen primär auf Hintergrundberichterstattung, magazinartige Beiträge aus unterschiedlichen gesellschaftlichen Bereichen, unterhaltende Beiträge und redaktionelle Umfelder für Werbebeilagen (Reise, Immobilien, Automobil), während in der Bild am Sonntag (BamS) vor allem die Sportberichterstattung vom Wochenende eine wichtige Rolle spielt. Tab. 4.8 gibt einen Überblick der verkauften Auflage ausgewählter Zeitungen.

Der Markt der *Anzeigenblätter* hat sich in Deutschland ab Mitte der 1980er Jahre etabliert. Mittlerweile geben rund 440 Verlage fast 1300 Titel mit einer Gesamtauflage von rund 87 Mio. Exemplaren heraus. Der Branchenumsatz (Werbeerträge) betrug 2016 1,92 Mrd. €.[97]

[93]www.staatsanzeiger.de/uploads/tx_stvanzeigenpubdown/Mediadaten_2017_02.pdf [06.01.2017].

[94]Stand 2015; vgl. /www.bayerische-staatszeitung.de/staatszeitung/anzeigen-staatszeitung/ [06.01.2017].

[95]Vgl. juedischerundschau.de/ueber-uns/ [06.01.2017].

[96]Vgl. chrismon.evangelisch.de/heft/aktuell?kamp=b-hauptmenu [06.01.2017].

[97]Vgl. www.bvda.de/fileadmin/bvda/content/downloads/publikationen/D_F/Daten___Fakten_2016.pdf [06.01.2017] solwie epd medien aktuell Nr. 70a, 07.04.2017.

Tab. 4.8 Verkaufte Auflagen ausgewählter Zeitungen 2016. (IVW-Daten für das Quartal III/2016)

Tageszeitungen	Auflage	Sonntagszeitungen	Auflage
Süddeutsche Zeitung	358.365	Bild am Sonntag	1.083.702
Frankfurter Allgemeine	255.198	Welt am Sonntag/kompakt	380.522
Die Welt/Welt kompakt	182.131	Frankfurter Allgemeine FAS	245.128
die tageszeitung	64.627[a]	**Wochenzeitungen**	
Neues Deutschland	27.226	Die Zeit	490.947
Wirtschaftszeitungen		VDI nachrichten	157.499
Handelsblatt	122.004	Das Parlament	57.023
Boulevardzeitungen		Jüdische Allgemeine	9900
BILD (Deutschland)	1.900.000[b]	**andere Zeitungen**	
Express (Köln, Düsseldorf)	123.649	Dt. Handwerkszeitung	482.959
B. Z. (Berlin)	104.641	Vorwärts	370.824
tz (München)	111.698	Chrismon	1.625.350

[a]Verlagsangabe;
[b]https://de.statista.com/statistik/daten/studie/221651/umfrage/entwicklung-der-auflage-der-bild-zeitung/; bei Mitgliederblättern wie Deutsche Handwerkszeitung, Vorwärts, VDI nachrichten, Das Parlament und Chrismon (Supplement) sind die verbreiteten Auflage angegeben

4.2.4.2.3 Angebotsstruktur: Zeitschriften

Der Lesermarkt für Zeitschriften (vgl. Tab. 4.9) ist, schon aufgrund der unklaren Definition, heterogen und sehr stark segmentiert, wobei hier weniger die Verbreitungsgebiete als vielmehr die thematische Fokussierung und Zielgruppenorientierung den Ausschlag geben.

Publizistisch besonders relevant ist das reichweitenstarke Segment der im Abonnement und Einzelverkauf vertriebenen *Publikumszeitschriften.* In Deutschland erscheint eine auch im internationalen Vergleich sehr beachtliche Vielzahl von fast 1600 Titeln (vgl. Vogel 2016, S. 312)[98] und thematische Vielfalt von Zeitschriften, was mit der Größe des in hohem Maße sprachlich definierten Publikumsmarktes und der gesamtwirtschaftlichen Entwicklung (Werbemarkt), aber auch mit der deutschen Zeitschriftentradition zusammenhängt.[99] Hier ist trotz einer vorangeschrittenen Produktdifferenzierung eine funktionale Äquivalenz, also die Austauschbarkeit (Substituierbarkeit) von Zeitschriften

[98]Der Verband der Zeitschriftenverleger VDZ gibt für 2014 die Zahl von 1595 bzw. unter Berücksichtigung regionaler Titel sogar die Zahl von etwa 2800 Publikums- und 3824 Fachzeitschriften an, von denen allerdings 2016 nur 789 bzw. 1092 Titel bei der IVW zur Auflagenkontrolle gemeldet waren; vgl. VDZ (2015, S. 14, 73), 76 und HBI 2016, S. 13.

[99]Zu nennen wären ab Mitte des 19. Jhs. die auflagenstarken Leipziger und Berliner „Illustrierte Zeitschriften“ sowie die Familienzeitschrift „Die Gartenlaube“, aber auch kulturpolitisch bedeutende wie „Deutsche Rundschau“, „Die Zukunft“, „Die Fackel“, „Der Sturm“, „Die Tat“, „Die Weltbühne“; 1914 gab es 7000 Zeitschriften in Deutschland (vgl. Pürer und Raabe 2007, S. 69–74).

Tab. 4.9 Verkaufte Auflagen ausgewählter Zeitschriften 2016. (IVW-Daten für das Quartal III/2016)

Publikumszeitschriften	Auflage	Special Interest-Titel	Auflage
Der Spiegel	789.062	Auto Bild	394.848
Focus	474.453	auto motor und sport	348.016
stern	673.184	Motorrad	102.158
Bunte	501.812[a]	Wirtschaftswoche	121.314
Brigitte	467.135[a]	Capital	134.138
Freundin	285.030	Chip	176.040
Für Sie	290.673	c't	249.650
Gala	299.835	GEO	221.873
TV 14 (14-tgl.)	2.235.986	Kicker	157.404
Hörzu	1.017.057	Landlust	939.016
TV Movie (14-tgl.)	998.533	Chefkoch	113.649
TV Spielfilm (14-tgl.)	802.947	Spektrum der Wissenschaft	68.111

[a]inkl. E-Paper

aus Nutzersicht in einigen Teilmärkten zu vermuten, etwa bei den TV-Programmzeitschriften (27 Titel mit 13,7 Mio. Gesamtauflage im Quartal), den Wohn- und Gartentiteln (73 Titel mit fast 11 Mio. Auflage), der Motorpresse (41 Titel mit 17,3 Mio. Auflage) sowie den Frauenzeitschriften (99 Titel).[100]

Die größten Auflagen und Reichweiten erzielen in Deutschland die von der Deutschen Post AG verbreitete „Einkauf Aktuell" – ein an alle Haushalte gratis verbreiteter Werbeträger von geringer publizistischer Qualität (Reichweite: 20,4 Mio. Haushalte)[101] und die vom Automobilclub ADAC an seine 19,15 Mio. Mitglieder vertriebene ADAC Motorwelt.[102]

Sehr große Verbreitung findet die gratis abgegebene Kundenzeitschrift Apotheken Umschau mit fast 10 Mio. Auflage noch vor den Fernsehsupplements der Tageszeitungen (rtv, prisma) mit 7.6 bzw. 3.7 Mio. Auflage und dem AOK-Kundenmagazin Bleib gesund (6,5 Mio. Exemplare), bevor mit einer Auflage von 2.235.986 die erste im vollen Sinne entgeltliche Zeitschrift (TV 14) folgt. Auch die weiteren Ränge werden ausnahmslos von TV-Programmzeitschriften belegt, die sich in Deutschland sehr großer Beliebtheit erfreuen. Die auflagenstärksten Publikumszeitschriften außerhalb dieses Segments sind Landlust (939.016), Der Spiegel (789.062), Bild der Frau (783.319), Freizeit Revue (729.564) und Stern (673.184).[103]

[100]Sachgruppen der Publikumszeitschriften Quartal II/2016: http://www.ivw.eu/ivw/2-quartal-2016.

[101]Vgl. www.deutschepost.de/content/dam/dpag/images/E_e/Einkaufaktuell/downloads/mediadaten-einkaufaktuell-2016.pdf [06.01.2017].

[102]www.adac.de/wir-ueber-uns/daten_fakten/geschaeftsbericht/ [06.01.2017].

[103]alle Daten IVW III/2016.

Der Markt der *Fachzeitschriften* ist schon aufgrund der sehr großen Titelzahl inhaltlich noch heterogener als das Segment der Publikumszeitschriften, was aber auch mit Blick auf die Auflagen- und Umsatzgrößen gilt. Hier gibt es neben halbprofessionell im Selbstverlag betriebenen Publikationen auch einige große Fach- und Wissenschaftsverlage, die international operieren. Auf dem Werbemarkt der Fachzeitschriften führten 2016 der Deutsche Fachverlag (15,1 Mio. €), der Verlag C.H. Beck (10,7 Mio.), der Deutsche Landwirtschaftsverlag (8,8 Mio.), die Avoka-Mediengruppe deutscher Apotheker (5,5 Mio.) und Springer Fachmedien mit 5,1 Mio. € Umsatz. Auch wenn die digitalen Fachmedien der eigentliche Wachstumsmarkt (auch) in der Werbung sind, konnten die gedruckten Fachmedien noch leicht hinzugewinnen (vgl. ZAW 2017, S. 120–121).

Während die Titelzahl bei den Fachzeitschriften in den letzten Jahren bei leichtem Wachstum stabil geblieben ist, gehen verkaufte Auflage, Anzeigen- und Vertriebsumsatz zurück: 2015 erschienen 3893 Titel mit einer Jahresauflage von 508 Mio. Exemplaren.[104] Der Anzeigen- und der Vertriebsumsatz waren – bezogen auf den Gesamtmarkt mit einem Umsatzvolumen von 1,87 Mrd. € (2015) – etwa gleich stark, allerdings gehen auch hier die Werbeeinnahmen (862 Mio.) tendenziell zurück und die Vertriebserlöse (904 Mio.) wachsen.[105] Die Fachzeitschriften tragen rund 56 % zum Umsatz der Fachmedien bei, sind also ökonomisch und für die Vermittlung von aktuellen Forschungsergebnissen oder Brancheninformationen auch publizistisch von sehr großer Bedeutung. Fachbücher tragen weitere 17,7 % und Onlinemedien knapp 20 % zum Fachmedienumsatz bei.[106]

4.2.4.2.4 Angebotsstruktur: konfessionelle und fremdsprachige Presse

Die *konfessionelle Presse* in der Bundesrepublik setzt sich neben lokalen Gemeindeblättern mit geringen Auflagen vor allem aus 15 regionalen evangelischen Landeskirchenzeitungen mit über 300.000 Auflage und 23 katholischen Bistumsblätter mit wöchentlicher Gesamtauflage von 560.000 (2014)[107] zusammen. Marktführer ist das Kolpingmagazin mit etwa 160.000 Auflage (vgl. VDZ 2015, S. 81). Hinzu kommt das auflagenstarke Supplement „Chrismon", das in einer Reihe von Qualitätszeitungen als monatliche Beilage überregional verbreitet, aber nicht unbedingt auch gelesen wird. Neben der katholischen

---

[104]Daten der Deutschen Fachpresse, vgl. https://de.statista.com/statistik/daten/studie/74840/umfrage/verbreitete-jahresauflage-der-deutschen-fachpresse-seit-1999/ [13.01.2017].

[105]Daten der Deutschen Fachpresse, vgl. https://de.statista.com/statistik/daten/studie/156606/umfrage/fachzeitschriften-umsaetze-gesamt-seit-2001/ [13.01.2017] und https://de.statista.com/statistik/daten/studie/156607/umfrage/fachzeitschriften-umsaetze-aus-anzeigen-und-vertrieb-seit-2001/ [13.01.2017]. Allerdings können hieraus keine Rückschlüsse auf die Erlösstruktur einzelner Titel gezogen werden.

[106]www.deutsche-fachpresse.de/fileadmin/fachpresse/upload/bilder-download/markt-studien/fachpresse-statistik/2016/Fachpressestatistik_2015_Final.pdf [13.01.2017].

[107]http://www.katholisch.de/aktuelles/aktuelle-artikel/alte-blatter-treue-leser [13.01.2017].

Tagespost (dreimal wöchentlich; Auflage 9500)[108] gibt es auch eine „Katholische Sonntagszeitung für Deutschland“ mit Regionalausgaben und einer bundesweiten Auflage von knapp 42.000 und eine boulevardesk aufgemachte katholische „Neue Bildpost“ mit 5800 Exemplaren Auflage.[109] Die Gesamtauflage der durch IVW geprüften konfessionellen Zeitschriften lag Ende 2015 bei etwas über 700.000 (IVW 2016, S. 25).

In Deutschland existieren auch viele *fremdsprachige Titel der Diasporapresse* mit zum Teil höheren Auflagen. Es handelt sich entweder um Deutschlandausgaben von Zeitungen aus den Ursprungs- oder Heimatländern, um in Deutschland gegründete Exil- und Diasporatitel für Migranten oder um die Presse der sorbischen und der dänischen Minderheiten.

Als Abendzeitung erscheint täglich die obersorbische Serbske Nowiny (Auflage über 2000), darüber hinaus gibt es konfessionelle Pressetitel, wie die katholische Wochenzeitung Katolski Posoł (Auflage ca. 2500) und die evangelische Monatszeitschrift Pomhaj Bóh in obersorbischer Sprache. Ebenfalls monatlich erscheint Serbska šula (Die sorbische Schule) für Lehrer; in niedersorbischer Sprache ist vor allem die Wochenzeitung Nowy Casnik (Auflage ca. 1000) zu nennen. Die monatliche Kulturzeitschrift Rozhlad Serbski kulturny časopis (Umschau. Sorbische Kulturzeitschrift; Auflage 415) enthält Beiträge in Ober- und Niedersorbisch; je eine ober- und niedersorbische Ausgabe gibt es für die monatlich erscheinenden Kinderzeitschriften Płomjo bzw. Płomje (Flamme) mit Auflagen von 1600 bzw. 850 Exemplaren. Die wichtigste dänische Zeitung in Deutschland ist das traditionsreiche und vom dänischen Staat subventionierte Organ der dänischen Minderheit Flensborg Avis (Auflage 4538), die täglich eine deutsch- und eine dänischsprachige Ausgabe bietet.[110]

Russischsprachige Zeitungen und Zeitschriften haben seit der Oktoberrevolution in Deutschland eine Tradition, auch gegenwärtig erscheinen viele Blätter mit zum Teil beträchtlichen Auflagen, die insgesamt deutlich über der türkischsprachigen Presse liegen. Zu nennen sind neben der mit einer geringen Auflage von 1000 erscheinenden Iswestija, vor allem die Wochenzeitungen Evropa Ekspress/Berlinskaja Gazeta (80.000/18.000), Kontakt/Chance (60.000), Russkaja Germanija/Ruskij Berlin (50.000/30.000), MK Germania (35.000), Rheinskaja Gazeta (10.000), Argumenti i Fakty Europa (49.000) sowie das Monatsblatt Evreskaja Gazeta (22.000) und die zweisprachige Heimat-Rodina (45.000). Bei der polnischsprachigen Presse handelt es sich vor allem die Wochentitel Info&Tips (60.000) und Angora (20.000) sowie der 14-täglich erscheinende Samo Zycie (18.000).

[108] www.die-zeitungen.de/fileadmin/files/documents/ Tarife_PDF_2016/Die_Tagespost_2016.pdf [13.01.2017].

[109] Verlagsangaben: www.bildpost.de/index.php/content/download/14409/132194/file/SZD_BP_Mediadaten_Nr33_A4_digi_2016_neu.pdf [13.01.2017].

[110] Auflage Flensburg Avis lt. IVW III/2016.

Als Tageszeitung für Migranten aus dem ehemaligen Jugoslawien erscheint die serbische Vesti mit einer Auflage von 50.000 sowie die serbo-kroatischen Blätter Berlinski Magazin, Croativ Magazin, CroExpress (10.000) und Ziva Zajdednica (Lebendige Gemeinde). In türkischer Sprache gibt es in Deutschland Ausgaben der Tageszeitungen Hürriyet (35.000), Zaman Avrupa (30.000 Abonenten in Deutschland), Türkiye und Sabah Avrupa (beide mit vermutlich fünfstelligen Auflagen), die kurdisch-türkische Yeni Özgür Politika (10.000).[111] Hinzu kommen Wochenzeitungen wie die deutschsprachigen Dünya Deutschland (50.000) und als Wirtschaftszeitung DünyaHafta (13.000) sowie Monatstitel wie Gazette Aktuell mit 15.000 Exemplaren oder die auflagenstarke Post (450.000 in Deutschland)[112] (vgl. Halm 2006, S. 80; Resing 2010, S. 359–360; Maisch 2011, S. 31; Calagan 2010, S. 90). Als fremdsprachige Monatszeitungen mit 33.300 Auflage erscheinen der Corriere d'Italia und Vita e lavoro (1800).

Ausgaben der Neuen Zürcher Zeitung (Internationale Ausgabe) und der britischen Financial Times erscheinen für den Vertrieb in Deutschland am Börsen- und Bankenort Frankfurt täglich mit mehreren Tausend Exemplaren.

4.2.4.2.5 Ökonomische und publizistische Pressekonzentration

Neben der dezentralen regionalen Abonnementzeitungsstruktur und der Vielzahl der Zeitschriftentitel ist die *wirtschaftliche und publizistische Konzentration* ein weiteres dominantes Strukturmerkmal der deutschen Presse.

Weil in Deutschland die Presse ganz überwiegend privatwirtschaftlich organisiert ist, hängen ökonomische und publizistische Konzentration eng zusammen: Ökonomische Konzentration tritt immer auf, wo Economies of Scale, also Größenvorteile wirksam werden und die Unternehmens-, hier die Verlagsstrategien auf die Nutzung dieser Kostenvorteile setzen. Im Ergebnis kommt es auf den miteinander gekoppelten Pressemärkten (Publikums- und Werbemarkt) zu einem Verdrängungswettbewerb: Marktmechanismen, das Scheitern kleinerer Verlage und gezielte Verlagsstrategien des Kostenwettbewerbs führen zu Konzentration. Ökonomische Presse- und Medienkonzentration muss theoretisch zwar nicht zu publizistischer Konzentration führen, wenn es eine Vielzahl unabhängiger Redaktionen mit einer ausgeprägten Inneren Pressefreiheit gibt. Aus ökonomischen Gründen ist dies aber unwahrscheinlich, denn betriebswirtschaftlich ist Konzentration aus Kostengründen sinnvoll, d. h. man wird – wie zahlreiche Beispiele gezeigt haben – Redaktionen kooperieren lassen und schließlich fusionieren; die Zahl unabhängiger publizistischer Einheiten (Redaktionen) sinkt. Kooperation, oftmals die Vorstufe einer Unternehmenskonzentration (sei es durch Fusion oder Kauf), kann in der Presse auf verschiedenen Produktionsstufen beobachtet werden: Die Kooperation oder Zusammenlegung von Redaktionen ist die publizistisch fragwürdigste Form, während

[111] Vgl. Akstinat et al. (2012).

[112] Post wird auch in Österreich und der Schweiz vertrieben; vgl. www.postgazetesi.com/c/Auflagen.asp [17.06.2011].

die Kooperation bei Druck, Vertrieb oder Anzeigenvermarktung zunächst weniger Fragen aufwirft oder zur Effizienzsteigerung des Pressebetriebs und damit sogar zum Erhalt redaktioneller Vielfalt führen kann.

Durch ökonomische Konzentration wird auch der publizistische Wettbewerb eingeschränkt, es kommt zu Marktversagen, weil das öffentliche Gut der Meinungsvielfalt sowie der Publizitäts- und Artikulationschancen strukturell durch Pressekonzentration bedroht oder gefährdet ist.[113] Pressekonzentration ist insofern das Ergebnis einer medienpolitischen Entscheidung für eine kapitalistische und staatsferne Presseordnung.

Publizistisch entscheidend bei Konzentrationsprozessen ist die strukturelle Vielfalt; als Maß hierfür hat Walter J. Schütz mit dem Beginn der bundesdeutschen Pressestatistik im Jahre 1954 die Publizistische Einheit (PE) definiert.

- Darunter versteht man Tageszeitungs-Vollredaktionen, die den gesamten aktuellen Mantelteil der Zeitung (meist die Seiten 1 und 2) mit den für die Meinungsbildung besonders relevanten Kernressorts Politik, Wirtschaft und ggf. Kultur selbständig erstellen (vgl. Schütz 2009b, S. 454). An anderer Stelle definiert Schütz (2012, S. 570) etwas abweichend, dass die „aktuellen politischen Nachrichten – vollständig oder (bei Übernahme von Seitenteilen) in wesentlichen Teilen" übereinstimmen müssen, um von einer Publizistischen Einheit zu sprechen.

In der Pressekonzentrationsforschung unterscheidet man zwischen absoluter und relativer Konzentration sowie zwischen ökonomischer und publizistischer Konzentration:

- Absolute Konzentration meint die geringe Anzahl von Anbietern auf einem Markt insgesamt, relative Konzentration bezeichnet die Verteilung von Marktanteilen, gemessen in Umsatz, Auflage und Titeln.

Auch bei geringer oder mäßiger absoluter Konzentration (also einer Vielzahl von Verlagen) kann die relative Konzentration also sehr hoch sein, wenn wenige Verlage den Großteil des Umsatzes, der Auflage oder der Titelzahl kontrollieren.

In Deutschland hat sich die Pressekonzentration in hohem Maße verfestigt (vgl. Tab. 4.10): 1954, also nach der Marktöffnung für die Altverleger gab es in Westdeutschland 225 Publizistische Einheiten, bis 1976 ging die Zahl drastisch auf 121 Vollredaktionen zurück, was in etwa der Anzahl der Lizenzzeitungen entspricht. Die Ursachen dieses so genannten „Zeitungssterbens" liegen nicht in der Entwicklung der Nachfrage auf dem Werbe- oder dem Lesermarkt, denn im selben Zeitraum konnte die verkaufte Gesamtauflage der Tageszeitungen sogar um fast 50 % gesteigert werden und die

[113] Eine rein wirtschaftswissenschaftliche Sichtweise verfehlt und verharmlost das Problem, wenn sie Presse und Medien insgesamt empirisch und theoretisch wie andere Branchen behandelt. Die Rede von der „moderaten Konzentration" im Zeitungsmarkt (Wirtz 2006, S. 159) ist zumindest fahrlässig.

Tab. 4.10 Konzentration der Tagespresse in Deutschland 1954–2017. (Quelle: Schütz 2012, S. 571. Aktuellere Daten sind nicht verfügbar, weil die amtliche Pressestatistik und die Stichtagssammlung (Walter J. Schütz † 2013) nicht mehr durchgeführt werden. Die Angaben für 2017 beruhen auf BDZV (2017, S. 284) und eigenen Berechnungen)

Jahr	Publizistische Einheiten (PE)	PE Index	Verlage als Herausgeber	Index	Ausgaben	Index	Verkaufte Auflage Mio.	Index
1954	225	100	624	100	1500	100	13,4	100
1976	121	54	403	65	1229	82	19,5	146
DDR	*37*		*38*		*291*		*9,6*	
1991	158	100	410	100	1673	100	27,3	100
2000	136	86	356	87	1584	95	23,7	87
2012	130	82	333	81	1532	92	18,2	67
2017	120	76	323	79	1497	89	14,7	54

Werbeinvestitionen der deutschen Wirtschaft wuchsen ebenfalls. Ausschlaggebend waren der ökonomische Verdrängungswettbewerb: Das Erscheinen kleinerer Zeitungen wurde vielfach eingestellt, vor allem aber wurden diese Blätter aufgekauft oder fusionierten mit anderen Verlagen (54 Fälle). Auch wenn die Verlage wirtschaftlich selbständig blieben, bildeten sie zum Teil Redaktionsgemeinschaften, fusionierten die Zeitungsmäntel oder kauften sie zu, wodurch es in 56 Fällen zur publizistischen Konzentration kam. Zudem mussten acht Zeitungen der verbotenen Kommunistischen Partei Deutschlands ihr Erscheinen einstellen (vgl. Kisker et al. 1979, S. 202).

In Ostdeutschland wirkten bis 1990 keine Markt-, sondern politische Parteimechanismen konzentrationsfördernd. Es gab zwar eine stabile Anbieterstruktur, aber nur weil es gerade keine Pressefreiheit, geschweige denn eine publizistische Vielfalt geben sollte: Die Presse der DDR war in der Hand der Staatspartei SED, der Blockparteien und der Massenorganisationen (Freie Deutsche Jugend, Deutscher Turn- und Sportbund, Freier Deutscher Gewerkschaftsbund) und wurde aus politischen Gründen wirtschaftlich subventioniert (insbesondere über den Preis) sowie publizistisch gelenkt (Lizenzpflicht, Auflagen- bzw. Papierzuteilung, journalistische Ausbildung und Personalauswahl, Lenkungsgremien, Selbstzensur).[114] Die noch von der letzten DDR-Volkskammer begründete und später vom Bundesfinanzministerium beaufsichtigte Treuhandanstalt war auch für die Neuordnung der Presse in Ostdeutschland zuständig. Dabei orientierte sie sich jedoch alleine an wirtschafts- und sozialpolitischen Kriterien, also am notwendigen Kapital- und Investitionsbedarf sowie an der Sicherung von Arbeitsplätzen, während publizistische Kriterien keine Rolle spielten. Die an den Bezirken der DDR ausgerichtete Marktstruktur mit sehr großen Verbreitungsgebieten und hohen Auflagen blieb

[114] Vgl. Pürer und Raabe (2007, S. 173–205) sowie vertiefend: Meyen und Fiedler (2011); Baerns (1990), Holzweißig (1989, 1991, 1997).

trotz der nun fehlenden politischen Korrespondenzen zu Verwaltungsgebieten erhalten; eine Entflechtung der Monopolstrukturen und Aufteilung des Verlagsbesitzes fanden nicht statt. Fast ausnahmslos wurde an große westdeutsche Verlage verkauft, die hierdurch die bundesweite Konzentration weiter vorantreiben und in manchen Fällen auch ihr angestammtes Verbreitungsgebiet gen Osten erweitern konnten. Auch die Blockparteien und Massenorganisationen der DDR förderten die Konzentration, indem sie ihre Presseorgane an westdeutsche Verlage verkauften.[115] Das Bundeskartellamt wurde nicht aktiv (vgl. Pürer und Raabe 2007, S. 234–248), wohl auch weil der politische Wille der Bundesregierung Kohl hierzu fehlte.[116] Nur vier der fast einhundert Neugründungen waren mittelfristig erfolgreich, zwei sind mittlerweile aber mit ehemaligen Wettbewerbern zusammengelegt.[117] Im Ergebnis nahm die strukturelle Pressekonzentration in Ostdeutschland und in Gesamtdeutschland durch die Umstellung vom staatskapitalistischen System auf einen Pressemarkt und das beschriebene Politikversagen der Bundesregierung zu. Von den 37 (allerdings nicht wirklich unabhängigen) „Publizistischen Einheiten“ der DDR sind heute nur noch 20 am Markt.

Nachdem die Pressekonzentration – bezogen auf die Publizistischen Einheiten – einige Jahre lang nahezu zum Stillstand gekommen war, führten die als „Zeitungskrise“ bezeichneten drastischen Auflagenverluste (vgl. den entsprechenden Indexwert in Tab. 4.10) und Werbeeinbußen in den letzten rund 15 Jahren zu weiteren Redaktionskooperationen und -zusammenlegungen. Hiervon war beispielsweise die Gießener Allgemeine und die Alsfelder Allgemeine (Gesamtauflage 24.000) und die Wetterauer Zeitung (rund 18.000 Auflage) betroffen, die 2017 mit der Hessisch-Niedersächsischen Allgemeinen (Auflage rund 190.000, im Besitz der Ippen-Gruppe) fusioniert wurden.[118] Traditionsreiche aber sehr kleinauflagige Zeitungen wie das Gelnhäuser Tageblatt mit einer 184-jährigen Geschichte aber nur 4600 Exemplaren Druckauflage werden aus wirtschaftlichen Gründen schlichtweg eingestellt.[119] Die Zahl der Publizistischen Einheiten sank auf nur noch 121. Allerdings stellt sich gegenwärtig in Anbetracht einer zunehmenden Zahl enger redaktioneller Kooperationen verstärkt die Frage, ob hier noch von eigenständigen Vollredaktionen die Rede sein kann. Zum einen haben sich mittlerweile Newsrooms oder Newsdesks etabliert, die zum Teil crossmedial arbeiten oder zumindest

[115]Der Axel Springer-Verlag kaufte fast die gesamte NDPD-Presse sowie das „Deutsche Sportecho“, der Verlag der Frankfurter Allgemeinen kaufte die CDU-Organe und das „Bauern-Echo.“ Alle Zeitungen existieren heute nicht mehr, während 14 ehemalige SED-Bezirksblätter als Erstzeitungen im Markt überlebt haben.

[116]Vgl. zur Presseentwicklung in Ostdeutschland nach der Wende Röper (1991); Schneider (1992, 1999) sowie Mahle (1992).

[117]Altmark-Zeitung (Salzwedel), Oranienburger Generalanzeiger sowie (nicht mehr eigenständig) Torgauer Zeitung und Döbelner Anzeiger, vgl. Schütz (2009b, S. 455).

[118]Vgl. epd medien aktuell Nr. 37a, 21.02.2017.

[119]Vgl. epd medien aktuell Nr. 20a, 27.01.2017.

verschiedene Printmedien mit – mehr oder weniger variierten – journalistischen Beiträgen auf der Basis derselben Rechercheleistung versorgen. Zum anderen haben sich in den letzten fünf Jahren verstärkt Kooperationsmodelle durchgesetzt, bei denen Zentralredaktionen die überregionale Berichterstattung (meist aus Berlin) für die Regional- und Lokalzeitungen einer Verlagsgruppe oder sogar darüber hinaus leisten (vgl. Abschn. 4.2.4.3).

Diese publizistisch relevanten, weil vielfaltsbedrohlichen redaktionellen Konzentrationsvorgänge werden durch die traditionelle Maßzahl der Publizistischen Einheit (wie sie beispielsweise vom Verlegerverband BDZV verwendet wird) letztlich nicht mehr angemessen wiedergegeben.[120] Das Konzept der redaktionellen Kooperationen sowie der Zentralredaktionen der größeren Zeitungsgruppen beruht ja gerade auf der Überlegung, Kosten dadurch zu vermeiden, dass Berichte zu nationalen und internationalen Themen nicht mehrfach (und voneinander unabhängig an verschiedenen Standorten) recherchiert und erstellt werden müssen, sondern zentral und einheitlich. Aktuell können rund 35 solcher „kooperierender" Publizistische Einheiten identifiziert werden, die keine vollständig voneinander unabhängigen Mantelteile mehr erstellen. Die Zahl der redaktionell unabhängigen Tageszeitungstitel dürfte sich faktisch also noch weitaus stärker reduziert haben als die 120 Publizistischen Einheiten der Pressestatistik erkennen lassen.[121]

Die fünf größten Verlagsgruppen haben einen Marktanteil von 42,3 %, die zehn größten zusammen rund 60 % (vgl. Röper 2016a, S. 254–255). Zu nennen sind insbesondere (vgl. Röper 2016a, S. 257–268):

- Die Axel Springer SE, die trotz des Verkaufs der Regionalzeitungen mit 14 % an der Gesamtauflage noch immer Rang eins belegt, vor allem aufgrund der noch immer hohen Auflage von BILD und einem Marktanteil von über 79 % bei den Boulevardblättern. Hinzu kommen Welt und Welt kompakt als überregional verbreitete Qualitätszeitungen, die allerdings ebenso wie BILD mit Auflagenrückgängen kämpfen. Der MedienVielfaltsMonitor der Landesmedienanstalten schreibt dem Springer-Verlag sogar einen Anteil von 23 % am pressebasierten „Meinungsmarkt" zu (vgl. Die Medienanstalten 2016, S. 23).
- Die Südwestdeutsche Medienholding der Verlagsgruppe Stuttgarter Zeitung/Die Rheinpfalz/Südwest Presse mit regionalen und lokalen Zeitungen vor allem in

[120]Dieses Problem hat Schütz (2012, S. 573) bereits für den Zeitraum 2008–2012 beschrieben, allerdings anhand seiner Stichtagssammlung entschieden, bestimmte Titel weiterhin als Publizistische Einheit zu bewerten, weil diese „kooperierende[n] Redaktionen nach wie vor journalistische Eigenleistungen erbringen, die zu einem eigenen titelspezifischen Mantel führen."

[121]Diese Angaben gehen auf Recherchen im Rahmen eines laufenden DFG-Forschungsprojektes zur regionalen Pressekonzentration zurück (vgl. Berghofer und Vonbun-Feldbauer 2017). Um valide zu entscheiden, ob noch von einem eigenständigen Mantelteil gesprochen werden kann, bedarf es mindestens einer Stichtagssammlung, wie Schütz sie regelmäßig durchgeführt hat, im Grunde aber einer quantifizierenden Inhaltsanalyse. Dies liegt vor allem darin begründet, dass ganz unterschiedliche Formen der redaktionellen Kooperation mit entsprechend verschiedenen Folgen für die publizistische Vielfalt praktiziert werden.

Baden-Württemberg und Thüringen sowie der Süddeutschen Zeitung und Anteilen am Münchener Merkur: Diese Gruppe ist bei den Abonnementzeitungen mit einem Anteil von 11,8 % an der deutschen Gesamtauflage Marktführer. Hohe Investitionen für Zukäufe und die allgemeine Marktentwicklung haben zu massiven Einsparungen bei den Redaktionen (Zentralredaktionen in Stuttgart bzw. Suhl) und damit zum Verlust von Vielfalt geführt. 2016 wurde die regionale Sonntagszeitung Sonntag aktuell – eine Alternative zu Welt, BILD oder Frankfurter Allgemeiner am Sonntag eingestellt.

- Die Funke-Mediengruppe (vormals Verlagsgruppe Westdeutsche Allgemeine Zeitung) (Essen) dominiert die Tagespresse in Nordrhein-Westfalen und in Thüringen. Eine Zentralredaktion in Berlin versorgt die Blätter von Funke mit überregionalen Nachrichten, während die Hauptredaktionen in den Regionen verkleinert, bzw. in Thüringen (Thüringer Allgemeine, Ostthüringer Zeitung, Thüringische Landeszeitung) zusammengelegt wurden. Zudem wurden einige Lokalausgaben in Nordrhein-Westfalen eingestellt oder redaktionelle Kooperationen (mit der Rheinischen Post) eingeführt. Auch diese Maßnahmen stellen strukturelle Gefahren für die Pressevielfalt dar.
- Die Mediengruppe DuMont verfügt über Regionalzeitungen wie den Kölner Stadtanzeiger, die Mitteldeutsche und die Berliner Zeitung sowie den Berliner Kurier und weitere regionale Boulevardblätter (Express, Morgenpost Hamburg). Nach Springer ist DuMont die Nummer 2 bei den Boulevardblättern (10,7 %). In Berlin wurden 2017 die Redaktionen von Berliner Zeitung und Berliner Kurier, in Köln diejenigen von Rundschau und Stadt-Anzeiger zusammengelegt.[122] Auch hier spart der Verlag also an redaktionellen Ressourcen, was Folgen für die Themen- und Meinungsvielfalt der Presse haben kann.
- Die Verlagsgruppe Madsack-Verlag (Hannover) ist der drittgrößte Verleger von regionalen Abonnementzeitungen: Neben der Hannoverschen Allgemeinen und der dortigen Neuen Presse zählen unter anderem die Märkische Allgemeine (Potsdam), die Leipziger Volkszeitung, die Lübecker Nachrichten und die Ostseezeitung (Rostock) zu Madsack. Die meisten werden aus der Zentralredaktion in Hannover sowie dem Berliner Redaktionsbüro beliefert.
- Neben den regionalen Verlagsgruppen von Dirk Ippen und der Augsburger Allgemeinen ist die Deutsche Druck- und Verlagsgesellschaft (ddvg) erwähnenswert, weil sie sich im Besitz der Sozialdemokratischen Partei Deutschlands befindet. Die ddvg ist wiederum mit gut 23 % an der Madsack GmbH & Co. KG beteiligt sowie an Regionalzeitungen wie der Sächsischen Zeitung, der Frankenpost, dem Freien Wort (Suhl) oder der Neuen Westfälischen (Bielefeld). Bei den Zeitungen der ddvg handelt es sich nicht um klassische Parteiblätter, doch stellt sich auch hier die Frage der strukturellen Unabhängigkeit. Als Medienholding der SPD trägt die ddvg mit einigen Millionen Euro jährlich (2016: 4 Mio.) zur Parteienfinanzierung bei.[123]

---

[122] Vgl. epd medien aktuell Nr. 24a, 02.02.2017.

[123] Vgl. epd medien aktuell Nr. 232a, 01.02.2017.

Kritisch zu beobachten sind aber nicht nur die bundesweiten Auflagen- und Umsatzanteile einzelner Verlagsgruppen oder -konzerne, denn die Zeitungsbranche ist insgesamt weitgehend mittelständisch, zum Teil in Form von Familienunternehmen organisiert. Publizistisch folgenreicher sind die lokalen und regionalen Monopolstrukturen: die so genannten „Einzeitungskreise." Bereits vor knapp zehn Jahren (2008) erschien in 239 von insgesamt 413 deutschen Städten und Kreisen (57,9 %) nur jeweils eine Zeitung, sodass über 42 % der Bevölkerung keine Wahl (funktionales Äquivalent) zwischen zwei Lokalzeitungen hatten.[124] Weitere 35 % der Bevölkerung konnten zwischen zwei Tageszeitungen wählen (vgl. Schütz 2009b, S. 475). Nur eine Tageszeitung mit Lokalteil erscheint in 32 der 77 deutschen Großstädte (vgl. HBI 2017, S. 11). Diese Situation dürfte sich in den letzten Jahren weiter verschärft haben. Auch wenn beispielsweise in Stuttgart oder Köln weiterhin zwei verschiedene Tageszeitungstitel verkauft werden, so werden diese doch aus der jeweils selben Redaktion versorgt. Hinzu kommt die bundesweite Mehrfachverwendung von Artikeln aus den Zentralredaktionen der großen Verlagsgruppen. Im Einzelfall kann dies zwar durchaus zu einer Steigerung der journalistischen Qualität führen und die lokale journalistische Versorgung sogar stärken, bezogen auf die Pressevielfalt in Deutschland führt diese Art der betriebswirtschaftlich vernünftigen Konzentration aber zu Gefahren. Hinzu kommt, dass die Berichterstattung über lokale und regionale Politik, und damit die wichtige Kritik- und Kontrollfunktion, bislang nur durch Tageszeitungen erfüllt werden können. Weder der lokale und regionale Hörfunk oder gar das kaum zu finanzierende Lokalfernsehen, noch die Anzeigenblätter oder Onlinemedien können hier kompensieren. Dieses Problem betrifft auch die Landespolitik: Im gesamten Bundesland Brandenburg existieren nur drei Publizistische Einheiten, in Sachsen-Anhalt sind es zwei und im Saarland gibt es nur die Redaktion der Saarbrücker Zeitung. Eine Kompensation durch die überregionale Presse kann nur teilweise gelingen, weil hierfür weder die journalistischen Ressourcen flächendeckend vorhanden sind, noch die regionalen Reichweiten mit denen der Regional- und Lokalpresse vergleichbar sind. Allenfalls der öffentlich-rechtliche Rundfunk kann auf der Landesebene das partielle Marktversagen mildern. Festzustellen bleibt, dass der Verlust lokaler Vielfalt auch durch potenziell konkurrierende Medien wie lokale Anzeigenblätter und lokalen Hörfunk nicht kompensiert wird. Das liegt zum einen an der kommerziellen Ausrichtung dieser Medien, die sich zum anderen oftmals in der Hand der Zeitungsverleger befinden. Seit den 1980er Jahren haben die großen Presseverlage wie Springer, Funke (WAZ), DuMont, Madsack und Verlagsgruppe Südwest, aber auch regionale Presseverlage wie Sebaldus und Ippen Anzeigenblätter aufgekauft oder selbst gegründet. Seit Mitte der 1990er Jahre dominieren die Zeitungsverlage den Markt der Anzeigenblätter (vgl. Röper und Pätzold 1993, S. 55–64). Fast alle Tageszeitungsverlage betreiben in ihrem Stammgebiet auch ein Anzeigenblatt, und die großen umsatzstarken Titel sind in der Hand der Tageszeitungsverleger, insgesamt dürften mindestens

[124]In Nordrhein-Westfalen gilt dies derzeit sogar für mindestens 45 %; vgl. Röper (2014, S. 255).

80 % der Anzeigenblätter im Besitz von Tageszeitungsverlagen bzw. ihren Tochterunternehmen sein; allerdings kompensieren diese damit die Werbeverluste ihrer Tageszeitungen nur teilweise (vgl. Röper 2010, S. 218). Redaktionelle Leistungen verursachen hohe Kosten, ohne dass die Werbeerträge hierdurch steigen; ein publizistischer Qualitätswettbewerb würde unter Bedingungen solcher Duopole ohnehin nur eine „Kannibalisierung" der eigenen Unternehmen bedeuten. Tageszeitungsverlage, und zwar die großen Konzerne ebenso wie die Mittelständler, haben sich längst zu Multimediaunternehmen entwickelt: Den Anfang machten Anzeigenblätter, gefolgt vom lokalen Hörfunk und schließlich Online-Angeboten, die aber wenig zur inhaltlichen Vielfalt beitragen, denn meist werden online nur dieselben Artikel und Inhalte wie in der Printversion angeboten (vgl. Röper 2012, S. 648–649).

Besonders ausgeprägt ist die Pressekonzentration auf dem *Boulevardzeitungsmarkt,* denn fünf Zeitungsgruppen teilen den Markt unter sich auf. Die Axel Springer SE (BILD, BILD am Sonntag und B. Z./B. Z. am Sonntag) dominiert mit einem Anteil von 79,2 % an der Gesamtauflage, M. DuMont Schauberg (Express, Berliner Kurier, Hamburger Morgenpost) kommt auf 10,7 % (vgl. Röper 2016a, S. 258, 262). Beide Verlagsgruppen sind darüber hinaus im Zeitungsmarkt und im Rundfunk sowie im Ausland engagiert. Andere Verlage, z. B. Gruner + Jahr, haben sich inzwischen weitgehend aus diesem Marktsegment zurückgezogen. Mit den „nur noch" 1,9 Mio. verkauften Exemplaren der *BILD* (2010 noch über 3 Mio.) und einer Reichweite von fast 10 Mio. Lesern ist der Axel Springer-Verlag unangefochtener Marktführer. Der *Express* kommt mit seinen drei Regionalausgaben (nach 170.000 im Jahr 2010) nur noch auf gut 100.000 Exemplare (vgl. Röper 2016a, S. 257, 262). Lokalen Wettbewerb im Boulevardsektor gibt es in Berlin (BZ, Kurier, BILD), München (Abendzeitung, tz, BILD), im Raum Köln-Düsseldorf-Bonn (Express, BILD), Hamburg (Morgenpost Hamburg, BILD), Dresden und Chemnitz (Morgenpost Sachsen, BILD). In den übrigen Teilen genießt BILD mit einer seiner 28 Regional- oder mit der Bundesausgabe eine Monopolstellung;[125] gleiches gilt für den Boulevardmarkt am Sonntag.

Der Markt für *Sonntagszeitungen* bildet ebenfalls ein enges Oligopol: Hier konkurrieren bundesweit nur Welt am Sonntag und das Boulevardblatt Bild am Sonntag (beide aus demselben Verlag) sowie die Frankfurter Allgemeine Sonntagszeitung, regional kommen vereinzelt Sonntagsausgaben der Lokalzeitung hinzu. Der einzige nachhaltige Marktzutritt der letzten zwei Jahrzehnte war die 2001 durch den Verlag der FAZ gegündete Frankfurter Allgemeine Zeitung am Sonntag (FAS).

Marktzutritte sind aufgrund der etablierten Situation von lokalen und regionalen Abonnementzeitungen, seit den 1990er Jahren auch aufgrund eines anhaltend schrumpfenden Lesermarktes sowie seit einigen Jahren auch aufgrund des strukturell rückläufigen

[125]BILD gibt Regionalausgaben für folgende Gebiete heraus: Hamburg, Hannover, Bremen, Ruhr Ost, Ruhr West, Düsseldorf, Köln, Aachen, Münsterland, Ostwestfalen, Südwestfalen, Bergisches Land, Frankfurt am Main, Mainz-Wiesbaden, Saarland, Rhein-Neckar, Stuttgart, München, Nürnberg, Berlin-Brandenburg, Halle, Magdeburg, Thüringen, Leipzig, Dresden, Chemnitz.

Werbemarktes schwierig. Seit 1954 ist es vor allem BILD, der tageszeitung (taz) sowie zwei westdeutschen Lokalzeitungen (Gelnhäuser Neue Zeitung, Maintaler Tagesanzeiger)[126] gelungen, sich am Markt zu etablieren.

4.2.4.2.6 Konzentration des Zeitschriftenmarktes

Die Gesamtauflage der Publikumszeitschriften schrumpft seit Jahren und lag 2016 bei 60,8 Mio. Exemplaren je Erscheinungsperiode (zum Vergleich 2009: 114 Mio.) (vgl. Vogel 2016, S. 321; VDZ 2010, S. 169). Auch wenn aufgrund der hohen Titelzahl keine eklatanten Gefahren für die inhaltliche Vielfalt insbesondere hinsichtlich der öffentlichen Meinung zu befürchten sind, muss sowohl der Rezipienten- als auch der Werbemarkt der Zeitschriften als Oligopol bezeichnet werden (vgl. auch Sjurts 2005, S. 121–122). Die Auflagen und Umsätze konzentrieren sich im Kern seit Jahrzehnten auf die vier Großverlage Bauer, Burda, Axel Springer, Gruner + Jahr sowie seit einigen Jahren die Funke-Gruppe (zuvor: WAZ). Die Marktanteile der großen fünf Verlage belaufen sich auf insgesamt 63,7 % der verkauften Auflage der Publikumspresse, im Teilmarkt der 14-tägig erscheinenden Zeitschriften sogar auf 84,2 % (vgl. Vogel 2016, S. 324).

Die *Produktportfolios* der einzelnen Verlagsgruppen unterscheiden sich voneinander (was den Wettbewerb wiederum begrenzt):

- Die Bauer Media Group (Hamburg) ist mit 68 Titeln und 20,7 % Gesamtmarktanteil bei den durch die IVW kontrollierten Publikumszeitschriften eindeutig der Marktführer. Neben den Programmzeitschriften (TV klar, TV14, TV Movie und Fernsehwoche) sowie bei den unterhaltenden Frauenzeitschriften, der sog. Yellow Press (Tina, Laura, Neue Post, das Neue Blatt) zählt die Jugendpresse (Bravo-Linie) zum auflagenstarken Angebot.
- Hubert Burda Medien (München und Offenburg) verlegt 87 Titel und erzielt damit 15,3 % Marktanteil. Zu den auflagenstarken Titel zählen Focus (mit einer Reihe von Special-Titeln), Freizeit Revue, Freundin, Super Illu sowie ebenfalls Programmzeitschriften (TV Spielfilm, TV Today).
- Die Funke-Mediengruppe (Essen) kommt nach der Übernahme vieler Titel aus dem Springer Verlag auf 14,3 % Marktanteil, basierend auf 42 Publikumszeitschriften. Dominant sind dabei preiswerte Frauenzeitschriften (Bild der Frau, Echo der Frau, Frau im Spiegel etc.), Yellow Press (Die Aktuelle, Das Goldene Blatt) und Programmzeitschriften (Hörzu, Bild + Funk, Gong, TV digital, TV direkt).
- Gruner + Jahr setzt auf höherpreisige Titel wie Stern, Brigitte, Geo oder Neon und Capital. G + J ist aber auch mit 25,3 % am sehr erfolgreichen Nachrichtenmagazin

[126] Der Maintaler Tagesanzeiger erhält seinen Mantelteil vom Hanauer Anzeiger; mittlerweile sind beide im selben Besitz; vgl. Schütz (2009b, S. 455). Schütz (2009b, S. 471) nennt auch nur vier Fälle seit 1954, in denen es der Zweitzeitung gelungen ist, Marktführer zu werden.

Der Spiegel und mit 43,9 % am Manager Magazin sowie mit knapp 60 % an der Motorpresse Stuttgart beteiligt. Mit den 56 IVW-gemeldeten Titeln kommt G + J, selbst Teil des Bertelsmann-Konzerns, auf einen Marktanteil von 9,2 %.

- Axel Springer besitzt nach dem Verkauf vieler Titel an Funke nur noch zwölf IVW-kontrollierte Zeitschriften, wenn die BILD am Sonntag einbezogen wird. Auto Bild, Sport Bild, Computer Bild und deren Ableger sind die wichtigsten Zeitschriften; der Marktanteil beträgt 4,3 % (vgl. Vogel 2016, S. 330–343).

4.2.4.2.7 Multimediale und internationale Konzentration

Die großen Zeitschriftenverlage agieren längst *multimedial,* vor allem im Tageszeitungs- und Rundfunkmarkt: Die Funke-Gruppe und Springer gehören zu den großen Zeitungsverlagen, die Funke-Gruppe verlegt darüber hinaus 100 Anzeigenblätter und 400 Kundenzeitschriften, Gruner + Jahr ist zu 74,9 % im Besitz der Bertelsmann SE, der wiederum rund drei Viertel der RTL-Gruppe gehören – eines führenden Hörfunk- und Fernsehunternehmens in Europa (vgl. KEK 2015, S. 77, 91).

Die *Auslandsmärkte* sind für die großen Zeitschriftenverleger sehr viel wichtiger als für die meisten Zeitungsverlage: Die Bauer Media Group erwirtschaftet fast zwei Drittel (64,9 %) ihres Umsatzes nicht in Deutschland,[127] sondern in 17 Ländern, vor allem in Großbritannien mit 50 Zeitschriften und als zweitgrößter Veranstalter kommerziellen Hörfunks. In den USA und in Polen ist Bauer mit 12 bzw. über 30 Titeln als Marktführer in vielen Segmenten präsent. Im Hörfunk ist Bauer Marktführer in Polen und allen skandinavischen Ländern.[128] Etwa 1,7 Mrd. des Umsatzes stammen aus dem Printgeschäft, bislang nur 5 % aus digitalen Medien. Bauer, noch immer vollständig in Familienbesitz, ist für seine Sparstrategien bekannt. Viele Redakteure kommen nicht einmal in den Genuss tarifvertraglicher Leistungen.[129] Auch für G + J ist das internationale Geschäft (insbesondere in Frankreich, Spanien, Österreich) mit Zeitschriften und Lizenzen traditionell sehr bedeutsam. Der Axel Springer-Verlag erwirtschaftete 2015 nahezu die Hälfte seiner Gewinne im internationalen Geschäft.[130]

Einen Überblick bietet die folgende Tab. 4.11.

4.2.4.2.8 Markteintrittsbarrieren

Die Markteintrittsbarrieren sind bei der Presse ausschließlich ökonomischer Natur, denn die Kommunikationsfreiheiten in Kombination mit der Gewerbefreiheit haben für eine ausgeprägte Staatsferne gesorgt. Gesetzliche oder behördliche Barrieren, etwa durch die

[127] Vgl. www.bauermedia.com/fileadmin/20150713_PM_Umsatz_2014.pdf [26.01.2017].

[128] Vgl. www.bauermedia.co.uk/about/our-company sowie www.bauermedia.com/en/media/radio-tv/ [26.01.2017].

[129] Vgl. Frankfurter Allgemeine Zeitung 23.09.2016.

[130] Vgl. www.axelspringer.de/presse/Axel-Springer-staerkt-im-Geschaeftsjahr-2015-Position-als-fuehrender-digitaler-Verlag_26333672.html [26.01.2017].

Tab. 4.11 Die fünf großen Zeitschriftenkonzerne 2016. (Quelle, sofern nicht anders angegeben: Vogel 2016, S. 324, 326, 328; Basis: 519 IVW-gemeldete Titel, Konzern-Umsätze [einschl. Rundfunk, Online etc.] und Erlöse in Mio. € sowie Ebitda-Rendite und Auslandsanteile in Prozent, inkl. Verlagsbeteiligungen; vgl. für Umsatzdaten und Angabe zur Rendite von Gruner + Jahr: www.guj.de/presse/pressemitteilungen/gruner-jahr-2015-erfolgreiches-jahr-fuer-die-zukunft/ [30.11.2016], für Erlöse des Axel Springer Verlag: Axel Springer SE Geschäftsbericht 2015, S. 27; für Umsatzdaten Burda: Konzernabschluss 2015, S. 16: https://d1epvft2eg9h7o.cloudfront.net/filer_public/39/8c/398c897d-4773-4fbb-aa70-39f9350436ae/burda_konzernabschluss_2015.pdf [26.01.2017])

Verlag	Titelzahl	Konzernumsatz	Auslandsanteil	Vertriebserlöse	Anzeigenerlöse	Rendite	Marktanteil
Bauer	49	2263	64,9	1295	437	k. A.	20,7
Burda	66	2455	32,1	1570	k. A.	k. A.	15,3
Funke	27	1183	3,0	k. A.	k. A.	k. A.	14,3
Gruner + Jahr	56	1747	49,3	1203	544	9,5	9,2
Springer	12	3088	43,1	722	2107	16,7 %	4,2

Pressepolitik von Bund und Ländern existieren nicht. Als ökonomische Barrieren sind die bereits erwähnten Economies of Scale sowie Verbundvorteile zwischen Leser- und Werbemarkt zu nennen, die dafür sorgen, dass Erstanbieter in einem Verbreitungsgebiet auch von den Werbekunden bevorzugt werden, was wiederum zu Kumulationseffekten (Anzeigen-Auflagen-Spirale; vgl. Abb. 4.5) führen kann. Neugründungen von Pressetiteln setzen erhebliche Investitionen voraus, das zu erwartende hohe Verlustrisiko wirkt abschreckend (vgl. Heinrich 1994, S. 255; Wirtz 2006, S. 162–163). Und schließlich sind Economies of Scope zu nennen, also die besseren Möglichkeiten der großen Verlage, Produktdifferenzierungen (zum Beispiel über Line Extensions ihrer eingeführten Marken) vorzunehmen oder inter- und crossmediale Synergien zu nutzen (konzerninterne Kooperationen, Mehrfachverwertungen etc.).

Der *Markteintritt* ist für neue Zeitschriften leichter als für Zeitungen; der Zeitschriftenmarkt ist bezogen auf die Neuerscheinung (aber auch die Einstellung) von Titeln sehr dynamisch – jedes Jahr erscheinen durchschnittlich 130 neue Titel, von denen ungefähr zwei Drittel jedoch nicht lange überleben (vgl. VDZ 2010, S. 173). Institutionelle Marktzutrittsbarrieren müssen wie bei den Zeitungen auch bei den Zeitschriften nicht überwunden werden. Auch relativ kleine Zeitschriftenverlage können noch effizient und innovativ am Markt agieren (vgl. Heinrich 2001, S. 353), aber Economies of Scale und Economies of Scope wirken zum Vorteil der großen Verlage, die mit eigenen Entwicklungsabteilungen und „Risikokapital" besonders aktiv sind. Im Ergebnis ist die relative ökonomische Konzentration auf dem Zeitschriftenmarkt stärker als auf dem Tageszeitungsmarkt (zumindest wenn man diesen als nationalen Markt betrachtet), die publizistische Konzentration erscheint hingegen weniger bedrohlich. Die absolute Anbieterzahl (absolute Verlagskonzentration) und die geringeren Marktzutrittsbarrieren sowie die nationale Struktur ermöglicht eine größere Vielfalt als die hohen Markteintrittsbarrieren und stabilen Lokalmonopole, die den Tageszeitungsmarkt prägen.

4.2.4.2.9 Konzentration im Pressevertrieb

Die Konzentration der Presse betrifft nicht nur die Zeitungs- und Zeitschriftenverlage bzw. Redaktionen. Auch die *Vertriebsstrukturen* sind in hohem Maße konzentriert. Das gilt vor allem für das bereits geschilderte Pressegrossokartell, das mit einem Umsatz von 2,227 Mrd. (vgl. Bundesverband Presse-Grosso 2016, S. 96) einen Marktanteil von 50 % erzielt. Das Marktsegment der Nationalvertriebe mit einem Gesamtmarktanteil von 20 % (vgl. Breyer-Mayländer et al. 2005, S. 301) ist ebenfalls in hohem Maße konzentriert: Zum einen verfügen die drei größten Anbieter über 63 % der Marktanteile, zum anderen befinden sich diese in der Hand der großer Verlage (vertikale Konzentration): Der Axel Springer Vertriebsservice GmbH (ASVS) gehört zum gleichnamigen Verlag, der Deutsche Pressevertrieb (DPV) gehört Gruner + Jahr; Burda und Funke dominieren den Nationalvertrieb MVZ (vgl. Vogel 2010, S. 303 und Vogel 2016, S. 341). Der Pressegroßhandel (Grosso) ist kartellartig strukturiert, d. h. die Unternehmen in den 82 Vertriebsgebieten sind jeweils Monopolisten. Insgesamt ist der Grossomarkt aufgrund der sinkenden Pressenachfrage (Absatz wie Umsatz) rückläufig; in den letzten 15 Jahren hat die Konzentration erheblich zugenommen (1996: 96 Unternehmen, 2011: 68 Unternehmen, 2017: 49 Unternehmen) (Bundesverband Presse-Grosso 2016, S. 96; epd medien aktuell Nr. 34a, 16.02.2017). Der *Presseeinzelhandel* bildet in Deutschland mit 1,36 Einzelhändlern pro 1000 Einwohner ein weltweit einzigartig dichtes Netz.[131]

4.2.4.3 Marktentwicklung[132]

Die Werbe- und Publikumsmärkte der Zeitungen und Zeitschriften unterliegen einem *strukturellen Schrumpfungsprozess* aufgrund des demographischen Wandels, veränderter Mediennutzung und intermediärer Konkurrenz: Insgesamt nimmt die Zahl der Leser ab und insbesondere jüngere Leser nutzen verstärkt Online-Angebote, sodass Reichweite, Nutzungshäufigkeit und Nutzungsdauer der (gedruckten) Pressemedien weiter sinken werden. Auf dem Werbemarkt zeichnen sich strukturelle Umverteilungen zu Lasten der Presse ab. Zum einen nimmt die Bedeutung nicht-medialer Werbeträger (Außenwerbung, Direct Mail etc.) zu, zum anderen steigen die Anteile der Rundfunk- und der Onlinemedien am medialen Werbemarkt an, d. h. es findet ein partieller Verdrängungswettbewerb unter den Medien als Werbeträger statt:

- Bei der lokalen Geschäftswerbung (Einzelhandel, Dienstleistungen) stehen lokale und regionale Abonnementzeitungen seit langem im Wettbewerb mit (oftmals von denselben Verlagen betriebenen) Anzeigenblättern und lokalen Hörfunkanbietern sowie ggf. Boulevardblättern.

---

[131] Vgl. Bundesverband Presse-Grosso (2016, S. 96). Selbst im Zeitungs- und Presseland Großbritannien kommen 1074 Einwohner, in Frankreich sogar 1509 Einwohner auf eine Presseverkaufsstelle (vgl. Bundesverband Presse-Grosso 2011, S. 81).

[132] Vgl. für einen Rückblick auf die Marktentwicklung seit 1995 auch Pointner (2010, S. 49–57).

- Die für die Tages- und Wochenzeitungen typischen Rubrikenanzeigen sind – mit Ausnahme von Familienanzeigen – ganz überwiegend in nutzerfreundliche und kostenlose Online-Portale abgewandert, an denen viele Presseverlage beteiligt sind.
- Bei der nationalen Markenartikelwerbung stehen Publikumszeitschriften und begrenzt auch überregionale Wochen- und Tageszeitungen mit Rundfunk- und Onlinemedien sowie nicht-medialen Werbeträgern im Wettbewerb.

Die Tageszeitungen haben jahrelang überdurchschnittliche Werbeverluste hinnehmen müssen und belegen mit 2,65 Mrd. € Euro nur noch Rang 2 hinter dem Fernsehen (vgl. Pasquay 2016, S. 68). Auch die Anzeigenblätter haben etwas Umsatz verloren (−1,9 %), stärker hingegen die Zeitschriften mit einem Minus von 9,7 %. Die Werbeerlöse der Fachzeitschriften wachsen mit 21 % (vgl. Fachpresse-Statistik 2015, S. 16), während die Wochen- und Sonntagszeitungen nur eine minimale Zunahme um 0,2 % bei den Werbeerlösen von 2014 zu 2015 verzeichneten (vgl. Pasquay 2016, S. 68). Die Werbeeinnahmen der Tageszeitungen haben sich seit dem Jahr 2000 halbiert (vgl. Röper 2014, S. 254). Bei den Zeitschriften gingen die Nettowerbeerlöse zwischen 2010 und 2015 um fast ein Drittel von 1450 auf 1075 Mio. € zurück (vgl. Vogel 2016, S. 322). Der größte Werbekunde der Zeitschriften sind die Zeitschriften selbst („Medien") (Eigenwerbung und Verlagswerbung) noch vor Arzneimittel- und Automobilherstellern (vgl. ZAW 2016, S. 207).

Auch die *Konjunkturkrisen* der letzten zwei Jahrzehnte sowie eine durch Medienwandel und demographischen Wandel verursachte strukturelle Krise der Presse haben Folgen gehabt. In den letzten 15 Jahren hat die Nachfrage deutlich nachgelassen: Die Tages- und Sonntagszeitungen haben in den letzten 25 Jahren fast ein Drittel ihrer Auflage eingebüßt,[133] die Publikumszeitschriften seit der Jahrtausendwende rund ein Viertel der Gesamtauflage.[134] Der Auflagenschwund ist bislang ungebremst und wirkt sich nachteilig auf die Werbeeinnahmen aus. Die Presseverlage haben zwar attraktive Online-Angebote entwickelt,[135] aber aufgrund jahrelangen unternehmerischen Versagens kein tragfähiges Geschäftsmodell: Die Werbeeinnahmen steigen zwar, bleiben aber relativ gering,[136] der Rubrikenmarkt (Stellen-, Immobilien-, Kfz-Anzeigen) wurde nahezu kampflos neuen Onlinewettbewerbern überlassen oder auf Plattformen ausgelagert, die den beteiligten Verlagen zwar Erlöse verschaffen, aber nicht (unmittelbar) zur Finanzierung von Journalismus beitragen. Erst in den letzten Jahren werden „Bezahlschranken" (Pay Walls) etabliert und zum Beispiel nennenswerte Teilauflagen als E-Paper abgesetzt.[137]

[133]Die Gesamtauflage betrug 1990 noch 24,7 Mio., 2016 nur noch 17,1 Mio. (vgl. Media Perspektiven Basisdaten 2016, S. 46).

[134]Im Jahr 2000 betrug die Gesamtauflage 124,4 Mio., 2016 noch 93,2 Mio. (vgl. Media Perspektiven Basisdaten 2016, S. 46).

[135]2016 waren 692 Angebote deutscher Zeitungen online (vgl. BDZV 2016, S. 319).

[136]Vgl. zur Werbemarktentwicklung oben sowie Abschn. 2.3 und 2.4.

[137]2016 sind dies bei den Tages- und Sonntagszeitungen insgesamt 900.000, bei den Wochenzeitungen 100.000 und bei den Publikumszeitschriften 700.000 Exemplare, vgl. Media Perspektiven Basisdaten (2016, S. 46).

Die Gesamtauflage der E-Paper-Tageszeitungen von weniger als einer Million steht einem Auflagenverlust der Printausgaben von über 7 Mio. seit der Etablierung der Onlinemedien vor zwanzig Jahren gegenüber. Die Onlineerlöse können aber die Verluste auf den Printmärkten nicht kompensieren. Auch die Erschließung von neuen Marktsegmenten im Niedrigpreissektor und Preiserhöhungen für die klassischen Printprodukte waren wenig erfolgreich. Aufgrund der insgesamt sinkenden Auflage konnten Preissteigerungen von fast 20 % innerhalb von zehn Jahren (vgl. Röper 2010, S. 218) die Umsatzeinbußen nicht vollständig ausgleichen.

Die strategische Antwort der meisten Presseverlage besteht in einer Kostensenkungsstrategie, die letztlich einer weiteren Pressekonzentration und dem Verlust publizistischer Vielfalt den Weg bereitet. Die Zusammenlegung von Lokalausgaben, beispielsweise bei der Westdeutschen Allgemeinen Zeitung (2007) bzw. Einrichtung eines zentralen Newsdesks,[138] die redaktionelle Kooperation, Einrichtung crossmedialer Newsrooms sind, wie bei den Wirtschaftsmedien von Gruner + Jahr (Financial Times Deutschland, Capital, Börse Online, Impulse) mitunter der Beginn von Titeleinstellungen. Die Zusammenlegung von Redaktionen, wie bei der Verlagsgruppe M. DuMont Schauberg (zunächst Frankfurter Rundschau und Berliner Zeitung sowie Mitteldeutsche Zeitung und Kölner Stadtanzeiger, mittlerweile auch Berliner Zeitung und Berliner Kurier) sind betriebswirtschaftlich naheliegend. Auch die 30 Zeitungen von Madsack und anderen werden von einem zentralen „Redaktionsnetzwerk Deutschland" beliefert und im April 2016 bildeten die Stuttgarter Zeitung und die Stuttgarter Nachrichten eine Gemeinschafstredaktion (vgl. Kühte 2017, S. 65). Der Zeitungsverbund von Neuer Osnabrücker Zeitung (NOZ) und medien holding nord mh:n (Schweriner Volkszeitung, Flensburger Tagblatt) verfügt ebenfalls über eine Mantelredaktion mit Korrespondenten in Berlin, Kiel, Hamburg und Hannover. Insgesamt versorgt diese neue Mantelredaktion Tageszeitungen mit einer Auflage von rund einer Million Exemplare in Norddeutschland. NOZ und mh:n besitzen zusammen 33 Tageszeitungen und über 40 Anzeigenblätter.[139]

Im Ergebnis führen solche Maßnahmen möglicherweise zu publizistischen Profil- und Qualitätsverlusten, vor allem aber zur Reduktion struktureller Vielfalt im Gesamtangebot (Makrobene). Der Verlust von Qualität und Vielfalt wird zudem durch Einsparungen bei redaktionellem Personal und Korrespondenten verursacht, weil beides die Abhängigkeit von Nachrichtenagenturen steigert und die Quellenvielfalt reduziert (vgl. Beck et al. 2010; Röper 2010, S. 219–221).

---

[138]2008 wurde in Essen ein solcher Newsdesk eingerichtet, der die Westdeutsche Allgemeine Zeitung, die Neue Rhein/Ruhrzeitung und die Westfälische Rundschau beliefert, wobei ein Drittel der Redakteursstellen eingespart wurde. Auch die Lokalredaktionen der Westfälischen Rundschau wurden 2013 geschlossen, sodass diese Zeitung gar keine eigene Redaktion mehr besitzt. Nach der Übernahme der Springer-Zeitungen Berliner Morgenpost und Hamburger Abendblatt wurde 2014/2015 in Berlin eine Zentralredaktion für die überregionale Berichterstattung von 12 Zeitungen der Funke-Gruppe etabliert (vgl. Kühte 2017, S. 64, 67).

[139]Vgl. epd medien aktuell Nr. 17a, 07.09.2017.

Jenseits der Kostensenkungsstrategien geht es für die Verlage um alternative Erlösmodelle in einem digitalen Medienumfeld: Das reicht von der digitalen Werbe- und Paid Content-Vermarktung auf der eigenen Website, insbesondere als E-Paper, über Mehrfachverwertung journalistischer Inhalte durch den Verkauf an Portale oder andere Akteure im Netz, bis hin zur Beteiligung an neuen Aggregatoren-Plattformen wie Blendle, die einzelne Inhalte in einer Art Digitalkiosk anbieten. Die meisten Redaktionen betreiben selbst auch Social Media-Ableger (etwa Facebook-Profile und -Angebote), um Reichweiten zu erzielen, und viele beliefern die Social Network Provider mit journalistischen Beiträgen, z. B. mit Instant Articles auf Facebook. Allerdings verlieren die Verlage durch solche Distributions- und Erlösmodelle tendenziell den Kontakt und die Bindung zu Lesern und Abonnenten.

Die Zeitungs- und Zeitschriftenmärkte in Deutschland unterliegen seit langem einem wirtschaftlichen und publizistischen Konzentrationsprozess, der einen hohen Konzentrationsgrad erreicht hat und irreversibel ist. Die hohe publizistische Konzentration insbesondere im lokalen Bereich wird durch eine insgesamt pluralistisch-liberale Presseauffassung gemildert, aber nicht durch funktionale Äquivalente wie Anzeigen- oder Gratisblätter, lokalen Rundfunk oder Online-Angebote kompensiert. Dies steht auch künftig nicht zu erwarten, im Gegenteil dürfte die ökonomische und publizistische Konzentration weiter zunehmen. Interne Redaktionszusammenlegungen, crossmediale Kooperations-, Integrations- und Zentralisierungsstrategien weisen klar in diese Richtung.

Nicht zuletzt aufgrund strategischer Fehler der Verlage bei der Erschließung neuer Medienmärkte in Deutschland, insbesondere bei der Etablierung von Paid Content für die eigenen Online-Qualitätsangebote, ist neben der Konzentration eine „Entgrenzung" der Pressemärkte zu beobachten:

- Dies betrifft die nationalen Grenzen, die von vielen kapitalkräftigen deutschen Tageszeitungsverlagen vor allem in Richtung Mittel- und Südosteuropa, und von den großen Zeitschriftenverlagen auch in Richtung Westeuropa und USA überschritten wurden (vgl. Abschn. 4.4). Die Auslandsexpansion der Tageszeitungsverlage zeitigt unterschiedliche Erfolge: Während beispielsweise der Verlag der Neuen Passauer Presse gute Geschäfte in der Tschechischen Republik macht, hat sich der WAZ-Konzern vollständig aus Bulgarien, Rumänien und Serbien zurückgezogen (vgl. epd 10.06.2011, S. 28).
- Eine andere Art der Marktentgrenzung ist das Engagement von Presseverlagen jenseits der Medien, also bei der Postzustellung oder anderen Nebengeschäften.

Angesichts der Krise des klassischen Geschäftsmodells der Presse wird nicht nur verstärkt danach gesucht, welche Variante des Paid Content (Abo- oder Pauschalmodell, Einzelbezahlung, freiwillige Zahlung, Mischung aus frei zugänglichem und entgeltpflichtigem Premiuminhalt etc.) sich als marktfähig erweist. Es geht mittlerweile auch um Alternativen zum Verlagsmodell, wenn nämlich Journalisten selbst Plattformen organisieren und beispielsweise über Spenden, Crowd Funding oder Stiftungen eine Finanzierung erfolgt.

4.2.5 Zusammenfassung: Strukturmerkmale

Die periodisch erscheinenden Printmedien (Presse im engeren Sinn) besitzen in Deutschland eine lange Tradition und eine hohe aktuelle Bedeutung für die politische (Hintergrund- und Lokal-)Information, die Analyse und Kritik, die öffentliche Meinungs- und Willensbildung, aber auch für Bildung, Unterhaltung und Beratung. Das ausdifferenzierte Pressesystem spielt trotz der intermediären Konkurrenz durch Rundfunk und publizistische Onlinemedien bis heute eine Schlüsselrolle. Mit Blick auf die hohe Publikumsreichweite, die flächendeckende Versorgung und die medialen „Produkt"-Vorteile Disponibilität, Flexibilität, Kontinuität und textbasierte Diskursivität unterliegt die gedruckte Presse mit ihren bisherigen Geschäftsmodellen zwar einem Wandel, der durch Rundfunk und Onlinemedien ausgelöst wurde. Aber sie wird ihren gesellschaftlichen Stellenwert in absehbarer Zeit nicht einbüßen. Erkennbar sind allerdings strukturelle Probleme auf dem Werbe- und dem Publikumsmarkt.

In Deutschland ist das lokale und regionale Abonnementzeitungssystem prägend für die Tageszeitungen, während überregional verbreitete Qualitätszeitungen einerseits und überwiegend lokal operierende Boulevardzeitungen andererseits ergänzende Funktionen erfüllen. Eine räumliche Zentrierung der politisch bedeutsamen Tages- und Wochenzeitungen in der Hauptstadt gibt es in Deutschland – im Gegensatz etwa zu Großbritannien oder Frankreich – nicht. Deutschland verfügt über ein außergewöhnlich reichhaltiges Zeitschriftenangebot; das gilt für die Titelzahl, für die inhaltlich-thematische Bandbreite, die Zielgruppenorientierung und die verkaufte Auflage. Das Abonnementsystem der Tageszeitungen, das sehr dichte Netz von Presseverkaufsstellen, die Institutionen Pressepost und Pressegrosso gewährleisten eine flächendeckende Versorgung der Bevölkerung. Die staatliche Medienpolitik beschränkt sich auf eine diskriminierungsfreie steuerliche Subvention und Privilegierung der Presse, weil diese eine öffentliche Aufgabe wahrnimmt. Die Pressepolitik versteht sich als neutrale Wirtschaftspolitik unter Wahrung der grundgesetzlich gebotenen Staatsferne der Presse, sodass die Regelungsdichte im Vergleich zur Rundfunkpolitik deutlich geringer ist.

Die Presse ist in Deutschland mit Ausnahme der Verbandspresse sowie der konfessionellen und der insgesamt publizistisch nicht mehr bedeutsamen Parteipresse kapitalistisch organisiert. Dies stärkt die (äußere) Pressefreiheit im Sinne einer Unabhängigkeit vom Staat und anderen politisch dominanten Akteuren, wirft aber andere, systemtypische Probleme auf. Die marktwirtschaftliche Ordnung und die Verbundproduktion des Koppelprodukts Presse führt zu Konjunkturabhängigkeit auf dem Werbemarkt, zur Fixkostendegression (Economies of Scale) und im Marktergebnis zur ökonomischen und publizistischen Konzentration der Presse. Bundesweit hat die Zahl der unabhängigen Vollredaktionen bei Tageszeitungen (Publizistische Einheiten) drastisch auf rund 121 abgenommen (vgl. HBI 2017, S. 12), obwohl die Gesamtauflage bis zur sog. Zeitungskrise sogar erheblich gewachsen war. Für die lokale und regionale Berichterstattung stehen in weiten Teilen Deutschlands nur Monopolzeitungen zur Verfügung; publizistisch versagt hier der Markt weitgehend auch bei den Anzeigenblättern sowie im Rundfunk. Marktzutritte neuer Zeitungen sind nicht zu erwarten, weitere Kooperations-, Zentralisations- und Konzentrationsentwicklungen zeichnen sich ab. Überregional hingegen bieten die Qualitätstageszeitungen, die Sonntags- und Wochenpresse sowie das politisch relevante Segment der Zeitschriftentitel trotz wirtschaftlicher Konzentration eine beachtliche publizistische Vielfalt.

Die wichtigsten Merkmale der Organisationsstruktur der deutschen Presse auf der Mesoebene (Presseverlage) und der Makroebene (Pressemarkt) sind in Tab. 4.12 zusammengefasst.

Aus der Institutionalisierungsperspektive, also hinsichtlich der handlungsleitenden Regeln und Normen für die Presse, können die folgenden Strukturmerkmale der periodischen Presse in Deutschland festgehalten werden (vgl. Tab. 4.13).

Tab. 4.12 Organisation der Presse

Mesoebene	• Redaktionen als zentrale publizistische Akteure (Selektion, Präsentation, Kommentierung von Themen) • privatwirtschaftlich-kommerzielle Verlage als zentrale wirtschaftliche Akteure • Mischfinanzierung (Koppelprodukt) als dominantes Geschäftsmodell • First Copy-Kosten und Fixkostendegression (Auflage) • Horizontale und vertikale Integrations- sowie Kostensenkungsstrategien • Mäßig erfolgreiche Crossmedia-Strategien • Ergänzungsfunktion der konfessionellen, parteigebundenen und der Diasporapresse
Makroebene	• Lokale bzw. regionale Tageszeitungsmärkte • Stark ausdifferenzierter, dynamischer Zeitschriftenmarkt • Marktversagen: sehr stark konzentrierter Zeitungs- und Zeitschriftenmarkt (Auflagen- und Verlagskonzentration) • Marktversagen: lokale Pressemonopole und crossmediale Lokalkonzentration (Anzeigenblätter, Hörfunk) • Strukturell schrumpfende Leser- und Werbemärkte • Flächendeckender und neutraler Pressevertrieb (Pressegrosso) • Hohe wirtschaftliche Markteintrittsbarrieren auf dem Zeitungsmarkt

Tab. 4.13 Institutionalisierung der Presse

Mesoebene	• Periodizität der Erscheinungsweise • Hohe Aktualität und abgestufte Universalität der Themen • Öffentliche Aufgabe und privates, kommerzielles Interesse der Verleger • Redaktion als genuine Institution der Presse • Redaktionelle Unabhängigkeit von Verlag und Werbung (innere Pressefreiheit, Trennungsgebot) • Abonnement-Modell und Leser-Blatt-Bindung
Makroebene	• Schutz durch Art. 5.1 und Art. 5.3 GG und Landespressegesetze • Staatsferne durch Marktorganisation • Normative Sonderstellung der Presse: Preisbindung, Umsatzsteuerermäßigung, Konzentrationskontrolle • BDZV und VDZ als einflussreiche medienpolitische Akteure • Deutscher Presserat und Publizistische Grundsätze (Pressekodex)

Wichtige Quellen und Websites zum Thema Presse

- Zeitungen 2017/2018 (Jahrbuch des Bundesverbands Deutscher Zeitungsverleger, BDZV), bzw. jeweils aktuelle Ausgabe
- www.bdzv.de
- www.ivw.de
- Wissenschaftliches Institut für Presseforschung und Medienberatung: http://presseforschung.de/
- Pürer und Raabe (2007)

Gesetze

- *Berliner Pressegesetz:* Berliner Pressegesetz vom 15. Juni 1965 (GVBl. S. 744); zuletzt geändert durch Art. 1 Fünftes ÄndG vom 04.04.2016 (GVBl. S. 150).
- *Betriebsverfassungsgesetz:* Betriebsverfassungsgesetz in der Fassung der Bekanntmachung vom 25. September 2001 (BGBl. I S. 2518), das durch Artikel 19 Absatz 5 des Gesetzes vom 23. Dezember 2016 (BGBl. I S. 3234) geändert worden ist.
- *Gesetz gegen Wettbewerbsbeschränkungen:* Gesetz gegen Wettbewerbsbeschränkungen (GWB) in der Fassung der Bekanntmachung vom 26. Juni 2013 (BGBl. I S. 1750, 3245), das durch Artikel 5 des Gesetzes vom 13. Oktober 2016 (BGBl. I S. 2258) geändert worden ist.
- Gesetz zur Gewährleistung der Unabhängigkeit des vom Deutschen Presserat eingesetzten Beschwerdeausschusses vom 18. August 1976 (BGBl. I S. 2215).
- *Pressegesetz des Landes Brandenburg:* Pressegesetz des Landes Brandenburg (Brandenburgisches Pressegesetz – BbgPG) vom 13. Mai 1993 (GVBl.I/93, [Nr. 10], S. 162), zuletzt geändert durch Gesetz vom 21. Juni 2012 (GVBl.I/12, [Nr. 27]).

4.3 Film: Kino und Video

▶ **Wichtig** Der Film gehört seit mehr als einem Jahrhundert zu den populären Medien öffentlicher Kommunikation. Seine komplexe Zeichenstruktur und sein hoher Technisierungsgrad als tertiäres Medium führen zu einer aufwändigen Produktions- und Vertriebsorganisation, die anhand der Wertschöpfungskette detailliert in diesem Kapitel beschrieben wird. Weil die Filmproduktion hohe wirtschaftliche Risiken in sich birgt, haben sich im Laufe der Filmgeschichte wenige vertikal integrierte und multinational arbeitende Filmkonzerne am Markt durchgesetzt, allen voran die US-Major Film Companies, die auch den deutschen Markt dominieren. Neben dem traditionellen Vermittlungsweg Kino ist seit einigen Jahrzehnten die Videovermarktung mithilfe unterschiedlicher Speichermedien getreten, die in Deutschland wirtschaftlich bedeutsamer ist als das Kinoabspiel. Insgesamt ergibt sich für den Film- und Kinomarkt ein hoher Konzentrations- und Kommerzialisierungsgrad.

Der Film war in Deutschland von Beginn an Objekt restriktiver staatlicher Kommunikationspolitik (inhaltliche Zensur und Organisationslenkung). Heutzutage konzentrieren sich Bund und Bundesländer auf die wirtschaftliche und kulturelle Filmförderung, die in diesem Kapitel ebenso dargestellt wird wie die regulierte Selbstregulierung der Filmwirtschaft für den Jugendschutz (FSK).

4.3.1 Film als technisch basiertes Zeichensystem

Das Wort Film bezeichnet gleichermaßen das (traditionelle) technische Trägermedium in Form einer dünnen und flexiblen, halbtransparenten Folie (anfangs Nitro-, dann Zelluloidstreifen) wie das publizistische Medium und die Kunstform. Technisch bietet Film als Trägermaterial die Möglichkeit, Bewegtbilder in Einzelbilder zerlegt photographisch (also durch Belichtung) synchron aufzuzeichnen, zu speichern und nach einer chemischen Entwicklung zeit-räumlich versetzt mittels einer Projektion wieder aufzuführen. Die ersten Filmaufführungen fanden 1895 in Berlin (Gebrüder Skladanowsky) und Paris (Gebrüder Lumière) statt. Seit der Erfindung des Tonfilms in den 1920er Jahren[140] und des Farbfilms in den 1930er Jahren haben die Realismusgrade der Darstellung zugenommen; Film ist ein komplexes audiovisuelles Arrangement von Zeichentypen: Dabei sind abbildhafte ikonische Zeichen, die durch Belichtung von lichtempfindlichen Filmmaterial technisch aufgezeichnet werden, die Basis. Die Zerlegung in 24 Einzelbilder pro Sekunde bei der Aufnahme erzeugt bei der Projektion eine realistische (oder eine künstlerisch gestaltete) Bewegungsillusion. Vor allem im Kunstfilm und der fiktionalen Unterhaltung werden ikonische Zeichen in hohem Maße als symbolische Zeichen verwendet, die für eine Bedeutung im übertragenen Sinne und nicht mehr allein als Index abgefilmter Realitätsausschnitte stehen. Darüber hinaus können optische Effekte mithilfe von Kamera- und Schnitttechnik erzeugt werden, die den Film in besonderer Weise auszeichnen: Grundlegend sind die Auswahl von Bildausschnitten (Quadrierung), Kameraperspektiven und Einstellungsgrößen (von der „Totalen“ über die „Halbtotale“ oder „Amerikanische“ bis hin zur Nah- und Detailaufnahme) sowie die Einstellungslängen und -abfolgen. Durch Animationstechniken des Trickfilms und verstärkt durch digitale Bildbearbeitungstechniken hat sich das Formen- und Zeichenrepertoire des Films erweitert; mittlerweile ist die computergestützte Erzeugung real erscheinender synthetischer Bilder und Bewegungen ohne reale Vorlage durchaus üblich. Als filmspezifisches Gestaltungsmittel, das freilich auch im Fernsehen eingesetzt wird, gilt die Montage von Einstellungen und Szenen sowie die Verbindung mit dem Strom auditiver Zeichen: Neben

[140]Die ersten Lichtton-Versuchsfilme datieren auf 1921; der erste amerikanische Tonfilm („The Jazz Singer“) auf das Jahr 1927; vgl. Wilke (2009c, S. 16–21).

Dialogen und aus dem „Off" (also von Personen außerhalb des Filmbildes) gesprochenen Kommentaren werden vor allem Originaltöne als indexikalische Zeichen des Realfilms und Musik als starkes dramaturgisches Mittel verwendet. Das Zusammenspiel von visuellen und auditiven Zeichen im Zeitverlauf wird durch die Montage erzeugt und verleiht dem Film einen spezifischen Rhythmus. Die Montage selbst erlangt dabei die Funktion eines Metazeichens, denn Film ist immer mehr als nur die technische Aufzeichnung von vorgefundener oder inszenierter Realität.

Allerdings unterscheiden sich Dokumentarfilm und Spielfilm deutlich in ihrer Akzentsetzung; die Publizistikwissenschaft hat sich lange Zeit allenfalls mit den Dokumentarformen befasst, weil diese dem Faktizitätsanspruch des Journalismus vermeintlich näher stehen. Der unterhaltende Spiel- und Kunstfilm galt hingegen als (Populär-)Kunstform zur Erzeugung von Illusionen („Traumfabrik" bzw. Teil der „Kulturindustrie").[141] Als zeitbasiertes Medium weist der Film eine Verwandtschaft mit der Musik sowie mit der Literatur auf, denn dokumentarischer wie fiktionaler Film können wie diese eine narrative Funktion erfüllen, als sachlicher Bericht über politisch relevante Ereignisse oder als spannungserzeugende Erzählung erfundener Unterhaltungsstoffe.

An den semiotischen Grundeigenschaften des Mediums Film hat sich durch die weitgehende Abkehr von der analogen photochemischen Technik nichts geändert; der Übergang zu elektromagnetischen Aufzeichnung (MAZ, Video) und zur Digitalisierung von Aufzeichnung, Bildbearbeitung und Speicherung hat vor allem die Handhabung der Gestaltungsmittel erleichtert und die Kosten reduziert. Die Einführung von leicht für Laien handhabbaren Trägermedien wie Videobänder und -kassetten, CD-ROM, DVD und BluRayDisc hat darüber hinaus dem klassischen Film-Kino-Dispositiv eine weitere Variante zugefügt: Film wurde (und wird) im Rahmen öffentlicher Aufführungen von einem Präsenzpublikum rezipiert; anfangs als spektakulärer Kurzfilm im Rahmen von Varietéaufführungen o. ä., mit der Durchsetzung des Langfilms um 1913 in eigenen Kino-, Film- oder Lichtspieltheatern mit verdunkelbarem Auditorium, professioneller Projektionstechnik und Filmvorführern etc. (vgl. Wulff 2006, S. 68–70). Die „neuen" Trägermedien erzeugen ein neues Mediendispositiv, denn sie erlauben die heimische Rezeption in der Privatsphäre und verändern die Aufführungsqualität (Monitor statt Leinwand) sowie zeitlichen Nutzungsmöglichkeiten erheblich (Unterbrechungen, Wiederholungen etc.).

[141]Gerade mit Blick auf die Verwertungsketten und die große Rolle fiktionaler Fernsehunterhaltung, die nicht zuletzt aus dem Filmrepertoire schöpft, sowie einer Reihe von Mischgenres (TV-Filme, TV Movies, „Made-for's") lässt sich diese dezisionistische Trennung heutzutage nur schwer begründen. Wenn man die publizistische Bedeutung des Spielfilms anhand vermutlicher Wirkungen auf die Meinungsbildung bemisst, dann dürften Kultivierungseffekte und Einstellungsveränderungen (etwa im Hinblick auf Familie, Beziehungen und Sexualität, soziale Integration, Krieg oder Terrorismus) gerade aufgrund hohen Involvements und affektiver Medieneffekte beim Kinofilm ebenfalls für eine Berücksichtigung aus publizistikwissenschaftlicher Sicht sprechen. Für den Dokumentarfilm und die Wochenschauen (ab 1909) liegen die politisch-publizistischen Funktionen auf der Hand.

Aufgrund der Digitalisierung und Vernetzung im Zuge der Veralltäglichung des Internet haben sich die „Trägermedien" sowie partiell auch die Produktionsmedien grundlegend gewandelt und es sind zusätzliche Rezeptionsformen hinzugekommen: Für die Speicherung von audiovisuellem Material bedarf es zwar auch weiterhin physikalischer Träger, allerdings in Gestalt von inhalteneutralem Speicherplatz (Chip. Festplatte, Server etc.), wie er auf nahezu jedem digiatlen Gerät zur Verfügung steht. Für die Distribution ist nun nicht mehr der materielle Transport von Trägermedien notwendig, sondern es genügen der IP-basierte Abruf (Download) oder die Übertragung (Streaming) im Netz. Hierbei sind auch die mobile Verbreitung bzw. Nutzung möglich und seit dem Erfolg von Smartphones durchaus üblich. Hinzu kommt, dass mit vielen mobilen Endgeräten oder dem stationären Home-PC selbst digitale Videos produziert und auf Videoplattformen (z. B. Youtube) hochgeladen werden können. Durch solche großen Plattformen oder die Empfehlung und Weiterleitung in Social Network Services wie Facebook hat sich die Reichweite privater Videos deutlich über die tradtionllen Formen des „Home Video" hinaus erweitert. Das Kino-Dispositiv und das Fernseh-Dispositiv bestehen weiter, sie werden aber durch die spontane Nutzung „zwischendurch" via PC, Notebook oder Smartphone ergänzt. In allen Fällen von Kino wie Video[142], handelt es sich um tertiäre Medien, denn auf der Produktions- wie der Rezeptionsseite sind technische Medienapparaturen notwendig, damit Filmkommunikation gelingen kann.

4.3.2 Organisation und Institutionalisierung des Filmwesens

4.3.2.1 Akteure und Leistungen

Aus kommunikationswissenschaftlicher Sicht sind die kreativen Filmschaffenden, also Autoren und Regisseure sowie ggf. auch Schauspieler, die Ausgangspartner und die Filmrezipienten, als Teil eines räumlich kopräsenten Kinopublikums oder als Nutzer von kombinierten Bildträger und Bildschirm-Dispositiven des „Home Entertainment", die Zielpartner der Kommunikation. Im Gegensatz zu anderen Medien, beispielsweise dem Buch, fällt beim Film besonders ins Gewicht, dass es sich um eine kollektive Produktion handelt, der Ausgangspartner also in der Regel keine einzelne Person (Autor) ist, sondern Aussagenkreation und Vermittlung sich in einem eng verzahnten arbeitsteiligen Prozess vollziehen: Ohne Schauspieler bzw. Darsteller, Kamera, Regie und Schnitt entsteht kein Kommunikat, zumindest kein Spielfilm, sondern allenfalls ein Experimentalfilm. Die filmtypische Spezialisierung und arbeitsteilige Organisation machen deutlich, dass es sich um einen kreativen sozialen Prozess und nicht um eine bloß technische Übermittlung handelt. Im Gegensatz zum Abdruck eines individuell erzeugten Textes lässt der Film der Kreativität größere technische und semiotische Freiheitsgrade, die allerdings

[142]Video umfasst als Bezeichnung im Branchensprachgebrauch auch die neuen Trägermedien des „Home Entertainment" wie CD, DVD, BluRayDisc im Branchensprachgebrauch.

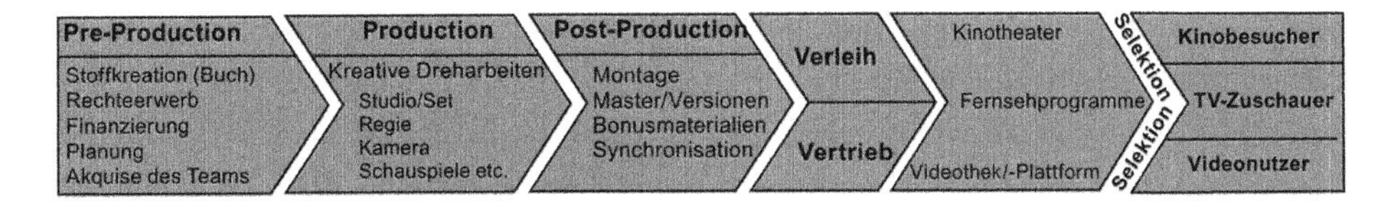

Abb. 4.8 Wertschöpfungskette Filmkommunikation

auch ausgeschöpft werden müssen, damit ein Film erst entsteht und Filmkommunikation stattfinden kann.

Medientechnisch und -ökonomisch kann der komplexe arbeitsteilige Prozess, bei dem unterschiedliche Akteure meist nur befristet für ein konkretes Projekt miteinander vernetzt werden, als Wertschöpfungskette beschrieben werden, die weitgehend parallel zum Kommunikationsprozess verläuft (vgl. Abb. 4.8).

Neben den ökonomischen Grundfunktionen, wie sie die Wertschöpfungskette mit ihren Varianten beschreibt, müssen für die Mediensystemanalyse die Akteursrollen sowie die konkreten Handlungs- und Strategiemuster detaillierter beschrieben werden. Dabei sind unterschiedliche Ausgangspunkte denkbar: Die Idee für einen Film kann systematisch entwickelt oder aus einem kulturellen Bestand von Narrativen, insbesondere aus der Belletristik oder der realen Geschichte (Biographien, historische und zeitgeschichtliche Ereignisse) gewonnen werden. Die Ideen werden von Autoren zu Exposés ausgearbeitet, die über die wesentlichen Themen und Probleme, Handlungsabläufe und Personenkonstellationen Auskunft geben, und falls sie damit auf Interesse von Produzenten stoßen zu einem Treatment und schließlich zu einem Drehbuch konkretisiert. Diese kreativen Schritte können freiberuflich und eigeninitiativ oder im Auftrag von Filmproduzenten erfolgen.

4.3.2.2 Filmproduktion

Dem Filmproduzenten kommt eine zentrale Funktion für die Herstellung und eine koordinierende Rolle für den gesamten Film zu, er ist der wichtigste Projektmanager. Zu seinen Schlüsselkompetenzen (und Core Assets) gehören persönliche und geschäftliche Netzwerke für die Finanzierung und die Produktion sowie eine Referenzliste erfolgreicher Filme (vgl. Wirtz 2006, S. 260–261).

Im Vorfeld der Dreharbeiten (Pre-Production) erwirbt der Produzent bzw. das Produktionsunternehmen die Rechte an einem Stoff und der Verfilmung eines Drehbuchs bzw. vergibt den Auftrag zum Schreiben eines detaillierten Drehbuchs, das eine wichtige Grundlage für die Planung und Kalkulation des Filmprojektes ist. In dieser Phase scheitern bereits die meisten Filmideen und -drehbücher an den strengen wirtschaftlichen Auswahlkriterien. Der Filmproduzent entscheidet über die Zusammensetzung des Filmteams, d. h. er ist in der Regel der Auftraggeber des Regisseurs, der Schauspieler und aller anderen kreativen und technischen Dienstleister. Kreative Talente und publikumsattraktive Stars sind ein knappes Gut, was sich in hohen Kosten, etwa für Stargagen in Millionenhöhe, niederschlägt. Die Fähigkeit, geschäftliche und persönliche Netzwerke mit kreativem Personal aufzubauen und zu unterhalten, um das optimale Projektteam zusammenzustellen, gehört zu den Kernkompetenzen; bestehende Netzwerke bilden das Core Asset des Filmproduzenten (vgl. Wirtz 2006, S. 280). Er legt die Besetzung, die Drehorte und die Dauer der Dreharbeiten sowie der weiteren Herstellungsschritte fest und er kalkuliert und kontrolliert das Budget.

Eine weitere entscheidende Managementfunktion des Produzenten besteht in der Finanzierung des Filmprojekts. In den seltensten Fällen erfolgt die Finanzierung der Filmproduktion allein durch Eigenkapital des Produktionsunternehmens; typischerweise müssen unterschiedliche Quellen kombiniert werden. Da die deutschen Produzenten im internationalen Vergleich besonders kapitalschwach sind, versuchen die Filmproduzenten Fremdkapital, z. B. Wagniskapital, Bankbürgschaften und Kredite, öffentliche Fördermittel und Beteiligungen von Verwertungsunternehmen für die Filmfinanzierung zu nutzen.

In Deutschland wurde 2011 der erste Spielfilm mit 170.000 € aus einem Crowdfunding, also durch Spenden von Filminteressierten finanziert (vgl. Myrrhe 2011, S. 21). Mithilfe der größten Crowdfunding-Plattform Startnext wurden seitdem insgesamt 800 Filmpojekte finanziert (vgl. HBI 2017, S. 36).

Viele Filme entstehen als Koproduktionen mit internationalen Partnern und mit vorwiegend deutschen Fernsehveranstaltern: 2015 stammten nur 24 % aller deutschen Filme von *einem* Produzenten, der Rest waren Koproduktionen. Bei über vierzig Prozent der Filme fungierten Fernsehunternehmen als Koproduzenten (vgl. SPIO 2016, S. 15, 21).[143] Für große Produktionen können Erlöse oder zumindest Kosteneinsparungen aus der Produktplatzierung generiert werden. Bei diesem gesetzlich erlaubten Product Placement werden Produkte, Dienstleistungen, Marken oder auch Ideen und (Urlaubs-)Orte gegen ein Entgelt oder die Bereitstellung geldwerter Güter (Autos, Hotelunterkunft, Kleidung etc.) in die Filmhandlung integriert. Zur Finanzierung des Produktionsbudgets können per Vertrag Forderungen von Zulieferern bis zum Filmstart zurückgestellt oder erfolgsabhängig ausgezahlt werden und es können Filmverwertungsrechte vorab an den Verleih, den Vertrieb oder an Video- und Fernsehprogrammveranstalter sowie an Unternehmen veräußert werden, die Merchandising betreiben, also beispielsweise Soundtracks, Bücher oder Fanartikel und Spielzeug zum Film verkaufen (vgl. Hass 2009, S. 362–364). Im Rahmen solcher Pre-Sales tragen die Rechterwerber und an der Finanzierung beteiligte Dritte einen Teil des sehr *hohen Risikos der Filmproduktion.* Dieses hohe Risiko hängt mit den Guteigenschaften des Films zusammen: Es handelt sich um ein Unikat,

[143]Im Zuge der Programmausweitung des Fernsehens und der Dualisierung des Rundfunks haben zunächst die öffentlich-rechtlichen Anstalten seit den späten 1970er Jahren verstärkt auf Spielfilme als publikumsattraktive Programmressource zurückgegriffen. Seit 1974 agieren sie nicht nur als Nachfrager, sondern als Koproduzenten von Filmen. Mittlerweile gilt ähnliches auch für die privaten Veranstalter. 2015 hatten 94 deutsche Kinofilme ihre Premiere im Fernsehen, insgesamt gab es fast 1500 Sendetermine mit deutschen 11 Kinofilmen im Fernsehen (vgl. SPIO 2016, S. 85).

dessen Erfolg beim Publikum äußerst ungewiss ist. Auch Starbesetzungen, die Produktion von Sequels (James Bond, Terminator, Harry Potter) und der Rückgriff auf erfolgreiche Buch-, Bühnen- oder Fernsehserienvorlagen sowie Kinofilm-Remakes (Kingkong, Superman), hoher technischer Aufwand und professionelles Marketing garantieren keinen ökonomischen Erfolg. Die Investitionen in die Filmproduktion sind beträchtlich und vor allem irreversibel („sunk costs"), können also bei einem Misserfolg nicht mehr eingespielt werden. Noch vor dem Erfolgsrisiko am Markt liegt das Produktionsrisiko, also die Gefahr, dass die Produktion aus finanziellen oder persönlichen Gründen (etwa: Tod des Hauptdarstellers) nicht fertig gestellt werden kann; auch dann sind die bereits getätigten Investitionen verloren. Wird die Produktion zwar erfolgreich abgeschlossen, dabei aber das Budget überzogen, ist eine Amortisation am Markt überaus fraglich (vgl. Hass 2009, S. 368–370; Duvvuri 2007, S. 22–24).

Soweit hierüber Angaben vorliegen, ergibt sich für deutsche Filme ein durchschnittliches *Produktionsbudget* von 2,3 Mio. €, bei den internationalen Koproduktionen deutscher Unternehmen sind es 11,3 Mio. € (Angaben für 2015; vgl. SPIO 2016, S. 17). Das zeigt, wie hilfreich die Internationalisierung auf der Produktionsseite sein kann, auch wenn die Durchschnittswerte nur eine begrenzte Aussagekraft haben. Die durchschnittlichen Budgets der Major Filmcompanies Columbia, Disney, Paramount, Sony, Twentieth Century Fox, Universal und Warner Brothers liegen um den Faktor 45 über diesen Werten (vgl. Wirtz 2013, S. 319), sodass es deutschen Produzenten vergleichsweise schwer fällt, bei der Produktion massenattraktiver oder gar exportfähiger Publikumsfilme zu konkurrieren.

Die eigentliche Production-Phase umfasst die gesamten Dreharbeiten „am Set", also alle Studio- und die Außenaufnahmen bis zur Erstellung des ersten Filmnegativmaterials, das aber nur die Basis für den Film abgibt, der erst in der Post-Production-Phase entsteht: Aus der Rohfassung wird durch Montage bzw. Schnitt, ggf. optische Nachbearbeitung (Trickeffekte etc.) und Vertonung (Musik, Geräusche, Off-Stimmen etc.) ein Filmmaster erstellt, der als Vorlage für die Kino-Filmkopien oder die Produktion von DVD und BluRayDiscs dient.[144]

Die Nutzung der verschiedenen Verwertungsfenster und -formen in der Post-Production- bzw. Vermarktungsphase sowie die hohe Relevanz von Marketing und Merchandising bedeutet für den Produzenten, dass letztlich nicht ein Kinofilm, sondern ein ganzes Produktbündel hergestellt werden muss (vgl. Wirtz 2006, S. 284).

4.3.2.3 Verleih und Vertrieb

Der *Filmverleih* fungiert einerseits als Bindeglied zwischen Hersteller (Produzent, Studio) und Kino („Abspiel") und andererseits vielfach als Ko-Finanzierer der Filmproduktion: Er erwirbt (meist vorab) die Kinoverwertungsrechte für bestimmte Filmpakete oder -staffeln

[144]Vgl. zu den Grundfunktionen der Filmproduzenten Duvvuri (2007, S. 11–13) sowie für eine praxisorientierte Einführung in das Produktionsmanagement Schmidt-Matthiesen und Clevé (2010).

(System der Blockbuchung), eine definierte Region und einen Zeitraum vom Filmproduzenten. Der Verleih lässt im Kopierwerk die materiellen Filmkopien herstellen und entscheidet hierdurch über die Verbreitung des Films. Die Zahl der Filmkopien ist auf jeweils mehrere Hundert angewachsen, weil man den Film durch parallele Aufführung auf vielen Leinwänden rasch vermarkten und positive Effekte von Werbung und persönlichen Empfehlungen nutzen will. Durch die Digitalisierung der Kinotechnik und des Vertriebs (durch verschlüsselte Übertragungsverfahren) können künftig Kopier- und Transportkosten sowie Zeit für Programmänderungen gespart werden (vgl. Sommer 2009).

Vom Netto-Einspielergebnis der Kinos erhält der Verleih in der Regel 14 % (vgl. Wirtz 2013, S. 348). Durch die Gewinnbeteiligung und das Blockbuchungssystem, bei dem der Verleih zwangsweise auch publikumsschwache und wirtschaftlich wenig attraktive Filmrechte erwirbt, ist er am Produktionsrisiko indirekt beteiligt. Beim Filmverleih wirken Skaleneffekte anders als bei der projektbezogenen Filmproduktion kostendämpfend, d. h. je mehr Filme ein Verleih im Angebot hat, umso effektiver und effizienter kann er den einzelnen Film vermarkten. Hinzu kommt, dass große Verleihfirmen oftmals die übrigen Verwertungsrechte für DVD bzw. Onlineverbreitung und ggf. für das Fernsehen kaufen und ebenfalls vermarkten.

Im Gegensatz zum Kinoverleih ist der *Vertrieb* für die Vermarktung der Filmlizenzen im Ausland und ggf. die Erstellung fremdsprachiger Fassungen zuständig. Oftmals zahlt der Vertrieb dem Produzenten vorab eine Festsumme oder er beteiligt den Produzenten an den Exporterlösen. Für den deutschen Film besitzt der Vertrieb allerdings mangels internationaler Nachfrage eine vergleichsweise geringe wirtschaftliche Bedeutung (etwa zehn Prozent der Erlöse), während US-Produktionen bis zu 82 % ihres Budgets auf den Auslandsmärkten einspielen (vgl. Duvvuri 2007, S. 18) und damit über 21 Mrd. US$ jährlich erlösen (vgl. Wirtz 2013, S. 324).

Die Verwertung des Films beginnt oftmals bereits vor dem Kinostart, wenn Soundtracks und Fanartikel vorab vermarktet werden; eine große Rolle spielen auch Filmfestspiele, Festivals und Preisverleihungen sowie Filmmessen. Hier wird Medienaufmerksamkeit für einen Film erzeugt und es werden Geschäfte abgeschlossen. Die eigentliche Filmverwertung folgt einem vorgegebenen Ablauf aus einander folgenden *„Verwertungsfenstern" (Profit Windows):* Am Beginn steht die Kinoaufführung, die im schlechtesten Fall nach 72 h beendet wird, bei großem Publikumserfolg einige Wochen oder bis zu sechs Monaten andauern kann. Die nächste Verwertungsstufe beginnt drei bis sechs Monate später mit dem Verkauf auf DVD und BluRayDisc, mittlerweile abgelöst durch Online-Streaming und -Download gegen Einzelentgelt, gefolgt von der stark rückläufigen Auswertung im stationären oder Versandvideoverleih. Bereits parallel dazu, etwa 18–24 Monate nach dem Kinostart läuft der Film im Pay-TV bzw. den Download-Plattformen auf Abonnementbasis (SVoD = Subscriptional Video-on-demand) und schließlich im werbe- oder beitragsfinanzierten Fernsehen (vgl. Duvvuri 2007, S. 13–17 sowie Birkel et al. 2017, S. 347).

Bei der Kinoverwertung nehmen die Marketingkosten einen beträchtlichen Stellenwert ein; sie werden mittlerweile neben den Produktionskosten selbst als Qualitätskriterium im Rahmen der Produkt-PR verbreitet. Eine zeitlich genau abgestimmte, multimediale Kampagne und der Versuch mit Hunderten von Kopien einen „Blockbuster" zu lancieren, prägen das Marketing für den populären und kommerziellen Kinofilm.

4.3.2.4 Kinoabspiel und Videovertrieb

Die Kinos beziehen ihre Filme nicht direkt vom Produzenten, sondern vom Filmverleih, der allerdings in vielen Fällen ein Tochterunternehmen der großen Produktionsfirmen bzw. Teil eines vertikal integrierten, also alle Wertschöpfungsglieder umfassenden, Major-Filmkonzerns ist. Die Programmpolitik der Kinos hängt damit, sofern es sich nicht um cineastisch ausgerichtete Arthouse-Filmprogramme oder „Off"-Kinos handelt, weitgehend vom Verleih und den engen vertraglichen Bindungen ab. Die Abläufe sind in hohem Maße institutionalisiert: Filmstart ist Donnerstag und entscheidend ist die Zwischenbilanz der Kinoeinnahmen bis Sonntagabend. Liegen die Erlöse der Kinos über der vom Verleih definierten Summe, bleibt der Film im Kinoprogramm (Prolongation). Erfüllt der Film diese Erlösvorgaben nicht, nimmt ihn das Kino aus dem Programm. Die Filmtheaterunternehmen sind durch dieses System ebenso wie die Verleiher am Produktions- bzw. Erfolgsrisiko des Films beteiligt, zudem können sie fast am Ende der Wertschöpfungskette keinerlei Einfluss mehr auf das Produkt nehmen. Das ökonomische „Schicksal" eines Films entscheidet sich aufgrund des Prolongationssystems also in sehr kurzer Zeit, obwohl es um die Amortisation von zum Teil sehr hohen Investitionssummen geht. Vor diesem Hintergrund erscheinen die hohen Aufwendungen für das Filmmarketing bereits im Vorfeld sinnvoll.

Die Kinobetreiber führen von ihren Eintrittserlösen die gesetzliche Filmabgabe (je nach Umsatz zwischen 1,8 und 3%)[145] und ggf. lokal erhobene Vergnügungssteuern[146] ab; an den Verleih zahlen sie eine Filmmiete von rund 14 % der Nettoerlöse aus dem Kartenverkauf. Der Verleih behält 14 % der Kinoerlöse (bzw. 32 % der Verleiherlöse) und führt den Rest an den Produzenten ab. Beim Kino verbleiben rund 33 % (vgl. Wirtz 2013, S. 347–348).

Die Strategie der Filmverleiher, gleichzeitig 600 oder mehr Kopien desselben Films zu verleihen, hat die früher bedeutsame Trennung in Uraufführungskinos und Nachspielkinos nahezu aufgehoben. Exklusivität und lange Laufzeiten, etwa von „Kultfilmen", sind im Kinobetrieb die Ausnahmen.

Die Handlungsspielräume der Kinotheaterbetreiber als Einzelunternehmer sind durch Vorentscheidungen von Produzenten und Verleih begrenzt sowie grundlegend von den Präferenzen des Kinopublikums abhängig. Hier spielen neben dem Film vor allem Lage und Ausstattung bzw. Zusatzangebote des Kinos sowie der Eintrittspreis eine Rolle. Die Optimierung dieser Faktoren ist für Kinobetreiber kostenintensiv und benachteiligt

[145]Kinobetriebe, d. h. Spielstätten unter einem Jahresumsatz von 100.000 € (je Leinwand) zahlen gem. FFG keine Filmabgabe.

[146]Von der Filmbewertungsstelle Wiesbaden prädikatisierte Filme genießen hierbei Steuervorteile oder -befreiungen.

kleine Einzelunternehmer. Die lange Zeit mittelständische Struktur der Filmtheater, die oft als Familienbetriebe mit ein bis drei Leinwänden (Kinosälen) geführt wurden, ist aufgrund der Mieten in den Innenstädten, des Investitionsbedarfs in Aufführungstechnik, insgesamt zurückgehender Nachfrage bei steigenden Erwartungen des Publikums an die Erlebnisqualität des Kinos, aber auch infolge der Politik der Verleiher heute weitgehend einer *Struktur von Kinoketten und Multiplexen* gewichen. Diese können einerseits Größenvorteile bei den Kosten (Einsparung von Vorführ- und Verkaufspersonal, Werbekosten etc.) nutzen und andererseits einem erlebnisorientierten jüngeren Publikum einen höheren Zusatznutzen (von der Gastronomie bis zur Bowlingbahn) bieten.

Beispiel

Die hohen Investitionssummen für Kino-Multiplexe und Kinocenter konnten seit den 1990er Jahren vor allem von großen Filmkonzernen und ihren Tochterunternehmen aufgebracht werden. Paramount und Universal Pictures gründeten gemeinsam die UCI (United Cinema International) und es entstanden die Cinestar-Kette (Kieft & Kieft) sowie die Cinemaxx AG (Flebbe-Gruppe) (vgl. Wilke 2009c, S. 30). 2015 gab es 1356 Multiplexsäle, was einem Anteil von 28,9 % entspricht, aber die Multiplexe erzielten über die Hälfte aller Kinobesuche und einen noch höheren Umsatzanteil (50,4 %) (vgl. FFA 2016a, S. 3–4).

Zu den Filmtheatern gehören auch Sonderformen wie Autokinos, Freilichtkinos, Wanderkinos (etwa in Urlaubsgebieten), Universitäts- und Clubkinos sowie Pornokinos. Ihr Anteil an den Kinosälen beträgt immerhin 12,3 %, der Besucheranteil jedoch nur 4,2 und der Umsatzanteil nur 3,1 %, wobei hierzu keine Daten über die Pornokinos vorliegen (vgl. FFA 2016b, S. 2–4).

Für die Digitalisierung der Kinos waren erhebliche Investitionen und die Durchsetzung eines einheitlichen technischen Standards notwendig. Seit 2005 setzt sich auf Bestreben der großen Hollywood-Studios als Norm DCI (Digital Cinema Initiative) zwar durch, doch es fehlte die Investitionsbereitschaft oder -fähigkeit der Kinobetreiber für eine zügige Umstellung. Waren 2009 erst 28 % (1131 Kinosäle) auf Digitaltechnik umgerüstet (vgl. BKM 2008, S. 202; FFA 2011, S. 58–59), sind es mittlerweile 100 %; 46 % der Leinwände können auch 3D-Projektionen zeigen (SPIO 2016, S. 31). Die eigentlichen Gewinner der Digitalisierung sind jedoch die Verleihformen, deren Vertriebskosten sich um fast 90 % reduziert haben.[147]

Die Filmtheaterunternehmen erzielen weitere Erlöse aus der kommerziellen Kinowerbung, die mit der Trailerwerbung für andere Filme vor dem Start des Hauptfilms gezeigt wird. Während früher lokale und regionale Werbung einen wichtigen Anteil hatten, dominieren nun die Werbespots nationaler Markenartikler. Nach einigen Rückschlägen

[147]Eine 35-mm-Kopie kostete etwa 800 €, der Transport war ebenfalls teuer. Eine Digitalkopie schlägt nur noch mit 100 € zu Buche (vgl. Castendyk et al. 2015, S. 352–353).

in den letzten 10 Jahren haben die Werbeinvestitionen im Kino zuletzt wieder deutlich auf über 95 Mio. € (2015) zugelegt (vgl. SPIO 2016, S. 39). Die Kinos räumen dabei einer der rund fünfzehn in Deutschland tätigen sog. „Werbeverwaltungen" das exklusive Vermarktungsrecht ein; der lokale Außendienst akquiriert über die nationalen Werbespots hinaus auf den Regionalmärkten (vgl. http://www.fdw.de [12.09.2011]).

Videoprogrammanbieter und Videotheken bilden (neben Kino und Fernsehen) den Hauptverwertungsweg für den Film und sind ökonomisch sogar bedeutsamer als die Kinoverwertung. Videoprogrammanbieter kaufen die Verwertungsrechte von den Produzenten, vom Verleih oder von Filmrechtehändlern aus dem In- und Ausland. Sie beliefern die Videotheken und viele andere Verkaufsstellen wie den Buchhandel, Discounter, Kaufhäuser und den Online-Versand mit DVD und BluRayDisc für den Weiterverkauf an private Endkunden. Die verbliebenen Videotheken beziehen von ihnen die für den Verleih, also die Vermietung bestimmten Bildträger. Videounternehmen ab einem Jahresumsatz von 50.000 € müssen wie die Kinobesitzer eine Filmabgabe an der Filmförderungsanstalt des Bundes zahlen, je nach Umsatz zwischen 1,8 und 2,3 %.[148]

Videodownload- und Streaming-Plattformen sind in den letzten Jahren zu den klassischen Abspiel- und Vertriebswegen hinzugekommen (vgl. Abschn. 4.3.2 und 4.3.3). Sie ermöglichen den individuellen Abruf von Filmen, Fernsehserien und anderem audiovisuellem Material gegen Entgelt und erfüllen damit zum Teil substitive Funktionen, verdrängen also klassische Videotheken und treten in Konkurrenz zu Fernsehprogrammveranstaltern.

4.3.2.5 Kinobesucher und Videonutzer

Knapp 30 Mio. Menschen besuchten im Jahr 2015 ein deutsches Kino; im Durchschnitt 4,5 Mal pro Jahr. Die Jahresreichweite des Kinos liegt damit bei 44 % aller Menschen ab 10 Jahre. Rückläufig sind die Kinobesuche der „klassischen" Zielgruppen: Die Altersgruppen von 10–19 Jahren (29 Mio. Besuche) und von 20–29 Jahre (27 Mio. Besuche) sorgen für rund 40 % aller Kinobesuche, während der Anteil der über 50-Jährigen zuletzt sehr stark zugenommen hat. Auch wenn das Kinopublikum also insgesamt „gealtert" ist, gehen die Jüngeren im Durchsschnitt häufiger ins Kino (20–29 Jahre: 5,5 Besuche/Jahr, 50–59 Jahre: 3,8 Besuche/Jahr) (vgl. SPIO 2016, S. 49–51).

Zwei Drittel der Bevölkerung über 14 Jahre verfügen über einen DVD-Player (vgl. Media Perspektiven Basisdaten 2015, S. 63), zudem verfügen fast alle Personal Computer und viele Notebooks über DVD- und BluRayDisc-Laufwerke. Im Gegensatz zu den Kinobesuchern ist das Videopublikum mit durchschnittlich 40 Jahren eher älter; knapp die Hälfte des Umsatzes geht auf Käufer über 40 Jahre zurück; die Altersgruppe zwischen 40 und 49 Jahren nimmt auch rund ein Viertel der Ausleihen in den Videotheken vor (BVV 2015, S. 22, 32). Nicht nur bei den jüngeren Filmfans geht der Trend zur Online-Nutzung: 2015 nutzen rund ein Viertel der Deutschen Online-Videokanäle, 12 % Video-Streamingdienste zumindest selten (vgl. Egger und van Eimeren 2016, S. 112).

---

[148] Die genaue Staffel und Details regelt § 66a des FFG.

4.3.3 Film- und Kinomarkt im organisationalen Umfeld

4.3.3.1 Media Governance: Normative Grundlagen und Förderung der Filmbranche

4.3.3.1.1 Restriktive Filmpolitik

Von Beginn an galt der Kinofilm den deutschen Behörden offenbar als wirkmächtiges und insofern gefährliches Medium, das strenger Aufsicht bedurfte: Die Filme wurden von den örtlichen Polizeibehörden geprüft, 1908 eine polizeiliche Präventivzensur eingeführt und 1912 wurden Filmprüfstellen in Berlin und München eingerichtet. Als „Antwort" auf die Kriegspropaganda der Alliierten wurde 1917 unter starkem Einfluss des erzreaktionären preußischen Generals Ludendorff mit staatlichen Mitteln und Geldern der Deutschen Bank sowie der Rüstungsindustrie die Universum Film AG (UFA) gegründet (vgl. Kracauer 1984, S. 42–46; Gregor und Patalas 1976, S. 13; Duvvuri 2007, S. 57). Sogar die demokratische Verfassung der Weimarer Republik räumte ein staatliches Recht auf Filmzensur ein, die 1920 im Reichslichtspielgesetz konkretisiert wurde. Die Nationalsozialisten verschärften 1934 die Zensur, schalteten das gesamte Filmwesen gleich und verstaatlichten die Filmindustrie. Die Reichsfilmkammer und der der Reichsfilmdramaturg waren dem Propagandaministerium von Joseph Goebbels unterstellt. Die deutschen Filmunternehmen wurden unter dem Dach der UFA-Film GmbH zusammengefasst und gingen 1937 in Staatsbesitz über (vgl. Wilke 2009c, S. 21–23). Der Film entwickelte sich zum vielleicht wichtigsten Propagandamittel der Nazis. Die Wochenschauen trugen ebenso wie Dokumentationen zur Desinformation und Hetze bei wie die ästhetisierten Kunstfilme Leni Riefenstahls den Führerkult propagierten. Vor allem der unterhaltende Spielfilm, der sich bis heute großer Beliebtheit beim älteren Fernsehpublikum erfreut, wurde zur Hebung der Stimmung und zum „Durchhalten" im Krieg eingesetzt.[149]

Das Zentrum des deutschen Films lag mit Potsdam-Babelsberg („Ufa-Stadt") in der sowjetischen Zone. An diesem Standort bauten die Sowjets und ab 1949 die DDR rasch ein zentralistisches Filmwesen unter Kontrolle der SED auf. Die 1946 gegründete DEFA bestand bis zum Ende der DDR. Nach dem Zweiten Weltkrieg strebten auch die westlichen Alliierten die Entnazifizierung und Reeducation der Deutschen sowie einen raschen und dezentralen Wiederaufbau des Filmwesens an, das sie einer strengen Zensur und Personalauswahl unterstellen. Die nationalsozialistische UFA wurde entflochten und reprivatisiert; Mitte der 1950er Jahre wurden vier Teilkonzerne an verschiedene Banken verkauft. Zwei dieser vier Unternehmen, die Universum Film AG und die UFA-Theater AG wurden zu einer neuen UFA zusammengeschlossen und 1964 vom Bertelsmann-Konzern übernommen (vgl. Wilke 2009c, S. 24).

Wie für alle publizistischen Medien in der Bundesrepublik Deutschland stellt Art. 5 des Grundgesetzes (GG) die wichtigste rechtliche Grundlage dar, weil hier staatliche Vorzensur verboten und die elementaren Meinungs- und Kommunikationsfreiheiten

[149] Vgl. für detaillierte Analysen der NS-Filmpropaganda Hoffmann (1988).

unter expliziter Nennung des Mediums Film garantiert und zugleich mit den Argumenten Jugendschutz, Recht der persönlichen Ehre sowie der allgemeinen Gesetze begrenzt werden. Die gesetzlichen Schranken der Grundrechtsausübung ergeben sich wie für alle anderen Medien insbesondere aus dem Strafgesetzbuch (StGB), wobei vor allem Gewaltdarstellungen und Pornographie für das Filmwesen besonders relevant sind. Die medienpolitische Kompetenz für den Film liegt ausschließlich bei den Ländern (vgl. Hans-Bredow-Institut 2008, S. 72); allerdings regelt der Bund Wirtschaftsfragen sowie Belange des Jugendschutzes und des Urheberrechts.

4.3.3.1.2 Filmaufsicht und Selbstkontrolle

Die Bundesländer haben mit der *Filmbewertungsstelle Wiesbaden* eine öffentlich-rechtlich organisierte Behörde geschaffen, die seit 1951 Filme bewertet und ggf. die Prädikate „wertvoll" oder „besonders wertvoll" vergibt. Diese Qualitätsprädikate haben wirtschaftliche Folgen bei der Befreiung von kommunalen Vergnügungssteuern und bei der künftigen Beantragung von Filmförderungsmitteln (vgl. Wilke 2009c, S. 32–33).

Die *Freiwillige Selbstkontrolle der Filmwirtschaft FSK* wurde 1948 gegründet, um einer staatlichen Regulierung nach dem Ende der alliierten Filmkontrolle zuvorzukommen und eine einheitliche Regelung für (West-)Deutschland zu schaffen. Seit 2002 ist die FSK ein Tochterunternehmen (GmbH) der 1950 gegründeten *Spitzenorganisation der Filmwirtschaft e. V. (SPIO).* Als Dachverband von 16 Branchenverbänden aller Sparten (Produzenten, Verleiher, Kinoabspiel, Filmhandel etc.) und über 1100 Unternehmen vertritt die 1950 gegründete SPIO mit Sitz in Wiesbaden die Interessen der gesamten Filmbranche. Die FSK befasste sich zunächst mit der Prüfung der Kinofilme hinsichtlich nationalsozialistischer und militaristischer Inhalte. Erst nach dem Inkrafttreten des ersten Jugendschutzgesetzes 1951 rückte der Jungendschutz im Kinofilm, später auch auf anderen materiellen Trägern (Video, DVD, BluRay) und seit 2009 bei Onlineplattformen für Bewegtbildangebote ins Zentrum der Arbeit – mittlerweile wurden über 100.000 Filme geprüft.[150] Im Jahre 2015 lagen der FSK 483 Kinofilme und 1288 Videoproduktionen zur Altersprüfung vor (vgl. SPIO 2016, S. 70). Zudem prüft die FSK Freigaben für Filmaufführungen an den sog. „stillen Feiertagen." Laut Jugendschutzgesetz (JuSchG) sind im Grunde die Obersten Landesjugendbehörden (OLJB) für die Filmaufsicht zuständig; diese entsenden jedoch drei hauptamtliche Ständige Vertreter in die FSK und bestimmen eine Vielzahl der Prüfer. Der eigentliche Rechtsakt wird bei diesem Verfahren von einem Behördenvertreter vollzogen, sodass sich über den Autonomiegrad der „Selbst"-Kontrolle streiten lässt. Die Altersfreigaben der FSK werden nach einer Ländervereinbarung einheitlich von allen Ländern übernommen, und sie dienen der Freiwilligen Selbstkontrolle Fernsehen (FSF) als Vorgaben für die Festlegung der Sendezeiten (vgl. Abschn. 4.4.3.3.3.). Das Jugendschutzgesetz gibt die Kriterien der Altersfreigaben und Schnittauflagen vor: Je nach (vermuteter) Medienkompetenz und entwicklungspsychologischen Stadium werden Filme, die eine

[150] Vgl. für weitere Informationen: www.fsk.de.

Länge von mindestens 60 min haben und keine Lehr- oder Informationsfilme sind, ab null, sechs, zwölf, sechzehn oder achtzehn Jahren freigegeben. Filme, die keine Altersfreigabe erhalten haben, dürfen von Filmtheaterbetreibern zwar aufgeführt werden, allerdings nur vor Erwachsenen; mit Ausnahme von Pornokinobetreibern haben sich die Filmtheater verpflichtet, keine von der FSK nicht freigegebenen Filme aufzuführen.

Die Prüfkriterien werden von einer 21-köpfigen Grundsatzkommission festgelegt, der zwölf Branchenvertreter, sechs Vertreter aus Bundes- und Landesministerien bzw. -behörden sowie Repräsentanten der Kirchen und des Bundesjugendrings angehören. Je nach Aufgabe beurteilen Arbeitsausschüsse mit zwei bis fünf oder der Hauptausschuss mit bis zu sieben Mitgliedern die fraglichen Filme. Gegen eine Alterseinstufung oder eine andere Entscheidung kann der Antragsteller Widerspruch einlegen, der dann vor einem siebenköpfigen Appelationsausschuss verhandelt wird.[151] Die Mehrheit der Vertreter in den entscheidenden Ausschüssen stammt aus den Behörden, was immer wieder zu Debatten über den Zensur-Charakter der FSK geführt hat (vgl. Buchloh 2005, S. 67–69, 73).

Die *Bundesprüfstelle für jugendgefährdende Medien (BPJM)* kann auf Antrag der Jugendschutzbehörden Filmwerke indizieren, sofern diese keine Altersfreigaben durch die Freiwillige Selbstkontrolle der Filmwirtschaft (FSK) erhalten haben.[152]

4.3.3.1.3 Filmurheberrecht und -lizenzen

Filmwerken räumt das Urhebergesetz (§ 2 Abs. 1) ein eigenes *Schutzrecht* ein. In der Praxis sind die Übertragungen von Verwertungsrechten zwischen filmschaffenden Produzenten, Schauspielern und Regisseuren sowie Verleihern, Kinobetreibern und Videovermarktern Gegenstand von komplexen Vertragswerken. Neben den Arbeitsverträgen im Produktionsbereich ist der Filmlizenzvertrag (Verwertungsvertrag) zwischen Filmhersteller und Filmauswerter zentral. Die Lizenzverträge regeln Dauer und Verbreitungsgebiet sowie die Aufteilung der Erlöse. Werden literarische Vorlagen verfilmt, so müssen hierfür die Filmrechte vom Rechteinhaber (Autor) bzw. Verwerter (Verlag) erworben werden.

Die Digitalisierung des Films erleichtert neben dem legalen Video-on-demand-Absatz die illegale Verbreitung von Raubkopien via Internet. Die Branche reagiert hierauf mit technischen Kopierschutzmaßnahmen sowie legalen Alternativangeboten. Die *Gesellschaft zur Verfolgung von Urheberrechtsverletzungen e. V. (GVU)* wird von der Filmbranche gemeinsam mit Unterhaltungssoftware-Herstellern finanziert; sie betreibt Aufklärungskampagnen und bringt Urheberrechtsverletzungen bei den Behörden zur Anzeige. Gefördert wird der Verein von der Filmförderungsanstalt FFA (BKM 2008, S. 204).

---

[151] Vgl. für Details des Verfahrens und die genauen Kommissionszusammensetzungen die Grundsätze der FSK; online unter: http://www.fsk.de/media_content/422.pdf [08.09.2011].

[152] Im Jahr 2016 betraf dies 67 Filme bzw. Trägermedien (Videos/ DVD/ BluRays), insgesamt waren Mitte 2017 1931 Filmträgermedien indiziert; vgl. www.bundespruefstelle.de/RedaktionBMFSFJ/RedaktionBPjM/PDFs/statistik-2016,property=pdf,bereich=bpjm,sprache=de,rwb=true.pdf bzw. http://www.bundespruefstelle.de/bpjm/Service/statistik.html [08.08.2017].

4.3.3.1.4 Filmförderung

Die zentrale filmpolitische Maßnahme von überragender Bedeutung für den deutschen Film ist die staatliche bzw. gesetzliche *Filmförderung,* denn aufgrund der internationalen Marktstruktur (vgl. Abschn. 4.3.3.2) ist schon seit den 1950er Jahren eine wirtschaftlich erfolgreiche Kinofilmproduktion in Deutschland ohne staatliche oder andere öffentliche Fördermaßnahmen nur im Ausnahmefall möglich (vgl. Duvvuri 2007, S. 62–72). Öffentliche Fördermittel und staatliche Programme sollen ein doppeltes Marktversagen beheben oder zumindest mildern, denn neben den (national-)ökonomischen Problemen der deutschen Filmindustrie spielen kulturpolitische Erwägungen und Vorbehalte gegen eine „Amerikanisierung" und „Kommerzialisierung" der Filmkunst eine Rolle. Bei der Filmförderung ist zwischen wirtschaftlicher und kultureller Förderung zu unterscheiden:

- *Wirtschaftliche Filmförderung* zielt explizit auf die Stärkung der regionalen, nationalen oder europäischen Filmwirtschaft und bemisst sich in der Regel ausschließlich an wirtschaftlichen Erfolgskriterien, insbesondere den Investitionseffekten (Eigenkapital vs. Fördermittel), dem Erhalt bzw. der Schaffung von Arbeitsplätzen, der Stärkung von Infrastrukturen sowie fiskalischen Effekten. Organisatorisch ist diese Art der Filmförderung meist im Wirtschaftsressort oder bei eigens gegründeten Fördergesellschaften (meist als GmbH) angesiedelt.
- *Kulturelle Filmförderung* hingegen zielt primär auf die Bewahrung, Stärkung oder den Aufbau nationaler, regionaler oder europäischer Filmkultur als Beitrag zu Identität, Integration und Reflexion – auch im Sinne einer kritischen Öffentlichkeit.
- Die Filmförderung kann durch *direkte Fördermaßnahmen* also unmittelbaren finanziellen Transfer in die Filmindustrie erfolgen, sei es in Gestalt von Subventionen, Zuschüssen, (zinsgünstigen oder zinslosen, bedingt oder unbedingt rückzahlbaren) Darlehen oder anderen (meist zweckgebundenen) Prämien. Direkt gefördert werden können alle Glieder der audiovisuellen Verwertungs- bzw. Wertschöpfungskette: Ideen- und Drehbuchentwicklung, Produktion, Verleih, Kinoabspiel, internationaler Vertrieb, Verwertung auf Video bzw. DVD sowie technische, organisatorische und wirtschaftliche Innovationen.
- *Indirekte Fördermaßnahmen* führen zu einer (mehr oder weniger) branchenspezifischen Kostenreduktion, insbesondere durch Steuervergünstigungen (z. B. reduzierte Umsatzsteuersätze).

Weiterhin kann bei der Filmförderung zwischen Struktur-, Projekt- und Referenzfilmförderung differenziert werden:

- *Strukturelle Fördermaßnahmen* dienen dem Aufbau, Erhalt oder dem Ausbau von filmwirtschaftlicher Infrastruktur, also vergleichsweise dauerhafter Organisationen oder Institutionen (z. B. von Unternehmen, Vertriebsstrukturen, technischen Innovationen, aber auch Filmzentren, -trägervereinen etc.), der Marktentwicklung (wirtschaftliche Sichtweise) bzw. der „Filmlandschaft" (kulturelle Sichtweise).

- Bei der *Projektförderung* werden Gelder für einen noch nicht realisierten Film vergeben, der für sich genommen hinsichtlich seiner Förderwürdigkeit beurteilt wird.
- Bei der Vergabe von *Referenzmitteln* orientiert man sich an den filmkünstlerischen Qualitäten oder am wirtschaftlichen Erfolg von bereits vorliegenden Filmen, die als Nachweis (Referenz) für die weitere Förderwürdigkeit der Antragsteller dient.
- Insgesamt umfasst die Filmförderung in Deutschland 308 Mio. € jährlich (BKM 2008, S. 201), wobei die Förderung durch die Bundesländer, den Bund und die Europäische Union erfolgt.[153]

Die *Filmförderung der Bundesländer* ist aufgrund des föderalen politischen Systems uneinheitlich organisiert und finanziert. Dabei ist im letzten Jahrzehnt eine deutliche Tendenz erkennbar, die Durchführung der Fördermaßnahmen aus dem Bereich der hoheitlichen Verwaltung (Kultus- bzw. Wirtschaftsministerien) in privatrechtlich organisierte Gesellschaften zu verlagern und die Mittel der Länder regional gemeinsam zu bewirtschaften: So sind die finanzstärksten Förderinstitutionen MFG Medien- und Filmgesellschaft Baden-Württemberg, FFF FilmFernsehFonds Bayern, Filmförderung Hamburg und Filmstiftung Nordrhein-Westfalen ebenso als GmbH organisiert wie die länderübergreifenden Institutionen Medienboard Berlin-Brandenburg, Mitteldeutsche Medienförderung (Sachsen, Sachsen-Anhalt, Thüringen) und Nordmedia (Niedersachsen und Bremen). Die Film- und Medienförderungen werden von den Landesregierungen vor allem als industrie- und standortpolitische Instrumente im regionalen Wettbewerb genutzt. Neben Darlehen werden auch Bankbürgschaften an die Filmwirtschaft vergeben. Darüber hinaus unterhalten die Bundesländer kulturelle Filmförderungen, die oft in Form von Vereinen oder Stiftungen arbeiten.

Auf der Ebene des Bundes existieren vier Förderinstitutionen bzw. -programme: Die Filmförderungsanstalt in Berlin (FFA) auf der Grundlage des *Filmförderungsgesetz (FFG)* in der Fassung vom 23.12.2016, der Bundesfilmpreis („Lola"), die Filmförderung durch den Beauftragten der Bundesregierung für Kultur und Medien (BKM) sowie das Kuratorium junger deutscher Film (KjdF).

- Die *Filmförderungsanstalt (FFA)* ist gemäß FFG eine öffentlich-rechtliche Bundeseinrichtung für die wirtschaftliche Filmförderung und verfügt neben einem Vorstand und einem neunköpfigen Präsidium über einen Verwaltungsrat mit 36 Mitgliedern aus Bundesbehörden, Verbänden der Filmwirtschaft sowie gesellschaftlichen Gruppen (Kirchen, Gewerkschaften etc.). Die konkrete Entscheidung zur Förderung von Produktion, Drehbüchern, Filmabsatz und -abspiel (Kino), Videoverwertung, filmberuflicher Weiterbildung, Forschung und Innovation treffen drei sachkundige Vergabekommissionen (mit bis zu 42 Mitgliedern). Die Förderung der FFA erfolgt

[153]Vgl. grundlegend zur deutschen Filmförderung auch Duvvuri (2007), Castendyk (2008), Knorr und Schulz (2009) sowie zu den Fördermöglichkeiten KPMG (2010).

sowohl nach dem Referenzfilmprinzip mit bis zu 2 Mio. € Zuschuss für Investitionen in einen neuen Film als auch nach dem Projektprinzip mit bis zu 1 Mio. € als erfolgsbedingt rückzahlbares Darlehen für Kinoproduktionen. 2015 wurden insgesamt über 64 Mio. € Fördermittel bewilligt: rund 14,5 Mio. € für die Filmproduktion nach dem Referenzfilmprinzip, knapp 5 Mio. € für die Produktionsförderung, rund 9,6 Mio. € für die Absatzförderung und rund 13 Mio. € für die Filmtheater; 3,3 Mio. Fördermittel flossen zu den Videoprogrammanbietern (vgl. FFA 2016a, S. 13). Im Jahre 2015 nahm die FFA aus der Filmabgabe der Kinobetreiber insgesamt 28,4 Mio. € ein, von den Videoprogrammanbieter (einschließlich der Video-on-demand-Plattformbetreiber) wurden rund 15,9 Mio. € und weitere 14 Mio. € an Beiträgen der öffentlich-rechtlichen Rundfunkanstalten[154] und der privaten Fernsehveranstalter eingenommen (vgl. FFA 2016a, S. 13, 11). ARD und ZDF zahlen 3,0 % ihrer Kosten für die Ausstrahlung von Spielfilmen, die privaten Anbieter je nach Anteil der Spielfilme an ihrem Programm zwischen 0,15 und 0,95 % des Nettowerbeumsatzes und die Pay-TV-Anbieter 0,25 % ihrer Abonnementeinnahmen. Videoprogrammanbieter und Video-on-demand-Anbieter mit einem Umsatz von mehr als 500.000 € tragen ebenso zur Filmabgabe bei wie Kinobetreiber (ab einem Jahresumsatz von 100.000 €).

- Seit 2007 betreibt der Bundesbeauftragte für Kultur und Medien (BKM) den mit mittlerweile jährlich 75 Mio. € ausgestatteten *Deutschen Filmförderungsfonds (DFFF).* Für Produktionen, die mindestens ein Viertel ihres Gesamtbudgets in Deutschland ausgeben, werden auf Antrag 20 % der hier verausgabten Mittel (maximal jedoch 4 Mio. € je Produktion) durch den DFFF erstattet. 2017 wurde die Förderung von nationalen und internationalen Großprojekten aufgenommen. Diese automatische, also nicht an vorhergehende Erfolge (Referenzmodell) oder sonstiger filmkünstlerische Qualitätskriterien (Projektmodell) geknüpfte Förderung gilt als erfolgreich: Mit knapp 600 Mio. € wurden innerhalb eines Jahrzehnts 1087 Produktionen gefördert.[155] In den ersten fünf Jahren flossen Fördermittel in Höhe von 293,5 Mio. €, die Gesamtinvestitionen in Höhe von 1,8 Mrd. € ausgelöst haben.[156]
- Seit 1951 wird der „Bundesfilmpreis" durch den Bundesinnenminister, seit 1999 als *Deutscher Filmpreis* „Lola" durch den Bundesbeauftragten für Kultur und Medien (BKM) vergeben. In Analogie zu den amerikanischen Academy Awards, dem „Oscar", entscheiden die 1200 Mitglieder der deutschen Filmakademie über die Vergabe der „Lola". Es handelt sich hierbei nicht nur um ein glamouröses und publicityträchtiges

[154]Bereits seit 1974 haben ARD und ZDF der Filmwirtschaft in Film-Fernseh-Abkommen finanzielle Beteiligungen für Koproduktionen zugesagt, die nach einer zweijährigen Sperrfrist für die Kinoverwertung im öffentlich-rechtlichen Fernsehen gezeigt werden. Seit 1994 hat der VPRT für die privaten Fernsehprogrammveranstalter ähnliche Abkommen geschlossen (vgl. Wilke 2009c, S. 38–40).

[155]epd medien aktuell Nr. 29a, 09.02.2017.

[156]„Fünf Jahre DFFF – Fünf Jahre konstante Stärkung des Filmstandortes Deutschland", Pressemitteilung v. 21.12.2011; online unter: http://www.ffa.de/ [23.12.2011].

Branchenevent, sondern in Anbetracht eines Hauptpreises von 500.000 € und Preisgeldern von insgesamt drei Millionen um ein Instrument der Filmförderung. Hinzu kommen der Deutsche Kurzfilmpreis sowie Preise für Verleihe, Kinos, Drehbuchentwicklung etc. Die Preisgelder dienen im Sinne des Referenzfilmprinzips der Finanzierung neuer Filme.

- Der besonderen Förderung des Kinderfilms sowie des „Talentfilms", also der ersten oder zweiten Produktion junger Regisseure und Autoren, dient die Stiftung *Kuratorium junger deutscher Film.* Die Gründung des Kuratoriums geht auf die Bewegung junger Autorenfilmer und ihr Oberhausener Manifest von 1962 zurück; heute gewährt das Kuratorium erfolgsbedingt rückzahlbare kleinere Darlehen (max. 50.000 €) für Entwicklung, Produktion und Verleih.[157]
- Aus Mittel des Bundeswirtschaftsministeriums wurde ab 2016 der *German Motion Picture Fund*[158] mit einer jährlichen Fördersumme von 10 Mio. € eingerichtet. Ziel ist die Unterstützung des (digitalen) Filmstandorts Deutschland durch die Förderung von Großprdouktionen mit einem Budget von mindestens 25 Mio. (Spielfilme) bzw. 1,2 Mio. € (Serienfolgen). Verwaltet werden die reinen Zuschussmittel durch die FFA.

Die Europäische Union (EU) förderte seit 1991 im Rahmen von *MEDIA* Programmen die Filmproduktion, Vertrieb und Verleih europäischer Kino- und Fernsehfilme, Dokumentar- und Animationsfilme sowie von Serien und Multimediaprojekten. Gefördert werden auch Filmausbildungs- und Promotionsprogramme (einschließlich Filmfestivals) sowie die Projektentwicklung. Im mittlerweile ausgelaufenen *MEDIA*-Programm standen von 2007 bis 2013 insgesamt 755 Mio. € an Mitteln zur Verfügung.[159] Im Rahmen des Nachfolgeprogramms „Creative Europe"[160] werden unter anderem Filmfestivals, digitaler Filmvertrieb und Fernsehproduktionen gefördert. Das *EURIMAGES-Programm* des Europarates dient seit 1989 der kulturellen und wirtschaftlichen Förderung europäischer Koproduktionen bei Spiel-, Animations- und Dokumentarfilmen, d. h. Mittel können nur gemeinsam von mindestens zwei Personen oder Unternehmen aus zwei der 37 teilnehmenden europäischen Staaten beantragt werden. Es stehen jährlich 25 Mio. € zur Verfügung.[161]

---

[157]Vgl. für die Vergabe die Richtlinien: http://www.kuratorium-junger-film.de/pdf/Richtlinien_KJDF.pdf [08.09.2011].

[158]http://www.bmwi.de/Redaktion/DE/Textsammlungen/Wirtschaft/german-motion-picture-fund.html [04.04.2017].

[159]Vgl. für weitere Informationen: http://ec.europa.eu/culture/media/index_en.htm [08.09.2011].

[160]vgl. https://ec.europa.eu/programmes/creative-europe/media_en [03.04.2017].

[161]Vgl. zur Organisation und den Tätigkeitsberichten die Website: http://www.coe.int/t/dg4/eurimages/About/default_en.asp [38.04.2017].

4.3.3.2 Marktstruktur und Markteintrittsbarrieren

In der deutschen Filmwirtschaft sind rund 160.000 Menschen beschäftigt, die zusammen 13.6 Mrd. € zum Inlandsprodukt beitragen (Daten für 2014; vgl. Birkel et al. 2017, S. 343). Im internationalen Vergleich ist der Filmmarkt auch aufgrund seiner nationalsprachlichen Begrenzung und des Kapitalmarktes vergleichsweise klein: Publikumsnachfrage und Erlösmöglichkeiten bleiben weit hinter großen Binnenmärkten wie den USA oder Indien zurück, ohne dass vergleichbare Exporterfolge zu verzeichnen sind. In Anbetracht der ausgeprägten Kapitalintensität bei gleichzeitig hohem Produktions- bzw. Erfolgsrisiko ist eine wirtschaftlich rentable Produktion und Verwertung im deutschen Binnenmarkt nur schwer möglich. Spielfilme aus den USA, die letztlich internationale Produktionen für einen Weltmarkt sind, dominieren daher den europäischen und deutschen Markt seit rund fünf Jahrzehnten. Viele aufwändige Produktionen werden als internationale Koproduktionen realisiert, um die Refinanzierung zu erleichtern. Insofern ist nicht immer leicht zu bestimmen, was ein deutscher Film[162] eigentlich ist und folglich die Marktanteile zu ermitteln.

4.3.3.2.1 Filmproduktionsmarkt

Vier Fünftel der deutschen Produzenten realisieren nur einen Film pro Jahr, nur vier Unternehmen produzieren mehr als vier Langfilme jährlich (vgl. SPIO 2016, S. 15), eine Folge des kleinen Marktanteils und der Unterkapitalisierung der deutschen Filmproduzenten. Insgesamt gibt es etwa 800 bis 900 Produktionsunternehmen in Deutschland, von denen sich jedoch viele auf die Fernsehproduktion beschränken; die Zahl der Spielfilm-Produktionsunternehmen beträgt ca. 180–260 (vgl. Röper 2016b, S. 512, 522; SPIO 2016, S. 20). Regional betrachtet ist Berlin mit Abstand der führende Standort, sowohl bei der Kinofilm- wie bei der Fernsehproduktion. Es folgen Bayern, Nordrhein-Westfalen und Hamburg (vgl. Röper 2016b, S. 512, 523). Die Film- und Fernsehproduktionsunternehmen sind typischerweise in Unternehmensnetzwerke eingebunden oder Teil eines Medienkonzerns. Solche Produktionsunternehmen stellen – gemessen in Minuten – vier Mal soviel her wie unabhängige Produzenten. Die zehn größten Produktionsgruppen erwirtschaften fast die Hälfte des Umsatzes; zu ihnen zählen beispielsweise MME, drefa, Constantin Film, Studio Hamburg (NDR), Freemantle Media (Bertelsmann), Endemol Shine Germany (21st Century Fox/Apollo Global), Eyeworks (Warner Brothers) (vgl. Röper 2016b, S. 514–515). Die 23 umsatzstärksten Unternehmen (1 %) erwirtschaften fast die Hälfte der Umsätze, während die kleineren Unternehmen mit bis zu 1 Mio. Jahresumsatz (76 % der Produzenten) zusammen nur auf einen Anteil von 12 % kommen (vgl. Birkel et al. 2017, S. 345). Die Markteintrittsbarrieren gelten als beträchtlich, weil das

[162]Das Filmförderungsgesetz nennt als Kriterien die Unternehmenssitze der Produzenten, die Wahl der Innendrehorte und die Sprachfassung, vgl. § 15 FFG. Letztlich stellt sich auch die Frage, wie „amerikanisch" US-Filme mit Blick auf Story, Stars und globalem Publikumserfolg eigentlich sind.

hohe Produktionsrisiko zusammen mit den hohen Investitionskosten kleine Produzenten stark benachteiligt. Auf der Produktionsebene spielen Skaleneffekte, also Kosteneinsparungen aufgrund von Serien- und Massenproduktion, keine große Rolle, weil hier projektförmig Unikate hergestellt und Teildienstleistungen netzwerkartig zugekauft werden.

Der deutsche Filmproduktionsmarkt ist regional strukturiert und weist nicht zuletzt aufgrund politischer Fördermaßnahmen Schwerpunkte in den Filmstädten bzw. -regionen Berlin-Potsdam, München und Hamburg auf. Legt man die strengeren Maßstäbe des statistischen Bundesamtes an, dann ergeben sich für 2015 in der Filmwirtschaft insgesamt bundesweit rund 37.000 sozialversicherungspflichtig Beschäftigte[163], davon 22.000 in der Film- und Fernsehproduktion, über 4000 in der technischen Post-Production, 2200 im Verleih und über 8700 in den Kinos. Deutlich über dem Durchschnitt liegt der Anteil der beim Film Beschäftigten demnach in Berlin und Hamburg (vgl. SPIO 2016, S. 95–96).

Eine sehr bedeutende Rolle spielen die Fernsehveranstalter für die Filmproduktion: Über die Hälfte des Produktionswertes geht auf ihre Nachfrage als Auftraggeber oder Koproduzenten zurück (vgl. Birkel et al. 2017, S. 343).

4.3.3.2.2 Verleihmarkt

In Deutschland arbeiten fast 120 *Verleihunternehmen,* von denen viele aber nur ein oder zwei Filme jährlich vermarkten, während 13 größere Verleihe mehr als 12 Filme auswerten (vgl. SPIO 2016, S. 30); entsprechend groß ist die Umsatzkonzentration. Insgesamt betrug der Verleihumsatz 2015 in Deutschland 434,3 Mio. € (vgl. SPIO 2016, S. 23). Rund drei Viertel der Verleihumsätze erzielen die Verleih-Töchter der US-Majors United International Pictures (UIP), Buena Vista (Disney), Warner Columbia und Fox. Für Deutschland sind ferner die Constantin Film AG und die mittlerweile dem französischen Pay-TV Canal + gehörende Tobis relevant. Die relative Konzentration dieses Teilmarktes ist also sehr hoch und die Markteintrittsbarrieren sind nicht zuletzt aufgrund der Größenvorteile und der Verbundvorteile mit den Produzenten erheblich (vgl. Wirtz 2006, S. 262–264).

2015 gelangten 236 Spielfilme (darunter 76 deutsche) Spielfilme und 91 Dokumentarfilme zur Erstaufführung in den Kinos (vgl. SPIO 2016, S. 14). In Deutschland gibt es – mit abnehmender Tendenz – derzeit (2016) 1169 *Kinounternehmen* mit 4739 Kinosälen an 893 Standorten mit insgesamt knapp 790.000 Sitzplätzen. Die Filmtheater hatten nach langfristig abnehmender Tendenz im Jahre 2015 insgesamt 140 Mio. Besuche von rund 30 Mio. Kinokunden zu verzeichnen, was einen Gesamtumsatz von 1167 Mio. € entspricht (vgl. SPIO 2016, S. 31–32; FFA 2017). Der Marktanteil der deutschen Filme schwankt relativ stark, abhängig davon, ob in einem Jahr ein (oder mehrere) deutsche Erfolgsfilme im Verleih sind: 2014 betrug der Besucher-Marktanteil des deutschen Films 27,5 %, der des US-Films bei 54,5 % (vgl. SPIO 2016, S. 44). Der Umsatz-Marktanteil der US-Produktionen in Deutschland und der gesamten Europäischen Union liegt realtiv konstant

[163]Allerdings beruhen weite Teile der Film- und Fernsehwirtschaft auf nicht-sozialversicherungspflichtigen Honorar- und Werkvertragstätigkeiten.

zwischen zwei Dritteln und drei Vierteln der Kinoerlöse, 2015 betrug er EU-weit 64 % (vgl. SPIO 2016, S. 77).

4.3.3.2.3 Kino- und Videomarkt

Der Kinomarkt ist wie der Verleihmarkt hochgradig konzentriert: die vier größten Unternehmen dominieren mit 90 % den wichtigen Teilmarkt der Multiplexkinos. Aufgrund der hohen Investitions- und Fixkosten für publikumsattraktive Filmtheater sind die Markteintrittsbarrieren beträchtlich, wie nicht zuletzt das „Kinosterben" der letzten Jahrzehnte gezeigt hat (vgl. Wirtz 2006, S. 266–268).

Für die Erlöse der Filmwirtschaft ist die Video-, DVD- und BluRay-Verwertung seit langem bedeutsamer, denn etwa zwei Drittel der Erlöse stammen aus dem *„Home Entertainment"-Sektor;* 2016 wurden dort mit 1,441 Mrd. € über die Hälfte der Gesamtumsätze erzielt. Der Kaufmarkt dominierte mit 85 % (1,224 Mrd. €) gegenüber dem Verleihmarkt. Die Kauf-DVD trägt mit 715 Mio. € noch immer fast die Hälfte des Gesamtumsatzes, gefolgt von der Kauf-Blu-ray (27 %) und dem Download-Einzelverkauf EST (Electronic Sell Through) mit 8%. Im Verleihmarkt hingegen dominieren die Online-Formate: Gut 100 Mio. € Umsatz wurden per Streaming gegen Einzelabrechnung (TVoD = Tranactional Video-on-demand, Z. B. iTunes) erzielt, hinzu kommen die pauschalen Streaming-Abos (SVoD = Subscriptional Video-on-demand) via Maxdome, Netflix, Whatchever, Amazon und YouTube sowie die illegalen Spielfilm-Nutzungen. Mit dem Verleih von DVD (79 Mio. €) und DVD (43 Mio. €) erzielten die nur noch 1186 stationären Videotheken (zum Vergleich 2010: 2795) sinkende Umsätze (vgl. GfK 2017, S. 14; Turecek und Roters 2016, S. 383–384). Insgesamt sind in Deutschland über 170 Anbieter am Markt: Am häufigtsten wird Amazon Video (32 %) noch vor Netflix (17 %) genutzt (vgl. KEK 2016, S. 162–163).

4.3.3.3 Marktentwicklung

Bei der publizistischen Verbreitung wie der ökonomischen Verwertung des Films spielen Kinos zwar eine wichtige, aber stagnierende Rolle, während die stationären und die Versand-Videotheken mittelfristig allenfalls einen Nischenmarkt bilden werden. Streaming (47 %) und Download per Netz (19 %) sind die auch künftig bedeutsamen Teilmärkte (vgl. BVV 2016, S. 20).

Der Kinosektor ist trotz einer großen Zahl von Kinos in Deutschland in hohem Maße konzentriert, d. h. sehr wenige Kinoketten dominieren den Publikumsmarkt. Im Videothekensektor ist nach einer Phase des „Videothekensterbens" zwar seit einigen Jahren ein stabiler Markt zu konstatieren, aber die digitalen Bestell- und zunehmend auch Bezugswege via Download dürften mittel- bis langfristig dem Markt dominieren. Dies liegt auch an den Vorwärtsintegrationsstrategien der großen US-Produzenten, künftig bereits zwei Monate nach Kinorelease die Filme auf eigenen Onlineplattformen zu verwerten (vgl. Turecek und Roters 2011, S. 316). Die koordinierte und strategisch abgestimmte Wertschöpfung über die gesamte Wertschöpfungskette, insbesondere die Herrschaft über den Verleihsektor und den daraus resultierenden leichten Zugang zu den Kinoketten sowie die Fernsehrechte- und Videoverwertung im selben Konzern sind kaum zu überschätzende

Wettbewerbsvorteile. Im Ergebnis hat diese filmwirtschaftliche Logik zu einer hohen Marktkonzentration und der Dominanz des US-amerikanischen Films in Deutschland geführt. In den allermeisten Fällen sind deutsche Produktionen nur mithilfe staatlicher Subventionen aus der Filmförderung von Ländern, Bund oder EU realisierbar.

Die weitere Digitalisierung und – hinsichtlich der Verwertung – Vernetzung dürfte die hohe Marktkonzentration weiter steigern.

4.3.4 Zusammenfassung: Strukturmerkmale

Die technische und semiotische Komplexität des Films sowie sein außergewöhnliches kreatives Potenzial bedingen eine hohen Spezialisierung und arbeitsteilige Organisation. Filmkommunikation basiert auf der Vernetzung unterschiedlicher Akteure, die unter hohem Kapitaleinsatz und beträchtlichem Erfolgsrisiko Filmkommunikate projektförmig produzieren. Filmkommunikation und wirtschaftliche Verwertung von Filmen erfolgt über mehrere Wege: Wirtschaftlich bedeutsamer als das klassische Kino sind zum einen die individualisierte Filmnutzung als Home Entertainment (Online-Streaming und -Download, Absatz und Verleih von DVD und BluRay) und zum anderen das Fernsehen als Verwertungsweg. Im Idealfall folgen die verschiedenen Verwertungsformen als zeitliche Verwertungsfenster hintereinander. Vertikal integrierte Unternehmen genießen erhebliche Verbund- und Größenvorteile bei der Organisation der Filmkommunikation. Hohe Kapitalinvestitionen für kreatives Personal, Filmrechte, Schauspielerstars und filmästhetische Effekte bei einem gleichzeitig hohen Produktions- und Marktrisiko prägen den Publikumsfilm grundlegend.

Die ökonomischen Charakteristika des Films bedingen eine hohe relative Marktkonzentration auf nahezu allen Ebenen: Die Kinofilmproduktion wird maßgeblich von kapital- und vertriebsstarken, meist internationalen Medienkonzernen dominiert. In Deutschland gibt es nur wenige Filmproduzenten, die mehrere Filme pro Jahr finanzieren können; eine wichtige Rolle spielen Koproduktionen mit dem Fernsehen und internationalen Partnern. Der Verleihmarkt ist ebenfalls hochgradig konzentriert, vor allem die Tochterunternehmen der US-Majors teilen den Markt unter sich auf. Der Filmtheatermarkt wird zunehmend durch Multiplexe und Kinoketten geprägt, anstehende Investitionen in Digitalisierung und 3D dürften diesen Trend weiter verschärfen. Der Videothekenmarkt steht vor einem Strukturwandel: An die Stelle lokaler Videotheken treten auf dem Verkaufsmarkt zunehmend andere Einzelhändler. Auf dem Verleihmarkt dürften mittel- bis langfristig Online-Bestellvideotheken oder Downloadplattformen gewinnen. Die großen Film- bzw. Multimediakonzerne üben durch den Verleih sowie die großen Kinoketten und das System der Blockbuchung einen sehr großen Einfluss auf die Programmgestaltung der Kinos, mit Ausnahme weniger Programmkinos, aus. Das hohe Risiko der Filmproduktion wird auf diese Weise zwischen den Sparten zwar geteilt, aber Publikums- und Markterfolg eines Films bleiben kaum kalkulierbar.

Aus der Organisationsperspektive fasst Tab. 4.14 die wesentlichen Grundzüge von Kino und Video in Deutschland auf der Meso- und Makroebene zusammen.

Tab. 4.14 Organisation von Kino und Video

Mesoebene	• Privatwirtschaftliche, kommerzielle Filmunternehmen bei Kino und Video • Zentrale publizistische Rolle von Autoren u. Regisseuren • Zentrale ökonomische Rolle von Produzenten als Finanzierungs-, Projekt- und Vermarktungs-Manager • Projektorganisation des Films • Hohe Produktions- und Erfolgsrisiken des Films • Strategie horizontaler Risikominimierung (Ko-Produktion) • Strategie vertikaler Integration • Netzwerk als Core Asset
Makroebene	• Hohe Marktkonzentration bei Produktion, Verleih, Abspiel und Videovermarktung • Kapital- und titelschwacher Produktionsmarkt bei Abhängigkeit von öffentlicher Förderung • Internationalisierter Markt bei US-amerikanischer Dominanz • Stagnierender Markt • Hohe Bedeutung von Video- und Fernsehvermarktung

Die Regulierung des Films hat in Deutschland eine lange restriktive Tradition; die im Grundgesetz garantierte Filmfreiheit findet ihre Grenzen vor allem im Jugendschutz. Für dessen Einhaltung hat sich die Freiwillige Selbstkontrolle der Filmwirtschaft (FSK) mit ihren Altersfreigaben als zentrale Institution etabliert, die im engen Verbund mit staatlichen Jugendschutzbehörden arbeitet.

Aufgrund der Kapitalintensität und der globalen Wettbewerbsstruktur ist die Produktion von Kinofilmen in Deutschland auf erhebliche staatliche Subventionen angewiesen, die als wirtschaftliche und – in geringerem Umfang – als kulturelle Filmförderung durch Länder, Bund und EU erfolgt, um das Marktversagen im Hinblick auf die deutsche bzw. europäische Filmkultur zu mildern sowie aus industrie- und arbeitsmarktpolitischen Erwägungen. In dieser, immer wieder kommunikationspolitisch kritisch diskutierten, „Förderkultur" finden der Doppelcharakter des Films als Kunst und Ware sowie sein Status als öffentliches Gut Ausdruck.

Die Institutionalisierungsmerkmale der Filmkommunikation fasst Tab. 4.15 zusammen.

Tab. 4.15 Institutionalisierung von Kino und Video

Mesoebene	• Team-, Projekt- und Netzwerkorientierung: befristete Kooperation innerhalb eines begrenzten Akteursnetzwerkes mit klaren Rollenstrukturen auf der Basis von Vertrauen und Erfahrung • Film-Unikat als kollektives Kunstwerk • Gemeinschaftliche Kreativität am „Set"
Makroebene	• Schutz durch Art. 5.1 und Art. 5.3 GG sowie eigenes Schutzrecht gem. Urhebergesetz • Doppelcharakter des Films als Kunst und Ware • Filmförderung als gesetzliche Aufgabe (Länder, Bund, EU/ER) • Filmfördernetzwerk: FFA und DFFF sowie Landesgesellschaften • Governance-Netzwerk aus staatlichen (BPJM) und überwiegend staatsferner Selbstkontrolleinrichtung (FSK) • SPIO als spartenübergreifender integrativer Akteur

Wichtige Quellen und Websites zum Thema Film

- Duvvuri (2007)
- Hülsmann und Grapp (2009)
- Jährlich erscheint die informative Zusammenstellung von filmbezogen Daten: SPIO Spitzenorganisation der Filmwirtschaft (2016): *Filmstatistisches Jahrbuch 2016.* Zusammengestellt und bearbeitet von Wilfried Berauer. Baden-Baden: Nomos.
- Ebenfalls umfangreiche statistische Daten sowie Studien zum Film bietet die Website der Filmförderungsanstalt FFA: www.ffa.de
- Über die Videobranche informiert die Website des Bundesverbands Audiovisuelle Medien BVV: www.bvv-medien.de
- Die Selbstkontrolleinrichtung FSK berichtet über ihre Tätigkeit auf www.fsk.de

Gesetze

- *Filmfördergesetz:* Gesetz über Maßnahmen zur Förderung des deutschen Films (Filmförderungsgesetz – FFG) in der Fassung der Bekanntmachung vom 23. Dezember 2016 (BGBl. I S. 3413); online unter: http://www.gesetze-im-internet.de/ffg_2017/index.html [04.04.2017].
- *Jugendschutzgesetz:* Jugendschutzgesetz (JuSchG) vom 23. Juli 2002 (BGBl. I S. 2730, 2003 I S. 476), zuletzt geändert durch Artikel 11 des Gesetzes vom 10. März 2017 (BGBl. I S. 420); online unter: https://www.gesetze-im-internet.de/juschg/BJNR273000002.html [04.04.2017].
- *Urhebergesetz:* Urheberrechtsgesetz vom 9. September 1965 (BGBl. I S. 1273), das durch Artikel 7 des Gesetzes vom 4. April 2016 (BGBl. I S. 558) geändert worden ist; online unter: https://www.gesetze-im-internet.de/bundesrecht/urhg/gesamt.pdf [03.04.2017].

4.4 Rundfunk: Hörfunk und Fernsehen

Wichtig Hörfunk und Fernsehen zählen in Deutschland zu den am häufigsten und längsten genutzten Medien; dem Rundfunk wird daher eine besondere publizistische Funktion in der demokratischen Öffentlichkeit zugeschrieben. In diesem Kapitel werden die komplexen Strukturen von Hörfunk und Fernsehen in Deutschland untersucht: Der Rundfunk ist als tertiäres Medium technisch aufwändig und Rundfunkkommunikation setzt daher eine arbeitsteilige, unternehmensförmige Organisationsweise voraus, die entlang der Wertschöpfungskette (Produktion und Beschaffung von Sendeinhalten, Programmgestaltung und -finanzierung, Programmverbreitung) beschrieben wird.

Die heutige Rundfunkstruktur ist einerseits das Ergebnis kommunikationspolitischer Kontroversen und Aushandlungsprozesse und andererseits das Resultat von Marktmechanismen. Beschrieben werden daher in diesem Kapitel nicht nur die unterschiedlichen Strukturen, Organisations- und Funktionsweisen der öffentlich-rechtlichen und der privatrechtlichen Rundfunkveranstalter. In ihren Grundzügen wird zum besseren Verständnis des sog. Dualen Rundfunksystems auch die Rundfunkpolitik seit der Weimarer Republik skizziert. Eine Untersuchung der teilweise miteinander gekoppelten Publikums- und Werbemärkte und eine ausführliche Erörterung der Regulierung von Märkten und Programmen vervollständigen die systematische Analyse. Dabei werden insbesondere die Rundfunkstaatsverträge und die Urteile des Bundesverfassungsgerichts als zentrale normative Grundlagen sowie die Institutionen der Medienaufsicht (Rundfunkräte, Landesmedienanstalten, Freiwillige Selbstkontrolle Fernsehen) vorgestellt.

Die beiden Formen des Rundfunks, Hörfunk und Fernsehen, werden hier im selben Kapitel analysiert, weil viele gesetzliche und strukturelle Grundlagen, beim öffentlich-rechtlichen Rundfunk bis in die Organisationsebene hinein deckungsgleich sind oder sich nur in bestimmten Aspekten unterscheiden. In den einzelnen Unterkapiteln werden im Anschluss an die Grundlagen jeweils die notwendigen Differenzierungen vorgenommen, wobei in der Regel zunächst die Hörfunk und anschließend die Fernsehspezifika vorgestellt werden. In diesen Abschnitten wird dann auch den Unterschieden zwischen öffentlich-rechtlichen und privaten Organisationsformen Rechnung getragen.

4.4.1 Hörfunk und Fernsehen als technisch basierte Zeichensysteme

Bei den Rundfunkmedien dienen spezifische Zeichenkombinationen der Kommunikation:

- Der historisch ältere *Hörrundfunk* basiert allein auf unserem akustischen Sinn. Er kombiniert die in Lautstärke und Klanghöhe modulierbaren Töne von gesprochener Sprache, Musik und Gesang als symbolische Zeichen sowie wahlweise weitere Geräusche. Diese werden oft als Anzeichen (Index) einer natürlichen Aufnahmeumgebung (O-Töne einer Reportage) oder einer inszenierten Situation (im Hörspiel) verwendet.
- Beim *Fernsehrundfunk* treten wie beim Film (vgl. Abschn. 3.3) visuelle Zeichentypen hinzu, vor allem bewegte oder stehende Bilder als Abbilder (ikonische Zeichen), die reale oder inszenierte Welten darstellen oder darüber hinausgehende Kontexte und Bedeutungen symbolisieren sollen. Hinzu treten aber auch vollständig künstlich generierte symbolische Zeichen, von der Infografik über die animierte Simulation bis hin zum Schrifttext. In Kombination mit dem gesamten akustischen Spektrum des Hörfunks verfügt Fernsehen damit über ein sehr reichhaltiges und komplexes semiotisches Repertoire mit einer Fülle von publizistischen Ausdrucksmöglichkeiten, die von der faktenorientierten Dokumentation und der journalistischen Berichterstattung über fiktionale Unterhaltungs-, Show- und Spielformate bis hin zum Kunstfilm und zur künstlerischen Video-Avantgarde reichen.

Zwei Medienspezifika gehen bereits aus der Wortbedeutung von Rundfunk hervor: die technische Verbreitung durch Funkwellen des elektromagnetischen Spektrums, und die ungerichtete, konzentrische Ausbreitung der Signale. Frequenzen des elektromagnetischen Wellenspektrums nutzt der Rundfunk sowohl für eine leitungsgebundene Verbreitung (Kupferkoaxial- oder Glasfaserkabel) als auch für die drahtlose, „terrestrische" Ausstrahlung und den Satellitenrundfunk. Im Unterschied zum Richtfunk (der auch im Rundfunksektor zur Überbrückung genutzt wird), bedeutet Rundfunk eben die ungerichtete räumliche „Rundum"-Verbreitung an die Allgemeinheit.[164]

Rundfunk zeichnet sich zudem durch eine spezifische Zeitgestalt aus: Technisch möglich und in vielen Fällen publizistisch vorteilhaft ist die Live-Berichterstattung in Sprache und Bewegtbild, also das zeitgleiche Aufnehmen, Senden und Empfangen. Der Rundfunk kann hierdurch schneller und tendenziell aktueller berichten als der Film und die Periodika, die materiell und damit an Produktionszyklen gebunden sind. Rundfunkmedien können zudem eigene Aufzeichnungen sowie Ton- und Bildträger Dritter nutzen und kombinieren meist Live-Elemente mit aufgezeichnetem Material zu einem Programm. Die Medienlogik des Rundfunks ist damit zeitbasiert: Die einzelnen Angebote werden nicht wie bei den gedruckten Medien räumlich angeordnet und dem Leser zur zeitflexiblen Selektion präsentiert. Der Rundfunk ist auf die Kommunikation eines kontinuierlichen, mittlerweile meist permanenten Programms in einer zeitlichen Ordnung angelegt. Die Rezipienten können sich zwar durch Selektionsentscheidungen dem Programmfluss entziehen, müssen aber für einen zeitsouveränen Zugriff auf Rundfunkangebote weiteren technischen Aufwand, etwa durch technische Aufzeichnung und selektive Wiedergabe, betreiben. Technische und organisatorische Innovationen wie Video-on demand (Mediatheken im Online-Angebot) sowie ansatzweise Video- und Kabeltext ermöglichen mittlerweile einen flexibleren Umgang mit Programmbestandteilen, wobei diese hierdurch allerdings aus ihrem Programmkontext herausgelöst werden.

Bei Hörfunk und Fernsehen sowie den Rundfunktextdiensten (Videotext, Kabeltext, RDS usw.) handelt es sich um tertiäre Medien, denn hier setzt eine Kommunikation technische Einrichtungen auf der Seite der Kommunikatoren und auf der Seite der Rezipienten zwingend voraus. Im Unterschied zum Kino erfolgt die Rezeption meist nicht in Gestalt eines versammelten Präsenzpublikums (Ausnahme: Public Viewing), sondern individualisiert im privaten Haushalt oder unterwegs, etwa im Auto.

Aus der Organisationsperspektive betrachtet, treten bei der Rundfunkkommunikation wie bei allen tertiären Medien weitere Akteure hinzu, die hier einen medienökonomisch nicht unbedeutenden Markt bilden, nämlich die Hersteller von Rundfunkempfangsgeräten und -anlagen aller Art. Durch den für tertiäre Medien typischen, hohen Technisierungsgrad und die individualisierte Rezeption spielen beim Rundfunk die unterschiedlichen Distributionswege (Terrestrik, Kabel, Satellit, Online) sowie Normen

[164]Die Funktechnik für die drahtlose Übertragung wurde vor der Institutionalisierung des Rundfunks als publizistischem Medium zur gezielten Nachrichtenübermittlung in der Telekommunikation (Telegraphie und Telephonie) genutzt. Richtfunk wird im Rundfunk genutzt, um Sendestudios, Übertragungswagen und die eigentlichen Rundfunksender untereinander zu verbinden.

und Standards (historisch: mono vs. stereo, schwarz-weiß vs. Farbe, NTSC vs. PAL und SECAM; aktuell: analog vs. digital, konkurrierende hochauflösende Formate wie HD, künftig vielleicht 3D) eine bedeutende Rolle, und zwar mit Rückwirkungen auf den gesamten Kommunikationsprozess und die Marktstruktur.

Hörfunk und Fernsehen sind vergleichsweise junge Medien: Die technischen Grundlagen der Funktechnik gehen zwar auf das letzte Drittel des 19. Jahrhunderts zurück. Als publizistisches Medium gibt es den Hörfunk aber gerade einmal 90 und das Fernsehen 60 Jahre lang. In den USA ging der erste Radiosender 1920, in Deutschland 1923 auf Sendung (vgl. Wersig 2000, S. 104–110). Abgesehen von einigen Fernsehfeldversuchen unter den Nationalsozialisten begann erst im November 1950 das regelmäßige Versuchsprogramm „Nordwestdeutscher Fernsehdienst." Am 25. Dezember 1952 startete das reguläre Fernsehprogramm, das 1954 als „Deutsches Fernsehen" Gemeinschaftsprogramm der westdeutschen Landesrundfunkanstalten wurde; in der DDR begannen das Versuchsprogramm 1954 und das reguläre Fernsehprogramm 1956. 1967 wurde in Westdeutschland das Farbfernsehen nach dem PAL-Verfahren eingeführt, während in der DDR nach der französischen SECAM-Norm gesendet wurde (vgl. Beck 2003, S. 332).[165]

Die hier nur skizzierten Charakteristika des Rundfunks als technisch basiertes Zeichensystem prägen auch den (verfassungs-)rechtlichen Rundfunkbegriff.

> Vor dem Hintergrund der einschlägigen EU-Richtlinie für Audiovisuelle Medien heißt es im deutschen Staatsvertrag für Rundfunk und Telemedien (§ 2 RStV): „Rundfunk ist ein linearer Informations- und Kommunikationsdienst; er ist die für die Allgemeinheit und zum zeitgleichen Empfang bestimmte Veranstaltung und Verbreitung von Angeboten in Bewegtbild oder Ton entlang eines Sendeplans unter Benutzung elektromagnetischer Schwingungen."

Die Verbreitung an die Allgemeinheit umfasst dabei auch die Verbreitung von Bezahlangeboten oder verschlüsselten Programmen (in Deutschland nur: Pay-TV), sofern mindestens 500 Nutzer technisch erreicht werden. Bewegtbildangebote, die nicht journalistisch-redaktionell gestaltet sind, Überwachungskamerasysteme oder Systeme für den meist bezahlpflichtigen Einzelabruf von Beiträgen (z. B. Video-on demand in Hotels) oder für private Zwecke gelten nicht als Rundfunk.

Zunächst noch auf der Basis von Fernseh- und Hörfunktechnologie, mittlerweile zunehmend internetbasiert, bieten die meisten Rundfunkveranstalter *nicht-lineare Telemedien* an. Hierzu zählen die seit 1977 parallel mit dem Fernsehsignal übertragenen Video- oder Kabeltextangebote sowie seit 1988 die Texte des Radiodatendienstes RDS

[165]Hinter der Einführung des Farbfernsehens standen die Interessen der deutschen Elektrobranche, zumal der Markt für Schwarz-Weiß-Fernseher weitgehend gesättigt war. AEG-Telefunken nutzte seine Verbindungen zum NWDR, um das Farbfernsehen exklusiv im PAL-Standard zu etablieren (vgl. Dussel 1999, S. 236–237). Mithilfe von (bald erhöhten) Rundfunkgebühren für die erheblichen Investitionen der Anstalten wurde nicht nur ein technischer Fortschritt erzielt, sondern auch eine Schlüsselbranche der Exportnation subventioniert.

mit Metainformationen zum laufenden Programm. Geboten werden Programminformation, Untertitel für Hörgeschädigte, Senderkennungen und Musiktitel sowie aktuelle redaktionelle Nachrichten (z. B. Verkehrshinweise im Autoradio); bei den Fernsehtexten ist eine begrenzte Navigation und gezielte Auswahl möglich.[166] Die internetbasierten Telemedien ermöglichen über die Websites der Rundfunkanbieter die selektive und zeitsouveräne Nutzung von zum Teil ergänzenden, zum Teil eigenständigen redaktionellen Angeboten sowie den selektiven Abruf einzelner Sendungen in Mediatheken oder On-demand-Plattformen. Als programmergänzende Mediendienste und wesentliche Erweiterung der bloßen Ankündigungen des eigenen Fernsehprogramms im Videotext gewinnen Electronic Programme Guides (EPG) an Bedeutung. Sie erleichtern die Navigation innerhalb einer wachsenden Angebotszahl und eine themenbasierte Programmauswahl sowie in Kombination mit digitalen Festplatten-Videorecordern das automatisierte Aufzeichnen und zeitversetzte Abrufen von Fernsehsendungen.[167]

4.4.2 Organisation und Institutionalisierung des Rundfunks

4.4.2.1 Rundfunkkommunikation, Wertschöpfung und Veranstaltertypen

Entlang des Kommunikationsprozesses können wir für den Rundfunk spezifische Phasen der Wertschöpfung unterscheiden (vgl. Abb. 4.9):

- Am Beginn steht die Produktion oder anderweitige Beschaffung von sendefähigen Beiträgen und Sendungen (Content) sowie bei werbe- und mischfinanzierten Programmen die Akquisition von Werbung.
- In einer zweiten Stufe wird aus den einzelnen Beiträgen und Sendungen ein Programm zusammengestellt, also eine kontinuierliche lineare Abfolge von Elementen mit entsprechenden Verbindungen (z. B. Moderationen, Teasern) und wieder erkennbaren Strukturen. Dabei spielen publizistisch-„programmatische" (Formate, Funktionsaufträge) und unternehmensstrategische Erwägungen (Zielgruppen, Werbemarkt, Wettbewerber etc.) eine ausschlaggebende Rolle.
- Das Programm muss schließlich technisch verbreitet werden, um Hörer und Zuschauer zu erreichen.

---

[166]In der sog. Austastlücke des zeilenweise aufgebauten Fernsehbildes werden permanent Videotexttafeln gesendet, die vom Videotextdecoder entschlüsselt und selektiv zugänglich gemacht werden können. Es handelt sich also nicht um einen Abruf im engeren Sinne, wie den von Internetservern; vgl. zu den technischen Grundlagen und ihrer Entwicklung Wersig 2000, S. 104–118).

[167]Medienökonomisch ist folgenreich, ob es sich um einen mit der Hardware gelieferten neutralen EPG handelt oder ob seine Gestaltung maßgeblich durch bestimmte Programmveranstalter beeinflusst wird, was Folgen für die Reichweiten und die Werbeerlöse haben kann. Festplattenrecorder erlauben das „überspringen" (Skipping) von Werbung und könnten eine partielle Bedrohung der Werbefinanzierung von Fernsehprogrammen sein.

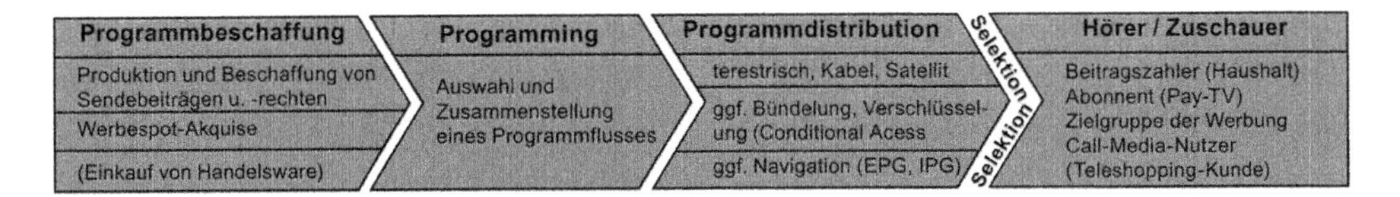

Abb. 4.9 Wertschöpfungskette der Rundfunkkommunikation

Medienökonomisch betrachtet endet die Wertschöpfungskette zumindest bei den werbefinanzierten Programmen nicht beim Rezipienten, denn es bedarf einer Rückkopplung zwischen Publikums- und Werbemarkt. Beim kommerziellen Rundfunk zahlt der Rezipient nicht direkt mit Geld, sondern zunächst mit seiner Aufmerksamkeit. Die kumulierte Aufmerksamkeit des Publikums (und nicht etwa das Programm) stellt das eigentliche Produkt des kommerziellen werbefinanzierten Rundfunks dar. Genau dieses Produkt wird an die werbetreibende Wirtschaft verkauft.

Die Wertschöpfungskette beschreibt also letztlich einen Zirkel, denn die Programmveranstalter müssen der werbetreibenden Wirtschaft mittels standardisierter Medienforschung plausibel vermitteln, dass sich die Werbeinvestitionen zur Programmfinanzierung lohnen. Die zum Zwecke der Werbevermarktung durchgeführte kommerzielle Medienforschung kann deshalb als Teil der Wertschöpfung verstanden werden, die in den Aufgabenbereich des Programmveranstalters und -planers fällt.

Die eigentliche Finanzierung des werbefinanzierten Programms erfolgt indirekt, nämlich durch den Konsum der Waren und Dienstleistungen, für die Rundfunkwerbung geschaltet wird – und zwar durch alle Konsumenten und unabhängig davon, ob man als Rezipient auch Nutznießer des mit-finanzierten Programms ist. Insofern sind medienpolitische Kampfbegriffe wie Free-TV und Zwangsgebühren für die öffentlich-rechtlichen Programme wenig hilfreich: Auch das werbefinanzierte Fernsehen ist nicht umsonst, sondern wird de facto zwangsweise über den alltäglichen Konsum finanziert.

Die Finanzierung von Rundfunk-, vor allem von Fernsehprogrammen erfolgt bei Teleshoppingprogrammen und Call Media-Angeboten ebenfalls indirekt: Einige der Zuschauer und -hörer zahlen für erworbene Waren (Teleshopping) oder Dienstleistungen, nämlich telefonische Mehrwertdienste wie Gewinnspiele, Abstimmungen oder Erotikangebote (Call Media). Über die Verkaufserlöse oder anteilige Umsatzprovisionen finanzieren sie damit die Fernseh- und Hörfunkprogramme.

Diese „Umwegfinanzierung" ist notwendig, weil die Zahlungsbereitschaft für den Rundfunk wie für alle „öffentlichen Güter" gering ist. Die Konsumenten können nur schwer, d. h. zu hohen Kosten, vom Konsum ausgeschlossen werden, etwa durch Verschlüsselungstechniken. Die Konsumenten wissen, dass man sie nur mit beträchtlichem Aufwand vom Konsum abhalten kann und dass ihr individueller Konsum de facto keine Mehrkosten für die Anbieter verursacht. Folglich ist ihre Neigung groß, als „Trittbrettfahrer" ohne „schlechtes Gewissen" auf den ohnehin „fahrenden Zug aufzuspringen."

Auf Pay-TV, Bürgermedien und die werbefreien Teile des öffentlich-rechtlichen Angebotes trifft das Gesagte nicht zu: Beim Pay-TV wird das Programm selbst gegen

Entgelt vermarktet, d. h. die Rückkopplung findet nach dem gewöhnlichen Marktmodell von Angebot und Nachfrage statt. Die Zahlung erfolgt bei Pay-Rundfunk freiwillig und für die Nutzung eines konkreten Angebotes bzw. im Abonnementverfahren. Oder die Wertschöpfung besteht, wie bei den werbefreien oder nur marginal werbefinanzierten öffentlich-rechtlichen Anstalten, in der Erreichung eines meritorischen, wohlfahrtsökonomischen Ziels: der Steigerung des Gemeinwohls durch Information, Bildung, Unterhaltung und Beratung. Tatsächlich erbringen auch werbe- und entgeltfinanzierte kommerzielle Rundfunkprogramme meritorische, also gesellschaftlich wünschenswerte Leistungen. Allerdings besteht darin nicht ihr eigentliches Unternehmensziel, vielmehr handelt es sich um zusätzliche, externe Effekte der monetären (also in Geldwert messbaren) Wertschöpfung.

Im Alltag der Rundfunknutzer, aber auch in der Fachliteratur werden die institutionellen Rollen in der Rundfunkkommunikation nicht immer so klar unterschieden, wie dies aus publizistikwissenschaftlicher Sicht geboten erscheint:

Wichtig

- *Rundfunkveranstalter oder Programmveranstalter* sind juristische Personen, die ein Rundfunkprogramm aus einzelnen Sendungen zusammenstellen. Sie „programmieren" einen redaktionell gestalteten und zeitlich-linear strukturierten, audititiven oder audiovisuellen Fluss als Kombination aus journalistischen, unterhaltenden und ggf. werbenden Beiträgen und Sendungen. Ihre institutionell-kommunikative Rolle entspricht der von Presseverlegern, allerdings haben sich drei unterschiedliche Organisationstypen entwickelt: öffentlich-rechtliche, privatrechtlich kommerzielle und nicht-kommerzielle Veranstalter (s. u.).
- *Programmproduzenten* stellen einzelne Programmbestandteile für Hörfunk und Fernsehen her, die auf einem zunehmend internationalen Programmmarkt gehandelt werden oder auf gezielte Aufträge von Programmveranstaltern hin geplant, produziert und geliefert werden. Meistens handelt es sich um private Film- und Fernsehproduktionsfirmen sowie Hörfunkproduzenten und -agenturen. Vor allem die öffentlich-rechtlichen Programmveranstalter sind zugleich auch Programmproduzenten, weil große Teile an Eigenproduktionen neben den Auftragsproduktionen gesendet werden.
- *Inhaber von Senderechten* können entweder die Programmproduzenten des Rundfunks sein oder andere Medienunternehmen: Für den Hörfunk spielen insbesondere die Rechte an Musikaufnahmen eine zentrale Rolle; für den Rundfunk insgesamt die Senderechte für die Übertragung von nationalen und internationalen Sportereignissen etc.
- Rundfunksender bzq. Distributions-Plattformen: Bei *Rundfunksendern* handelt es sich im engeren Sinne um technische Einrichtungen für die Verbreitung des Programms über den terrestrischen Weg. Diese werden nicht von den Programmveranstaltern selbst betrieben, sondern traditionell von der staatlichen Post- bzw. Telekomverwaltung und mittlerweile von privaten

Telekommunikationsunternehmen. Eine Ausnahme stellen die Sender der ARD dar, die nach dem Willen der westlichen Alliierten nicht von der staatlichen Post abhängig sein sollten und über eigene Sendenetze verfügen.

Auch die Verbreitungswege Kabel und Satellit werden nicht von den Programmveranstaltern, sondern von eigenständigen Unternehmen wie Kabel Deutschland oder SES ASTRA betrieben. Sie bündeln Programme und kombinieren sie zum Teil mit anderen Medienangeboten und Kommunikationsdienstleistungen. Durch die Digitalisierung auch des terrestrischen Fernsehens (Media Broadast GmbH als Anbieter) und die Einführung von HD-Standards haben sich de facto für den gesamten Fernsehsektor *Plattformen* etabliert, die an wirtschaftlicher und publizistischer Bedeutung gewinnen (vgl. KEK 2016, S. 69–81).

Als Resultat der deutschen Rundfunkgeschichte und kommunikationspolitischer Strukturentscheidungen (vgl. Abschn. 4.4.3.1) gibt es in Deutschland drei unterschiedliche *Organisationstypen* von Programmveranstaltern, die sich durch ihre Rechtsform, ihre Finanzierung, ihre normativen Funktionsvorgaben und die veranstalteten Programme unterscheiden:

- Grundlegend für die Rundfunkordnung und -versorgung sind die *öffentlich-rechtlichen Hörfunk- und Fernsehanstalten:* die neun Landesanstalten der ARD, das ZDF und Deutschlandradio sowie die Deutsche Welle als Bundesrundfunk für das Ausland sind gemeinnützige Anstalten öffentlichen Rechts.
- Privatrechtlich organisiert sind die *kommerziellen Hörfunk- und Fernsehanbieter,* die sich wie beispielsweise RTL oder Sat.1 primär aus Werbeeinnahmen oder wie im Falle von sky primär aus Entgelten (Pay-TV) finanzieren. Diese auch kurz als „private" Hörfunk- oder Fernsehveranstalter bezeichneten Unternehmen werden oftmals – wie oben erläutert medienökonomisch nicht zutreffend – „Free-TV" genannt.
- Als dritte, deutlich weniger stark ausgebildete Säule des sog. Dualen Systems sind *nichtkommerzielle Programmveranstalter* zu nennen, die in den einzelnen Bundesländern unterschiedlich organisiert, letztlich aber von den jeweiligen Landesmedienanstalten finanziert und verantwortet werden: Offene Kanäle, Bürgerrundfunk und Uni-Radios sowie Entwicklungs- und Erprobungskanäle sollen aktive Mediengestaltungskompetenzen vermitteln und besonders im lokalen und regionalen Raum der bürgerschaftlichen Partizipation an öffentlicher Kommunikation dienen.

Der Blick auf die Wertschöpfung in der Rundfunkkommunikation zeigt, dass die Prozesse organisationsspezifisch, also je nach Veranstaltertyp und Unternehmensziel verschieden organisiert sind. Die Organisations- und Funktionsunterschiede schlagen sich vor allem bei der Programmveranstaltung und -finanzierung (vgl. Abschn. 4.4.2.3), aber auch im normativen Rahmen der Rundfunkregulierung nieder. Hinzu kommen einige Spezifika von Hörfunk und Fernsehen, die ebenfalls in den folgenden Kapiteln erläutert werden.

4.4.2.2 Programmproduktion und Rechtehandel

Durch die Vervielfachung der Hörfunk- und Fernsehprogramme in Folge der Etablierung privatrechtlicher Programmveranstalter hat die Beschaffung von Hörfunk- und vor allem von Fernsehprogrammen an Bedeutung stark zugenommen. Vor der Marktöffnung wurden Hörfunk- und Fernsehprogramme in der Regel von den öffentlich-rechtlichen Anstalten selbst produziert oder von einem überschaubaren Kreis ständiger Produzenten und Rechteinhaber zugeliefert. Attraktive Fernsehprogramme, die hohe Reichweiten versprechen, sind ein knappes Gut geworden, das entweder in Eigenproduktion vom Veranstalter selbst produziert oder auf einem zunehmend internationalen Programmmarkt erworben werden muss. Dabei greifen Rundfunkprogrammveranstalter auf benachbarte bzw. „vorgelagerte" Medienmärkte zurück: beim Hörfunk vor allem auf den Musik- und Phonomarkt, beim Fernsehen vor allem auf die Kinofilmproduktion (Zweit- und Drittverwertungsrechte) und bei beiden in hohem Maße auf ausländische Angebote. Hinzu kommen ebenfalls teils international gehandelte Übertragungs- und Berichterstattungsrechte für Sportarten wie Fußball, Formel 1, Boxen, Wintersportarten und Großereignisse wie Europa- und Weltmeisterschaften sowie Olympiaden.

4.4.2.2.1 Hörfunk

Weil Hörfunkprogramme heute ganz überwiegend für die tagesbegleitende und mobile Nutzung konzipiert werden, spielt Musik eine wichtige Rolle. Nur ein verschwindend geringer Teil wird im Studio oder einem Sendesaal selbst vom Programmveranstalter produziert; etwas häufiger sind Übertragungen von Konzerten, die Hörfunkveranstalter koproduzieren. Am weitaus häufigsten wird die zentrale Programmressource Musik jedoch von der Musik- und Phonoindustrie geliefert. Für die Sendung fremdproduzierter Musik müssen die Hörfunkveranstalter auf der Basis ihrer Programmprotokolle (Playlists) und der technisch im Sendegebiet erreichbaren Empfangsgeräte Gebühren an die Verwertungsgesellschaft GEMA (Gesellschaft für musikalische Aufführungs- und mechanische Vervielfältigungsrechte) zahlen (vgl. Wirtz 2006, S. 434).[168] Hierbei nehmen die Hörfunkveranstalter die Institution des „Sendeprivilegs" in Anspruch, das ihnen gestattet, alle publizierten Musikaufnahmen beliebig oft und ohne vorherige Genehmigung durch den Urheber zu verwenden, allerdings gegen die Vergütung der Leistungsschutzrechte (vgl. Böckelmann 2006, S. 63). Auch redaktionelle Inhalte werden von Hörfunkveranstaltern zugekauft: Die Palette reicht von Radio Comedy-Serien bis hin zu vollständigen Mantelprogrammen wie beispielsweise Radio NRW, das von fast allen dortigen Lokalsendern übernommen wird (vgl. Wirtz 2006, S. 426).

Bestimmte Radiosendungen und Programmelemente werden vorzugsweise von den Veranstaltern selbst produziert: Bei den privaten Anbietern sind dies vor allem profil- und markenrelevante Sendungen und Beiträge sowie die Moderationen. Die Produktionskosten

[168]Nach einer sieben Jahre währenden Kontroverse hat sich 2016 auch Youtube bereit erklärt, GEMA-Gebühren zu zahlen (vgl. Rabe 2016).

variieren stark mit den Inhalten: Die durchschnittlichen Minutenkosten lagen 2012 beim öffentlich-rechtlichen Programm bei 112 € (Erstsendung „Musik und Wort“, vgl. KEF 2014, S. 280), bei den meisten privaten Rundfunkprogrammen dürften sie deutlich niedriger ausfallen. Bezogen auf die Gesamtsendezeit kostet eine Minute öffentlich-rechtlicher Hörfunk im Durchschnitt 37 € (KEF 2014, S. 281).[169]

4.4.2.2.2 Fernsehen

Die Veranstaltung von Fernsehen ist um ein vielfaches teurer: Jede Sendeminute kostet in den öffentlich-rechtlichen Hauptprogrammen im Durchschnitt zwichen 3768 € (ARD) und 4400 € (ZDF); bei Spielfilmen liegen die Kosten noch um einige Hundert Euro höher (vgl. KEF 2014, S. 293; Angaben für 2011). Für die Beschaffung von Fernsehprogramminhalten stehen den Programmveranstaltern unterschiedliche Alternativen offen: Zu unterscheiden ist dabei zwischen dem Erwerb von Übertragungs- und Senderechten für Großereignisse und bereits produzierte Programme einerseits sowie den Eigen-, Auftrags- und Koproduktionen von Sendematerial andererseits:

- *Eigenproduktionen* verursachen vergleichsweise hohe Kosten, die nach Inhalt und Genre stark variieren: So gelten künstlerisch hochwertige Fernsehspiele und –filme sowie rechercheaufwändige Magazinsendungen als teurer, boulevardeske Talkshows als vergleichsweise preiswert. Eine Magazinsendung wie „Plusminus“ (30 min) kostet etwa 60.000 €.[170] Zur Erfüllung ihres Funktionsauftrages und der daraus resultierenden Anforderungen an die Programmqualität präferieren die öffentlich-rechtlichen Anstalten die hausinterne Entwicklung von Stoffen, die dann in Eigen- oder Auftragsproduktionen, oft auch von Tochterunternehmen realisiert werden. In den Redaktionen und vor allem von anderen Autoren entwickelte Ideen und Plots werden zunächst in einem Exposé skizziert, nach einer ersten Prüfung wird ein längeres Treatment ausgearbeitet, bevor die Entscheidung über das Verfassen eines Drehbuches und eine genauere Vor-Kalkulation des Projektes erfolgen. Erst dann kann die Produktion in Auftrag gehen.
- Der Vorteil von *Auftragsproduktionen* besteht für den Programmveranstalter darin, dass Erfolgsrisiko und Finanzierung zunächst vom Produzenten getragen werden; allerdings kann er die Qualität der Produktion weniger gut steuern. Die Produktionsfirmen können meist günstiger produzieren als Programmveranstalter, weil sie sich auf die Produktion, zum Teil sogar auf bestimmte Genres, spezialisiert haben und durch unterschiedliche Auftraggeber ihre technischen Kapazitäten besser auslasten können. Fernsehproduktionsfirmen können auch die Entwicklung von Ideen, Exposés

[169]Die letzten verfügbaren Daten stammen aus dem 19. KEF-Bericht (2014) und beziehen sich auf die Jahre 2011 und 2012. Aus dem 20. KEF-Bericht geht hervor, dass die Anstalten die „durchschnittlichen Minutenkosten nicht für ein Benchmark geeignet“ (KEF 2016, S. 278) halten und offenbar keine entsprechenden Auskünfte mehr erteilen.

[170]Vgl. epd medien aktuell Nr. 175a, 11.09.2017.

und Treatments übernehmen und den Programmveranstaltern als Projekt anbieten; Autoren reichen mitunter komplette Drehbücher bei Produzenten oder Programmveranstaltern ein. Allerdings wird nur ein kleiner Bruchteil der Ideen und Drehbücher letztlich realisiert: Bei Fernsehfilmen beträgt die Chance 1:100, bei Fernsehserien 1:10. Die Entwicklung bis zur Drehreife verursacht aber bereits Kosten von rund 50.000 €; die Produktion von Pilotsendungen, mit denen der Publikumserfolg getestet werden kann, schlägt mit etwa 250.000 € zu Buche (vgl. Zabel 2009, S. 70). Die Produktion von Fernsehserien senkt die Kosten gegenüber einzelnen Fernsehfilmen, weil Skaleneffekte wirksam werden: Ein routiniertes Team kann nach gleich bleibendem Schema mit denselben Schauspielern am gleichen Studioset kontinuierlich mehrere Folgen drehen.[171] „Tatort" und „Polizeiruf 110" als „Vorzeigeserien" der ARD kosten pro Folge 1,4 Mio.; Fernsehfilme in dieser Länge 1,6 Mio. €.[172]

In Deutschland produzieren die Fernsehprogrammveranstalter nur einen Teil der Programmangebote selbst, der überwiegende Teil wird von Tochterunternehmen oder von (in Anbetracht der Nachfragestruktur mehr oder weniger) unabhängigen Produzenten als Auftragsproduktion hergestellt.

Die ARD-Anstalten betreiben mit der Degeto Film GmbH eine wichtige Fernsehproduktionsfirma, die rund 60 Erstsendungen jährlich produziert. Die Degeto tätigt für die ARD nationale und internationale Lizenzeinkäufe, sie führt Gemeinschafts- und Koproduktionen, Kofinanzierungen und Synchronisationen durch und verfügt über einen Filmstock, also ein Archiv an sendefähigem Material und den notwendigen Lizenzen, aus denen große Teile der ARD-Fernsehprogramme stammen; 2015 waren es fast 10.300 Sendeplätze mit einer Gesamtsendedauer von umgerechnet 537 Tagen Programm.[173] Die ARD-Anstalten bzw. die Degeto haben mit dem Branchenverband Allianz Deutscher Produzenten Film & Fernsehen ein Abkommen über Zweitverwertungsrechte geschlossen, das den Produzenten die Hälfte der Erlöse aus DVD- und Pay-TV-, Kino- und On-demand-Verwertungen sichert (vgl. Tieschky 2009, S. 15).

Die privat-kommerziellen Fernsehveranstalter greifen ebenfalls auf ein Netzwerk von Produktionsunternehmen zurück und produzieren aus Kostengründen weniger selbst als die öffentlich-rechtlichen Anstalten. Aufgrund des Erfolgs deutscher Produktionen und der profilbildenden Wirkung für die Marke gewinnen Eigen- und Auftragsproduktionen für die Flaggschiffe der beiden Senderfamilien (SAT.1 und RTL) gegenüber zugekauften internationalen Programmen aber an Gewicht.

- Neben der Eigenproduktion und der Auftragsproduktion gibt es noch die Mischform der (vielfach auch internationalen) *Koproduktion,* bei der Finanzierung und Herstellung

[171]Für das Programming bieten Serien ebenfalls große Vorteile, weil sie eine klare Programmstruktur mit wieder erkennbaren Sendeplätzen erleichtern, was tendenziell die Publikumsbindung erhöht.

[172]Vgl. epd medien aktuell Nr. 175a, 11.09.2017.

[173]Quelle: Degeto; www.degeto.de/ueber-uns [02.01.2017].

gemeinsam von Programmveranstaltern, Produktionsfirmen und ggf. auch Kinoverleihern durchgeführt werden. Auf diese Weise lassen sich Kosten und Risiken besser verteilen sowie die Erlösmöglichkeiten durch zusätzliche Vertriebswege (Kino, DVD) und Absatzmärkte (Ausland) steigern (vgl. Wirtz 2006, S. 381–386).

- Für die Beschaffung publikumsattraktiver Programme müssen alle deutschen Fernsehveranstalter auf den internationalen *Programmrechtemarkt* zurückgreifen. Für den Handel mit Rechten (Licences) an Kinofilmen, eigens für das (US-Kabel-)Fernsehen produzierten Spielfilmen und Fernsehserien haben sich typische vertragliche Institutionen entwickelt, bei denen die Anzahl der Aufführungen (Runs), das Ausstrahlungsgebiet (oft nach Sprachräumen) und die Dauer der Rechte vereinbart werden. Die Transaktionskosten für die Aushandlung solcher Rechte sind relativ hoch, sodass immer häufiger ganze Programmpakete gehandelt werden (Package Deals), zum Beispiel für zehn Spielfilme und ggf. weitere Serien. Solche Pakete können auch vorab erworben werden (Volume Deal/Presales), d. h. ein Programmveranstalter oder ein Zwischenhändler erwirbt alle Film- und Fernsehrechte eines Produzenten für die kommenden drei, fünf oder zehn Jahre komplett (Output Deal), ohne deren Qualität genau einschätzen zu können. Dabei werden die Produktionskosten ganz oder teilweise durch den Abnehmer vorfinanziert. Im Gegenzug hat der Programmveranstalter sein Beschaffungsproblem mittelfristig und zu kalkulierbaren Kosten gelöst. Package Deals erleichtern den Produzenten auch den Absatz von qualitativ minderwertiger Ware und sie minimieren bei Presales das finanzielle Risiko erheblich. Programmhändler und -veranstalter können die Pakete wiederum aufschnüren und die Premiumfilme in ihren Vollprogrammen, die B-Serien in den Zweit- und Drittprogrammen ihrer Senderfamilien verwerten. Die deutschen Fernsehveranstalter kaufen den größten Teil in den USA, deutlich geringere Anteile in Frankreich und Großbritannien ein; lediglich die öffentlich-rechtlichen Anstalten beschaffen darüber hinaus internationale Lizenzen. Hauptsächlich werden fiktionale Unterhaltungsprogramme gehandelt, während Dokumentationen nur für öffentlich-rechtliche sowie für Spartenkanäle und Pay-TV relevant sind. Im Sektor non-fiktionaler Unterhaltung werden Formate (für Spiel-, Casting- oder Talkshows, Reality Soaps etc.) gehandelt (vgl. Lantzsch 2008), d. h. hier werden keine produzierten Sendungen verkauft, sondern die nationalen Rechte, Sendungen nach bestimmten Mustern zu produzieren und zu senden. Die Vorgaben des Formats müssen dabei gewahrt, die Detailgestaltung und natürlich die mitwirkenden Kandidaten können aber an die nationalen (Fernseh-)Kulturen angeglichen werden. Neben den eigenen Beschaffungsabteilungen nehmen Zwischenhändler sowie internationale Messen und Festivals eine wichtige Mittlerrolle ein (vgl. auch Karstens und Schütte 1999, S. 239–266; Wirtz 2006, S. 372–377).
- Von wachsender Bedeutung sind die Fernsehrechte an publikumsattraktiven „Spectator Sports"; neben Olympiaden und Fußballmeisterschaften auch Boxen und Formel 1-Autorennen. Bei den öffentlich-rechtlichen Programmen verursachen Sportsendungen noch vor Fernsehspielen und Fernsehfilmen die höchsten Kosten (vgl. KEK 2016, S. 47). ARD und ZDF geben an für Sportrechte durchschnittlich 240 bis 250 Mio. €

im Jahr aus. Hinzu kommen die Honorare für zum Teil prominente Experten und Kommentatoren.[174] Die Deutsche Fußball Liga (DFL) als Vermarkter der Bundesligaspiele erlöst bis 2021/22 pro Spielzeit jeweils durchschnittlich 628 Mio. € von ARD und Sky.[175] Beträge in dieser Höhe tragen erheblich zur Refinanzierung des Profifußballs (und vergleichbarer Sportarten) bei; diese teuren und im Rahmen des Wettbewerbs sich weiter verteuernden Sportrechte sind für die Programmveranstalter zwar wichtig, aber kaum noch zu refinanzieren.[176]

4.4.2.3 Programmveranstaltung

Ausgangspunkt für die Programmveranstaltung ist eine strategische Programmplanung, die sich an den Zielen und Ressourcen des Unternehmens sowie an Art und Auftrag des Programms orientiert. Deshalb werden hier zunächst die Programmtypen vorgestellt, bevor auf die spezifischen Organisationsformen und Ziele der Programmveranstalter sowie die hieraus resultierenden Programming-Strategien eingegangen wird.

4.4.2.3.1 Programmtypen

Die Zusammenstellung einzelner Beiträge zu Sendungen und einzelner Sendungen zu kontinuierlichen linearen Programmen wird als *Programming* bezeichnet und ist die zentrale Aufgabe der Programmveranstalter. Hörfunk- wie Fernsehprogramme folgen einem zeitlichen Strukturmuster, das wieder erkennbar und verlässlich sein muss und sich am Tagesablauf der jeweiligen Nutzergruppen orientiert. Grundsätzlich werden verschiedene *Programmtypen* unterschieden:

▶ **Wichtig**

- *Vollprogramme* haben einen Universalitätsanspruch und bieten Sendungen zur Unterhaltung, Information, Bildung und Beratung.
- *Spartenprogramme* verbreiten ein thematisch und bezogen auf die Zielgruppen homogenes Programm. Beispiele hierfür sind Sport- oder Nachrichtenprogramme. Im Hörfunk haben sich sog. *Formatradios* durchgesetzt, die sich primär durch die Musikauswahl und die Tonalität der Höreransprache auszeichnen. Besonders ausgeprägt ist die Zielgruppenorientierung im kommerziellen Hörfunk, aber auch die meisten öffentlich-rechtlichen Radioprogramme oder „Wellen" weisen Formatierungsmerkmale auf.
- *Fensterprogramme* sind zeitlich begrenzte Angebote im Rahmen von Vollprogrammen, die zum Teil aufgrund von kommunikationspolitischen

---

[174] Die acht Experten der ARD schlogen 2015/2016 mit 1,2 Mio. €; die 21 Moderatoren mit 1,9 Mio. € zu Buche; Vgl. epd medien aktuell Nr. 175a, 11.09.2017.

[175] http://www.spiegel.de/sport/fussball/bundesliga-sky-und-ard-sichern-sich-fernsehrechte-a-828087.html [02.01.2017]

[176] Umgekehrt steigt die Abhängigkeit der Vereine und Verbände von den Medien-, Werbe- und Sponsoreinnahmen, ohne die sie im internationalen Wettbewerb um Fußballstars kaum bestehen können.

Auflagen zur Vielfaltssicherung (z. B. Spiegel TV) und zur regionalen Berichterstattung (SAT.1 17.30 live, Guten Abend RTL) gesendet werden müssen. Fremdsprachliche Programmfenster werden auch im Rahmen des Integrationsauftrages der ARD-Anstalten für die die Zielgruppe der Migranten veranstaltet.

- *Lokal- und Regionalprogramme* unterscheiden sich durch ihren räumlichen Bezug von nationalen Vollprogrammen oder den Angeboten der ARD-Landesrundfunkanstalten: Ihre journalistische Berichterstattung und technische Verbreitung ist geographisch ebenso begrenzt wie der Werbemarkt.
- Die *Auslandsprogramme* von Deutsche Welle und Deutsche Welle TV richten sich an ein Publikum außerhalb der Bundesrepublik; in weiten Teilen handelt es sich um fremdsprachige Programme.
- *Transnationale Programme* werden in Kooperation mit Rundfunkanstalten der Nachbarstaaten Frankreich (ARTE), Österreich und der Schweiz (3sat) ausgestrahlt und speisen sich teilweise aus den vorhandenen Programmressourcen dieser Anbieter.
- *Fremdsprachige Programme,* die entweder aus dem Ausland (auch) nach Deutschland verbreitet werden oder eine Zulassung der deutschen Landemedienanstalten besitzen.

4.4.2.3.2 Organisation und Ziele von Programmveranstaltern

Organisationen verfolgen konkrete Zwecke und Ziele, die sich wechselseitig bedingen, aber je nach Organisationstyp unterscheiden. Dies gilt auch für Rundfunkveranstalter und ihre verschiedenen Organisationsformen (vgl. auch Abschn. 4.4.2.3.2):

> **Wichtig** Die *privaten Programmveranstalter* sind auf der Grundlage des Zivilrechts als kommerzielle Unternehmen in Form von GmbH, AG, KG oder europäischer Rechtsformen (SE) organisiert; sie unterliegen als Organisation keiner besonderen gesellschaftlichen Kontrolle und in der Regel allenfalls geringer parteipolitischer Einflussnahme. Die normativen Anforderungen an ihre Programme sind im Rahmen der dualen Rundfunkordnung geringer als an die der öffentlich-rechtlichen Anstalten, aber höher als beispielsweise bei den Printmedien. Das Unternehmensziel besteht wie bei den Verlagen in der Erwirtschaftung von Gewinn und einer hohen Kapitalrendite; hieran bemisst sich der Erfolg und folglich orientieren sich auch die Programmstrategien in erster Linie an der werberelevanten Publikumsreichweite oder der kaufkräftigen Nachfrage der Abonnenten.
>
> Die *Core Assets* von Rundfunkprogrammveranstaltern bestehen in qualifizierten und kreativen Mitarbeitern, einer eingeführten „Sender"-Marke, technischen und sozialen Publikumsreichweiten sowie der Vernetzung mit Akteuren vor- und nachgelagerter Märkte. Als *Kernkompetenzen* gelten vor allem die Fähigkeiten zur kreativen Programmentwicklung und zur strategischen Programmierung,

also der Adaption von Formaten und dem Erkennen von Trends (vgl. Wirtz 2006, S. 425, 356–357). Die Strategien von Programmveranstaltern setzen auf vertikale und horizontale Integration (Konzentration), um Kosten und Risiken zu minimieren sowie Verbund- und Größenvorteile zu nutzen. Konkret kann dies bedeuten, auch Teile der Programmproduktion oder der Produktion von Werbespots selbst anzubieten, vor allem aber überregionale und nationale Networks von Hörfunkveranstaltern bzw. nationale Senderfamilien im Fernsehen und regionale Sendefamilien im Hörfunk aufzubauen, was bei der Beschaffung, Mehrfachverwertung von Rechten und der Vermarktung von Werbung die Wettbewerbsposition stärkt (vgl. Wirtz 2006, S. 367–369, 431–433). Hinzu kommen Diversifikationsstrategien, wenn beispielsweise ein Radioveranstalter auch Konzerte und Musiklabels vermarktet.

Öffentlich-rechtliche Rundfunkveranstalter sind als Anstalten öffentlichen Rechts mit dem Privileg der Selbstverwaltung organisiert, was vor allem Staatsferne und professionelle Programmautonomie garantieren soll. Öffentlich-rechtlicher Rundfunk ist als nicht-kommerzieller Rundfunk dem Gemeinwohl der Gesellschaft verpflichtet; sein Ziel besteht nicht in der Erzielung von Gewinnen und Renditen, wohl aber in der wirtschaftlich vernünftigen, d. h. effektiven und effizienten Erfüllung des Funktionsauftrages. Damit wird ein meritorischer Nutzen für die gesamte Gesellschaft umschrieben, der marktwirtschaftlich nicht zu erzielen ist, weil es auch um die Erfüllung besonderer normativer Anforderungen geht.

Beispiel

In § 11 des Rundfunkstaatsvertrags ist der Auftrag des öffentlich-rechlichen Rundfunks definiert:

1. Auftrag der öffentlich-rechtlichen Rundfunkanstalten ist, durch die Herstellung und Verbreitung ihrer Angebote als Medium und Faktor des Prozesses freier individueller und öffentlicher Meinungsbildung zu wirken und dadurch die demokratischen, sozialen und kulturellen Bedürfnisse der Gesellschaft zu erfüllen. Die öffentlich-rechtlichen Rundfunkanstalten haben in ihren Angeboten einen umfassenden Überblick über das internationale, europäische, nationale und regionale Geschehen in allen wesentlichen Lebensbereichen zu geben. Sie sollen hierdurch die internationale Verständigung, die europäische Integration und den gesellschaftlichen Zusammenhalt in Bund und Ländern fördern. Ihre Angebote haben der Bildung, Information, Beratung und Unterhaltung zu dienen. Sie haben Beiträge insbesondere zur Kultur anzubieten. Auch Unterhaltung soll einem öffentlich-rechtlichen Angebotsprofil entsprechen.
2. Die öffentlich-rechtlichen Rundfunkanstalten haben bei der Erfüllung ihres Auftrags die Grundsätze der Objektivität und Unparteilichkeit der Berichterstattung, die Meinungsvielfalt sowie die Ausgewogenheit ihrer Angebote zu berücksichtigen.

▶ Die verfassungsrechtlich definierte Programmaufgabe der *Grundversorgung* und damit der *Funktionsauftrag* der Anstalten bezieht sich nicht nur auf die technische Vollversorgung der Bevölkerung mit Hörfunk und Fernsehen in Form eines Mindestprogramms, sondern meint umfassende Information, Unterhaltung, Bildung und Beratung. Die Vielfalt der Meinungen und die umfassende Information der Bürger muss von den öffentlich-rechtlichen Anstalten innerhalb ihres Programms sowie der Telemedienangebote gewährleistet werden (Binnenpluralismus). In den Landesrundfunkgesetzen sowie den Staatsverträgen sind die normativen Zielvorgaben sowie vergleichsweise hohe Qualitätsmaßstäbe weiter ausgeführt.

Konkretisiert wird der Funktionsauftrag dann in den Vorschriften für einzelne Anstalten, so umschreibt beispielsweise der ZDF-Staatsvertrag (§ 5) positive Ziele und Zwecke der Fernsehprogramme und Online-Angebote; der Deutschlandradio-Staatsvertrag formuliert konkrete Qualitätsansprüche an die Berichterstattung (§ 7):

Beispiel

ZDF-Staatsvertrag (§ 5):

In den Sendungen des ZDF soll den Fernsehteilnehmern in Deutschland ein objektiver Überblick über das Weltgeschehen, insbesondere ein umfassendes Bild der deutschen Wirklichkeit vermittelt werden... Das Geschehen in den einzelnen [Bundes] Ländern und die kulturelle Vielfalt Deutschlands sind angemessen inden Angeboten des ZDF darzustellen. [...] Die Angebote sollen dabei vor allem die Zusammengehörigkeit im vereinten Deutschland fördern sowie der gesamtgesellschaftlichen Integration in Frieden und Freiheit und der Verständigung unter den Völkern dienen ...

DLR-Staatsvertrag (§ 7):

1. Die Berichterstattung soll umfassend, wahrheitsgetreu und sachlich sein. Herkunft und Inhalt der zur Veröffentlichung bestimmten Berichte sind sorgfältig zu prüfen.
2. Nachrichten und Kommentare sind zu trennen; Kommentare sind als persönliche Stellungnahme zu kennzeichnen.

Die Ausführungen enthalten also neben allgemeinen Hinweisen auf Grundwerte (Menschenwürde, Freiheitsrechte etc.) und Qualitätsanforderungen (Sorgfaltspflicht) jeweils anstalts- sowie sendegebietsspezifische Ansprüche. Die Anstalten selbst müssen dies durch Satzungen und Programmrichtlinien präzisieren sowie anhand schriftlicher Berichte alle zwei Jahre den Nachweis der Erfüllung ihres Programmauftrages führen (§ 11e RStV). Um diesen Funktionsauftrag zu erfüllen, darf der öffentlich-rechtliche Rundfunk mehrere Programme veranstalten, neue Verbreitungstechniken (Kabel, Satellit, digitale Techniken) nutzen und eine ausreichende Finanzierung beanspruchen. Die Programme der öffentlich-rechtlichen Anstalten unterliegen besonderen Programmgrundsätzen und Richtlinien, insbesondere zu Kinder- und Jugendschutz, Gewaltdarstellungen,

Werbung und Sponsoring. Diese Richtlinien und Grundsätze werden durch die Gremien der Rundfunkanstalten beschlossen (vgl. ARD 2011, S. 410–414).

Um diesen anspruchsvollen Programmauftrag autonom, d. h. staatsfern und marktfern erfüllen zu können, genießen alle öffentlich-rechtlichen Anstalten das Recht der Selbstverwaltung, dem drei Organe dienen sollen: Intendant, Rundfunkrat und Verwaltungsrat. Der Intendant wird vom jeweiligen Rundfunkrat (Fernsehrat/Hörerrat) gewählt und hat exekutive Funktion, während die Gremienorgane Rundfunk- und Verwaltungsrat programmliche und wirtschaftliche Aufsichtsfunktionen wahrnehmen. Der Intendant ist als Leiter der Organisation rechtlich und wirtschaftlich für das Programm verantwortlich; seine Funktion ist am ehesten mit der eines Presseverlegers vergleichbar. Er beruft beispielsweise beim ZDF im Einvernehmen mit dem Verwaltungsrat den Programmdirektor, den Chefredakteur und den Verwaltungsdirektor (§ 27 ZDF-Staatsvertrag). Öffentlich-rechtliche Rundfunkanstalten sind mittelständische Unternehmen mit zum Teil mehreren Tausend Beschäftigten (NDR: über 3400, WDR über 4200)[177] sowie komplexen Abläufen und ausdifferenzierten Strukturen, die ein professionelles Management durch den Intendanten und andere Führungskräfte benötigen.

Beispiel

So sind beispielsweise direkt beim Intendanten des Zweiten Deutschen Fernsehens (ZDF) wichtige Stabsstellen für die strategische Führung angesiedelt, nämlich die „Hauptabteilungen" für Unternehmenskommunikation/PR, die Auslandsaktivitäten, die Unternehmensplanung und Medienpolitik sowie das Justitiariat. Die Organisationsebene unterhalb des Intendanten wird beim ZDF durch Programm-, Produktions- und Verwaltungsdirektoren sowie den Chefredakteur und einen Direktor für europäische Satellitenprogramme besetzt; mit Ausnahme des letzten ist die Struktur mit den meisten anderen großen Anstalten vergleichbar, dort kommt allerdings der Hörfunkdirektor hinzu. Den Direktoren sind jeweils Hauptabteilungen oder Hauptredaktionen unterstellt: Dem Programmdirektor des ZDF unterstehen beispielsweise die sieben Hauptredaktionen Kultur und Wissenschaft, Kinder und Jugend, Fernsehspiel, Spielfilm, Show, Unterhaltung-Wort, Reihen und Serien (Vorabend) sowie der Programmbereich Musik und die Hauptabteilung Programmplanung. Dem ZDF-Chefredakteur unterstehen neben der Chefredaktion die fünf Hauptredaktionen Neue Medien, Aktuelles, Innen-, Gesellschafts- und Bildungspolitik, Außenpolitik, Wirtschaft, Recht, Soziales und Umwelt sowie die Hauptredaktion Sport. Hinzu kommen die Programmbereiche Reportage und Zeitgeschichte/Zeitgeschehen. Darunter befinden sich jeweils die Redaktionen für einzelne Sendungen sowie die sendungsübergreifenden Fachredaktionen.[178]

[177]Daten für das Jahr 2015; vgl. http://www.ndr.de/der_ndr/unternehmen/ bericht186.pdf; http://www1.wdr.de/unternehmen/der-wdr/serviceangebot/services/infomaterial/geschaeftsbericht-106.pdf [02.01.2017].

[178]Vgl. für ein vollständiges Organigramm des ZDF: https://www.zdf.de/assets/zdf-organigramm-100~original?cb=1483525401271 [02.01.2017].

4.4.2.3.3 Hörfunk-Programming

Die *öffentlich-rechtlichen Hörfunkveranstalter* produzieren, abgesehen von der Musik, weite Teile des Radioprogramms selbst, insbesondere wenn es sich um Wortprogramme (wie DeutschlandRadio) sowie Kultur- und Infowellen handelt. Größere Redaktionen mit Journalisten, die noch selbst recherchieren; eigene Reporterteams und Redakteure, die selbst Konzepte für Beiträge oder Sendungen entwickeln sowie Zulieferungen von freien Mitarbeitern bearbeiten, sind typisch für öffentlich-rechtliche Programme. Die meisten öffentlich-rechtlichen Hörfunkprogramme sind keine „Einschaltprogramme" zur gezielten Nutzung einzelner Sendungen mehr, sondern auf die tagesbegleitende Nutzung durch Zielgruppen angelegt. Dabei spielen Standardisierungs- und Formatierungselemente eine wichtige Rolle, auch wenn das Spektrum der Musik in den Programmen breiter und der Anteil von Wortbeiträgen und Informationen höher ist als beim privaten Formatradio. Auch das Gesamtportfolio der Programme ist aufgrund der marktunabhängigen Beitragsfinanzierung breiter gefächert: Neben den Jugend- und Servicewellen werden auch Kultur- und Klassikkanäle sowie Programme für Migranten veranstaltet.

Die *privaten Radios* setzen in sehr hohem Maße auf Wiedererkennbarkeit ihrer Programme, die sich nur marginal durch ihre Musikauswahl von der Konkurrenz unterscheiden. Umso bedeutender ist der Aufbau einer Hörerbindung durch beliebte Moderatoren, einen bestimmten Moderationsstil und spezifische Klangfarbe oder einen meist lokal- oder regionalspezifischen Service. Eine zentrale Funktion nehmen auch Jingles, kurze akustische Senderkennungen ein. Die privaten (und tendenziell auch einige der zielgruppenorientierten öffentlich-rechtlichen) Hörfunkprogramme verfolgen in Deutschland das Konzept des Formatradios:

- Radioformate orientieren sich primär an der Musikrichtung, die wiederum mit den Vorlieben des anvisierten Zielpublikums korrespondiert. Für werbefinanzierte Veranstalter sind große und kaufkräftige Zielgruppen attraktiv, weil sich hier erzielte Reichweiten am besten vermarkten lassen.

Sehr viele Anbieter richten daher ihr Programming auf die vermeintlich zentrale Zielgruppe der 14–49-Jährigen aus und spielen „Adult Contemporary" (AC), also aktuelle, melodische Pop- und Rockmusik, gemischt mit kurzen Moderationen, Serviceinformationen und Gewinnspielen. Andere beliebte Formate sind „Contemporary Hit Radio" („Das Beste von heute"; Zielgruppe 14–29 Jahre), Oldie-, Rock-, Klassik-, Country-, Jazz-, Schlagerformate oder die weniger musikdefinierten Middle-of-the-Road- und Info-Formate für 35–55-Jährige (vgl. Goldhammer 1995, S. 160–189; Böckelmann 2006, S. 110–115). Formate für große Zielgruppen werden häufiger eingesetzt als spezialisierte Musikformate. Im Ergebnis erzeugt der Markt in der Regel keine große inhaltliche Vielfalt: Es ist attraktiver, ein zweites oder drittes ähnlich formatiertes Programm für eine große Zielgruppe von 40 % zu veranstalten als ein Programm für Jazz- oder Klassikliebhaber, die vielleicht jeweils fünf bis acht Prozent der Bevölkerung ausmachen.[179]

- Programmplanung und Sendeablauf orientieren sich bei Formatradios eng an der „Programmuhr", die vorgibt, welche Programmelemente (Musik, Wetter, Verkehr, Comedy, Jingle, Eigenwerbung, Hörer Call-in, Werbung, Gewinnspiel, Sport-, Promi- und Lokalnachrichten), mit welcher Länge aufeinander folgen. Die Musikauswahl selbst wird auf der Basis von Markt- und Mediennutzungsdaten sowie der Formatvorgaben und des bereits gesendeten Programms automatisch vom Computer erzeugt. Das Repertoire ist auf wenige hundert Titel begrenzt, die mit voraus berechneten Häufigkeiten „rotieren." Musikredakteure, die für einzelne Sendungen, ggf. in inhaltlicher Auseinandersetzung mit anderen Redakteuren oder mit eigenem musikjournalistischem Anspruch Titel auswählen und in der Moderation vorstellen, spielen keine Rolle. Das Ziel von Formatradioanbietern besteht darin, kostengünstig ein den gesamten Tag über „durchhörbares" Programm (despektierlich auch als „Dudelfunk" bezeichnet) mit großer Publikumsreichweite und -bindung zu senden. Mediamarktforschung und Marketing wirken als programmbestimmende Determinanten (vgl. Goldhammer 1995, S. 142).

4.4.2.3.4 Fernseh-Programming

Das Programming für Fernsehen unterliegt wie beim Hörfunk unterschiedlichen normativen Anforderungen und speziellen Erfordernissen je nach Programmtyp. Wiederum von zentraler Bedeutung ist jedoch für alle Fernsehprogramme eine tägliche, wöchentliche und saisonale Strukturierung, die Zuschauern die Orientierung und den Kommunikatoren die Programmplanung erleichtert. Die Programming-Strategien, mit denen Sendeplätze des Programmschemas gefüllt werden, variieren je nach Veranstalter, doch lassen sich auch im deutschen Fernsehen einige Grundstrukturen skizzieren.

Der Fernsehprogrammtag orientiert sich am unterschiedlichen Tagesablauf der hauptsächlichen Nutzergruppen: Zwischen sechs Uhr morgens und dem späten Nachmittag (Daytime) sehen vor allem Nicht- oder Teilzeiterwerbstätige (Kinder, Jugendliche, Frauen, Rentner) fern, am Vorabend zwischen 17 und 20 Uhr (Access Time) kommen viele Arbeitnehmer nach Hause und schalten ein, die Prime Time von 20 bis 23 Uhr ist die Hauptnutzungszeit (größte Reichweite und soziodemographische Mischung), an die sich die Late Night (23 bis 1 Uhr) anschließt (Karstens und Schütte 1999, S. 161–164). Ein zentraler Angelpunkt im deutschen Fernsehen ist nach wie vor die Tagesschau der ARD von 20 bis 20.15 Uhr und das verbreitete 15-Minuten-Raster für nahezu alle Fernsehsendungen.

[179] Diese auch beim werbefinanzierten Fernsehen zu beobachtende Strategie der Programmduplizierung (vgl. Owen et al. 1974) führt zu einem Mainstreaming und einem publizistischen Marktversagen hinsichtlich der Vielfalt.

Die deutschen Programmveranstalter (partiell auch die öffentlich-rechtlichen Anstalten) haben Programmierungsstrategien aus dem US-amerikanischen Kommerzfernsehen übernommen: So wird vielfach dieselbe Sendezeit an allen Werktagen (Sendeplatz) mit einer neuen Folge derselben Serie oder Daily Soap, einer Magazinsendung oder einer Talkshow gefüllt. Es ergibt sich eine horizontale Streifenstruktur im Stundenplan des Programms, weshalb diese Form auch Stripping genannt wird. Vor allem im privaten Fernsehen werden häufig auch gleichartige Genres oder sogar mehrere Folgen derselben Serie geblockt, damit die Zielgruppe weiter diesem Programm (und der Werbung) folgt (Blocking, Stacking). Öffentlich-rechtliche Veranstalter folgen einer ähnlichen Strategie, wenn sie Themenabende programmieren, wechseln aber eher die Genres (Spielfilm, Dokumentation, Diskussionsrunde) ab. Im Tagesablauf wird auch versucht, die Reichweiten von weniger publikumsattraktiven Sendungen zu erhöhen, wobei man auf die Trägheit des Publikums setzt: Die schwächere Sendung wird zwischen zwei beliebten gesendet (Hammocking) oder der „Quotenbringer“ wird von zwei schwächeren Sendungen eingerahmt (Sandwiching). Um zumindest den Anschein serieller Strukturen auch da zu erwecken, wo sie fehlen, und ein regelmäßiges Einschalten nahe zu legen, werden durch Labelling unabhängig voneinander produzierte Spielfilme zu Sendereihen zusammengestellt (Der Donnerstagsfilm, Das kleine Fernsehspiel, Sommernachtsfantasien) (vgl. Karstens und Schütte 1999, S. 168–173). Neben der zeitlichen Strukturierung des Schemas müssen auch die inhaltlichen Präferenzen der Zielgruppe bedient werden. Programming orientiert sich nicht nur an den Nutzern, sondern auch an den Wettbewerbern. Das betrifft sowohl die grundsätzliche Entscheidung über das Programmprofil und die hiermit zu erzielenden Marktanteile, die zu einer Orientierung an der größten Zielgruppe und einem programmlichen Mainstreaming-Effekt führt, als auch für die taktische Programmierung: Counterprogramming zielt darauf, gerade den Teil des Publikums zu gewinnen, der von der Konkurrenz zu dieser Sendezeit nicht bedient wird; klassisches Beispiel: eine Rosamunde-Pilcher-Verfilmung wird gegen ein Fußball-Champions League-Spiel programmiert. Die Alternative wäre „Blunting“, also gegen einen Hollywood-Spielfilmhit einen anderen „Kino-Knüller“ zu setzen (vgl. Karstens und Schütte 1999, S. 174–177).

Serien mit Spielhandlungen und selbst produzierte serielle Unterhaltungsformate (Reality-, Talk-, Casting-, Gameshow) eignen sich neben den Kostenvorteilen in der Produktion besonders gut dazu, durch Stripping-Programmierung Gewohnheiten beim Publikum zu schaffen. Darüber hinaus ergeben sich Möglichkeiten für das Merchandising (Artikel mit Serienlogo oder Serienhelden; DVD und Bücher) und die Zuschauerbindung bzw. Call-Media-Erlöse (Neues zur Serie oder einer verpassten Folge per Telefon oder SMS). Spielfilme und Sportübertragungen haben hingegen Ereignischarakter und können Zuschauer zur gezielten Nutzung veranlassen. Dies gilt insbesondere für die „Live“-Berichterstattung, bei der Produktion und Rezeption gleichzeitig erfolgen.[180]

[180]Vgl. zur Vermittlung von Programmstrukturen und Rundfunknutzung Beck (1994, S. 313–325).

In den Redaktionen und Programmdirektionen werden nicht nur Kaufproduktionen bewertet und Beschaffungs- sowie Progammierungsentscheidungen getroffen. Es geht auch um die Auswahl und den Einsatz von Moderatoren, die nicht zuletzt als „Anchor"-Personen der Publikumsbindung dienen und zielgruppengerecht informieren, unterhalten oder beraten sollen. Die mittlerweile auch bei den öffentlich-rechtlichen Anstalten gebräuchliche Benennung von Sendungen nach ihren Moderatoren belegt dies. Im Sinne der Markenbildung für einzelne Sendungen und das gesamte Programm sollen Studiogestaltung, Logos und Schriftzüge wirken. Auch die Auswahl von Talkshowgästen und Interviewpartnern in Informations- und Unterhaltungssendungen folgt neben journalistischen Kriterien einer kommerziellen Prominenz- und Sensationslogik (vgl. Karstens und Schütte 1999, S. 193–220, 267–293).

Die *privaten Fernsehveranstalter* verbinden mit dem Erwerb von Spielfilm- oder Sportrechten und der Platzierung im Programm konkrete Erlöserwartungen auf dem Werbemarkt. Dabei können entweder die Werbeerlöse für den einzelnen Sendeplatz (Slot) oder für eine Programmstrecke (z. B. die gesamte Primetime von 20–23 Uhr) mit den Kosten verrechnet werden. Zu reichweiten- und werbeschwachen Tageszeiten werden deshalb bevorzugt billig aus den USA zugekaufte Daily Soaps gesendet. Aus strategischen Gründen der Profilbildung können aber im Einzelfall auch Rechte erworben werden, die nicht direkt refinanzierbar sind, zum Beispiel große Sportereignisse oder Kinohits, die für die Positionierung der Marke wichtig erscheinen. Für die öffentlich-rechtlichen Fernsehprogramme spielt diese Logik jenseits des Werbefernsehens am Vorabend keine Rolle, hier sollen Investitionen in das Programm ausschließlich der Erfüllung des Funktionsauftrages dienen.

Das *öffentlich-rechtliche Programming* setzt stärker auf Eigenproduktionen und Auftragsproduktionen als die privaten Veranstalter, die sich leichter auf dem internationalen Markt kommerzieller Programme eindecken können, weil sie keinen anspruchsvollen Funktionsauftrag zu erfüllen haben. Bei ARD und ZDF liegt der Anteil der gesendeten Eigen-, Auftrags- und Koproduktionen bei fast 90 %, bei den privaten Hauptprogrammen bei nur etwa 50 und bei den Nebenprogrammen nur zwischen 17 und 30 % der Erstsendungen; auch der Anteil kostensparender kurzfristiger Wiederholungen ist bei den privaten deutlich höher und macht bei RTL über ein Viertel der Programmzeit aus (vgl. Trebbe und Beier 2016, S. 39, 42). Einen Sonderfall stellt Das Erste als Gemeinschaftsprogramm der ARD-Landesanstalten dar, denn es setzt sich aus unterschiedlichen Quellen zusammen: Anstaltsbeiträge werden von den einzelnen Anstalten eigenständig produziert oder gekauft und entsprechend dem Fernsehvertragsschlüssel der ARD eingebracht: Während Radio Bremen nur 0,4 % des ARD-programms liefert, bringt es der Bayerische Rundfunk auf 5,5 % und der WDR sogar auf 11,6 % des Ersten Fernsehprogramms. Ingsesamt tragen die einzelnen Anstalten damit 40 % zum Programm bei, während 60 % als Gemeinschaftssendungen produziert werden[181] oder durch die Degeto

[181]Quelle: ARD-Fernsehstatistik (2015, S. 3); http://www.ard.de/download/329318/ARD_Fernsehstatistik.pdf [05.05.2017].

Tab. 4.16 Struktur des ersten Fernsehprogramms der ARD 2015. (Quelle: ARD-Fernsehstatistik 2015, S. 3; http://www.ard.de/download/329318/ARD_Fernsehstatistik.pdf [05.05.2017])

Programmentstehung	Programm-Anteil in Prozent
Eigenproduktion	27,3
Ko-Eigenproduktion	2,8
Koproduktion	12,0
Auftragsproduktion	5,0
Kauffilme	8,1
Wiederholungen	37,3
Übernahmen	7,6

beschafft bzw. von einer Landesanstalt im Auftrage aller Anstalten produziert werden: So ist der NDR für die Nachrichtensendungen, der WDR für die Sportschau und der HR für die Wettervorhersage verantwortlich. Auch die Dritten Programme der ARD kooperieren und verfügen über einen gemeinsamen Programmpool (vgl. ARD 2011, S. 362–363).

Beispiel

Die strukturelle Zusammensetzung des ersten ARD-Programms geht aus Tab. 4.16 hervor:

Auch die öffentlich-rechtlichen Fernsehprogramme zeigen mittlerweile viele der für die kommerziellen Programme geschilderten Strukturen, was als Ergebnis von *Programmkonvergenz* und Anpassung an veränderte Publikumserwartungen begriffen werden kann. Aufgrund ihres Funktionsauftrages unterhalten die öffentlich-rechtlichen Anstalten aber in weitaus stärkerem Maße journalistisch arbeitende Redaktionen mit einem publizistischen Qualitätsanspruch, der sich nicht nur auf die Hauptnachrichtensendungen beschränkt. Das schlägt sich regelmäßig in den inhaltsanalytischen Studien nieder, die im Auftrag der Landesmedienanstalten durchgeführt werden.

Beispiel

Während der Anteil der Fernsehpublizistik (Nachrichten, Informationssendungen etc.) bei den öffentlich-rechtlichen mit 45 % (ARD) bzw. 47 % (ZDF) deutlich höher liegt als der von RTL (22 %) oder Sat.1 (14 %), weisen die öffentlich-rechtlichen Programme etwas geringere Unterhaltungsanteile als die großen privaten Programme auf: Der Unterhaltungsanteil des Ersten Programms der ARD liegt bei 49 %, beim ZDF beträgt er 47 %. Für RTL lauten die Werte 58 % bzw. für Sat.1 sogar 66 %. (vgl. ALM 2016, S. 36–40).

Trotz teilweiser Programmangleichung (Konvergenz) weisen öffentlich-rechtliche und privat-kommerzielle Fernsehprogramme aber unterschiedliche Strukturen und Inhalte auf: Das liegt zum einen an der Rolle der Werbung, die im durchschnittlichen Sendetag von RTL und Sat. 1 rund 3,5 h in Anspruch nimmt, bei den öffentlich-rechtlichen aber nur zwischen 15 und 20 min. Es setzt sich fort bei Programmtrailern (Eigenwerbung), die bei den privaten Programmen mit noch einmal mit 70 min (Sat.1: 72, RTL 68) rund das Doppelte pro Tag einnimmt als bei den öffentlich-rechtlichen, die allerdings auch schon auf Werte zwischen 33 (ZDF) und 35 Minuten (ARD) kommen (Die Medienanstalten 2016, S. 208) und damit in ihrer Anmutung Programmen wie VOX, RTL II oder kabel eins gleichen. Allerdings werden in ARD und ZDF deutlich mehr deutsche Produktionen gesendet; der Anteil liegt bei 73 %, bei Sat.1 und RTL zwischen 48 und 55 % und bei den kleineren kommerziellen Programmen zum Teil noch deutlich darunter (vgl. Die Medienanstalten 2016, S. 217). Auch die Hauptnachrichtensendungen unterscheiden sich zwischen den Organisationstypen:

Beispiel

In Nachrichtensendungen der öffentlich-rechtlichen Hauptprogrammen (Das Erste, ZDF) dominieren kontroverse Themen aus Politik, Wirtschaft und Gesellschaft mit 66 bzw. 65 %, während es bei RTL und Sat.1 nur 48 bzw. 42 % sind. Völlig anders sieht dies für die „weichen Themen" (Human Touch, Unterhaltung etc.) in den Nachrichten aus: Hier liegen RTL und Sat.1 mit mit 19 bzw. 24 % deutlich vor ARD (7,4 %) und ZDF (9,0 %). Nur beim Spprt ähneln sich die Profile der Fernsehnachrichtensendungen – mit Anteilen zwischen 8,3 und 9,6 %) – systemübergreifend relativ stark. Die divergenden Themenprofile prägen die Magazinsendungen noch stärker: Kontroverse Themen machen rund ein Drittel der Magazinsendungen von ARD und ZDF aus, aber nur rund 10 % bei den privaten Hauptprogrammen (vgl. Die Medienanstalten 2016, S. 235–236).

4.4.2.3.5 Technische Programmerstellung

Nachdem die Programme auf der Grundlage des strategischen Programmings beschafft sind, müssen Programmveranstalter einen sendefähigen *Programmstream* auch technisch möglichst fehlerfrei produzieren. Hierzu bedarf es einer genauen und arbeitsteiligen Ablauforganisation sowie umfangreicher technischer Unterstützung. Der Sendeablauf ist beim Hörfunk soweit automatisiert und digitalisiert, dass der alltägliche Sendebetrieb mit ein bis zwei Personen aus dem Moderatorenstudio heraus zu leisten ist. Beim privaten Hörfunk ist ein solcher „Selbstfahrerbetrieb" aus Kostengründen ohnehin die Regel, aber auch die öffentlich-rechtlichen Musik- und Jugendwellen werden überwiegend in Selbstfahrerstudios produziert. Komplexer sind die Abläufe beim Fernsehen: Ausgehend vom Ablaufplan der Programmplanung müssen nun von den Rechteinhabern und Produzenten sowie ggf. von den internen Zulieferern (Archive, Produktionsabteilungen) die materiellen Träger (Filme, analoge oder digitale Videospeichermedien) angefordert und hinsichtlich ihrer Sendequalität geprüft bzw. ggf. nachbearbeitet werden. Benötigt werden auch die Werbespots sowie Programmtrailer, Senderkennungen und -promotions. Das Material muss elektronisch geschnitten, Werbung, Trailer etc. müssen an dramaturgisch geeigneten Stellen (Cliffhanger) eingefügt werden. Die Sendeleitung koordiniert die Live-Elemente und Sendungen, überwacht die tatsächliche Ausstrahlung (also die Übergabe an den technischen Sender bzw. Dienstleister), protokolliert den Sendeablauf und sorgt für eine Archivierung des gesendeten Programms (vgl. Karstens und Schütte 1999, S. 380–403).

4.4.2.3.6 Telemedien

Zusätzlich zum linearen Hörfunk- oder Fernsehprogramm bzw. dieses ergänzend können Rundfunkveranstalter *Telemedien* anbieten, die mehr oder weniger stark auf das Rundfunkprogramm zurückgreifen oder zu ihm hinführen sollen. Neben klassischen Webangeboten sind dies vor allem Mediatheken und Video-on demand-Plattformen zur Weiterverwertung von Sendungen. Kommunikationspolitisch hat das Angebot solcher Telemedien durch die öffentlich-rechtlichen Anbieter für Konflikte und eine wettbewerbsrechtliche Klage der Verleger gesorgt. Mittlerweile ist eine neue staatsvertragliche Regelung (vgl. Abschn. 4.5.3.1.1) erzielt worden; viele der öffentlich-rechtlichen Angebote wurden gelöscht („de-publiziert"). Der finanzielle Aufwand der öffentlich-rechtlichen Anstalten für Telemedienangebote lag für das Jahr 2016 bei knapp 180 Mio. € (vgl. KEF 2016, S. 58).

4.4.2.4 Rundfunkfinanzierung und Programmvermarktung

Die *Finanzierung von Rundfunkprogrammen* gehört neben dem Programming zu den Hauptaufgaben der Programmveranstalter und kann grundsätzlich durch Werbung, Teleshopping, Gebühren bzw. Beiträge (Abgaben), Entgelt, Stiftungen, den Staat (Steuern) sowie sonstige Einnahmen (Programmhandel und Merchandising sowie Call Media) oder in einer Mischform erfolgen. In Deutschland ist eine staatliche Finanzierung verboten, weil sie gegen die verfassungsrechtliche Medienfreiheit verstoßen würde. Private Stiftungen spielen de facto keine Rolle und die Entgeltfinanzierung gilt in Deutschland mit nur einem dominanten Pay-TV-Anbieter als vergleichsweise untergeordnete Erlösform. Im Folgenden konzentrieren wir uns deshalb auf die Hauptformen der Beitrags- und Werbefinanzierung, um dann einen Blick auf die Kosten-Erlös-Strukturen unterschiedlicher Programmveranstaltertypen zu werfen.

4.4.2.4.1 Mischfinanzierung des öffentlich-rechtlichen Rundfunks

> Der öffentlich-rechtliche Rundfunk finanziert sich aus verschiedenen Quellen (Mischfinanzierung), wobei die ihm exklusiv zustehenden *Beiträge* (bzw. bis 2012 *Gebühren)* ganz klar überwiegen. Die Rundfunkgebührenpflicht gilt für alle Rundfunkteilnehmer, wozu alle Besitzer von entsprechenden Geräten unabhängig von ihrer tatsächlichen Mediennutzung zählen. Der ab Januar 2013 geltende Rundfunkbeitrag in Höhe von derzeit einheitlich 17,50 €[182] wird

[182]Bis 2014 belief sich der Betrag auf 17,98 €, sodass es im April 2015 erstmals in der deutschen Rundfunkgeschichte zu einer Gebührenermäßigung kam; der derzeitige Betrag soll bis 2020 konstant bleiben.

gemäß Rundfunkänderungsstaatsvertrag (derzeit 19. RfÄStV) von allen Haushalten (Haushaltsabgabe der Mieter) und Betriebsstätten sowie für gewerblich genutzte Kraftfahrzeuge erhoben, und zwar ebenfalls unabhängig von der tatsächlichen Nutzung der öffentlich-rechtlichen Medienangebote, aber auch unabhängig von der Zahl und Art der Empfangsgeräte. Weil es sich nicht um eine Zahlung für eine konkrete Leistung und nicht um eine freiwillige Zahlung handelt, unterscheiden sich Beitrag bzw. Gebühr von einem Entgelt.

Bis 1976 war in Westdeutschland die staatliche Bundespost für das Gebühreninkasso zuständig. An deren Stelle trat dann die „Gebühreneinzugszentrale (GEZ)“, eine Gemeinschaftseinrichtung der öffentlich-rechtlichen Anstalten mit Sitz in Köln und 1100 Mitarbeitern.[183] Die GEZ geriet aufgrund fragwürdiger Praktiken insbesondere hinsichtlich des Datenschutzes[184] und ihres Außendienstes zu Ermittlung vermeintlicher „Schwarzseher“ immer wieder in die Schlagzeilen. Mitttlerweile wird der Rundfunkbeitrag durch den „Beitragsservice“ von ARD, ZDF und Deutschlandradio eingezogen, der an die Stelle der GEZ (Gebühreneinzugszentrale) getreten ist, auf der Grundlage eines bundesweiten Melderegisterabgleichs eingezogen. Hier arbeiten mehr als 1000, überwiegend ehemalige GEZ-Mitarbeiter, die über 44 Mio. Beitragskonten verwalten. Für das Beitragssystem entstehen jährlich Kosten in Hähe von rund 170 Mio. €.[185]

Einkommensschwache Haushalte können auf Antrag von der Beitragspflicht befreit werden; Menschen mit Behinderungen können eine Ermäßigung beantragen. Die Rundfunkbeitragseinnahmen beliefen sich 2016 auf 7,98 Mrd. €.

Rechtsgrundlagen für das Verfahren und die Gebührenhöhe sind der Rundfunkfinanzierungsstaatsvertrag und der Rundfunkbeitragsstaatsvertrag (als Teile des Rundfunkstaatsvertrages RStV)[186]; dessen Aushandlung immer wieder Anlass zu rundfunkpolitischen Konflikten gegeben hat (vgl. Abschn. 4.4.3.1.2). Die Kritik macht sich zum einen am Verfahren fest, da es sich um eine „Zwangsgebühr“ und keinen freiwilligen Beitrag handele. Moniert wird auch, dass die Erhebung von Beiträgen für etwa 400.000 Betriebe und 200.000 Kraftfahrzeuge ungerecht gestaltet sei: So zahlt ein Unternehmen mit 9000 Angestellten an einem Ort insgesamt gut 1400 € an Beiträgen; ein Unternehmen mit 200 Filialen mit jeweils 45 Mitarbeitern aber mehr als das Zehnfache (fast 18000 €).[187] Zum anderen wird die grundsätzliche Höhe der Gebühr kritisiert, auch

[183]Vgl. http://www.kef-online.de/ sowie http://www.gez.de/die_gez/organisation/index_ger.html [30.06.2011].

[184]Vgl. beispielsweise den Bericht des Brandenburgischen Datenschutzes; LDA (2005, S. 70–74).

[185]Vgl. epd medien aktuell117a v. 21.06.2017

[186]Der Rundfunkfinanzierungsstaatsvertrag regelt vor allem Grundsätze und Verfahren der Gebührenfestsetzung durch die KEF; der Rundfunkgebührenstaatsvertrag vor allem die Gebührenpflicht, -einzug und -befreiung durch die GEZ; der Rundfunkbeitragsstaatsvertrag tritt zum 01.01.2013 an dessen Stelle.

[187]So argumentiert auch der Jurist Geuer (2012), der eine Klage vor dem Bayerischen Verfassungsgerichtshof eingericht hat.

mit dem Verweis auf das Ausland: Die für ihre hochwertiges und politisch unabhängigen Programme bekannte BBC kommt mit einem Budget von 5,2 Mrd. aus, sodass die jährliche Gebühr mit rund 160 € deutlich niedriger ausfällt.[188]

Die Festlegung der Rundfunkbeitragshöhe in Deutschland erfolgt in mehreren Stufen: Die Anstalten melden und begründen alle zwei Jahre ihren voraussichtlichen Bedarf, der seit 1975 von der *Kommission zur Ermittlung des Finanzbedarfs der Rundfunkanstalten (KEF)* geprüft wird. Diese Sachverständigenkommission besteht aus 16 von den Bundesländern entsandten Experten: drei Wirtschaftsprüfer oder Unternehmensberater, zwei Betriebswirtschaftler, zwei Rundfunkrechtler, drei Experten aus Medienwirtschaft und Medienwissenschaft, ein Rundfunktechnikfachmann sowie fünf Vertreter von Landesrechnungshöfen. Nach der Prüfung unter den Kriterien Wirtschaftlichkeit und Sparsamkeit[189] sowie unter Wahrung der Programmautonomie der Anstalten gibt die KEF eine Beitragsempfehlung an die Bundesländer. Erst wenn alle 16 Landesparlamente zugestimmt haben, können die Ministerpräsidenten die Gebühren- bzw. Beitragshöhe per Staatsvertrag festsetzen. Dabei können sie nur in begründeten Fällen und nach nochmaliger Beratung mit den Anstalten und der KEF von deren Vorschlag abweichen.[190]

Von den knapp 8 Mrd. € an Rundfunkbeiträgen erhielt das ZDF 2016 mit 1,97 Mrd. € den größten Betrag, der Anteil der einzelnen ARD-Anstalten fällt aufgrund der verschieden großen Beitragsgebiete (Zahl der Haushalte und Betriebsstätten) sehr unterschiedlich: Der WDR erhielt 1,18 Mrd., der Saarländische Rundfunk (SR) nur 67 Mio. €. Die beiden kleinen ARD-Anstalten SR und Radio Bremen erhalten daher aus den ARD-Beiträgen einen Ausgleich in Höhe von zusammen rund 80 Mio. € jährlich, um die sehr hohen Fixkosten und die produktionskosten vor allem für das Fernsehprogramm decken zu können. Aus den Beiträgen wird auch das bundesweite Radio des Deutschlandfunks (Deutschlandradio) mit 217 Mio. € sowie die für Aufsicht und Förderung des privatrechtlichen Rundfunks zuständigen 14 Landesmedienanstalten, die 1,9 % des Beitrags erhalten, mit 151 Mio. € finanziert.[191]

Mit rund 85 % sind die Gebühren die Hauptfinanzierungsquelle der ARD-Anstalten (ARD Finanzbericht 2016, S. 18). Weitere Quellen der öffentlich-rechtlichen Mischfinanzierung sind die Werbung, das Sponsoring sowie der Handel mit Programmrechten (vgl. u.). Der Rundfunkstaatsvertrag (RStV) erlaubt den beiden Fernsehvollprogrammen Das Erste (ARD) und ZDF die Ausstrahlung von werktäglich bis zu 25 min bzw. 20 min im Jahresdurchschnitt bis 20 Uhr sowie bis zu 90 min werktäglicher Hörfunkwerbung. In über 30 ARD-Radioprogrammen und in den beiden Fernsehhauptprogrammen wird

[188] Vgl. bespw. die Argumentation von Zaschke (2016).

[189] Die Anstalten dürfen zwar Rücklagen bilden, die verzinst werden müssen, aber keine Gewinne erwirtschaften.

[190] Vgl. zu den Rundfunkfinanzierungsmodi Gebühr, Beitrag und (als Alternative) Steuern aus rechtlicher Sicht: Terschüren (2013).

[191] Vgl. epd medien aktuell Nr. 117a v. 21.06.2017 sowie KEF (2016, S. 290–295).

Werbung gesendet; im Durchschnitt macht die Werbung nur 1,0 % der Sendezeit aus (vgl. Media Perspektiven Basisdaten 2016, S. 8), während es bei den privaten Formatradios bis zu 12 % der Sendezeit sind (vgl. Böckelmann 2006, S. 101). Alle anderen Fernsehprogramme öffentlich-rechtlicher Veranstalter sowie die Programme von DeutschlandRadio und Deutsche Welle sind werbefrei.

4.4.2.4.2 Werbefinanzierung

Die Rundfunkfinanzierung durch Werbeeinnahmen spielt in Deutschland bei den privatrechtlichen Programmveranstaltern die Hauptrolle, bei den öffentlich-rechtlichen hingegen nur eine Nebenrolle. Die Vermarktung von Rundfunkprogrammen auf dem Werbemarkt basiert auf den Faktoren Reichweite und Zielgruppe: Die werbetreibende Wirtschaft zahlt bekanntlich für die Chance des Kontakts mit potenziellen Konsumenten.

> Die Reichweiten, also die Zahl der erreichten Rezipienten, werden beim Hörfunk regelmäßig durch telefonische Befragungen der AG.MA, beim Fernsehen laufend durch technische Messungen des GfK-Meters ermittelt. Die Preise für die Werbespots richten sich nach deren Länge, ggf. auch nach ihrer Platzierung im Werbeblock und nach der sendezeittypischen Reichweite. So lässt sich errechnen und zwischen den Programmveranstaltern vergleichen, wie viel der Kontakt zu jeweils 1000 Hörern oder Zuschauern kostet (Tausendkontaktpreis TKP bzw. Tausendhörer- und Tausendseherpreis).

Im deutschen Fernsehen liefen 2016 insgesamt fast 4,36 Mio. Spots; der TKP lag bei knapp 17 €.[192] Die Werbevermarktung von Hörfunk- und Fernsehprogrammen ist die zweite zentrale Aufgabe insbesondere der privaten Programmveranstalter oder ihrer Tochterunternehmen. Die Marketingabteilungen benötigen dazu die Medienforschungsdaten über die Nutzung der Programme bzw. einzelner Sendungen und über die Zusammensetzung der Nutzerschaft, differenziert nach konsumrelevanten soziodemographischen Kriterien. Meist einmal jährlich werden Programmschema und -höhepunkte des nächsten Jahres den Werbe- und Mediaagenturen präsentiert und die Werbetarife (Spotpreise, Rabatte) bekannt gegeben. Die gemeinsame Vermarktung mehrerer Rundfunkprogramme, zum Beispiel im ARD-Senderverbund oder den privaten Fernsehsenderfamilien, oder die crossmediale Vermarktung gemeinsam mit Pressemedien desselben Medienkonzerns ist ebenso üblich wie das Einräumen diverser Rabatte. Die Nachfrage nach Werbung ist von September bis Weihnachten und von Februar bis Mai am höchsten, sodass in den übrigen Monaten meist Saisonrabatte gelten; hinzu kommen Mengen-, Frühbucher- oder Last-Minute-Ermäßigungen. Verhandlungspartner der Werbevermarkter sind in

[192]https://de.statista.com/statistik/daten/studie/4771/umfrage/anzahl-der-tv-werbespots-in-deutschland-seit-2000/ bzw. https://de.statista.com/statistik/daten/studie/156710/umfrage/entwicklung-des-tkp-fuer-tv-werbung/ [06.07.2017].

der Regel Werbe- und Mediaagenturen (vgl. Abschn. 2.4), die einen Anteil von 15 % an den Schaltkosten beanspruchen (Karstens und Schütte 1999, S. 306–318).

Die ARD-Landesanstalten verfügen gemeinsam über die ARD Werbung Sales & Services zur Vermarktung von Werbung im Ersten Fernsehprogramm sowie über neun sog. Werbegesellschaften als privatwirtschaftlich organisierte Tochterunternehmen (vgl. ARD 2011, S. 301–303). Diese „Werbetöchter" produzieren und vermarkten die Rundfunkwerbung und führen ihren Gewinn an die ARD ab; zudem erstatten sie den Anstalten die Kosten für erhaltene Leistungen. Die RTL Group sowie die ProSiebenSat.1 Media AG unterhalten mit der IP Deutschland GmbH bzw. der SevenOne Media GmbH eigene Tochterunternehmen für die Werbevermarktung.

4.4.2.4.3 Kosten- und Erlösstruktur

Mit 85 % sind die Gebühren die Hauptfinanzierungsquelle der *ARD-Anstalten* (ARD Finanzbericht 2016, S. 18). Die ARD-Anstalten erlösen aus der Weiterverwertung ihrer Programme und Lizenzen nur geringe Erträge, die noch unter den 115 Mio. aus der Werbung liegen dürften (vgl. KEF 2016, S. 213). Werbeerlöse machen nur sechs Prozent der Gesamterträge der ARD-Anstalten aus (ARD Finanzbericht 2016, S. 18). Auch die Erträge der öffentlich-rechtlichen Anstalten aus dem Sponsoring sind recht überschaubar: Die ARD nimmt jährlich etwa 29 Mio. € (2016, Durchschnitt 2013–2016: 28 %), das ZDF 15,5 Mio. € ein (2016, Durchschnitt 2013–2016: 16 %; vgl. KEF 2016, S. 218, 220).Die wirtschaftliche Bedeutung der Werbung für den öffentlich-rechtlichen Rundfunk ist vergleichsweise gering: Ein vollständiger Verzicht auf Werbung und Sponsoring in allen Hörfunk- und Fernsehprogrammen von ARD und ZDF würde zu einer Beitragserhöhung von monatlich 1,23 € führen (vgl. KEF 2016, S. 221) – oder zu Einsparungen um sechs Prozent zwingen.

Die Kostenstruktur der öffentlich-rechtlichen Anstalten ist durch ihre dezentrale Organisationsweise ihren im Funktionsauftrag begründeten publizistischen Qualitätsanspruch und durch ihre marktunabhängige Finanzierung geprägt. Mit gut 1,7 Mrd. € wenden die ARD-Anstalten knapp ein Drittel für die Gehälter und Pensionen ihrer Mitarbeiter auf. Für die Produktion und Koproduktion von Programmen, den Erwerb von Rechten und Lizenzen werden jährlich rund 3,75 Mrd. € verwendet, die Kosten der Programmverbreitung beliefen sich 2016 auf rund 169 Mio € (vgl. KEF 2016, S. 93; 70–72; 81).

Die Kosten- und Erlösstruktur im *privat-kommerziellen Rundfunk* variiert ebenso wie die Rentabilität: Bundesweiter Hörfunk richtet sich meist als Spartenprogramm per Satellit an die Hörer und weist entsprechend geringe Reichweiten auf, was nachteilig auf dem Werbemarkt ist. Dementsprechend werden insgesamt nur 49,5 % der Erträge über Werbung und Sponsoring eingespielt. Bundesweite Programme sind nicht zuletzt aufgrund bedeutender Personalkürzungen mittlerweile rentabel zu betreiben (Kostendeckungsgrad 107 %). Noch weitaus profitabler lassen sich jedoch landesweite Hörfunkprogramme veranstalten, die zu fast 90 % aus Werbung finanziert werden. Dabei sind überregionale und regionale Werbung mit jeweils rund 41 % der Einnahmen gleichermaßen relevant; das Sponsoring trägt mit 6,9 % bei (vgl. S. BLM 2016, S. 88–95). Die Programmkosten schlagen branchenweit mit 47,8 % und die Personalkosten mit 31,9 (sowie weiteren 5,7 % für freie Mitarbeiter) zu Buche. Deshalb setzen hier auch die Sparstrategien der Betreiber an (vgl. BLM 2016, S. 88).

Auch der lokale Hörfunk finanziert sich zu 86,5 % aus Werbung und Sponsoring, bedient sich aber stärker auf dem lokalen und regionalen Werbemarkt, der fast 60 % (2014: 59,8 %) des Gesamtumsatzes einbringt. Die größten Kostenblöcke stellen die insgesamt rund 3710 Beschäftigten (2014) mit 44,5 % (37,6 % Personalkosten, 6,9 % freie Mitarbeiter) sowie die Programmkosten, insbesondere für die Musikrechte und für Auftragsproduktionen (vgl. BLM 2016, S. 89, 98).

Im profitablen bundesweiten Fernsehen (vgl. Abb. 4.10) stammen 60 % der Gesamterlöse aus der nahezu ausschließlich überregionalen Werbung und weitere 3 % aus dem Sponsoring und der Onlinewerbung. Allerdings muss berücksichtigt werden, dass bei dieser Statistik das Pay-TV eingerchnet wurde, das insgesamt rund ein Viertel aller Erlöse des kommerziellen Fernsehens durch sein Abonnements vereinnahmt. Hier spielen die Werbeeinnahmen praktisch keine Rolle, während sie bei den werbefinanzierten Programmen eta 90 % der Erlöse ausmachen (vgl. BLM 2016, S. 49). Die Kostenstruktur der privaten Programmveranstalter unterscheidet sich von den öffentlich-rechtlichen Anstalten vor allem, weil alle kommerziellen Veranstalter zusammen nur rund 13.000 Mitarbeiter bschäftigen. Die Programme werden nicht selbts produziertt, sondern von Produzenten oder Rechtehändlern gekauft, was sich im hohen Anteil an Sachkosten (68,6 %) bemerkbar macht (vgl. BLM 2016, S. 51–52).

Lokales Fernsehen und Ballungsraum-TV finanziert sich überwiegend aus regionaler Werbung (74 % der Werbeerlöse, rund 37 % der Gesamterträge), überregionale Werbespots machen nur 10 % der Werbeerträge aus, weniger als das relativ bedeutsame Sponsoring (14,8 %). Wichtiger als für die anderen Fernsehveranstalter sind die Programmverkäufe

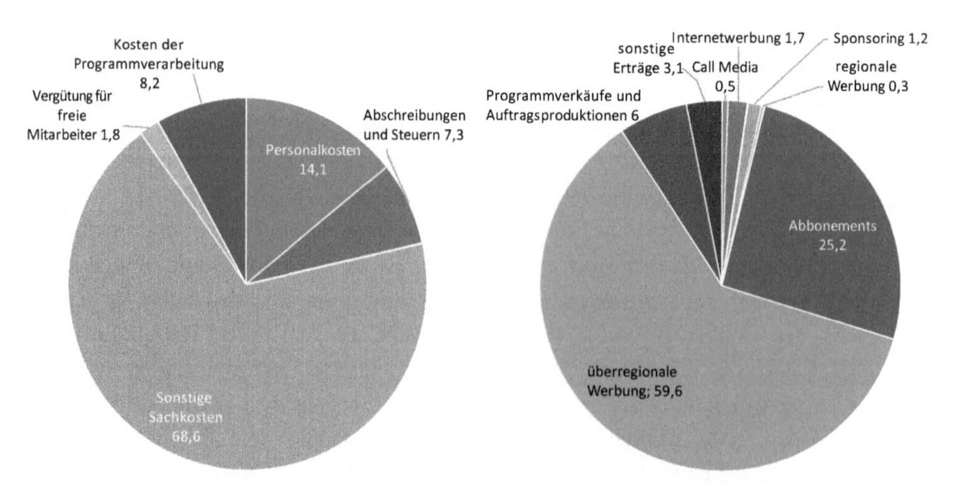

Abb. 4.10 Aufwands- und Ertragsstruktur werbefinanziertes bundesweites Fernsehen. (Durchschnittswerte; Basis sind Befragungsdaten; vgl. BLM 2016, S. 49, 51)

und Auftragsproduktionen für Dritte sowie die öffentlichen Fördergelder mit durchschnittlich 16,7 %, ohne die das meist defizitäre Lokalfernsehen vermutlich gar nicht betrieben würde. Auf der Kostenseite fallen vor allem das eigene Personal, und weniger die Kaufprogramme ins Gewicht (vgl. BLM 2016, S. 78).

Die insgesamt 20 *Teleshopping-Kanäle* (z. B. QVC, HSE) haben 2014 nahezu ausschließlich aus dem Warenverkauf einen Umsatz von zusammen rund 1,7 Mrd. € und geringe Gewinne erzielt (vgl. BLM 2016, S. 63–64).

4.4.2.5 Programmverbreitung

Die Verbreitung von Rundfunkprogrammen kann auf unterschiedlichen technischen Wegen erfolgen, die verschieden organisiert sind (vgl. auch Abschn. 2.5). Mit wenigen, historisch bedingten Ausnahmen sind Besitz und Betrieb der Rundfunknetze organisatorisch von der Rundfunkprogrammveranstaltung getrennt. Auf diese Weise ist eine weitgehende Netzneutralität gewährleistet, d. h. es werden nicht die Programme des eigenen Medienkonzerns bevorzugt verbreitet.

4.4.2.5.1 Hörfunk

Die *terrestrische Ausstrahlung*[193] *von Hörfunk* erfolgt in Deutschland noch über analog betriebene UKW-Frequenzen[194], während Kurz-, Mittel- und Langwelle nur noch eine begrenzte Rolle für die nationale und internationale Verbreitung von Hörfunk spielen. Für den UKW-Hörfunk der ARD sind – auf absehbare Zeit – 1446 analoge Sender in Betrieb, die jeweils nur eine begrenzte räumliche Reichweite besitzen. Dieselben UKW-Frequenzen können deshalb in den einzelnen Regionen mit verschiedenen Programmen belegt werden. Teil des öffentlich-rechtlichen Auftrages ist die flächendeckende Versorgung der Bevölkerung; er verfügt deshalb über insgesamt mehr und leistungsstärkere Sender als der private Hörfunk, der ebenfalls analog über UKW verbreitet wird. Die Deutsche Welle verbreitet ihre internationalen Programme online (auch zum mobilen Empfang), via Satellit und mithilfe von 4500 Partnerstationen im Ausland.

Die Digitalisierung des terrestrischen Hörfunks geht in Deutschland aus verschiedenen Gründen nur langsam voran: Zum einen bietet der analoge UKW-Empfang auch in Anbetracht der großen Zahl stationärer und mobiler Empfangsgeräte kaum Anlass zur Kritik. Zum anderen stand lange infrage, ob digitaler Hörfunk dauerhaft nach dem Digital Audio Broadcasting-Verfahren (DAB) oder im Rahmen des für das Fernsehen

[193] „Terrestrisch" bedeutet, dass die Ausstrahlung mittels erdgebundener Sende- und Antennenanlagen (also nicht „extraterrestrisch" via Satellit) erfolgt.

[194] Ultrakurzwelle (UKW) bezeichnet das elektromagnetische Frequenzspektrum von 30–300 Megahertz (MHz) und ermöglich eine bessere Übertragungsqualität als Mittelwellensender (530–1720 Kilohertz/kHz) im regionalen und nationalen Hörfunk; aufgrund physikalischer Ausbreitungs-Charakteristika werden für den internationalen Rundfunk vor allem Langwelle (148,5–283,5 kHz) und Kurzwelle (2300–26.100 kHz) genutzt.

betriebenen DVB-T betrieben werden soll; auch der Digital Multimedia Broadcasting-Standard (DMB) wurde von einigen Landesmedienanstalten gefördert.[195] Diskutiert wird auch, ob Hörfunkprogramme nicht mithilfe des mobile Internets verbreitet werden sollten, um zusätzliche Investitionen in eine eigene DAB+-Infrastruktur zu sparen: Insgesamt geht es um einige Hundert Millionen Euro.[196] Allerdings wäre für einen flächendeckenden Empfang sicherlich ein Ausbau mobiler Breitbandversorgung auch im ländlichen Raum notwendig. Befürworter von DAB+ führen auch die bessere Energieeffizienz der digitalen Hörfunknorm sowie die Möglichkeit, Verkehrsinformationen auf das Empfangsgebiet zuzuschneiden an.[197] Die ursprünglich für 2010 geplante Einstellung des UKW-Betriebs wurde zunächst auf 2015, und mittlerweile auf das Jahr 2025 verschoben, der letze Aktionsplan der Bundesregierung nennt kein Umstelldatum mehr.[198] Seit August 2011 wird digitales Radio Programmen terrestrisch im kostengünstigeren Standard DAB+[199] bundesweit verbreitet. Zunächst beteiligen sich neben ARD und Deutschlandradio nur wenige private Anbieter von Spartenprogrammen.[200] Eine flächendeckende Komplettumstellung von UKW auf einen digitalen Standard liegt dabei vor allem im wirtschaftlichen Interesse der Geräteindustrie; alleine in Deutschland wären bis zu 300 Mio. Geräte zu ersetzen. Derzeit verfügen 22 % der deutschen Haushalte über DAB+,[201] 9,53 Mio. Menschen nutzen zumindst auch DAB+ (vgl. Kors 2016, S. 57). Die Verbreitung von linearem Hörfunk kann online (Web-Radio) weltweit äußerst preiswert erfolgen, sodass mehrere Tausend Programme verfügbar sind. In Deutschland nutzen 34 Prozent solche Webradios, vielfach via Smartphone, zumindest gelegentlich (vgl. Kors 2016, S. 57–58). Einzelne Sendungen und Beiträge können im Web auch gezielt ausgesucht und zeitlich flexibel (im Streamingverfahren oder als Podcast) genutzt werden.

4.4.2.5.2 Fernsehen

Auch Fernsehen gelangt über verschiedene Netze zu den Zuschauern: 1,3 Mio. Haushalte empfangen terrestrisch via Antenne, 17,9 Mio. per Satellit, 15,8 Mio. Haushalte per Kabel und rund 3,2 Mio. per Internet (IP-TV) (vgl. Media perspektiven Basisdaten 2016, S. 4).

---

[195]Der DAB-Standard wurde 1995 festgelegt, seit 1999 gibt es einen Regelbetrieb, der aber nur von den öffentlich-rechtlichen Anstalten genutzt wird (vgl. auch Hans-Bredow-Institut 2008, S. 81–82 sowie Böckelmann 2006, S. 181–193).

[196]So argumentieren bspw. der sozialdemokratische Medienpolitiker Eumann und der Direktor der nordrhein-wetsfälischen Landesmedienanstalt Brautmeier; vgl. Brautmeier und Eumann (2016).

[197]So argumentiert bspw. die parlamentarische Statssekretärin im Bundesministerium für Verkehr und digitale Infrastruktur, Bär (CSU); vgl. Bär (2016).

[198]Vgl. epd medien aktuell Nr. 37a, 21.02.2017.

[199]DAB+ ist nicht abwärtskompatibel, d. h. Empfangsgeräte für ältere Digitalradiostandards sind wertlos; vertrieben werden mittlerweile Radiogeräte für den parallelen UKW- und DAB+-Empfang; vgl. epd 25.07.2011, S. 1–2.

[200]Vgl. für aktuelle Informationen zur Empfangs- und Programmangebotssituation im digitalen Hörfunk: www.digitalradio.de.

[201]Vgl. epd medien aktuell Nr. 37a, 21.02.2017.

Die *terrestrische Fernsehverbreitung* erfolgt in Deutschland seit 2009 ausschließlich digital als Digital Video Broadcasting-Terrestrial (DVB-T). Seit 2017 geschieht dies in Gestalt der neuen Norm DVB-T2, die auch HD-Bildqualität ermöglicht, allerdings mit monatlichen Zusatzkosten für die Haushalte verbunden ist. Die Kapazität ist mit 40 Kanälen (Programmplätzen) deutlich höher als bei analoger Ausstrahlung, zudem ist DVB-T auch mobil empfangbar. Für die Verbreitung eines nationalen Fernsehprogramms wie des ZDF werden nur noch 145 Sender benötigt, während es bei analoger Ausstrahlung noch rund 100 leistungsstarke UKW-Sender und über 2900 kleinere „Füllsender" vor allem in den Abschattungszonen der Gebirge nur für das ZDF waren; für die gesamte Fernsehversorgung waren sogar 300 große UKW-Sendern und rund 10.000 kleinere Füllsender notwendig (vgl. ZDF-Jahrbuch 2009[202] sowie Dussel 1999, S. 264). Das terrestrische Digitalfernsehen hat für die Verbraucher den Vorteil, dass sie nur geringe Investitionen und geringere laufende Kosten als für Kabel- oder Satellitenempfang zahlen müssen.

Die kommerzielle Nutzung von *Rundfunksatelliten* begann bereits in den 1980er Jahren, allerdings zunächst nur, um Programme zu einzelnen „Einspeis-Stationen" zu übertragen und dann per Kabel (oder terrestrischer Sendung) an die Empfänger zu übermitteln. Erst mit der Erhöhung der Sendestärken waren zum Empfang auch kleinere Parabolantennen („Satellitenschüsseln") ausreichend. Der Markt für diese mittlerweile ebenfalls digital betriebenen Direct Broadcasting Satellites (DBS) wird vom privaten luxemburgischen Unternehmen SES-ASTRA dominiert. Bereits der analoge Satellitenbetrieb erweitert die Anzahl der Programmplätze erheblich, meist werden heute mehrere Hundert Fernsehprogramme angeboten, die aus vielen verschiedenen Staaten im Empfangsgebiet stammen. Mit 47,1 % nimmt der Satellitenfernsehempfang noch vor dem Kabelfernsehen (43,4 %) den ersten Rang ein, während DVB-T und IP-TV mit jeweils etwa 5 % eine untergeordnete Rolle spielen (vgl. ASTRA 2016, S. 2).

Fernsehen und Hörfunk werden in Deutschland auch über *Breitbandkabelnetze* (Kupferkoaxial- oder Glasfaserkabel) verbreitet, in den meisten Fällen (82,1 %) digital (vgl. Kunow 2016b, S. 38); ein Abschaltdatum für die analoge Kabelverbreitung gibt es bislang nicht.

4.4.2.5.3 Telemedien

Im Zuge der Digitalisierung und der hierauf basierenden Programmvermehrung verschärft sich für die Nutzer, insbesondere beim Fernsehen, das Selektionsproblem. Die traditionelle gedruckte Programmzeitschrift kann bei weitem nicht mehr alle Programme abbilden, noch dazu in der jeweils aktuellen Fassung. Für das digitale Fernsehen werden daher elektronische oder interaktive Programmführer (Electronic Programme Guides, EPG; Interactive Programme Guides, IPG) angeboten, die von einfachen tabellarischen Programmlisten auf der Basis von Dekodersoftware für die Basisnavigation bis hin zu elaborierten und redaktionell gestalteten Programmen reichen, die Metadaten nutzen.

[202] Die Statistik ist online verfügbar: www.zdf-jahrbuch.de/dokumentation/sender.php [18.07.2011].

Die Zuschauer erhalten dann beispielsweise einen Überblick, ob ein bestimmtes Genre zu einer bestimmten Uhrzeit im Gesamtangebot läuft. Solche „eigenständigen" EPG und IPG sind Telemediendienste; ihr Einfluss auf die tatsächliche Programmwahl und die damit verbundene Frage, ob sie eine Schlüsselstellung im Markt erlangen, sind derzeit noch unklar.

Die webbasierten Telemedienangebote, vor allem die Mediatheken und andere On-demand-Datenbanken der Rundfunkprogrammanbieter bedienen sich des IP-Protokolls und werden überwiegend leitungsgebunden sowie zunehmend mobil genutzt.

4.4.2.6 Zuhörer und Zuschauer

Hörfunk und Fernsehen gehören zu den reichweitenstärksten und am häufigsten genutzten Medien in Deutschland: 96 bzw. 98 % der Bevölkerung verfügen über mindestens ein Radio bzw. ein Fernsehgerät. Die Haushaltsausstattung ist damit seit Jahren stabil, mit einer leicht rückläufigen Tendenz. Ob es sich hierbei um Befragungseffekte handelt oder um einen Hinweis auf eine wachsende Zahl von stärker onlineaffinen Rundfunk „verweigerern" ist unklar.[203] Im Bundesdurchschnitt (alle Altersgruppen) ist die Bindung an Hörfunk und Fernsehen stärker als an Internet (40 %) und Tageszeitung (36 %): Jeweils 50 % würden das Radio bzw. das Fernsehen vermissen (vgl. Breunig und van Eimeren 2015, S. 518; 520).

Die Tagesreichweite des Hörfunks liegt bei 74 %, d. h. drei Viertel hören täglich Radio. Im Durchschnitt, allerdings mit erheblichen Unterschieden hinsichtlich Alter und anderer soziodemographischer Faktoren, hören die Deutschen 173 min täglich Radio, was 31 % des täglichen Medienzeitbudgets entspricht (vgl. Breunig und van Eimeren 2015, S. 507). Hörfunk ist ein Tagesbegleitmedium, das neben anderen Tätigkeiten im Haushalt, im Betrieb oder im Auto genutzt und mit weiterer Mediennutzung (Presse, Onlinemedien) kombiniert wird. Die Radiohörer wechseln nur selten das Programm; das tägliche Repertoire liegt im Durchschnitt bei 1,6 Programmen, im Laufe von zwei Wochen werden durchschnittlich nur vier unterschiedliche Hörfunkwellen genutzt (vgl. Gattringer und Klingler 2017, S. 466).

Die wichtigsten Nutzungsmotive sind für Hörfunk und Fernsehen gleichermaßen Information, Entspannung und Spaß, beim Fernsehen ist das Informationsmotiv etwas wichtiger als beim Radiohören (vgl. Engel und Mai 2015, S. 431).

Fernsehen ist die beliebteste Freizeitbeschäftigung der Deutschen: Es belegt mit 96,5 % den Spitzenplatz von 51 abgefragten Möglichkeiten und rangiert damit noch vor dem Zusammensein mit Freunden.[204] Die Fernsehnutzer in Deutschland können zwischen durchschnittlich 74 Programmen auswählen, de facto werden jedoch nur 14

---

[203] Es könnte sein, dass viele Befragte zwar Rundfunkangebote am PC bzw. Notebook nutzen, diese aber nicht als Radio- oder Fernsehgeräte betrachten.

[204] Summe der Antworten für „häufig" (78,9 %) und „gelegentlich" (17,6 %) vs. „selten" und „nie"; Daten der Markt-Media-Studie „best for planning", vgl. Börsenverein (2016, S. 33).

Programme länger als zehn Minuten im Monat genutzt. Nahezu unabhängig von der Angebotsanzahl und obwohl sich (im Unterschied zur Presse) bequem und kostenlos umschalten lässt, umfasst das sog. Relevant Set, aus dem die Zuschauer ihre Auswahl gewohnheitsmäßig treffen nur wenige Programme. Im Ergebnis erzielen acht Vollprogramme einen Zuschauermarktanteil von 60 % (vgl. Trebbe und Beier 2017, S. 25).

Das Fernsehen weist mit 80 % eine noch höhere Tagesreichweite als der Hörfunk auf. 37 % des täglichen Medienzeitbudgets entfallen auf das Fernsehen, das mit durchschnittlich 208 Minuten Nutzungsdauer das am längsten genutzte Medium ist. Auch hier ist die Varianz in den gesellschaftlichen Gruppen erheblich; beispielsweise sehen Ostdeutsche durchschnittlich jeden Tag rund 66 min länger fern als Westdeutsche (vgl. Breunig und van Eimeren 2015, S. 507–510; Media Perspektiven Basisdaten 2016, S. 70). Wie der Hörfunk entwickelt sich auch das Fernsehen immer stärker zu einem Tagesbegleitmedium, das nicht immer die volle Aufmerksamkeit des Publikums genießt. Die durchschnittliche Nutzungsdauer des Fernsehens stagniert, was auch auf die intermediäre Konkurrenz durch Online-Angebote zumindest bei den jüngeren Zuschauergruppen zurückgeführt werden kann. Die Dauer der Radionutzung ist rückläufig, was auf die stärkere Nutzung von Audiomedien auf Abruf schließen lässt (Musik-Download und Podcast).

4.4.3 Rundfunk im politischen und organisationalen Umfeld

Das komplexe Umfeld des Rundfunks in Deutschland wird nur durch einen Blick auf die wechselvolle rundfunkpolitische Entstehungsgeschichte und auf die in hohem Maße hieraus resultierenden Marktverhältnisse verständlich. Beides soll im folgenden Kapitel behandelt werden, indem zunächst das strukturelle und normative rundfunkpolitische Erbe der deutschen wie der alliierten Rundfunkpolitik sowie die Entwicklung des sog. Dualen Rundfunksystems nachgezeichnet wird. Anschließend werden die zentralen Normen der Rundfunkregulierung im Überblick dargestellt, bevor die Institutionen und Maßnahmen der Rundfunkaufsicht erörtert werden. Erst vor diesem Hintergrund erscheint eine Analyse des Rundfunkmarktes und seiner Strukturen nachvollziehbar.

4.4.3.1 Rundfunkpolitik in Deutschland

4.4.3.1.1 Das Erbe deutscher und alliierter Rundfunkpolitik

Der Rundfunk war in Deutschland von Beginn an Gegenstand staatlicher Politik und behördlicher Einflussnahme. Anders als in den USA, wo 1920 der kommerzielle Hörfunk seinen Sendebetrieb aufnahm, konnten sich in Deutschland zu Beginn der Zwanziger Jahre private Interessenten wie die Elektrofirmen Telefunken und Lorenz nicht durchsetzen. Das Auswärtige Amt gründete gemeinsam mit dem für die Telekommunikation exklusiv zuständigen Staatsmonopolisten, der Deutschen Reichspost, die „Deutsche Stunde, Gesellschaft für drahtlose Belehrung und Unterhaltung mbH.“ Diese Gesellschaft erhielt die staatliche Lizenz für den Unterhaltungshörfunk, sodass technischer Netzbetrieb und inhaltliches Programm nicht vollständig getrennt waren. Die starke

Stellung der Reichspost gründete nicht nur auf ihrer privilegierten Monopolstellung, sondern auch auf dem Einzug der Rundfunkgebühren von allen Empfängern. Das Reichsinnenministerium beeinflusste zudem über die gemeinnützige Aktiengesellschaft Buch und Presse bzw. den Drahtlosen Dienst (DRADAG) maßgeblich die politische Publizistik im Hörfunk. Mit dem Start des Hörfunks am 29. Oktober 1923 in Berlin waren damit – medienpolitisch nachhaltige und durchaus problematische – Strukturentscheidungen gefallen: *Der Rundfunk war staatsnah organisiert und gebührenfinanziert;*[205] Schlüsselstellungen besaßen Post und Innenministerium. Auch ein weiteres Strukturmerkmal des deutschen Rundfunks liegt in den Anfängen begründet: das Spannungsverhältnis zwischen einer föderal-regionalen Ordnung sowie den politischen Ambitionen der Länder einerseits und dem Dominanzstreben der zentralen Regierung andererseits, wobei zunächst klar das Reich dominierte. In den Zwanziger Jahren wurden neun regionale Rundfunkgesellschaften unter Beteiligung privater Unternehmen gegründet, während die Länder auf der politischen Ebene Beiräte und Überwachungsausschüsse für den Hörfunk einrichteten. Gleichwohl blieb der starke Einfluss des Reichs gewahrt, weil die mehrheitlich im Besitz der Post befindliche Reichsrundfunkgesellschaft AG (RRG) ab 1926 als Holding der Regionalgesellschaften fungierte und die Auflage bestand, die Nachrichten der DRADAG unverändert zu senden (vgl. Dussel 1999, S. 19–39).[206] Als zentrale Sender wurde die Deutsche Welle mit einem deutschlandweiten Programm im Jahre 1926 gegründet (vgl. Lerg 1980, S. 124, 168–176). Die Struktur des Weimarer Rundfunks erwies sich als verhängnisvoll, denn die im Innenministerium schon 1932 *organisierte Zentralisierung und endgültige Verstaatlichung* bereitete die Umwandlung zum staatlichen „Führungsmittel" der Nationalsozialisten vor. Der Rundfunk wurde dem von Joseph Goebbels geleiteten Reichsministerium für Volksaufklärung und Propaganda sowie der Reichsrundfunkkammer unterstellt; er diente fortan als wichtiges *Propaganda- und Unterhaltungsmedium des totalitären und kriegsführenden Deutschen Reichs unter nationalsozialistischer Herrschaft* (vgl. Dussel 1999, S. 79–89). Auch die ersten öffentlichen Fernsehrundfunksendungen fallen in diese Zeit; zur Entfaltung des Mediums kam es aber kriegsbedingt bis Ende der 1940er Jahre nicht mehr (vgl. Hickethier 1998). Die strukturellen und normativen Schwächen der Weimarer Rundfunkverfassung beschleunigten das Ende der Rundfunkfreiheit erheblich.[207]

Vor dem Hintergrund der totalitären politischen Instrumentalisierung des Rundfunks durch die Nationalsozialisten setzten die Alliierten ab 1945 auf grundlegend andere Organisationsformen und Normen: Die USA, Großbritannien und Frankreich versuchten,

---

[205] Die Rundfunkgebühr wurde von der Post als Gerätegebühr betrachtet und betrug bis 1970 zwei Mark; der Anteil der Werbefinanzierung betrug 1930 gerade einmal 0,3 %, vgl. Dussel (1999, S. 40–43).

[206] 51 % der Anteile gehörten dem Reichsinnenministerium, die übrigen Teile der Presse; vgl. Dussel (1999, S. 36).

[207] Vgl. zur Geschichte des Rundfunks in der Weimarer Republik: Lerg (1965), Lerg (1980); und im Nationalsozialismus: Diller (1980); Winker (1994).

gegen vielfältigen Widerstand deutscher Nachkriegspolitiker, einen demokratischen Rundfunk unter gesellschaftlicher (statt staatlicher oder parteipolitischer) Kontrolle aufzubauen, der dezentral und frei, also in institutioneller Autonomie von einseitigen Machinteressen organisiert sein sollte. Die Sowjetunion und im Anschluss dann die Sozialistische Einheitspartei (SED) der DDR hingegen bauten erneut eine staatsnahe und zentralistische Rundfunkstruktur in Ostdeutschland auf, um den Rundfunk wiederum für politische Ziele zu instrumentalisieren, nämlich für den propagierten „Aufbau des Sozialismus", de facto aber primär zur Sicherung der eigenen Parteienherrschaft (vgl. Kutsch 1999; Dussel 1999, S. 127–145; Mettler 1975). Erst nach der Wende und dem Beitritt der wieder gegründeten ostdeutschen Länder zur Bundesrepublik setzte sich das von den westlichen Alliierten initiierte und von den bundesdeutschen Politikern bereits beschädigte System des öffentlich-rechtlichen Rundfunks in einem Dualen System durch (vgl. Streul 1999).

Bis heute ist der regionale Zuschnitt der meisten öffentlich-rechtlichen Anstalten in Westdeutschland der Rundfunkpolitik der Alliierten geschuldet: So gehen Bayerischer und Hessischer Rundfunk sowie Radio Bremen auf US-Gründungen (Radio München, Radio Frankfurt, Radio Bremen) zurück, während Norddeutscher Rundfunk (NDR) und Westdeutscher Rundfunk (WDR) die 1955 entstandenen „Spaltprodukte" des britischen Nordwestdeutschen Rundfunks (NWDR) sind, der sich am Public Broadcasting-Paradigma der britischen BBC orientierte und Funkhäuser in Hamburg und Köln, den heutigen Sendersitzen, unterhielt. Im Südwesten der Bundesrepublik wurde aus dem amerikanischen Radio Stuttgart zunächst der Süddeutsche Rundfunk (auch Südfunk Stuttgart genannt), der 1998 mit dem erst 1948 von den Franzosen länderübergreifend gegründeten Südwestfunk (SWF) in Baden-Baden (dem ehemaligen Sitz der französischen Militärregierung) zum Südwestrundfunk (SWR) fusionierte. Der Saarländische Rundfunk ist in seinem regionalen Zuschnitt ebenfalls das Produkt französischer Politik. Im Zuge einer Volksabstimmung 1955 entschied sich die Bevölkerung des Saarlandes mehrheitlich für die Zugehörigkeit zur Bundesrepublik; in der Folge wurde 1957 der Saarländische Rundfunk (SR) gegründet. Im Westteil Berlins wurde erst 1953 ein Landesgesetz für eine eigene Rundfunkanstalt nach deutschem Recht verabschiedet. Der Sender Freies Berlin nahm 1954 seinen Sendebetrieb auf. Bis dahin war das Programm des NWDR sowie die DDR-Programme für den Ostsektor verbreitet worden. Die US-Amerikaner betrieben nach amerikanischem Recht einen deutschsprachigen Rundfunk im amerikanischen Sektor (RIAS), der erst 1992 eingestellt (bzw. privatisiert) wurde.[208]

Die föderale Ordnung hat in Deutschland Tradition, insbesondere in Fragen der Kultur, und sie wurde im Falle des Rundfunks auch von den westlichen Alliierten gefördert.

[208]Die Rundfunksituation in den vier Sektoren Berlins stellt vor dem Hintergrund des Kalten Krieges und der wechselseitigen Propaganda ein besonders interessantes und zuweilen skurriles Kapitel der Rundfunkgeschichte dar, das hier leider nicht vertiefend behandelt werden kann. Vgl. hierzu Bausch (1980a, S. 127–133, 187–203).

Der Rundfunk wurde in Deutschland als Kulturgut verstanden; durch das 1. Rundfunkurteil des Bundesverfassungsgerichts (vgl. unten) wurde die Länderkompetenz für den Rundfunk eindeutig bestätigt. Lediglich die Kompetenzen für die technische Infrastruktur fallen unter die Telekommunikationskompetenz des Bundes. Aufgrund dieser Bundeslandkompetenz erfolgte dann auch die Neuordnung des Rundfunks in Ostdeutschland zu Beginn der 1990er Jahre: Der Einigungsvertrag sah in Art. 36 die bis Ende 1991 befristete Schaffung einer „Einrichtung" für den Rundfunk der DDR vor, die durch einen Rundfunkbeauftragten geleitet wurde. Das Ziel war letztlich der radikale Abbau von Personal und die Überleitung der technischen Ressourcen in öffentlich-rechtliche Strukturen nach westdeutschem Muster. Nach dem Scheitern der Idee für eine gemeinsame Rundfunkanstalt aller ostdeutschen Länder begründeten die Länder Sachsen, Sachsen-Anhalt und Thüringen in einem Staatsvertrag (vom 30. Mai 1991) die gemeinsame Mehrländeranstalt Mitteldeutscher Rundfunk (mdr) mit Hauptsitzen in Leipzig (Hörfunk) und Dresden (Fernsehen) sowie Landesstudios in Erfurt und Halle. Das Land Brandenburg gründete zunächst (1991) den Ostdeutschen Rundfunk Brandenburg (orb) mit Sitz in der Landeshauptstadt Potsdam, eine medienökonomisch und vor dem Hintergrund der politischen und demographischen Nähe zu Berlin auch kommunikationspolitisch wenig tragfähige Idee. Durch die Vereinigung mit dem 1953 gegründeten West-Berliner Sender Freies Berlin per Staatsvertrag vom 25. Juni 2002 zum Rundfunk Berlin-Brandenburg (rbb) wurde 2003 eine nachhaltigere, Ost- und Westdeutsche integrierende Struktur geschaffen. Das Land Mecklenburg-Vorpommern entschied sich letztlich nicht für den Beitritt zu einem Projekt mit dem klangvollen Namen NORA (Nordostdeutsche Rundfunkanstalt mit Brandenburg und Berlin), sondern schloss sich 1992 der Mehrländeranstalt NDR (Hamburg, Schleswig-Holstein, Niedersachsen) an (vgl. Streul 1999).

Neben der föderalen Struktur ist die Idee der *öffentlich-rechtlichen Verfassung als Garant der Staatferne* des Rundfunks Ergebnis westalliierter Politik: Das Erbe der britischen Rundfunkpolitik ist die – allerdings in den Folgejahren durch deutsche Politiker verwässerte – Idee des Public Service. Das Erbe der US-amerikanischen Rundfunkpolitik besteht in der föderalen Struktur.[209] Traditionell herrscht in Deutschland die normative Idee vor, den Staat solle mit seinem Gewaltmonopol und seiner souveränen Handlungsmacht als Treuhänder gesellschaftlicher und öffentlicher Interessen fungieren. Diese etatistische politische Kultur war beim Rundfunk zwar bereits in der Weimarer Republik und dem nationalsozialistischen Regime eindrucksvoll gescheitert, erwies sich aber nach dem Zweiten Weltkrieg weiter als wirksam. Ein zentraler rundfunkpolitischer Akteur war zunächst wiederum die *Post,* die versuchte ihre technische und finanzielle Rolle

[209]Die Briten präferierten eine zentrale Rundfunkorganisation, die Amerikaner im Grunde einen werbefinanzierten kommerziellen Rundfunk; dieser ließ sich aber aufgrund mangelnder Werbenachfrage im Nachkriegsdeutschland zunächst nicht etablieren. Die französische Rundfunkpolitik verfolgte eine Zeit lang nationale kultur- und sprachpolitische Ziele, was sich nicht als erfolgreich erwies. Strukturell und organisatorisch setzen die Franzosen keine wesentlichen bzw. nachhaltigen Impulse, vgl. Bausch (1980a, S. 13–159).

fortzusetzen, indem sie erneut das Gebühreninkasso übernahm. Die westlichen Alliierten stärkten hingegen die Landesrundfunkanstalten, denen auch der technische Senderbetrieb übergeben wurde. Die Post sollte sich bis 1976 auf den Gebühreneinzug und die Bekämpfung von Schwarzhörern und -sehern beschränken. Erst in den folgenden Jahren übernahm die Deutsche Bundespost wieder den technischen Senderbetrieb für weitere Hörfunk- und Fernsehprogramme (vgl. Bausch 1980a, S. 24–43; Bausch 1980b, S. 673–683).

Neben der Post interessierten sich von Anfang an auch die deutschen *Landespolitiker* für den Rundfunk, den sie als wichtiges Machtmittel für die Regierungen und als parteipolitisch meinungsbildend begriffen. Dies machte sich bei den normativen Grundentscheidungen über den neuen Rundfunk nach 1945 deutlich bemerkbar. Die US-Amerikaner hatten die süddeutschen Länder mit der Ausarbeitung von Landesrundfunkgesetzen beauftragt. Die deutschen Entwürfe liefen zum Teil auf Staatsrundfunkmodelle hinaus, bei denen die Programmgestaltung durch Landesministerien erfolgen sollte (Radio Stuttgart/Süddeutscher Rundfunk). In einem monatelangen Konflikt setzten die Alliierten schließlich eine staatsferne Organisationsform gegen deutschen Widerstand durch (vgl. Bausch 1980a, S. 93–105; Dussel 1999, S. 188–189). Auch in der Folgezeit ließen die Versuche der politischen Einflussnahme auf den öffentlich-rechtlichen Rundfunk nicht nach. Als Einfallstor für den Parteieneinfluss gelten die eigentlich als Aufsichtsgremien im Interesse der Gesellschaft konzipierten Rundfunk- und Verwaltungsräte, die vor allem mithilfe von Personal- und Finanzierungsentscheidungen steuern können. Während die Alliierten kleine Gremien mit begrenztem Politikereinfluss präferierten, wuchsen die Rundfunkräte unter deutschem Einfluss rasch zu großen und in ihrer Zusammensetzung parteipolitisch geprägten Gremien (vgl. Abschn. 4.4.3.3).

4.4.3.1.2 Rundfunkpolitische Kontroversen und die Urteile des Bundesverfassungsgerichts

Normativ umstritten war und ist die Rolle der *Rundfunkwerbung*, vor allem im öffentlich-rechtlichen Programm. Der Idee des Public Service, zumindest in Gestalt des Vorbilds BBC, ist Werbung wesensfremd. Während sich in Großbritannien bereits früh ein duales Rundfunksystem etablierte, nahm die Entwicklung in Deutschland einen anderen Weg. Obwohl Rundfunk als Kulturgut begriffen und hieraus auch die Länderkompetenz abgeleitet wurde, führte der Bayerische Rundfunk als erste öffentlich-rechtliche Anstalt 1956 Fernsehwerbung ein. Diese Strategie zielte darauf, die Interessen der werbetreibenden Wirtschaft zu befriedigen, ohne eine privat-kommerzielle Konkurrenz von Programmveranstaltern in Kauf zu nehmen. Zunächst ging es also nicht so sehr um eine verbesserte Rundfunkfinanzierung, sondern um Konkurrenzabwehr: Die Werbeeinnahmen sollten für kulturelle Zwecke verwendet werden (vgl. Dussel 1999, S. 195, 226). Doch diese Strategie der ARD scheiterte, weil sich die kommerziellen Interessen mit politischen Interessen verbündeten.

Rundfunk, vor allem das Fernsehen, galt (und gilt) vielen Politikern als wirkungsmächtiges, meinungs- und womöglich wahlentscheidendes Medium. Aufgrund der Organisationsweise des Rundfunks in Deutschland scheidet eine direkte Einflussnahme auf die Programminhalte aus. Umso wichtiger erscheint der indirekte Einfluss über die Auswahl des publizistischen Führungspersonals und die Verwendung der Ressourcen sowie die Veränderung von Organisationsstrukturen. Nur vor diesem Hintergrund sind die rundfunkpolitischen Konflikte der 1950er bis 1990er Jahre zu verstehen, die sich zum Teil nachhaltig in die Strukturen des Rundfunks eingeschrieben haben. Politische Steuerungsinstrumente und „Stellschrauben" sind dabei die Erhöhung der Rundfunkgebühren, die in den Landesrundfunkgesetzen bzw. Staatsverträgen geregelte Zusammensetzung der Gremien, und sogar die Reorganisation der Landesrundfunkanstalten.[210]

Auch die *Bundesregierung* unter dem christdemokratischen Kanzler Konrad Adenauer, der das Fernsehen für ein politisch wirkungsmächtiges „Führungsmittel" hielt, versuchte massiv partei- und machtpolitisch motivierten Einfluss auf den Rundfunk zu nehmen: Der Bundeskanzler beabsichtigte, eine Alternative zum Fernsehen der ARD aufzubauen, bei der einerseits die Bundesregierung (statt der Länder) starken Einfluss auf das Programm nehmen könnte, und bei der zum anderen auch wirtschaftliche Interessen privater Unternehmer, insbesondere von Fernsehproduzenten und der werbetreibenden Industrie, zum Tragen kämen.

Beispiel

Zu diesem Zweck gründete die Bundesregierung 1960 die privatrechtliche Deutschland-Fernsehen GmbH, die zu 51 % in der Hand des Bundes und zu 49 % im Besitz der Bundesländer sein sollte; zwei Drittel der Aufsichtsratsmitglieder sollten durch den Bund bestimmt werden. Die Deutschland-Fernsehen GmbH sollte ein zweites, bundesweites Fernsehprogramm veranstalten und dabei insbesondere auf Programme der Freies Fernsehen GmbH zurückgreifen. Dieses Unternehmen war bereits 1958 durch Funktionäre der Markenartikelindustrie und der Presseverlage gegründet worden und hatte überwiegend kreditfinanziert Fernsehsendungen auf Vorrat produziert. Auf politisch, wirtschaftlich und rechtlich zweifelhafte Weise hatte die Regierung Adenauer mit Bundesmitteln für das Produktionsrisiko gebürgt, was nach dem Scheitern des gesamten Projektes mit rund 120 Mio. DM zulasten des Bundeshaushaltes ging (vgl. Bausch 1980a, S. 425–428; Steinmetz 1999, S. 168–174; Dussel 1999, S. 229). Die Bundesregierung stellte den Bundesländern 1960 ein Ultimatum für den Eintritt in die Deutschland-Fernsehen GmbH, das von den Ländern nicht akzeptiert wurde. Im Gegenteil klagten die sozialdemokratisch regierten Bundesländer Hamburg, Hessen, Bremen und Niedersachsen vor dem Bundesverfassungsgericht gegen die Kompetenzanmaßung des Bundes und bestanden auf ihrer eigenen Zuständigkeit.

[210]Vgl. Bausch (1980b, S. 851–870). Dussel (1999, S. 198–201) beschreibt die Kündigung des NDR-Staatsvertrages durch zwei CDU-Ministerpräsidenten 1980 als Folge einer als parteiisch wahrgenommenen Berichterstattung über Anti-AKW-Demonstrationen; weitere Beispiele sind veränderte Rundfunkratszusammensetzungen bei WDR und NDR sowie die Fusionsdiskussionen. Vgl. zu den rundfunkpolitischen Konflikten der ersten Nachkriegsjahrzehnte auch Diller (1999).

Mithilfe einer einstweiligen Verfügung und abschließend durch das als „Magna Charta des Rundfunks" bezeichnete erste Rundfunkurteil (Fernsehurteil) des Bundesverfassungsgerichts von 1961 wurde das zentralistische Bundesfernsehen gestoppt. Die Kompetenz für den Rundfunk, verstanden als Kulturgut, liegt nach diesem Urteil eindeutig bei den Bundesländern. Lediglich der technische Sendebetrieb unterliegt der Regulierungskompetenz des Bundes. Dem Rundfunk wurde eine bedeutende Rolle mit Konsequenzen für seine Organisationsweise zugeschrieben: Rundfunk ist laut Bundesverfassungsgericht „mehr als nur ein Medium der öffentlichen Meinungsbildung; er ist ein eminenter Faktor", d. h. er übermittelt nicht nur (wie ein technisches Telekommunikationsmedium) Nachrichten und Meinungen, sondern trägt aktiv durch seine redaktionell-publizistische Tätigkeit (bis hin zu ausdrücklich erwähnten „Hörspielen" und „musikalischen Darbietungen") zur Vermittlung von Nachrichten und Meinungen bei, etwa durch Themensetzung, Selektion und Kommentierung. Wegen dieser überragenden Bedeutung fordert das Bundesverfassungsgericht „besondere Vorkehrungen zur Verwirklichung der in Art. 5 GG gewährleisteten Freiheit des Rundfunks." Diese Freiheit kann zwar mittels unterschiedlicher Organisationsformen verwirklicht werden, ausdrücklich auch in Form privatrechtlicher Unternehmen, aber auf keinen Fall darf der Rundfunk hierdurch dem Staat oder einer gesellschaftlichen Gruppe ausgeliefert werden. Die vorhandene öffentlich-rechtliche Organisationsform ist zwar nicht die einzig mögliche, aber sie entspricht diesen hohen verfassungsrechtlichen Anforderungen (vgl. Bausch 1980a, S. 305–438). Im Rundfunk herrscht, so das Bundesverfassungsgericht, gegenüber der Presse eine Sondersituation: Diese ergibt sich nicht allein aus knappen technischen Ressourcen, sondern aus dem „außergewöhnlich großen finanziellen Aufwand", der eine Sicherung von Medienfreiheit und Vielfalt alleine über den Markt unwahrscheinlich macht. Die Zulassung eines wirklich staatsfernen privaten Rundfunks würde eine „Staatsaufsicht ähnlich etwa der Banken- oder Versicherungsaufsicht" notwendig machen (vgl. BVerfG 12, S. 205).

Neben diesen normativen Klärungen sind drei weitere Folgen des Konflikts von nachhaltiger Bedeutung: Erstens bedeutet die Gründung des Zweiten Deutschen Fernsehens (ZDF) als öffentlich-rechtlicher Fernsehanstalt mit Sitz in Mainz und auf der Grundlage eines Staatsvertrages aller damals elf Bundesländer am 06.06.1961 eine erste „Pluralisierung" des Fernsehprogrammangebotes, zunächst durch ein zweites Fernsehprogramm der ARD, ab 1963 dann durch das ZDF-Programm.[211] Zweitens setzt sich die Politisierung des Rundfunks, die bereits bei NDR und WDR begonnen hatte, mit der Einrichtung des Fernsehrates des ZDF fort: Neben 14 Regierungsvertretern zogen 12 Parteivertreter in das Kontrollgremium ein; auch die Vertreter der gesellschaftlichen Gruppen werden von Regierungen bestimmt (vgl. Bausch 1980a, S. 476–481). Und schließlich, drittens,

[211]In den Jahren 1962 bis 1969 kommen dann auch die Dritten Programme der ARD hinzu, ursprünglich als Schul- und Bildungsfernsehen konzipiert, dann zu Regional- bzw. regional ausgerichteten Vollprogrammen ausgebaut; vgl. Dussel (1999, S. 233).

veränderte sich in der Folge das rundfunk- und medienpolitische Akteursnetzwerk. Als ein zentraler Akteur der Rundfunkpolitik in Deutschland findet das Bundesverfassungsgericht in den einschlägigen Rundfunkgesetzen und Staatsverträgen nicht einmal Erwähnung. Gleichwohl prägen die Entscheidungen dieses Gerichts seit 1961 die Rundfunkverfassung der Bundesrepublik Deutschland ganz grundlegend. Die Bundesländer haben ihre Gesetzgebungskompetenz genutzt, um ihre nach parteipolitischer Ausrichtung variierenden Vorstellungen über die Ausgestaltung des öffentlich-rechtlichen Rundfunks sowie über die Zulassung und die Regulierung von privatem Rundfunk festzulegen. Die Landesgesetze müssen aber mit dem Grundgesetz der Bundesrepublik, insbesondere mit den in Art. 5 garantierten Kommunikationsfreiheiten, in Einklang stehen. Da die Ausführungen hierzu jedoch sehr allgemein gehalten sind, besitzt das Bundesverfassungsgericht durch seine Interpretationsmacht als Teil der Judikative de facto sehr starken Einfluss auf die Legislative: Rundfunkrecht ist in weiten Teilen Richterrecht, mit dem die Gesetzgebung der Länder immer wieder in Konflikt geraten ist. Neben der „Magna Charta" des ersten Rundfunkurteils sind die folgenden Urteile für die Herausbildung der Struktur[212] des deutschen Rundfunks von entscheidender Bedeutung:

Der Kompetenzstreit zwischen Bund und Ländern wurde in einem Urteil des Bundesverwaltungsgerichts von März 1968 ganz im Sinne des Fernsehurteils auch in der Frage der Gebührenhoheit entschieden. Es wurde festgestellt, dass die Länder (und nicht die Bundespost) zur Festlegung der Rundfunkgebühr (und deren Erhöhung) befugt sind. Ab 1973 zahlten die Landesrundfunkanstalten der Post dann lediglich eine Vergütung für ihre technischen Dienstleistungen, ab 1976 übernahmen sie mittels der GEZ auch das Inkasso (vgl. Bausch 1980a, S. 447).

Das Zweite Rundfunkurteil des BVerfG (Mehrwertsteuerurteil) bestätigte 1971 den nicht-kommerziellen Charakter des Rundfunks, der in öffentlicher Verantwortung stehe und durch die Anstalten der ARD und das ZDF unter Wahrnehmung von Aufgaben der öffentlichen Verwaltung erfüllt werde, und „nicht gewerblicher oder beruflicher Art" und folglich auch nicht mehrwertsteuerpflichtig sei. Unter Hinweis auf die ökonomische und technische Sondersituation des Rundfunks sowie seine hohe Reichweite und Wirkungsmacht attestierten die Richter dem Rundfunk eine „integrierende Funktion für das Staatsganze". Der Rundfunk dürfe nicht dem „Spiel der Kräfte" des Marktes überlassen werden, sondern müsse binnenpluralistisch organisiert werden und bedürfe der gesellschaftlichen Kontrolle durch Gremien, deren Mitglieder die Interessen der Allgemeinheit zu vertreten haben (vgl. Bausch 1980a, S. 438–443).

Im selben Jahr urteilte das Bundesverwaltungsgericht in Berlin aufgrund einer Klage von Berliner Tageszeitungsverlegern, die eine Fernsehlizenz erzwingen wollten, dass im Rundfunkbereich aufgrund knapper technischer Ressourcen und des erforderlichen

[212]Die folgende Darstellung vernachlässigt die kommunikationspolitisch interessanten Aspekte der Akteure, Interessen und Strategien soweit diese nicht zum Verständnis der aktuellen Rundfunkstruktur unbedingt notwendig erscheinen, vgl. hierzu einführend Tonnemacher (2003).

hohen Kapitaleinsatzes eine rein markwirtschaftliche Ordnung ungeeignet sei. Private Fernsehveranstaltung könne zwar, müsse aber nicht erlaubt werden, zumal ausschließliche Werbefinanzierung eine einseitige Beeinflussung der öffentlichen Meinung erlaube, die mit der Informationsfreiheit in der Demokratie nicht vereinbar sei (vgl. Bausch 1980a, S. 443–446).

1981 verkündete das Bundesverfassungsgerichtes nach einem rund zehn Jahre währenden Rechtsstreit das dritte Rundfunkurteil (FRAG-Urteil) über die Zulassung von privatem Rundfunk im Saarland auf Antrag der „Freien Rundfunk Aktiengesellschaft in Gründung" (FRAG). Privater Rundfunk ist demnach ausdrücklich zulässig, aber nur wenn er gesetzlich so reguliert wird, dass er nicht in die Hand einzelner gesellschaftlicher Gruppen gerät. Außenpluralismus ist grundsätzlich als Organisationsprinzip denkbar, solange keine vorherrschende Meinungsmacht eines Veranstalters entsteht. Auch bei außenpluralistischer Organisationsweise muss der Gesetzgeber (Saarland) eine „gleichgewichtige Vielfalt" des Programmangebotes sicherstellen. Privater Rundfunk bedarf also im Gegensatz zur Presse der Zulassung und der Regulierung (vgl. Bausch 1980b, S. 615–629).

Die Dualisierung der Rundfunkordnung und damit die Zulassung privaten Rundfunks wurden durch technische Innovationen in den 1970er Jahren zwar nicht ausgelöst, aber beschleunigt. Als kommunikationspolitischer Akteur trat dabei neben den für Rundfunkfragen zuständigen Ländern auch die Bundesregierung auf, allerdings zunächst mit eher innovations- und wirtschaftspolitischen Zielen: 1973 setzte die sozial-liberale Bundesregierung die Kommission für den Ausbau des technischen Kommunikationssystems (KtK) ein, deren Experten die damals „Neuen Medien" aus industriepolitischer und kommunikationspolitischer Sicht analysierten. In ihrem 1976 vorgelegten Abschlussbericht (KtK 1976) schlugen sie unter anderem rückholbare Feldversuche, die so genannten Kabelpilotprojekte vor, um die Kabelfernsehtechnik, aber auch neue Angebots- und Organisationsformen für den Rundfunk zu testen und begleitend die wirtschaftlichen und gesellschaftlichen Folgen zu erforschen. Erst 1980 einigten sich die Ministerpräsidenten (Kronberger Beschlüsse) auf die Finanzierung von unterschiedlich zugeschnittenen Kabelpilotprojekten in Berlin, München, Dortmund und Ludwigshafen-Mannheim. In Berlin, München und Ludwigshafen[213] wurden auch private Programmveranstalter zugelassen, in Dortmund wurden ein neuartiges Zwei-Säulen-Modell und lokale Rundfunkangebote erprobt. Das CDU-regierte Rheinland-Pfalz unter Ministerpräsident Helmut Kohl nahm de facto eine Vorreiterrolle bei der Einführung privaten Rundfunks ein, zumal sich die Kabelpilotprojekte nicht als rückholbare Erprobungen erweisen sollten. 1982 wurde ein Landesgesetz über den Versuch mit Breitbandkabel und Satellitenrundfunk verabschiedet und die öffentlich-rechtliche Anstalt für Kabelkommunikation

---

[213]Im baden-württembergischen Mannheim wurde auch vor dem Hintergrund der Erkenntnisse einer landeseigenen Expertenkommission Neue Medien (EKM) schließlich kein Pilotprojekt durchgeführt; vgl. EKM (1981, S. 23).

(AKK) in Ludwigshafen gegründet, die als Vorläufer der späteren Landesmedienanstalten die Durchführung des Projektes ab dem 01.01.1984 übernahm. Der „Urknall im Medienlabor" (Ory und Staps 1987) beruhte auf der Einspeisung altbekannter und neuer öffentlich-rechtlicher sowie einer Reihe neuer Privatprogramme, die schon bald per Fernmeldesatellit herangeführt wurden.[214] Auch der Vorläufer des SAT.1-Fernsehens, die Programmgesellschaft Kabel und Satellit (PKS), an der vor allem Presseverleger beteiligt waren, nahm ihren Sendebetrieb in Ludwigshafen auf.

Als politischer Akteur, allerdings ohne explizites Mandat, wirkte de facto auch die staatliche Bundespost als Telekommunikationsmonopolist: Ab Mitte der 1980er Jahre wurden ohne Aussicht auf eine zeitnahe Rendite Milliardenbeträge in die Verkabelung der Bundesrepublik investiert, auch um die Verbreitung und Marktetablierung privater Fernsehprogramme zu fördern bzw. deren Veranstalter indirekt zu subventionieren.

Im Zuge der dauerhaften Zulassung privater Rundfunkveranstalter jenseits vermeintlicher Erprobungsphasen in Pilotprojekten wurden in den 1980er Jahren die ersten Landesmediengesetze verabschiedet, allen voran das niedersächsische. Die im Landtag unterlegene SPD-Fraktion klagte beim Bundesverfassungsgericht, das 1986 das 4. Rundfunkurteil (Niedersachsen-Urteil) verkündete.

▶ Darin werden erstmals die Grundstrukturen des Dualen Rundfunksystems skizziert: Den öffentlich-rechtlichen Anstalten kommt die Aufgabe der Grundversorgung zu, d. h. einer technisch flächendeckenden Ausstrahlung von inhaltlich breit angelegten Programmen zur Erfüllung eines kulturellen, gesellschaftlichen und demokratischen Auftrages. Der Gesetzgeber muss den öffentlich-rechtlichen Rundfunk technisch und finanziell in die Lage versetzen, den Grundversorgungsauftrag zu erfüllen. Nur wenn dies gewährleistet ist, kann zusätzlich privater Rundfunk zugelassen werden, an den auch geringere Qualitätsansprüche gestellt werden können: Damit ist klar, dass im Dualen System die Existenz der privaten Programmveranstalter an das Fortbestehen der öffentlich-rechtlichen gebunden ist, und dass im Dualen System mit zweierlei Maß gemessen werden darf. Private Programme können zwar nicht beliebig ausfallen, aber sie müssen nicht so hohe Qualitäts- und Vielfaltsansprüche erfüllen wie ARD und ZDF. Vor dem Hintergrund der kommerziellen Funktionsweise der privaten Anbieter erscheint dies realistisch; gleichwohl sind von den privaten Programmen Mindest- oder „Grundstandards" einzufordern. Auch in diesen Programmen müssen die unterschiedlichen Meinungen einschließlich der Minderheitenmeinungen zum Ausdruck kommen; vorherrschende Meinungsmacht muss verhindert werden, wie das BVerfG es in Kontinuität seiner älteren Urteile fortschreibt. Zu diesem Zweck muss auch die Medienkonzentration im Rundfunksektor Gegenstand staatlicher Regulierung werden.

[214] Aufgrund der Sende- und Empfangstechnik (Antennendurchmesser) waren direkt empfangbare „Direct Broadcasting Satellites (DBS)" wie heute ASTRA noch nicht verfügbar.

Im Zuge der Dualisierung des Rundfunks entstand eine Konkurrenz zwischen öffentlich-rechtlichen und privaten Anbietern, bei der auch die ARD-Anstalten um neue Märkte und Marktanteile kämpften. Süddeutscher Rundfunk und Südwestfunk klagten gegen das im Landesmediengesetz Baden-Württemberg vorgesehene Verbot öffentlich-rechtlicher Lokal- und Regionalprogramme sowie von Abrufdiensten. Der Konflikt wurde 1987 wiederum vom Verfassungsgericht mit dem 5. Rundfunkurteil beendet, das über das Land hinaus Bedeutung für den öffentlich-rechtlichen Rundfunk erlangte. Vor dem Hintergrund wettbewerbsartiger Strukturen und neuer Verbreitungstechniken begründete das BVerfG eine „Bestands- und Entwicklungsgarantie" für den öffentlich-rechtlichen Rundfunk und präzisierte das Verständnis von Grundversorgung: Grundversorgung meint demnach keine Minimal-, Not- oder Restversorgung mit den Inhalten, die sich privat-kommerziell nicht rentabel veranstalten lassen, sondern eine Vollversorgung der Bevölkerung mit allen Sparten des Rundfunks, die zur Information, Bildung, Beratung, aber auch Unterhaltung beitragen. Der Kulturauftrag ist nicht als elitärer Hochkulturauftrag zu interpretieren, denn es sollen Minderheiten ebenso versorgt werden wie das „große Publikum." Der öffentlich-rechtliche Rundfunk darf über seinen Grundversorgungsauftrag hinaus Angebote machen, genießt dann aber gegenüber dem privaten Veranstalter keine Privilegien (etwa bei der technischen Verbreitung über knappe Frequenzen und Kabelplätze). Neben dem Bestand muss auch die Entwicklung des öffentlich-rechtlichen Rundfunks garantiert sein, d. h. neue publizistische Formen und Formate, neue Produktions-, Präsentations- und Verbreitungstechniken sind eingeschlossen und dürfen nicht etwa durch die Gebührenpolitik der Länder vereitelt werden. Dies ist ein bis heute und auch künftig für die Rundfunkstruktur bedeutender Punkt: Digitalfernsehen und -hörfunk, Telemedien (Online-Angebote), On-demand-Angebote wie Mediatheken, High-Definition-Standard, Satellitenverbreitung, künftig vielleicht auch „interaktives" oder „3-D"-Fernsehen fallen grundsätzlich unter diese verfassungsrechtliche Entwicklungsgarantie, sodass ARD und ZDF keine „Auslaufmodelle" sind.

Auch das sechste, sog. Nordrhein-Westfalen-Urteil des BVerfg von 1991 wurde anlässlich eines Landesmediengesetzes gesprochen, das eine besondere Ausgestaltung des Dualen Systems vorsieht. Das Zwei-Säulen-Modell des lokalen Rundfunks versucht, die publizistischen Folgen des regelmäßig zu beobachtenden Marktversagens zu dämpfen und einerseits eine gewisse Unabhängigkeit (Innere Pressefreiheit) trotz wirtschaftlicher Abhängigkeit vom Werbemarkt zu garantieren, und andererseits den Presseverlegern des Landes die Werbeerlöse des Rundfunks zukommen zu lassen. Organisatorisch soll dies durch eine Trennung von Veranstaltergemeinschaft, die für das Programm verantwortlich ist, und eine Betreibergesellschaft, die das Programm auf dem Werbemarkt verwertet, umgesetzt werden.[215] Das Verfassungsgericht hält in seinem Urteil dieses Modell

[215]Der tatsächliche Erfolg oder Misserfolg des Modells kann hier nicht ausführlich diskutiert werden. Durch die Übernahme eines publizistischen Mantelprogramms und die maßgebliche Beteiligung der lokalen Presseverlage wie des WDR ist der Mehrwert unter Vielfaltsgesichtspunkten aber wohl eher gering.

nicht nur für zulässig, es bestätigt auch nochmals die Bestands- und Entwicklungsgarantie und interpretiert so, dass die öffentlich-rechtlichen Anstalten auch Printmedien mit Bezug zu ihrem Programm herausgeben und im Rundfunk mit privaten Rundfunkunternehmen kooperieren dürfen.

Bereits ein Jahr später bestätigt das Verfassungsgericht das Verbot von Fernsehwerbung im Dritten Fernsehprogramm des Hessischen Rundfunks, der damit den privaten Anbietern Konkurrenz machen wollte.

Die Rundfunkgebühren als wesentliches Instrument der Rundfunkpolitik haben immer wieder Anlass für Konflikte und im Anschluss auch für wegweisende Urteile des BVerfG gegeben: Neben dem Bundesverwaltungsgerichtsurteil von 1968 ist hier auch das 8. Rundfunk- oder Gebührenurteil des Verfassungsgerichts von 1994 zu nennen: Zur Sicherung der Staatsfreiheit des Rundfunks und zur Verhinderung von politischem Einfluss auf das Programm muss das Verfahren zur Festlegung der Gebührenhöhe entpolitisiert sein, also im Wesentlichen auf dem Urteil von Experten und Argumenten gründen, und nicht auf dem Machtkalkül von Landesregierungen oder Parteien. Der Kommission zur Ermittlung des Finanzbedarfs (KEF) kommt also eine wichtige Rolle für eine bedarfsgerechte Finanzierung zu; ihre Zusammensetzung muss entsprechend unabhängig sein. Das BVerfG stellt außerdem fest, dass die Rundfunkgebühr kein Nutzungs- oder Abonnemententgelt darstellt, sondern unabhängig von der tatsächlichen Nutzung öffentlich-rechtlicher Programme zu entrichten ist. Die Rundfunkgebühr erhält damit den Status einer „Systemgebühr" für das gesamte Duale System. Weil die Veranstaltung von Rundfunkprogrammen durch Private konditional an die Existenz von ARD und ZDF sowie deren Funktionalität gekoppelt ist, müssen alle Rundfunkteilnehmer unabhängig von ihrer persönlichen Nutzung die Gebühr entrichten. Im Übrigen dient diese zu einem kleinen Teil der Finanzierung der Landesmedienanstalten und der Förderung des privaten Rundfunks.

Das neunte Rundfunkurteil von 1995 nimmt auf die Fernsehrichtlinie der Europäischen Union Bezug, die als neuer und letztlich sogar entscheidender rundfunkpolitischer Akteur aufgetreten ist. Wiederum geht es im Kern um die Rundfunkkompetenzaufteilung zwischen Bund und Ländern; das Verfassungsgericht entschied eine Klage der Länder dahingehend, dass der Bund als „Sachwalter" der Interessen der Bundesländer agiert und diese nach außen gegenüber der EU vertritt, ohne dass damit die Rundfunkkompetenz der Länder an den Bund übergeht.

Das zehnte Rundfunkurteil von 1998 bestätigt, dass das Fernsehen ein Recht auf Kurzberichterstattung von allgemein zugänglichen Ereignissen und Veranstaltungen von öffentlichem Interesse hat. Im Kern geht es um eine Abwägung von Urheber- bzw. Verwertungsrechten sowie den gewerblichen Handel damit und dem Gemeinwohl. Verhindert werden sollen Informationsmonopole einzelner Veranstalter, zumindest auf der Nachrichtenebene. Mittlerweile regelt der Rundfunkstaatsvertrag (RStV), dass die nachrichtliche Kurzberichterstattung auch in Bildern dem Berichterstattungsanlass entsprechend (in der Regel 90 h) unentgeltlich gewährt werden muss.

Während das 11. Rundfunkurteil lediglich für den privaten Rundfunk in Bayern relevant ist, geht es im 12. Rundfunkurteil erneut um die Rundfunkgebühr. In seinem zweiten Gebührenurteil stellt das BVerfG 2007 klar, dass die Länderparlamente zwar von der Empfehlung der KEF zur Gebührenhöhe abweichen dürfen, dies aber ausführlich mit der wirtschaftlichen Lage und Belastung der Gebührenzahler begründet werden muss. Zugleich wird nochmals die Rundfunkgebühr legitimiert, vor allem in Anbetracht des konstatierten strukturellen Marktversagens des privaten Rundfunks. Hierzu heißt es seitens des BVerfG, der ökonomische Wettbewerb führe nicht automatisch zu publizistischer Qualität, sondern Werbefinanzierung tendenziell zur „Standardisierung des Angebotes." Auch neuere Techniken und die Entwicklung des Marktes legitimieren keinen Systemwandel oder eine weitere Deregulierung, vielmehr müsse die Gebührenfinanzierung zur Erfüllung des Funktionsauftrages aufrechterhalten werden.

Im 13. Rundfunkurteil aus dem Jahre 2008 ging es um die Frage, ob politische Parteien sich indirekt über Unternehmen an der Rundfunkveranstaltung beteiligen dürfen. Das BVerfG urteilte, dass es kein absolutes Betätigungsverbot politischer Parteien geben könne, allerdings muss sichergestellt werden, dass sie keinen bestimmenden Einfluss auf das Programm nehmen. Auch das 14. Rundfunkurteil des BVerfG beschäftigte sich mit der parteipolitischen Einflussnahme auf den öffentlich-rechtlichen Rundfunk. Konkreter Anlass war, dass der durch die CDU dominierte Verwaltungsrat des ZDF im Jahre 2009 der Vertragsverlängerung des Chefredakteurs Nikolaus Brender nicht zustimmte. Daraufhin reichten die SPD-regierten Länder Rheinland-Pfalz und Hamburg 2010 eine Klage gegen den – jahrzehntelang akzeptierten – ZDF-Staatsvertrag beim Bundesverfassungsgericht ein, durch die der Parteieneinfluss in den Aufsichtsgremien geprüft werden sollte. Im Ergebnis kam das Bundesverfassungsgericht im März 2014 dann für die Kritiker der Rundfunkpolitik der Parteien zu dem wenig überraschenden Urteil, dass die Zusammensetzung des Fernsehrates des ZDF zu staatsnah und daher zu reformieren sei. Zentrale Argumente des Gerichts waren dabei das Gebot der Vielfaltssicherung und das Gebot der Staatsferne. Kritisiert wurde, dass die gesellschaftliche Vielfalt nicht alleine durch die großen Interessenverbände repräsentiert werde. Die Vertreter von Bundes- und Landeregierungen dürften künftig nicht mehr bestimmenden Einfluss auf die Auswahl bzw. Entsendung der Mitglieder der Aufsichtsgremien nehmen.[216] Die Staatsquote musste von über 40 % auf maximal ein Drittel gesenkt werden, was einem der beteiligten Richter mit Blick auf die gebotene Staatsferne als nicht weitgehend genug erscheint.[217] Aufgrund des Urteils gelten neben Regierungsvertretern auch Wahlbeamte und Vertreter der Kommunen sowie der politischen Parteien als Mitglieder der „Staatsbank" des Gremiums. Außerdem legte das Gericht fest, dass künftig nicht mehr die Ministerpräsidenten entscheiden

[216]Vgl. die Leitsätze zum Urteil des Ersten Senats vom 25. März 2014 – 1BvF 1/11 – 1 BvF 4/11; online unter: http://www.zjs-online.com/dat/artikel/2014_4_826.pdf [07.07.2017].

[217]Vgl. die Begründung der abweichenden Meinung des Richters Paulus in epd medien Dokumentation Nr. 18, 02.05.2014, S. 26–29.

können, welche staatsfernen Mitglieder entsendet werden. Und schließlich soll dem gesellschaftlichen Wandel durch eine Dynamisierung der Zusammensetzung des Fernsehrates Rechung getragen werden, d. h. es sollen nicht immer dieselben Organisationen ihre Vertreter entsenden. Die Vertreter der gesellschaftlich relevanten Gruppen dürfen auch nicht gleichzeitig der Legislative oder Exekutive von Bund oder Ländern angehören. Zudem wurde eine Begrenzung der Amtszeiten eingeführt (vgl. Speck 2014 sowie Dörr 2016, S. 322–325). Die Bundesländer haben den ZDF-Staatsvertrag aufgrund des Urteils novellieren müssen und im 17. Rundfunkänderungsstaatsvertag von 2015 auch die Zusammensetzung des Fernsehrates grundrechtskonform geregelt (vgl. Abschn. 4.4.3.2). In der Folge mussten auch die Landesrundfunkgesetze einiger Bundsländer sowie der Deutschlandradio-Staatsvertrag so angepasst werden, dass der Anteil der staatsnahen Gremienvertreter dem Grundgesetz entspricht.

Die wichtigsten Aussagen des höchsten deutschen Gerichts zum Rundfunk sind in Tab. 4.17 zusammengestellt.

Neben den Ländern, der Bundesregierung und dem Bundesverfassungsgericht als staatlichen Akteuren haben sich an den rundfunkpolitischen Kontroversen auch eine Reihe gesellschaftlicher Akteure wie Parteien, Gewerkschaften und die beiden christlichen Kirchen, sowie die interessierten Medienorganisationen beteiligt. Außer ARD und ZDF sowie den Presseverlegern ist hier vor allem die Branchenvertretung der privatrechtlichen Rundfunkveranstalter und Telekommunikationsdienstleister zu nennen: Der Verband Privater Rundfunk und Telemedien (VPRT)[218] unterhält eine Geschäftsstelle in Berlin und eine Außenstelle bei der EU in Brüssel; er vertritt die Interessen von 140 Medienunternehmen, war an der Gründung von Selbstkontrollinstitutionen (vgl. Abschn. 4.4.3.3) beteiligt und verhandelt Rahmenverträge mit den Verwertungsgesellschaften GEMA, GVL und VG Wort. Der einflussreiche VPRT (VAUNET) nimmt immer wieder medienpolitisch Stellung, wobei er im Interesse seiner Mitgliedunternehmen eine Politik der Deregulierung des privaten Rundfunkmarktes bei gleichzeitiger Eingrenzung der als Konkurrenz wahrgenommenen Aktivitäten der öffentlich-rechtlichen Anstalten verfolgt. Ähnlich wie die Verlegerverbände argumentiert der VPRT (VAUNET), die beitrags- bzw. im Sinne der EU beihilfefinanzierten Programme und Online-Angebote von ARD und ZDF sowie deren Privilegien bei Frequenz- und Kabelplatzvergabe führten zu einer Wettbewerbsverzerrung.[219]

Technische Innovationen haben immer wieder den Anlass geboten, tradierte Regulierungen des Rundfunks und zuweilen auch die besondere Konstruktion des öffentlich-rechtlichen Rundfunks infrage zu stellen. Ein wichtiger Ansatzpunkt war dabei wiederholt, dass die Knappheit der terrestrischen Rundfunkfrequenzen durch den technologischen Fortschritt kein gültiges Argument mehr darstelle. Dieser aus der Diskussion um die damals „neuen Medien" Kabel und Satellit bekannte Einwand gegen die

---

[218]Ursprünglich und bis 2006 noch als Verband Privater Rundfunk und Tele*kommunikation*, 2018 hat der VPRT beschlossen, sich in „VAUNET Verband privater Medien" umzubenennen.

[219]Vgl. http://www.vprt.de/verband/%C3%BCber-den-vprt/ziele-und-aufgaben?c=4 [19.08.2011] sowie VPRT (2006).

Tab. 4.17 Kernaussagen der Rundfunkurteile des BVerfG

Rundfunkurteil	Kernaussagen
1. Fernsehurteil 1961	Länderkompetenz Medium und Faktor Ökonomische und technische Sondersituation Alternative Organisationsformen denkbar
Bundesverwaltungsgerichtsurteil 1968	Gebührenhoheit der Bundesländer
2. Mehrwertsteuerurteil 1971	Integrationsfunktion Binnenpluralismus Öffentliche Aufgabe
3. FRAG-Urteil 1981	Außenpluralismus bei staatlicher Regulierung und Zulassung (differenzierte Landesmediengesetze) Gleichgewichtige Vielfalt Duales System möglich
4. Niedersachsen-Urteil 1986	Duales System als System von ungleichen Säulen: öffentlich-rechtliche mit Grundversorgung als Bedingung für regulierte Zulassung von privaten Programmen mit Grundstandards Konzentrationskontrolle
5. Fünftes Rundfunkurteil (Baden-Württemberg) 1987	Umfassender Grundversorgungsauftrag Bestands- und Entwicklungsgarantie der öffentlich-rechtlichen Anstalten
6. Nordrhein-Westfalen-Urteil 1991	Präzisierung und weite Auslegung der Bestands- und Entwicklungsgarantie
7. Hessen-Urteil zur Fernsehwerbung 1992	Priorität der Gebührenfinanzierung Verbot von Fernsehwerbung im Dritten Programm
8. (Erstes) Gebührenurteil 1994	Staatsferne Gebührenfestsetzung Rundfunkgebühr als nutzungsunabhängige „Systemgebühr"
9. Neuntes Rundfunkurteil zur EU-Fernsehrichtlinie 1995	Rundfunkkompetenz der Länder
10. Urteil zur Kurzberichterstattung 1998	Recht auf Kurzberichterstattung (Wettbewerb) Sport als Teil der Grundversorgung
11. Beschluss zum privaten Rundfunk in Bayern 1998	
12. (Zweites) Gebührenurteil 2007	Sachgemäße Gebührenfestsetzung Legitimation der Gebühr durch Marktversagen „Funktionsauftrag" von ARD und ZDF
13. Dreizehntes Rundfunkurteil 2008	Beschränkung des Parteieneinflusses im privaten Rundfunk
14. ZDF-Urteil 2014	Beschränkung des Staats- und Parteieneinflusses im öffentlich-rechtlichen Rundfunk Sicherung gesellschaftlicher Vielfalt

Sonderstellung von ARD und ZDF wurde im Zuge der Digitalisierung von breitbandigen Telekommunikationsnetzen und der Entwicklung der Onlinemedien erneut belebt. Die Knappheit der Übertragungskapazitäten ist zweifellos beseitigt, allerdings lassen sich andere, zum Teil sogar verschärfte Knappheiten (Aufmerksamkeit der Rezipienten, Nachfrage auf dem Werbemarkt, Zahlungsbereitschaft der Nutzer) und Markteintrittsbarrieren (vgl. Abschn. 4.4.3.4.11), die das Bundesverfassungsgericht von Beginn an als Argumente mitgeführt hat, nicht übersehen. Als weiteres technologisch gestütztes Argument gilt, dass die Digitalisierung der Rundfunksignale auf allen Vertriebswegen durch den Einsatz von Verschlüsselungsverfahren die Transaktionskosten für den Ausschluss nicht zahlungswilliger Konsumenten drastisch reduziert habe. Damit ist das klassische ökonomische Argument der Nicht-Ausschliessbarkeit, die zu einem Marktversagen führe, in der Tat obsolet (vgl. Haucap et al. 2015, S. 33–34 sowie DIW ECON 2016, S. 3). Allerdings folgt daraus nicht automatisch, dass über eine Form des auf freiwilligen Entgelten beruhenden „öffentlich-rechtlichen Pay TV" tatsächlich der gesamtgesellschaftliche, meritorische Nutzen erzielt werden würde, den die zwangsweise Beitragsfinanzierung verspricht. Zumindest unterscheiden sich die Programmprofile von Pay TV, das auf freiwilliger Zahlung von zahlungsfähigen Konsumenten beruht, bislang deutlich vom Programmprofil der öffentlich-rechtlichen Anstalten.

Über die Rundfunkordnung wird aber weiter diskutiert, zumal Kritik am konkreten Verhalten der öffentlich-rechtlichen Rundfunkanstalten in einigen Punkten durchaus berechtigt erscheint: Ein zentraler Punkt ist das Verhältnis zwischen Beitragshöhe (sowie Gesamtaufkommen) einerseits und dem Ausgabeverhalten sowie den Programmleistungen andererseits. Im Mittelpunkt der Kritik stehen vergleichsweise aufwändige Verwaltungsapparate,[220] nicht genutzte Synergiemöglichkeiten, zum Beispiel bei der IT[221], hohe Bezahlungen und Pensionsleistungen für Mitarbeiter sowie der Kauf von teuren Sportrechten (vgl. z. B. Haucap et al. 2015, S. 23) und Fernsehstars mit entsprechenden Gagen. Sicherlich können Sportgroßereignisse auch von privaten Anbietern flächendeckend und professionell verbreitet werden; ob dies immer werbefinanziert gelingen kann (oder nur im Pay TV) wäre eine zweite Frage. Die öffentlich-rechtlichen Anstalten setzen darauf, mit Sport als massenattraktivem Inhalt Publikum auch für die genuin öffentlich-rechtlichen Programminhalte zu gewinnen. In welchem Maße das Gelingen empirisch nachweisbar ist, muss an dieser Stelle offen bleiben.

Ein weiterer Kritikpunkt besteht in der juristisch problematisch beurteilten, mangelden Transparenz der Anstalten, insbesondere in Bezug auf die Verwendung öffentlicher Mittel,

[220]Die KEF stellt fest, dass mehr als 40 % des Gesamtaufwandes der Anstalten für das Programm aufgewendet werden (vgl. KEF 2016, S. 64). Im Umkehrschluss bedeutet dies, dass 60 % für andere Zwecke verwendet werden, die der Erfüllung des Programmauftrags nur mittelbar zugutekommen.

[221]Die KEF sieht bei der Informationstechnik der ARD-Anstalten ein Einsparpotential von 40 Mio. € jährlich (vgl. KEF 2016, S. 284).

zahlreiche kommerzielle Tochterunternehmen und Beteiligungen, die Auftragsvergabe sowie die Öffentlichkeit der Sitzungen von Rundfunkräten (vgl. Schoch 2013). Vor allem vor dem Hintergrund von Korruptionsfällen im öffentlich-rechtlichen Rundfunk wird in der medienkritischen Debatte (der konkurrierenden Pressemedien) ein Umdenken bzw. ein Mentalitätswandel des Managements gefordert. Merkwürdig erscheint auch die begrenzte Transparenz von ARD und ZDF im Hinblick auf Forschungsdaten, deren Publikation selektiv und offenkundig an den strategischen Unternehmensinteressen orientiert erfolgt, obwohl die hochwertige Programm- und Nutzungsforschung öffentlich finanziert wird.

Sieht man einmal von den grundsätzlichen Gegnern des öffentlich-rechtlichen Systems ab, so werden Reformen der bestehenden Anstalten oder alternative Wege der Bereitstsellung von gemeinwohlorientierten Programmen (mit „Public Value“) diskutiert. Vorgeschlagen wird beispielsweise die öffentliche Ausschreibung der Produktion von gesellschaftlich wünschenswerten Programmen mit meritorischem Nutzen und die marktliche Bereitstellung durch wechselnde Wettbewerber (einschließlich privater Programmveranstalter). Dies könnte zur Kostenreduktion beitragen, wirft aber die Frage des Verwaltungsaufwands (Bedarfsermittlung, Ausschreibung, Evaluaton etc.) und der Kontinuität eines solchen Angebotes auf (vgl. DIW ECON 2016, S. 4).

Doch nicht allein die Rundfunkordnung wird vor dem Hintergrund des Medienwandels erneut politisch kontrovers debattiert. Unter den Schlagworten „Konvergenz“ oder digitaler „Disruption“ wird seit einigen Jahren verhandelt, ob Digitalisierung und Vernetzung nicht zu einem vollständigen Bruch („Disruption“) der bekannten Medienlogik geführt haben oder zumindest bald führen werden, zumindest aber ein Verschwimmen der Grenzen zwischen digitalem Rundfunk und Onlinemedien bzw. dereren Zusammenwachsen (Konvergieren) festzustellen ist. Dann würde es künftig wenig sinnvoll erscheinen, medienspezifische Regulierungen (in spezialisierten Einzelgesetzen bzw. Staatsverträgen) vorzunehmen, zumal es sich mitunter um exakt dieselben Medieninhalte und oftmals auch Medienunternehmen handelt. Die Rede ist dann von „plattformneutralen“ Regulierungen, z. B. in Fragen des Jugendschutzes, der Trennungsgebote, der Medienkonzentrationskontrolle (vgl. KEK 2015) etc. Sicherlich wird die künftige Medienregulierung, auch falls es sich um eine vermeintlich technisch erzwungene weitere Deregulierung handeln sollte, auch den technologischen Wandel und seine medialen Folgen berücksichtigen müssen, allerdings geht es weiterhin um demokratisch zu legitimierende politische Entscheidungen vor dem Hintergrund massiver wirtschaftlicher Interessen – und nicht um einen technisch verursachten Automatismus.

Im Juni 2016 hat die Bund-Länder-Kommission zur Medienkonvergenz ihren Abschlussbericht vorgelegt: Zentrale Regulierungsthemen, die in der weiteren Gesetzgebung bzw. auf EU-Ebene verfolgt werden sollen, waren neben der Reform des Jugendmedienschutzes im JuschG (medienübergreifend, d. h. für Trägermedien wie Telemedien einheitliche Altersbewertung von Medieninhalten) u. a. die Notwendigkeit der Regulierung von unterschiedlichen Plattformen. Hierbei soll künftig zwischen technischen Plattformen (z. B. Kabelnetze für das Fernsehen), inhaltlichen Plattformen (Bündelung und Vermarktung von Inhalten) sowie Zugangsplattformen (Electronic Program Guides) differenziert werden. Regulierungsziele sind Transparenz des Angebotes, Nutzerautonomie (für den Verbraucher), Diskriminierungsfreiheit (eigener und fremder Angebote auf der Plattform) und Chancengleichheit, vor allem wenn es sich um meinungsrelevante Plattform-Angebote handelt (vgl. Bund-Länder-Kommission 2016, S. 9–30 sowie Abschn. 4.4.3.4.9).

4.4.3.2 Normative Grundlagen des „Dualen Rundfunksystems"

Das Rundfunkrecht fällt in Deutschland, wie das BVerfG klargestellt hat, zwar unter die Länderkompetenz, aufgrund der europäischen Integration wird die Rundfunkkommunikation aber längst in hohem Maße durch transnationale politische Akteure, vor allem die *Europäische Union* und den *Europarat* dominiert (Holtz-Bacha 2006, 2011).

Nach deutscher rundfunkpolitischer Tradition handelt es sich beim Rundfunk um ein Kulturgut; er wird deshalb in den Landesrundfunkgesetzen und Landesmediengesetzen sowie den Rundfunkstaatsverträgen der Länder geregelt. Das föderale Prinzip der Rundfunkstruktur gilt auch für die bundesweit agierenden öffentlich-rechtlichen Anstalten Zweites Deutsches Fernsehen (ZDF) und Deutschlandradio (DLR),[222] die auf Staatsverträgen aller 16 Bundesländer basieren. Und es gilt auch für den privaten Rundfunk, der durch Landesgesetze und Staatsverträge der Länder geregelt ist. Lediglich die Deutsche Welle veranstaltet seit 1953 als Gemeinschaftseinrichtung der ARD-Anstalten (vgl. Dussel 1999, S. 194) und seit 1962 als eigenständige Anstalt mit Sitz in Köln (und für das Fernsehen: Berlin) ihre Hörfunk- und mittlerweile auch Fernsehprogramme sowie zunehmend Online-Angebote aufgrund eines Bundesgesetzes.

Die bereits erwähnte Fernsehrichtlinie der EU von 1989 „Fernsehen ohne Grenzen" war gemeinsam mit der Europaratskonvention „Europäisches Übereinkommen über das grenzüberschreitende Fernsehen" vom 15. Mai 1989 der Beginn der europäischen Rundfunkregulierung, wenn man von der internationalen Koordination der Rundfunkfrequenzen einmal absieht. Im Zuge einer Deregulierung und der Durchsetzung neoliberaler Wirtschaftspolitik war die EU der entscheidende Akteur für die Veränderung des Rundfunkparadigmas: Rundfunk ist aus der Sicht der EU vor allem ein Wirtschaftsgut und unterliegt demnach den Vorstellungen eines europäischen Binnenmarktes und der Kompetenz der EU. Die traditionelle deutsche Vorstellung vom Rundfunk als Kulturgut, die auch die Kompetenz der Bundesländer begründet, tritt mit der Deregulierung und Dualisierung des Rundfunks stärker in den Hintergrund. Ordnungspolitisch ist nun der Markt das favorisierte Modell, und regulatorische Versuche, das zu beobachtende Marktversagen (Konzentration, Vielfalts- und Qualitätsprobleme) zu bewältigen, sind zwar nicht völlig ausgeschlossen, bedürfen aber einer guten juristischen Begründung. So ist der Rundfunkbeitrag, auch wenn es sich nicht um Subventionen aus Steuermitteln der

[222]Vgl. Steininger (1977); Sendebeginn des Deutschlandfunks, dem westdeutschen Vorläufer des heutigen DeutschlandRadio (Staatsvertrag von 1993) war der 01.01.1962; Sendestart des ZDF der 01.04.1963.

Länder- oder Bundesbudgets handelt, aus Sicht der EU eine wettbewerbsverzerrende staatliche Beihilfe (Beihilferichtlinie). Solche Beihilfen sind wettbewerbsrechtlich zwar zulässig, aber nur legitimiert (und nach EU-Recht legal), wenn ein klar definierter öffentlicher Funktionsauftrag (Public Service) genauer bestimmt und seine Erbringung kontinuierlich nachgewiesen werden.

Wie in der Bildungspolitik führt die Kompetenzverlagerung zur EU im Ergebnis zu einer aufwändigen Bürokratisierung: Die öffentlich-rechtlichen Anstalten müssen Richtlinien und Grundsätze sowie Telemedienkonzepte formulieren, sie müssen laufend Pläne zur konkreten Umsetzung des Funktionsauftrages verfassen und über deren Erfüllung Rechenschaftsberichte abliefern. Neue Telemedienangebote müssen vor dem Start einen Drei-Stufen-Test durchlaufen, kommerzielle Aktivitäten müssen organisatorisch und buchhalterisch von den beitragsfinanzierten Organisationsteilen getrennt werden (Transparenzrichtlinie für öffentliche Unternehmen 2000/52/EG). Auch die technische Seite der Rundfunk- und Telekommunikationsnetze ist in hohem Maße durch die EU geregelt (vgl. Abschn. 2.5 sowie Abschn. 5.4 und 5.5).

Nach dem Beitritt der ostdeutschen Länder und angepasst an die bindenden europarechtlichen Vorgaben der EU-Fernsehrichtlinie[223] von 1989 wurde 1991 der erneuerte „Staatsvertrag über den Rundfunk im vereinten Deutschland" (RStV) abgeschlossen. Dieser Staatsvertrag ist erstmals 1987 nach rund fünf Jahre währenden Verhandlungen abgeschlossen worden (vgl. Glotz und Kopp 1987) und gilt als das zentrale Dokument für die Duale Rundfunkordnung in Deutschland. Er wurde immer wieder novelliert und seit September 2017 ist der 20. Rundfunkändersungsstaatsvertrag in Kraft, der die folgenden Änderungen beinhaltet: Ähnlich wie beim ZDF soll auch der Staatseinfluss beim Hörfunkrat von Deutschlandradio auf das verfassungsrechtlich gebotene Maß reduziert werden. Allerdings geschieht dies durch eine Erweiterung der Gremien: Dem Hörfunkrat gehören künftig 45 (bislang 40), dem Verwaltungsrat 12 (statt acht) Mitglieder an. Im Hörfunkrat werden neben den beiden christlichen Kirchen und dem Zentralrat der Juden auch der Bundeszuwanderungs- und Integrationsrat sowie der Lesben- und Schwulenverband vertreten sein. Die Wellen Deutschlandradio Kultur und DRadio Wissen werden in Deutschlandfunk Kultur bzw. Deutschlandfunk Nova umbenannt.[224] Der 21. Rundfunkänderungsstaatsvertrag wird parallel hierzu bereits vorbereitet. Die Referentenentwürfe hierfür weiten den Telemedienauftrag bzw. das zulässige öffentlich-rechtliche Telemedienangebot aus: Die zeitliche Befristung der Abrufbarkeit von Sendeinhalte soll

[223]Richtlinie des EU-Rates vom 3. Oktober 1989 zur Koordinierung bestimmter Rechts- und Verwaltungsvorschriften der Mitgliedsstaaten über die Ausübung der Fernsehtätigkeit (89/552/EWG) bzw. die 1997 novellierte Fassung: Richtlinie 97/36/EG.

[224]https://www.berlin.de/rbmskzl/aktuelles/pressemitteilungen/2017/pressemitteilung.565802.php [07.08.2017] sowie epd medien aktuell Nr. 9a, 12.01.2017.

deutlich erweitert weren und es sollen nicht mehr nur „sendungsbezogene", sondern auch weitere, allerdings nicht „presseähnliche" Telemedienangebote erlaubt werden.[225]

Der Rundfunkstaatsvertrag greift die Logik des dualen Rundfunksystems auf, die das Bundesverfassungsgericht entwickelt hat (vgl. hierzu insbesondere die Präambel). Den öffentlich-rechtlichen Anstalten wird eine besondere Funktion zugeschrieben und im Gegenzug eine Bestands- und Entwicklungsgarantie, auch im Hinblick auf neue Medientechnologien und -angebotsformen zugestanden. Den privaten Rundfunkveranstaltern werden ausreichende Sendekapazitäten zugesagt, sodass sie eine gute Chance im Wettbewerb um die Publikumsgunst haben. Beide „Säulen" des Dualen Systems werden in vieler Hinsicht (s. u.) also gezielt ungleich reguliert.

Das umfangreiche Vertragswerk definiert zunächst den Rundfunk als linearen Informations- und Kommunikationsdienst in Abgrenzung von nicht-linearen Telemedien (journalistische-redaktionelle Angebote zum individuellen Abruf) und Telekommunikationsdiensten (Übertragung von Daten und Signalen aller Art). Rundfunk (Hörfunk und Fernsehen) richtet sich an die Allgemeinheit, ist „entlang eines Sendeplans" zeitlich organisiert und für den zeitgleichen Empfang konzipiert; auch verschlüsselte Formen und Bezahlangebote fallen hierunter. Nicht jouralistisch-redaktionell gestaltete Angebote, beispielsweise Videoüberwachungsanlagen, oder Angebote mit weniger als 500 potenziellen Nutzern fallen nicht unter den Rundfunkbegriff (vgl. § 2). Einen Überblick der wichtigsten Regelungen für den Rundfunk geben die Tab. 4.18, 4.19 und 4.20.

Neben dem Staatsvertrag für Rundfunk und Telemedien (RStV), den drei Staatsverträgen über ARD, das ZDF und Deutschlandradio sowie dem Runfunkfinanzierungsstaatsvertrag und dem Rundfunkbeitragsstaatsvertrag bildet der Staatsvertrag über den Schutz der Menschenwürde und den Jugendschutz in Rundfunk und Telemedien (Jugendmedienschutz-Staatsvertrag – JMStV) eine wichtige normative Grundlage für die inhaltliche Gestaltung des Rundfunks; er wird im folgenden Abschnitt detaillierter vorgestellt.

4.4.3.3 Institutionelle Rundfunkaufsicht im „Dualen System"

Die Rundfunkaufsicht besteht im Dualen System ebenfalls aus zwei institutionellen Teilsystemen, denn die öffentlich-rechtlichen Anstalten werden nach strengeren normativen Vorgaben und von anstaltseigenen Gremien beaufsichtigt, die allerdings durch externe Personen besetzt sind. Die privatrechtlichen Programmveranstalter werden hingegen von gänzlich extern organisierten Institutionen nach weniger strikten Programmvorgaben kontrolliert.

---

[225] Vgl. https://medien.sachsen-anhalt.de/fileadmin/Bibliothek/Politik_und_Verwaltung/StK/Medien/Dokumente/Konsultationsverfahren_Telemedienangebot/Telemedienauftrag_Anlage_2_20170517_Fliesstext.pdf [08.08.2017].

Tab. 4.18 Allgemeine Regulierungen des Rundfunkstaatsvertrages (Auswahl)

Regulierungs-gegenstand	Regulierung	RÄStV
Berichterstattung	Übertragung definierter Sport-Großereignisse auch im frei empfangbaren Fernsehen	§ 4
	Unentgeltliche nachrichtliche Kurzberichterstattung (90 Sek.) von öffentlichen Ereignissen	§ 5
Programm	Deutsche und europäische Werke als „Hauptteil" des Programms	§ 6
Werbung	Wahrung von Menschenwürde, keine Irreführung	§ 7
	Kennzeichnung, Trennung vom Programm	
	Dauerwerbesendungen, virtuelle und Split-Screen-Werbung sowie Teleshopping zulässig	
	Verbot von Schleichwerbung (Placements gegen Entgelt, ohne Kennzeichnung) sowie Alkohol- und weltanschaulicher oder politischer Werbung	
	In der Regel Werbeblöcke	
Sponsoring	Bei Kennzeichnung erlaubt	
	Aber verboten bei Tabak und Arznei sowie in Informations- und Nachrichtensendungen	§ 8

4.4.3.3.1 Aufsichtsgremien der öffentlich-rechtlichen Anstalten

Die öffentlich-rechtlichen Rundfunkanstalten werden von einem Intendanten geleitet, der von zwei Aufsichtsgremien kontrolliert und gewählt wird.

> Der *Rundfunkrat* (beim ZDF: Fernsehrat, bei Deutschlandradio: Hörfunkrat), dient als Gremium der Programmaufsicht und gesellschaftlichen Kontrolle. Rundfunkräte sind ständisch zusammengesetzt, ihnen gehören je nach Anstalt und gesetzlicher Regelung zwischen 19 und 60 Vertreter gesellschaftlich relevanter Gruppen an, die hier die Interessen der Allgemeinheit vertreten sollen und in der Regel keine Rundfunkexperten sind.

Kommunikationspolitisch ist immer wieder umstritten, welche gesellschaftlich relevante Gruppe berechtigt ist, Repräsentanten zu entsenden und wer letztlich über deren Bestimmung entscheidet, die Verbände oder die Landesregierungen bzw. Parlamente. Der Streit über die „gesellschaftliche Relevanz" einer Gruppe führte dazu, dass je nach politischen Machtverhältnissen zusätzliche Vertreter aufgenommen wurden, um die eigene Machtbasis zu verbreitern. Weil man in der Regel davor zurückschreckt, bisherig vertretene Gruppen auszuschließen, führte dies zu einer Vergrößerung der Gremien (beim ZDF z. B. bis 2015 auf 77 Mitglieder). Es entwickelten sich in Deutschland verschiedene Institutionenmodelle, ein pluralistisch-ständisches (ursprünglich vor allem in Süddeutschland) und ein staatlich-politisches bzw. parlamentarisches Modell in Norddeutschland und ein Mischmodell (vgl. Verheugen 1999, S. 117–120).

Tab. 4.19 Spezielle Regulierungen des RStV für den öffentlich-rechtlichen Rundfunk

Regulierungsgegenstand	Regulierung	RÄStV
Programmauftrag	Medium und Faktor freier individueller und öffentlicher Meinungsbildung; demokratischen, sozialen und kulturellen Bedürfnissen dienen Internationale, europäische, nationale, regionale Berichterstattung in allen Lebensbereichen Bildung, Information, Beratung und Unterhaltung, insbesondere Kultur Internationale Verständigung, europäische und gesellschaftliche Integration Objektivität, Unparteilichkeit, Meinungsvielfalt und Ausgewogenheit	§ 11
Fernsehprogramme	Vollprogramme: Das Erste (ARD), ZDF „Regionalprogramme“: 7 dritte ARD-Programme[a] Spartenprogramm (Bildung) ARD-alpha 5 Zusatzprogramme: tagesschau24, one (EinsFestival), ZDFinfo, ZDFkultur, ZDFneo 2 internationale gemeinschaftliche Vollprogramme (3sat, arte) 2 gemeinschaftliche Spartenprogramme (KI.KA, PHOENIX)	§ 11b
Hörfunkprogramme	ARD: Begrenzung der Anzahl auf d. Stand vom 01.04.2004; DLR: Deutschlandfunk, Deutschlandfunk Kultur, Deutschlandfunk Nova (digitales Spartenradio Wissen)	§ 11c
Jugendangebot	ARD: und ZDF: „funk“[b] Rundfunk und Telemedien für 14- bis 29-Jährige über Online-Plattfomen wie Youtube, Facebook, Snapchat und eigene App	§ 11f
Telemedien	Nur redaktionell-journalistisch Keine Lokalberichterstattung, Verbot von Werbung und Sponsoring Befristeter Online-Abruf von Sendungen (Archiv) laut Telemedienkonzepten 3-Stufen-Test (gesellschaftliche Bedürfnisse, publizistischer Wettbewerb, finanzieller Aufwand) für neue und veränderte Telemedien z. T. nur zeitlich begrenzte Abrufmöglichkeiten (24 h für Großereignisse bzw. 7-Tage-Frist, danach meist Löschung) Negativliste: Verbot von Portalen und Diensten ohne direkten Programm- und Sendungsbezug	§ 11d § 11f.

(Fortsetzung)

Tab. 4.19 (Fortsetzung)

Regulierungsgegenstand	Regulierung	RÄStV
Finanzierung	Bestands- und Entwicklungsgarantie Vorrangige Beitragsfinanzierung, Rundfunkwerbung zulässig, Entgelte verboten Grundsätze Wirtschaftlichkeit und Sparsamkeit	§ 12 § 13 § 14
Product Placement	Nur bei Fremdproduktionen oder ohne Entgelt Nur werktags vor 20 Uhr; Ausnahme: Sportereignisse	§ 15
Werbung	Fernsehwerbung nur in Das Erste und ZDF, jeweils max. 20 min werktäglich (Jahresdurchschnitt, max. 25 min/Tag) bis 20 Uhr Blockwerbegebot; eine Unterbrechung je 45 min Sendedauer Hörfunkwerbung bis zu 90 min werktäglich Verbot von Teleshopping	§ 16 § 18
Kommerzielle Tätigkeiten	Erlaubt, auch mit Tochterunternehmen, aber transparent Aber kontrolliert, unter Marktbedingungen und getrennt vom beitragsfinanzierten Funktionsauftrag	§ 16a–d

[a] Insbesondere im Vorabendprogramm werden die dritten Fernsehprogramme von Mehrländeranstalten (rbb, NDR, mdr, SWR) in bundeslandbezogene Programme geteilt

[b] Diese „Content-Plattform" ist am 10.10.2016 gestartet, verfügt über ein üppiges Budget von 45 Mio. € und wird womöglich nur drei Prozent der Zielgruppe erreichen (vgl. Riehl 2016). Zur Gegenfinanzierung wurden die digitalen Spartenkanäle Eins Plus und ZDFkultur eingestellt

Tab. 4.20 Spezielle Regulierungen des RStV für den privat-rechtlichen Rundfunk

Regulierungsgegenstand	Regulierung	RÄStV
Zulassung	Zulassungspflicht für Rundfunkprogramme Zulassungsfreiheit für Internet-Radio Keine Zulassung für politische Gruppen	§ 20–20b
Meinungsvielfalt	Vielfalt der Meinungen im Wesentlichen zum Ausdruck bringen Bedeutsame politische, weltanschauliche und gesellschaftliche Kräfte und Gruppen in Vollprogrammen angemessen zu Wort kommen lassen Berücksichtigung von Minderheiten Einzelnes Fernsehprogramm darf Bildung öffentlicher Meinung nicht in hohem Maße ungleichgewichtig beeinflussen	§ 25
	Schutz der Menschenwürde, Achtung sittlicher, religiöser, weltanschaulicher Überzeugungen Förderung gesellschaftlicher Integration und internationaler Verständigung Angemessener Anteil an Information, Bildung und Kultur; Sendezeit für Kirchen	§ 41
	Unabhängige Regionalfenster für nationale TV-Vollprogramme	§ 25
	Zuschaueranteil von 30 % (bzw. 25 % bei crossmedialen Anbietern) am Gesamtmarkt (einschl. der öffentlich-rechtlichen Programme) begründet vorherrschende Meinungsmacht und vielfaltssichernde Maßnahmen (260 min/Woche Sendezeit für unabhängige Dritte, Verkauf von Unternehmensanteilen, Programmbeiräte)	§§ 26–32
Werbung	Stündlich bis zu 20 % (12 min) Einfügung nur alle 20 bzw. 45 min (Filme)	§ 45 § 44
Product Placement	Zulässig, wenn unentgeltlich und nicht in Kindersendungen Kennzeichnungspflicht	§ 44
Telemedien	Zulassungsfrei	§ 54

Beispiel

Der Fernsehrat genannte Rundfunkrat des ZDF ist ein gutes Beispiel für das Mischmodell, allerdings mit immer noch (vgl. hierzu das oben erläuterte ZDF-Urteil des BVerfG) starkem staatlich-politischen Einfluss: Von den 60 Fernsehratsmitgliedern werden zwei durch die Bundesregierung und 16 durch die Bundesländer sowie zwei durch die Kommunen entsendet. 16 Vertreter von gesellschaftlich relevanten Gruppen werden durch die Länder bestimmt (geregelt durch Landesgesetze). Direkte Parteienvertreter (wie bis 2015) gibt es nicht mehr, und auch die Vertreter der Kirchen, Gewerkschaften, Journalistenverbände sowie der großen gesellschaftlich relevanten Verbände werden direkt von diesen entsendet, und nicht mehr nach partei- und machtpolitischen Kalkülen von Landesregierungen und -parlamenten (vgl. § 21 d. ZDF-Statsvertrages). Ob sich hierdurch das über Jahrzehnte eingespielte parteipolitische Muster der „Freundeskreise" nachhaltig ändert, bleibt abzuwarten. Neben den 20 Staatsvertretern gehören dem Fernsehrat an: je zwei Vertreter der evangelischen und der katholischen Kirche sowie ein Vertreter des Zentralrats der Juden in Deutschland, drei Vertreter von Gewerkschaften und vier aus den Arbeitgeberverbänden, je ein Vertreter des Bundesverbands der Zeitungsverleger (BDZV) und des Deutschen Journalisten-Verbandes (DJV), vier Vertreter von Wohlfahrstverbänden sowie je einem Vertreter des Sportbundes (DOSB), der Europaunion, des Naturschutzverbands BUND, der Vertriebenenverbände und der Opfer des Stalinismus. Die 16 weiteren Vertreter aus verschiedenen gesellschaftlich relevanten Bereichen (z. B. Verbraucherschutz, Wissenschaft und Forschung, sexuelle Minderheiten, Filmwirtschaft, „Internet" etc.) werden von jeweils einem dafür zuständigen Bundesland entsandt.

Der Rundfunkrat des Hessischen Rundfunks hingegen ist nicht nur kleiner, sondern auch stärker am ständisch-pluralistischen Modell orientiert: Als Ein-Länder-Anstalt für Hörfunk und Fernsehen muss der HR keinen Länderproporz abbilden (wie NDR, MDR oder rbb) und kommt mit 26 Rundfunkräten aus, von denen nur sechs Staatsvertreter sind. Die 20 Verbandsmitglieder sind ausdrücklich nicht als Repräsentanten ihrer Organisation im Rundfunkrat und sie werden auch nicht vom Parlament gewählt, sondern direkt entsandt (vgl. § 5 des Gesetzes über den Hessischen Rundfunk; 24. Juni 2010).

Der Rundfunk- bzw. Fernsehrat beschließt die Satzungen und Programmrichtlinien der Anstalt, vor allem genehmigt er die Haushaltspläne und wählt den Intendanten. Alle Mandate, ob Rundfunk-Verwaltungsrat oder Intendant, werden befristet für vier bis sieben Jahre vergeben.

▶ Der *Verwaltungsrat* der öffentlich-rechtlichen Anstalten umfasst meist zwischen sieben und neun Mitglieder, die den Intendanten vor allem in wirtschaftlichen und technischen sowie in Personalfragen beraten und kontrollieren.

Beispiel

Der Verwaltungsrat des ZDF besteht aus 12 Mitgliedern, darunter vier durch die Ministerpräsidenten gemeinsam bestimmte Ländervertreter sowie acht Verwaltungsräte, die vom Fernsehrat mit einer Drei-Fünftel-Mehrheit gewählt werden müssen (§ 24 ZDF-Staatsvertrag).

4.4.3.3.2 Die Regulierungsinstitutionen für den privat-rechtlichen Rundfunk

Die *Landesmedienanstalten* (LMA) sind öffentlich-rechtlich organisierte Anstalten zur staatsfernen, veranstalterexternen Kontrolle und Förderung des privaten Rundfunks. Ihr Auftrag umfasst die Sicherung von Meinungsvielfalt und Jugendschutz, die Einhaltung der Programmgrundsätze und Werberegelungen sowie die Sicherung des diskriminierungsfreien Zugangs zum Rundfunk und den digitalen Technologien. Zu den Zielen der LMA gehörten zunächst vor allem die Lizenzierung, Ansiedlung und Förderung von Veranstaltern im jeweils eigenen Bundesland (Standortpolitik). Mittlerweile stehen Programm- und Marktaufsicht im Vordergrund. Ziel ist die „vielfaltssichernde Struktursteuerung" (Eifert und Hoffmann-Riem 1999, S. 68).

Die Vielfalt der Meinungen und Informationen soll durch eine relative Vielzahl unterschiedlicher Programme und Programmveranstalter gesichert werden (Außenpluralismus). Die LMA initiieren und finanzieren kommunikationswissenschaftliche Forschungsprojekte, fördern die Medienkompetenzen durch Fortbildungsmaßnahmen sowie Bürgermedien und „Offene Kanäle"; durch Pilotprojekte tragen sie zur Erprobung neuer Technologien bei. Im Rahmen der regulierten Selbstregulierung oder Co-Regulierung sind sie auch für die Anerkennung von Selbstkontrolleinrichtungen und die Einhaltung der Verfahrensstandards verantwortlich.

Finanziert werden die LMA durch einen rund zweiprozentigen Anteil am Rundfunkbeitrag[226], sodass ihre sehr gute finanzielle Ausstattung dynamisch mit den Rundfunkbeiträgen wächst. Alle LMA besitzen zwei Organe:

- ein Hauptorgan mit Zuständigkeit für Grundsatzbeschlüsse, programmbezogene Fragen und die Lizenzerteilung oder den -entzug sowie Sanktionsmaßnahmen. Die Landesmedienanstalten sind entweder nach dem Versammlungs- oder nach dem Ratsmodell organisiert, sodass das jeweilige Hauptorgan entweder in Gestalt einer *Versammlung* von Vertretern gesellschaftlich-relevanter Gruppen (nach dem Modell der Rundfunkräte mit bis zu 50 Mitgliedern) oder als *Rat* mit wenigen Mitgliedern agiert. Das Versammlungsmodell ähnelt den Rundfunkräten, weil auch hier die gesellschaftlich relevanten

[226] Für Details vgl. § 10 des Rundfunkfinanzierungsstaatsvertrags.

Gruppen mit bis zu 41 Mitgliedern (Medienkommission der nordrhein-westfälischen LfM) repräsentiert sind. Das Ratsmodell hingegen basiert auf einer kleinen Zahl von Medienexperten, die ähnlich wie Verfassungsrichter im parteiübergreifenden Konsens mit sehr großen Mehrheiten in den Landesparlamenten gewählt werden müssen. Die Praxis des Medienrates der Medienanstalt Berlin-Brandenburg (mabb) mit nur sieben Ratsmitgliedern verdeutlicht die Vorteile eines kleinen, schnell und fachlich fundiert handlungsfähigen Kontrollgremiums (vgl. auch Stuiber 1998, S. 770–773).
- Das zweite Organ der LMA ist der *Direktor* oder ein drei- bis vierköpfiger *Vorstand*. Diese Exekutivorgane besitzen sehr große Macht, zumal sie auf das gesamte Personal der Anstalt zurückgreifen können und ihre Funktion hauptamtlich ausführen. Sie leiten die Anstalten operativ, bereiten Entscheidungen vor und steuern die Kooperation mit den Rundfunkveranstaltern wie mit den anderen Landesmedienanstalten.

Die Rundfunkaufsicht für den privaten Rundfunk ist durch die Landesmediengesetze föderal organisiert. Jedes Bundesland verfügt also über eine eigene Landesmedienanstalt, die für die von ihr lizenzierten Veranstalter zuständig ist; lediglich Berlin und Brandenburg (seit 1992 mabb) sowie Hamburg und Schleswig-Holstein (seit 2007 MA HSH) haben eine gemeinsame Landesmedienanstalt. Die föderale Struktur der Rundfunkaufsicht stößt rasch an ihre Leistungsgrenzen, denn die Veranstalter verstehen es, den Standortwettbewerb der Bundesländer zu nutzen. In der Praxis entscheiden – entgegen dem Gebot der Staatsferne – die Staatskanzleien über die Lizenzierung mit (vgl. Jarren und Schulz 1999, S. 131). Notwendig sind deshalb einheitliche Mindestanforderungen hinsichtlich der Programmaufsicht und eine bundesweite Kooperation hinsichtlich der Marktaufsicht. Eine gemeinsame Grundlage ist der RStV, doch ist seine Regelungstiefe für die praktische Tätigkeit der LMA nicht ausreichend. Die Landesmedienanstalten haben deshalb eine Reihe gemeinsamer Richtlinien über Jugendschutz, Werbung und Sponsoring erlassen und gemeinsame Stellen für die Umsetzung dieser Grundsätze in der Programmaufsicht eingerichtet (vgl. Holgerson 1995). Die Steuerungswirkung der externen Rundfunkaufsicht für den privaten Rundfunk ist aus strukturellen Gründen (eingeschränkte Ermittlungsbefugnisse, unbestimmte Rechtsbegriffe, nachträgliche Programmkontrolle) insgesamt begrenzt. Allerdings enthalten die neueren Fassungen des Rundfunkstaatsvertrags konkretere Verpflichtungen zur Offenlegung von Unternehmensinformationen (§ 22–23 RStV) sowie einen rund 60 Punkte umfassenden Katalog von Ordnungswidrigkeiten, die mit Geldbußen bis zu 500.000 € geahndet werden können (§ 49 RStV). Die LMA verfügen über einen abgestuften Katalog von Sanktionen (von der Beschwerde über Bußgelder bis hin zu zeitweiligem oder endgültigem Lizenzentzug), doch es hat sich ein informeller Regulierungsstil herausgebildet.

Die bundesweite Kooperation der Landesmedienanstalten ist in hohem Maße institutionalisiert: Seit 2010 war die Arbeitsgemeinschaft der Landesmedienanstalten (ALM) als Gesellschaft bürgerlichen Rechts auf der Grundlage eines Statuts organisiert, mittlerweile firmiert sie als „die medienanstalten-ALM“ und verfügt über eine eigene Geschäftsstelle in Berlin. Sie dient vor allem der länderübergreifenden Information und

Koordination, der gemeinsamen Programm- und Medienforschung sowie der internationalen Vertretung, sofern hierfür nicht spezielle Kommissionen im Rundfunkstaatsvertrag (RStV) vorgesehen sind. Die Paragraphen 35 ff. (13. RÄStV) regeln Zusammensetzung und Arbeitsweise der vier zentralen Institutionen ZAK (Kommission für Zulassung und Aufsicht), KEK (Kommission zur Ermittlung der Konzentration im Medienbereich, KJM (Kommission für Jugendmedienschutz) und der Gremienvorsitzendenkonferenz GVK:

Wichtig Während die KEK aus sechs Mitgliedern der Landesmedienanstalten und sechs externen Sachverständigen des Rundfunk- und Wirtschaftsrechts besteht, entsenden die Landesmedienanstalten in die ZAK und in die GVK jeweils einen der nach dem Landesrecht zuständigen Vertreter.

Die *ZAK* ist für die Zulassung bundesweiter Veranstalter und die Zuweisung der Übertragungskapazitäten sowie die Aufsicht über Plattformen der Rundfunkverbreitung zuständig; sie ist auch der zentrale Akteur der Rundfunkaufsicht für bundesweite Programme.

Die *KEK* übernimmt diese Rolle hinsichtlich der Sicherung der Meinungsvielfalt im bundesweiten Fernsehen vor dem Hintergrund wirtschaftlicher und publizistischer Konzentration.

Die Landesmedienanstalten müssen die im RStV vorgesehenen Maßnahmen zur Vielfaltsicherung umsetzen, falls die KEK eine „vorherrschende Meinungsmacht" feststellt. Dies ist der Fall, wenn „die einem Unternehmen zurechenbaren Programme im Durchschnitt eines Jahres einen Zuschaueranteil von 30 vom Hundert" erreichen oder dasselbe Unternehmen auf anderen medienrelevanten Märkten eine marktbeherrschende Stellung hat (Zuschaumarktanteilsmodell). Auf den Marktanteil angerechnet werden nur Programme, an denen ein Unternehmen mit mindestens 25 % beteiligt ist – mit der Folge, dass bislang (und wohl auf absehbare Zeit) keiner der privaten Fernsehveranstalter die kritische Marktanteilsgrenze überschreitet: Selbst Marktführer wie RTL oder ARD erreichen nicht mehr als 15 % im Jahresdurchschnitt (vgl. KEK 2010, S. 96). Die KEK legt Jahresberichte vor, die Auskunft über die Zulassung von Fernsehveranstaltern, Veränderungen der Beteiligungsverhältnisse der Unternehmen, Programmangebote und Zuschaueranteile geben. Diese Berichte werden publiziert und stellen neben den im mehrjährigen Abstand erscheinenden Medienkonzentrationsberichten wichtige Quellen für die Publizistik- und Kommunikationswissenschaft dar. Halbjährlich wird (ebenfalls online zugänglich) eine „Programmliste" durch die KEK veröffentlicht, die Auskunft über die Programmveranstalter und ihre Unternehmensstruktur gibt.[227]

[227]Vgl. http://www.kek-online.de/information/publikationen/jahresberichte.html; http://www.kek-online.de/information/publikationen/medienkonzentrationsberichte.html; http://www.kek-online.de/information/publikationen/programmliste.html [08.08.2017].

Trotz dieser Verdienste der KEK bei der Herstellung von Transparenz lässt sich wie schon bei der Presse auch bei der Konzentrationskontrolle für den Rundfunk Regulierungsversagen feststellen (vgl. Eifert und Hoffmann-Riem 1999, S. 88 ff.). Die ursprüngliche Idee, Vielfalt über die Veranstalterstruktur zu erzeugen, indem man ansonsten konkurrierende Medienunternehmen in Anbietergemeinschaften zwang, hat sich nicht bewährt und wurde rasch aufgegeben. Das Marktanteilsmodell, bei dem die Marktmacht in den anderen Medien bei der Konzentrationskontrolle im Rundfunk berücksichtigt werden soll, wirft die Frage auf, ob und wie Publikumsmarktanteile von publizistisch sehr unterschiedlichen Medien sinnvoll miteinander zu verrechnen sind. Seit 2012 wird daher im Auftrag der Bayerischen Landesmedienanstalt ein „MedienVielfaltsMonitor" bzw. seit 2016 ein „Medienkonvergenzmonitor" der Direktorenkonferenz der Landesmedienanstalten (DLM) erstellt.[228] Auf der Grundlage von Befragungen wird dabei medienübergreifend die Bedeutung verschiedener Presse-, Rundfunk- und Onlinemedien für die Nutzer gewichtet und mit den Reichweiten und Marktanteilen sowie den Anbieter- und Beteiligungsstrukturen verrechnet. Ziel ist die Ermittlung des Anteils von Medienunternehmen am „Meinungsmarkt".[229] Auch wenn die Metapher des Meinungsmarktes kommunikationstheoretisch problematisch erscheint,[230] wird damit zumindst dem Grundproblem Rechung getragen, dass gerade in Deutschland viele große Medienkonzerne (Bertelsmann, Burda, Funke, Springer, Bauer) und mittelständische Presseverlage multimedial operieren, es also zu diagonaler (oder crossmedialer) ökonomischer und publizistischer Konzentration kommt (vgl. Abschn. 5.3). Auch die Annahme, dass sich die Menschen unterschiedlicher Medien bedienen, also ein Medienrepertoire und damit potenziell auch ein Meinungsrepertoire nutzen, trifft sicherlich zu. Die mediensektorübergreifende Konzentrationskontrolle und Vielfaltssicherung dürfte in jedem Fall weiter an Bedeutung gewinnen, steht derzeit allerdings noch im Widerspruch zur sektorspezifischen Medienregulierung insgesamt.

---

[228]Dabei wird in einem mehrstufigen Verfahren das Gewicht der einzelnen Mediengattungen für die Meinungsbildung aggregiert, und zwar aus der Reichweite, der Informationsnutzung und dem Marktanteil am Vortag sowie der Nutzereinschätzung der Medienrelevanz. So ergeben sich z. B. für 2013 die folgenden Mediengewichte: Fernsehen 36,9 %, Radio 18,9, Tageszeitung 22,7, „Internet" 17,9 und Zeitschriften 3,6 %. Für die einzelnen Medienunternehmen lassen sich dann sog. „Meinungsmarktanteile" errechnen (vgl. KEK 2015, S. 56).

[229]Vgl. https://www.blm.de/files/pdf1/alm_vielfaltsmonitor_1-halbjahr-2016-1.pdf, S. 4 [08.08.2017].

[230]Es dürfte einerseits empirisch schwer fallen, die Entstehung von Gleichgewichtspreisen, Allokationsfunktionen etc. schlüssig auf „Meinungen" zu übertragen. Andererseits stellt sich die demokratietheoretische Frage, ob Meinungen überhaupt marktförmig „ausgehandelt" werden sollten, denn der Markt funktioniert nicht nach egalitären Prinzipien, sondern nicht zuletzt aufgrund von unterschiedlich goßer Kaufkraft.

Wichtig

- Die *Gremienvorsitzendenkonferenz (GVK)* ist für Auswahlentscheidungen bei der Zuweisung von Übertragungskapazitäten zuständig. Die Direktorenkonferenz der Landesmedienanstalten hat zur besseren länderübergreifenden Koordination Beauftragte für Programm und Werbung (BPW), für Plattformregulierung und Digitalen Zugang (BPDZ) sowie eine Technische Konferenz (TKLM) eingesetzt; für die Landesmedienanstalten arbeiten zudem Beauftragte für Europa, für den Haushalt, für den Hörfunk, für Medienkompetenz und Bürgermedien sowie für Recht.
- Der Kinder- und Jugendschutz ist (neben der Einhaltung der Werberegeln) das wichtigste Ziel der Programmaufsicht, zuständig hierfür ist die *Kommission für Jugendmedienschutz (KJM)* als Organ der Landesmedienanstalten.

4.4.3.3.3 Jugendmedienschutz in Rundfunk und Telemedien

Fragen des Jugendschutzes sind medienspezifisch (also jenseits des allgemeinen Bundes-Jugendschutzgesetzes) im Staatsvertrag über den Schutz der Menschenwürde und den Jugendschutz in Rundfunk und Telemedien vom September 2002 in der seit Oktober 2016 gültigen Fassung geregelt. In diesem JMStV wird (gem. § 14 ff.) auch die Kommission für Jugendmedienschutz (KJM) begründet (vgl. Abb. 4.11). Sie besteht aus zwölf „Sachverständigen“, von denen sechs Direktoren einer Landesmedienanstalt sind. Zwei Mitglieder stellt die oberste Bundesbehörde für Jugendschutz und vier die entsprechenden

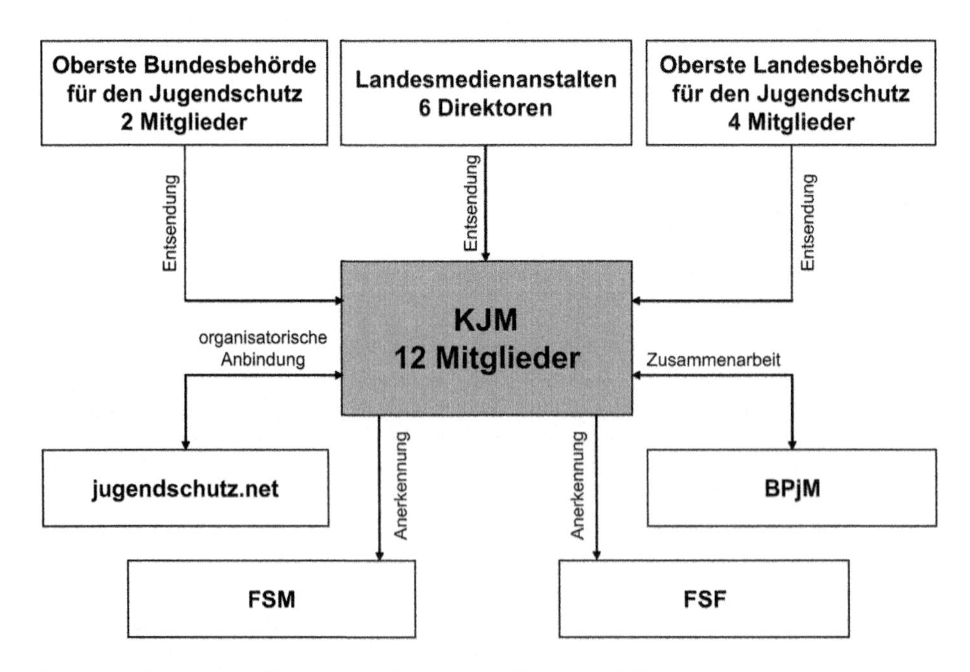

Abb. 4.11 Struktur der Kommission für Jugendmedienschutz (KJM)

Landesbehörden. Damit sind die für Rundfunk zuständigen Länder ebenso vertreten wie der für Telekommunikation zuständige Bund; die Staatsferne ist durch die Beteiligung der Landesmedienanstalten gewahrt. Die KJM arbeitet mit der Bundesprüfstelle für Jugendgefährdende Medien (BPJM) und jugendschutz.net zusammen, die für Trägermedien (Schriften, Tonträger, Filme, Computerspiele, CD, DVD etc.) und Telemedien (Onlinemedien) zuständig sind. Beim Jugendschutz sollen Staatsferne und Zensurverbot durch ein indirektes Steuerungsmodell realisiert werden. Jenseits strafrechtlich relevanter Tatbestände, auf die bereits das GG Art. 5 verweist, wird die Aufsicht primär auf Selbstkontrollorganisationen verlagert, die allerdings der Anerkennung durch die KJM bedürfen.

Die Selbstkontrollinstitutionen, die in Deutschland mit der staatsfernen Medienaufsicht in Jugendschutzfragen befasst sind, sind seit 2003 die Freiwillige Selbstkontrolle Fernsehen (FSF) und seit 2005 die Freiwillige Selbstkontrolle Multimedia, kurz FSM sowie die FSK (Freiwillige Selbstkontrolle der Filmwirtschaft, mit einer Teilkompetenz für die Onlinemedien).[231] Für den Hörfunk gibt es keine vergleichbare Institution. Die bei der KJM eingehenden Bürgerbeschwerden über Fernsehprogramme werden durch die zuständigen Landesmedienanstalten bzw. Jugendschutz.net bearbeitet und durch eine KJM-Prüfgruppe entschieden. Im Rahmen dieses Beschwerdemanagements könnten auch eventuelle Versäumnisse von Freiwilligen Selbstkontrollinstitutionen offenbar werden. Gegebenenfalls können ausgehend von der Beschwerde auch rechtliche Maßnahmen in Zusammenarbeit mit der Bundesprüfstelle für jugendgefährdende Medien (Indexierung) oder gar strafrechtliche Schritte eingeleitet werden (vgl. auch KJM 2017, S. 21–27).

Der Jugendmedienschutz-Staatsvertrag (JMStV) unterscheidet zwischen „unzulässigen" und „entwicklungsbeeinträchtigenden" Angeboten. Unzulässig sind Rundfunk- und Telemedienangebote gem. § 4:

- Propagandamittel,
- Kennzeichen verfassungswidriger Organisationen (konkret meist Nazisymbole) sowie alle Angebote, die
- Hass, Gewalt oder Zwangsmaßnahmen gegen Teile der Bevölkerung aufgrund nationaler, rassischer, religiöser oder ethnischer Zugehörigkeit schüren,
- Verbrechen des Nationalsozialismus (konkret meist: Holocaust, Angriffskrieg, Verfolgung Andersdenkender) leugnen oder verharmlosen,
- Gewalt, Krieg, Unmenschlichkeit verharmlosen oder verherrlichen,
- die Würde des Menschen verletzen,
- zu einer Straftat aufrufen,

[231] Ebenfalls durch die KJM anerkannt ist die freiwillige Selbstkontrolle Unterhaltungssoftware (USK), die vor allem für Computerspiele zuständig ist.

- „Kinder- und Jugendliche in unnatürlich geschlechtsbetonter Körperhaltung darstellen" oder pornographisch sind, wobei letzteres ohnehin eine Straftat gem. § 184 des Strafgesetzbuches darstellt,
- oder wenn sie von der Bundesprüfstelle für jugendgefährdende Medien (BPJM)[232] auf die „Verbotsliste" gesetzt, also „indiziert" wurden. Hier gilt für die Telemedien die Ausnahme, dass solche Inhalte in geschlossenen Benutzergruppen zugänglich gemacht werden dürfen, wenn wirksame Altersverifikationssysteme[233] eingesetzt werden (vgl. Abschn. 4.4.3.3.3)

Entwicklungsbeeinträchtigende Angebote können „die Entwicklung von Kindern und Jugendlichen zu einer eigenverantwortlichen und gemeinschaftsfähigen Persönlichkeit beeinträchtigen" (§ 5 JMStV). Sie sind nicht verboten, dürfen aber Kindern und Jugendlichen nicht oder nach Altersgruppen nur eingeschränkt zugänglich sein. Dies soll beim Rundfunk vor allem über die Freigabe für bestimmte Sendezeiten bzw. geeignete technische Sperren (für Telemedien und Erotik-Programme) verwirklicht werden. Programme, die Kinder und Jugendliche unter 16 Jahren gefährden könnten, dürfen nur zwischen 22 und 6 Uhr gesendet werden; Sendungen, die für 16- bis 18-Jährige gefährdend sind, erst ab 23 Uhr – analoges gilt für die Werbung für diese Sendungen. Werbung für Alkohol darf sich gar nicht an Kinder und Jugendliche wenden; die übrige Werbung darf diese nicht direkt zum Kauf animieren. Die Altersbeschränkungen der FSK (für den Kinofilm) werden im Rundfunk also grundsätzlich übernommen. Allerdings kann im Ausnahmefall und auf Antrag von der Bewertung abgewichen werden, wenn diese mehr als zehn Jahre zurückliegt (§ 9 JMStV). Hiermit soll dem gesellschaftlichen Wandel der Moralvorstellungen Rechnung getragen werden.

Die Veranstalter von bundeslandübergreifenden Fernsehprogrammen müssen einen fachkundigen Jugendschutzbeauftragten bestellen. Dessen Stellung in den einzelnen Rundfunkunternehmen ist in Anbetracht der offenbar hohen Publikumsattraktivität begrenzter Normverstöße und der hierdurch erzielbaren Werbeeinnahmen als eher schwach zu bewerten. Alle anderen Fernsehveranstalter können auf den Jugendschutzbeauftragten ganz verzichten und stattdessen an einer von der KJM anerkannten

[232]Die Bundesprüfstelle für jugendgefährdende Medien hat 2016 insgesamt 513 Indizierungen vollzogen, davon 343 für Online-Angebote (Telemedien), aber auch 67 für File und 83 für Tonträger. Insgesamt sind (Stand Mitte 2017) 1.931 Filme (bzw. deren Trägermedien) indiziert (vgl. www.bundespruefstelle.de/RedaktionBMFSFJ/RedaktionBPjM/PDFs/statistik-2016,property=pdf,bereich=bpjm,sprache=de,rwb=true.pdf bzw. http://www.bundespruefstelle.de/bpjm/Service/statistik.html [08.08.2017].), die inhaltsgleich auch meist im Rundfunk (oder online) publiziert werden könnten. Nach dem Grundsatz, dieselben Inhalte genauso zu bewerten, würde eine nochmalige Prüfung für den Rundfunk nicht sinnvoll sein.

[233]Vgl. hierzu auch: www.bundespruefstelle.de/bpjm/Jugendmedienschutz/Internet/jugendschutzprogramme.html [08.08.2017].

Selbstkontrolleinrichtung teilnehmen. Voraussetzung für diese Anerkennung ist, dass Einrichtungen wie die Freiwillige Selbstkontrolle Fernsehen (FSF) über Unabhängigkeit, Sachkunde, ausreichende Ressourcen sowie eine Verfahrensordnung verfügt und dass Vertreter gesellschaftlicher Gruppen daran mitwirken. Zudem muss eine Beschwerdestelle eingerichtet werden, bei der Zuschauer (bzw. Onlinenutzer) konkrete Probleme melden können, die dann in einem geordneten und sachkundigen Verfahren bearbeitet werden. Für den öffentlich-rechtlichen Rundfunk gelten zwar (mindestens) gleichwertige Anforderungen, aber der Vollzug von Kontrolle und Maßnahmen liegt bei den Aufsichtsgremien der Anstalten selbst bzw. bei deren Rechtsaufsicht. Hierfür haben die Anstalten eigene Richtlinien verfasst.

▶ Die 1993/1994 vor dem Hintergrund politischer Forderungen nach stärkerer staatlicher Regulierung gegründete Freiwillige Selbstkontrolle Fernsehen (FSF)[234] ist als Verein mit einer Geschäftsstelle in Berlin organisiert, dem 38 private Fernsehprogramme bzw. -anbieter angehören. Die FSF bzw. die durch sie beauftragten sachkundigen Gutachter beurteilt nach den von der Freiwilligen Selbstkontrolle für den Kinofilm (FSK) entwickelten Jugendschutzkriterien diejenigen fiktionalen Fernsehangebote, die von den Veranstaltern vor der Ausstrahlung freiwillig zur Prüfung eingereicht werden.

Die Prüfordnung der FSF sieht vor, dass alle nicht offensichtlich unbedenklichen Programme seitens der Veranstalter vorgelegt werden. Ein Teil der unter medienethischen und Jugendschutzgesichtspunkten als problematisch einzustufenden Sendungen unterliegen damit jedoch keiner flächendeckenden, veranstalterexternen Selbstkontrolle: Zum einen müssen Programme nicht vorgelegt werden, wenn der Veranstalter das rechtliche Risiko tragen möchte. Live-Sendungen entziehen sich naturgemäß einer Vorabprüfung, Serien werden auf der Grundlage einzelner Folgen und andere sich wiederholende Sendeformate aufgrund der Konzepte lediglich exemplarisch geprüft. Bei weiteren Folgen einer bereits geprüften Serie kann ein Einzelgutachter entscheiden. Die FSF hat Richtlinien und Kriterien zu besonders umstrittenen Genres wie Castingshows etc. entwickelt und medienpädagogische Projekte und Aktionen finanziert. Die Begutachtung konkreter Programme im Rahmen der FSF erfolgt durch fünfköpfige Ausschüsse, in denen Medienpädagogen, Medienpsychologen und andere Medienwissenschaftler sowie Jugendschutzexperten prüfen, ob Gewalt- und Sexualitätsdarstellungen in Filmen, Serien und Reality-Formaten unverändert, gekürzt oder gar nicht sendefähig sind, und zu welcher Uhrzeit eine Ausstrahlung erfolgen soll.

---

[234]Vgl. zur Geschichte des FSF: fsf.de/die-fsf/geschichte/ sowie für aktuelle Informationen: fsf.de [08.08.2017].

Beispiel

Wenn es sich um bereits von der FSK geprüftes Kinomaterial handelt, werden in der Regel die Alterszulassungen in Fernsehsendezeiten (ab 22, ab 23, ab 0 Uhr) „übersetzt." Die FSF verfährt dabei nach folgendem Muster: Bei einer Sendezeit 6 bis 20 Uhr müssen die Inhalte für alle unter zwölf Jahren unbedenklich sein, bis 22 Uhr müssen alle Sendungen für bis zu 15-Jährige geeignet sein, und bis 23 Uhr für alle bis unter 18 Jahre. Programmveranstalter können gegen das Gutachtervotum Berufung einlegen, sodass ein siebenköpfiger Berufungsausschuss erneut entscheidet. Die Verfahrensdetails regelt eine Prüfordnung[235], in der die inhaltlichen Kriterien des JMStV wiederholt werden. Seit ihrer Gründung 1994 wurden von der FSF rund 25.000 Produktionen geprüft, in ungefähr einem Drittel der Fälle wurde nicht wie vom Programmveranstalter beantragt entschieden. Den Großteil der Prüfungen machen Serien (37 %) sowie bereits geprüfte Kino- oder DVD-Filme aus (28 %)[236] ein. Der Anteil der Reality- und Doku-Formate am Prüfvolumen beträgt 17 %.[237]

Für den *Hörfunk* ist die Institutionalisierung im Rahmen einer regulierten Selbstregulierung noch nicht so weit vorangeschritten: ES existiert keine der FSF vergleichbare Selbstkontrolleinrichtung und die meisten privaten Programmveranstalter und Hörfunkkommunikatoren sehen in Anbetracht der Musikformate auch keinen großen Bedarf (vgl. Beck et al. 2006, S. 155). Ein „Projektteam Hörfunk" bei der Bundeszentrale für Politische Bildung hatte im Sommer 2010 einen knapp formulierten Radio-Kodex vorgelegt, der Respekt vor dem Hörer, Fairness und Authentizität bezüglich der Quellen, Verantwortlichkeit und Transparenz einfordert (vgl. epd 09.06.2010, S. 27–28), ohne dass dies zu einem breiten Echo in der Branche oder einer institutionalisierten Form der Selbstregulierung geführt hat. Lediglich für den öffentlich-rechtlichen Hörfunk gelten die Programmrichtlinien; allerdings spielt das Radioprogramm darin eine marginale Rolle.

4.4.3.4 Marktstruktur und Markteintrittsbarrieren

Aufgrund der im „Dualen System" normativ verankerten Rundfunkordnung mit einem Nebeneinander grundsätzlich verschiedener Rundfunkorganisationstypen, der föderalen Rundfunkpolitik und der teilweisen Kopplung von Publikums- und Werbemärkten weist der Rundfunkmarkt eine komplexe Struktur auf. Im Folgenden werden diese Strukturen schrittweise beleuchtet: Ausgehend von der sektoralen und räumlichen Struktur werden Publikums- und Werbemarkt untersucht, um anschließend an den wichtigsten Beispielen die Konzernstrukturen und die Konzentration auf dem Rundfunkmarkt darzustellen. Ergänzend erfolgt ein Überblick der Distributions- und der Beschaffungsmärkte.

---

[235]Vgl. fsf.de/data/user/Dokumente/Downloads/FSF_PrO.pdf [08.08.2017].

[236]Bei FSK-Freigaben für Kinder unter 12 muss keine inhaltliche Prüfung mehr erfolgen; meist geht es um „entschärfte" Schnittfassungen für frühere Fernsehsendezeiten oder um die Aufhebung von FSK-Beschränkungen, die vor mehr als zehn Jahren erfolgten.

[237]Vgl. fsf.de/programmpruefung/statistik/ [08.08.2017]

4.4.3.4.1 Spezifika der Rundfunkmärkte

Ähnlich wie für die periodische Presse gilt auch für Hörfunk und Fernsehen, dass sie zugleich auf mehreren Märkten agieren. Allerdings konkurrieren die einzelnen Unternehmen aufgrund der normativen Vorgaben des „Dualen Systems" nur in eingeschränktem Maße miteinander:

Während öffentlich-rechtliche Anstalten und private Programmveranstalter je nach Programmprofil auf den Beschaffungsmärkten, also bei Produktion und Rechten, in intensivem Wettbewerb stehen, gilt dies nur in eingeschränktem Maße für den Werbe- und den Publikumsmarkt.

Die öffentlich-rechtlichen Rundfunkanstalten agieren zwar als Wettbewerber des werbefinanzierten Rundfunks auf dem Publikumsmarkt, aber nur in sehr begrenztem Maße als Wettbewerber auf dem damit gekoppelten Werbemarkt. Ihre überwiegende Beitragsfinanzierung erfolgt zwangsweise und nicht marktförmig, wie dies im entgeltfinanzierten Pay-TV-Markt der Fall ist. Zugleich unterliegen ARD und ZDF strengeren Werbebegrenzungen hinsichtlich Umfang und Platzierung, sodass sie nicht in vollem Maße konkurrenzfähig auf dem Werbemarkt sind. Wie die vorangegangenen Ausführungen über die Rundfunkpolitik und ihre normativen Grundlagen (vgl. Abschn. 4.4.3.2) gezeigt haben, lässt sich das Rundfunksystem nur teilweise als Markt beschreiben. Schwerer als bei den anderen publizistischen Medien wiegt hier die Einschätzung von Rundfunk als öffentliches und meritorisches Gut, für das aus nachvollziehbaren Gründen Marktversagen angenommen werden muss und das deshalb nur teilweise marktförmig organisiert ist. Gleichwohl würde eine kommunikationspolitische Analyse allein zu kurz greifen, weil die marktlichen Elemente des Rundfunks durchaus prägend und spätestens seit der Dualisierung des Rundfunks ab Mitte der 1980er Jahre von wachsender Bedeutung sind.

Im Gegensatz zu den gedruckten Medien handelt es sich beim Rundfunk um ein immaterielles Gut, für dessen Nutzung eine vergleichsweise geringe Zahlungsbereitschaft besteht, auch weil (anders als bei einem Zeitungsexemplar oder einem Buch) keine zusätzlichen Kosten für diese Nutzung entstehen.[238] Nicht zahlungsbereite oder zahlungsfähige Nutzer vom Konsum auszuschließen, verursacht Kosten, etwa für Verschlüsselungs- und Decodersysteme. Die Kopplung von Märkten und indirekte Erlösmodelle haben sich daher bislang als dominantes Markt- und Erlösmodell etabliert.

Die *räumliche Struktur* der Rundfunkmärkte ist wie die duale Regulierungslogik das spezifische Ergebnis der deutschen Rundfunkpolitik und der Rundfunkkompetenz der Länder, die bei der Entwicklung von Medienstandorten miteinander konkurrieren. Dabei geht es um Steuereinnahmen und Arbeitsmarkteffekte: Als bevorzugte Medienstädte und

[238](Medien)ökonomisch bezeichnet man dies als Nichtrivalität im Konsum: Im Gegensatz zu privaten Gütern (praktisch allen materiellen Waren und persönlichen Dienstleistungen) sind öffentliche Güter unabhängig von der Zahl der anderen Konsumenten verfügbar. Das bleibt auch den Nachfragern nicht verborgen, die ökonomisch rational entscheiden, wenn sie die immaterielle Dienstleistung lieber ohne Bezahlung in Anspruch nehmen.

-regionen haben sich vor allem in der Nähe großer Programmveranstalter lokale Schwerpunkte in München, Köln, Berlin und Hamburg gebildet.

- Die Hörfunkmärkte sind vor allem regional auf der Ebene der Bundesländer und – je nach Bundesland – für den privatrechtlichen Hörfunk lokal strukturiert. Der nationale Hörfunkmarkt ist bezogen auf die Rezipienten marginal und auf werbefreie öffentlich-rechtliche sowie einige per Satellit betriebene private Spartenprogramme begrenzt, die künftig eventuell durch digitale terrestrische Radioprogramme (DAB+) ergänzt werden könnten. Die Werbemärkte des Hörfunks folgen zwar zunächst den Verbreitungsgebieten der einzelnen Programmveranstalter, durch die sog. Werbekombis (vgl. unten) ist aber zusätzlich überregionale und nationale Hörfunkwerbung möglich. Insofern sind Rezipienten- und Werbemarkt beim Hörfunk räumlich nicht kongruent.
- Der Fernsehmarkt hingegen ist geographisch anders strukturiert: Zwar gibt es auch hier einzelne Lokalmärkte, die jedoch nur durch privatrechtlich-kommerzielles Ballungsraumfernsehen sowie nicht-kommerzielle Offene Kanäle geprägt und insgesamt ökonomisch eher marginal sind. Eine regionale Fernsehstruktur besteht nur auf der öffentlich-rechtlichen Seite mit den Dritten Fernsehprogrammen, die (auch) regionale Nachrichten- und Informationssendungen enthalten. Es dominieren nationale Programmanbieter sowohl bei den großen privaten, werbe- und entgeltfinanzierten Voll- und Spartenprogrammen als auch bei dem föderal produzierten Ersten Programm der ARD und beim ZDF. Auf diesem nationalen Markt konkurrieren die Programmveranstalter um Zuschauer und (begrenzt) um Werbeeinnahmen.

Auch die *Beschäftigungs- und Wertschöpfungsstruktur* resultiert nicht allein aus Marktmechanismen. Sie ist das Ergebnis politischer Entscheidungen und nur vor dem Hintergrund des besonderen Funktionsauftrages der öffentlich-rechtlichen Anstalten verständlich: Rund 48.000 Beschäftigte waren 2014 im Rundfunksektor tätig, davon rund 25.000 beim öffentlich-rechtlichen und 23.000 beim kommerziellen Rundfunk. Hinzu kommen mehr als 5000 freie Mitarbeiter im privaten und über 8200 im öffentlich-rechtlichen Rundfunk. Die Anzahl der Beschäftigten nimmt im privaten Sektor erkennbar zu, im öffentlich-rechtlichen Rundfunk ist sie tendenziell leicht rückläufig (vgl. BLM 2016, S. 39–40). Die Wertschöpfung des Rundfunksektors betrug (für 2014) insgesamt 12,63 Mrd. €, was einem Anteil von 0,21 % am Bruttoinlandsprodukt der Bundesrepublik entspricht. Bezogen auf die Wertschöpfung pro Beschäftigtem zeigt sich, dass die Produktivität mit 126.000 € pro Kopf fast doppelt so hoch liegt wie im Durchschnitt aller Branchen. Der Anteil des öffentlich-rechtlichen Rundfunks an der Bruttowertschöpfung im Rundfunk liegt mit 58,4 % über dem der privaten (BLM 2016, S. 42, 45).

4.4.3.4.2 Das Hörfunkprogrammangebot

Derzeit bieten die *öffentlich-rechtlichen* Anstalten der ARD sowie des Deutschlandfunks beachtliche *62 Hörfunkprogramme* an. Mittlerweile verfügen alle Landesrundfunkanstalten über mindestens vier (Radio Bremen), die meisten über fünf bis sieben (WDR, HR, SWR, BR, MDR, rbb, SR), die Mehrländeranstalt NDR sogar über zehn

„Wellen" (Hörfunkprogramme).[239] Bei den Mehrländeranstalten NDR und MDR wird das erste Programm in drei Landeswellen (für die jeweiligen Bundesländer) gesplittet; in Baden-Württemberg, Rheinland-Pfalz und Bayern sowie in Nordrhein-Westfalen werden stundenweise regionale bzw. lokale Fensterprogramme eingeschaltet. Die Landesrundfunkanstalten verbreiten vorzugsweise sog. melodiebetonte Programme, Informations- und Servicewellen, Kulturprogramme mit hohem Wortanteil sowie spezielle Jugendwellen. Insgesamt betrug der Wortanteil der ARD- und DLR-Programme im Jahre 2014 knapp 40 %,[240] deutlich mehr als bei den privaten Formatradios (s. u.).WDR, RB und RBB veranstalten gemeinsam das Programm Cosmo (bis Ende 2016: Funkhaus Europa) mit Magazinsendungen in türkischer, russischer, polnischer, italienischer, spanischer, griechischer, serbor-kroatischer, kurdischer, arabischer und deutscher Sprache.[241]

Die Deutsche Welle (DW) verbreitet per Satellit und Internet sowie mit Hilfe von ausländischen Partnerstationen derzeit ein deutschsprachiges und 29 fremdsprachige Hörfunkangebote für das Ausland, d. h. für an Deutschland interessierte Ausländer ebenso wie für Deutsche und Deutschstämmige im Ausland.

In Deutschland werden rund *268 privatrechtliche Hörfunkprogramme* terrestrisch sowie weitere 20, meist bundesweite Programme per Satellit oder DAB+verbreitet. Aufgrund der unterschiedlichen Strukturvorgaben der Landesmediengesetze sind die meisten Programme Lokalprogramme, etwa in Bayern (69), Nordrhein-Westfalen (45) oder Baden-Württemberg (19), während in anderen Bundesländern eher landesweite Wellen dominieren. Ein Sonderfall stellt der Radiomarkt in Berlin und Brandenburg dar, auf dem 20 landesweite und sieben lokale Privatprogramme mit sechs öffentlich-rechtlichen Angeboten konkurrieren (vgl. ALM 2017, S. 136–137). Es handelt sich bei den privaten Programmen nahezu ausschließlich um Formatradios (vgl. Abschn. 4.4.2.3.1), ganz überwiegend um Adult Contemporary (177 Programme) und Contemporary Hit (49 Programme) (vgl. ALM 2016, S. 140). Die Hörfunklandschaft unterscheidet sich aufgrund der Landesmediengesetze in den einzelnen Bundesländern erheblich:

- In den meisten Bundesländern senden ein oder mehrere *landesweite* private Hörfunkprogramme.
- In Bayern, Baden-Württemberg, Nordrhein-Westfalen und Sachsen ist der private Hörfunk *lokal oder regional* strukturiert und wird durch landesweite Programme allenfalls ergänzt.
- Die *bundesweiten* privaten Hörfunkprogramme (z. B. Klassik Radio, RTL Radio, JAM FM oder der Discounter-Sender Point-of-Sale Radio) sind in der Regel über Satellit und Kabel sowie DAB+ empfangbar und verfügen nur in einigen Regionen über zusätzliche terrestrische UKW-Frequenzen.

---

[239]Vgl. www.ard.de/home/radio/ARD_Radios_im_Ueberblick/109996/index.html [09.08.2017].

[240]Vgl. KEF (2016, S. 42).

[241]www1.wdr.de/radio/cosmo/programm/sendungen/livestreams-sprachensendungen-100.html [17.08.2017].

Darüber hinaus werden Hörfunkprogramme online als Webradio verbreitet, ohne dass sie einer Zulassung durch die Landemedienanstalten bedürfen. 2016 gab es fast 2500 solcher Online-Audio-Angebote sowie 7600 User-Generated Radiostreams bzw. „redaktionell kuratierte Playlists" (vgl. HBI 2017, S. 42).

4.4.3.4.3 Konzentration auf dem Hörfunkmarkt

Die öffentlich-rechtlichen Radioprogramme machen zusammen etwas über die Hälfte des Hörermarktes aus (vgl. Die Medienanstalten 2016, S. 19). Im Hörfunk haben strukturelle ökonomische Probleme der lokalen und regionalen Anbieter im Laufe der 1990er Jahre zu einer deutlichen Reduktion der Lokalradioanbieter geführt. Die Vielzahl lokaler und regionaler Anbieter, die insbesondere in Bayern und Baden-Württemberg lizenziert wurden, sollte nach dem Modell des Außenpluralismus Vielfalt sichern.

Beispiel

Tatsächlich veranstalten in Deutschland vor allem große Medienkonzerne und regionale Medienunternehmen aus dem Pressesektor kommerziellen Hörfunk, wobei sie mitunter kooperieren und meist gleich mehrere Regionalprogramme verbreiten. Weitere Konzentration erscheint aufgrund zunehmender Konkurrenz durch Musikdownload-Plattformen (iTunes, Google Play, Amazon), Audioportale (Soundcloud), Podcasts sowie vor allem Musikstreaming-Dienste (wie Spotify, Deezer oder Napster) die Strategie der Radiounternehmen zu sein (vgl. ALM 2016, S. 170–172), was unter Vielfaltsgesichtspunkten allerdings nicht unproblematisch erscheint:

- Der Medienkonzern Burda ist an 21 Hörfunkveranstaltern direkt oder indirekt beteiligt;
- die RTL-Gruppe (Bertelsmann) an 18 und
- der Axel Springer-Konzern an 12 sowie
- die Funke-Gruppe an 20 Lokalprogrammen in Nordrhein-Westfalen (vgl. Media Perspektiven Basisdaten 2016, S. 41).
- Als regionaler Presseverlage sind die Nordwest-Zeitung an 13 und
- die Madsack Mediengruppe an acht Programmen beteiligt.
- Mit der Oschmann-Gruppe (36 Beteiligungen) sowie den Radioholdings Studio Gong (23), Regiocast mit Moira Rundfunk (jeweils 16) sind die Hauptakteure des privaten Hörfunkmarktes benannt (vgl. ALM 2016, S. 171–175).

Es sind als Marktergebnis also zahlreiche Doppelmonopole entstanden, bei denen die beiden Hauptquellen lokaler politischer Information, nämlich Lokalzeitung und Lokalradio, demselben Unternehmen gehören. Um die Programmkosten der Lokalradios zu senken, nutzen viele Programmveranstalter zudem die Angebote der dpa-Tochter Rufa. Einige Veranstalter arbeiten in übergreifenden Senderverbünden, sog. Networks zusammen, die wesentliche Programmteile wie die überregionalen Nachrichtensendungen zuliefern. Die kommunikationspolitische Chance, mehr Vielfalt und eine bessere Informationsversorgung auch in Gebieten zu schaffen, in denen es nur eine lokale oder regionale Zeitung sowie landesweiten öffentlich-rechtlichen Hörfunk gibt, wurde durch die Rundfunkpolitik und das Vertrauen auf Marktgesetze vertan. Es sind in der Regel eben nicht die kleinen, unabhängigen Lokal- oder Regionalanbieter, die eine publizistische Alternative bieten, sondern die „Platzhirsche“, die ein kostengünstiges und werbefinanziertes Formatradio anbieten.

In Nordrhein-Westfalen wird ein „Zwei-Säulen-Modell“ im privaten Hörfunk (nicht mit dem Dualen System zu verwechseln) praktiziert, bei dem eine Betreibergesellschaft vor allem die Werbevermarktung übernimmt und eine unabhängige Veranstaltergemeinschaft (mit Vertreter gesellschaftlich relevanter Gruppen) die redaktionelle Arbeit organisiert. Die Betreibergesellschaften sind damit absichtlich in die Hand der lokalen bzw. regionalen Zeitungsverlage gegeben worden, um ihren Anteil an den lokalen Werbemärkten (und damit am Erhalt regionaler Medienvielfalt) zu sichern. Um ihren inhaltlichen Einfluss zu begrenzen, zählt aber die reaktionelle Gestaltung und Verantwortung nicht zu ihren Aufgaben.[242] An der Produktion des Rahmenprogramms Radio NRW ist auch der öffentlich-rechtliche WDR beteiligt.

Beispiel

„Wie kompliziert und verschachtelt die Beteiligungsverhältnisse im privaten Rundfunkmarkt sind, zeigt ein genauerer Blick auf die RTL Group S.A. mit Sitz in Luxemburg, welche 100 Prozent an der RTL Radio Deutschland GmbH hält. Diese Gesellschaft ist mit 29,2 % an Radio Hamburg sowie über die Ufa Radio Programmgesellschaft mit jeweils 16 % an Antenne Bayern sowie der Rock Antenne beteiligt und hält über die AVE Gesellschaft für Hörfunkbeteiligungen 86,5 % an Hitradio RTL Sachsen sowie 49,9 % an Antenne Niedersachsen. RTL Radio Deutschland hält zudem über die RTL Radio Center Berlin GmbH jeweils 100 % an den Berliner Sendern 104,6 RTL und 105,5 Spreeradio sowie seit April 2014 auch einen 10-Prozent-Anteil an 93,6 JamFM. Weitere Beteiligungen bestehen an Radio Regenbogen, Mannheim, radio NRW, Radio 21 (Niederschsen) sowie Radio Ton, Heilbronn.

Mit diesen Beteligungen wäre der Einfluss des RTL-Konzerns auf die private Radiolandschaft in Deutschland aber nur unzureichend beschrieben. Denn über die Beteiligungen an den aufgeführten Sendern ergeben sich zahlreiche indirekte Beteiligungen an weiteren Radiostationen (…)

Zusammengenommen ist die RTL Group damit an über 30 Privatsendern, die in Deutschland über UKW ausstrahlen, direkt, indirekt und mittelbar beteiligt. Würde man die 44 Einzelsender von radio NRW separat betrachten, stiege die Zahl, auf die RTL Deutschland theoretisch Einfluss ausübt, auf etwa 70 an“ (van Rinsum 2015, S. 225).

[242]Vgl. Landesmediengesetz Nordrhein-Westfalen, vom 2. Juli 2002, zuletzt geändert durch Artikel 3 des Gesetzes zur Änderung des Korruptionsbekämpfungsgesetzes und weiterer Gesetze vom 19. Dezember 2013, in Kraft getreten am 30. Dezember 2013, insbes. §§ 52 70.

4.4.3.4.4 Das Fernsehprogrammangebot

Der öffentlich-rechtliche Rundfunk bietet 21 de facto bundesweit verbreitete Fernsehprogramme, zum Teil in Kooperation mit europäischen Partnern:

- Das Gemeinschaftsprogramm der *ARD „Das Erste"* wird seit 1954 als bundesweites Fernsehvollprogramm ausgestrahlt.
- Die Landesrundfunkanstalten der ARD gestalten insgesamt neun *„Dritte Fernsehprogramme"*, die seit Mitte der 1960er Jahre aufgebaut wurden und sich von Minderheiten- und Bildungsprogrammen zu Vollprogrammen mit regionaler Orientierung (Nachrichten, Sportberichterstattung) gewandelt haben. Es handelt sich um 24-h-Programme, die bundesweit via Kabel und Satellit sowie im ARD-Digital-Angebot auch überregional verbreitet werden. Für die bundeslandesbezogene Information (Regionalnachrichten) werden bei Mehrländeranstalten im Vorabendprogramm mehrere Programmvarianten verbreitet.
- Als Spartenprogramm für Bildung wird das seit 1998 vom Bayerischen Rundfunk entwickelte und maßgeblich gestaltete Programm ARD-alpha (ab 2014) veranstaltet.
- Das *Zweite Deutsche Fernsehen* (ZDF) veranstaltet ein bundesweites Fernsehvollprogramm und ist an weiteren Fernsehprogrammen beteiligt:
- gemeinsam mit der Schweizerischen Rundspruch Gesellschaft (SRG), dem Österreichischen Rundfunk (ORF) und der ARD an *3sat,* paritätisch mit der ARD am *Ereignis- und Dokumentationskanal Phoenix* und dem *Kinderkanal (KI.KA).* Ebenso wie die ARD ist das ZDF mit 25 % am deutsch-französischen Gemeinschaftsprogramm *ARTE* (Association Relative à la Télévision Européene) beteiligt, einem in Kooperation mit dem französischen Veranstalter La Sept veranstalteten zweisprachigen Kulturprogramm.
- Hinzu kommen insgesamt fünft digitale Zusatzprogramme der Öffentlich-rechtlichen: tagesschau24, one (EinsFestival), ZDFinfo, ZDFkultur, ZDFneo.

Die Deutsche Welle strahlt weltweit *DW-TV,* ein Auslandsfernsehen in deutscher, englischer, arabischer und spanischer Sprache, aus.

Während die – im internationalen Vergleich ohnehin bereits sehr hohe – Zahl der öffentlich-rechtlichen Fernsehprogramme nicht weiter vermehrt werden darf, gilt eine solche rechtliche Begrenzung nicht für die private „Säule". In Deutschland gibt es insgesamt *397 privatrechtliche Fernsehprogramme:*

- Im Jahr 2017 waren per Kabel und Satellit sowie in Teilgebieten auch terrestrisch insgesamt *19 private Vollprogramme* durch die Landesmedienanstalten lizensiert, darunter acht mit bundsweiter Verbreitung bzw. Bedeutung: RTL Televion, RTL II, VOX, Sat.1, ProSieben, kabel eins sowie ServusTV Deutschland und DMAX.
- Eine breite inhaltliche Vielfalt, von Astrologie (Astro TV) über Religion (Bibel TV), Trickfilme (Disney Channel) oder Kinderprogramm (Nickelodeon) und Unterhaltung (Tele 5) sowie Sport (Eurosport) bis hin zu Nachrichtenprogrammen (wie n-tv und

N24) bieten insgesamt rund *60 frei empfangbare Spartenkanäle.* Einige Programme richten sich auch an türkische (Kanal Avrupa), russische (Detski Mir) oder iranische (Khaterev TV) Migranten. Insgesamt sind neun frei empfangbare und 15 entgeltpflichtige fremdsprachige Fernsehprogramme in Deutschland lizensiert und auf Sendung (vgl. KEK 2016, S. 68–69).

- 89 Programme werden als Pay-TV gegen Abonnementgebühren angeboten, vor allem 25 Spartenprogramme von sky (Spielfilme, Sprt u. a.) sowie Bezahl-Ableger der großen werbefinanzierten Fernsehanbieter (ProSieben FUN, RTL Crime, Sat.1 emotions) und Erotikprogramme (Beate Uhse TV).
- Hinzu kommen 20 Teleshoppingkanäle (z. B. HSE, QVC).[243]
- Empfangbar sind außerdem 17 landesweite, 111 regionale bzw. lokale Fernsehprogramme.[244]

4.4.3.4.5 Bürgerrundfunk

Wichtig Ergänzend zu den beiden „Säulen des Dualen Systems" und mit der Funktion, Medienvielfalt und Medienzugang zu verbessern, wurden in den Bundesländern unterschiedliche Arten von Bürgerrundfunk etabliert. Bundesweit gibt es an rund 180 Orten Bürgermedien (vgl. Tab. 4.21), die je nach Landesrecht unterschiedlcih organisiert sind:

„Es gibt das klassische Bürgerfernsehen, das mal Offener Kanal (wie in Berlin, Hessen, Mecklenburg-Vorpommern, Rheinland-Pfalz, Sachsen-Anhalt und Schleswig-Holstein), mal Bürgerrundfunk benannt ist (wie in Bremen und Niedersachsen). Es gibt den klassischen Bürgerfunk, nämlich in Baden-Württemberg, Bayern, Berlin, Hamburg, Hessen, Mecklenburg-Vorpommern, Sachsen, Sachsen-Anhalt und in Thüringen als Bürgerradios. Es gibt Lernsender – in Baden-Württemberg als Lernradios, in Bayern und Sachsen als Aus- und Fortbildungskanäle und in Nordrhein-Westfalen und Thüringen als TV-Lernsender. Und es gibt Campus-TV in Bayern, Nordrhein-Westfalen, Sachsen und Thüringen. Und schließlich gibt es noch die nordrhein-westfälischen Servicestellen Bürgerfunk" (Jaenicke 2017, S. 5–6).

Die Programme sind sehr heterogen; professionellen Standards sowie den Hör- und Sehgewohnheiten des Publikums wird oftmals nicht entsprochen; die Angebote sind meist nicht sehr bekannt und die konkreten Tagesprogramme nicht in den Programmübersichten der Presse enthalten. Insgesamt entzstehen täglich 1500 h Programm für 1,5 Mio.

---

[243]Quelle: http://www.die-medienanstalten.de/service/datenbanken/tv-senderdatenbank.html [09.08.2017] sowie ALM (2016, S. 73).

[244]Vgl. ALM (2016, S. 119).

Tab. 4.21 Bürgermedien in Deutschland. (Quelle: ALM 2016, S. 57)

Bundesland	Bürgermedien
Baden-Württemberg	12 nichtkommerzielle Lokalradios und -fernsehen, 4 Lernradios, Hochschulrundfunk, 1 Ausbildungs- und Fortbildungs-TV
Bayern	3 nichtkommerzielle Lokalradios und -fernsehen, 13 Lernradios, Hochschulrundfunk, 3 Ausbildungs- und Fortbildungskanäle
Berlin/Brandenburg	1 nichtkommerzielles Lokalradio und -fernsehen, 1 Offener Kanal (OK) für Fernsehen und Hörfunk
Bremen	1 Bürgerrundfunk (Fernsehen und Hörfunk)
Hamburg	2 nichtkommerzielle Lokalradios und -fernsehen, 2 Aus- und Fortbildungskanäle
Hessen	4 Offene Kanäle für Fernsehen und Hörfunk
Mecklenburg-Vorpommern	5 Offene Kanäle für Fernsehen und Hörfunk
Niedersachsen	15 Bürgerrundfunk (Fernsehen und Radio)
Nordrhein-Westfalen	13 Lernradios, Hochschulrundfunk, 1 Aus- und Fortbildungskanal (Radio und TV), 44 Bürgerrundfunk
Rheinland-Pfalz	20 Offene Kanäle Fernsehen und Hörfunk
Sachsen	3 nichtkommerzielle Radios und -fernsehen, 2 Lernradios, Hochschulrundfunk, 1 Aus- und Fortbildungskanal Radio und Fernsehen
Sachsen-Anhalt	2 nichtkommerzielle Radios, 7 Offene Kanäle Fernsehen und Hörfunk
Schleswig-Holstein	7 Offene Kanäle Hörfunk und Fernsehen
Thüringen	1 Aus- und Fortbildungskanal Radio und Fernsehen, 3 Lernradios, Hochschulrundfunk, 6 Bürgerrundfunk (Radio und Fernsehen)

Zuschauer und Hörer (vgl. Jaenicke 2017, S. 6). Die hoch gesteckten politischen Erwartungen an diese Bürgermedien werden selten erfüllt, sodass immer wieder über ihre Abschaffung oder Umwandlung diskutiert wird.

4.4.3.4.6 Konzentration auf dem Zuschauermarkt

Die hohe Gesamtzahl der Fernsehprogramme darf nicht über die tatsächliche Marktstruktur hinwegtäuschen, zumal sich die Zahl der „funktionalen Äquivalente", also der aus Zuschauersicht austauschbaren Konkurrenzprogramme, in Grenzen hält.

Die Nutzungsdaten verdeutlichen, dass Fernsehen in Deutschland vor allem als ein bundesweites Medium mit regionalen Ergänzungen fungiert: Deutlich mehr als 80 % entfallen auf die Nutzung nationaler Voll- und Spartenprogramme, rund 12 % auf die Regionalprogramme der ARD-Anstalten, die allerdings eine Fülle von Sendungen umfassen, die keinen regionalen Bezug aufweisen (und gerade deshalb auch überregional so beliebt sind), nur 2,2 % des Zuschauermarktes entfallen auf die transnationalen (aber deutschsprachigen) Programme arte und 3sat. Der Anteil des Lokal- und Ballungsraums-TV liegt damit bei vermutlich zwei bis drei Prozent.

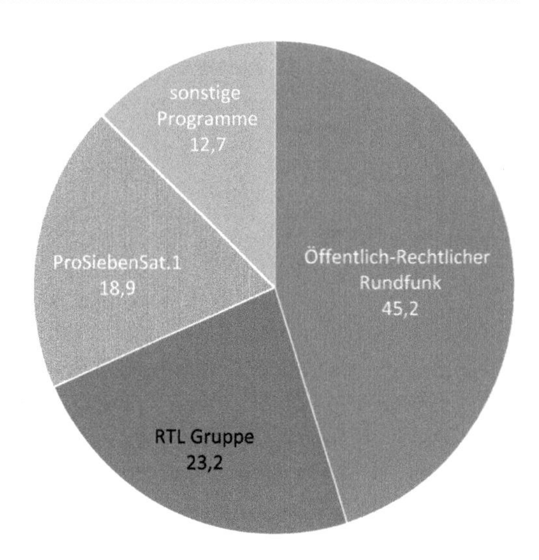

Abb. 4.12 Anteile am nationalen Zuschauermarkt für das Fernsehen 2015 ohne Digitalprogramme (in Prozent). (Quelle: KEK, https://www.kek-online.de/fileadmin/user_upload/KEK/Medienkonzentration/Mediennutzung/Fernsehnutzung/Zuschaueranteile_2015.jpg)

Tatsächlich wechseln sich seit einiger Zeit Das Erste, ZDF und RTL mit jeweils zehn bis 13 % der Marktanteile[245] als Marktführer beim Publikum ab, während Sat.1 konstant auf Rang vier liegt. Hinter dieser Spitzengruppe der nationalen Fernsehvollprogramme folgen die kleineren Programme der beiden „Senderfamilien" RTL und ProSiebenSat.1, ProSieben, VOX, kabel eins, RTL II und Super RTL etc. mit Marktanteilen zwischen gut ein und fünf Prozent. Die einzelnen Dritten Programme der ARD-Anstalten kommen jeweils auf bundesweite Marktanteile zwischen 1 und 2,4 % (vgl. Die Medienanstalten 2016, S. 16).

Damit hat sich auf dem Zuschauermarkt ein „doppeltes Duopol" stabilisiert: Der Markt ist nahezu hälftig zwischen öffentlich-rechtlichen und privaten Anbietern, und innerhalb der beiden „Säulen" wiederum hälftig zwischen jeweils zwei dominierenden Anbietergruppen und ihre „Senderfamilien" aufgeteilt: Die öffentlich-rechtlichen Fernsehprogramme erzielen zusammen rund 45 % Anteile am Zuschauermarkt, die andere Hälfte des Marktes wird von der RTL Group mit insgesamt 23,2 % und der ProSiebenSat.1-Gruppe mit 18,9 % der Marktanteile beherrscht (vgl. Abb. 4.12).

4.4.3.4.7 „Senderfamilien" und Medienkonzerne

Die beiden „Senderfamilien" aus Voll- und Spartenprogrammen haben sich seit den 1990er Jahren entwickelt und wirken faktisch als hohe Marktzutrittsbarrieren, weil sich strategische Wettbewerbsvorteile für die großen Medienkonzerne darstellen. Die strategischen Vorteile bestehen für die Veranstalter aber nicht nur in der Marktbesetzung zur Verhinderung von Konkurrenz, sondern auch darin, Werbekunden ein komplettes Portfolio

[245] Anteil an allen Fernsehzuschauern in einem gegebenen Zeitraum; im Gegensatz zur Einschaltquote als Anteil an der Gesamtzahl aller Fernsehhaushalte (auch wenn aktuell kein Fernsehen genutzt wird).

von Zielgruppen bieten zu können. Zudem dienen die Programme auch der wechselseitigen Promotion innerhalb der „Familie", die seit einigen Jahren auch durch Pay TV-Programme derselben Anbieter ergänzt werden.

Beispiel

- Die von der Bertelsmann AG, einem der weltweit größten Medienkonzerne (Umsatz 17 Mrd., Gewinn 1,14 Mrd. €, 117.000 Mitarbeiter im Jahr 2016)[246], zu 75,1 % kontrollierte RTL Group bringt es mit den Programmen RTL Television, RTL II, RTL Nitro, Super RTL, VOX und dem Nachrichtenprogramm n-tv sowie fünf weiteren zum Teil entgeltpflichtigen Spartenkanälen auf dem deutschen Fernsehmarkt zu einem Zuschaueranteil von knapp einem Viertel.
- Die ProSiebenSat.1 Media AG veranstaltet die Programme Sat.1, ProSieben, kabel eins, Sat.1 Gold, Sixx und ProSieben MAXX und sieben weiteren Spartenkanälen (zum Teil als Bezahlfernsehen) mit einem Gesamtanteil von gut einem Fünftel aller Zuschauer. Das Unternehmen befindt sich im Streubesitz – hat also viele verschiedene Eigentümer (vgl. KEK 2016, S. 120).

Alle weiteren Programmanbietergruppen kamen 2013 auf deutlich geringere Marktanteile von maximal 6,1 % wie der zweitgrößte Medienkonzern der Welt Walt Disney (Disney Channels sowie Anteile an Super RTL und RTL II), 5,1 % wie die Tele München Gruppe (Tele 5, Anteile an RTL II) sowie Sky (1,9 %), die Constantin Medien AG (0,9 %) und NBC Universal (0,6 %) (vgl. KEK 2015, S. 73). Einen Überblick erstellt regelmäßig die Kommission zur Ermittlung der Konzentration im Rundfunk (KEK) (vgl. Tab. 4.22).

Die *Eigentümerstrukturen* der Rundfunkprogrammanbieter und der Medienkonzerne insgesamt sind durch zahlreiche Tochterunternehmen und Holdings komplex und wenig transparent, zudem unterliegen sie einem raschen Wandel. Beachtlich ist, dass die meisten Programmveranstalter ebenso in anderen Mediensektoren aktiv sind, bei Hörfunk, Film und Presse ebenso wie bei Kinoketten, Programmproduzenten oder gar bei Freizeitparks (Disney). Von wachsender Bedeutung sind auch die Investitionen in digitale Angebote, die künftig dazu beitragen können die Abhängigkeit von stagnierenden oder gar rückläufigen Fernsehwerbeerlösen zu kompensieren (vgl. van Rinsum 2016).

- Markführer RTL Deutschland (vgl. Abb. 4.13) erwirtschaftete 2016 einen Umsatz von 2,2 Mrd. € und ist Teil der international tätigen RTL Group S. A., die an 31 Radio- und 60 Fernsehprogrammen sowie national an regionalen Fensterprogrammen beteiligt ist. Zudem ist RTL über die UFA, Grundy Light Entertainment und Teamworx eng mit dem weltweit größten Fernsehproduzenten Freemantle Media verflochten (vgl. ALM 2017, S. 94, 109; KEK 2015, S. 85).

---

[246] Vgl. epd medien aktuell Nr. 62a, 28.03.2017.

Tab. 4.22 Zurechnung von Programmen. (Quelle: ALM Jahrbuch 2016, S. 87)

Veranstaltergruppe	Zuzurechnende Programme	Zuschaueranteile (insgesamt) 2015 (%)[a]
RTL Group S.A./Bertelsmann SE & Co. KGaA	RTL Television, RTL Crime, RTL Living, RTL Nitro, RTL Passion, GEO Television, RTL II, Super RTL, n-tv, VOX, auto motor und sport channel	22,9
ProSiebenSat.1 Media SE	SAT.1, ProSieben, kabel eins, Sixx, SAT.1 Gold, ProSieben MAXX, ProSieben FUN, kabel eins CLASSICS, SAT.1 emotions, Sportdeutschland, TV, ProSiebenSat.1 Family[b], ProSiebenSat.1 Fiction[b], ProSiebenSat.1 Favorites[b], ProSiebenSat.1 Facts[b]	19,9
Walt Disney Company	Disney Channel, Disney Junior, Disney XD, Super RTL, RTL II, History, A & E, Crime & Investigation Network[b], Disney Cinemagic[c]	6,6
Tele München Gruppe	RTL II, Tele 5	4,6
Viacom-Gruppe	MTV, MTV Brand New, Nickelodeon, Nick Jr., nicktoons, VIVA, MTV Dance[c], MTV Hits[c], MTV Live HD[c], MTV Music 24[c], MTV ROCKS[c], VH-1[c], VH-1 Classic[c]	1,0
Sky Deutschland Fernsehen GmbH & Co. KG/Twenty-First Century Fox, Inc.	Sky 3D, Sky Action, Sky Atlantic, Sky Atlantic + 1, Sky Cinema, Sky Cinema + 1, Sky Cinema + 24, Sky Comedy, Sky Emotion, Sky Event, Sky Fanzone, Sky Fußball Bundesliga, Sky Hits, Sky Info, Sky Krimi, Sky News, Sky Nostalgie, Sky Sport 1, Sky Sport 2, Sky Sport HD 2[b], Sky Sport HD Extra[b], Sky Sport News, Sky.de, Fox Channel, National Geographic Channel, NAT GEO WILD, NAT GEO PEOPLE, Sky News[c], BabyTV[c] sowie von Dritten veranstaltete, auf der Sky-Plattform ausgestrahlte Programme, die Sky zuzurechnen sind[d]	2,0
Constantin Medien AG	SPORT1, SPORT1+, SPORT1 US, SPORT1 Livestream	0,9
NBC Universal/The History Channel	13th Street, Syfy, Universal Channel, E! Entertainment, History, A & E, Crime & Investigation Network[b]	0,6

[a]Sofern von der AGF/GfK ausgewiesen.
[b]Derzeit nicht auf Sendung.
[c]Aufgrund von Auslandslizenzen veranstaltete, in Deutschland empfangbare Programme.
[d]Junior, Classica, GoldStar TV, Heimatkanal, Romance TV, SPIEGEL Geschichte, MotorVision TV, A & E, History.

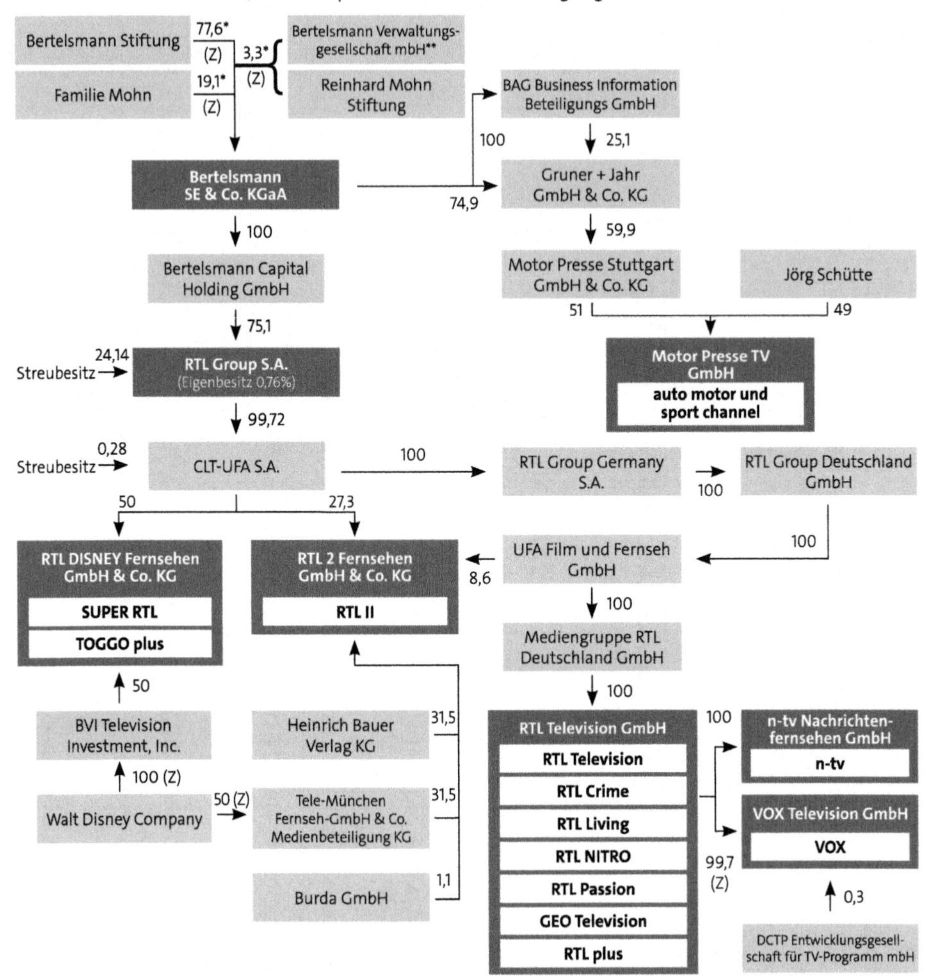

Abb. 4.13 Struktur der RTL-Gruppe. (Quelle: KEK Jahresbericht 2015/2016, S. 98)

- Die ProSiebenSat.1-Gruppe (vgl. Abb. 4.14) mit 3,79 Mrd. € Umsatz, davon 2,2 Mrd. € im deutschen Fernsehmarkt (2016), sie ist auch in Österreich und der Schweiz aktiv und betreibt das Videoportal maxdome zur Zweitverwertung von Filmen und Fernsehproduktionen. Mit den Red Arrow-Tochterunternehmen ist sie im Rechtehandel und der Produktion aktiv (vgl. ALM 2017, S. 109; KEK 2015, S. 103).

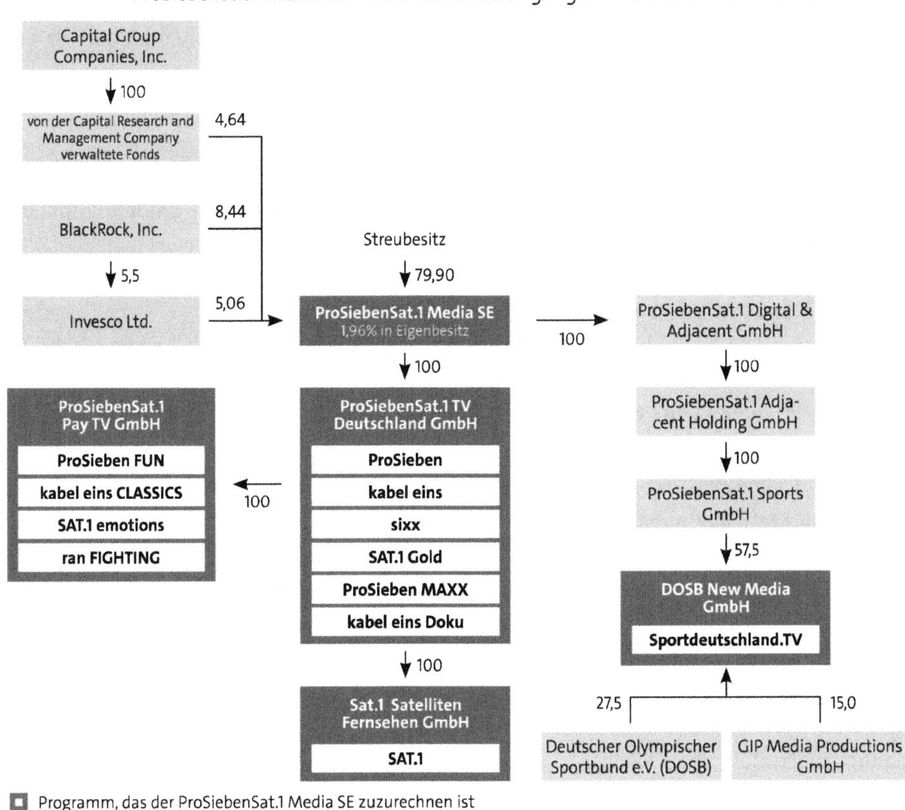

Abb. 4.14 Struktur der ProSiebenSat.1-Gruppe. (Quelle: KEK Jahresbericht 2015/2016, S. 120)

Knapp die Hälfte der Erlöse stammt aber nicht aus der Fernsehwerbung, sondern aus verschiedenen Online-Engagements, von Dating-, über Preisvergleichs- bis hin zu Flugreiseportalen (Parship, Elite-Partner, Verivox, extraveli). ProSiebenSat.1 setzt auf crossmediale Synergieeffekte, also die wechselseitige Belebung des Geschäfts durch crossmediale Werbung und Vernetzung. Offenbar mit Erfolg, denn 2016 betrug der Gewinn des Konzerns 513 Mio. €.[247]

- Der zum international tätigen Murdock-Konzern Twenty-First Century Fox gehörende Pay TV-Anbieter sky Deutschland dominiert mit 4,6 Mio. Abonnenten den deutschen Pay TV-Markt und hat im Geschäftsjahr 2015/2016 2,02 Mrd. € umgesetzt und einen Gewinn von 5 Mio. € erzielt.[248] 2016 betrug der Gesamtumsatz des Pay TV

[247]Vgl. epd medien aktuell, Nr. 39a, 23.02.2017.

[248]Vgl. epd medien aktuell Nr. 144a, 28.07.2016.

mit 89 Programmangeboten und der Videostreaming-Anbieter (z. B. Netflix, Maxdome) 2,7 Mrd. € (davon 2,2 Mrd. Pay TV), die Zahl der Abonnenten ist auf 7,6 Mio. gewachsen.[249]

Beispiel
Die von der KEK vorgelegten Organigramme stellen insofern immer Momentaufnahmen dar; gleichwohl lohnt ein Blick auf die Strukturen der beiden großen kommerziellen Fernsehveranstalter.

4.4.3.4.8 Konzentration auf dem Rundfunkwerbemarkt

Der Werbemarkt ist für die privaten Rundfunkprogrammveranstalter, anders als für die beitragsfinanzierten öffentlich-rechtlichen Anstalten und das Pay-TV, der ökonomische Primärmarkt; die Erschließung der Zuschauermärkte geht hingegen als Kostenfaktor in die kommerzielle Kalkulation ein.

Den deutschen Fernsehwerbemarkt beschreibt das Bundeskartellamt als Oligopol, denn die beiden kommerziellen Programmveranstaltergruppen besitzen einen gemeinsamen Marktanteil von fast 78 %: 2015 wurden von den beiden großen Vermarktern SevenOne Media (ProSiebenSat.1) und IP-Deutschland (RTL) zusammen brutto rund 11 Mrd. € umgesetzt (vgl. ALM 2016, S. 84), die Werbefernsehumsätze von ARD und ZDF beliefen sich brutto auf rund 530 Mio. € (vgl. Media Perspektiven Basisdaten 2016, S. 7, 12).

Weil praktisch alle Programmveranstalter Rabatte einräumen (müssen), weichen die Bruttowerbeumsätze (auf Basis der Preislisten) allerdings beträchtlich von den tatsächlichen Nettowerbeerlösen ab. Entscheidend für die Finanzierung der Programme sind jedoch die Nettoumsätze: Im Jahre 2015 beliefen sich die Nettowerbeumsätze beim Fernsehen auf insgesamt 4,42 Mrd. € (bei 11,5 Mrd. brutto!), beim Hörfunk auf 743 Mio. € (vgl. ALM 2016, S. 82). Der Werbemarktanteil der beiden öffentlich-rechtlichen Fernsehprogramme liegt mit zusammen 313 Mio. € bei sieben Prozent (vgl. ZAW 2016, S. 142).

Knapp ein Drittel des Hörfunkwerbemarktes teilen die ARD-Anstalten unter sich auf; bei den privaten Anbietern dominiert als Vermarkter die Radio Marketing Service (RMS), die als Genossenschaft von 16 Privatradiobetreibern den Verkauf von Werbezeiten auch überregional betreibt (vgl. ALM 2011, S. 205–206). Eine hohe Marktkonzentration herrscht also auch bei der *Werbevermarktung* für den Hörfunk: Hier sind vor allem ARD Werbung & Sales (243 Mio. € Umsatz) sowie Radio Marketing Service (RMS) (409 Mio. € Umsatz 2015) als bundesweite Vermarkter mit einem Marktanteil von zusammen fast 88 % zu nennen; der Anteil von RMS auf dem Privatradiomarkt liegt bei 85 % (vgl. ZAW 2016, S. 214; bundesweit gibt es noch drei kleinere sowie 20 regionale Werbevermarkter (vgl. ALM 2011, S. 292–293).

[249]Vgl. epd medien aktuell Nr. 141a, 25.07.2017. Für das erste Halbjahr 2017 zeichnet sich eine weitere Steigerung auf 1,1 Mrd. € an Erlösen aus dem deutschsprachigen Rundfunk ab; vgl. epd medien aktuell Nr. 148a, 03.08.2017.

4.4.3.4.9 Der Markt der Programmdistribution und Plattformen

Mit der Vervielfachung der technischen Vertriebswege für den Rundfunk hat sich ein Wettbewerb zwischen terrestrischer, kabelgebundener und satellitengestützter Verbreitung entwickelt, der durch digitalisierte Telekommunikationsnetze und das Internetprotokoll noch an Dynamik gewonnen hat. Mit der Deregulierung der vormaligen Staatsmonopole in der Telekommunikation entwickelt sich zudem ein begrenzter Wettbewerb innerhalb der einzelnen Vertriebsmärkte. Die Vervielfachung der Verbreitungswege, Angebote, Nutzungsoptionen und Erlösmodelle hat zur Herausbildung von Plattformen geführt, die als neue Intermediäre eine wachsende ökonomische und publizistische Rolle spielen. Sie selektieren Programmangebote vor, und können sie zum Beispiel in Electronic Proramm Guides (EPG) priorisieren, zu Paketen oder Bouquets bündeln, mit weiteren Dienstleistungen (z. B. virtuellen Videorekordern, On-demand-Mediatheken, High Speed Internet oder Telefonie) anreichern etc. (vgl. auch Kunow 2016a, S. 10).

Die Verbreitung von Rundfunk erfolgt durch große Telekommunikationsunternehmen, weil hier neben Kostenvorteilen (Economies of Scale) auch politische Traditionen nachwirken.

- Das direktempfangbare Satellitenfernsehen in Deutschland wird durch die ASTRA Deutschland GmbH (Plattform HD+), eine hunderprozentige Tochter der luxemburgischen SES S.A., beherrscht. SES ASTRA ist international tätig und kann mit 56 Satelliten 99 % der Weltbevölkerung technisch erreichen. In Deutschland werden über 18 Mio. Haushalte, davon die Hälfte mit HD-Programmen durch ASTRA-Satelliten versorgt. Verbreitet werden rund 480 deutschsprachige sowie mehrere Hundert fremdsprachige Programme, einschließlich Pay TV sowie zusätzliche Hörfunkprogramme (vgl. KEK 2015, S. 398–399 sowie www.astra.de).
  Satelliten werden außerdem zur Heranführung von Programmen genutzt, die dann in Kabelnetze eingespeist oder per Internet weiter verbreitet werden; ein wichtiger Anbieter ist hier die früher als Kabelkiosk von Eutelsat betriebene Plattform m7 Deutschland (vgl. https://www.m7deutschland.de/).
- Digitales Kabelfernsehen (auf Kupferkoaxial- oder Glasfaserbasis) wird vor allem von zwei großen Kabelnetzbetreibern und Telekommunikationsunternehmen, nämlich Kabel Deutschland (ein Tochterunternehmen von Vodafone) und Unitymedia (ein Tochterunternehmen von Liberty Global), sowie drei kleineren Anbietern (M7 Eviso, PrimaCom, Telecolumbus) verbreitet. Kabel Deutschland versorgt in 13 Bundesländern insgesamt 8,4 Mio. Haushalte, Unity in Hessen, Baden-Württemberg und Nordrhein-Westfalen 7,1 Mio. – zusammen beträgt der Marktanteil 75,5 % (vgl. KEK 2015, S. 401–406). Es handelt sich folglich um ein bundesweites Oligopol auf der Basis von weitgehend Gebietsmonopolen (vgl. Kunow 2016a, S. 11). Die Schlüsselstellung der Kabelnetzbetreiber findet ihren Ausdruck auch darin, dass sowohl die Zuschauer für die Nutzung zahlen als auch die Programmveranstalter für die

Einspeisung.[250] Zudem gestalten die Netzbetreiber selbst kleinere Spartenprogramme, die sie zur Vervollständigung ihres Plattform-Portfolios anbieten (vgl. KEK 2015, S. 406).

- Rund 40 digitale Fernsehprogramme werden nach dem DVB-T2-Standard auch terrestrisch verbreitet; vor allem in den Ballungsräumen ist dieser Markt von Bedeutung. Allerdings müssen die 3,4 Mio. Haushalte seit Mitte 2017 für den Empfang in HD-Qualität jährlich 69 € zahlen, wobei die privaten Programme nur noch in diesem Standard angeboten werden. Damit wird das vermeintliche „Free TV" faktisch flächendeckend (terrestrisch per Kabel und per Satellit) zum Pay TV, zumal der „freenet TV"-Senderbetreiber wie Media Broadcast einen Teil der neuen Gebühr an die Programmveranstalter weitergeben (vgl. auch Hege 2016 sowie Kunow 2016a, S. 11).
- Internetbasiertes Fernsehen (IPTV) wird derzeit nur von drei Unternehmen in Deutschland angeboten: Die Deutsche Telekom AG („T-Home-Entertain") vermarktet über 100 Fernsehprogramme, darunter auch publikumsattraktive Fußballbundesligaübertragungen, sowie Video-on-demand an 2,2 Mio. Abonnenten. Vodafone TV bietet eine etwas geringere Auswahl für rund 200.000 Abonnenten. Auch Vodafone TV verbreitet IPTV und 1&1 bietet eine ähnliche Plattform, ohne selbst ein Netz zu betreiben (Reseller); hinzu kommt als regionaler Anbieter NEtTV Netcologne. Auch bei IPTV entstehen für die Endnutzer Kosten für den Empfang sowohl von werbefinanziertem als auch Zusatzkosten für das beitragsfinanzierte Fernsehen. Die Plattformen bieten zudem eine Mediathek sowie Pay TV-Programme (vgl. KEK 2015, S. 409). Etwa 6 % der Haushalte benutzen (zumindest auch) IPTV (Kunow 2016b, S. 42).
- Browserbasiert im Web, also per Download oder Streaming, haben sich neben den On-demand-Plattformen und Mediatheken der Programmveranstalter weitere Plattformen für On-demand- und Live-Fernsehen etabliert: Sieht man von den rund 8000 Kanälen auf YouTube (ein Teil des Google-Konzerns Alphabet) ab, über das auch lineare Fernsehprogramme international abgerufen werden können, kommt man in Deutschland auf rund 1400 Web-TV-Anbieter: Rund ein Drittel der Web-TV-Anbieter produziert ausschließlich für das WWW, aber fast die Hälfte wird von klassischen Medienunternehmen der Rundfunk- oder Pressebranche, meist als Submarke betrieben. Allerdings kann unterschieden werden in Plattformen, die tatsächlich der linearen Programmverbreitung per Steaming dienen (z. B. Zattoo, Magine TV und TV Spielfilm live) und in On-demand-Plattformen, die einzelne Filme oder Serien zum Abruf (Streaming oder Download) und meist gegen Bezahlung (Einzelentgelt oder Abonnement) bereithalten. Anbieter wie Magine oder zattoo vermarkten über 70 Programme, indem sie zusätzliche Werbung einstreuen (oder gegen Entgelt darauf verzichten).

[250]Das gilt auch für die öffentlich-rechtlichen Anstalten, die jährlich zweistellige Millionenbeträge (bis zu 60 Mio.) an Kabel Deutschland zahlen müssen. Neben einem Rechtsstreit über die Wirksamkeit einer Vertragskündigung aus dem Jahre 2012 wird derzeit auch rechtlich geklärt, ob die öffentlich-rechtlichen Programme unentgeltlich im Kabel verbreitet werden müssen, weil eine gesetzliche bzw. staatsvertragliche „Must-carry"-Verpflichtung besteht; vgl. epd medien aktuell Nr. 137a, 19.07.2017 sowie HBI (2017, S. 56–57).

Betreiber von On-demand-Plattformen wie Maxdome betreiben hingegen entweder eine nicht-lineare Zweitvermarktung von (eigenen) Fernsehproduktionen oder produzieren, wie Netflix, eigene Serien und Filme,[251] die sie dann zusammen mit Fremdproduktionen gegen Entgelt per Streaming an Nutzer vetreiben (vgl. Abschn. 4.3.3.2 und 4.3.3.3). Der Markt entwickelt sich derzeit rasch und durch internetfähige Fernsehgeräte (Smart TV) gewinnen hybride Nutzungs- und Angebotsformen stark an Bedeutung. Zum Teil kommen auch neue Anbieter aus anderen völlig anderen Branchen ins Spiel, beispielsweise Apple und Samsung aus dem IT- und Hardware-Sektor oder Amazon aus dem Online-Handel (Amazon Prime). Plattformen, die nicht (wie die Telekom, Kabel Deutschland/ Vodafone oder Media Broadcast) über ein eigenes Netz verfügen, sondern ihre Angbote über das „offene" Internet verbreiten, werden auch als „Over-the-top" (kurz OTT) bezeichnet (vgl. Kunow 2016a, S. 12). Aus der Sicht der Nutzer verschwimmen die Grenzen zwischen den verschiedenen Nutzungs- bzw. Angebotsformen immer stärker, was auch als Hybridisierung oder Konvergenz bezeichnet wird. Und auch die Anbieter diversifizieren, denn die linearen Fernsehprogrammveranstalter bieten mittlerweile Mediatheken und Streaming-Portale an bzw. kooperieren mit diesen (vgl. Schmider 2017).

Kommunikationspolitisch stellt sich – wie schon beim Pressegrosso als Medienvertriebsform – unter digitalen Medienbedingungen verschärft die Frage der Netzneutralität, wenn Plattformbetrieber oder Netzbetreiber selbst auch Inhalte oder zusätzliche Dienstleistungen anbieten wie z. B. die Deutsche Telekom.

4.4.3.4.10 Der Rundfunkbeschaffungsmarkt

Die Beschaffung von Rundfunksendungen erfolgt auf drei Wegen. Dominant für die kommerziellen Privatradios wie für die öffentlich-rechtlichen Tagesbegleitprogramme ist Musik, die extern produziert und deren Verwertungsrechte über die GEMA abgegolten werden. Hier bewegen sich alle Anbieter auf einem vorgelagerten Musikmarkt, der ihnen zu denselben Marktbedingungen offen steht. Hinzu kommen bei den öffentlich-rechtlichen Anstalten selbstproduzierte sowie von anderen Anstalten übernommene Hörfunkbeiträge (Wortbeiträge und Nachrichten, Konzert- und Sportübertragungen, Hörspiele), für die kein Markt im eigentlichen Sinn besteht. Die privaten Hörfunkveranstalter produzieren solche Programmelemente ebenfalls selbst, kaufen aber Standardbausteine für Formatradios, etwa Radio Comedies oder überregionale Nachrichten ggf. zu.

Die Beschaffungsmärkte für Fernsehsendungen sind einerseits mittelständisch geprägt, andererseits durch Unternehmensnetzwerke und Konzentration[252] – meist als

[251]Laut einem Pressebreicht plant Netflix 2017 Investitionen in Höhe von sechs Milliarden Dollar für „eigene Inhalte" (vgl. Schmieder 2017).

[252]Eine detaillierte Analyse der Verpflichtungen deutscher Fernsehveranstalter mit Produktionsunternehmen haben Rau und Hennecke (2016) vorgelegt. Insbesondere die Forschungsergebnisse zu den öffentlich-rechtlichen Verflechtungen haben eine medienpolitische Diskussion ausgelöst.

Folge einer Rückwärtsintegrationsstrategie großer Programmveranstalter – geprägt: Für Deutschland kann man von 1600 bis 1800 Fernsehproduktionsunternehmen ausgehen, die vor allem in Nordrhein-Westfalen und Bayern ihren Sitz haben (vgl. Lantzsch 2008, S. 92–93). Allerdings zählt die KEK nur etwa 600 tatsächlich aktive Produzenten (vgl. KEK 2015, S. 309), wobei die zehn größten Produzenten rund 40 % und die drei größten 17 % des Umsatzes auf sich vereinigen. Als größte Produzenten gelten die zur RTL zählende UFA, die Tochterunternehmen der öffentlich-rechtlichen Anstalten (Studio Hamburg, Bavaria Film), MME, Janus TV GmbH und Endemol Deutschland (vgl. KEK 2015, S. 311). Unabhängige Produzenten befinden sich gegenüber den großen Programmveranstaltern in einer schwachen Marktposition (Käufermarkt), da hier tendenziell ein Nachfrage-Oligopol besteht, denn relativ vielen Programmproduzenten stehen nur wenige leistungsstarke Programmveranstalter gegenüber. Die ARD hat 2015 insgesamt 711 Mio. € für die Produktion oder den Ankauf von Fernsehprogrammen investiert (Auftrags-, Ko- und Mischrpoduktionen), davon flossen 72,3 % an unabhängige Produzenten. Die übrigen rund 197 Mio. € gingen an abhängige Produzenten (vgl. ARD 2016, S. 11), denn auch die öffentlich-rechtlichen Programmveranstalter weisen über Beteiligungen und Tochterunternehmen auf vorgelagerten Märkten konzernartige Strukturen auf: Das Produktionsunternehmen Network Movie GmbH & Co. KG ist eine 100-prozentige Tochter der ZDF Enterprises GmbH, der auch die ZDF Medienprojekte-Entwicklungsgesellschaft, ZDF Digital Medienproduktion und doc.station Medienproduktion vollständig gehören. ZDF Enterprises hält auch an den Produktionsfirmen Gruppe 5 Filmproduktion, Enterprises Sonor Musik und Studio.Tv.Film, Doclights und Spark maßgebliche Geschäftsanteile sowie an der Mainstream Networks Holding einen kleineren Anteil. Und schließlich besitzt das ZDF auch die Hälfte der Bavaria Fernsehproduktion GmbH, die wiederum eine Tochter der Bavaria Film ist, die mehrheitlich im Besitz der ARD-Anstalten WDR, SWR und MDR ist.[253] Der Südwestrundfunk ist Mehrheitsgesellschafter der Baden-Badener Produktionsfirma Maran Film; die übrigen Anteile gehören ebenfalls der Bavaria Film. Ein Tochterunternehmen der Bavaria ist auch Colonia Media (vgl. Gangloff 2011, S. 6–7). Die Studio-Hamburg-Gruppe mit ihren rund 30 Tochterunternehmen gehört vollständig dem NDR, produziert aber auch für private Programmveranstalter.[254] Die Kommission zur Ermittlung des Finanzbedarfs geht von rund 200 Beteiligungen öffentlich-rechtlicher Anstalten an anderen Unternehmen (mit einem Gesamtumsatz von knapp 1,6 Mrd. €) aus (vgl. KEF 2016, S. 306, 308). ARD und ZDF betreiben gemeinsam eine eigene Sportrechteagentur SportA, die Senderechte mit den Sportverbänden oder internationalen Sportrechteagenturen aushandelt.[255]

---

[253]Vgl. zdf-enterprises.de/unternehmen/beteiligungen/ [15.08.2017].

[254]Vgl. www.studio-hamburg.de/studio-hamburg-gruppe/; www.studio-hamburg.de/wp-content/uploads/2017/01/Verflechtungsplan_31.12.16.pdf [15.08.2017].

[255]www.sporta.de/de/unternehmen/ [15.08.2017].

Die Verflechtungen der privaten Programmveranstalter mit Produktionsfirmen weisen ein komplexes, meist internationales Profil auf, während diejenigen von ARD und ZDF sich auf die Bundesrepublik beschränken und meist mehrere Anstalten gemeinsam an Produktionsfirmen beteiligt sind (vgl. Rau und Hennecke 2016, S. 197–203). Ökonomisch verspricht die Strategie der vertikalen Integration, also der Ausweitung des Unternehmens bzw. Unternehmensnetzwerkes von der Programmveranstaltung „rückwärts" zu vorgelagerten Wertschöpfungsstufen Vorteile, z. B. eine Ertragssteigerung oder die Risikominimierung (vgl. Rau und Hennecke 2016, S. 12–15).

Im Handel mit Film- und Fernsehrechten herrschen oligopolistische Strukturen und enge Verbindungen zwischen Programmveranstaltern und Rechtehändlern. Für den deutschen Markt sind – neben den öffentlich-rechtlichen Unternehmen – die Kinos GmbH (vormals Leo Kirch) mit 8000 Filmtiteln sowie die Tele München Gruppe mit 2300 Film- und 7000 Serien(episoden)rechten zu nennen (vgl. KEK 2015, S. 318); für den internationalen Fernsehprogrammmarkt lässt sich festhalten, dass die Marktbeziehungen sehr einseitig sind: Es sind vor allem die großen international ausgerichteten US-Produzenten wie die Hollywood Major Companies sowie Filmrechtehändler für den fiktionalen Unterhaltungssektor, die ihre Programme und Rechte nach Deutschland verkaufen. Hinzu kommen die großen Sportverbände und Sportrechteagenturen für weitere publikumsattraktive Inhalte. Der internationale Handel mit Programmformaten wird von wenigen Unternehmen dominiert; zu nennen sind Endemol, FreemantleMedia, aber auch die britische BBC (vgl. Lantzsch 2008, S. 129–131). Die großen Hollywood-Majors Sony Pictures, MGM/United Artists, Universal, Warner Brothers, 20th Century Fox, Paramount, DreamWorks und Buena Vista (Disney) haben Lieferverträge mit den beiden großen kommerziellen Fernsehgruppen, dem Pay TV sky und den öffentlich-rechtlichen Fernsehanstalten abgeschlossen (vgl. KEK 2010, S. 253–256). Sportrechte für das Fernsehen bzw. die Gesamtverwertungsrechte handelt die Deutsche Fußball Liga (DFL) für die Bundesligaspiele direkt aus. Die meisten Sportrechte werden aber über eine Handvoll internationaler Sportrechteagenturen gehandelt: Sportfive (Paris) gilt als die größte Agentur, Infront (Zug) und SportA als Tochterunternehmen von ARD und ZDF sind ebenfalls von großer Bedeutung. Auch die RTL-Gruppe und die Constantin Media AG verfügen mit UFA Sports bzw. TEAM über Sportrechteagenturen (vgl. KEK 2015, S. 497).

4.4.3.4.11 Markteintrittsbarrieren

Die Markteintrittsbarrieren für Hörfunk und Fernsehen sind beträchtlich und unterscheiden sich deutlich von allen anderen publizistischen Medien. Die schon vom Bundesverfassungsgericht 1961 beschriebene „Sondersituation" des Rundfunks findet ihren Ausdruck heute in ökonomischen und institutionellen Barrieren, denn Rundfunk (insbesondere Fernsehen) ist eine vergleichsweise kapitalintensive und riskante Veranstaltung, bei der Skalen- und Kostendegressionseffekte sowie die zielgruppengerecht differenzierte Mehrfachverwertung von Programmelementen große Vorteile bedeuten. Weil es sich auch beim Rundfunk um ein Erfahrungs- und Vertrauensgut handelt, sind Veranstalter mit eingeführten Marken und einem gewohnheitsmäßig nutzenden Stammpublikum strukturell im Vorteil.

Verbundvorteile von Senderfamilien und Radioketten wirken auch in hohem Maße auf dem Werbemarkt als Wettbewerbsvorteile.

Die Rundfunkveranstalter (insbesondere die öffentlich-rechtlichen Anstalten) unterliegen vergleichsweise starken Regulierungen von Programm und Werbung, was tendenziell die Kosten (für Qualitätsprogramme) steigert und die Einnahmen (aus der Werbung) begrenzt. Vor allem aber benötigen private Programmveranstalter eine staatliche Lizenz, die von den Landesmedienanstalten vergeben wird. Nicht alle Erlös- und Geschäftsmodelle sind deshalb in Deutschland realisierbar. Hinzu kommt, dass die öffentlich-rechtlichen Anstalten eine Fülle beitragsfinanzierter Programme bis hin zu Spartenprogrammen anbieten. Die Erfüllung des Funktionsauftrages und das strategische Handeln der öffentlich-rechtlichen (Programmausweitung und -differenzierung, Zielgruppenorientierung, aktiver Wettbewerb auf den Beschaffungsmärkten) haben im Ergebnis Marktbarrieren für neue Anbieter errichtet (vgl. auch Wirtz 2006, S. 333–334; 411–412), die vermutlich erst im Zuge der Umstrukturierung der Verbreitungswege und des Wandels von Nutzungsgewohnheiten allmählich an Bedeutung verlieren.

Der deutsche Rundfunkmarkt wird von deutschen Unternehmen dominiert, und zwar nicht allein aufgrund der hohen Anteile des öffentlich-rechtlichen Rundfunks. Auch bei den maßgeblichen Akteuren des privaten Hörfunks und Fernsehens handelt es sich um deutsche Unternehmen, auch wenn diese wie Bertelsmann längst global agieren. Die internationalen Medienkonzerne Walt Disney Company (Super RTL, RTL II, Pay TV), Twenty-First Century Fox (sky), Viacom, NBC Universal, Discovery und Time Warner (CNN) sind vor allem in bestimmten Sparten sowie im Pay TV bedeutsam (vgl. KEK 2015, S. 118–158).

4.4.3.4.12 Marktentwicklung

Mit der Etablierung des werbefinanzierten privaten Rundfunks haben die öffentlich-rechtlichen Hörfunk- und Fernsehprogramme trotz wachsender Gesamtnachfrage Anteile auf dem Rezipienten- und dem Werbemarkt auf beiden Märkten verloren.

Im Hörfunk konnten sich vor allem landesweite kommerzielle Formatradios etablieren, die Teile des Publikums- und Werbemarktes erobert haben. Lokaler Privatfunk sowie bundesweite Programme sind insgesamt weniger erfolgreich gewesen, sodass hier ein nachhaltiger Konzentrationsprozess stattfand. Die publizistische Leistung von musikbetonten Formatradios und ihr Beitrag zur lokalen Medienvielfalt erscheinen in programmqualitativer Hinsicht fraglich; die verbreiteten Doppelmonopole (Lokalzeitungen und Hörfunk in der Hand desselben Eigentümers) sowie die faktische Network-Bildung machen publizistische Vielfalt strukturell unwahrscheinlich. Trotz der privaten Konkurrenz hat sich der öffentlich-rechtliche Hörfunk weiter ausdifferenziert und dabei verstärkt zielgruppenorientierte Programme auf den Markt gebracht, mitunter auch Wellen mit Formatradio-Elementen.

Die erste Phase des Verdrängungswettbewerbs zwischen den Fernsehvollprogrammen (ARD und ZDF vs. Sat.1, RTL und ProSieben) war etwa 1992 abgeschlossen.[256] Es folgte eine Phase der Fragmentierung, bei der kleinere Zielgruppen- und Spartenprogramme wie Kabelkanal (Kabel 1), RTL 2, Deutsches Sportfernsehen DSF, der Nachrichtensender n-tv, das Musikfernsehen VIVA und VOX (als informationsorientiertes Vollprogramm) Marktanteile gewannen, sodass seit etwa fünf Jahren die kumulierten Marktanteile der öffentlich-rechtlichen Programme einerseits und der privaten Fernsehanbieter andererseits jeweils ungefähr gleich groß sind. Seit der zweiten Hälfte der 1980er Jahre nimmt die Zahl der Programme ebenso wie die Sendestunden pro Kanal zu. Die Einführung des Frühstücksfernsehens und der Vormittagsprogramme und schließlich der 24-Stunden-Sendebetrieb haben eine Marktexpansion erbracht, an der beide Seiten des Dualen Systems Teil haben (vgl. Donsbach 2009, S. 633–634; 637–644). Entsprechend hat sich das ökonomische Gut anspruchsvoller Fernsehprogramme und -rechte verknappt; aus Wettbewerbsgründen wird von einigen Veranstaltern Kostenführerschaft angestrebt, d. h. man programmiert billiges „Trash-TV“ (Reality, Scripted Reality etc.).

Zudem sorgt der Wettbewerb auf den Rundfunkmärkten für eine Programmkonvergenz, bei der sich die öffentlich-rechtlichen Veranstalter in ihren Hauptprogrammen und Hauptsendezeiten erkennbar an die Programmpräferenzen des Publikums der privaten Konkurrenz anpassen, während anspruchsvollere Formate und Sendungen teils verkürzt und auf unattraktive Sendeplätze verschoben werden (wie politische und kulturelle Magazine), teils in die Sparten- und Zielgruppenprogramme der Digitalbouqets ausgelagert werden. Die Programmpolitik der öffentlich-rechtlichen Anstalten führt immer wieder zu medienkritischen Debatten: Bereits im Vorfeld des Marktzutritts privater Anbieter haben die öffentlich-rechtlichen Anstalten begonnen, verstärkt Spielfilme zu senden, deren Produktion sie zum Teil fördern (1974 wurde das erste Film-Fernseh-Abkommen geschlossen); in den 1970er Jahren wurden dann zunächst britische und zu Beginn der 1980er Jahre auch mehr kommerzielle US-Serien wie „Dallas“ und „Denver Clan“ gesendet (vgl. Dussel 1999, S. 259–260; Hickethier 1998, S. 344), die kein erkennbar öffentlich-rechtliches Profil aufweisen. Umstritten sind bis heute die Vielzahl von Talkshows und Serien sowie die wachsenden Aufwendungen für Sportrechte und Stargagen; die Legitimationskrise des öffentlich-rechtlichen Rundfunks könnte dies weiter verschärfen. Dabei gelingt der empirische Nachweis der Programmkonvergenz nur begrenzt, denn noch immer liegen die Informationsanteile von ARD und ZDF deutlich über denen der privaten Wettbewerber.[257] Zudem handelt es sich um Effekte der politisch mehrheitlich

[256]Vgl. für einen Rückblick auf die Marktentwicklung seit Ende der 1980er Jahre auch Pointner (2010, S. 43–49).

[257]Vgl. für detaillierte Programmanalysen die ALM-Studie im Programmbericht bzw. Content-Bericht der Landesmedienanstalten sowie die regelmäßig in Media Perspektiven publizierten und im Auftrage der öffentlich-rechtlichen Anstalten durchgeführten Studien des IFEM; zuletzt Krüger (2011).

gewünschten Deregulierung des Rundfunks: Im Maße der „Vermarktlichung“ des Rundfunksystems wirken marktliche Mechanismen auch stärker auf den öffentlich-rechtlichen Rundfunk: Kostenwettbewerb, Konsumentenorientierung, Reichweitenmaximierung, Marketing und selbstreferentielle Beiträge im redaktionellen Teil könnten sich dabei langfristig aber als existenzbedrohliche Managementfehler entpuppen.

Aufgrund der auch im internationalen Vergleich zahlreichen Programmangebote hat sich der Pay-Rundfunk in Deutschland nur schwach entwickelt: Im Hörfunk gibt es keine Pay-Angebote, im Fernsehen arbeitet der Marktführer nach jahrelangen Anlaufverlusten und mehrfachen Eigentümerwechseln nicht nachthaltig rentabel. Auf der anderen Seite sind die privaten Veranstalter werbefinanzierter Programme in hohem Maße konjunkturabhängig und sehen sich – wenngleich nicht so dramatisch wie die Presseverlage – einem strukturellen Wandel der Werbemärkte gegenüber. Dies dürfte zum einen die Fortsetzung des Kostenwettbewerbs anstelle eines Qualitätswettbewerbs bedeuten, zum anderen gerade vor dem Hintergrund der Digitalisierung mittel- bis langfristig einen Wandel des Fernsehsektors mit sich bringen: Programmveranstalter aus dem werbefinanzierten Fernsehen beginnen, zusätzliche Zielgruppenangebote im digitalen Fernsehen und Zweitverwertungen ihrer Rechte auf Video-on-demand-Plattformen gegen Entgelt zu vermarkten. Die strategische Rolle der „Senderfamilien“ dürfte den großen Medienkonzernen weiterhin Wettbewerbsvorteile bei der Beschaffung und Vermarktung garantieren; der hohe Grad der Konzentration im Rundfunksektor scheint irreversibel zu sein (vgl. auch Wolf 2006, S. 352–358). Die Rundfunkunternehmen diversifizieren ihr Engagement aber nicht nur im Fernsehsektor, sondern bauen zunehmend weitere digitale Medienangebote auf, von denen sie sich Synergieeffekte und Erlöse erhoffen. Im Zuge der Digitalisierung aller Verbreitungswege für den Rundfunk, der Durchsetzung von HD-Standards und der Etablierung neuer Medienplattformen erschließen sich die sog. Free TV-Anbieter zudem neue Einnahmenquellen für ihre Programme.

Insgesamt ist der private Fernsehmarkt mit einem Kostendeckungsgrad von 107 % (im Jahr 2014) durchaus profitabel, allerdings erreichen nur die bundesweiten Programme solche Werte, während die landesweiten Fensterprogramme nur auf 103 % und die lokalen Fernsehveranstalter auf 93 % kommen, also ein „Verlustgeschäft“ betreiben (vgl. BLM 2016, S. 307, 313, 315). Beim Hörfunk werfen vor allem die landesweiten Programme mit einem Kostendeckungsgrad von 123 % Profite ab, während der Lokalfunk und der bundesweite Hörfunk mit 106–107 % etwas schwächer abschneiden (vgl. BLM 2016, S. 299, 301, 303).

Die Tendenz zur vertikalen Integration von Unternehmen entlang der Wertschöpfungskette (Vor- und Rückwärtsintegration) wird unter den veränderten technischen Bedingungen anhalten oder sich gar verstärken. Die auf digitaler Medientechnik basierende Konvergenz findet dann ihren Ausdruck auch auf der Organisationsebene, d. h. Unternehmen werden mit ihren Programmen oder Dienstleistungen (Navigation, Verbreitung, Inkasso) unterschiedliche Plattformen „bespielen.“ Die Konturen des Rundfunksektors verschwimmen, wenn nicht-lineare Dienste über Telekommunikationsnetze von den Betreibern dieser Netze selbst angeboten werden. Telekommunikationsunternehmen (wie die Deutsche Telekom), die bislang klar von Rundfunkunternehmen (wie ProSiebenSat.1) unterschieden waren, wachsen tendenziell zusammen, wenn Kabelnetzbetreiber oder DSL-Netzbetreiber selbst Programmbouquets und On-demand-Dienste anbieten.

Ob dieser Wertschöpfungsprozess von Drittanbietern wie YouTube als offene Web-Plattform, von den neuen Medienplattformen (Kabel Deutschland/Vodafone, Telekom, Media Broadcast, ASTRA) oder von den Programmveranstaltern selbst bzw. in Kooperation organisiert wird, erscheint derzeit offen. Eine weitgehende oder gar vollständige Ablösung des linearen Rundfunkprogramms durch individuelle, selektive und zeitautonome Abrufdienste ist in Anbetracht der habituellen Fernseh- und Hörfunknutzung sowie der zeitstrukturierenden Funktion der Programme nicht wahrscheinlich.

4.4.4 Zusammenfassung: Strukturmerkmale

Der Rundfunk gilt noch vor der Presse und den publizistischen Onlinemedien im WWW als wichtigstes Medium in Deutschland, insbesondere das Fernsehen kann als „Leitmedium“ unserer Gesellschaft angesehen werden. Die Rundfunkrezipienten nutzen Hörfunk und Fernsehen häufiger und länger als alle anderen Medien: Rund vier Fünftel der Menschen nutzen Rundfunk täglich, das Radio meist tagesbegleitend im Durchschnitt drei Stunden, das Fernsehen meist am Abend ebenfalls rund drei Stunden.[258] Allerdings ist die Zahlungsbereitschaft für das immaterielle öffentliche Gut Rundfunk gering, sodass die Rezipienten mit einem staatsvertraglich festgelegten Rundfunkbeitrag für das „Duale System“ und insbesondere die öffentlich-rechtlichen Programme bezahlen, während sich der privatrechtliche Rundfunk ganz überwiegend (Ausnahme: Pay-TV) indirekt über die Werbung finanziert. Die Anteile der Programmveranstalter an den neuen Zusatzgebühren sowie Merchandising, Programmhandel, Call Media etc. wirken lediglich als ergänzende Finanzierungsquellen.

Die Veranstaltung von Rundfunk ist ein voraussetzungreicher, technisch und ökonomisch anspruchsvoller Prozess, der arbeitsteilig in Organisationen und Netzwerken von Unternehmen entlang einer Wertschöpfungskette verläuft: Dabei wirken Produktionsunternehmen, Rechtehandel und Verwertungsgesellschaften mit den Programmveranstaltern zusammen, die aus publizistikwissenschaftlicher Sicht im Mittelpunkt des Interesses stehen. Sie stellen spezifische Voll- und Spartenprogramme zusammen, entscheiden also letztlich darüber, was tatsächlich publiziert wird. Dabei verfolgen öffentlich-rechtliche und privat-kommerzielle Hörfunk- und Fernsehveranstalter unterschiedliche Unternehmensziele und Erlösmodelle: Der öffentlich-rechtliche Rundfunk dient der Erfüllung eines umfassenden gesellschaftlichen Funktionsauftrages und kommt deshalb in den Genuss

[258] Vgl. Media Perspektiven Basisdaten (2016, S. 69–70). Die Daten beziehen sich auf das Zeitbudget; diejenigen, die tatsächlich fernsehen, verbringen durchschnittlich sogar 221 Min. vor dem Bildschirm.

von Rundfunkbeiträgen. Er muss besondere Anforderungen an die Inhalte und die Qualität von Programmen erfüllen, die in Richtlinien niedergelegt und deren Einhaltung durch Rundfunkräte gesellschaftlich kontrolliert werden soll. Der privatrechtliche Rundfunk ist in Form gewerblicher Unternehmen organisiert und verfolgt mit seinen Programmen primär das Ziel der Profitmaximierung. Auch wenn die normativen Anforderungen hier geringer sind, bedarf die Veranstaltung privaten Rundfunks einer Zulassung und unterliegt der externen Aufsicht der Landesmedienanstalten. Die privaten Programme orientieren sich an hohen Publikumsreichweiten, die Erlöse auf dem Werbemarkt ermöglichen, oder an der Befriedigung kaufkräftiger Nachfrage für bestimmte Programmangebote (Pay-TV). Während die Verbreitung von Rundfunkprogrammen über Satellit, terrestrische Sender, Kabel und das Internet DSL (VDSL) in der Regel organisatorisch von den Programmveranstaltern getrennt ist, sind diese zunehmend mit Produktionsunternehmen, Werbevermarktern und anderen Medienunternehmen aus dem Pressesektor verflochten. ARD und ZDF sowie RTL Group und ProSiebenSat.1 AG verfügen über „Senderfamilien" mit Voll- und Spartenprogrammen, die den Fernsehmarkt dominieren.

Im Hörfunk teilen sich die Landesrundfunkanstalten der ARD und die Privatradios den Markt, wobei die Vielzahl der privaten Lokal- und Regionalradios nicht darüber hinwegtäuschen kann, dass wiederum die großen Anbieter – meist Presseverlage – dominieren. Die Rundfunkunternehmen verfolgen Integrations- und Konzentrationsstrategien auf horizontaler Ebene (Senderfamilien und Radioketten) wie vertikal entlang der Wertschöpfung (Rückwärtsintegration von Produktionsfirmen, Vorwärtsintegration von Programmvermarktern und -verwertern) und diagonal im Sinne eines crossmedialen Verbundes sowie internationaler Aktivitäten. Eine neue Konkurrenz erwächst dem linearen Hörfunk durch digitale Plattformen: Vor allem Streamingdienste wie Spotify, Deezer, Soundcloud und Apple Music gewinnen an Reichweite und sie verfügen im Gegensatz zu den klassischen Hörfunkanbietern über Nutzerdaten, die sich für personalisierte Targeting-Werbung eignen. Hinzu kommt, dass sich diese Anbieter nicht mehr auf die personalisierten Playlist-Auswahl von Musik beschränken, sondern selbst rundfunktypische Wortbeiträge produzieren oder zukaufen (vgl. BLM 2016, S. 21–25). Die privaten und die öffentlich-rechtlichen Hörfunkveranstalter haben 2014 gemeinsam die Plattform radioplayer.de gegründet, auf der 400 Radioprogramme live gestreamt werden und über stationäre oder mobile Endgeräte genutzt werden können (vgl. BLM 2016, S. 24).

Insgesamt 62 öffentlich-rechtliche und 268 privatrechtliche Radioprogramme gibt es auf dem deutschen Hörfunkmarkt, der regional strukturiert ist. Mit Ausnahme der Angebote von Deutschlandradio und den Auslandsprogrammen der Deutschen Welle sind die öffentlich-rechtlichen Hörfunkprogramme auf die Länderebene, die privaten auf Landes- oder Lokalebene ausgerichtet. Ob Zahl und vor allem Reichweite der bundesweiten privaten Hörfunkprogramme zunehmen werden, hängt am Markterfolg des digitalen Standards DAB+. Im Fernsehsektor kommen ARD und ZDF mit insgesamt 19 Programmen auf einen Publikumsanteil von rund 50 %. Auf der Seite der privaten Programme, von denen es (einschließlich der 89 Pay-Programme) rund 390 in Deutschland gibt, dominiert das Duopol der beiden großen Senderfamilien RTL Group (Bertelsmann) und ProSiebenSat.1 mit zusammen rund 40 %. Der Fernsehmarkt ist national strukturiert, regionale und lokale Programme werden entweder als Programmfenster oder als ökonomisch prekäres „Ballungsraumfernsehen" angeboten. Im Gegensatz zu anderen Mediensystemen spielt Pay-TV in Deutschland eine zunehmende aber noch immer international vergleichsweise untergeordnete Rolle.

Neben der Dualität von öffentlich-rechtlichen und privatrechtlichen Programmen bilden die hohe vertikale und horizontale Marktkonzentration sowie die Verflechtung der privaten Programmveranstalter mit anderen Mediensektoren wesentliche Strukturmerkmale.

Aus der Organisationsperspektive können die wesentlichen Grundzüge des Rundfunks in Deutschland auf der Meso- und Makroebene (vgl. Tab. 4.23) wie folgt zusammengefasst werden:

Das Neben-, Gegen- und Miteinander öffentlich-rechtlicher und privatrechtlicher Rundfunkorganisationen ist das zentrale Kennzeichen der heutigen Rundfunkstruktur in Deutschland. Sie ist das Ergebnis eines normativ aufgeladenen und konfliktträchtigen politischen Prozesses, der bereits in den 1950er Jahren einsetzte und durch parteipolitische Machtinteressen, den Streit zwischen Bund und Ländern um die Rundfunkkompetenz sowie wirtschaftliche Interessen insbesondere von Presseverlegern geprägt war. Im Zuge dieser rundfunkpolitischen Entwicklung sowie der mehrfach wiederkehrenden Konflikte um die Rundfunkgebühr etablierte sich das Bundesverfassungsgericht mit einer ganzen Reihe von Rundfunkurteilen als zentraler rundfunkpolitischer Akteur. Der Streit um die Etablierung des privaten Rundfunks mündete Mitte der 1980er Jahre in der faktischen und verfassungsrechtlich abgesicherten Gestalt eines „Dualen Rundfunksystems." Die nachhaltige Etablierung einer „dritten Säule" in Gestalt nicht-kommerzieller Bürgermedien ist nicht gelungen, sodass es nach Einschätzung vieler Kritiker zu einer allgemeinen Kommerzialisierung des Rundfunks, einer „Erosion der Gemeinwohlorientierung" (vgl. Jarren 1994; Eifert und Hoffmann-Riem 1999, S. 83) und dem Verlust von Programmqualitäten durch eine Angleichung von öffentlich-rechtlichen und privatrechtlichen Angeboten (Programmkonvergenz) gekommen ist, während ein nennenswerter Zugewinn an publizistischer Vielfalt nicht zu konstatieren ist.

Die Grundzüge des „dualen Systems" mit den jeweils spezifischen Regulierungen für den öffentlich-rechtlichen und den privatrechtlichen Rundfunk sind im Rundfunkstaatsvertrag

Tab. 4.23 Organisation des Rundfunks

Mesoebene	• Beitrags- bzw. mischfinanzierte öffentlich-rechtliche Anstalten in Selbstverwaltung • Werbefinanzierte kommerzielle Programmveranstalter als Teil integrierter Rundfunk- und Medienkonzerne • Strategische Verbund- und Größenvorteile • Schwach entwickelt: kommerzielles Pay-TV • Marginal: nicht-kommerzielle Bürgermedien
Makroebene	• Vielzahl von Rundfunkprogrammen • Regional und sektoral ausdifferenzierte Programme • Dualer Markt mit begrenztem und ungleichem Wettbewerb • Partiell gekoppelte Publikums- und Werbemärkte • Marktversagen: hohe Konzentration (doppeltes Duopol) und hohe Eintrittsbarrieren

(RStV) von 1991 in der jeweils letzten Fassung (derzeit: Neunzehnter Rundfunkänderungsstaatsvertrag vom Oktober 2016) sowie hinsichtlich des Jungendmedienschutzes im Jugendmedienschutzstaatsvertrag (JMStV) festgeschrieben. Neben dem Jugendschutz zählen die Regulierung von Werbung und die Verhinderung von publizistischer Machtkonzentration zu den Hauptzielen der Rundfunkaufsicht, die für den privaten Rundfunk durch 14 Landesmedienanstalten und deren gemeinsame Kommissionen und Organe (KJM, KEK, ZAK, GVK) erfolgt. Ergänzend fungiert die Freiwillige Selbstkontrolle Fernsehen (FSF) als bracheninterne Institution der Programmaufsicht für das private Fernsehen. Der Begriff „dual" suggeriert, dass es sich bei beiden Säulen um gleichartige oder zumindest gleichwertige Bausteine handelt; der „System"-Begriff suggeriert, dass es sich um das Ergebnis gründlicher, nur an der Lösung von Sachproblemen orientierter Planung handelt. Beides ist beim „dualen Rundfunksystem" wie der Blick auf die politische Entstehung und die aktuelle Situation zeigen, nicht der Fall: Funktionsauftrag bzw. Unternehmensziel, Erlösmodelle, Programme, normative Anforderungen und Rundfunkaufsicht unterscheiden sich deutlich; die Existenzmöglichkeit der privaten Programmveranstalter ist an Bestand und Entwicklung der öffentlich-rechtlichen Seite gebunden.

Neben den Bundesländern, die in Deutschland verfassungsrechtlich für den Rundfunk zuständig sind, tritt seit Ende der 1980er Jahre verstärkt die Europäische Union als gestaltende Kraft im Rundfunk auf. Wesentliche Impulse für die Deregulierung des Rundfunks und die Programmaufsicht (Werbung, Jugendschutz) gehen auf die Europäische Fernsehrichtlinie von 1989 und ihre novellierte Fassung von 1997 zurück. Die Fernsehrichtlinie wurde im Dezember 2007 von einer Richtlinie über audiovisuelle Mediendienste, die sog. AVMD-Richtlinie der EU abgelöst, die der Konvergenzentwicklung Rechnung trägt und 2010 bei der 13. Novelle des deutschen Rundfunkstaatsvertrages umgesetzt wurde. Die europäische Kommission ist wiederholt mit Fragen der Medienkonzentration sowie der Zulässigkeit der Gebühren- bzw. Beitragsfinanzierung des öffentlich-rechtlichen Rundfunks (Problem der Beihilfe) befasst gewesen und wird voraussichtlich weiter an Bedeutung für die künftige Struktur des dualen Rundfunks gewinnen.

Aus der Institutionalisierungsperspektive können daher die folgenden Strukturmerkmale des Rundfunks festgehalten werden (vgl. Tab. 4.24).

Wichtige Quellen und Websites zum Rundfunk

Über die Entwicklung der Fernsehprogramme sowie die aktuelle Rundfunkprogrammforschung der Landesmedienanstalten informieren zwei jährlich erscheinende Publikationen:

- *Die Medienanstalten – Jahrbuch 2016/2017.* Landesmedienanstalten und privater Rundfunk in Deutschland. Berlin: Vistas 2016, bzw. online: www.die-medienanstalten.de/fileadmin/Download/Publikationen/ALM-Jahrbuch/Jahrbuch_2017/Medienanstalten_Jahrbuch_2016-17_Web-PDF.pdf
- Die Medienanstalten (Hrsg.): *Contentbericht 2016.* Forschung, Fakten, Trends. Leipzig: Vistas 2016; bzw. online: www.die-medienanstalten.de/fileadmin/Download/Publikationen/Programmbericht/2016/ Content-Bericht_2016_web.pdf

Tab. 4.24 Institutionalisierung des Rundfunks

Mesoebene	• Grundversorgung und Funktionsauftrag (ÖR)[a] • Binnenpluralismus (ÖR) • Kooperation (ÖR) • Reichweiten- und Profitmaximierung unter qualitativen Mindeststandards (PR)[b] • Konkurrenz und Konzentration (PR)
Makroebene	• Rundfunkfreiheit Art. 5 GG • Länderkompetenz und föderale Struktur • Staatsverträge und Urteile des Bundesverfassungsgerichts • Medium und Faktor der Meinungsbildung • Rundfunk als öffentliches Gut (Meritorik) bzw. Kultur- und Wirtschaftsgut (Sichtweise der EU) • Staatsferne Markt- und Programmregulierung als Governance • „Duales System“ und duale Regulierung: interne Gremien und externe Landesmedienanstalten u. Selbstkontrolleinrichtungen

[a]Öffentlich-rechtliche Anstalten
[b]Privatrechtliche Programmveranstalter

- Über die Medienkonzentration insbesondere im Rundfunk informieren die Analysen der KEK, online verfügbar unter: www.die-medienanstalten.de/fileadmin/Download/Publikationen/KEK_Konzentrationsberichte/Fuenfter_Medienkonzentrationsbericht_KEK_2015.pdf; zudem gibt es Jahresberichte der KEK, online unter: http://www.kek-online.de/fileadmin/Download_KEK/Informationen_Publikationen/Cover_18._JB_KEK_web.jpg
- Über den Kinder- und Jugendmedienschutz in Rundfunk und Onlinemedien informieren die Berichte der KJM, online unter: www.kjm-online.de/fileadmin/Download_KJM/Service/Berichte/Siebter-Taetigkeitsbericht_der_KJM_2015-2017_web.pdf

ARD und ZDF informieren mithilfe ihre Website bzw. online verfügbaren Jahrbücher und Informationsbroschüren über ihre Organisation und Finanzen:

- www.ard.de/home/intern/fakten/Transparenz__Die_ARD_in_Zahlen___Uebersichtsseite/307850/index.html
- https://www.zdf.de/zdfunternehmen/zdf-jahrbuch-100.html

Weitere Informationen zur wirtschaftlichen Seite des öffentlich-rechtlichen Rundfunks enthält der zweijährlich erscheinende Bericht der Kommission zur Ermittlung des Finanzbedarfs der Rundfunkanstalten (KEF), zuletzt der 2016 erschienene 20. KEF-Bericht: kef-online.de/fileadmin/KEF/Dateien/Berichte/20._Bericht.pdf

Als Standardwerk zur deutsche Rundfunkgeschichte und -politik bis 1980 gilt:

- *Rundfunk in Deutschland.* Hrsg. v. Hans Bausch, 5. Bde. 2, München: dtv 1980.

Die rundfunkpolitische Entwicklung im Dualen System behandeln die Sammelbände

- *Rundfunkpolitik in Deutschland.* Wettbewerb und Öffentlichkeit. Hrsg. v. Dietrich Schwarzkopf. München: dtv 1999.

Über Organisation, Tätigkeit und rundfunkpolitische Positionen informieren die Websites der Freiwilligen Selbstkontrolle Fernsehen (FSF) sowie des Branchenverbands VPRT bzw. VAUNET

- http://www.fsf.de/
- http://www.vprt.de/

Staatsverträge aller Länder

- *Rundfunkstaatsvertrag (RstV):* Staatsvertrag für Rundfunk und Telemedien (Rundfunkstaatsvertrag – RStV –) vom 31.08.1991, in der Fassung des Neunzehnten Staatsvertrages zur Änderung rundfunkrechtlicher Staatsverträge (Neunzehnter Rundfunkänderungsstaatsvertrag) in Kraft getreten am 01.10.2016; online unter: www.die-medienanstalten.de/fileadmin/Download/Rechtsgrundlagen/Gesetze_aktuell/19_RfAendStV_medienanstalten_Layout_final.pdf [07.05.2017].
- *Staatsvertrag für Rundfunk und Telemedien (Rundfunkstaatsvertrag - RStV)* vom 32. August 1991 in der Fassung des Zwanzigsten Staatsvertrages zur Änderung rundfunkrechtlicher Staatsverträge (Zwanzigster Rundfunkänderungsstaatsvertag) in Kraft seit dem 1. September 2017; online unter: https://www.die-medienanstalten.de/fileadmin/user_upload/Rechtsgrundlagen/Gesetze_Staatsvertraege/Rundfunkstaatsvertrag_RStV.pdf [7.3.2018]
- *Jugendmedienschutz-Staatsvertrag:* Staatsvertrag über den Schutz der Menschenwürde und den Jugendschutz in Rundfunk und Telemedien (Jugendmedienschutz-Staatsvertrag – JMStV) in der Fassung des Neunzehnten Staatsvertrages zur Änderung rundfunkrechtlicher Staatsverträge
(Neunzehnter Rundfunkänderungsstaatsvertrag); online unter: http://fsf.de/service/downloads/jmstv/ [07.05.2017].
- *ZDF-Staatsvertrag:* ZDF-Staatsvertrag vom 31. August 1991, in der Fassung des Siebzehnten Staatsvertrages zur Änderung rundfunkrechtlicher Staatsvertrage (Siebzehnter Rundfunkänderungsstaatsvertrag), in Kraft seit 1. Juni 2016; online unter: www.zdf-werbefernsehen.de/fileadmin/user_upload/zdfwerb/pdf/sonstiges/20161_ZDF-Staatsvertrag.pdf [07.05.2017].
- *DLR-Staatsvertrag:* Staatsvertrag über die Körperschaft des öffentlichen Rechts „Deutschlandradio" (Deutschlandradio-Staatsvertrag – DLR-StV –) vom 17. Juni 1993 zuletzt geändert durch Art. 3 des Abkommens vom 3. Dezember 2015 (GVBl. 2016 S. 2); online unter: www.gesetze-bayern.de/Content/Document/BayDLR_StV [07.05.2017].
- *Rundfunkfinanzierungsstaatsvertrag:* Rundfunkfinanzierungsstaatsvertrag vom 26. August bis 11. September 1996, zuletzt geändert durch den Sechzehnten Rundfunkänderungsstaatsvertrags, in Kraft seit 1. April 2015 (§ 14 seit 1. Januar 2017); online unter:www.die-medienanstalten.de/fileadmin/Download/Rechtsgrundlagen/Gesetze_aktuell/RundfunkfinanzierungsStV_01.04.2015.pdf [16.08.2017].

- *Rundfunkbeitragsstaatsvertrag:* Rundfunkbeitragssaatsvertrag vom 15. Dezember 2010, zuletzt geändert durch den Neunzehnten Rundfunkstaatsvertrag, in Kraft seit 1. Januar 2017; online unter: http://www.mdr.de/unternehmen/organisation/dokumente/download3344-downloadFile.pdf [16.08.2017].

Richtlinie der Europäischen Union

- *AVMD-Richtlinie:* RICHTLINIE 2010/13/EU DES EUROPÄISCHEN PARLAMENTS UND DES RATES vom 10. März 2010 zur Koordinierung bestimmter Rechts- und Verwaltungsvorschriften der Mitgliedstaaten über die Bereitstellung audiovisueller Mediendienste (Richtlinie über audiovisuelle Mediendienste); online unter: eur-lex.europa.eu/legal-content/DE/TXT/HTML/?uri=LEGISSUM:am0005&from=DE [16.08.2017].
- *Fernsehrichtlinie von 1989:* RICHTLINIE 89/552/EWG DES EU-RATES vom 3. Oktober 1989 zur Koordinierung bestimmter Rechts- und Verwaltungsvorschriften der Mitgliedsstaaten über die Ausübung der Fernsehtätigkeit (Fernsehrichtlinie) (Abl. L 298 vom 17.10.1989, S. 23); online verfügbar unter: eur-lex.europa.eu/legal-content/DE/TXT/PDF/?uri=CELEX:31989L0552&from=DE [16.08.2017].

4.5 Onlinemedien

Wichtig Im folgenden Kapitel werden zunächst die aus publizistikwissenschaftlicher Sicht für das Mediensystem relevanten Onlinemedien als diejenigen bestimmt, die zumindest potenziell der öffentlichen Kommunikation dienen. Als wesentlicher Teil „des Internets" werden dann die Strukturen der publizistischen Angebote im World Wide Web näher analysiert. Dabei folgen wir zunächst den Kommunikations- und Wertschöpfungsprozessen vom Ausgangspartner der Kommunikation (Urheber) bis hin zum Online-User, um die wesentlichen Akteure und ihre Rollen zu beschreiben: Access-, Service- und Content-Provider sowie die Betreiber von Metamedien, Suchmaschinen und Social Media-Plattformen wirken in der publizistischen Onlinekommunikation zusammen. Für die Nutzer eröffnen sich zum einen neue, selektive Nutzungs- bzw. Zugriffsmöglichkeiten auf traditionelle Medienprodukte und Angebote bekannter Presse- oder Rundfunkorganisationen, durch neue Intermediäre (Suchmaschinen, Social Media Networks) zum Teil algorithmisch aggregierte Angebote sowie neue Möglichkeiten selbst zu publizieren.

Ein Blick auf den Markt zeigt, dass die theoretisch sehr niedrigen Marktzutrittsbarrieren bei der öffentlichen Onlinekommunikation in der Praxis nicht für eine Dominanz der Peer-to-Peer-Kommunikation unter gleichberechtigten „Bürgern im Netz" führt, sondern sich neben den großen Medienkonzernen neue kommerzielle Anbieter wie Google oder Facebook etablieren konnten. Nutzer- und Werbemarkt sind trotz der Vielzahl der Anbieter in hohem Maße konzentriert. Ein funktionierendes Geschäftsmodell für ein genuines Online-Qualitätsmedium öffentlicher Kommunikation, das unabhängig von den etablierten publizistischen Medien wäre, existiert derzeit in Deutschland nicht: Nur 12 „professionell-journalistische Nur-Internetangebote und Portale mit nationaler Ausrichtung", die aktuell und universell (also nicht thematisch spezialisiert) berichten, wurden 2014 in Deutschland betrieben. Die etablierten Medien waren hingegen mit 139 Online-Ablegern präsent (vgl. Neuberger et al. 2014, S. 36–40).

Hinsichtlich der Regulierung der Onlinekommunikation haben sich spezifische Institutionen der Co-Regulierung entwickelt: Die Kernkompetenzen für die öffentliche Onlinekommunikation liegt bei den Bundesländern, weitere Kompetenzen beim Bund sowie übergreifend bei der EU. Technische Normen und Standards sowie viele Verhaltensnormen werden durch die Nutzer selbst ausgehandelt und Fragen der Inhalteregulierung werden maßgeblich durch die Freiwillige Selbstkontrolle Multimedia geregelt, die durch die Kommission für Jugendmedienschutz (Landesmedienanstalten) anerkannt ist. Die großen Plattformbetreiber setzen aufgrund ihrer starken Marktmacht auch selbst Normen, etwa in Gestalt von Allgemeinen Geschäftsbedingungen, Nutzungsregeln oder durch die Implementation von bestimmten technischen Strukturen (Default-Einstellungen, Algorithmen etc.). Internet und Onlinekommunikation stellen also keineswegs einen rechtsfreien Raum dar, aufgrund des internationalen und innovativen Charakters wohl aber eine Herausforderung für nationale Regulierer.

4.5.1 Onlinemedien als technisch basiertes Zeichensystem

In der öffentlichen Debatte (und leider bis in die Fachliteratur hinein) wird „das Internet" gerne als „Medium" bezeichnet, noch dazu oft als „neues", obwohl wir es seit über vier Jahrzehnten benutzen. Wenn man einen publizistik- und kommunikationswissenschaftlich fundierten Medienbegriff verwendet, also den Blick nicht nur auf das technische Medium richtet, sondern Zeichenverwendung, Organisation und Institutionalisierung beachtet, kommt man zu einem differenzierten Bild. „Das Internet" entpuppt sich dann nämlich als die technische Basis (ein Datenübermittlungsprotokoll) mit vielfältigen Anwendungsformen, von denen nur einige als Kommunikationsmedien zu begreifen sind.

▶ Das Internet ist eine technische Infrastruktur aus miteinander vernetzen Telekommunikationsnetzen, in denen digitale Daten paketvermittelt über das Internet-Protokoll (IP) übermittelt, genauer gesagt mittels Client-Computern (Home PC, Netbook oder andere mobile Geräte) von Server-Computern abgerufen werden können.[259]

[259]Das Internet ist durch eine physikalische Infrastruktur (Server-, Client-, Proxyrechner sowie Leitungs-, Funk- und Satellitenverbindungen) zur Übertragung digitaler Daten in Form bestimmter Protokolle wie IP, TCP etc. definiert. Weitere Darstellungs- und Anwendungsprotokolle wie FTP (File Transfer), SMTP (Mail) oder HTTP (Hypertext/WWW) sowie Programmiersprachen (wie HTML oder VRML) bilden die technische Grundlage verschiedener Modi der Onlinekommunikation.

Techniksoziologisch gesehen ist das Internet damit nur ein *Medium erster Ordnung,* erfüllt aber nicht alle Ansprüche an ein Medium im kommunikationswissenschaftlichen Sinn. Die digitale Form der Daten erleichtert die Kombination unterschiedlicher Zeichensysteme auf derselben Plattform; die Zeichentypen sind durch das Internet-Protokoll (IP) im Gegensatz zu den bislang behandelten Medien gerade nicht definiert. Wozu genau diese Daten dienen, wie sie in für Menschen wahrnehmbare Zeichen dekodiert werden, welche Informationen Menschen daraus möglicherweise gewinnen und nach welchen Regeln sich Kommunikationspartner dieser Medientechnik bedienen, also die Formen der Institutionalisierung und Organisation, werden durch die technische Basis, das Medium erster Ordnung, nicht festgelegt. Wir haben bereits in den vorangegangenen Kapiteln gesehen, dass das Internet als technische Infrastruktur längst auch von den bekannten Medienorganisationen genutzt wird, um Bücher, Zeitungen und Zeitschriften (E-Book, E-Paper), Rundfunkprogramme oder Filmangebote zu vetreiben. Diese Innovationen haben medienökonomische (Kostenvorteile, Marktveränderungen etc.) und zum Teil auch publizistische Folgen (Angebotsvielzahl und -verfügbarkeit, ggf. -vielfalt). In diesem Kapitel soll es nun stärker darum gehen, die strukturelle und publizistische Bedeutung derjenigen Onlinemedien zu analysieren, die als Medium zweiter Ordnung verstanden werden können.

Die mediensystematische Analyse versteht daher Onlinemedien als *Medien zweiter Ordnung,* um konkrete Zeichensysteme, Institutionalisierungen und Organisationsweisen in den Blick zu nehmen, denn Onlinemedien unterscheiden sich erheblich in ihren kommunikativen Funktionen und sozialen Bezügen:

Beispiel

- Während E-Mails überwiegend als textbasierte, asynchrone Form der privaten oder geschäftlichen Kommunikation in Dialogform (Dyaden) oder kleinen Gruppen genutzt wird,
- integrieren Social Network Services eine ganze Reihe privater, teilöffentlicher und öffentlicher Kommunikationsformen
- und die Websites des World Wide Web sind nicht nur öffentlich zugänglich, sondern dienen (zumindest potenziell) öffentlicher Kommunikation.

Die Medien der Onlinekommunikation weisen außer dieser komplexen sozialen und funktionalen Mehrebenenstruktur weitere Besonderheiten auf:

- *Multikodalität:* Die digitalen Medien erlauben eine Vielfalt und Kombinatorik verschiedener Zeichensysteme, was vielfach unter dem Schlagwort „Multimedia" beschrieben wurde. Im Grunde kennen wir die Kombinatorik unterschiedlicher Zeichensysteme bereits von den Printmedien (Schrifttext, Grafik, Foto) sowie von Film und Fernsehen (Stehbild, Bewegtbild, Schrifttext, Sprachtext, Musik). Aus zeichentheoretischer Sicht handelt es sich hierbei nicht um mehrere Medien, sondern um eine Kombination unterschiedlich codierter Daten oder um *„Multikode"* (Doelker 1998,

S. 37): Visuelle, auditive, bereits kombinierte Texte sowie Schrifttext werden entweder additiv nebeneinander gestellt oder zu einem neuen, nicht-linearen Gesamttext vernetzt („verlinkt").

- *Hypertextualität:* Erst wenn die verschieden kodierten Daten und damit unterschiedliche Zeichensysteme so stark miteinander verknüpft sind, dass bei der Nutzung ein semantischer Mehrwert erzeugt wird, ist ein *Hypertext*[260] entstanden. Onlinemedien wie das World Wide Web erweitern die Möglichkeiten intertextueller Verweise durch globale Vernetzung, hohe Speicherkapazität, standardisierte Formate und Multikodalität erheblich.
- *Medienintegration (Konvergenz):* Als Medium erster Ordnung bietet das Internet eine technische Infrastruktur oder Plattform für unterschiedliche Medien zweiter Ordnung. Mithilfe derselben Hardware (Endgeräte, Netze) und zunehmend multifunktionaler Software gelingen Zugriff bzw. Nutzung verschiedener Medien nahezu bruchlos über dieselben Browsersoftware-Schnittstellen (Interfaces), vor allem über die graphische Benutzeroberfläche des World Wide Web. Im Prozess der Nutzung werden Medienbrüche immer weniger deutlich erfahren; das Internet wirkt insofern als Medium der Medienintegration, über das Telekommunikationsmedien wie E-Mail, Textmessaging oder Sprachtelefonie sowie publizistische Medien wie Hörfunk, Fernsehen und Presse zusammenwachsen (konvergieren).
- *Interaktivität:* Hypertexte und Hypermedia-Umgebungen erleichtern und erfordern die individuelle und selektive Nutzung sowie die aktive nutzerseitige Mitwirkung durch Kommentierung, Zitierung und Verweise (qua Link). Als weiteres wichtiges Merkmal der Onlinekommunikation gilt daher die Interaktivität, die als Potenzial in allen Telekommunikationsvermittlungsnetzen angelegt ist: Telefonkommunikation ist das alt bekannte und viel genutzte Paradigma synchroner Dialogkommunikation, bei der die Sprecherrollen wechseln. Die digitalen Onlinemedien erleichtern solche Teledialoge besonders preiswert und über große Entfernungen, synchron oder asynchron und vor allem in Kombination aller Zeichentypen.
- *User Generated Content und „Social Media":* Prinzipiell sind spätestens seit der Etablierung des World Wide Web[261] auch Laien aufgrund einfach zu handhabender Software und telekommunikativer Vernetzung in der Lage, Sprache, Text, Steh- und Bewegtbild etc. beliebig zu kombinieren und online zu kommunizieren. Sie können damit leichter als jemals zuvor ohne Wechsel des Mediums (Medienbruch) bzw. mithilfe eines anderen Onlinemediums auch an teilöffentlicher oder öffentlicher Kommunikation

[260] Texte für eine nicht-lineare Lektüre sind nichts Neues, wie dieses Buch vor Augen führt: Kommentare, Fußnoten(!), Register, Querverweise, Exkurse, Marginalien sowie Texte, die auf andere Texte verweisen (Sekundärliteratur, Rezensionen usw.).

[261] Die Einführung von Content Management Systemen (CMS) und besonders nutzerfreundlicher Software, die schlagwortartig als „Web 2.0" bezeichnet werden, hat die Schwelle für die Beteiligung der nicht-professionellen User weiter gesenkt.

teilnehmen.[262] Die Kommunikationspartner bedienen sich dabei spezifischer Onlinemedien, d. h. sie greifen auf institutionalisierte Regeln zurück und nehmen organisierte Mediendienste in Anspruch. Die traditionelle Abgrenzung zwischen kommunikativen Rollen (Ausgangspartnern und Zielpartnern) einerseits und Vermittlungsrollen (professionellen Journalisten) andererseits wird flexibler; die Rollen der Produktion und der Nutzung (Usage) von Kommunikaten verschmelzen im Prozess der „Produsage" (Bruns 2008). Die Etablierung von Social Media Network Services bzw. Plattformen wie Facebook, Twitter, Youtube, Whatsapp, Instagramm etc. hat die Onlinekommunikation erheblich verändert: Die individuelle Kommunikation an begrenzte Öffentlichkeiten (Freunde, Bekannte, Verwandte, Kollegen), die Bereitstellung und Empfehlung von User Generated Content, die journalistischen Angebote professioneller Medien, Werbung und PR als Komponenten der öffentlichen Kommunikation vermischen sich hier auf neuartige Weise. Strukturiert werden die Kommunikationsflüsse dabei nicht ausschließlich von den Nutzern (wie die irreführende Attribution als „soziale Medien" unterstellt), sondern durch die kommerziellen Plattformbetreiber und ihre datengetriebenen Geschäftsmodelle.

Die Vielfalt der internetbasierten Onlinemedien mit ihren unterschiedlichen Funktionen zwischen Individual-, Gruppen- und öffentlicher Kommunikation bildet keine geschlossene Einheit, die mit den „klassischen" Medien Buch, Presse oder Rundfunk vergleichbar wäre. Hinzu kommt, dass technische und ökonomische Konvergenzprozesse die Abgrenzung zwischen Onlinemedien und „Offlinemedien" zunehmend obsolet werden lässt (vgl. Beck 2006, S. 12–39).

4.5.2 Organisation und Institutionalisierung der Onlinemedien

4.5.2.1 Akteure und Leistungen

Bei der Darstellung des Mediensystems der Bundesrepublik stehen die publizistisch relevanten Formen und Märkte der Onlinemedien im Mittelpunkt des Interesses. Die netzbasierte Individualkommunikation besitzt zweifellos eine hohe gesellschaftliche und ökonomische Bedeutung, wird hier aber ebenso wenig untersucht wie Brief- oder Telefonkommunikation als vergleichbare Formen sozialer Kommunikation. Als grenzwertig sind Varianten der netzbasierten halböffentlichen Gruppenkommunikation einzustufen, insbesondere die vermeintlich neuen „Social Media" im „Web 2.0." Einmal von den unglücklichen und aus kommunikationswissenschaftlicher Sicht irreführenden

[262] Ob und in welchem Maße tatsächlich öffentlich kommuniziert wird, hängt nicht von der Medientechnik ab, die nur eine notwendige Voraussetzung ist. Öffentlich sichtbare Kommunikate müssen erst einmal rezipiert und Referenz von Anschlusskommunikation werden, bevor Kommunikation gelingt. Mit den vereinfachten Publikationsmöglichkeiten sinkt die Wahrscheinlichkeit hierfür dramatisch.

Bezeichnungen abgesehen,[263] stellt sich die Frage, ob und in welchem Maße zumindest Blogs und Microblogs über die individuelle Nutzung hinaus zur öffentlichen Meinungsbildung beitragen. Nach dem gegenwärtigen Stand ist in Deutschland sowohl thematisch als auch in Bezug auf ihre Reichweite nur ein äußerst kleiner Teil der Blogosphäre publizistisch relevant,[264] und das oft nur in indirekter Form: Entweder dienen Themen und Meinungen aus Blogs als Quellen für Nachrichten und Ideen oder sie dienen im gestuften Prozess gesellschaftlicher Kommunikation der Anschlusskommunikation von publizistischen Medienangeboten. Ein größere Bedeutung haben die Suchmaschinen und vor allem die Social Network Services (Sozialen Netze) für die öffentliche Kommunikation erlangt; nicht so sehr weil sie selbst redaktionelle Leistungen im Sinne von Recherche und Präsentation erbringen würden, sondern weil sie aufgrund ihrer sehr hohen Nutzerzahl und ihrer Selektionslogik als Aggregatoren und Filter Einfluss auf die Themen, Nachrichten und Meinungen nehmen, die von den Menschen wahrgenommen werden (können). Allerdings wird diese Bedeutung in der gegenwärtigen Debatte tendenziell überschätzt (vgl. Die Medienanstalten 2016, S. 28–37).

Wir konzentrieren uns im Folgenden also auf diejenigen Onlinemedien, die als Teil des publizistischen Mediensystems einem breiten Publikum Medieninhalte („Content") zum Zweck der Information, Unterhaltung, Bildung und Beratung bieten, und verzichten sowohl auf die Analyse von Spezialangeboten (Electronic-Government, E-Learning usw.) als auch auf die Darstellung von Geschäftskommunikation („business-to-business" oder „b2b") und Electronic Commerce (E-Shopping, -Banking, -Booking), sofern es nicht um die Vermarktung von digitalen publizistischen Onlinemedieninhalten geht.[265]

Allerdings muss hier zumindest auf zwei Netzspezifika mit möglicherweise weitreichenden Folgen für die Medienwirtschaft hingewiesen werden:

- *„Long Tail-Effekt":* Die Bereitstellungs- und Vertriebskosten sind online bei digitalen Medienprodukten so gering, dass es sich nun lohnt, außer Bestsellern und Hits auch Nischenprodukte mit geringer Nachfrage anzubieten. Während in analogen Märkten

[263]Die Bezeichnung Social Media suggeriert, dass andere Kommunikationsformen keine soziale Kommunikation darstellen. Zusammen mit der Marketingmetapher „Web 2.0" wird unterstellt, es handele sich um eine revolutionäre Veränderung der Netzkommunikation. Das trifft, wie ein Blick auf die zum Teil Jahrzehnte alten Dienste Newsgroups (Usenet), Bulletin Board Systems, Mailinglists, Internet Relay Chat, Instant Message und E-Mail sowie persönliche Websites zeigt, nicht zu. Richtig ist, dass durch komfortablere Software die Publikation im Web sowie die partizipative Nutzung und die Peer-to-peer-Kommunikation erheblich erleichtert wurden. Über die publizistischen und gesellschaftlichen Folgen wird man jenseits von Einzelfällen (Wikipedia, Wikileaks, Ebay) solide erst nach einer längeren Phase der Medienaneignung entscheiden können.

[264]Mit Blick auf autoritäre und totalitäre Staaten, in denen die Medienfreiheit für Presse und Rundfunk nicht gegeben ist, können Blogs und Microblogs sowie Facebookpräsenzen eine wichtige politisch-publizistische Funktion für die Selbstverständigung von Oppositionellen sowie zumindest vorübergehend als (allerdings unsichere) Quelle für ausländische Medien haben.

[265]E-Commerce bzw. der Onlineversandhandel und -verleih von nicht-digitalen Medienprodukten werden in den jeweiligen Themenkapiteln zum Buch bzw. Film behandelt.

mit materiellen Gütern nur wenige Produkte „am Kopf" der Nachfrage den meisten Umsatz erzielten, bringt es der „lange Schwanz" von nachrangig verkauften Produkten in der Summe zu einem ansehnlichen Umsatz, ohne dass die Kosten für deren digitale Lagerung und Vermarktung dies unrentabel machen. Der Umfang und potenziell auch die Vielfalt des Angebots nehmen daher in digitalen Märkten tendenziell zu, und dies gilt auch für Medienmärkte. Dieser sog. Long Tail-Effekt (vgl. Anderson 2007) trifft theoretisch auch für Medienangebote zu, ändert aber bislang wenig daran, dass sich das Publikumsinteresse stark auf wenige Angebote (meist bekannte und vertraute Marken) konzentriert – vielleicht gerade weil die Orientierung augrund des erweiterten Angebotes schwer fällt.

- *Netzwerk-Effekte:* Der individuelle Nutzen vieler Onlinemedien nimmt mit der Anzahl der übrigen Nutzer zu, d. h. wie beim Telefon ist es von Vorteil z. B. Mitglied in dem Social Network zu sein, das besonders viele andere Mitglieder hat. Oder es ist vorteilhaft, diejenige Suchmaschine zu nutzen, deren Suchalgorithmus deshalb am besten ist, weil er von vielen anderen genutzt wird. Solche Effekte werden (positive und direkte) Netzwerkeffekte genannt und führen tendenziell dazu, dass der größte Anbieter immer weiter wächst, während die kleineren Anbieter vom Markt verschwinden.
- *Disintermediation und Reintermediation:* Der digitale Vertrieb erleichtert zudem die Direktvermarktung durch die Produzenten, die ihre Angebote online stellen. Hierdurch können traditionelle Wertschöpfungsglieder, etwa Buchverlage und Plattenlabel, Videoprogrammanbieter sowie der Handel (Buchhandel, Phonohandel, Videothek) ausgeschaltet werden. Weil ein Intermediär (Zwischenglied) wegfällt, spricht man auch von Disintermediation (vgl. Dogruel und Katzenbach 2010, S. 115–118). Andererseits etablieren sich neue Intermediäre, die vor allem Orientierungs-, Navigations- und Selektionsleistungen erbringen bzw. Angebote auf Plattformen bündeln und damit eine neue Machtposition aufbauen. Wenn also beispielsweise zwischen die Fernsehprogrammveranstalter und die Zuschauer der Betreiber einer digiatlen Rundfunkplattform tritt, entscheidet dieser mit über das verfügbare Angebot.

Wenngleich hier also die medienökonomisch vielleicht wichtigsten Entwicklungen vorliegen, können sie an dieser Stelle nicht systematisch berücksichtigt werden.

Die Analyse von Institutionalisierung und Organisation der (publizistischen) Onlinekommunikation orientiert sich in weiten Teilen an der medienökonomischen Wertschöpfungskette (vgl. Abb. 4.15).[266] Dabei kann man zwischen einer einfachen und einer erweiterten Wertschöpfungskette unterscheiden, wobei letztere auch die aus publizistikwissenschaftlicher Sicht weniger relevanten Hersteller von Servern, Routern, Netzkabeln

[266] Die Darstellung folgt mit einigen Aktualisierungen im Wesentlichen Zerdick et al. (1999, S. 173–174); tendenziell entwickelt sich die Kette zu einem multimedialen Wertschöpfungsnetz, weil gesellschaftliche Kommunikation und Publizistik medienübergreifend verlaufen.

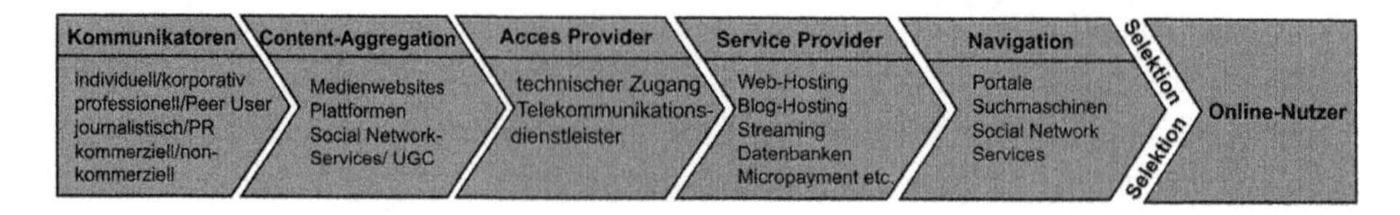

Abb. 4.15 Wertschöpfungskette publizistische Onlinekommunikation

und Clientrechnern umfasst. Wir konzentrieren uns stattdessen auf die am Prozess der Onlinekommunikation im engeren Sinne begrenzte Wertschöpfungskette, um die wesentlichen Akteure und Funktionen zu beschreiben. Als Ausgangspartner des Kommunikationsprozesses und erste Wertschöpfungsquelle kommen neben privaten Einzelanbietern kommerzielle und nicht-kommerzielle Organisationen in Betracht, die mit ihren Online-Angeboten ganz unterschiedliche Ziele verfolgen:

- Die einen suchen einen individuellen, ggf. künstlerischen Selbstausdruck in der Hoffnung auf kommunikative Resonanz,
- die Zweiten streben zum Beispiel als Interessenverband, politische Partei, zivilgesellschaftliche Nichtregierungsgruppen (NGO) oder Regierung nach öffentlicher Wahrnehmung und Einfluss auf den politischen Prozess.
- Die dritte Gruppe, die kommerziellen Unternehmen, nutzt Onlinekommunikation entweder als Werbe- und Absatzwege für Produkte aller Art, als Instrument der Corporate Communication im Rahmen ihrer Unternehmens-PR oder
- sie verfolgen ein eigenes Online-Geschäftsmodell (etwa durch Makler- oder Auktionatorfunktionen).
- Die für die Analyse des publizistischen Mediensystems wichtigste Gruppe der Onlinekommunikatoren sind professionelle Journalisten in (neuen und alten) Medienorganisationen, die digitalen „Content" für das Web produzieren.

Die zweite Stufe der Wertschöpfung bilden die Vermittlungspartner (Content-Provider), die eigene oder von Dritten beschaffte digitale Medieninhalte bewerten, selektieren, aggregieren und das gebündelte Paket als Angebot unter einer Webadresse (URL) zum Abruf bereitstellen (also auf einem Webserver hosten). Die publizistische Vermittlung kann allerdings bei den Onlinemedien nur gelingen, wenn auch die technische Übermittlung geleistet wird. Hierzu sind Online-Access- und Service-Provider in einer dritten Wertschöpfungsstufe notwendig. Die Schaffung des technischen Netzzugangs (Access) für alle an der Onlinekommunikation Beteiligten und der Betrieb eines heute meist breitbandigen Vermittlungsnetzes für die wechselseitige IP-basierte Datenkommunikation liegt in den Händen von Telekommunikationsdienstleistern (vgl. Abschn. 3.4) oder anderen spezialisierten Unternehmen, die keine Medienorganisationen im engeren Sinne darstellen.

Als vierte Wertschöpfungsstufe, ohne die der Kommunikationsprozess ebenfalls nicht gelingen könnte, gelten softwaregestützte Navigationsleistungen, also Browsersoftware und Suchmaschinen, die den Zugang zu den Inhalten erschließen, sowie Social Media

Netzwerke und Plattformen, die Content nicht nur Hosten, sondern durch Empfehlungen, Verlinkungen (Likes, Shares etc.) sowie profilgesteuerte Vorauswahlen (algorithmische Selektion) auch verbreiten. Ergänzend sind aus ökonomischer Sicht noch die Akteure hinzuzufügen, die Entgelt- und Finanzierungsströme der Onlinemedien organisieren: Neben den Telekommunikationsnetzbetreibern sind dies die Werbevermarkter (wie beim Rundfunk auf der Basis der Mediaforschung) und spezialisierte Onlinezahlungssysteme, die Micro- und Social Payment für E-Commerce und für Medienangebote ermöglichen (zum Beispiel PayPal bzw. Flattr).

4.5.2.2 Onlinezugang (Internet Access-Providing)

Alle großen Telekommunikationsunternehmen, die in der Regel auch Fest- und Mobiltelefonnetze oder Kabelfernsehnetze betreiben, bieten in Deutschland Zugang zum Internet an und stellen leitungsgebundene oder Funknetze für den Betrieb zur Verfügung. In Deutschland sind dies vor allem die aus dem früheren Staatsmonopolisten hervorgegangene und daher noch immer wettbewerbsstarke Deutsche Telekom AG (DTAG) sowie die beiden internationalen Telekomkonzerne Vodafone und Telefonica mit unterschiedlichen Markennamen; hinzu kommen einige regionale Anbieter wie NetCologne. Zu den für Endkunden wichtigen Internet Access-Providern zählen auch „Reseller" wie 1&1 und ecotel, die Kapazitäten ankaufen und weiter vermarkten, und nicht-kommerzielle Anbieter, beispielsweise die Rechenzentren der Universitäten.

Als Standard hat sich ein breitbandiger Netzzugang (DSL oder VDSL) etabliert, der auch die Bewegtbildübertragung ermöglicht; die Abrechnung erfolgt in der Regel als „Flatrate", also unabhängig von tatsächlicher Nutzungsdauer und Datenvolumen. Weite Verbreitung haben mobile Zugänge über Wireless Local Area Networks (W-LAN, WiFi) und Smart-Phones sowie Notebooks und Tablet-PC (UMTS bzw. LTE oder 4G)[267] gefunden. Der Anteil an DSL-Zugängen geht zugunsten mobilen Zugänge sowie der von den TV-Kabelbetreibern angebotenen zurück; per ISDN und Modem nutzen nur noch elf bzw. sieben Prozent der Onliner das Netz (vgl. HBI 2017, S. 70).

Bei den Onlinemedien handelt es sich wie beim Rundfunk um tertiäre, also allseitig technisierte Medien. Die Inhalte-Anbieter sind – stärker noch als beim Rundfunk – auf den Ausbau der technischen Infrastruktur und die technische Servicequalität angewiesen. Die Bandbreiten der Übertragungswege und damit die Übertragungsgeschwindigkeiten sind Erfolgsfaktoren vor allem für aufwändige Bewegtbildangebote sowie mobile Anwendungen. Insofern kommen den Telekommunikationsunternehmen aber auch staatlicher Förderpolitik eine wichtige Rolle zu, denn sie entscheiden beispielsweise über den Ausbau von Breitbandkapazitäten.

[267]Hierbei handelt es sich um unterschiedlich leistungsfähige Mobilfunkstandards. Auf den GSM-Standard folgte Universal Mobile Telcommunications Standard (UMTS) und seit etwa 2010 schrittweise Long Term Evolution (LTE) bzw. 4th Generation (4G).

4.5.2.3 Dienste und Anwendungen (Internet Service-Providing)

Der physikalische Anschluss an das digitale und zunehmend breitbandige Telekommunikationsnetz reicht für die Onlinekommunikation nicht aus. Für den Betrieb des Internets und seiner unterschiedlichen Dienste (Mail, Chat, Web etc.) sind insbesondere die Adressierung von Rechnern und das Betreiben von Servern nach international festgelegten Protokollen für E-Mails, Chats und Websites notwendig. Über der physikalischen Schicht der „Rechner und Kabel“ liegt eine Schicht von über spezielle Protokolle definierten Diensten sowie das Hosting und Housing: Hosting bezeichnet das Speichern und zum Abruf (Download) Bereithalten von Dateien, seien es HTML-Websites oder E-Mails. Unter Housing versteht man das „Beherbergen“ der gesamten Serverstruktur und Netzanbindung im Auftrage von Dritten, etwa großer Unternehmen oder Organisationen. Hinzu kommen weitere Dienstleistungen, etwa die Beschaffung von Domainnamen (URL) und E-Mail-Adressen. Der technische und wirtschaftliche Aufwand für solche Angebote ist erheblich, denn es müssen ganze „Serverfarmen“ aufgebaut, betrieben, gekühlt und vernetzt werden. Auch viele private Nutzer, die Cloud-Anwendungen von personalisierten Musik- und Videoangeboten bis hin zum persönlichen oder geteilten „Laufwerk“ nutzen, greifen auf den Speicherplatz solcher Serverfarmen zurück.

4.5.2.4 Erstellung und Beschaffung von Medieninhalten (Internet Content-Sourcing)

Publizistische Onlinemedien benötigen kontinuierlich neue Inhalte (Content), die entweder selbst erstellt oder durch Zulieferer bezogen werden. Die Eigenproduktion von publizistischem Webcontent setzt redaktionelle und kreative Ressourcen und Kompetenzen voraus, sofern es sich nicht um sog. Laien- oder Bürgerjournalismus handelt.[268] Besondere journalistische Ansprüche werden dabei an die Aktualität von Nachrichten und die Multikodalität ihrer Präsentation gestellt. Neben Text und Stehbild zählen Videoclips zum Standard journalistischer Onlinemedien, auch wenn diese von traditionellen Printmedien stammen. Je nach Qualitätsanspruch entstehen bei der Content-Produktion redaktionelle Kosten, die denen anderer Medien durchaus vergleichbar sind. Denn die entscheidenden Kostenreduktionen der Digitalisierung setzen erst mit dem Wegfall der materiellen Vervielfältigung und der extremen Reduktion der Vertriebskosten ein. Die First Copy-Kosten jedoch bemessen sich an den Personal- und Bürokosten sowie den Aufwendungen für Agenturen, Korrespondenten etc. (vgl. Dogruel und Katzenbach 2010, S. 110–111).

In Deutschland hat sich bislang die Entgeltfinanzierung („Paid Content“) für General Interest-Angebote noch nicht flächendeckend etablieren können, wenngleich ihr Anteil

[268] Unbeschadet der Qualität einzelner Angebote führen die Bezeichnungen in die Irre, weil es sich (mit der Ausnahme von Journalistenblogs) eben nicht um professionelle und damit an den Qualitätsstandards und ethischen Normen, über die sich Journalismus wesentlich definiert, orientierte Angebote handelt. Zum Teil liegen die Ambitionen gerade darin, die journalistischen Recherchestandards und Trennungsgebote zugunsten von Meinungsfreude o. ä. zu negieren.

an Bedeutung gewonnen hat. Dies zeigen die Entwicklungen bei den E-Paper-„Auflagen“ ebenso wie bei entgeltpflichtigen Premium- und Freemiumangeboten etwa von BILD oder Spiegel, und nicht zuletzt der Erfolg von Video-on-demand und Musikstreamingdiensten. Die Werbefinanzierung erweist sich als nur begrenzt hilfreich, weil der mäßige Werbeerfolg klassischer Onlinewerbung (Banner etc.) klar erkennbar und die Preise enstprechend gering sind. Hinzu kommt der verbreitete Einsatz von AdBlockern, die zwischen 30 und 50 % der User einsetzen, um der Onlinewerbung zu entgehen (vgl. Bund-Länder-Kommission 2016, S. 20). Allerdings bieten hier neue onlinespezifische Werbeformen (Behavioral Advertising, Re-Targeting), die auf der Auswertung von individuellen Verhaltens- und Profildaten sowie Big Data-Praktiken aufbauen, zusätzliche Möglichkeiten.

Die publizistischen Online-Angebote basieren ökonomisch daher neben den klassichen Mediengeschäftsmodellen (Werbung und Entgelt) bislang auf unterschiedlichen Komponenten:

- Von einiger Bedeutung ist die *unternehmensinterne Querfinanzierung*. Um im Web präsent zu sein und zahlende Nutzer für die zahlungspflichtigen Hauptprodukte zu gewinnen, wird ein Online-Angebot produziert und aus den Erlösen der profitablen anderen Medien „subventioniert.“ Dabei versucht man, die Kosten möglichst gering zu halten.
- Ein wichtiger Baustein ist dabei die *Mehrfachverwendung* von bereits vorhandenen (und refinanzierten) redaktionellen Inhalten. Man versucht sog. „Synergie“-Effekte zu erzielen, indem Beiträge aus dem Print- oder Rundfunkangebot unverändert oder webgemäß optimiert online verwendet werden. Der publizistische Mehrwert bleibt begrenzt, da es sich nicht um originäre Onlineinhalte, sondern nur um einen zusätzlichen Vertriebsweg handelt.
- Bereits produzierte und ggf. auch schon einmal verwendete redaktionelle Inhalte können nochmals durch den Verkauf an Dritte verwertet werden *(Syndication)*. Weil aktuelle Nachrichten ein publikumsattraktiver Medieninhalt sind, der für eine häufige Nutzung der Website (Traffic) sorgt, reichern fast alle Internet-Access-, Internet-Service- und Webmail-Provider (T-Online, Web.de, GMX etc.) ihre Homepages mit journalistischen Inhalten oder Nachrichtentickern an. Diese redaktionellen Inhalte erwerben sie entweder von Nachrichtenagenturen und professionellen Nachrichtenmedien, wofür dann Entgelte gezahlt oder eine Verlinkung auf die Website des produzierenden Medienunternehmens vorgenommen werden, sodass dort der Traffic erhöht und die Werbeerlöse gesteigert werden. Oder aber sie bauen selbst Redaktionen mit professionellen Jornalisten auf, wie T-Online (mit 70 Stellen sogar größer als Spiegel Online), Web.de und GMX (vgl. Frank 2017).
- Und schließlich trägt die *Selbstausbeutung individueller Autoren,* die ohne angemessene Vergütung journalistisch oder redaktionell arbeiten, zum Online-Angebot bei. Die Motive können idealistischer Art sein oder in der Strategie wurzeln, den eigenen

Marktwert zu steigern, um schließlich doch eine angemessene Bezahlung (oder eine Anstellung) zu erlangen.[269] Die Nutzung (oder Ausbeutung) der Arbeit anderer haben Social Media Provider zum Geschäftsmodell erhoben. Denn hier erstellen die Nutzer die Inhalte zwar selbst und ohne Bezahlung, während ihre Mit-Nutzer (Peers) Zeit, Aufmerksamkeit und persönliche Daten investieren, die vom Plattformbetreiber gegenüber den Werbekunden vermarktet wird.
- Eine weitere Refinanzierungsmöglichkeit für Anbieter publizistischer Inhalte besteht in der Vermarktung von Nutzerdaten, die bei den Onlinemedien erhoben und über Datenanalysetechniken (Stichwort Big Data) verfeinert und etwa mit Konsumdaten (auch „offline" erhobenen), Profildaten usw. angereichert werden. Solche Datensätze stellen eine geldwerte Leistung dar, die nicht nur für die Werbung auf der eigenen Website genutzt, sondern auch als Ware gehandelt werden kann.

Die meisten Onlineredaktionen verfügen trotz der hohen Anforderungen an die Aktualität und die mediale Gestaltung nur über geringe Ressourcen, mitunter werden Online-Angebote im Rahmen von Newsrooms gemeinsam mit Redakteuren von Presse- oder Rundfunkmedien erstellt. Onlineredaktionen orientieren sich stärker und vor allem unmittelbarer am Feedback der Nutzer bzw. der Nutzungsstatistiken (vgl. Beck et al. 2012, S. 94–97; Trappel 2007, S. 90–94).

Die Bedeutung originärer Webinhalte, die nicht von den klassischen Medien stammen, hält sich in Grenzen. Der publizistische Mehrwert im Sinne von Inhalten, die webexklusiv sind, beschränkt sich auf Spezialangebote und auf User Generated Content.

Das zusätzliche Angebot im Internet führt tendenziell zu „einem ‚more of the same' ... hinsichtlich der Vielfalt der Themenselektion [sind] keine erheblichen Unterschiede zwischen traditionellen Massenmedien und Internet auszumachen" (KEK 2010, S. 43), was sich bis heute nicht grundlegend geändert hat, zumal vor allem die bekannten Medienanbieter nun online noch präsenter sind (vgl. KEK 2015, S. 238–240).

Einige klassische Medienunternehmen nutzen die Onlinemedien mittlerweile, um die Verluste des klassischen Mediengeschäfts durch das Internet zu kompensieren, ohne dass es sich dabei um publizistische Angebote handelt. Sie treten dann als Service-Provider oder E-Commerce-Anbieter auf oder betreiben andere Portale und Plattformen neben ihren Medienwebsites.

4.5.2.5 Content-Providing und -aggregation

Es sind primär Presse- und Rundfunkunternehmen, die über viele der Schlüsselkompetenzen für das Content-Providing verfügen, nämlich medienadäquate Inhalte zu beschaffen oder zu produzieren, sie zu einem publikumsattraktiven Angebot zu bündeln und zu

[269] In einigen Fällen dürfte es sich auch um eine indirekte (und nicht beabsichtigte) Subventionierung durch einen Arbeitgeber handeln, wenn Autoren statt im Sinne ihres Arbeitsvertrages zu arbeiten während der bezahlten Arbeitszeit publizieren.

vermarkten (vgl. Wirtz 2006, S. 584–590 und 604–609). Als weitere wichtige Kompetenz gilt die Technikkompetenz für die Gestaltung und Speicherung des Contents sowie die Nutzungsforschung für die Werbevermarktung. Um Kosten zu sparen und aktuell berichten zu können, bedienen sich die Journalisten Content Management Systemen (CMS), die ähnlich wie die Redaktionssysteme der Presse alle wesentlichen Parameter und Optionen vorgeben. Die Protokollierung von Nutzungsdaten erfolgt über Logfiles automatisch und kann mit spezialisierter Software zum Zweck der Marktforschung ausgewertet werden.

Content-Provider bieten selbst- oder fremdproduzierte Medieninhalte auf Servern zum Abruf im World Wide Web an, entweder als Free- oder als Paid Content. Die Bezahlung von Online-Angeboten hat sich in Deutschland zuerst für Special Interest-Angebote unterschiedlicher Art etablieren können; von Fachdatenbanken und Archiven über Fachzeitschriften bis hin zu Video- und Musikdownloads (iTunes, Google Play, Amazon etc.) oder Erotikangeboten. Insbesondere die Zeitungs- und Zeitschriftenverlage verkaufen E-Papers, also die Dateivarianten ihrer Printausgaben im Onlinedownload, und sie bieten teilweise werbefinanzierte Paid Content-Angebote im Markt für das mobile Internet (Apps für Smartphones und Tabletcomputer) an. Erprobt und eingesetzt werden für mobil wie stationär genutzte Angebote unterschiedliche Bezahlmodelle: Neben der harten „Paywall“ gibt es auch die Mischung aus kostenlosem Basisangebot und entgeltpflichtigem Premiumcontent (Freemium) oder die skalierte Zahlungspflicht ab einem bestimmten Umfang oder Häufigkeit („metered“) sowie das bekannte Abonnement. Die öffentlich-rechtlichen Rundfunkanstalten verbreiten ein programmbezogenes Online-Angebot mit aktuellen Nachrichten sowie Mediatheken für den Download von Sendungen. Darüber hinaus bieten sie Apps mit speziellen Onlineformaten (etwa Kurznachrichten) und mit „funk“ ein spezielles Angebot für die Jugend. Ihre Telemedienangebote unterliegen staatsvertraglichen Grenzen (vgl. Abschn. 4.4.3.2), die aber in den nächsten Jahren vermutlich erweitert werden.

Auch Portale und News-Agrregatoren wie Google News oder die Social Network Services mit ihren Newsfeeds fungieren als Content-Provider, wobei sie vor allem fremdproduzierten Inhalt nach spezifischen Auswahlkriterien zusammenstellen und anbieten bzw. verbreiten. Dabei arbeiten sie entweder gezielt mit den Contentproduzenten an der Quelle (Abschn. 4.5.2.4), beispielsweise im Rahmen von „Instant Articles“ auf Facebook, oder sie verwerten im Web vorgefundene journalistische Inhalte. Letzteres hat allerdings mittlerweile gesetzlich und institutionell gelöste Urheber- bzw. Leistungsschutzrechtsfragen aufgeworfen, die Gegenstand einer Kontroverse zwischen Google und den deutschen Verlegern war.

Die breite Akzeptanz von Webplattformen wie Youtube haben zur Herausbildung von Multi-Channel Networks wie Studio71, Mediakraft oder Maker Studios geführt, die meist ein ganzes Bündel von Youtube-Kanälen mit Content bespielen und das Angebot vermarkten. Solche Aggregatoren kaufen User Generated Content ein, bauen zum Teil sog. Youtube-Stars systematisch auf, machen sie vor allem via Social Media bekannt, unterstützen bei der regelmäßigen Produktion und bewerben die Programme. Sie finanzieren sich vor allem aus den Werbeerlösen oder der Cross-Promotion, z. B. für Fernsehveranstalter.

Als neuer Akteur ist aufgrund der Institutionalisierung der Leistungsschutzrechte der Medienorganisationen, deren Inhalte von Dritten online verwertet werden, die Verwertungsgesellschaft Media (VG Media) gegründet worden. Die Veranstalter aller privaten Rundfunkprogramme sowie 200 Online-Ableger von Presseverlagen haben hierüber das Inkasso gegenüber Newsaggregatoren organisiert.[270]

4.5.2.5.1 Onlinewerbung, Affiliate-Programme und Data Mining

Die Bannerwerbung unterscheidet sich von anderen Formen der Anzeigenwerbung in der Presse vor allem durch zwei Eigenschaften: Die Einblendung kann abhängig von den vorliegenden Nutzerprofilen variiert werden, also über die Zielgruppenorientierung hinaus individualisiert werden („Targeting"). Banner sollen den Nutzer vor allem dazu animieren, die Werbung anzuklicken, sie also aktiv zu selektieren und sich näher mit dem Angebot zu beschäftigen sowie gegebenenfalls ein Geschäft abzuschließen. Bannerwerbung bietet also eine technisch messbare Erfolgskontrolle für den Werbetreibenden (vgl. Siegert 2010, S. 442–447). Die Werbewirkung von Bannern und Buttons ist jedoch gering (nur etwa zwei von 1000 Bannern werden angeklickt),[271] weshalb zunehmend auf großformatige und animierte Formen, vor allem auf Werbevideos gesetzt wird. Allerdings kann die Darstellung von Werbung vom Nutzer mithilfe von Browsern, AdBlockern und Filtersoftware auch begrenzt oder verhindert werden. Typisch für das WWW sind kontextbasierte Werbeformen, bei denen Textwerbung bzw. Links als „Suchergebnisse" ausgewiesen werden, entweder kenntlich gemacht als „Anzeige" („Paid Inclusion") oder – rechtlich und ethisch bedenklich – nicht klar als solche erkennbar. Die erfolgreichsten Werbeträger im Web sind Google (als Suchmaschine sowie als Werbevermarkter) und Facebook; bei der mobilen Werbung beträgt ihr Marktanteil zusammen rund drei Viertel.[272] Es folgen andere Plattformen und Portalen wie T-Online, Web.de, Yahoo, GMX, sowie die Sites bekannter Publikumsmedien.

Die onlinespezifischen Möglichkeiten der genauen Zuordnung von Nutzern und Aktionen macht man sich in der personalisierten Werbung und dem Re-Targeting, bei dem der Nutzer eine zeitlang von einer Werbung auf allen möglichen anderen Websites verfolgt wird, zunutze. Für die Vermittlung und den Verkauf solcher Werbeplätze (bzw. deren Auktion in Echtzeit) haben sich neuartige Agenturen und Plattformen gebildet. Auch die Contentprovider, auf deren Website Werbung geschaltet wurde, die letztendlich zur Transaktion (Kauf, Buchung, Prssigabe einer Adresse etc.) geführt hat, erhalten in der Regel eine Provision. Dieses Logik gilt auch für Affiliate-Programme: Klickt ein

[270]Vgl. vg-media.de/de/daten-fakten.html [24.08.2017].

[271]Vgl. o. V. (2011): Mad men are watching you. *Economist* 07.05.2011, S. 59.

[272]Vgl. https://de.statista.com/infografik/1410/marktanteile-bei-mobiler-werbung/ [23.08.2017] sowie HBI (2017, S. 78).

Nutzer sich bis zur Website eines E-Commerce-Anbieters durch und kauft dort etwas, dann erhält der Betreiber der Website, von dem der Kunde „stammt" einen prozentualen Anteil am Kaufumsatz.

Und schließlich kann der Provider Daten von Nutzern sammeln und an Dritte verkaufen. Service-Provider und Content-Provider sowie Werbe-Anbieter können mithilfe von Logfiles, Cookies und anderen Protokolltechniken nachvollziehen, welche Websites von einem Account aus genutzt wurden. Hieraus lassen sich Konsum- und Interessenprofile rekonstruieren und zum Teil auch mit persönlichen Daten verknüpfen (Datamining). Die so gewonnenen Datensätze werden dann, wie zuvor Postadressen und Telefonnummern beim Direktmarketing, verkauft bzw. befristet vermietet.[273]

4.5.2.6 Portale, Metamedien und Medien-Plattformen

Die spezifische Hyperlinkstruktur des WWW, die Vielzahl der Angebote und die leichte Kopier- und Bearbeitbarkeit von Texten haben neue mediale Angebotsformen hervorgebracht, deren Nutzung in Anbetracht des großen und intransparenten Gesamtangebotes sinnvoll bzw. notwendig ist: Eine Schlüsselrolle nehmen Suchmaschinen, Webmailportale und Social Media-Pattformen bzw. Services in der Onlinekommunikation ein, weil sie meist als regelmäßige Startpunkte der Nutzung dienen und zur weiteren Nutzungsentscheidung maßgeblich beitragen. Zum einen ergibt sich daraus eine hohe, für die Werbevermarktung günstige Reichweite, zum anderen kanalisieren diese Websites einen großen Teil des Nutzerstromes, verteilen also Aufmerksamkeit. Hieraus ergibt sich ihre strategische Funktion für (fast) alle anderen Content-Provider, die um die Aufmerksamkeit der Nutzer konkurrieren. Die Kommission zur Ermittlung der Konzentration im Medienbereich (KEK) schreibt insbesondere den Suchmaschinen und den Sozialen Netzwerkdiensten aufgrund ihres hohen Marktanteils namentlich Google und Facebook, eine zentrale Rolle als Informationsintermediäre zu und wertet sie als „bedeutsame[n] Teil des öffentlichen Prozesses der Meinungsbildung" (KEK 2015, S. 268) bzw. als „Medium und Faktor der Meinungsbildung" (KEK 2015, S. 270), wobei dies aufgrund seiner überwiegend privaten Kommunikationsfunktion für Facebook und andere Netzwerkdienste nur eingeschränkt gilt (vgl. KEK 2015, S. 241–282). Dabei fällt auch ins Gewicht, dass die Algorithmen von Googel bzw. EdgeRank von Facebook intransparente und personalisierte Nachrichtenselektionen vornehmen, die nicht nur wettbewerbsrelevant sein könnten, sondern auch zu sog. Filterblasen beitragen könnten.

Wie bei den Fernsehprogrammzeitschriften kann sich die Orientierungs- und Navigationsdienstleistung auf eine redaktionell aufbereitete Übersicht der verfügbaren Medienangebote beschränken, die darüber hinaus redaktionelle Empfehlungen enthält. Solche Metamedien können aber auch mithilfe aufwändiger und intransparenter Suchalgorithmen auf elektronischem Wege mit Werbung vermischte Trefferlisten zusammenstellen,

[273]Aus Sicht des Daten- und Verbraucherschutzes ergibt sich aus diesen technischen Potenzialen erheblicher Regulierungsbedarf.

wie dies Google äußerst erfolgreich unternimmt. Metamedien bieten zudem den bereits erwähnten Zugriff auf kompilierte Fremdinhalte, wie die Angebote von Google-News (http://news.google.de) und des Kulturmagazins Perlentaucher (ww.perlentaucher.de) zeigen.

Die Bereitstellung von sog. User Generated Content (UGC) erfolgt entweder über die eigene Website von Autoren, die persönliche Seite innerhalb eines Social Network Services (Facebook, LinkedIn etc.) oder ein kommerzielles Portal wie YouTube, Flickr, Twitter oder einen Bloghoster. Die auch als „Produsage" (vgl. Bruns 2008) bezeichnete „partizipative" Form der öffentlichen Kommunikation vermeintlich gleichberechtigter „Peers" findet zu einem guten Teil in einer kommerziellen Umgebung statt: Es sind die von Unternehmen organisierten und meist durch Werbung finanzierten Portalbetreiber, die ihre Beschaffungskosten radikal reduzieren, umfangreiche Verwertungsrechte am eingestellten Material gratis erwerben und diese Inhalte aggregieren, ggf. technisch oder redaktionell prüfen und aufbereiten, die digital zugelieferte Datei uploaden (also auf einem vernetzten Server speichern) und das Gesamtangebot vermarkten. Hierfür kommen prinzipiell Werbung, Datenhandel und Nutzungsgebühren (Einzelentgelte, Abonnement) infrage; derzeit dominiert die Werbefinanzierung.

Von diesen kommerziellen Portalen zu unterscheiden sind Portale bzw. Netzwerke, die den illegalen Download von urheberrechtlich geschützten Medienangeboten, insbesondere von Musik und Filmen, ermöglichen. Hierbei handelt es sich zum einen nicht um User Generated Content, sondern um illegale Raubkopien von Werken Dritter („User Stolen Content") und zum anderen meist nicht um kommerzielle Anbieter.

Datamining, Werbung und für einige Premiumangebote auch Abonnemententgelte bzw. Mitgliedbeiträge stellen die wichtigsten Erlösquellen für Social Network Services und Blogs dar.

Betreiber solcher Kommunikations- und Community-Plattformen von der Webmail über Chatforen bis hin zu Bloghostern, Videoplattformen und Social Network Services hosten nicht nur nutzerseitig erzeugte Inhalte, sie vermarkten auch die Kommunikationsdienstleistungen nutzerseitig, um den Traffic zu erhöhen. Hohe Nutzungszahlen und lange Verweildauern auf solchen Websites, die oft auch Startseiten der Nutzer sind (etwa zum Abrufen der Webmail) ermöglichen eine Vermarktung auf dem Werbemarkt. Zudem treten Netzwerkeffekte auf, das heißt der individuelle Nutzen eines Social Networks für ein Mitglied steigt mit der Gesamtzahl der Nutzer, weil die Zahl der potenziellen Kontakte (Erreichbarkeit) und damit die Vernetzung (Konnektivität) zunehmen (vgl. Dogruel und Katzenbach 2010, S. 112). Das reichweitenstärkste Netzwerk Facebook hat sich in Deutschland (und in den meisten anderen großen Märkte mit der Ausnahme von Russland und China) auf Kosten der kleineren Netzwerke durchgesetzt, sofern diese nicht Nischenmärkte besetzen. Die Beschränkung auf bestimmte soziale Gruppen (nach Professionen, Regionen etc.) verspricht Exklusivität und setzt stärker auf die Qualität der Kontakte als auf deren (potenzielle) Quantität. Social Network Services lassen sich auch in verschiedenen Qualitätsversionen anbieten, etwa als Premiumvariante mit exklusiven Nutzungsrechten.

4.5.2.7 Onlinemediennutzer

Die Nutzer von Onlinemedien müssen aus einem großen und vergleichsweise unübersichtlichen Angebot auswählen, weil es sich bei den meisten Onlinemedien – am ehesten mit den Periodika vergleichbar – um Selektions- oder „Pullmedien" handelt. Im Gegensatz zu den zeitbasierten Film- und Rundfunkmedien, sind laufend Selektions- und Navigationsentscheidungen notwendig, um kontinuierlich rezipieren zu können. Hinzu kommen die Möglichkeiten, von einem Modus der Onlinekommunikation fließend in einen anderen zu wechseln, also etwa von einer Website aus zu mailen, zu chatten, zu bloggen und selbst Angebote online zu stellen (Upload). Ergänzt werden die Pull-Medien vor allem bei der mobilen Nutzung durch Push-Medien, die – wenn sie einmal abonniert wurden – Nutzer über aktuelle Nachrichten oder andere Themen seines Interessenprofils informieren. Tatsächlich stellt die private E-Mail noch immer die mit Abstand beliebteste Form der Onlinekommunikation dar, nur bei jüngeren Menschen (14–29 Jahre) liegen Chatten, Whatsapp und „facebooken" sowie Suchmaschinen und Videonutzung weiter vorne (vgl. Media Perspektiven Basisdaten 2016, S. 82). Der kommunikative Rollenwechsel (von der aktiven Rezeption zur interaktiven Kommunikation) findet vorwiegend im Privaten oder einer begrenzten Gruppe statt, und nur ausnahmsweise in der Sphäre der Publizistik: Während aktuelle Nachrichten von einem Viertel online gelesen und Dienste wie Facebook, Whatsapp und E-Mail von fast 30 % der Menschen täglich genutzt werden, haben nur vier Prozent selbst einen Text, Fotos, Videos oder Musik auf eine Social Media Plattform hochgeladen (vgl. Frey-Vor und Mohr 2016, S. 407).

4.5.3 Onlinemedienmarkt im organisationalen Umfeld

4.5.3.1 Internet und Online-Media Governance: Normative Grundlagen der Onlinemedien

Die Onlinekommunikation hat eigene Formen und Akteure der Regulierung hervorgebracht (Netgovernance), bei der zumindest zunächst informelle und nicht-staatliche Institutionen dominierten. In den ersten Jahren des Internet wurden technische Fragen und Verhaltensnormen innerhalb einer kleinen, relativ homogenen Gruppe kommunikativ ausgehandelt und in *Frequently Asked Questions (FAQ)-Listen* allen Nutzern zugänglich gemacht. In den 1990er Jahren bildete sich eine 1994 erstmals formulierte *Netiquette* (Netz-Etikette) heraus, die mittlerweile für einzelne Dienste wie E-Mail, Chat, Foren und Blogs differenziert wurde. Technische Standards und Fragen werden bis heute meist online unter interessierten Experten „ausdiskutiert", insbesondere durch die *Internet Engineering Task Force (ITEF)* und das private *World Wide Web-Consortium (W3B).* Im Zuge der Kommerzialisierung des Netzes seit Mitte der 1990-er Jahre ist vor allem die Verwaltung von Domains, also die Vergabe von kommerziell relevanten Webadressen, professionalisiert worden. Auf internationaler Ebene ist die nach kalifornischem Privatrecht nicht kommerziell arbeitende *Internet Corporation for Assigned Names and Numbers (ICANN)* seit 1998 für die Vergabe von IP-Adressen, die Verwaltung des

Domain Name Systems (DNS) und die Rootserver als Basisinfrastruktur zuständig. Ihre weltweit anerkannte Kompetenz basiert dabei bemerkenswerter Weise auf einem Vertrag mit dem nationalen Handelsministerium der USA. Die Vergabe unterhalb der Top-Level-Domains (also *.de für Deutschland) erfolgt national, in Deutschland durch *DENIC*, eine durch die Internetwirtschaft getragene Genossenschaft – und keine staatliche oder öffentlich-rechtliche Institution.

Das „Internet" war zu keinem Zeitpunkt ein „rechtsfreier Raum", wie viele befürchtet und einige gehofft hatten, weil in der „virtuellen Online-Welt" damals wie heute alle Gesetze der „realen Welt" gelten. Aber die Entwicklung der Onlinemedien hat die deutsche Kommunikations- und Medienpolitik zumindest anfangs erkennbar überfordert. Neben der internationalen Verbreitung hat der Hybridcharakter zwischen privater Telekommunikation und publizistischem Medium sowie die Konvergenz sektoral unterschiedlich regulierter Medien (Medienintegration) verschiedene Fragen aufgeworfen:

- Sogar die Kompetenzfrage wurde zwischen Bund (abgeleitet aus der Telekommunikation) und Bundesländern (abgeleitet aus den publizistischen Medien, insbesondere dem Rundfunk) zunächst diskutiert, bis 1997 mit einer Doppellösung ein Kompromiss gefunden wurde: einerseits ein Staatsvertrag der Bundesländer für an die Allgemeinheit gerichtete Mediendienste (MDStV), andererseits ein Paket aus drei Bundesgesetzen (IuKDG), in denen die Zulassungs- und Anmeldefreiheit für individuelle, auf Abruf genutzte Informations- und Kommunikationsdienste (Teledienst), die Rechtsgültigkeit elektronischer Signaturen sowie der Datenschutz geregelt wurden.

Mit den Onlinemedien haben sich der Kommunikationspolitik neben den klassischen Fragen der Medieninhaltsaufsicht wie Jugendschutz, Trennungsgebote und Vielfaltssicherung bzw. Medienkonzentrationskontrolle eine Reihe neuer Fragen gestellt:

- Sicherung des Zugangs zum Netz und flächendeckende Versorgung zur Verhinderung einer digitalen Kluft der Gesellschaft (Digital Divide),
- Marktzutritt und faire Nutzungsbedingungen für alle Anbieter im Netz (Netzneutralität)[274],
- Aufbau global wettbewerbsfähiger Industriestrukturen,
- Urheberrechtsschutz in Anbetracht der preiswerten Kopierbarkeit ohne Qualitätsverlust und der Möglichkeit nahezu anonym zu kommunizieren,
- Schutz der Privatsphäre und personenbezogener Daten, die quasi automatisch generiert werden,

[274]Der Begriff wurde bereits 2002 geprägt, gewinnt aber zunehmend an Bedeutung, seit einige Betreiber die eigenen Inhaltsangebote privilegieren (und die der Konkurrenz ausbremsen) möchten oder die Preise je nach Verbindungsgeschwindigkeit skalieren möchten. Vgl. zur Debatte Scheithauer (2016).

- Rolle der bisherigen publizistischen Akteure und des Wettbewerbs, insbesondere Rolle und Funktionsauftrag des öffentlich-rechtlichen Rundfunks,
- Rolle neuer Marktakteure mit strategischen Positionen, insbesondere Marktstellung und Verfahrenstransparenz von Suchmaschinen.

Ein weiteres, einzelne Fragen übergreifendes Problem für eine effektive Regulierung besteht im internationalen Charakter der Onlinekommunikation: Das Durchsetzen deutscher Maßstäbe und Gesetze in den medienspezifischen Fragen des Jugendschutzes, der persönlichen Ehre und des Umgangs mit dem Nationalsozialismus hilft anscheinend wenig, wenn Online-Angebote aus Staaten zugänglich sind, in denen andere Normen gelten. Internationale Regime, also global einheitliche Regulierungen sind nur schwer, und falls überhaupt nur sehr langfristig, durchsetzbar; die Furcht vor einem Vollzugsdefizit der nationalen ordnungspolitischen Vorschriften ist entsprechend groß. Regulierungskompetenzen beanspruchen daher auch internationale politische Organisationen aus dem Telekommunikationsbereich (International Telecommunication Union), dem Urheberrecht (World Intellectual Property Organization) sowie die Welthandelsorganisation WTO, während die UNESCO mit ihren Weltgipfeln zur Informationsgesellschaft auch versucht, die globale digitale Kluft zu bekämpfen (vgl. Donges und Puppis 2010, S. 85–89 sowie Berghofer 2017).

Weitaus einflussreicher und für die deutsche Onlinemedienregulierung von hoher Bedeutung ist hingegen die Europäische Union, die schon Schlüsselrollen bei der allgemeinen Deregulierung des Telekommunikationssektors, bei der Konzentrationskontrolle im Binnenmarkt der Medien sowie in der Rundfunkpolitik spielt und erfolgreich Kompetenzen bei den Onlinemedien beansprucht hat: 2001 wurde eine E-Commerce-Richtlinie erlassen und 2007 die ehemalige Fernsehrichtlinie als Richtlinie für Audiovisuelle Mediendienste (AVMD-Richtlinie) in erweiterter und novellierter Form in Kraft gesetzt. Seit 2016 wird auf europäischer Ebene eine weitere Lockerung der Werberegeln für das Fernsehen geplant: Statt 20 % je Stunde (12 min) soll die Werbezeit nun auf 20 % der Gesamtsendezeit von 7 bis 23 Uhr beschränkt, diese mac. 320 min aber frei verteilt werden können. Zudem soll die Unterbrechung von Sendungen für Werbezwecke alle 20 min (bisher 30 min) erlaubt werden. Internetbasierte Video-on-demand-Plattformen sollen mindestens 30 % europäische Werke anbieten.[275] Das nationale Recht der Mitgliedsstaaten muss diese Vorgaben umsetzen. Die neue Fassung der EU-Richtlinie wird für 2017 oder 2018 erwartet.

Im Auftrag des Deutschen Bundestags hat von 2010 bis 2013 eine aus Parlamentarieren und Experten zusammengesetzte Enquete-Kommission „Internet und digitale Gesellschaft" gearbeitet und eine Reihe von Regulierungsfragen genannt bzw. Empfehlungen

[275]vgl. epd medien aktuell Nr. 99a, 25.05.2016; www.heise.de/newsticker/meldung/Video-Streaming-EU-Ministerrat-beschliesst-30-Prozent-Quote-fuer-Netflix-Co-3725337.html [14.08.2017] sowie HBI (2017, S. 56, 67).

gegeben, darunter auch zum Themenfeld „Kulur, Medien und Öffentlichkeit" (vgl. Deutscher Bundestag 2013). Neben den bereits oben skizzierten Fragen verwies die Enquete auch darauf, dass die derzeitige Kompetenzverteilung zwischen Bund und Ländern für die sektorale Medienregulierung unter Konvergenzbedingungen fragwürdig sei und es zumindest einer gemeinsamen Koordinierungsstelle (zwischen Bundesnetzagentur, Bundeskartellamt und Landesmedienanstalten), also einer neuen Institution bedürfe. Empfohlen wurde 2013 auch die Abkehr von der Rundfunkzentriertheit des Medienkonzentrationsrechts und aufgrund ihrer öffentlichen Meinungsrelevanz die stärkere Berücksichtigung von Portalen, Plattformen und Intermediären, zu denen neben Suchmaschinen und Sozialen Netzwerkdiensten auch elektronische Marktplätze (wie ebay), Bloghoster, App-Portale (iTunes, Google Play) und Buchungs-, Bewertungs-, Preisvergleichsportale sowie themenspezifische Communities zu zählen sind. Die Enquete sprach sich tendenziell auch für eine Stärkung der Pressefreiheit, z. B. den Informantenschutz für journalistische Blogs sowie die Möglichkeit pseudonymer und anonymer Onlinekommunikation aus. Hinsichtlich der Hate Speech-Regulierung hielten die Experten die bestehenden strafrechtlichen Regelungen für ausreichend, ganz entgegen des 2017 verabschiedeten Spezialgesetzes NetzDG (vgl. unten). Auch die Rolle der öffentlich-rechtlichen Anstalten war ein – umstrittenes – Thema, insbesondere was Umfang und Rolle des Telemedienauftrages und die zwangsweise Depublikation von beitragsfinanzierten Mediathekinhalten betrifft (vgl. die Dokumentation der Projektgruppenempfehlungen in epd 2013, S. 30–37).

4.5.3.1.1 Zentrale Rechtsgrundlagen

Die zentralen Rechtsgrundlagen für die Onlinemedien sind in Deutschland heute die Staatsverträge für Rundfunk und Telemedien, der Jugendmedienschutz-Staatsvertrag sowie das 2007 an die Stelle des IuKDG bzw. Teledienstegesetzes getretene Telemediengesetz.[276] Alle drei Rechtsakte tragen den EU-Anforderungen Rechnung.

- Das *Telemediengesetz* regelt vor allem technische und wirtschaftliche Fragen, während der Staatsvertrag der Länder inhaltliche Anforderungen an den (linear dargebotenen) Rundfunk und die nicht-linearen Mediendienste des Internet formuliert. Telemedien (früher Mediendienste) werden vom Gesetzgeber negativ definiert als die Angebote, die nicht Rundfunk (im Sinne einer redaktionell gestalteten linearen Darbietung) oder Telekommunikation (im Sinne einer Individualkommunikation, z. B. via Telefon, Telefax oder E-Mail) sind. Im Gegensatz zum Rundfunk bedürfen Anbieter von Telemedien keiner Lizenz oder Anmeldung. Gemäß des Telemediengesetzes (TMG) des Bundes besteht jedoch eine Transparenz- und Informationspflicht über den kommerziellen Betreiber eines Angebotes (vergleichbar der Impressumspflicht der Presse), zu denen auch Suchmaschinen zählen; Werbung muss als solche erkennbar sein und das TMG regelt auch die Haftung für fremde Inhalte: In Analogie zur Briefpost wird der Telekommunikationsdienstleister nicht für die transportierten

[276] Das Gesetz über die elektronische Signatur ist als Einzelgesetz weiterhin in Kraft.

Daten verantwortlich gemacht, sofern er nichts von der Illegalität dieser Inhalte weiß, auch nicht wenn diese aus technischen Gründen von ihm zwischengespeichert werden (Caching).

- Der *Staatsvertrag für Rundfunk und Telemedien* (RStV; Abschnitt VI) in seiner aktuellen 19. Fassung (1. Januar 2017) enthält auch Regelungen zu den „journalistisch-redaktionell gestalteten Angeboten, … die nicht ausschließlich persönlichen oder familiären Zwecken dienen" (§§ 54–55), also den publizistischen Onlinemedien. Neben der Impressumspflicht werden weitere presserechtliche Normen wie die journalistische Sorgfaltspflicht, das Recht auf Gegendarstellung, der redaktionelle Datenschutz und die Trennung von Werbung und redaktionellem Inhalt sowie das Verbot unterschwelliger Werbung festgelegt. Die Aufsichtskompetenz für diese Fragen liegt wie für den Jugendschutz bei den Landesmedienanstalten. Besondere Vorschriften gelten für die Telemedienangebote der öffentlich-rechtlichen Rundfunkanstalten: Ihnen sind ausschließlich journalistisch-redaktionelle Angebote erlaubt, die keine flächendeckende Lokalberichterstattung sowie keine Werbung und Sponsoring enthalten dürfen. Explizit verboten sind u. a. Kleinanzeigenportale, Produktbewertungs- und soziale Kontaktportale bzw. Partnervermittlungsportale, Branchenregister, Wetten sowie Routenplaner. Musik-, Foto- und Videodownloads sowie Spiele, Chats und Foren müssen einen konkreten Sendungsbezug aufweisen und redaktionell begleitet sein (§ 11 u. Anlage RStV). Geregelt ist ferner die Bereitstellung von Rundfunksendungen und -beiträgen in Online-Mediatheken: Die Sendungen und darauf bezogene ergänzende Inhalte können sieben Tage lang, bei bestimmten Sportereignissen nur 24 Stunden lang zur Nutzung bereitgehalten werden. Lediglich zeit- und kulturgeschichtliche Inhalte können unbefristet online stehen (§11d). Alle anderen Telemedienangebote der Öffentlich-rechtlichen müssen vorher einen sog. Drei-Stufen-Test durchlaufen, bei dem durch externe Gutachter geprüft wird, ob die Angebote „den demokratischen, sozialen und kulturellen Bedürfnissen der Gesellschaft" entsprechen, ob sie „in qualitativer Hinsicht zum publizistischen Wettbewerb beitragen" und „welcher finanzielle Aufwand für das Angebot erforderlich ist" (§ 11 f RStV). Auf der Grundlage der Gutachten und der von den Anstalten beschlossenen Telemedienkonzepte entscheiden dann die Rundfunkräte über die Zulässigkeit der Online-Angebote. Mit dieser aufwändigen Regelung wurde kommunikationspolitisch den Interessen der Verleger und den Anforderungen der Europäischen Union (Beihilferecht und Funktionsauftrag) Rechnung getragen.

Besondere Bedeutung haben Plattformen und Intermediäre in der Online- und Rundfunkkommunikation erlangt, sodass hier auch Regulierungen des RfStV (§§ 2, 52) ansetzen: Als Plattformen gelten Organisationen, die digitale Rundfunkprogramme oder vergleichbare, also publizistisch relevante Telemedienangebote nicht nur weiterleiten, sondern zu Bouquets, Paketen etc. bündeln. Diese Leistungen gelten vor allem in geschlossenen Digitalnetzen (bei denen der Plattformbetreiber alleine über das Angebot entscheidet) als meinungsrelevant. Der Gesetzgeber kann daher über „Must carry"- bzw. „Must offer"-Regelungen sicherstellen, das bestimmte Programme (z. B. öffentlich-rechtliche) angeboten werden müssen und dass keine unbegründete

Diskrimierung von Angeboten (etwa nur aus Wettberwerbsgründen) vorgenommen wird. Bei offenen Plattformen, die es nahezu jedermann erlauben webbasiert Angebote bereitzustellen (etwa Youtube), bedarf es einer weniger restriktiven Regulierung. Als Intermediäre werden im Medienrecht zunehmend Einrichtungen verstanden, die Inhalte algorithmisch selektieren, aggregieren und vermarkten, beispielsweise Suchmaschinen.[277]

- Laut *Jugendmedienschutz-Staatsvertrag (JMStV)* sind Telemedien „unzulässig", wenn es sich um extremistische Propagandamittel, Aufrufe zu Hass, Gewalt, Diskriminierung und Straftaten handelt oder wenn sie Naziverbrechen, Gewalt, Krieg und Unmenschlichkeit verharmlosen oder verherrlichen bzw. auf andere Art die Würde des Menschen verletzen. Onlinemedien dürfen Kinder und Jugendliche nicht „in unnatürlich geschlechtsbetonter Körperhaltung darstellen" und es darf sich nicht um Medieninhalte handeln, die von der Bundesprüfstelle für jugendgefährdende Medien (BPJM) „indiziert" wurden. „Entwicklungsbeeinträchtigende" Telemedien können „die Entwicklung von Kindern und Jugendlichen zu einer eigenverantwortlichen und gemeinschaftsfähigen Persönlichkeit beeinträchtigen." Sie sind nicht verboten, dürfen aber Kindern und Jugendlichen nicht zugänglich sein, also nur in geschlossenen Nutzergruppen mit Passwörtern und Altersverifikationssystemen. Die Selbstkontrolleinrichtungen haben die Aufgabe, die Funktionsfähigkeit solcher Altersverifikationssysteme zu prüfen.

  Die Anbieter von Telemedien, die möglicherweise entwicklungsbeeinträchtigend sind und daher Altersbeschränkungen unterliegen, können ihre Inhalte entsprechend den aus Film- und Fernsehselbstkontrollen bzw. den Jugendschutzgesetz bekannten Altersstufen (ab 6, 12, 16, 18 Jahren) und ggf. den konkreten Alterseinstufungen der FSK (und bei fernsehähnlichen Online-Programmangeboten auch der FSF) kennzeichnen. Von der KJM anerkannte Jugendschutzprogramme, also durch die Nutzer zu installierende Filter-Software, die zum Teil auch mit sog. White- und Black-Lists[278] arbeitet, erkennen diese Inhalte und zeigen sie dann je nach eingestellter Altersstufe nicht auf dem PC an.

Aufgrund von Urteilen des Bundesgerichtshofs (2013) sowie des Europäischen Gerichtshofs (2014) müssen Suchmaschinenbetreiber die Persönlichkeitsrechte schützen, auch wenn sie nur auf im Web vorhandene Inhalte verweisen: Die BGH-Entscheidung bezieht sich auf die Autocomplete-Funktion, bei der noch während der Eingabe im Suchfeld Ergänzungsvorschläge gemacht werden, die ungeprüft z. B. rufschädigende Kontexte für betroffene Personen erzeugen. Bei der EUGH-Entscheidung geht es um das

[277]Vgl. zu dieser noch nicht abgeschlossenen Begriffsbildung und Regulierungsdiskussion im Kreise der zuständigen Bund-Länder-Kommission bzw. der Rundfunkreferenten der Länder auch Seufert und Gundlach (2017, S. 266–267).

[278]Hierbei handelt es sich um namentliche Auflistungen von unbedenklichen (white) oder problematischen (black) Angeboten.

Recht auf Vergessenwerden, das auch in der Datenschutzgrundverordnung der EU von 2016 eine Rolle spielt (Art. 17 DS-GVO).[279] Auf Antrag können Personen die Auflistung von Links durch Suchmaschinen unterbinden, die zu rufgefährdenden Inhalten führen. Eine Prüfung des Wahrheitsgehalts des verlinkten Inhalts spielt dabei keine Rolle, eine Abwägung durch Gerichte, wie sie presserechtliche Verfahren vorsehen, wird hier nicht vorgenommen. Die Entscheidung und Umsetzung liegt bei den Suchmaschinenbetreibern (vgl. HBI 2017, S. 80–81.)

Die Bundesregierung hat aufgrund einer erregten öffentlichen Debatte über rechtspopulistische und fremdenfeindliche Hassbotschaften in den Sozialen Netzwerkmedien und vor dem Hintergrund des Bundestagswahlkampfes 2017 mit großer Eile ein umstrittenes Netzdurchsetzungsgesetz (NetzDG) im Bundestag verabschieden lassen. Sogenannte Fake News und Hate-Speech, letztere ist ohnehin strafrechtlich sowie nach dem Telemediengesetz (§10 TMG) relevant, sollen aus dem Netz entfernt werden, und zwar durch die Betreiber der sozialen Netzwerkmedien (z. B. Facebook). Damit verlagert der Staat die Nachzensur von – möglicherweise – strafbaren Inhalten an private Unternehmen, die aufgrund hoher drohender Geldbußen im Zweifel eher restriktiv aber unter hoher Rechtsunsicherheit (weil ohne rechtsstaatliches Verfahren zur inhaltlichen Beurteilung) vorgehen werden. Diese Einschränkung der Kommunikationsfreiheit wird von vielen Seiten als bedenklich bewertet und dürfte verfassungs- und europarechtlich angefochten werden.[280]

4.5.3.1.2 Institutionen der Co-Regulierung

Gemäß JMStV ist die Kommission für Jugendmedienschutz (KJM), die sich aus Vertretern der Landesmedienanstalten und aus von Ländern und Bund benannten Experten zusammensetzt, auch bei den Onlinemedien zuständig (vgl. Abschn. 4.4.3). Die KJM hat die *Freiwillige Selbstkontrolle Multimedia-Diensteanbieter (FSM)* als Selbstkontrolleinrichtung anerkannt. Dieser 1997 gegründete und von den Mitgliedsunternehmen finanzierte Verein ergänzt die staatliche Institution jugendschutz.net (Jugendministerien der Länder sowie Landesmedienanstalten und KJM), betreibt medienpädagogische Fortbildungen, fördert die Medienkompetenz und hilft bei der praktischen Umsetzung vielfach recht abstrakter Gesetzes- und Staatsvertragsnormen des JMStV. Das Element der Selbstkontrolle liegt vor allem im *Beschwerdeverfahren,* denn die FSM ist keine staatliche Behörde, sondern eine Institution der Interessenvermittlung zwischen Nutzern und Anbietern. Sie bietet mit ihrer Beschwerdestelle und den Beschwerdeausschüssen eine

[279] Vgl. Verordnung (EU) 2016/679 des Europäischen Parlaments und des Rates vom 27. April 2016 zum Schutz natürlicher Personen bei der Verarbeitung personenbezogener Daten, zum freien Datenverkehr und zur Aufhebung der Richtlinie 95/46/EG; http://eur-lex.europa.eu/legal-content/DE/TXT/PDF/?uri=OJ:L:2016:119:FULL&from=DE [28.08.2017]. Diese Grundverordnung wird nach Inkraftreten 2018 direkt auch nationales Recht, muss also nicht wie EU-Richtlinie noch in nationale Gestze umgewandelt werden.

[280] Vgl. Schulz (2017) sowie epd medien aktuell, Nr 20, 19.05.2017.

Anlaufstelle zur außergerichtlichen Klärung und Abhilfe (reaktives Verfahren) und mit ihrer Gutachterkommission auch eine Beratung der Anbieter in Bezug auf aktuelle Fragen des Jugendschutzes, die sich aufgrund der dynamischen Medienentwicklung rascher ändern als der Gesetzgeber dies nachvollziehen kann. Der JMStV sieht (in § 7) für Telemedienbetreiber grundsätzlich die Pflicht vor, einen Jugendschutzbeauftragten zu bestellen und dessen Tätigkeit zu finanzieren. Kleinere Telemedienanbieter (bis zu 50 Mitarbeiter oder weniger als 10 Mio. User/Monat) können darauf verzichten, wenn sie Mitglied in einer anerkannten Selbstkontrolleinrichtung wie der FSM werden.

Seit 2005 ist ein *Verhaltenssubkodex für Suchmaschinenanbieter*, seit 2007 für *Chatanbieter* und seit 2009 auch ein *Verhaltenskodex für Anbieter von Social Communities* in Kraft, der die Mitglieder des Vereins bindet:[281] Suchmaschinen sollen transparent über ihre Arbeitsweise informieren, gesponserte Websites bzw. Links als solche kenntlich machen, keine durch die BPjM (Bundesprüfstelle für jugendgefährdende Medien) indizierten Weblinks anzeigen und „sparsam" mit den Nutzerdaten umgehen. Chats sollen in der Zeit von 10 bis 22 Uhr moderiert werden und über eine ‚bad word'-Liste obszöne Sprache ausschließen.

Im Jahre 2016 gingen bei der FSM 4644 Beschwerden ein, von denen rund 1300 als kinder- und weitere 100 als jugendpornographisch bewertet wurden. Die Inhalte wurden nicht nur in Deutschland, sondern auch in den USA, Russland und den Niederlanden gehostet, sodass die FSM über ihr internationales Netzwerk (INHOPE) tätig wurde. Rechtsradikaler Content bot in sechs Prozent den Beschwerdeanlass (vgl. FSM 2017, S. 33–35). Bindend sind die Hinweise und Beschlüsse der FSM zwar nur für die Mitgliedsunternehmen, die Abhilfeaufforderungen entfalten aber darüber hinaus ihre Wirkung. Immerhin sind die großen Service- und Content-Provider, z. B. Telekom, Kabel Deutschland/ Vodafone, Yahoo!, Google, Facebook, Microsoft und der Rundfunk- und Telemedienanbieterverband VPRT- bzw. VAUNET-Mitglieder.[282] Jugendgefährdende Angebote sind im Netz nicht verboten, solange sie keine Pornographie darstellen, aber sie dürfen Jugendlichen und Kindern nicht zugänglich sein. Zentral ist daher die Klassifikation der Angebote und vor allem die Einführung von Altersverifikationssystemen, die wirksam verhindern, dass Nutzer unter 18 Jahren auf solche Inhalte zugreifen können. Seit 2011 bietet auch die von der Filmwirtschaft organisierte FSK Jugendschutzprüfungen und -beratungen für Websitebetreiber an (vgl. epd 25.10.2011, S. 3–4), die „fsk.online" ist mittlerweile auch durch die KJM anerkannt.

Als weitere Governanceakteure im Feld der Onlinemedien spielen die Branchenverbände BITKOM und eco sowie der BVDW eine Rolle:

- BITKOM vertritt mehr als 2400 Unternehmen der IT-, Telekommunikations- und Neue-Medien-Branche, vom multinationalen Konzern bis hin zum Mittelständler.

[281] Vgl.www.fsm.de/de/selbstverpflichtungen#A4_1 [24.08.2017].

[282] Vgl. für eine komplette Liste: www.fsm.de/de/mitgliedschaft#A2_2 [24.08.2017].

Nach eigenen Angaben erwirtschaften die Mitglieder 140 Mrd. € und exportieren Waren im Wert von 50 Mrd. €.[283]

- Der Bundesverband Digitale Wirtschaft (BVDW) vertritt die Unternehmensinteressen von Werbe- und Marketingagenturen.
- Als Branchenverband der deutschen Internetwirtschaft ist eco e. V. die Interessensvertretung von Internetservice- und Content-Providern sowie E-Commerce-Anbietern gegenüber der Politik.[284] Der Verband arbeitet mit der Freiwilligen Selbstkontrolle Multimedia (FSM) in einer gemeinsamen Beschwerdestelle zusammen (http://www.internet-beschwerdestelle.de/), an die sich alle Onlinemediennutzer wenden können.

4.5.3.2 Marktstruktur und Markteintrittsbarrieren

Der Onlinemedienmarkt ist technisch betrachtet ein globaler Markt, d. h. grundsätzlich sind Angebote international abrufbar, sofern Staaten wie China oder der Iran dies nicht aus politischen Gründen gezielt verhindern oder die wirtschaftliche Situation (und damit einhergehend eine mangelhafte Infrastruktur) einen technischen Zugang nicht zulässt. Zugleich sind mit „dem Internet“ vielfach entwicklungs- und wirtschaftspolitische Hoffnungen verknüpft, was empirisch jedoch nicht immer sehr valide erscheint: So wird die direkte volkswirtschaftliche Bedeutung der Internetwirtschaft mit einem Jahresumsatz von 111 Mrd. € in Deutschland auf 4,7 % der Wertschöpfung (Bruttoinlandsprodukt) (vgl. BMWi 2016, S. 7) geschätzt, die indirekten Wirkungen durch die Digitalisierung praktisch aller Wirtschaftssektoren sowie die Wachstumsimpulse aber deutlich höher.

Tatsächlich ist der globale Markt, der manchmal als „Globales Dorf“ oder demokratische Weltgesellschaft mit gleichen Partizipationschancen ideologisch überhöht wird, sehr stark regional konzentriert. Das betrifft sowohl die Anbieterstruktur als auch die Nutzungsseite: Es sind die entwickelten bzw. wohlhabenden Industrie- und Dienstleistungsgesellschaften, allen voran die USA, in denen die meisten Internethosts von Anbietern registriert und die relativ meisten Nutzer leben. Global gibt es eine „digitale Spaltung“ (Digital Divide) schon aufgrund der wirtschaftlichen und infrastrukturellen Ungleichheiten, weil Onlinemedien auf einer leistungsfähigen Telekommunikationsstruktur basieren und eine Finanzierung aus Werbung oder anderen Quellen benötigen. Bei der Zahl der IP-Adressen liegt Deutschland mit rund 123 Mio. knapp hinter Großbritannien auf Platz 5, während die bevölkerungsreichen und wirtschaftsstarken Nationen USA (mt 4,6 Mrd. Adressen), China und Japan führen. Vor allem die afrikanischen Staaten sowie einige zentralasiatische verfügen auch proportional zur Bevölkerung über deutlich weniger Adressen.[285] Deutschland liegt bei der relativen Verbreitung von Internetzugängen (pro Kopf) nur im oberen europäischen Mittelfeld, stellt aber den größten

[283] Vgl. www.bitkom.org/Bitkom/Organisation/Die-Bitkom-Gruppe/ [24.08.2017].

[284] Vgl. www.eco.de/about.html [06.06.2017].

[285] Quelle: http://research.domaintools.com/statistics/ip-addresses/ [24.08.2017].

europäischen Teilmarkt dar: Rund 84 % der Deutschen über 14 Jahren nutzen Onlinemedien zumindest selten, 45,1 Mio. oder 65,1 % täglich, wobei hier die über 60-Jährigen deutlich seltener Onlinemedien nutzen (vgl. Media Perspektiven Basisdaten 2016, S. 81).

4.5.3.2.1 Teilmärkte der Onlinekommunikation

Der *Markt für die Internetinfrastruktur, den Access und das Service-Providing* einschließlich Hosting und Housing ist durch Strategien der vertikalen Integration gekennzeichnet. Im Ergebnis führt dies zu einer vertikalen Konzentration, d. h. große Telekommunikationskonzerne und Betreiber der Internet-Hauptverbindungen (Backbones) bieten auch Internet Access- und Service-Providing an. Auch der mobile Breitbandzugang wird in Deutschland von den Mobiltelefonbetreibern Deutsche Telekom, Vodafone und Telefónica dominiert (vgl. eco 2015, S. 28); die Überschneidungen und Verflechtungen mit den Festnetzbetreibern sowie Internet Service-Providern sind stark ausgeprägt.

Für *publizistische Medienangebote* gilt in besonderem Maße, dass sie mit Ausnahme von Musik, Spielen und partiell Videos in hohem Maße textbasiert sind oder ihren kommunikativen Nutzen nur voll entfalten, wenn die Rezipienten die Sprache zumindest im Sinne einer erlernten Fremdsprache verstehen. De facto führt dies zu einem sprachräumlich und national segmentierten Markt für publizistische Onlinemedien. Aus publizistischer Sicht ist die Frage zentral, wie der Markt der Inhalteanbieter strukturiert ist und ob er die Voraussetzungen für ein pluralistisches Angebot liefert. Die technischen und ökonomischen Markteintrittsbarrieren sind geradezu revolutionär gering, denn nahezu jeder kann ohne technische Spezialkompetenz oder größere Investition Facebook-Seiten eröffnen oder Blogkommunikation betreiben. Tatsächlich haben Hunderttausende Menschen Blogs eröffnet, deren Zahl sich allerdings nicht genau berechnen lässt, auch weil etliche „Karteileichen" ohne Traffic anzutreffen sind. Schätzungen und Hochrechnungen ergeben derzeit für Deutschland Werte zwischen 50.000 und 200.000 Blogs,[286] wobei hierunter auch die Blogs von Medienredaktionen oder einzelnen Journalisten sowie die von Unternehmen und Organisationen (Corporate Blogs) fallen. Ein sehr großer Teil der Blogs bedient spezielle oder private Interessen, verfolgt also keine publizistichen Interessen, der den journalistischen Medien vergleichbar wäre. Ob es also tatsächlich zu einem nennenswerten „Long Tail"-Effekt auch für die Meinungsbildung kommt, also die Vielfalt der Inhalte (Themen und Meinungen) mit der Vielzahl der Angebote tatsächlich zugenommen hat, kann bezweifelt werden.

▶ Die tatsächliche Situation lässt sich aufmerksamkeitsökonomisch als „publizistisches Paradox" beschreiben: Je leichter es fällt, etwas zu publizieren, umso mehr wird publiziert. Weil sich menschliche Aufmerksamkeit und Glaubwürdigkeit

---

[286]Vgl. www.deutschlandfunk.de/blogger-in-deutschland-publizistisch-meist-kaum-relevant.761.de.html?dram:article_id=327760; buggisch.wordpress.com/2016/02/23/wie-viele-blogs-gibt-es-in-deutschland/ [24.08.2017].

Tab. 4.25 Nutzung des WWW in Deutschland. (Quelle: http://ausweisung.ivw-online.de/ [24.08.2017]) (Quelle: http://ausweisung.ivw-online.de/index.php?i=116&mz_szm=201707&az_filter=0&kat1=9&kat2=0&kat3=0&kat4=0&kat5=0&kat6=0&kat7=0&kat8=0&sort=kvd&suche= [24.08.2017])

Webangebot	Herkunft	Visits in Mio. (04/2017)
T-Online Content	Portal	182
Bild.de	Medien	160
ebay	Portal	142
Spiegel Online	Medien	90
ebay Kleinanzeigen	Portal	89
wetter.com	Wetter	78
Focus online	Medien	64
Welt online	Social Media	50
Wetter online	Social Media	42
wetter.de	Social Media	41

aber nicht unbegrenzt erzeugen und vermehren lassen, sinken die Chancen für das Publizierte auch öffentlich wahrgenommen zu werden dramatisch. Die vereinzelte Rezeption ist schon vergleichsweise unwahrscheinlich; dass sich hieraus öffentliche Anschlusskommunikationen ergeben, ist noch unwahrscheinlicher.

Aus der publizistikwissenschaftlichen Medienökonomie wissen wir seit langem, dass eine Vielzahl von Anbietern und Angeboten noch keine publizistische Vielfalt garantiert; sie ist eine hilfreiche, aber keine hinreichende Bedingung. Das trifft auch auf die Onlinemedien und die Blogosphäre zu, deren direkter Beitrag zur öffentlichen Kommunikation wahrscheinlich geringer ist als ihr indirekter – etwa durch die Nutzung von Blogs bei der journalistischen Recherche. Legt man die üblichen Maßstäbe einer hinreichend hohen Publikumsreichweite und Einbindung in die Strukturen der öffentlichen Meinungsbildung an, dann spielen Blogs eine marginale Rolle. Blickt man auf die professionellen Webangebote, dann spiegelt sich in der hohen Zahl der Angebote eher die crossmediale Strategie der großen Medienkonzerne wieder. Diese müssen ihre Reichweiten, gerade bei jüngeren Zielgruppen, optimieren, um Werbeerlöse zu erzielen. Im Ergebnis verstärkt sich tendenziell die publizistische Konzentration durch die Onlinemedien (vgl. KEK 2010, S. 49–52; Trappel 2007, S. 64–66). Tab. 4.25 enthält die Nutzungsstatistik als Momentaufnahme aus dem August 2017, zeigt aber ein typisches Muster:[287] Reichweitenstark sind Portale und praktische Informationen (Wetter), die als hilfreich im Alltag empfunden werden sowie aktuelle politische Informationen aus bekannten Medienquellen. Hinzu kommen die Portale, sog. Social Media-Anbieter und die Suchmaschine Google. Unter publizistischen Qualitäts- und Vielfaltsgesichtspunkten ist festzustellen, dass ein beträchtlicher Teil der Onlinewerbeerlöse aufgrund der kommerziellen Reichweitenlogik nicht den publizistischen Onlinemedien zugute kommt, sondern Google (weltweit

[287] Vgl. HBI (2017, S. 74) mit einer Mehrjahresübersicht.

rund 64 Mrd. US$ Werbeumsatz im Jahr 2016 auf allen Google-Sites)[288] und Facebook (weltweiter Werbeumsatz rund 9,3 Mrd. US$ alleine im 2. Quartal 2017),[289] die selbst praktisch keine genuin publizistischen Leistungen im Sinne von Recherche oder journalistischer Berichterstattung und Kritik erbringen. Die Werbeerlöse verlagern sich also nicht einfach von den Presse- und Rundfunkmedien zu den Onlinemedien, sondern gehen publizistischen Medien überhaupt verloren.

Auch der *Markt der Suchmaschinen* weist mit über 2500 eine beachtliche Zahl auf, auch wenn nur etwa 240 allgemeine Suchmaschinen verfügbar sind.[290] Gleichwohl verfügt der Marktführer Google über einen Marktanteil von über 90 % und besitzt damit eine strategische Stellung:[291] Angebote, die nicht bei Google (und zwar de facto auf der ersten Ergebnisseite) gelistet sind, haben kaum Chancen auf öffentliche Wahrnehmung. Die Werbefinanzierung von Google und die Intransparenz der Suche haben zudem immer wieder Zweifel an der Neutralität dieses auch in vielen anderen Belangen umstrittenen Anbieters ausgelöst; die starke Marktstellung und ihr Missbrauch durch Google haben zu einem kartellrechtlichen Prüfverfahren der EU geführt, das 2017 mit einer Rekordstrafe von 2,42 Mrd. € endete.[292]

Der *Online-Werbemarkt* ist in den letzten Jahren sehr stark und zu einem großen Teil zulasten der klassischen Medien gewachsen, 2016 wurde ein Netto-Umsatz von 1,51 Mrd. € erzielt.[293] Die Suchmaschinenwerbung (bezahlte Platzierungen auf den Suchergebnislisten) und Werbevideos (als PreRoll-Werbevorspann) sind wichtige Werbeformen. Grafische Werbeformen (wie Banner und Buttons) sind rückläufig, während vor allem aber Social Media-basierte Werbung (z. B. Influencer-Marketing via Youtube) und Werbung für mobile Apps und Nutzung Wachstumsmärkte darstellen (vgl. BVDW 2017, S. 6–13). Bei der Vermarktung von Onlinewerbung spielen neben speziellen Onlinevermarktern wie Media Impact die großen Verlage (Bauer, Burda, Gruner + Jahr) und Rundfunkunternehmen (bzw. deren Werbevermarkter wie SevenOne Media oder IP Deutschland) eine dominierende Rolle (vgl. BVDW 2017, S. 18). Jenseits der Displaywerbung haben sich Rubrikenmärkte für Kleinanzeigen im Netz entwickelt, und zwar zulasten der Tageszeitungen, die diesen Trend weitestgehend verpasst hatten.

[288]Quelle: https://de.statista.com/statistik/daten/studie/75181/umfrage/werbeumsatz-der-google-websites-seit-2001/ [24.08.2017].

[289]Quelle: de.statista.com/statistik/daten/studie/223277/umfrage/umsaetze-von-facebook-nach-segment-quartalszahlen/ [24.08.2017].

[290]Quelle: http://www.suchlexikon.de/ [24.08.2017].

[291]Die Nr. 2 „Bing“ kommt auf etwas über 8 %, vgl. https//seo-summary.de/suchmaschinen/ [24.08.2017].

[292]Vgl. www.spiegel.de/netzwelt/netzpolitik/google-vs-eu-kartellwaechter-folgen-der-rekordstrafe-a-1154698.html [24.08.2017].

[293]Vgl. http://zaw.de/zaw/branchendaten/nettoumsatzentwicklung-der-werbetraeger/ [24.08.2017].

Als *Markteintrittsbarrieren* für das Contentproviding sind die hohen First-copy-Kosten für technisch anspruchsvolle, multikodale und ggf. aktuelle Medienangebote bei bislang nur begrenzt tragfähigen Erlösmodellen zu nennen. Voraussetzung für eine erfolgreiche Vermarktung ist das Erreichen einer hohen Nutzerzahl, die jedoch am leichtesten für die – aus der „Offline"-Medienwelt – bekannten Medienmarken zu erzielen ist. Die Eigenschaft des Vertrauens- und Erfahrungsgutes sowie die Tatsache, dass es an Qualitätsstandards und -kontrollen im Web mangelt, weil nahezu jeder dort publizieren kann, machen eine eingeführte Medienmarke zu einem Core Asset. Die Beispiele Spiegel und BILD zeigen, dass hier Marktzutrittsbarrieren in einen neuen Markt importiert wurden.

Neben den alten „Playern" haben sich online neue Konzerne mit beträchtlicher Marktmacht gebildet, allen voran Google. Der US-Konzern betreibt nicht nur die in Deutschland (und vielen anderen Ländern) erfolgreichste Suchmaschine (mit über 90 % Marktanteil), sondern ist auch führend im Werbemarkt. Google entwickelt weitere Onlinedienstleistungen, die zum Teil rechtlich umstritten sind, sei es aufgrund von Urheber-, Leistungsschutz- und Verwertungsrechten (GoogleBooks, GoogleNews), sei es hinsichtlich des Datenschutzes (Google Streetview, Google+).

4.5.3.3 Marktentwicklung

Die Diffusion des Internets als Trägermedium für Onlinemedien und die tatsächliche Nutzung der unterschiedlichen Onlinemedien hat in Deutschland in den letzten zwei Jahrzehnten ein sehr starkes Wachstum erlebt. Dieses externe Wachstum hat sich bereits erkennbar verlangsamt, d. h. es zeichnen sich Deckeneffekte ab: Wer jetzt nicht online ist, hat seine Gründe. Marktwachstum kann sich aber aus anderen Quellen speisen, nämlich der Intensivierung der Nutzung insbesondere durch neue Angebote oder Komfortmerkmale (etwa mobile Geräte und hierfür optimierte Angebote und Dienste). Eine (bislang allerdings noch moderate) Verbreitung von E-Books, der bereits heute überaus erfolgreiche (zunächst illegale, mittlerweile auch der legale) Musik- und Videodownload bzw. das Streaming haben die Entwicklung des Onlinemedienmarktes erheblich befördert. Die Marktanteile der Onlinemedien am Gesamtmarkt für Werbung wie für die Mediennutzung werden steigen. Allerdings handelt es sich zum Teil lediglich um die Substitution alter analoger durch neue digitale Vertriebswege, während publizistisches Angebot und tendenziell auch Anbieterunternehmen gleich bleiben. Der publizistische Mehrwert der Onlinemedien für ein bereits weit ausdifferenziertes und im weltweiten Vergleich relativ freiheitliches Mediensystem wie das deutsche hält sich daher unter Vielfalts- und Partizipationsgesichtspunkten in überschaubaren Grenzen.

4.5.4 Zusammenfassung: Strukturmerkmale

Die Onlinemedien arbeiten multikodal und digital vernetzt, denn sie verwenden vielfältige Zeichentypen in unterschiedlichen Kombinationen und basieren auf der Infrastruktur eines digitalen Telekommunikationsnetzes mit weltweiten Verbindungen sowie der

Möglichkeit des kommunikativen Rollenwechsels ohne Medienbruch. Publizistisch, also für die öffentliche Kommunikation und Meinungsbildung, sind die individuellen Beiträge (User Generated Content) von untergeordneter Bedeutung, es dominieren die Hypertextangebote professioneller Medienorganisationen, meist als redaktionell „multimedial" gestaltete Websites für die Information, Unterhaltung und Beratung des Publikums. Suchmaschinen, Sozialen Netzwerkdiensten und Plattformen kommt zunehmend eine Schlüsselstellung mit Meinungsrelevanz zu, weil sie die Vielzahl der Angebote selektieren, bündeln und verbreiten. Funktional lassen sich Internet-Access-, Service- und Content-Provider einschließlich der Anbieter von Portalen und Suchmaschinen neben den Nutzern als zentrale Akteure der Onlinemedien unterscheiden; hinzu kommen die Betreiber und Hersteller technischer Infrastrukturen (Telekommunikationsnetze, Vermittlungsstellen, Server etc.) und Geräte (Server, Kabel etc.) sowie technische Dienstleister (Hosting, Housing, Abrechnungssysteme).

Die kontinuierliche Produktion von redaktionellen Inhalten für die Onlinekommunikation verursacht Kosten, die sich allein mit dem klassischen Werbe- oder Mischfinanzierungsmodell der Medien nur schwer finanzieren lassen. Entgelte und Bezahlsysteme setzen sich langsam durch (Paid Content), vor allem über Apps und mobil nutzbare Angebote; hinzu kommen Erlöse aus dem Verkauf von Nutzerdaten (Datamining). Viele Onlinemedienanbieter versuchen aufgrund der Probleme auf der Erlösseite mithilfe geringer Kosten zu produzieren, d. h. sie statten Onlineredaktionen nur mit geringen Ressourcen aus und greifen auf bereits vorliegende Inhalte des eigenen Unternehmens (Mehrfachverwendung) oder von anderen Medien (Syndication) zurück.

Aus publizistischer Sicht führen die niedrigen technischen und ökonomischen Markteintrittsbarrieren zwar zu einer Vielzahl von Angeboten, die selektive Nutzung und die Strategien der Mehrfachverwertung von Content jedoch nicht zu einer Vielfalt der Onlinemedien, die wesentlich über die ohnehin gegebene Medienvielfalt hinausreicht. Allerdings finden sich aufgrund crossmedialer Strategien von kommerziellen Qualitätsmedien ebenso wie von beitragsfinanzierten Rundfunkanbietern durchaus publizistische Qualitätsangebote im Web.

Aus der Organisationsperspektive können die wesentlichen Grundzüge der (publizistischen) Onlinemedien auf der Meso- und Makroebene wie in Tab. 4.26 zusammengefasst werden.

Aus der Institutionalisierungsperspektive fasst die folgende Tab. 4.27 die Strukturmerkmale der Onlinemedien zusammen.

Internet und Onlinemedien sind kein rechtsfreier Raum, denn es hat sich von Beginn an eine Netgovernance entwickelt, die in Deutschland zu einer spezifischen Form von Co-Regulierung geführt hat. Fragen der technischen Infrastruktur und die Verwaltung des Adressraums liegen in der Hand privater, zum Teil internationaler Institutionen. Viele Kommunikations- und Verhaltensnormen sind von den Nutzern selbst ausgehandelt worden und haben sich in einer Netiquette niedergeschlagen. In Deutschland gelten neben allen üblichen Gesetzen speziell für Telemedien zwei Staatsverträge der Bundesländer, nämlich der Staatsvertrag für Rundfunk und Telemedien (RStV) sowie

Tab. 4.26 Organisation der Onlinekommunikation

Mesoebene	• Werbefinanzierte und „subventionierte“ professionelle Online-Angebote aufgrund crossmedialer Strategien • Zögerlich akzeptierte Paid Content-Angebote • Plattformen und neue Intermediäre • Persönliche Verhaltens- und Profildaten als Geschäftsmodell • Öffentlich zugängliche nicht- oder semiprofessionelle Peer-Angebote mit begrenzter Reichweite • Gesetzlich begrenzte öffentlich-rechtliche Angebote
Makroebene	• Vielzahl von Online-Angeboten • Restrukturierung der Wertschöpfung durch Disintermediation und Re-Intermediation • Marktdominanz herkömmlicher Medienmarken sowie neuer „Internet-Konzerne“ • Begrenzter publizistischer Mehrwert • Hohe Marktkonzentration trotz sehr niedriger Markteintrittsbarrieren

Tab. 4.27 Institutionalisierung der Onlinekommunikation

Mesoebene	• Nationale Zulassungsfreiheit und internationale Zugänglichkeit • (soziale) Vernetzung und (semantische) Verlinkung • Hohe Selektivität • Heterogene Standards unterschiedlicher Anbietergruppen • Unterschiedliche Professionalisierungsgrade • Zweifel an Urheberrechten und Datenschutz (Überwachung)
Makroebene	• Länderkompetenz und nationale bzw. internationale Struktur • EU-Richtlinie, Staatsverträge und Bundesgesetze • Marktmodell, Netgovernance und Co-Regulierung (Landesmedienanstalten u. Selbstkontrolleinrichtungen) • Netzneutralität • Internationale Regulierungsfragen und -institutionen

der Jugendmedienschutz-Staatsvertrag, und das Telemediengesetz des Bundes. Diese Gesetze bzw. Staatsverträge setzen die AVMD-Richtlinie der Europäischen Union um. Für den Jugendschutz sind die Landesmedienanstalten und ihre Kommission für Kinder- und Jugendmedienschutz (KJM) zuständig, wobei die KJM die freiwillige Selbstkontrolle Multimedia-Diensteanbieter (FSM) sowie fsk.online als private Selbstkontrollinstitutionen anerkannt hat. Für die Landesbehörden ist jugendschutz.net als Bundebehörde zusätzlich die Bundesprüfstelle für jugendgefährdende Medien (BPjM) zuständig. Die Regulierung der Telemedien, für die es keiner Zulassung oder Anmeldung bedarf, gleicht in vielen Belangen der Presse-, in einigen der Rundfunkregulierung. Aufgrund der internationalen Vernetzung treten, insbesondere beim Jugendschutz und beim politischen Extremismus, Vollzugsdefizite auf. Zu den kommunikationspolitisch diskutierten Fragen der Onlinemedien zählen neben dem gleichberechtigten Zugang von Anbietern und der Gleichbehandlung aller Inhalte (Netzneutralität), die flächendeckende Versorgung mit Breitbandzugängen sowie die Überwindung noch vorhandener gesellschaftlicher Ungleichheiten bei der kompetenten Nutzung der Onlinemedien (Digital Divide). Hinzu treten Fragen der Datensicherheit sowie des Daten- und Verbraucherschutzes.

Die Regulierung der Onlinemedien folgt weitestgehend marktwirtschaftlicher Logik mit der Folge erheblicher ökonomischer und publizistischer Konzentration. Am ausgeprägtesten ist die Konzentration bei den Suchmaschinen, weil hier mit Google ein Unternehmen sehr stark dominiert, das zudem auf vielen anderen Onlinefeldern aktiv ist. Die Telemedienangebote der öffentlich-rechtlichen Rundfunkanstalten unterliegen einer vergleichsweise starken Regulierung und bedürfen einer organisationsinternen Genehmigung; sie sind werbefrei und zeitlich befristet, um die Angebote der Presseverleger und privaten Rundfunkunternehmen vor Konkurrenz zu schützen.

Wichtige Quellen und Websites zum Thema Onlinemedien

- Beiträge zu vielen weiteren Aspekten der Onlinemedien enthält: Schweiger, Wolfgang und Beck, Klaus (Hrsg.) (2018): Handbuch Online-Kommunikation. Wiesbaden: Springer VS
- Aktuelle Nutzungsdaten liefert jährlich die ARD/ZDF-Onlinestudie; ausgewählte Ergebnisse finden sich jeweils im Fachdienst Media Perspektiven sowie online unter: www.media-perspektiven.de
- Daten zur wirtschaftlichen Entwicklung bietet der Branchenverband eco auf seiner Website: www.eco.de
- Über Fragen des Jugendschutzes in den Onlinemedien informiert die Website der Freiwilligen Selbstkontrolle Multimedia-Diensteanbieter: www.fsf.de

Gesetze, Staatsverträge und EU-Richtlinien

- *Telemediengesetz:* Telemediengesetz vom 26. Februar 2007 (BGBl. I S. 179), das zuletzt durch das Gesetz vom 21.07.2016 (BGBl. I S. 1766) m. W. v. 27.07.2016 geändert worden ist; online unter: https://dejure.org/gesetze/TMG [24.08.2017].
- *Rundfunkstaatsvertrag (RstV):*Staatsvertrag für Rundfunk und Telemedien (Rundfunkstaatsvertrag – RStV –) vom 31.08.1991, in der Fassung des Neunzehnten Staatsvertrages zur Änderung rundfunkrechtlicher Staatsverträge (Neunzehnter Rundfunkänderungsstaatsvertrag) in Kraft getreten am 01.10. 2016; online unter: www.die-medienanstalten.de/fileadmin/Download/Rechtsgrundlagen/Gesetze_aktuell/19_RfAendStV_medienanstalten_Layout_final.pdf [07.05.2017].
- *Jugendmedienschutz-Staatsvertrag:* Staatsvertrag über den Schutz der Menschenwürde und den Jugendschutz in Rundfunk und Telemedien (Jugendmedienschutz-Staatsvertrag – JMStV) in der Fassung des Neunzehnten Staatsvertrages zur Änderung rundfunkrechtlicher Staatsverträge (Neunzehnter Rundfunkänderungsstaatsvertrag); online unter: http://fsf.de/service/downloads/jmstv/ [07.05.2017].

- *AVMD-Richtlinie:* RICHTLINIE 2010/13/EU DES EUROPÄISCHEN PARLAMENTS UND DES RATES vom 10. März 2010 zur Koordinierung bestimmter Rechts- und Verwaltungsvorschriften der Mitgliedstaaten über die Bereitstellung audiovisueller Mediendienste (Richtlinie über audiovisuelle Mediendienste); online unter: http://eur-lex.europa.eu/LexUriServ/LexUriServ.do?uri=OJ:L:2010:095:0001:0024:-DE:PDF [13.12.2011]

Literatur

Buch

Anderson, Chris. 2007. *The Long Tail. Der lange Schwanz.* München: Hanser.

Bellmann, Holger. 2009. Vertrieb und Auslieferung. In *Ökonomie der Buchindustrie Herausforderungen in der Buchbranche erfolgreich managen*, Hrsg. Michel Clement, Eva Blömeke, und Frank Sambeth, 177–190. Wiesbaden: Gabler.

Bez, Thomas. 2010. *ABC des Zwischenbuchhandels. Herausgegeben vom Ausschuss für den Zwischenbuchhandel des Börsenvereins des deutschen Buchhandels*, 6. Aufl. Frankfurt a. M.: Börsenverein.

BKM Der Beauftragte der Bundesregierung für Kultur und Medien, Hrsg. 2008. *Medien- und Kommunikationsbericht der Bundesregierung 2008.* Berlin: BKM.

Börsenverein des Deutschen Buchhandels, Hrsg. 2010. *Buch und Buchhandel in Zahlen 2010.* Frankfurt a. M.: MVB.

Börsenverein des Deutschen Buchhandels, Hrsg. 2016. *Buch und Buchhandel in Zahlen 2016.* Frankfurt a. M.: MVB.

Börsenverein des Deutschen Buchhandels, Hrsg. 2017. *Buch und Buchhandel in Zahlen 2017.* Frankfurt a. M.: MVB.

Braun, Alexander. 2009. Buchbranche im Umbruch: Implikationen der digitalen Ökonomie. In *Ökonomie der Buchindustrie. Herausforderungen in der Buchbranche erfolgreich managen*, Hrsg. Michel Clement, Eva Blömeke, und Frank Sambeth, 273–290. Wiesbaden: Gabler.

Brunn, Torsten, und Eva Blömeke. 2009. Buchhandel. In *Ökonomie der Buchindustrie. Herausforderungen in der Buchbranche erfolgreich managen*, Hrsg. Michel Clement, Eva Blömeke, und Frank Sambeth, 191–204. Wiesbaden: Gabler.

Engel, Bernhard, und Lothar Mai. 2015. Mediennutzung und Lebenswelten. *Media Perspektiven* 2015(10): 427–441.

Gaubitz, Jürgen. 2015. Der deutsche Buchmarkt. www.verdi-bub.de/ndex.php?id=2265. Zugegriffen: 23. Dez. 2016.

Güntner, Joachim. 2009. Der Buchmarkt im Strudel des Digitalen. *Aus Politik und Zeitgeschichte (APuZ)* 2009 (42–43): 9–17.

Hagenmüller, Moritz, und Friederike Künzel. 2009. Print-on-Demand – Neue Chancen für Verleger und Autoren. In *Ökonomie der Buchindustrie. Herausforderungen in der Buchbranche erfolgreich managen*, Hrsg. Michel Clement, Eva Blömeke, und Frank Sambeth, 259–271. Wiesbaden: Gabler.

Heinold, Wolfgang Ehrhardt. 2009. *Bücher und Büchermacher,* 6. Aufl. Frankfurt a. M.: Bramann.

Hömberg, Walter. 2010. *Lektor im Buchverlag. Repräsentative Studie über einen unbekannten Kommunikationsberuf.* Konstanz: UVK.
Janello, Christoph. 2010. *Wertschöpfung im digitalisierten Buchmarkt.* Wiesbaden: Gabler.
Kerlen, Dietrich. 2006. *Der Verlag. Lehrbuch der Buchverlagswirtschaft*, 14. Aufl. Stuttgart: Hauswedell.
Leipziger Messe. 2016. *Zahlen, Daten, Hintergründe zur Leipziger Buchmesse mit dem größten Lesefest Europas – Leipzig liest.* Leipzig: Messe Leipzig.
Lucius, Wulf D. v. 2007. *Verlagswirtschaft. Ökonomische, rechtliche und organisatorische Grundlagen*, 2., neubearb. u. erw. Aufl. Konstanz: UVK.
Lucius, Wulf D. v. 2014. *Verlagswirtschaft. Ökonomische, rechtliche und organisatorische Grundlagen*, 3., neubearb. u. erw. Aufl. Konstanz: UVK.
Mundhenke, Reinhard, und Marita Teuber. 2002. *Der Verlagskaufmann. Berufsfachkunde für Kaufleute in Zeitungs-, Zeitschriften- und Buchverlagen.* Frankfurt a. M.: Societäts-Verlag.
Picot, Arnold, und Christoph Janello. 2007. *Wie das Internet den Buchmarkt verändert. Ergebnisse einer Delphistudie.* Berlin: Friedrich-Ebert-Stiftung.
Ridder, Christa-Maria, und Bernhard Engel. 2010. Massenkommunikation 2010: Mediennutzung im Intermediavergleich. *Media Perspektiven* 2010 (11): 523–536.
Robertz, Gerd. 2009. Online-Vertrieb von Büchern. In *Ökonomie der Buchindustrie. Herausforderungen in der Buchbranche erfolgreich managen*, Hrsg. Michel Clement, Eva Blömeke, und Frank Sambeth, 229–239. Wiesbaden: Gabler.
Schönstedt, Eduard. 1991. *Der Buchverlag. Geschichte, Aufbau, Wirtschaftsprinzipien, Kalkulation und Marketing.* Stuttgart: Metzler.
Stiehl, Ulrich. 1980. *Der Verlagsbuchhändler. Ein Lehr- und Nachschlagewerk.* Hamburg: Hauswedell.
Wilking, Thomas. 2009. Marktübersicht und Marktentwicklung. In *Ökonomie der Buchindustrie. Herausforderungen in der Buchbranche erfolgreich managen*, Hrsg. Michel Clement, Eva Blömeke, und Frank Sambeth, 27–42. Wiesbaden: Gabler.
Wirtz, Bernd W 2006. *Medien- und Internetmanagement*, 5., überarb. Aufl. Wiesbaden: Gabler
Wort, V.G. 2015. *Bericht des Vorstands über das Geschäftsjahr 2015.* München: VG Wort.

Periodische Presse

Arndt, Helmut. 1967. *Die Konzentration in der Presse und die Problematik des Verleger-Fernsehens.* Frankfurt a. M.: Metzner.
Akstinat, Björn, Lena Abring, und Ilona Kuzak. 2012. *Fremdsprachige Publikationen in Deutschland.* Berlin: IMH.
Baerns, Barbara. 1990. *Journalismus und Medien in der DDR. Ansätze, Perspektiven, Probleme und Konsequenzen des Wandels.* Königswinter: Jakob-Kaiser-Stiftung.
BDZV. 2016. *Zeitungen 2016/2017.* Hrsg. Bundesverband Deutscher Zeitungsverleger (BDZV). Berlin: BDZV.
BDZV. 2017. Bundesverband Deutscher Zeitungsverleger. Zahlen – Daten – Fakten. In *Zeitungen 2017/2018*, Hrsg. Bundesverband Deutscher Zeitungsverleger (BDZV), 282–308. Berlin: BDZV.
Beck, Klaus. 1994a. *Medien und die soziale Konstruktion von Zeit. Über die Vermittlung von gesellschaftlicher Zeitordnung und sozialem Zeitbewusstsein.* Wiesbaden: Westdeutscher Verlag.
Beck, Klaus, Dennis Reineck, und Christiane Schubert. 2010. *Journalistische Qualität in der Wirtschaftskrise.* Konstanz: UVK.

Berghofer, Simon, und Ramona Vonbun-Feldbauer. 2017. *Adieu Publizistisch Einheit? Zur abnehmenden Validität eines pressestatistischen Standardmaßes. Eine empirisch fundierte Kritik und Weiterentwicklung.* Unveröffentlichtes Extended Abstract, eingereicht zur DGPuK-Tagung 2018.

Bermes, Jürgen. 1991. *Der Streit um die Presse-Selbstkontrolle: Der Deutsche Presserat. Eine Untersuchung zur Arbeit und Reform des Selbstkontrollorgans der bundesdeutschen Presse.* Baden-Baden: Nomos.

BKM Der Beauftragte der Bundesregierung für Kultur und Medien, Hrsg. 2008. *Medien- und Kommunikationsbericht der Bundesregierung 2008.* Berlin: BKM.

Bohrmann, Hans. 1999. Entwicklung der Zeitschriftenpresse. In *Mediengeschichte der Bundesrepublik Deutschland,* Hrsg. Jürgen Wilke, 135–145. Weimar: Böhlau.

Börsenverein des Deutschen Buchhandels, Hrsg. 2010. *Buch und Buchhandel in Zahlen.* Frankfurt a. M.: MVB.

Börsenverein des Deutschen Buchhandels, Hrsg. 2016. *Buch und Buchhandel in Zahlen 2016.* Frankfurt a. M.: MVB.

Börsenverein des Deutschen Buchhandels, Hrsg. 2017. *Buch und Buchhandel in Zahlen 2017.* Frankfurt a. M.: MVB.

Breunig, Christian, und Birgit van Eimeren. 2015. 50 Jahre „Massenkommunikation": Trends in der Nutzung und Bewertung von Medien. *Media Perspektiven* 2015 (11): 505–525.

Breyer-Mayländer, Thomas et al. 2005. *Wirtschaftsunternehmen Verlag. Buch-, Zeitschriften und Zeitungsverlage,* 3., überarb. u. erg. Aufl. Frankfurt: Bramann.

Bundesverband Presse-Grosso. 2011. Geschäftsbericht 2010. Köln. http://www.pressegrosso.de/presse/downloads/publikationen.html. Zugegriffen: 16. Jan. 2011.

Bundesverband Presse-Grosso. 2016. Geschäftsbericht 2015. Köln. http://www.pressegrosso.de/presse/downloads/geschaeftsberichte.html. Zugegriffen: 29. Dez. 2016.

Bundesamt, Statistisches. 2015. *Statistisches Jahrbuch 2015 für die Bundesrepublik Deutschland.* Wiesbaden: Statistisches Bundesamt.

BVDA. 2016. Bundeverband deutscher Anzeigenblätter. *Repräsentative Studie zur Medialeistung der Anzeigenblätter in Deutschland.* Berlin: BDVA. www2.wi-paper.de/book/read/id/0001D-595C6B596E7. Zugegriffen: 29. Dez. 2016.

Calagan, Nesrin Z. 2010. *Türkische Presse in Deutschland. Der deutsch-türkische Medienmarkt und seine Produzenten.* Bielefeld: Transcript.

Deutscher Presserat, Hrsg. 2016. Jahresbericht 2015. Berlin. www.presserat.de/fileadmin/user_upload/Downloads_Dateien/Jahresbericht_2015_neu.pdf. Zugegriffen: 5. Jan. 2016.

Dewenter, Ralf, und Jürgen Rosch. 2015. *Einführung in die neue Ökonomie der Medienmärkte. Eine wettbewerbsökonomische Betrachtung aus Sicht der Theorie der zweiseitigen Märkte.* Wiesbaden: Springer Gabler.

Eisermann, Jessica. 1993. *Selbstkontrolle in den Medien. Der Deutsche Presserat und seine Möglichkeiten,* Discussion Paper FS III, 93–102. Berlin: WZB.

Engel, Bernhard, und Lothar Mai. 2010. Mediennutzung und Lebenswelten. *Media Perspektiven* 2010(12): 558–571.

epd. 2011a. Burda verlässt die Krisenzone – mehr als acht Prozent Umsatzwachstum. *Evangelischer pressedienstmedien aktuell* 2011 (112a): 3 (10.6.2011).

epd. 2011b. „Frankfurter Rundschau" baut 58 Stellen ab. *Evangelischer pressedienstmedien aktuell* 2011 (127a): 4–5 (5.7.2011).

epd. 2016. Verleger: Kartellrechtsnovelle sichert Pressevielfalt. *Evangelischer pressedienst medien aktuell* 2016 (219a).

epd. 2017. Presserat erhielt im vergangenen Jahr 1.851 Beschwerden. *Evangelischer pressedienst medien aktuell* 2017 (191a).

Frankfurter Allgemeine Zeitung. 2016. Wachstum mit Klatsch und Tratsch. *Frankfurter Allgemeine Zeitung*, 23. September.

Glotz, Peter, und Wolfgang R. Langenbucher. 1968. Monopol und Kommunikation. *Publizistik* 13 (2–4): 137–179.

Groth, Otto. 1928. *Die Zeitung. Das System der Zeitungskunde (Journalistik)*, Bd. 1. Mannheim: J. Bensheimer.

Günther-Kommission. 1968. Schlussbericht der Kommission zur Untersuchung der Gefährdung der wirtschaftlichen Existenz von Presseunternehmen und der Folgen der Pressekonzentration für die Meinungsfreiheit in der Bundesrepublik Deutschland. *Bundestags-Drucksache V/3122*.

Haas, Marcus. 2005. *Die geschenkte Zeitung. Bestandsaufnahme und Studien zu einem neuen Pressetyp in Europa*. Berlin: Lit.

Halm, Dirk. 2006. Die Medien der türkischen Bevölkerung in Deutschland. Berichterstattung, Nutzung und Funktion. In *Integration durch Massenmedien. Medien und Migration im internationalen Vergleich*, Hrsg. Rainer Geißler und Horst Pöttker, 77–92. Bielefeld: Transcript.

Hartung, Heinz-Eberhard. 1962. Die Konzentration im deutschen Zeitungs- und Zeitschriftenwesen. *Publizistik* 7 (1): 34–38.

Heinrich, Jürgen. 1994. *Mediensystem, Zeitung, Zeitschrift, Anzeigenblatt*. Medienökonomie, Bd. 1. Opladen: Westdeutscher Verlag.

Heinrich, Jürgen. 2001. *Mediensystem, Zeitung, Zeitschrift, Anzeigenblatt*, 2., überarb. u. akt. Aufl. Medienökonomie, Bd. 1. Wiesbaden: Westdeutscher Verlag.

Heinrich, Jürgen. 2002. Ökonomische Analyse des Zeitschriftensektors. In *Zeitschriften und Zeitschriftenforschung*, Hrsg. Andreas Vogel und Christina Holtz-Bacha, *Publizistik, Sonderheft 3/2002*, 60–82.

Heinrich, Jürgen. 2010. *Mediensystem, Zeitung, Zeitschrift, Anzeigenblatt*, 3. Aufl. Medienökonomie, Bd. 1. Wiesbaden: VS Verlag.

Holzweißig, Gunter. 1989. *Massenmedien in der DDR*, 2., vollst. überarb. Aufl. Berlin: Holzapfel.

Holzweißig, Gunter. 1991. *DDR-Presse unter Parteinkontrolle. Kommentierte Dokumentation*. Bonn: Gesamtdeutsches Institut.

Holzweißig, Gunter. 1997. *Zensur ohne Zensor. Die SED-Informationsdiktatur*. Bonn: Bouvier.

IVW Informationsgememeinschaft zur Festtellung der Verbreitung von Werbeträgern. 2016. *IVW-Geschäftsbericht 2015/2016*. Berlin: IVW.

Kansky, Holger. 2010. Auf allen Plattformen – Verlage und ihre digitalen Geschäftsfelder. In *Zeitungen 2010/2011*, Hrsg. Bundesverband Deutscher Zeitungsverleger (BDZV), 175–190. Berlin: BDZV.

KEK. 2015. *Von der Fernsehzentrierung zur Medienfokussierung – Anforderungen an eine zeitgemäße Sicherung medialer Meinungsvielfalt. Bericht der Kommission zur Ermittlung der Konzentration im Medienbereich (KEK) über die Entwicklung der Konzentration und über Maßnahmen zur Sicherung der Meinungsvielfalt im privaten Rundfunk*. Leipzig: Vistas.

Keller, Dieter, und Christian Eggert. 2016. Print, digital & mehr – Zur wirtschaftlichen Lage der Branche. In *Zeitungen 2016/2017*, Hrsg. Bundesverband Deutscher Zeitungsverleger (BDZV), 59–132. Berlin: BDZV.

Keller, Dieter, und Christian Eggert. 2017. Stammgeschäft und neue Märkte – Die wirtschaftliche Lage der Branche. In *Zeitungen 2017/2018*, Hrsg. Bundesverband Deutscher Zeitungsverleger (BDZV), 40–111. Berlin: BDZV.

Kisker, Klaus Peter, Manfred Knoche, und Axel Zerdick. 1979. *Wirtschaftskonjunktur und Pressekonzentration in der Bundesrepublik Deutschland*. München: Saur.

Knoche, Manfred. 1978. *Einführung in die Pressekonzentrationsforschung*. Berlin: Spiess.

Koszyk, Kurt. 1966. *Deutsche Presse im 19. Jahrhundert*. Berlin: Colloquium.

Koszyk, Kurt. 1972. *Deutsche Presse 1914–1945*. Berlin: Colloquium.

Koszyk, Kurt. 1986. *Pressepolitik für Deutsche 1945–1949*. Berlin: Colloquium.
Kötterheinrich, Manfred. 1965. Die Konzentration in der deutschen Presse. In *Deutsche Presse seit 1945*, Hrsg. Harry Pross, 76–97. Bern: Scherz.
Küthe, Alexandra. 2017. *Printmedien und digitaler Wandel*. Berlin: Wissenschaftlicher Verlag.
La Roche, Walther von. 2013. *Einführung in den praktischen Journalismus. Mit genauer Beschreibung aller, Schweiz*, 19., neu bearbeietet Aufl. v. Gabriele Hooffacker und Klaus Meier. Wiesbaden: Springer VS.
Löffelholz, Martin, Hrsg. 2004. *Theorien des Journalismus. Ein diskursives Handbuch*, 2., vollst. überarb. u. erw. Aufl. Wiesbaden: VS Verlag.
Mahle, Walter A., Hrsg. 1992. *Pressemarkt Ost. Nationale und internationale Perspektiven*. München: Ölschläger.
Maier, Klaus. 2002. *Ressort, Sparte, Team. Wahrnehmungsstrukturen und Redaktionsorganisation im Zeitungsjournalismus*. Konstanz: UVK.
Maisch, Andreas. 2011. Deutsche Sender? Nein, danke. *Der Tagesspiegel*, 31, 4. August.
Media Perspektiven Basisdaten. 2016. *Daten zur Mediensituation in Deutschland 2016*. Frankfurt a. M.: Media Perspektiven.
Meyen, Michael, und Anke Fiedler. 2011. *Die Grenze im Kopf. Journalisten in der DDR*. Berlin: Panama-Verlag.
Meyen, Michael, und Claudia Riesmeyer. 2009. *Diktatur des Publikums. Journalisten in Deutschland*. UVK: Konstanz.
Michel-Kommission. 1967. Bericht der Kommission zur Untersuchung der Wettbewerbsgleichheit von Presse, Funk/Fernsehen und Film – Michel-Kommission. *Bundestags-Drucksache V/220*.
Nebel, Ellen. 2011. Modernisierung grossomodo. Der Bauer-Verlag krempelt das Grosso-System um. *epd medien* 2011 (5): 4–6 (4.2.2011)
Nussberger, Ulrich. 1961. *Dynamik der Zeitung*. Stuttgart: Daco.
Nussberger, Ulrich. 1984. *Das Pressewesen zwischen Geist und Kommerz*. Konstanz: Universitätsverlag.
Pasquay, Anja. 2011. Die deutschen Zeitungen in Zahlen und Daten. In *Zeitungen 2011/2012*, Hrsg. Bundesverband Deutscher Zeitungsverleger (BDZV), 3–38. Berlin: BDZV.
Pasquay, Anja. 2016. 60 Millionen – Zeitungsmarken erreichen fast jeden. In. *Zeitungen 2015/2016*, Hrsg. Bundesverband Deutscher Zeitungsverleger (BDZV), 158–171. Berlin: BDZV.
Pohlmann, Sonja. 2011. In 33 Kopien um die Welt. *Der Tagesspiegel*, 34, 19. Juni.
Pointner, Nicola. 2010. *In den Fängen der Ökonomie? Ein kritischer Blick auf die Berichterstattung über Medienunternehmen in der deutschen Tagespresse*. Wiesbaden: Springer VS.
Presse- und Informationsamt der Bundesregierung, Hrsg. 1994. Bericht der Bundesregierung über die Lage der Medien in der Bundesrepublik Deutschland 1994. Bundestags-Drucksache 12/8587, Bonn 20.10.1994.
Presserat, Deutscher, Hrsg. 2010. *Jahrbuch 2010. Mit der Spruchpraxis des Jahres 2009. Schwerpunkt: Leserforen – Freiheit um jeden Preis?* Konstanz: UVK.
Pürer, Heinz, und Johannes Raabe. 2007. *Presse in Deutschland*, 3., vollst. überarb. u. erw. Aufl. Konstanz: UVK.
Resing, Christian. 2010. Die Zeitungen in Deutschland – Tages-, Wochen- und Sonntagspresse im Überblick. In *Zeitungen 2010/2011*, Hrsg. Bundesverband Deutscher Zeitungsverleger (BDZV), 345–363. Berlin: BDZV.
Ridder, Christa-Maria, und Bernhard Engel. 2010. Massenkommunikation 2010: Mediennutzung im Intermediavergleich. *Media Perspektiven* 2010 (11): 523–536.
Röper, Horst. 1991. Die Entwicklung des Tagszeitungsmarktes in Deutschland nach der Wende. *Media Perspektiven* 1991 (7): 421–430.

Röper, Horst. 2010. Zeitungen 2010: Rangverschiebungen unter den größten Verlagen. *Media Perspektiven* 2010 (5): 218–234.
Röper, Horst. 2012. Multimediale Anbieter- und Angebotsstrukturen auf lokaler Ebene. *Media Perspektiven* 2012 (12): 648–662.
Röper, Horst. 2014. Zeitungsmarkt 2014: Erneut Höchstwert bei Pressekonzentration. *Media Perspektiven* 2014 (5): 254–270.
Röper, Horst. 2016a. Zeitungsmarkt 2016: Pressekonzentration erneut leicht gestiegen. *Media Perspektiven* 2016 (5): 254–269.
Röper, Horst. 2016b. Fernseh- und Filmproduktion 2013 und 2014. *Media Perspektiven* 2016 (10): 512–525.
Röper, Horst, und Ulrich Pätzold. 1993. *Medienkonzentration in Deutschland. Medienverflechtungen und Branchenvernetzungen.* Düsseldorf: Europäisches Medieninstitut/Mediafact Series.
Röttger, Ulrike. 2002. Kundenzeitschriften: Camouflage, Kuckucksei oder kompetente Information. In *Zeitschriften und Zeitschriftenforschung. (In Publizistik, Sonderheft 3/2002),* Hrsg. Andreas Vogel und Christina Holtz-Bacha, 109–125. Wiesbaden: Springer.
Rühl, Manfred. 1979. *Die Zeitungsredaktion als organisiertes soziales System.* Bielefeld: Bertelsmann Universitätsverlag.
Rühl, Manfred. 1980. *Journalismus und Gesellschaft. Bestandsaufnahme und Theorieentwurf.* Mainz: v. Hase & Koehler.
Schmolke, Michael. 2002. Kirchenpresse. In *Zeitschriften und Zeitschriftenforschung.(In Publizistik,Sonderheft 3/2002),* Hrsg. Andreas Vogel und Christina Holtz-Bacha, 126–146. Wiesbaden: Springer.
Schneider, Beate. 1992. Die ostdeutsche Tagespresse – eine (traurige) Bilanz. *Media Perspektiven* 1992 (7): 182–186.
Schneider, Beate. 1999. Massenmedien im Prozess der deutschen Vereinigung. In *Mediengeschichte der Bundesrepublik Deutschland*, Hrsg. Jürgen Wilke, 602–629. Köln: Böhlau.
Schulze, Volker. 1994. *Im Interesse der Zeitung. Zur Kommunikationspolitik des Bundesverbandes Deutscher Zeitungsverleger vom Ausgang der sechziger bis zum Beginn der neunziger Jahre.* Medienwissenschaftliche Reihe, Bd. 2. Frankfurt a. M.: IMK.
Schulze, Volker. 2004. 50 Jahre Bundesverband Deutscher Zeitungsverleger. http://www.bdzv.de/50_jahre_bdzv.html. Zugegriffen: 10. Juni 2010.
Schütz, Walter J. 1963. Wettbewerbsbedingungen und Konzentrationstendenzen der deutschen Tageszeitungen. *Ergebnisse pressestatistischer Strukturuntersuchungen. Publizistik* 8 (4): 363–379.
Schütz, Walter J. 2009a. Pressewirtschaft. In *Lexikon Publizistik Massenkommunikation*, Hrsg. Elisabeth Noelle-Neumann, Winfried Schulz, und Jürgen Wilke, 537–564. Frankfurt a. M.: Fischer.
Schütz, Walter J. 2009b. Deutsche Tagespresse 2008. *Media Perspektiven* 2009 (9): 454–483.
Schütz, Walter J. 2012. Deutsche Tagespresse 2012. *Media Perspektiven* 2012 (11): 570–593.
Sjurts, Insa. 2005. *Strategien der Medienbranche. Grundlagen und Fallbeispiele*, 3., überarb. u. erw. Aufl. Wiesbaden: Gabler.
Springer, Axel. 1967. *Deutsche Presse zwischen Konzentration und Subvention.* Kieler Vorträge, Bd. Neue Folge 48. Kiel: Institut für Weltwirtschaft der Universität Kiel.
Stamm, Karl-Heinz. 1988. *Alternative Öffentlichkeit. Die Erfahrungsproduktion neuer sozialer Bewegungen.* Frankfurt a. M.: Campus.
Statistisches Bundesamt. 1996. *Reihe 5 Presse.* Fachserie 11 Bildung und Kultur. Stuttgart: Metzler-Poeschel.
Statistisches Bundesamt. 2015. *Statistisches Jahrbuch 2015 für die Bundesrepublik Deutschland.* Wiesbaden: Statistisches Bundesamt.
Steindl, Nina, Corinna Laurer, und Thomas Hanitzsch. 2017. Journalismus in Deutschland. Aktuelle Befunde zu Kontinuität und Wandel im deutsche Journalismus. *Publizistik* 62(4), 401–424.

Stöber, Rudolf. 2000. *Deutsche Pressegeschichte. Einführung, Systematik, Glossar.* Konstanz: UVK.

Stöber, Rudolf. 2003. Medienstrukturen: Presse. In *Öffentliche Kommunikation. Handbuch Kommunikations- und Medienwissenschaft,* Hrsg. Günter Bentele, Hans-Bernd Brosius und Otfried Jarren, 313–329. Wiesbaden: Westdeutscher Verlag.

Tillmanns, Lutz. 2010. Neue Themen – neuer Standort – neue Köpfe. In *Jahrbuch 2010. Mit der Spruchpraxis des Jahres 2009. Schwerpunkt: Leserforen – Freiheit um jeden Preis?*, Hrsg. Deutscher Presserat, 21–28. Konstanz: UVK.

Tonnemacher, Jan. 1996. *Kommunikationspolitik in Deutschland. Eine Einführung.* Konstanz: UVK.

VDZ (Verband Deutscher Zeitschriftenverleger), Hrsg. 2010. *VDZ-Jahrbuch '10.* Berlin: VDZ.

VDZ (Verband Deutscher Zeitschriftenverleger), Hrsg. 2015. *Der Zeitschriftenmarkt Deutschland in Zahlen 2014 und Trend-Umfrage 2015. 36. VDZ-White Paper.* Berlin: VDZ.

Vogel, Andreas. 1998. *Die populäre Presse in Deutschland. Ihre Grundlagen, Strukturen und Strategien.* München: R. Fischer.

Vogel, Andreas. 2010. Zeitschriftenmarkt: WAZ-Gruppe schließt zu dominierenden Konzernen auf. *Media Perspektiven* 2010 (6): 296–315.

Vogel, Andreas. 2016. Publikumspresse: Neue Konzepte zur Sicherung des Kerngeschäfts. *Media Perspektiven* 2016 (6): 321–343.

Wassink, Ella. 2010. Entschließungen des Deutschen Presserats zu Themen von grundsätzlicher Bedeutung. In *Jahrbuch 2010. Mit der Spruchpraxis des Jahres 2009. Schwerpunkt: Leserforen – Freiheit um jeden Preis?*, Hrsg. Deutscher Presserat, 132–136. Konstanz: UVK.

Wehrle, Friedrich, und Holger Busch. 2002. Entwicklungen und Perspektiven im Markt der Publikumszeitschriften. Zeitschriften und Zeitschriftenforschung. In *Publizistik, Sonderheft 3/2002*, Hrsg. Andreas Vogel und Christina Holtz-Bacha, 85–108.

Weischenberg, Siegfried, Maja Malik, und Armin Scholl. 2006. *Souffleure der Mediengesellschaft. Report über Journalisten in Deutschland.* Konstanz: UVK.

Weyand, Arno H. 2010. Der Deutsche Presserat: Geschichte – Struktur – Aufgaben – Arbeitsweise. In *Jahrbuch 2010. Mit der Spruchpraxis des Jahres 2009. Schwerpunkt: Leserforen – Freiheit um jeden Preis?*, Hrsg. Deutscher Presserat, 129–131. Konstanz: UVK.

Wilke, Jürgen. 2009a. Presse. In *Lexikon Publizistik Massenkommunikation*, Hrsg. Elisabeth Noelle Neumann, Winfried Schulz, und Jürgen Wilke, 459–500. Frankfurt a. M.: Fischer.

Wilke, Jürgen. 2009b. Pressegeschichte. In *Lexikon Publizistik Massenkommunikation,* Hrsg. Elisabeth Noelle-Neumann, Winfried Schulz, und Jürgen Wilke, 501–535. Frankfurt a. M.: Fischer.

Wilke, Jürgen. 2009c. Film. In *Lexikon Publizistik Massenkommunikation,* Hrsg. Elisabeth Noelle-Neumann, Winfried Schulz, und Jürgen Wilke, 13–41. Frankfurt a. M.: Fischer.

Wirtz, Bernd W. 2006. *Medien- und Internetmanagement*, 5., überarb. Aufl. Wiesbaden: Gabler.

Wolff, Dietmar. 2010. In der Verantwortung – Die politischen und publizistischen Forderungen des BDZV. In *Zeitungen 2010/2011*, Hrsg. Bundesverband Deutscher Zeitungsverleger (BDZV), 21–29. Berlin: BDZV.

ZAW (Zentralverband der deutschen Werbewirtschaft). Hrsg. 2011. *Werbung in Deutschland 2011.* Berlin: editionzaw.

ZAW (Zentralverband der deutschen Werbewirtschaft). Hrsg. 2016. *Werbung in Deutschland 2016.* Berlin: editionzaw.

ZAW (Zentralverband der deutschen Werbewirtschaft). Hrsg. 2017. *Werbung in Deutschland 2017.* Berlin: editionzaw.

Film

ARD (Arbeitsgemeinschaft der öffentlich-rechtlichen Rundfunkanstalten Deutschlands) 2010. *ARD-Jahrbuch 09.*

Birkel, Mathias, Oliver Castendyk, und Klaus Goldhammer. 2017. Transformation der Filmwirtschaft. *Media Perspektiven* 2017 (6): 342–351.

BKM Der Beauftragte der Bundesregierung für Kultur und Medien, Hrsg. 2008. *Medien- und Kommunikationsbericht der Bundesregierung 2008.* Berlin: BKM.

Buchloh, Stephan 2005. „Intimitäten" und „gefährdungsgeneigte Jugendliche." Über die Freiwillige Selbstkontrolle der Filmwirtschaft. In *Handbuch Medienselbstkontrolle*, Hrsg. Achim Baum et al., 65–77. Wiesbaden: VS Verlag.

BVV Bundesverband Audiovisuelle Medien. 2015. Video Market 2010. BVV-Business-Report. https://www.bvv-medien.org/fileadmin/user_upload/businessreports/JWB2015.pdf. Zugegriffen: 8. Sept. 2017.

BVV Bundesverband Audiovisuelle Medien. 2016. BVV Businessreport 2016. https://www.bvv-medien.org/fileadmin/user_upload/businessreports/JWB2016.pdf. Zugegriffen: 1. Dez. 2017.

Castendyk, Oliver. 2008. *Die deutsche Filmförderung. Eine Evaluation.* UVK: Konstanz.

Castendyk, Oliver, Martin Petric, und Elisabet Richer. 2015. Chancen und Herausforderungen des digitalen Kinos. *Media Perspektiven* 2015 (7–8): 352–360.

Duvvuri, Stefan A. 2007. *Öffentliche Filmförderung in Deutschland. Versuch einer ökonomischen Erfolgs- und Legitimationsableitung.* München: R. Fischer.

Egger, Andreas, und Birgit van Eimeren. 2016. Bewegtbild im Internet: Markt und Nutzung digitaler Plattformen. *Media Perspektiven* 2016 (2): 108–119.

FFA Filmförderungsanstalt, Hrsg. 2011. Struktur der Kinosäle in der Bundesrepublik Deutschland 2001 bis 2009. Analyse zu Größe, Programm, Lage, Ausstattung, Service und Investitionen. März 2011. www.ffa.de/downloads/publikationen/kinosäle_brd_2001_2009.pdf. Zugegriffen: 8. Sept. 2011.

FFA Filmförderungsanstalt. 2016a. *Geschäftsbericht 2015.* Berlin: FFA.

FFA Filmförderungsanstalt. 2016b. *Kino-Sonderformen. Ergebnisse der Jahre 2011 bis 2015.* Berlin: FFA.

FFA Filmförderungsanstalt. 2017. *FFA info Compact 2016.* Berlin: FFA.

GfK Gesellschaft für Konsumgüterforschung. 2017. Der Home Video Markt im Jahr 2016. http://www.bvv-medien.org/fileadmin/user_upload/businessreports/JWB2016.pdf. Zugegriffen: 4. Apr. 2017.

Gregor, Ulrich, und Enno Patalas. 1976. *1895–1939.* Geschichte des Films, Bd. 1. Reinbek: Rowohlt.

Hans-Bredow-Institut. Hrsg. 2008. *Zur Entwicklung der Medien in Deutschland zwischen 1998 und 2007. Wissenschaftliches Gutachten zum Kommunikations- und Medienbericht der Bundesregierung.* Hamburg: Hans-Bredow-Institut.

Hass, Berthold H. 2009. Geschäftsmodelle von Filmproduktionsunternehmen. In *Strategisches Management für Film- und Fernsehproduktionen.* Herausforderungen, Optionen, Kompetenzen. Hrsg. Michael v. Hülsmann, und Jörn Grapp, 355–376, München: De Gruyter.

Haucap, Justus, Christiane Kehder, und Ina Loebert. 2015. *Eine liberale Rundfunkordnung für die Zukunft. Eine ökonomische Untersuchung. Ein Gutachten im Auftrag von PROMETHEUS – Das Freiheitsinstitut gGmbH.* Düsseldorf: Dice Consult.

Hoffmann, Hilmar. 1988. *„Und die Fahne führt uns in die Ewigkeit." Propaganda im NS-Film.* Frankfurt a. M.: Fischer.

Hülsmann, Michael, und Jörn Grapp, Hrsg. 2009. *Strategisches Management für Film- und Fernsehproduktionen. Herausforderungen, Optionen, Kompetenzen.* München: Oldenbourg.

KEK. 2016. *18. Jahresbericht der KEK.* Berlin: ALM.

Knorr, Andreas, und Christina Schulz. 2009. Staatliche Förderung der Filmwirtschaft in Deutschland. In *Strategisches Management für Film- und Fernsehproduktionen. Herausforderungen, Optionen, Kompetenzen*, Hrsg. Michael Hülsmann und Jörn Grapp, 159–179. München: Oldenbourg.

KPMG. 2010. *Filmförderung in Deutschland und der EU 2010. Förderarten und -Institutionen auf einen Blick.* Berlin: KPMG.

Kracauer, Siegfried. 1984. *Von Caligari zu Hitler. Eine psychologische Geschichte des deutschen Films.* Frankfurt: Suhrkamp.

Myrrhe, Anke. 2011. Die Masse macht's. *Der Tagesspiegel* 14 (9): 21.

Schmidt-Matthiesen, Cornelia, und Bastian Clevé. 2010. *Produktionsmanagement für Film und Fernsehen.* Konstanz: UVK.

Sommer, Christian. 2009. Veränderungen in der Kinowertschöpfungskette durch das digitale Kino. In *Strategisches Management für Film-und Fernsehproduktionen. Herausforderungen, Optionen, Kompetenzen*, Hrsg. Michael Hülsmann und Jörn Grapp, 39–51. München: Oldenbourg.

SPIO Spitzenorganisation der Filmwirtschaft. 2016. *Filmstatistisches Jahrbuch 2016. Zusammengestellt und bearbeitet von Wilfried Berauer.* Baden-Baden: Nomos.

Turecek, Oliver, und Gunnar Roters. 2011. Videomarkt und Videonutzung 2010. *Media Perspektiven* 2011 (6): 311–320.

Turecek, Oliver, und Gunnar Roters. 2016. Home-Entertainment-Branche bleibt stabil. *Media Perspektiven* 2016 (7–8): 383–391.

Wilke, Jürgen. 2009c. Film. In *Lexikon Publizistik Massenkommunikation*, Hrsg. Elisabeth Noelle-Neumann, Winfried Schulz, und Jürgen Wilke, 13–41. Frankfurt a. M.: Fischer.

Wirtz, Bernd W. 2006. *Medien- und Internetmanagement*, 5., überarb. Aufl. Wiesbaden: Gabler.

Wirtz, Bernd W. 2013. *Medien- und Internetmanagement*, 8., überarb. Auflage. Wiesbaden: Springer Gabler.

Wolf, Malthe. 2006. *Ökonomische Erfolgsfaktoren privater Fernsehveranstalter. Eine empirische Analyse externer und interner Erfolgsfaktoren.* München: r. Fischer.

Wulff, Hans-Jürgen. 2006. Film. In *Lexikon Kommunikations- und Medienwissenschaft*, Hrsg. Günter Bentele, Hans-Bernd Brosius, und Otfried Jarren, 68–70. Wiesbaden: VS Verlag.

Rundfunk

ALM. 2011. *Die Landesmedienanstalten – Jahrbuch 2010/2011. Landesmedienanstalten und privater Rundfunk in Deutschland.* Berlin: Vistas.

ALM. 2016. *Jahrbuch 15/16. Die Medienanstalten Jahrbuch 2015/2016.* Leipzig: Vistas.

ALM. 2017. *Die Medienanstalten – Jahrbuch 16/17.* Leipzig: Vistas.

ARD. 2010. Arbeitsgemeinschaft der öffentlich-rechtlichen Rundfunkanstalten Deutschlands. *ARD-Jahrbuch 09* 41.

ARD. 2011. Arbeitsgemeinschaft der öffentlich-rechtlichen Rundfunkanstalten Deutschlands. *ARD-Jahrbuch 10* 42.

ARD. 2016. *ARD-Produzentenbericht 2015.* Leipzig: Mitteldeutscher Rundfunk.

ARD, Hrsg. 2016. *Bericht über die wirtschaftliche und finanzielle Lage der Landesrundfunkanstalten gemäß §5a Rundfunkfinanzierungsstaatsvertrag (Finanzbericht).* Frankfurt a. M.: ARD. http://www.ard.de/download/1015988/Bericht.pdf. Zugegriffen: 8. März 2017.

ASTRA, Hrsg. 2016. ASTRA aktuell, Nr. 3/2016.

Bär, Dorothee. 2016. Sie werden es nicht verhindern. *Frankfurter Allgemeine Zeitung,* 1.9.2016.

Bausch, Hans. 1980a. *Rundfunkpolitik nach 1945. Erster Teil.* Rundfunk in Deutschland, Bd. 3, Hrsg. Hans Bausch. München: dtv.
Bausch, Hans. 1980b. *Rundfunkpolitik nach 1945. Zweiter Teil.* Rundfunk in Deutschland, Bd. 4, Hrsg. Hans Bausch. München: dtv.
Beck, Klaus. 1994. *Medien und die soziale Konstruktion von Zeit. Über die Vermittlung von gesellschaftlicher Zeitordnung und sozialem Zeitbewusstsein.* Wiesbaden: Westdeutscher Verlag.
Beck, Klaus. 2003. Elektronische Medien. In *Öffentliche Kommunikation. Handbuch Kommunikations- und Medienwissenschaft*, Hrsg. Günter Bentele, Hans-Bernd Brosius, und Otfried Jarren, 330–348. Wiesbaden: Westdeutscher Verlag.
Beck, Klaus, Susanne Voigt, und Jana Wünsch. 2006. *Medienethische Qualitätskriterien für den Rundfunk. Analysen und Empfehlungen für den Rundfunk.* Vistas: Berlin.
BLM (Bayerische Landeszentrale für Neue Medien) et al., Hrsg. 2016. *Wirtschaftliche Lage des Rundfunks in Deutschland 2014/2015. Studie im Auftrag der Landesmedienanstalten. Goldmedia GmbH.* Leipzig: Vistas.
Böckelmann, Frank. 2006. *Hörfunk in Deutschland. Rahmenbedingungen und Wettbewerbssituation.* Berlin: Vistas.
Brautmeier, Jürgen, und Marc Jan Eumann. 2016. Wir müssen über die Zukunft des digitalen Radios reden. *Frankfurter Allgemeine Zeitung,* 15. April.
Breunig, Christian, und Birgit van Eimeren. 2015b. 50 Jahre „Massenkommunikation“: Trends in der Nutzung und Bewertung von Medien. *Media Perspektiven* 2015 (11): 505–525.
Buchwald, Manfred. 1999a. Öffentlich-rechtlicher Rundfunk: Institutionen – Auftrag – Programme. In *Rundfunkpolitik in Deutschland. Wettbewerb und Öffentlichkeit*, Hrsg. Dietrich Schwarzkopf, 316–407. München: dtv.
Buchwald, Manfred. 1999b. Fernsehen im Wettbewerb. In *Rundfunkpolitik in Deutschland. Wettbewerb und Öffentlichkeit*, Hrsg. Dietrich Schwarzkopf, 615–642. München: dtv.
Bund-Länder-Kommission. 2016. Bericht Bund-Länder-Kommission zur Medienkonvergenz. https://www.bundesregierung.de/Content/DE/_Anlagen/BKM/2016/2016-06-14-medienkonvergenz-bericht-blk.pdf?__blob=publicationFile&v=3. Zugegriffen: 14. Aug. 2017.
Die Medienanstalten, Hrsg. 2016. *Medienkonvergenzmonitor der DLM. MedienVielfaltsMonitor. Ergebnisse 1. Halbjahr 2016.* Berlin: ALM.
Die Medienanstalten, Hrsg. 2017a. *Contentbericht 2016. Forschung, Fakten, Trends.* Leipzig: Vistas.
Die Medienanstalten, Hrsg. 2017b. *Kommission für Jugendmedienschutz. 7. Tätigkeitsbericht März 2015-Februar 2017.* Berlin: Die Medienanstalten.
Diller, Ansgar. 1980. Rundfunkpolitik im Dritten Reich. In *Rundfunk in Deutschland*, 2. Aufl., Hrsg. Hans Bausch. München: dtv.
Diller, Ansgar. 1999. Öffentlich-rechtlicher Rundfunk. In *Mediengeschichte der Bundesrepublik Deutschland*, Hrsg. Jürgen Wilke, 146–166. Weimar: Böhlau.
DIW ECON. 2016. *Öffentlich-rechtlicher Rundfunk in einer konvergenten Medienwelt. Eine ökonomische Analyse im Auftrag der ARD. Zusammenfassung.* Berlin: DIW.
Dörr, Dieter. 2016. Das ZDF-Urteil des Bundesverfassungsgerichts und seine Folgen. In *Der Rundfunk als privates und öffentliches Gut. 25 Jahre Institut für Rundfunkökonomie*, Hrsg. Manfred Kops, 317–328. Leipzig: Vistas.
Donsbach, Wolfgang. 2009. Rundfunk. In *Fischer Lexikon Publizistik Massenkommunikation,* Hrsg. Elisabeth Noelle-Neumann, Winfried Schulz, und Jürgen Wilke, 593–650. Frankfurt a. M.: Fischer.
Dussel, Konrad. 1999. *Deutsche Rundfunkgeschichte. Eine Einführung*. UVK: Konstanz.
Eifert, Martin, und Wolfgang Hoffmann-Riem. 1999. Die Entstehung und Ausgestaltung des dualen Rundfunksystems. In *Rundfunkpolitik in Deutschland. Wettbewerb und Öffentlichkeit*, Hrsg. Dietrich Schwarzkopf, 50–116. München: dtv.

EKM (Expertenkommission Neue Medien Baden-Württemberg). 1981. *Bericht und Empfehlungen*. Abschlussbericht, Bd. 1. Stuttgart: Kohlhammer.

Engel, Bernhard, und Christian Breunig. 2015. Massenkommunikation 2015. Mediennutzung im Intermediavergleich. *Media Perspektiven* 2015 (7–8): 310–322.

Engel, Bernhard, und Lothar Mai. 2015. Mediennutzung und Lebenswelten. *Media Perspektiven* 2015 (10): 427–441.

epd. 2010. „Respekt vor dem Hörer." *Evangelischer pressedienstmedien* 2010 (44): 27–28 (9.6.2010).

Gangloff, Tilmann P. 2011. Beziehungsstress. Zur Zusammenarbeit von Sendern und Produzenten. *Evangelischer pressedienst medien* 2011 (26): 5–10 (1.7.2011).

Gattringer, Karin, und Walter Klingler. 2017. Wie Deutschland Radio hört. *Media Perspektiven* 9: 460–474.

Geuer, Emano. 2012. Das ist verfasungswidrig. Kritik am Rundfunkbeitrag. *Frankfurter Allgemeine Zeitung* 18 (12): 29.

Glotz, Peter, und Reinhold Kopp. 1987. *Das Ringen um den Medienstaatsvertrag der Länder*. Berlin: Spiess.

Goldhammer, Klaus. 1995. *Formatradio in Deutschland. Konzepte, Techniken und Hintergründe der Programmgestaltung von Hörfunkstationen*. Berlin: Spiess.

Hans-Bredow-Institut, Hrsg. 2008. *Zur Entwicklung der Medien in Deutschland zwischen 1998 und 2007. Wissenschaftliches Gutachten zum Kommunikations- und Medienbericht der Bundesregierung*. Hamburg: Hans-Bredow-Institut.

HBI. Hans-Bredow-Institut, Hrsg. 2017. *Zur Entwicklung der Medien in Deutschland zwischen 2013 und 2016. Wissenschaftliches Gutachten zum Kommunikations- und Medienbericht der Bundesregierung*. Hamburg: Hans-Bredow-Institut.

Hege, Hans. 2016. Neues Geschäftsmodell. Auf dem Weg zu einer zweiten Rundfunkabgabe. *epd medien* 39: 9–13 (23.9.2016).

Hickethier, Knut. 1998. *Geschichte des Deutschen Fernsehens*. Stuttgart: Metzler. Unter Mitarbeit von Peter Hoff.

Holgerson, Silke. 1995. *Fernsehen ohne Kontrolle? Zur Aufsichtspraxis der Landesmedienanstalten in den Bereichen Jugendschutz und Werbung*. Opladen: Westdeutscher Verlag.

Holtz-Bacha, Christina. 2006. *Medienpolitik für Europa*. Wiesbaden: VS Verlag.

Holtz-Bacha, Christina. 2011. *Medienpolitik für Europa 2. Der Europarat*. Wiesbaden: VS Verlag.

Jaenicke, Angelika. 2017. Soziales Netzwerk. Die Rolle der Bürgermedien in Deutschland. *epd medien*, Nr. 18, 5–10, 5. Mai.

Jarren, Otfried, Hrsg. 1994. *Medienwandel – Gesellschaftswandel? 10 Jahre dualer Rundfunk in Deutschland: eine Bilanz*. Berlin: Vistas.

Jarren, Otfried, und Wolfgang Schulz. 1999. Rundfunkaufsicht zwischen Gemeinwohlsicherung und Wirtschaftsförderung. In *Rundfunkpolitik in Deutschland. Wettbewerb und Öffentlichkeit*, Hrsg. Dietrich Schwarzkopf, 117–148. München: dtv.

Karstens, Eric, und Jörg Schütte. 1999. *Firma Fernsehen. Wie TV-Sender arbeiten*. Reinbek: Rowohlt.

KEF (Kommission zur Ermittlung des Finanzbedarfs der Rundfunkanstalten). Hrsg. 2014. *KEF-Bericht*, Bd. 19. Mainz: KEF.

KEF (Kommission zur Ermittlung des Finanzbedarfs der Rundfunkanstalten). Hrsg. 2016. *KEF-Bericht*, Bd. 20. Mainz: KEF.

KEK. 2010. Auf dem Weg zu einer medienübergreifenden Vielfaltssicherung. Bericht der Kommission zur Ermittlung der Konzentration im Medienbereich (KEK) über die Entwicklung der Konzentration und über Maßnahmen zur Sicherung der Meinungsvielfalt im privaten Rundfunk. Potsdam 2010. http://www.kek-online.de/Inhalte/mkbericht_4_gesamt.html. Zugegriffen: 1. Feb. 2012.

KEK. 2015. *Von der Fernsehzentrierung zur Medienfokussierung – Anforderungen an eine zeitgemäße Sicherung medialer Meinungsvielfalt. Bericht der Kommission zur Ermittlung der Konzentration im Medienbereich (KEK) über die Entwicklung der Konzentration und über Maßnahmen zur Sicherung der Meinungsvielfalt im privaten Rundfunk.* Leipzig: Vistas.

KEK. 2016. *18. Jahresbericht der KEK.* Berlin: ALM.

KJM. 2017. Kommission für Jugendmedienschutz. 7. Tätigkeitsbericht. März 2015 Februar 2017. Hrsg. die landesmedienanstalten ALM, Leipzig: Vistas; online unter: https://www.kjm-online.de/publikationen/taetigkeitsberichte/. Zugegriffen: 8. März. 2018.

Kors, Johannes. 2016. Entwicklung der Digitalisierung des Hörfunks in Deutschland. In *Digitalisierungsbericht 2016,* Hrsg. Die Medienanstalten, 53–61. Leipzig: Vistas.

Krüger, Udo Michael. 2011. Profile und Funktionen deutscher Fernsehprogramme. *Media Perspektiven* 2001 (4): 204–224.

Kunow, Kristian. 2016a. Disruption im Plattformmarkt? Wie Digitalisierung, HD und OTT die Entwicklung prägen. In *Digitalisierungsbericht 2016*, Hrsg. Die Medienanstalten, 9–15. Leipzig: Vistas.

Kunow, Kristian. 2016b. Aktueller Stand der digitalen Fernseh- und Videonutzung in Deutschland. In *Digitalisierungsbericht 2016*, Hrsg. Die Medienanstalten, 36–52. Leipzig: Vistas.

Kutsch, Arnulf. 1999. Rundfunk unter alliierter Besatzung. In *Mediengeschichte der Bundesrepublik Deutschland*, Hrsg. Jürgen Wilke, 59–90. Weimar: Böhlau.

Kühte, Alexandra. 2017. *Printmedien und digitaler Wandel.* Berlin: wvb.

Lantzsch, Katja. 2008. *Der internationale Fernsehformathandel. Akteure, Strategien, Strukturen, Organisationsformen.* Wiesbaden: VS Verlag.

LDA. 2005. Tätigkeitsbericht der Landesbeauftragten für den Datenschutz und für das Recht auf Akteneinsicht [Brandenburg] zum 31. Dezember 2005. http://www.lda.brandenburg.de/media/1666/tb_2005.pdf. Zugegriffen: 1. Feb. 2012.

Lerg, Winfried B. 1965. *Die Entstehung des Rundfunks in Deutschland.* Frankfurt a. M.: Knecht.

Lerg, Winfried B. 1980. *Rundfunkpolitik in der Weimarer Republik*, Bd. 1, Hrsg. Hans Bausch. München: dtv (Rundfunk in Deutschland).

Media Perspektiven Basisdaten. 2015. *Daten zur Mediensituation in Deutschland 2016.* Frankfurt a. M.: Media Perspektiven.

Media Perspektiven Basisdaten. 2016. *Daten zur Mediensituation in Deutschland 2016.* Frankfurt a. M.: Media Perspektiven.

Mettler, Barbara. 1975. *Demokratisierung und Kalter Krieg. Zur amerikanischen Informations- und Rundfunkpolitik in Westdeutschland 1945–1949.* Berlin: Spiess.

Ory, Stefan, und Werner Staps. 1987. *Urknall im Medienlabor. Das Kabelpilotprojekt Ludwigshafen.* Berlin: Vistas.

Owen, Bruce M., Jack H. Beebe, und Willard G. Manning. 1974. *Television Economics.* Lexington: Heath.

Pointner, Nicola. 2010. *In den Fängen der Ökonomie? Ein kritischer Blick auf die Berichterstattung über Medienunternehmen in der deutschen Tagespresse.* Wiesbaden: Springer VS.

Rau, Harald, und Chris Hennecke. 2016. *Geordnete Verhältnisse? Verflechtungsstrukturen deutscher TV-Sender.* Baden-Baden: Nomos.

Ridder, Christa-Maria, und Bernhard Engel. 2010. Massenkommunikation 2010: Mediennutzung im Intermediavergleich. *Media Perspektiven* 2010 (11): 523–536.

Riehl, Katharina. 2016. Seid funky und mehret euch. *Süddeutsche Zeitung*, 30. November. http://sz.de/1.3184179. Zugegriffen: 8. August. 2017.

Rinsum, Helmut van. 2015. Privatradios: Unübersichtliche Beteiligungsverhältnisse bei UKW-Sendern. *Media Perspektiven* 2014 (5): 222–229.
Rinsum, Helmut van. 2016. Business, not as usual. Wie die Sendergruppen ihre Geschäftsmodelle erweitern und neue Märkte erkunden. In *Digitalisierungsbericht 2016*, Hrsg., 17–27. Leipzig: Vistas.
Schmieder, Jürgen. 2017. Die Welt ist nicht genug. *Süddeutsche Zeitung*, 27, 26./27. August.
Schoch, Friedrich. 2013. Keine Auskunft. Transparenzdefizite im System von ARD und ZDF. *epd medien* 5:3–8 (1.2.2013).
Speck, Dominik. Lehren aus dem Fall Brender. *evangelischer pressedienst medien* 2014 (13): 3–4 (28.3.2014).
Steininger, Rolf. 1977. *Deutschlandfunk – die Vorgeschichte einer Rundfunkanstalt 1949–1961. Ein Beitrag zur Innenpolitik der Bundesrepublik Deutschland.* Berlin: Spiess.
Steinmetz, Rüdiger. 1999. Initiativen und Durchsetzung privat-kommerziellen Rundfunks. In *Mediengeschichte der Bundesrepublik Deutschland*, Hrsg. Jürgen Wilke, 167–191. Weimar: Böhlau.
Streul, Irene Charlotte. 1999. Rundfunkpolitik und Vereinigung der beiden deutschen Staaten. In *Rundfunkpolitik in Deutschland. Wettbewerb und Öffentlichkeit*, Hrsg. Dietrich Schwarzkopf, 874–926. München: dtv.
Stuiber, Heinz-Werner. 1998. *Rundfunk. 2 Teile.* Medien in Deutschland, Bd. 2. Konstanz: UVK.
Terschüren, Anna. 2013. *Die Reform der Rundfunkfinanzierung in Deutschland. Analyse der Neuodnung und Entwicklung eines idealtypischen Modells.* Ilmenau: Universitätverlag Ilmenau.
Tieschky, Claudia. 2009. Komm, wir bilden eine Kette. *Süddeutsche Zeitung*, 15, 16. Dezember.
Tonnemacher, Jan. 2003. *Kommunikationspolitik in Deutschland. Eine Einführung*, 2., überarb. Aufl. Konstanz: UVK.
Trebbe, Joachim, und Anne Beier. 2016. Fernsehen 2015 – aktuelle Programmentwicklungen. In *Programmbericht. Fernsehen in Deutschland*, Hrsg. Die medienanstalten ALM, 23–55. Leipzig: Vistas.
Trebbe, Joachim, und Anne Beier. 2017. Fernsehen 2016 – aktuelle Programmentwicklungen. In *Content-Bericht. Forschung, Fakten, Trends*, Hrsg. Die Medienanstalten, 23–60. Leipzig: Vistas.
Verheugen, Günter. 1999. Wesen und Wirken der Rundfunkgremien in Deutschland. In *Rundfunkgremien in Deutschland. Namen, Organe, Institutionen*, 2. Aufl., Hrsg. Hans Joachim Berg, 115–130. Berlin: Vistas.
VPRT (Verband Privater Rundfunk und Telekommunikation), Hrsg. 2006. *Kommunikations- und medienpolitische Leitlinien.* o. O.: VPRT.
Wersig, Gernot. 2000. *Informations- und Kommunikationstechnologie. Eine Einführung in Geschichte, Grundlagen und Zusammenhänge.* Konstanz: UVK Medien.
Winker, Klaus. 1994. *Fernsehen unterm Hakenkreuz. Organisation, Programm, Personal.* Köln: Böhlau.
Wirtz, Bernd W. 2006. *Medien- und Internetmanagement*, 5., überarb. Aufl. Wiesbaden: Gabler.
Zabel, Christian. 2009. *Wettbewerb im deutschen TV-Produktionssektor. Produktionsprozesse, Innovationsmanagement und Timing-Strategien.* Wiesbaden: VS.
Zaschke, Christian. 2016. Britisches Fernsehen. Eine für alle. *Süddeutsche Zeitung*, 15. Oktober. http://sz.de/1.3205270. Zugegriffen: 15. Okt. 2016.

Onlinemedien

Anderson, Chris. 2007b. *The Long Tail. Der lange Schwanz*. München: Hanser.

Beck, Klaus. 2006. *Computervermittelte Kommunikation im Internet*. München: Oldenbourg.

Beck, Klaus, Simon Berghofer, Leyla Dogruel, und Janine Greyer. 2012. *Die Wirtschaftsberichterstattung der Boulevardpresse*. Wiesbaden: VS. Unter Mitarbeit von Felix Frieler.

Berghofer, Simon. 2017. *Globale Medien- und Kommunikationspolitik. Konzeption und Analyse eines Politikbereichs im Wandel*. Baden-Baden: Nomos.

BKM Der Beauftragte der Bundesregierung für Kultur und Medien, Hrsg. 2008. *Medien- und Kommunikationsbericht der Bundesregierung 2008*. Berlin: BKM.

BMWi Bundesministerium für Wirtschaft und Energie. 2016. *Monitoring-Report Wirtschaft Digital 2016*. Berlin: BMWi. ftp.zew.de/pub/zew-docs/gutachten/IKTMonitoring2016.pdf. Zugegriffen: 24. Aug. 2017.

Bruns, Axel. 2008. *Blogs, Wikipedia, Second Life, and beyond. From Production to Produsage*. Frankfurt a. M.: Lang.

Bund-Länder-Kommission. 2016. Bericht Bund-Länder-Kommission zur Medienkonvergenz. https://www.bundesregierung.de/Content/DE/_Anlagen/BKM/2016/2016-06-14-medienkonvergenz-bericht-blk.pdf?__blob=publicationFile&v=3. Zugegriffen: 14. Aug. 2017.

BVDW Bundesverband Digitale Wirtschaft. 2017. OVK Online-Report 2017/01. Zahlen und Trends im Überblick. Düsseldorf. http://www.bvdw.org/mybvdw/media/download/ovk-report-201701-final.pdf?file=4235. Zugegriffen: 24. Aug. 2017.

Deutscher Bundestag, Hrsg. 2013. *Wahlperiode, Dreizehnter Zwischenbericht der Enquete-Kommission „Internet und Digitale Gesellschaft", Kultur, Medien und Öffentlichkeit*. Berlin: Deutscher Bundestag (Drucksache 17/12542 v. 19.3.2013).

Doelker, Christian. 1998. Multimedia ist Multikode. In *Multi Media Mania. Reflexionen zu Aspekten Neuer Medien*, Hrsg. R. Pfammatter, 37–44. Konstanz: UVK.

Dogruel, Leyla, und Christian Katzenbach. 2010. Internet-Ökonomie – Grundlagen und Strategien aus kommunikationswissenschaftlicher Perspektive. In *Handbuch Online-Kommunikation*, Hrsg. Wolfgang Schweiger und Klaus Beck, 105–129. Wiesbaden: VS Verlag.

Donges, Patrick, und Manuel Puppis. 2010. Kommunikations- und medienpolitische Perspektiven: Internet Governance. In *Handbuch Online-Kommunikation*, Hrsg. Wolfgang Schweiger und Klaus Beck, 80–104. Wiesbaden: VS.

epd. 2011. Freiwillige Selbstkontrolle weitet Tätigkeit auf das Internet aus. *Evangelischer pressedienstmedien aktuell* 2011 (206a): 3–4 (25.10.2011).

epd. 2013. „Vielfaltssicherung". Handlungsempfehlungen der Projektgruppe Kultur, Medien und Öffentlichkeit. *Evangelischer pressedienst* 8:30–44 (22.2.2013).

Frank, Bendedikt. 2017. Heimvorteil. *Süddeutsche Zeitung*, 25, 17. August.

Frey-Vor, Gerlinde, und Inge Mohr. 2016. Nutzung von Onlinemedien in den alten und den neuen Bundesländern. *Media Perspektiven* 2016 (7–8): 401–411.

FSM (Freiwillige Selbstkontrolle Multimedia-Diensteanbieter). 2017. *Jahresbericht 2016*. Berlin: fsm.

HBI. Hans-Bredow-Institut, Hrsg. 2017. *Zur Entwicklung der Medien in Deutschland zwischen 2013 und 2016. Wissenschaftliches Gutachten zum Kommunikations- und Medienbericht der Bundesregierung*. Hamburg: Hans-Bredow-Institut.

KEK. 2010. Auf dem Weg zu einer medienübergreifenden Vielfaltssicherung. Bericht der Kommission zur Ermittlung der Konzentration im Medienbereich (KEK) über die Entwicklung der Konzentration und über Maßnahmen zur Sicherung der Meinungsvielfalt im privaten Rundfunk. Potsdam 2010. http://www.kek-online.de/Inhalte/mkbericht_4_gesamt.html. Zugegriffen: 18. Aug. 2011.

Neuberger, Christoph, Susanne Langenoh, und Christian Nuernbergk. 2014. *Social Media und Journalismus.* Düsseldorf: LfK.

o. V. 2011. Mad men are watching you. *Economist*, 59–60, 7. Mai.

Rabe, Jens-Christian. 2016. Das neue Fernsehen. Klick-Trance vor dem Monitor. Süddeutsche Zeitung. http://sz.de/1.3234759. Zugegriffen: 5. Nov. 2016.

Scheithauer, Ingrid. 2016. Wie neutral sind Netze? *epd medien* 25:3–6 (17.6.2016).

Schmieder, Jürgen. 2017. Die Welt ist nicht genug. *Süddeutsche Zeitung*, 27, 26./27. August.

Schulz, Wolfgang. 2017. Bemerkenswerte Eile. Das NetzDG gefährdet die Kommunikationsfreiheiten. *epd medien* 19:3–6 (12.5.2017).

Seufert, Wolfgang, und Hardy Gundlach. 2017. *Medienregulierung in Deutschland. Ziele, Konzepte, Maßnahmen.* 2. akt. Aufl. Baden-Baden: Nomos.

Siegert, Gabriele. 2010. Online-Kommunikation und Werbung. In *Handbuch OnlineKommunikation*, Hrsg. Wolfgang Schweiger und Klaus Beck, 434–460. Wiesbaden: VS Verlag.

Trappel, Josef. 2007. *Online-Medien. Leistungsprofil eines neuen Massenmediums.* UVK: Konstanz.

Zerdick, Axel et al. 1999. *Die Internet-Ökonomie. Strategien für die digitale Wirtschaft. European Communication Council Report.* Berlin: Springer.

Dynamik des deutschen Mediensystems

5

> In diesem Kapitel geht es um den Wandel des Mediensystems, der anhand von vier Spannungsfeldern im Überblick aufgezeigt wird: Diskutiert werden dabei die Kontexte und widersprüchlichen Folgen der aktuell zu beobachtenden 1) Digitalisierung und Vernetzung, die einerseits zu einem Zusammenwachsen (Konvergenz) von Medien, andererseits zu einer Differenzierung des Medienangebotes führen. Auch die 2) Liberalisierung der Medien hat zu paradoxen Entwicklungen geführt: Einerseits hat sich der Staat aus vielen Aufgaben der Medienregulierung und den Monopolen im Kommunikationssektor zurückgezogen. Andererseits hat dies zu einer Fülle neuer Vorschriften, Behörden und Institutionen geführt. Die politisch intendierte und unternehmensstrategisch motivierte 3) Kommerzialisierung der Medien hat wiederum neue Monopole, aber nur begrenzte publizistische Vielfalt hervorgebracht. Zu beobachten ist außerdem eine 4) Internationalisierung, insbesondere eine Europäisierung von Medienordnung und -märkten. Doch es stellt sich die Frage, wie international Medien tatsächlich genutzt werden und wie global verwendbar Medienangebote sind. Alle vier Entwicklungen haben zu einem strukturellen Wandel des Mediensystems beigetragen: neue, bislang branchenfremde Akteure, veränderte Geschäftsmodelle, Kommunikationsprozesse und Marktstrukturen, aber auch neue Fragen der Regulierung sind hierfür kennzeichnend.

5.1 Die Dynamik des Mediensystems im Überblick

Mediensysteme sind keine statischen, unveränderlichen Systeme. Um dauerhaft wichtige soziale Funktionen zu erfüllen, besitzen sie zwar notwendigerweise eine gewisse Stabilität, aber sie unterliegen einem historischen Wandel, der mal kontinuierlich, mal eher disruptiv erfolgt. Die Analyse des deutschen Mediensystems orientierte sich bislang an der

K. Beck, *Das Mediensystem Deutschlands,* Studienbücher zur Kommunikations- und Medienwissenschaft, https://doi.org/10.1007/978-3-658-11779-5_5

gegenwärtigen Situation und berücksichtigte wichtige historisch-politische Entwicklungen vor allem in den Jahren nach 1945 sowie in der Phase nach 1989, zumal hier bedeutende politische, rechtliche und gesamtgesellschaftliche Umbrüche erfolgten, die das Mediensystem maßgeblich prägten. Diese Tatsache zeigt, dass Mediensysteme als *dynamische Systeme* begriffen werden müssen, die sowohl wechselnden „Umwelt"-Bedingungen und Anforderungen ausgesetzt sind als auch eine mediale Eigendynamik entfalten.

Wie abhängig von externen Faktoren oder wie autonom die Dynamik des Mediensystems sich entfaltet, ist eine empirische Frage, die hier nicht detailliert untersucht werden kann (vgl. Kap. 1). Vergleichbares gilt erst recht für die Prognose und die Bestimmung der Richtung dieser Mediendynamik. Vieles spricht schon aufgrund der strukturellen Komplexität von Mediensystemen dafür, dass die verschiedenen Entwicklungsdynamiken miteinander in *Wechselwirkung* stehen und dass die einzelnen Dynamiken nicht linear zu eindeutigen Ergebnissen führen, sondern zu Widersprüchen und Spannungsfeldern:

Zum Teil ausgelöst durch technische Innovationen, die unter dem Schlagwort *„Digitalisierung"* oder gar *„Digitale Revolution"* diskutiert werden, lässt sich eine Ausdifferenzierung des Mediensystems auf der Ebene der Angebote und der Akteure beobachten, wobei Medienmärkte und Angebotsformen zugleich konvergieren. Oft weitaus weniger Beachtung findet die Vernetzung, die tatsächlich ganz erheblich zur Veränderung von Kommunikations- und Medienstrukturen beiträgt. Erst das Zusammenspiel von technischem Potenzial, ökonomischen Marktprozessen (als Resultat individueller Mediennutzung) und strategischem Handeln von Medienorganisationen *(Kommerzialiserungs- und Internationalisierungsstrategien)* erklärt die tatsächliche Dynamik. Hinzu kommt ein verändertes politisches Akteurshandeln und in der Folge eine veränderte medienrechtliche Grundlage: Diese als *De-, Re-Regulierung und Co-Regulierung bzw. Media Governance* beschriebenen Dynamiken werden durch ökonomische Akteure, hier also die großen Medienkonzerne und Branchenverbände, vorangetrieben. Dabei dient wiederum die *Globalisierungsdynamik* als zum Teil ideologisches, zum Teil empirisches Argument auf der Ebene europäischer Wirtschafts- und Medienpolitik. Das Ergebnis von Deregulierung und *Kommerzialisierung* besteht jedoch nicht automatisch in funktionsfähigeren Märkten mit höherer publizistischer Leistung und Vielfalt. Gerade vor dem Hintergrund technischer und marktlicher Medienkonvergenz sowie hoher Investitionserfordernisse und (internationaler) Marktöffnung kommt es zu einer anhaltend hohen oder gar wachsenden *Medienkonzentration* bis hin zu neuen Monopolen.

5.2 Digitalisierung und Vernetzung: Differenzierung und Konvergenz

5.2.1 Rolle der Technik

Unter den Schlagworten Digitalisierung und Konvergenz wird seit nunmehr zwei Jahrzehnten eine vermeintlich durch Kommunikations- und Medientechnik getriebene „Revolution" der Medien diskutiert. Ob es sich wirklich um revolutionäre, also disruptive, rasche und grundlegende Umwälzungen handelt, die eine neue (Informations- oder Wissens-)Gesellschaft hervorbringen, oder ob es nicht eher evolutionäre und zum Teil ambivalente Entwicklungen sind, kann ohne historischen Abstand nicht entschieden werden. Die theoretische Fundierung des Medienbegriffs spricht aber gegen eine monokausale Betrachtung, bei der technische Innovation die Ursache oder der alleinige Auslöser einer Dynamik des gesamten Mediensystems wäre. Auch empirische Beispiele sprechen gegen eine Überbewertung der technischen Innovation: Die Expansion und Ausdifferenzierung des deutschen Zeitschriftenmarktes basiert im Grunde auf der seit Jahrhunderten bekannten Drucktechnik. Die Programmvervielfachung bei Hörfunk und Fernsehen ist nicht ursächlich auf die Einführung der Kabeltechnik zurückzuführen, sondern durch diese nur befördert worden. Insofern bemisst sich auch das Tempo der gegenwärtigen Dynamik sicherlich nicht allein an der Abfolge technischer Innovationen. Dies gilt umso mehr als zwischen medientechnischen Basisinnovationen und Anwendungsinnovationen sowie Pseudoinnovationen unterschieden werden muss, die sich im Grunde nur aus der Innovationsrhetorik von Marketingkommunikatoren oder Politikern speisen.

Umgekehrt soll hier mit diesen kritisch relativierenden Anmerkungen aber nicht die These vertreten werden, Medientechnik spiele für die Mediendynamik gar keine Rolle – im Gegenteil: mit der wachsenden Bedeutung tertiärer Medien (vgl. Abschn. 1.2.1) für die individuelle wie die öffentliche Kommunikation in modernen Gesellschaften wächst tendenziell die Bedeutung technischer Faktoren in der Medienentwicklung. Dies gilt aber vor allem deshalb, weil die Dynamik auf der Ebene der technisch basierten Zeichensysteme mit der Organisations- und Institutionalisierungsebene gekoppelt ist. Diese Kopplungen sind wechselseitig, d. h. hinter technischen Innovationen (und Inventionen) stehen meist ökonomisch motivierte Organisationsinteressen, und technische Innovationen eröffnen neue Organisations- wie Institutionalisierungsweisen. Der ökonomische Erfolg von Medieninnovationen bemisst sich nicht zuletzt an der angemessenen Organisationsweise (z. B. Geschäftsmodelle) und der Institutionalisierung der Innovation im alltäglichen Gebrauch (z. B. Domestizierung und Etablierung von Medienregeln). Die Geschichte gescheiterter oder zumindest verzögerter Medieninnovationen weist auf diese Zusammenhänge hin: Das seit Jahrzehnten technisch mögliche Bildtelefon hat sich ohne ein passendes Geschäftsmodell und den Bedarf von global mobilen Nutzern nicht durchgesetzt; sich aber in Gestalt von „Skype“ oder „Facetime“ als internetbasierte Bildtelefonie in bestimmten Anwendermilieus etabliert. Die breite Einführung mancher digitaler Standards kann wie beim digitalen Tonbandkassettensystem (DAT) praktisch scheitern. Oder sie kann sich wie beim digitalen Hörfunk (DAB bzw. DAB+) trotz intensiver politischer Protektion als sehr langsamer Prozess erweisen, weil den potenziellen Nutzern der Mehrwert gegenüber den etablierten Medientechnologien (und ihren bereits vorhandenen Geräten) nicht einleuchtet.

Eine mediensystematische Analyse der mit den Begriffen Digitalisierung und Konvergenz umschriebenen Dynamik muss deshalb technische Veränderungen in ihrer Bedeutung für die Organisation und Institutionalisierung von Medien in den Blick nehmen.

▶ Digitalisiert wird nicht die Kommunikation selbst, sondern die Produktion, Distribution und ggf. Präsentation von Medienangeboten. Digitalisierung bezieht sich ursprünglich auf die binäre Codierung von Daten, die entweder zuvor analog verarbeitet wurden oder von Beginn an digital erzeugt, gespeichert und übertragen werden.

Es geht also zum einen um die Digitalisierung bislang analoger Medien und Übertragungswege, zum anderen um neue digitale Medienangebote und Kommunikationsdienste, sofern deren digitale Form tatsächlich einen organisatorischen und institutionellen Unterschied macht. In vielen Fällen wird dieser Unterschied zumindest zunächst von den Nutzern gar nicht bemerkt: Analoge und digitale Telefonie, analoge und digitale Fernsehshows unterscheiden sich nicht, zumal und solange sich die Digitalisierungsprozesse nur „hinter" den Schnittstellen realisieren. Gleichwohl zeitigt die für die Kommunikationspartner nicht unmittelbar wahrnehmbare Digitalisierung Folgen für die Organisation und mittelfristig auch für die Institutionalisierung der Medienkommunikation.

Die Digitalisierung und Vernetzung von Kommunikationsmedien hat dazu geführt, dass in weitaus größerem Maße als jemals zuvor Metadaten über Kommunikations- und Mediennutzungsprozesse sowie viele weitere alltägliche Verhaltensweisen und Transaktionen quasi automatisch (aber keineswegs immer zwangsläufig) erhoben werden. Der Umgang mit diesen Daten, ihre Kontrolle, Nutzung und ökonomische Verwertung mithilfe von Algorithmen, Big Data-Verfahren und ihre Interpretation durch Medienunternehmen und Sicherheitsbehörden erweist sich als ein neuartiges und ökonomisch wie politisch relevantes Problem auf allen Ebenen der sozialen Kommunikation und des Mediensystems.

5.2.2 Folgen für Medienunternehmen, -angebote und -nutzer

Die Verbreitung und Nutzung von Onlinemedien hat zumindest in Teilen zum Wandel der Kommunikationsstruktur und der institutionellen Rollen geführt. Auch wenn die herkömmlichen publizistischen Medien keine „einseitigen Massenmedien" waren, so waren die Rollen innerhalb der *öffentlichen* Kommunikation klar verteilt; nur mittels eines Medienbruchs waren meist nicht-öffentliche Rückmeldungen realisierbar. Die vormals nur aus der Telekommunikation bekannte Vernetzung nun auch der publizistischen Medien hat die Rollenverteilung zwischen professionellem Kommunikator (Journalist) und Rezipient zwar nicht grundlegend und flächendeckend revolutioniert, aber doch erkennbar aufgeweicht. Auch der laterale oder horizontale Kommunikationsfluss zwischen den Rezipienten lässt sich nun dank Vernetzung anders und mit viel größerer Reichweite herstellen.

Beispiel

Den institutionellen Wandel beschreibt das Gutachten des Hans-Bredow-Instituts für die Bundesregierung wie folgt: „Journalismus ist unter diesen Bedingungen zwar nicht obsolet geworden, hat aber im Hinblick auf bis dato zentrale journalistische Leistungen im Zusammenhang mit Selektion, Produktion und Distribution von Nachrichten an Relevanz verloren – und zwar nicht, weil diese Leistungen an sich weniger relevant geworden wären, sondern weil sie zunehmend auch außerhalb klassischer Medienorganisationen und von anderen Akteuren erbracht werden (können). Im Kern ist damit also auch die Frage tangiert, inwieweit die gesellschaftlich auch normativ abgesicherte Funktion des Journalismus durch die gewandelten Kommunikationsverhältnisse … gefährdet ist." (HBI 2017, S. 209).

Für das einzelne Medienunternehmen eröffnet Digitalisierung *Rationalisierungspotenziale,* insbesondere durch den Wegfall von betriebsinternen Verarbeitungsschritten (Mehrfacherfassung von Texten und Bildern in verschiedenen Formaten für unterschiedliche mediale Präsentationen) oder hausinterne Zulieferbetriebe (Disintermediation)[1] und der durch diese verursachten Kosten.

Digitale Medienformate können ohne technische und ästhetische Qualitätsverluste zu Grenzkosten in beliebiger Stückzahl (Auflage) kopiert werden, weil sie in immaterieller Form vorliegen. Angestrebt und in vielen Fällen bereits realisiert ist die plattformneutrale *Mehrfachverwendung und -verwertung* desselben Inhalts, was potenziell einer Erlössteigerung zu Grenzkosten gleichkommt.

Die kostengünstige und einfache Kopierbarkeit besitzt für die Medienorganisationen jedoch zwei riskante Nachteile: illegale *Raubkopien* unterscheiden sich nicht vom Original, tragen aber nicht zur Kostendeckung bei, sondern führen zu einer Erlösminderung.

Die beliebige Kopierbarkeit ohne Qualitätsverlust wirkt sich negativ auf die *Zahlungsbereitschaft* der Kunden aus. Verschärft wird die Lage durch die unternehmensstrategischen Fehler der etablierten Medienanbieter, die jahrzehntelang versäumt hatten, „Paid Content" als Alternative zur Werbe- und Mischfinanzierung jenseits von Spezialangeboten und mobilen Applikationen zu etablieren. Diese Erlösprobleme haben einerseits zur Einführung neuer Werbeformen geführt und andererseits mit der „Datenfinanzierung" eine zumindest partielle Alternative zur Entgelt- und Werbefinanzierung entstehen lassen: Mithilfe von Metadaten und Algorithmen personalisierte Onlinewerbung und normativ problematische Formen der Schleichwerbung wie „Native Advertising", „Corporate Journalism" oder „Influencer-Marketing" sind zwar nicht grundsätzlich neu, aber durch Digitalisierung und Vernetzung weitaus effizienter einsetzbar. Der Verkauf von Profil- und Verhaltensdaten an Dritte, seien es Medienanbieter und Kommunikationsdienstleister

[1]Umstrukturierung der Wertschöpfungskette durch „Überspringen" oder ersatzlosen Wegfall eines Glieds (Vermittlers, Intermediärs) in der Kette; vgl. Abschn. 4.5.2.1.

oder branchenfremde Unternehmen (Banken, Versicherungen, Handelsunternehmen etc.), stellt eine derzeit nicht seriös zu beziffernde Erlösquelle dar.

Erfolgen auch Distribution und Nutzung auf der Basis von Digitaltechnik, dann hat dies ebenfalls weit reichende ökonomische Folgen: So können die zur Übertragung erforderlichen elektromagnetischen Frequenzen effizienter, und damit preiswerter für die Medienkommunikation oder andere Zwecke genutzt werden *(Digitale Dividende).* Die Konkurrenz um die knappe, natürlich begrenzte Ressource nimmt ab, die tatsächlichen Übertragungskosten (Vertriebskosten) sinken und die Chancen einer Angebotsvermehrung, theoretisch auch für eine höhere Angebotsvielfalt nehmen zu.

Digitalisierung von Medienangeboten reduziert auch die „Lagerkosten" enorm: Statt materieller Träger und Gebäuden werden lediglich elektronische Speicher benötigt. In der digitalen Medienökonomie ist daher von einem potenziell vielfaltsförderlichen *Long Tail-Effekt* die Rede: Die geringen Lager-, Distributions- und Transaktionskosten, die bei der Suche bzw. der Vermittlung von Angebot und Nachfrage im Netz entstehen, erlauben auch die effiziente Vermarktung von Nischenprodukten in bislang ungewohntem Umfang bei deutlich reduzierter Kapitalbindung.[2]

Allerdings ermöglichen eben diese Kostenvorteile eine Angebotssteigerung, die für die Rezipienten nur schwer zu überblicken ist: Konvergenz von Mediendispositiven und Medienunternehmen ist daher nur eine Seite der Medaille, die andere Seite ist eine *Differenzierung der Angebote und Angebotsformen,* die nicht zwangsläufig auch zu mehr inhaltlicher publizistischer Vielfalt führt. Digitale Medien setzen weitaus stärker als die begrenzten analogen Medienangebote (mit Ausnahme der Bibliotheken) *Metamedien* für die Navigation und Selektion voraus. Die Nutzung von Suchmaschinen (beim Electronic Commerce vor allem Vergleichs- und Bewertungsportale) ist mittlerweile stärker institutionalisiert als die von Fernsehprogrammzeitschriften. Damit kommen auf der Organisationsebene neue Akteure ins Spiel, die als *Intermediäre ohne originäres Inhaltsangebot* kommerzielle Dienstleistungen anbieten, damit aber auch eine publizistische Schlüsselrolle einnehmen können *(Re-Intermediation);* an das Beispiel der marktbeherrschenden Stellung von Google sei hier erinnert.

Die durchgehende Digitalisierung und Vernetzung von der Produktion bis hin zu den „konvergenten Endgeräten" der Nutzer erleichtert es, kostengünstig digitale Varianten zu produzieren *(Versioning),* Produkte und Dienstleistungen zu skalieren und zu personalisieren sowie über Syndication mit anderen Unternehmen auszutauschen.

[2]Völlig neu ist dieser Effekt jedoch nicht, denn auch die traditionellen „analogen" Geschäftsmodelle von Medienunternehmen beruhten auf der Mischfinanzierung bzw. Quersubventionierung innerhalb des eigenen Sortiments. Beispiele sind die Buchverlage und die Filmproduktionen bzw. -verleihe, die mithilfe weniger Bestseller oder Blockbuster die weniger absatzstarken Titel der Backlist und die B-Pictures finanzierten. In Zeiten des modernen Finanzkapitalismus sind solche entweder aus der Not geborenen oder im Sinne eines bewussten Kulturmäzenatentums praktizierten Modelle ökonomisch nicht mehr wettbewerbsfähig; die radikale Kostensenkung durch Digitalisierung könnte hier einen Ersatz auch für publizistisch wünschenswerte Minderheitenangebote eröffnen.

Die Digitalisierung der Medienempfangsgeräte ermöglicht eine *hoch selektive Nutzung* einzelner Medieninhalte, was wiederum Folgen für die tradierten Geschäftsmodelle der Medien besitzt: Digitale Festplattenrekorder, softwaregestützte „AdBlocker" und das Downloadangebot von (legalen wie illegalen, entgeltpflichtigen wie -freien) On-demand-Angeboten erhöhen die Wahrscheinlichkeit, dass Rezipienten gezielt Werbung in den Medien vermeiden – weit über das altbekannte Maß des Fernseh-„Zappings" hinaus. Sinkende Werbereichweiten und – dank digitaler Vernetzung besser als je zuvor messbare – Werbeerfolge wirken sich negativ auf die *Werbenachfrage und -preise* der Medien aus. Hinzu kommt, dass gerade die originären Digitalmedien der Individual- und Gruppenkommunikation sowie die Metamedien an den insgesamt eher stagnierenden Werbeinvestitionen der Wirtschaft partizipieren, es also zu einem Verdrängungswettbewerb zulasten der publizistischen Medien kommt. Digitalisierung und Vernetzung bedrohen damit das dominante Erlösmodell der Mischfinanzierung von publizistischen Medien.

Digitalisierung und Vernetzung verursachen Probleme bei der Datensicherheit und beim Schutz persönlicher Daten. Die Konvergenz der Mediennutzung im selben Netz und teilweise sogar am selben Gerät erzeugt *integrierte Mediennutzungs-, Kommunikations- und Konsumprofile* von hoher, bislang nicht bekannter Dichte und Detailliertheit.

Die Nutzer digitaler Netzmedien tragen durch eine Veränderung ihres Nutzungsverhaltens selbst aktiv zur Veränderung des Mediensystems bei, denn verändertes Nachfrageverhalten, Zahlungsbereitschaften oder situative Verwendungsformen bringen (oder zwingen) Medienunternehmen dazu, auf den veränderten Markt zu reagieren. Die Vernetzung in Gestalt von Social Network Services wie Facebook, Google+, LinkedIn oder XING stellt nicht nur eine zusätzliche, komplementäre Möglichkeit der Kommunikation dar, sondern verändert vielfach auch die Nutzung oder den Umgang mit anderen Medien. Die persönliche Empfehlung, aber auch ein möglicher Gruppendruck beeinflussen das Selektionsverhalten. Die etablierten Medienorganisationen sehen sich gezwungen, sich Sozialer Medien und Netzwerke als Distributionsplattformen zu bedienen und ihre Angebote, Geschäftsmodelle und -prozesse den dort herrschenden Bedingungen anzupassen. Die zunehmende Bedeutung von Onlinemedien als Zugangsweise zu meinungsrelevanten Medieninhalten, der Wunsch nach beliebiger raumzeitlicher Verfügbarkeit, nach (algorithmisch zu organisierender) Übersicht in einem überwältigend zahlreichen Angebot – all das schlägt sich derzeit vor allem bei den jüngeren Nutzergruppen nieder. Auch wenn dies nicht den „Tod der alten Medien" bedeutet, weil es sich nicht um eine flächendeckende und vollständige Substitution in der Mediennutzung handelt, so geht hiervon doch ein starker Impuls aus, der zu einem Strukturwandel des Mediensystems beiträgt.

5.2.3 Folgen für das Mediensystem

Digitalisierung und Medienkonvergenz wirken nicht nur auf der Mesoebene der Medienunternehmen, sondern wirken sich strukturell auf der Makroebene aus:

Die Digitalisierung der Medien setzt Investitionen voraus, bevor es zu Rationalisierungseffekten kommen kann. Investitionen in digitale Technik und die sie begleitende

Reorganisation von Medienunternehmen setzen wiederum Kapital voraus, was tendenziell die *Konzentration des Medienmarktes* verstärkt. Ein Beispiel hierfür ist die Digitalisierung der Presse in Form von elektronischen Redaktionssystemen und Digitaldruck seit den 1980er Jahren, ein weiteres könnte in der Verdrängung kapitalschwacher Einzelkinounternehmen im Zuge der Digitalisierung des Kinoverleihs und -abspiels entstehen.

Die nun zunehmende plattformneutrale Verwertung und Distribution über verschiedene, vormals distinkte Medien (Vertriebs- und Absatzwege) stellt tradierte *Wertschöpfungs- und Marktstrukturen* infrage: Unternehmen, die bislang eindeutig einem Medium (Fernsehen, Kino etc.) oder einer Produktionsstufe (Produktion, Programmveranstaltung, Netzbetrieb) angehörten, können nun ihr Rollenrepertoire erweitern, also auf benachbarten Märkten bzw. vor- und nachgelagerten Wertschöpfungsstufen agieren. Damit konvergieren tendenziell die bekannten Mediensektoren durch eine Integration von Medienunternehmen, und die Medienbranche insgesamt entgrenzt sich gegenüber benachbarten Sektoren, insbesondere der Telekommunikation und der Softwareindustrie.

Beispiel

Digitale Filme können sehr viel leichter als zuvor von demselben Medienunternehmen über digitale Netze zunächst an die Kinos vertrieben, dann als entgeltpflichtiges On-demand-Programm zum Streaming oder Download anbieten und schließlich im Pay-TV vermarktet werden. Ein Telekommunikationsnetzbetreiber, der ohnehin als Internet-Access- und Service-Provider agiert, kann selbst zum Anbieter digitaler Filmangebote werden.

Die hohen Kosten einer Umstellung und der hohe Kapitalbedarf der Medienunternehmen in Folge der Digitalisierung ziehen verstärkt medienfremdes Kapital (Börse, Investoren) an. Im Ergebnis können neue, wenig transparente Abhängigkeiten entstehen, die ein Risiko für die innere Medienfreiheit bergen.

Die volkswirtschaftlichen Kosten der Digitalisierung der privaten Fernseh- und Radiogeräte sind beträchtlich, wobei der Zusatznutzen (etwa bei Digitalradio) begrenzt ist. Vor allem besteht grundsätzlich die *Gefahr digitaler Spaltungen (Digital Divide)* durch ungleich verteilte bzw. ungleich schnelle Aneignung von digitalen Medien und den für ihre Nutzung notwendigen Kompetenzen.

Der hier vor dem Hintergrund von Digitalisierung und Vernetzung nur skizzierte Strukturwandel der Medien verändert auch die Institutionalisierung der Publizistik: Sinkende Erlöse, steigender Wettbewerbsdruck und die fragwürdige Qualitätswahrnehmung der Rezipienten verschärfen den Kostenwettbewerb. Das Fehlen eines tragfähigen Geschäftsmodells für publizistische Online-Qualitätsmedien hat Investitionen in journalistische Qualität verhindert und führt eher zu weiteren Einsparungen bei den Redaktionen sowie zur Mehrfachverwertung von Material aus den „Muttermedien" – solange diese sich noch finanzieren können. Das publizistische Potenzial der Onlinekommunikation wird daher nur ansatzweise ausgeschöpft, der Mehrwert hält sich in dieser Hinsicht in engen Grenzen.

Andererseits entsteht dem Journalismus der professionellen Medien eine neuartige Konkurrenz um Geld, Aufmerksamkeit und Meinungsmacht: Neue Akteure und Angebotsformen, insbesondere Plattformen und Intermediäre entziehen dem Werbemarkt Investitionen, die nicht mehr für die Journalismus-Finanzierung zur Verfügung stehen. Gleichzeitig erzeugen sie algorithmisch oder durch die Bündelung von User Generated Content ein Angebot, das möglichweise von Teilen der Öffentlichkeit als funktionales Äquivalent zu journalistisch produzierten Nachrichten und Kommentaren angesehen wird und durchaus informierend sowie meinungsbildend wirken kann.[3]

5.3 Kommerzialisierung und Konzentration

Die Begriffe „Ökonomisierung" und „Kommerzialisierung"[4] bezeichnen eine Mediendynamik, bei der unternehmerische Gesichtspunkte und Strategien immer mehr an Bedeutung gegenüber der öffentlichen Aufgabe der Medien gewinnen. Dabei ist die Grundtatsache, dass die meisten Medien in Deutschland von Beginn an privatwirtschaftlich organisiert waren, unstrittig. Die Beobachtung der Mediendynamik zeigt nun aber, dass mehr und mehr vormals marktfern organisierte Medien der kapitalistischen Logik unterworfen werden,[5] beispielsweise der Rundfunk und die Onlinekommunikation. Damit wächst die Gefahr, dass gesellschaftlich wünschenswerte, meritorische Leistungen und Funktionen zu bloß zufällig noch bereitgestellten Externalitäten werden, die aus betriebswirtschaftlicher Perspektive nach Kräften zu reduzierende Kosten verursachen.

> *Kommerzialisierung* im Sinne von Vermarktlichung und Verwandlung aller Güter in gegen Entgelt handelbare Waren sowie *Ökonomisierung* im Sinne eines zweckrationalen, nur an Effizienzkriterien orientierten Strebens nach egoistischer Nutzenmaximierung sind Prozesse, die nicht allein die Medien betreffen, sondern Bildung, Kultur und weitere gesellschaftliche Sphären prägen.

Kommerzialisierung und Ökonomisierung erfolgen keineswegs mit naturgesetzlicher, quasi evolutionärer Zwangsläufigkeit, sie sind das Ergebnis politischer Entscheidungen und Pfadabhängigkeiten (vgl. Abschn. 5.5). Europäisierung und Globalisierung spielen hierbei eine entscheidende politische (wie ideologisch legitimatorische) Rolle: Die in

[3]Vgl. zur Rolle von Algorithmen in der öffentlichen Kommunikation und Meinungsbildung HBI (2017, S. 204–207).

[4]Begriffe und Phänomene werden in einem Themenheft der Fachzeitschrift Medien & Kommunikationswissenschaft (49. Jg. 2001/2) aus unterschiedlichen theoretischen Perspektiven diskutiert.

[5]Knoche (2001, S. 178) bezeichnet diesen Prozess aus polit-ökonomischer Sicht daher auch als „Kapitalisierung".

den 1980er Jahren in den USA und Großbritannien einsetzende Wende von der keynesianischen zur neoliberalen Wirtschafts- und Ordnungspolitik hat sich als dominierendes Paradigma gerade auf der Ebene der Europäischen Union durchgesetzt und durch das grandiose politische, wirtschaftliche und gesellschaftliche Scheitern des Staatssozialismus weiter an Einfluss gewonnen. Liberalisierung und Deregulierung, also der Ersatz von Macht und Hierarchie durch „den Markt" als Bereitstellungs- und Steuerungsmechanismus, gelten seitdem als Erfolg versprechende Maßnahmen zur Verbesserung der Verhältnisse, auch wenn die Rufe nach mehr Regulierung vor dem Hintergrund internationaler Bankenkrisen und Verstaatlichungen vor einigen Jahren wieder lauter geworden sind. Die Ausweitung der ökonomischen Handlungs- oder Systemlogik auf weitere gesellschaftliche Felder bleibt zumindest vorerst eine wichtige Quelle der Mediendynamik.

Kommerzialisierung als Prozess meint im Kern aber zwei unterschiedliche, wenngleich interdependente Veränderungen:

- Auf der *Mesoebene* der einzelnen Medienorganisationen ist die (tatsächlich oder vermeintlich von der Makroebene der Märkte erzwungene) stärkere Ausrichtung an Effizienz, Rentabilität (Kapitalrendite) und Profit gemeint, sodass „ökonomische Imperative" dass strategische Handeln der Akteure stärker als zuvor bestimmen.
- Auf der *Makroebene* geht es um die Verlagerung von Medienfunktionen und Marktanteilen in den privaten Sektor. Das kann in Gestalt einer Privatisierung vormaliger Staatsunternehmen wie der Telekom geschehen, oder in Form der Zulassung privater Wettbewerber, wie das Beispiel des privatrechtlichen Rundfunks im Zuge der „Dualisierung" der Rundfunkordnung zeigt.

5.3.1 Mesoebene

Auf der Mesoebene der einzelnen Medienunternehmen führt Kommerzialisierung zu *Kostensenkungsstrategien:* Es geht darum, Kosten für redaktionelle und andere publizistische Leistungen einzusparen, soweit und solange sich dies nicht negativ auf die Erlöse auswirkt. Weil Medien Erfahrungs- und Vertrauensgüter sind, fällt den Konsumenten bzw. Rezipienten die vergleichende Beurteilung der Medienqualität schwer. Bestehen zudem, etwa im lokalen Markt von Hörfunk und Zeitungen, keine oder nur wenig attraktive Alternativen (funktionale Äquivalente) oder wie im Falle des öffentlich-rechtlichen Rundfunks kaum marktliche Rückkopplungsmechanismen, dann wirkt sich nachlassende publizistische Qualität, selbst wenn sie bewusst wahrgenommen wird, nicht unmittelbar auf die Nachfrage aus. Das Ziel der Kostensenkung kann auch zu neuen, zum Teil überraschenden *Kooperationen* von Medienunternehmen führen, die zumindest in anderen Teilmärkten sowie publizistisch konkurrieren, zum Beispiel zur Zusammenarbeit bei Vertrieb und Werbung, aber auch zur redaktionellen Kooperation oder Belieferung mit journalistischen Inhalten.

In vielen Mediensektoren ist der Werbemarkt der strategisch wichtigere Primärmarkt, denn bei vielen Medien trägt die Werbung erheblich zu den Erlösen und damit über die Quersubventionierung der Preise auch zum Absatz auf dem Publikumsmarkt und dem ökonomischen Gesamterfolg bei. Kommerzialisierung der Medien bewirkt tendenziell eine noch stärkere *Ausrichtung an der Werbung:* Redaktionell und inhaltlich gilt es daher vor allem, die tatsächlichen oder vermeintlichen Zielgruppen der werbetreibenden Industrie zu gewinnen. Gerade in Anbetracht schrumpfender Werbemärkte können Kommerzialisierungsstrategien problematische Folgen zeitigen, wenn im Wettbewerb um die knappe Ressource Werbegelder den Werbetreibenden ein größerer Einfluss auf die Medieninhalte zugestanden. Das geschieht zum Beispiel durch Gefälligkeitsjournalismus, redaktionelles Marketing, Gestaltung von Werbeumfeldern und unkritische Verwendung von PR-Material oder gar Verstöße gegen das Gebot der Trennung von Werbung und redaktionellem Teil (Institution des „Trennungsgebots"). Modische Bezeichnungen wie „Native Advertising" verschleiern solche Praktiken lediglich, lösen aber das Problem keineswegs. Der Verlust von Ressourcen für den Qualitätsjournalismus erleichtert es auch pseudojournalistischen Angeboten im Wettbewerb um die Aufmerksamkeit zu bestehen. Unternehmen finanzieren ganze Redaktionen, die oftmals ohne klar erkennbare Hinweise auf ihre Auftraggeber aufwendig und professionell produzierte Websites oder Blogs produzieren und von vielen Menschen als Journalismus wahrgenommen werden. Auch hier täuscht die modische Bezeichnung „Unternehmensjournalismus" oder „Corporate Journalism" etwas vor, was nicht stattfindet: unabhängigen und kritischen Qualitätsjournalismus. Je erfolgreicher solche Angebote sind, umso stärker gehen vermutlich Aufmerksamkeit und Zahlungsbereitschaft für „echten Journalismus" zurück.

Kommerzialisierung der Medienunternehmen bedeutet zudem Orientierung an *Kapitalmarktstrategien:* In dem Maße, wie Medienunternehmen als Kapitalgesellschaften organisiert sind, die auf Fremdkapital angewiesen sind, stehen sie im Wettbewerb mit anderen Kapitalverwertungs- und -anlageformen. Für die Medienunternehmen bedeutet dies, dass sie mindestens vergleichbare Kapitalrenditen erwirtschaften müssen, auch wenn darunter möglicherweise die eigenen Qualitätsstandards leiden. Kapitalgesellschaften werden meist für einige Jahre von immer wieder wechselnden angestellten Managern geführt, die sich selbst auf einem internationalen Markt hoch dotierter Führungsjobs bewegen. Im Gegensatz zu traditionellen eigentümergeführten Familienunternehmen spielen für angestellte Manager publizistische Gesinnungen, wertrationale Überzeugungen oder nachhaltige Unternehmensführung nicht zwingend die ausschlaggebende Rolle. Der Zeithorizont als zweckrationaler *Homo oeconomicus* erstreckt sich zu allererst auf die eigene Karriere und die persönlichen Boni bzw. Unternehmensanteile. Zum dominanten Unternehmensziel wird dann wie in anderen Wirtschaftssektoren der Shareholder Value, während die Stakeholder, also die Interessengruppen mit nicht nicht-ökonomischen Ansprüchen an das Unternehmen, geringere Berücksichtigung finden. Im deutschen Mediensystem dominiert bislang das Medienkapital, also Unternehmen, die traditionell im publizistischen Sektor engagiert sind. Das Spektrum reicht von Familienunternehmen mit Verlegerpersönlichkeiten und publizistischem Selbstverständnis bis hin zur international operierenden Bertelsmann AG, die versucht eine zweistellige Renditeerwartung[6] mit dem Image eines sozialverantwortlichen Familienunternehmens und vorbildlichen Arbeitgebers zu vereinbaren. Die großen deutschen Medienkonzerne diversifizieren, d. h. sie werden zunehmend auch außerhalb des publizistischen Medienmarktes tätig.

5.3.2 Makroebene

Das Verhalten von Medienunternehmen wird vom Markt geprägt, aber umgekehrt gestalten die Medienunternehmen durch ihre Entscheidungen und Handlungen im Ergebnis eben diesen Markt.

Eine Intensivierung des Kostenwettbewerbs geht zulasten eines publizistisch und wohlfahrtsökonomisch wünschenswerten Qualitätswettbewerbs: Es lohnt sich aus wirtschaftlicher Sicht nicht, teure Qualitätsangebote zu produzieren, sodass es im Mediensektor regelmäßig zu Marktversagen kommt. Einen Ausgleich hierfür sollten nicht-kommerzielle öffentliche Medien schaffen, doch wird dies unter Bedingungen der Kommerzialisierung des Mediensystems zunehmend unwahrscheinlich:

Diese „Vermarktlichung" führt nämlich nicht nur zu einem relativen *Bedeutungsverlust öffentlicher Medienorganisationen,* sondern bewirkt zwischen den Marktakteuren eine Koorientierung im Wettbewerb, die bis hin zur strukturellen Isomorphie, also der Nachbildung von Unternehmensstrukturen und -prozessen, reichen kann. Die öffentlichrechtlichen Rundfunkorganisationen verändern ihr Verhalten, wenn sie neue Werbeformen und *Programmkonvergenzen* zulassen. Die mitunter fragwürdigen Managemententscheidungen, ein an kommerzielle Wettbewerber erinnernder Managerhabitus und einige, durch die privaten Medien skandalisierte Fälle von Korruption und Unterschlagung sowie erkennbarer politischer Einflussnahmen verschärfen die politische Legitimationskrise des öffentlich-rechtlichen Rundfunks. In der Folge kann dies seiner Finanzierung schaden und damit zu einer Marginalisierung führen. Mitentscheidend für den Bestand und die Bedeutung der öffentlich-rechtlichen Anstalten als nicht-kommerzielle Alternative dürften die Telemedienangebote werden, deren Erweiterung derzeit politisch ausgehandelt wird.

Aufgrund der starken Fokussierung des Werbemarktes durch die Medienunternehmen stellt dieser *werbegetriebene Medienmarkt* bevorzugt Medienangebote und -inhalte für bestimmte Konsumentengruppen und Milieus zur Verfügung, während andere Bevölkerungsgruppen möglicherweise unterversorgt bleiben. In dem Maße, wie Minderheitenthemen und -meinungen sowie Genres und Präsentationsformen für ein Nischenpublikum über den Werbemarkt nicht finanzierbar sind, bleiben nur zwei

[6]Diese Erwartungen werden regelmäßig erfüllt; zuletzt betrug die Rendite (vor Steuer, sog. EIBITDA) 15,1 %; vgl. Bertelsmann Unternehmenspräsentation Stand Juli 2017, S. 21; www.bertelsmann.de/media/news-und-media/downloads/170714-unternehmenspraesentation-2017-de.pdf [28.08.2017].

Alternativen: Entweder verzichtet die Gesellschaft auf solche Medienangebote, was aus demokratietheoretischen Gründen äußerst problematisch ist. Oder es lassen sich solche nicht werbemarktfähigen Medienangebote über Entgelte, staatliche Zwangsfinanzierungen (etwa Rundfunkbeiträge) oder zivilgesellschaftliche Akteure bereitstellen.

Eine dritte Alternative besteht in der verstärkten Entgeltfinanzierung, wie sie derzeit in der Onlinekommunikation versucht wird. Entgeltbarrieren (Pay Walls) belasten die unterschiedlich leistungsfähigen Haushaltsbudgets, bis hin zu möglicherweise prohibitiven Preisen für bestimmte Qualitätsangebote. Eine wachsende Bedeutung entgeltfinanzierter Medienangebote ist unter demokratietheoretischen Gesichtspunkten fragwürdig, wenn es hierbei zu einer Exklusion nicht zahlungsfähiger Bürger von publizistisch relevanter Kommunikation kommen sollte.

Experimentiert wird seit kurzem mit von Journalisten selbstständig organisierten Plattformen bzw. Plattformkooperativen, die sich über Abonnements, Crowdfunding, Einzelentgelte (als Micro Payment) oder Mischformen zu finanzieren suchen. Wie das Beispiel „Krautreporter" zeigt, erweist sich dies in Deutschland als schwierig, während zum Beispiel De Correspondent (Niederlande) offenkundig auch ökonomisch einträglich arbeitet.

Kommerzialisierung auf der Makroebene betrifft aber auch das „neue Medium Internet", wobei hier teils staatliche (militärische, akademische) Infrastrukturen, teils zivilgesellschaftliche und persönliche Kommunikationsformen zunehmend einer kommerziellen Logik unterworfen werden. Dabei wirken unterschiedliche Faktoren zusammen:

- eine technisch-semiotische Innovation durch die Entwicklung einer grafischen Benutzeroberfläche für das WWW als Ausgangspunkt der Entwicklung;
- ein innovatives „Follow-the-Free"-Geschäftsmodell bzw. einer Marketingstrategie in Gestalt der Gratisverbreitung einer einfach zu bedienenden Browsersoftware;
- die kommunikationspolitische Deregulierung des vormals staatlich finanzierten US-amerikanischen ARPA- bzw. Internet;
- die unternehmerische Etablierung neuer Dienstleistungen (Aggregation, Selektion und Navigation) auf Entgeltbasis durch neue Intermediäre wie Suchmaschinen und Provider;
- sowie die Kommerzialisierung bislang entgeltfreier privater und teilöffentlicher Kommunikationsdienste durch Social Network Services (Facebook, Xing etc.) und Plattformen für User Generated Content (Flickr, YouTube etc.), wobei hier zum Teil statt mit Geld oder Zeit für Werbung mit persönlichen Daten „gezahlt" wird.

Insgesamt verschärft die Kommerzialisierung des Mediensystems den Grundwiderspruch zwischen öffentlicher Aufgabe und kapitalistischer Organisationsweise der Medien: In der Bundesrepublik Deutschland wird den Medien insbesondere vom Bundesverfassungsgericht (im „Spiegel-Urteil" von 1962)[7] eine konstitutive Rolle für die Demokratie

[7]BVerfG, Urteil v. 05.08.1966, Az. 1 BvR 586/62, 610/63 und 512/64; online unter: http://www.telemedicus.info/urteile/180-1-BvR-58662.html [11.11.2011].

zugeschrieben. Die Berichterstattung der publizistischen Medien und ihre aktive Rolle als Faktor der Meinungsbildung sind unabdingbare Voraussetzung einer funktionsfähigen Öffentlichkeit, in der den Bürgern eine Vielfalt von Themen, Darstellungsformen, Genres, Zugangsformen und Meinungen zur Verfügung steht (vgl. HBI 2008, S. 290–291). Diese öffentliche Aufgabe soll über den Markt als Bereitstellungsmechanismus, ergänzt durch den öffentlich-rechtlichen Rundfunk, möglichst staatsfern erfüllt werden. Aktuell wird diskutiert, die als „Public Value" reformulierte öffentliche Aufgabe bzw. den Funktionsauftrag des öffentlich-rechtlichen Rundfunks über den Rundfunk (im Sinne linearer Programme) hinaus auf die Telemedien, also die Onlinemedien auszudehnen. Einerseits erscheint dies mittel- bis langfristig notwendig, wenn öffentlich-rechtliche Qualitätsangebote noch ihr Publikum (in Gestalt individueller Nutzer) erreichen sollen. Andererseits wirft dies die Frage nach der Legitimität des Wettbewerbs beitragsfinanzierter Anstalten mit privaten Unternehmen auf, deren Markt durch alte und neue Wettbewerber sie ohnehin vor wirtschaftliche Herausforderungen stellt.

Aus ökonomischer Sicht stellen öffentliche Aufgabe und Public Value jedoch lediglich Externalitäten dar, also (normativ durchaus willkommene) Nebeneffekte, aber nicht das Ziel von Medienunternehmen. Ökonomisch ist in vielen Fällen eine Strategie der Unternehmensintegration und -konzentration rational, um Vorteile im Wettbewerb zu erzielen und den Profit zu erhöhen. Solche wirtschaftlich vernünftigen Unternehmens- bzw. Marktstrategien führen jedoch ebenfalls zu externen Effekten, und zwar zu publizistisch und demokratietheoretisch als riskant oder negativ zu bewertenden Strukturen: Medienkonzentration.

Eine geringe Zahl marktbeherrschender Medienunternehmen macht Medienvielfalt zwar nicht unmöglich, aber unwahrscheinlich: Die zusätzliche, in Anbetracht der Marktmacht nicht zwingend notwendige Produktion von Medieninhalten, zumal von publizistischen Qualitätsangeboten, wirkt aus medienwirtschaftlicher Sicht lediglich kosten aber nicht nutzensteigernd. Im Ergebnis bedroht der Marktmechanismus, der zur Konzentration oder gar Monopolisierung führt, strukturell die publizistische Vielfalt, wie das Beispiel der Tageszeitungen deutlich vor Augen führt (vgl. Abb. 5.1).

Die Konzentration der Medien hat in Deutschland drei Dimensionen:

- Als *horizontale Konzentration* lässt sich die Situation auf den Pressemärkten beschreiben, die vor allem bei den Tageszeitungen von Gebietsmonopolen und oftmals räumlich zusammenhängenden Märkten in der Hand weniger Verlage sind. Größere Märkte erleichtern Kosteneinsparungen und führen zur Fixkostenregression, aus der Wettbewerbsvorteile und höhere Renditen resultieren.
- Die *vertikale Konzentration* ist die Folge einer Strategie, die darauf zielt, bestimmte Leistungen in der Wertschöpfungskette nicht mehr einzukaufen, sondern selbst zu erbringen. Damit schlagen nur noch die realen Kosten zu Buche, aber nicht mehr die Gewinnanteile von Drittfirmen; zudem wächst die Kontrolle über die gesamte Wertschöpfungskette und es entsteht ein Vorteil gegenüber Konkurrenten, die nicht über entsprechende Konzernteile verfügen und daher höhere Markteintrittsbarrieren überwinden müssen. Als Folge der Integration von Unternehmen vor- und nachgelagerter

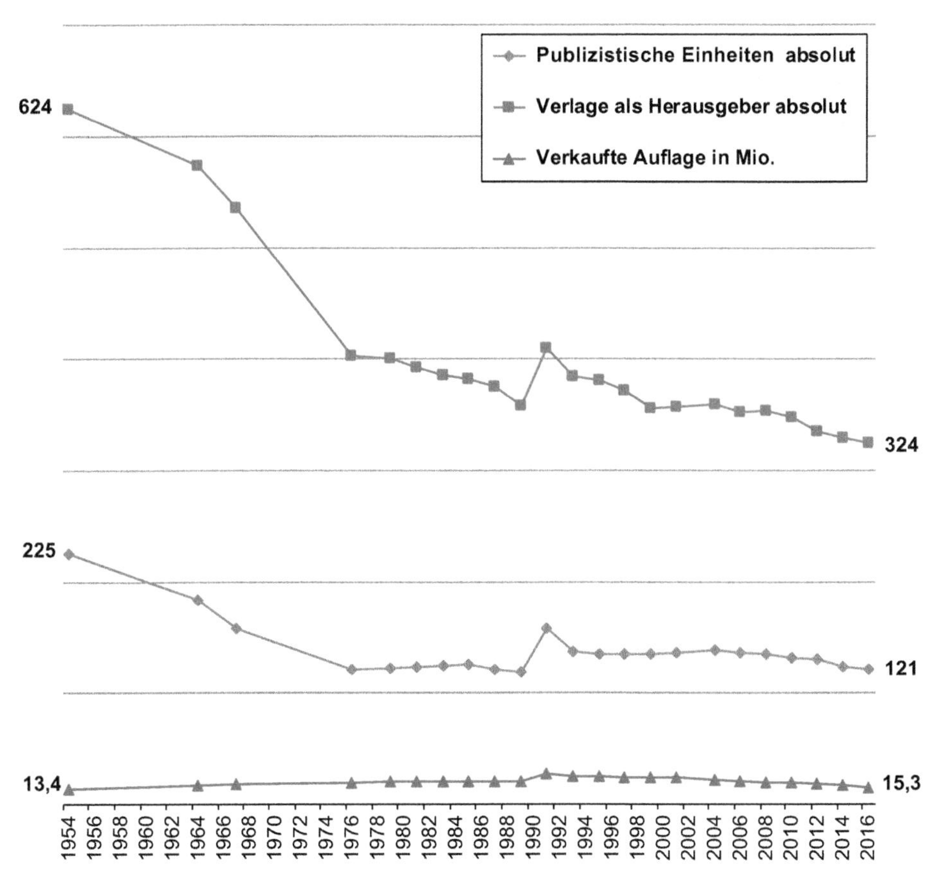

Abb. 5.1 Pressekonzentration in Deutschland. (Quelle: BDZV 2017, S. 284)

Wertschöpfungsstufen ist auf dem Filmmarkt und in weiten Teilen des Rundfunksektors eine hohe vertikale Konzentration festzustellen.

- Charakteristisch ist darüber hinaus eine *diagonale (oder konglomerate) Konzentration* über die einzelnen Mediengattungen Zeitungen und Zeitschriften, Hörfunk, Fernsehen, Onlinemedien sowie Buch, Film und Musik und deren Wertschöpfungsstufen hinweg.[8] Durch diese Integrationsstrategie sollen crossmediale Effekte erzielt werden, insbesondere durch die Mehrfachverwendung identischer Inhalte über alle Verwertungsstufen (Windows) und „Plattformen“ sowie durch eine „multiple Kundenbindung“ über die Medientypen hinweg (vgl. Wirtz 2006, S. 673–680).

[8]Vgl. für die branchenbezogene Analyse einzelner Medienkonzerne auch die regelmäßig aktualisierten Darstellungen von Horst Röper (FORMATT-Institut, Dortmund) im Auftrag der öffentlich-rechtlichen Medienforschung, z. B. Media Perspektiven Basisdaten 2016, S. 28–45.

Bertelsmann / RTL Group S.A. – in Deutschland relevante Medienaktivitäten

TV

Free TV
- RTL Television
- VOX
- n-tv
- RTL NITRO
- RTL plus
- SUPER RTL (50 %)
- TOGGO plus (50 %)
- RTL II (35,9 %)

Pay-TV
- RTL Crime
- RTL Passion
- RTL Living
- GEO Television
- auto motor und sport channel (> 50 %)

Eigene RTL-Regionalfenster
- RTL Nord (HH, SH, NI, HB)
- RTL WEST (75 %)
- RTL Hessen (60 %)

Produktion
- UFA
- infoNetwork
- Norddeich
- screenworks

Vermarktung
- IP Deutschland

Rechtehandel
- UFA Sports

Online

(Auswahl)
- Online-Auftritte der TV-Sender
- TV NOW (senderübergreifende Online-Mediathek)
- YouTube-Channels der Programme und einzelner Programmformate
- Bewegtbildplattformen
  - Clipfish
  - Comedy Rocket
  - RTL Next
- Multichannel Network BroadbandTV (51 %)
- Kinder-Portal Kividoo (50 %)
- sonstige Communities / Information:
  - wetter.de
  - sport.de
  - VIP.de
  - dooloop.tv
  - BLOGWALK.de
  - Frauenzimmer.de
  - Kinderstube.de
- Online-Spiele (z. B. Spieleplattform gamechannel.de)
- Online-Auftritte Gruner + Jahr-Printtitel

Radio

- RTL Radio
- the wave
- 104.6 RTL
- 105.5 Spreeradio
- Hitradio RTL Sachsen (86 %)
- Radio Brocken; 89.0 RTL (57 %)
- Hit-Radio Antenne Niedersachsen (49,9 %)
- Radio Leipzig (47,35 %)
- Radio Hamburg (33,6 %)
- apollo radio (18,93 %)
- Radio 21 (20 %)
- radio NRW (17 %)
- Antenne Bayern (16 %)
- Rock Antenne (16 %)
- Antenne Thüringen (15 %)
- radio top 40 (15 %)
- weitere Beteiligungen: radio TOP40, Radio TON, Radio Galaxy, Radio PSR; R.SA, Radio Erzgebirge 107.7, Oldie 95, Radio NORA, delta radio

Print

Zeitungen
- Sächsische Zeitung
- Morgenpost Sachsen (je 60 %)

Zeitschriften
- Art
- Beef!
- Brigitte
- Brigitte (diverse)
- Business Punk
- Capital
- Chefkoch Magazin
- Couch
- Deli
- Dogs
- Eltern
- Eltern Family
- essen und trinken
- Flow
- Gala
- Geo (diverse)
- Geolino
- Grazia
- Häuser
- in – Das Premium Weekly
- Jamie
- Living at Home
- National Geographic
- neon
- Nido
- P.M.-Hefte
- Schöner Wohnen
- Spiegel (25,25 %)
- Stern (diverse)
- View
- viva!
- Wunderwelt Wissen
- 11 Freunde (51 %)
- Titel des Motor-Presse-Verlags (59,9 %; z. B. auto motor sport) und von dessen Gemeinschaftsunternehmen (u. a. Men´s Health, Women´s Health (50 %))

Verlage
- Verlagsgruppe Random House

Sonstiges

Musikrechte
- BMG

Abb. 5.2 Multimediale Strategien am Beispiel Bertelsmann/RTL Group S.A. (Stand 2016). (Quelle: KEK 2016, S. 98; https://www.kek-online.de/fileadmin/user_upload/KEK/Publikationen/Jahresberichte/18._Jahresbericht.pdf [24.08.2017])

Vor allem die großen ehemaligen „Verlagshäuser" Bertelsmann, Burda, Bauer und Axel Springer (vgl. auch Abb. 5.2, 5.3 und 5.4) sind Protagonisten multimedialer Konzentration, wie die folgenden Darstellungen der Kommission zur Ermittlung des Konzentrationsgrades in den Medien (KEK) ohne Anspruch auf Vollständigkeit (und ohne die beträchtlichen internationalen Verflechtungen) zeigen. Das traditionelle Verlagshaus Bertelsmann mit seinen großen Beteiligungen im Rundfunk (RTL) erzielte 2016 rund 44 % seines Umsatzes durch digitale Medien und Dienstleistungen;[9] der Anteil digitaler Erlöse bei dem ebenfalls als Verlagshaus bekannt gewordenen Axel Springer-Konzern belief sich im ersten Halbjahr 2017 auf 71 %.[10]

[9] Vgl. epd medien aktuell Nr. 62a, 28.03.2017.

[10] Vgl. epd medien aktuell Nr. 147a, 02.08.2017.

Axel Springer SE – in Deutschland relevante Medienaktivitäten

TV	Online	Radio	Print	Sonstiges
Free-TV · N24 · N24-Doku *Produktion* · MAZ&More TV-Produktion · Content Factory TV-Produktion · Berliner Pool TV Produktions-gesellschaft (50 %) *Vermarktung* · Visoon Video Impact (51 %)	*(Auswahl)* *Onlineauftritte der Printmarken, insbes.:* • bild.de • WELT online • autobild.de • computerbild.de *Portale* • Smarthouse (91 %) • Idealo (74,9 %) • kaufDA (74,9 %) • finanzen.net (55 %) *Rubrikenportale* • allesklar.com • Immonet (88,7 %) • meinestadt.de • StepStone *Information* • clever-tanken.de (60 %) • Kaufda.de (88 %) • transfermarkt.de (51 %) *Sonstige* • VerticalMedia (Fachverlag für Onlinemedien; 88 %)	*direkte Beteiligungen* · Radio Hamburg (35 % Kapitalanteil, 25 % Stimmrechte) · Antenne Bayern (16 %) · Hit Radio FFH (15 %) · planet radio (15 %) · Harmony.fm (15 %) · Radio ffn (7,6 %) *indirekte Beteiligungen* · Radio NRW (7,3 %) · Radio21 (20 % radio ffn) · Rock Antenne (16 %) · Rock Antenne Erding – Freising– Ebersberg (71,5 % Rock Antenne) · Oldie 95.0 (16,4 % Radio Hamburg, 16,3 % radio ffn) · Delta Radio (17,2 % Regiocast, 16,1 % Radio ffn) · Radio Nora (11,7 % delta Radio, 10,1 % radio ffn, 8,9 % Radio Hamburg) · Radio Galaxy (10,5 % Antenne Bayern) · egoFM (9 % Radio Galaxy) · Antenne 1 (6,7 %)	*Zeitungen* · Bild · Bild am Sonntag · Die Welt · Welt am Sonntag · Welt Kompakt · B.Z. · B.Z. am Sonntag *Zeitschriften* · Auto BILD · Auto BILD Allrad · Auto BILD Klassik · Auto BILD Motorsport · Auto BILD Reisemobil · Auto BILD Sportscars · Auto Test · TestBild · Audio Video Foto BILD · Besser Leben · Computer BILD · Computer BILD Spiele · Sport BILD · Rolling Stone · musikexpress / Sounds · Metal Hammer · Me.Movies · Blau · Allegra	· VG Media (5,39 %) · dpa Deutsche Presse Agentur (1,37 %)

Abb. 5.3 Multimediale Strategien am Beispiel Axel Springer SE (Stand 2016). (Quelle: KEK 2016, S. 92; https://www.kek-online.de/fileadmin/user_upload/KEK/Publikationen/Jahresberichte/18._Jahresbericht.pdf [24.08.2017])

Digitalisierung und Vernetzung bringen zwar neue Akteure in den Medienmarkt, insbesondere aus dem Telekommunikations- und Informatiksektor. In dem Maße, wie die digitalen Vertriebsnetze im Wettbewerb (anstelle der „neutralen" Staatsmonopole) stehen, gewinnen diese aber eine strategische Bedeutung für den Marktzugang. Zudem können Netzbetreiber nun sehr viel leichter als zuvor als Plattformbetreiber oder gar Medienanbieter (Programmveranstalter) tätig werden (Deutsche Telekom, Vodafone/Kabel Deutschland etc.). Ähnliches gilt für die – im Grunde „medienfremden" – Portalanbieter, die ursprünglich keinerlei publizistische Funktion und Kompetenz hatten, etwa Hard- und Softwareanbieter wie Apple oder Microsoft oder Internetdiensteanbieter wie GMX, Google oder Facebook. Im Ergebnis dürfte Medienkonvergenz daher zu neuen Erscheinungsformen der Medienkonzentration führen.

Hubert Burda Media Holding KG – in Deutschland relevante Medienaktivitäten

TV

Free-TV
- RTL II (1,1 %)

Pay-TV
- BonGusto (83,5%)

Lokales Fernsehen
über Studio Gong GmbH & Co. Studiobetriebs KG (41,67 %):
- münchen.tv (16 % + 16 % direkt)
- münchen.2 (16 % + 16 % direkt)
- a.tv Fernsehen für Augsburg und Schwaben (12,6 %)
- mittelbar: Franken Fernsehen

Produktion
- Focus TV Produktions GmbH
- StarNetOne (Live-Entertainment)

Online

(Auswahl)
- Focus Online
- Weitere Printtitel begleitende Online-Angebote
- huffingtonpost.de
- Finanzen100
- Elternportal Netmoms
- Business-Network Xing (50,26 %)
- Tomorrow Focus AG (61,92 %; Reisebuchungs- und Bewertungsportale)
- Partnervermittlung Elitepartner
- TV Spielfilm Streaming-Plattform
- The Weather Channel (deutsche Ausgabe des Wetterportals)
- BNow! (Lifestyle-Video-App)
- E-Commerce

Radio

direkte Beteiligungen
- BB Radio (50 % + 50 % über Studio Gong)
- Donau 3 FM (50 %)
- Ostseewelle (47,16 % + 20,67 % über Studio Gong)
- Radio Arabella (20,56 %)
- Antenne Bayern (16 % + 7 % über Studio Gong)
- Rock Antenne (16 % + 7 % über Studio Gong)
- die neue welle (13,9 % + 8,6 % über Studio Gong)
- Alternative FM (13,9 % + 8,6 % über Studio Gong)
- Radio Galaxy (10,53 % + 15,8 % über Studio Gong)
- bigFM (10,1 %)
- Hit Radio FFH (4,3 % + 2,5 % über Studio Gong)
- planet radio (4,3 % + 2,5 % über Studio Gong)
- Harmony.fm (4,3 % + 2,5 % über Studio Gong)

indirekte Beteiligungen
- Radio TEDDY (BB Radio hält 90 %)
- Radio Galaxy (Antenne Bayern hält 10,53 %)

über Studio Gong (41,67 %):
- Radio Gong 97,1 Nürnberg (100 %)
- BB Radio (50 %)
- Donau 3 FM (50 %)
- Radio Charivari Würzburg (50 %)
- Radio Gong 106,9 Würzburg (50 %)
- Radio Fantasy (50 %)
- Fantasy Lounge (50 %)
- Radio Gong 96,3 München (42 %)
- Radio Galaxy Aschaffenburg (35 %)
- Radio Primavera (35 %)
- Die neue 107,7 (26,6 %)
- Radio Chemnitz (50 %)
- Radio Dresden (50 %)
- Radio Lausitz (49,22 %)
- Radio Leipzig (50 %)
- Radio Zwickau (50 %)
- Antenne Niedersachsen (19 %)
- 106,4 Top FM (7,6 %)
- RPR1 (1 %)
- big.FM Hot Music Radio (1 %)

Studio Gong mittelbar:
- Radio21
- egoFM

Print

Zeitschriften
TV-Programm
- TV Spielfilm
- TV Today
- TV Schlau

Sonstige
- ARD Buffet
- Bunte
- Bunte Gesundheit
- Burda Style
- Chip (inkl. Test & Kauf, Foto-Video)
- Cinema
- Das Haus
- Das Haus Ideenmagazin
- Das schmeckt!
- Die Exklusive
- Domicil
- Donna
- Elle (50 %)
- Elle Decoration (50 %)
- Fit for Fun
- Focus (inkl. Diabetes, Gesundheit, Money)
- Frau im Trend (inkl. Wohnen & Wohlfühlen)
- Free Men's World
- Freizeit Aktuell
- Freizeit Exklusiv
- Freizeit Revue
- Freizeit Spass
- Freundin
- GartenIdee
- Gartenspaß
- Gartenträume
- Glücks Revue
- Guter Rat
- Harper's Bazaar (GU mit Hearst)
- Home & Style
- InStyle
- Land Edition
- Lisa (inkl. Blumen & Pflanzen, Kochen & Backen, Romance, Wohnen & Dekorieren)
- Lust auf Genuss
- Ma vie
- Mein schöner Garten
- Mein schöner Landgarten
- Mein schönes Land
- Mein schönes Landhaus
- Meine Familie & ich
- Meine gute Landküche
- Neue Woche
- Places of Spirit
- Playboy
- Slowly Veggie
- Superillu
- Sweet Dreams
- Viel Spaß
- Wohnen & Garten
- Wohnen Träume
- Bibi & Tina, Prinzessin Lillifee und div. weitere Kindermagazine (über Blue Ocean Entertainment, 50,1 %)

Abb. 5.4 Multimediale Strategien am Beispiel Hubert Burda Medien Holding KG (Stand 2016). (Quelle: KEK 2016, S. 103; https://www.kek-online.de/fileadmin/user_upload/KEK/Publikationen/Jahresberichte/18._Jahresbericht.pdf [24.08.2017])

5.3.3 Mikroebene

Auch auf der Mikroebene, also bei den einzelnen Akteuren lassen sich Kommerzialisierungs- und Ökonomisierungsprozesse beobachten, die zum Teil durch Meso- und Makroebenen der Medien prä-strukturiert sind: Journalisten sind über das traditionelle Maß hinaus als freie Mitarbeiter auf verschiedenen „Geschäftsfeldern" tätig. Dabei recherchieren und schreiben sie nicht nur für unterschiedliche Medien, sondern vielfach parallel für Auftraggeber aus der Öffentlichkeitsarbeit und ohne Entgelt in selbst betriebenen Onlinemedien. Während die Personalunion von Journalist und PR-Schreiber normativ problematisch erscheint und einer Kommerzialisierung der Medienberichterstattung strukturell Vorschub leistet, dürfte die journalistische Non-Profit-Tätigkeit in den Onlinemedien von der publizistischen Selbstverwirklichung bis zur Selbstvermarktung („Schaufenster" mit Arbeitsproben) reichen. Ökonomisierung der Medien auf der Mikroebene betrifft nicht allein die Kommunikatoren und Journalisten (vgl. Fengler und Ruß-Mohl 2005). Auch die Mediennutzer können und müssen in Anbetracht der Kosten Medien rationaler und selektiver unter Kosten-Nutzen-Gesichtspunkten rezipieren. Die Chance sinkt tendenziell, mit Themen und Meinungen in Kontakt zu kommen, die nicht gezielt gesucht wurden, wenn jede Mediennutzung monetarisiert, also einzeln abgerechnet wird.

5.4 Internationalisierung: Globalisierung und Europäisierung

Medien erweitern unsere privaten wie öffentlichen Kommunikationsräume über die nationalen Grenzen hinweg. Sie sind seit langem Agenten einer Internationalisierung und Globalisierung, unterliegen aber zugleich diesen Prozessen, weil eine nationale Abschottung von Medienmärkten und -systemen kaum noch möglich und unter kommunikationspolitischen Gesichtspunkten (Informationsfreiheit) auch nicht wünschenswert ist.

Die Internationalisierung der Medien wird durch unterschiedliche Akteure getragen:

- Staatliche Medienorganisationen agieren im nationalen politischen Interesse traditionell international. Um die „Weltöffentlichkeit" oder die Bürger des politischen Gegners zu erreichen, werden vor allem der Auslandsrundfunk bzw. die entsprechenden Webangebote eingesetzt. Auch die sog. Sozialen Medien haben sich zu neuen Instrumenten von Desinformation und Propaganda entwickelt: Blogs, Social Media Networks und nicht zuletzt algorithmenbasierte Social Bots multiplizieren (eben auch) Falschinformationen, Verschwörungstheorien oder irritieren über Meinungsverteilungen in der Bevölkerung.

  Zu den staatlichen Akteuren kommen weltanschaulich geprägte Gruppen, von der international agierenden zivilgesellschaftlichen Hilfsorganisation, die an die Weltöffentlichkeit appelliert, bis hin zu terroristischen Gruppen, die vor allem Onlinemedien zur Propaganda und zur Rekrutierung nutzen.

- Aus kommerziellen Interessen agieren hingegen Medienunternehmen auf internationalen Märkten, wenn auch nicht so stark wie die Unternehmen manch anderer Branche. Im Gegensatz zu vielen anderen Gütern handelt es sich bei Medien auch um Kulturgüter, deren Absatzchancen von der kulturellen Nähe der Rezipienten abhängen. Allerdings haben durch Digitalisierung und Vernetzung eine Reihe großer internationaler Konzerne aus Telekommunikation und Informationstechnik eine wichtige Rolle auch im deutschen Mediensystem übernommen. Für Microsoft, Apple, Facebook, Amazon und vor allem Alphabet (Google) stellt Deutschland einen wichtigen Markt dar; die deutschen Medienunternehmen und Regulierungsinstitutionen stellt dies vor neue und zum Teil neu*artige* Aufgaben.
- Staatliche und transnationale Akteure, vor allem internationale Organisationen, betreiben internationale Medienpolitik, die den Ordnungsrahmen vorgibt, in dem Medienorganisationen transnational handeln können.

Die Dynamiken der Europäisierung, Internationalisierung und Globalisierung[11] prägen nicht das gesamte Mediensystem im gleichen Maße, sondern die verschiedenen Ebenen und Sektoren der Medien jeweils unterschiedlich: Es muss differenziert werden, ob sich

- die Mediennutzung (Mikroebene) und
- die Medienangebote bzw. das Handeln der Medienunternehmen (Mesoebene) internationalisieren,
- und in der Folge weltweite Medienstrukturen und -märkte (Makroebene) entstehen, sich wandeln oder ob sie die lokalen und nationalen Medienstrukturen ergänzen, überlagern oder gar ersetzen.

5.4.1 Mikroebene

Auf der Mikroebene der einzelnen Mediennutzer dürfte die transnationale Rezeption ausländischer oder gar der wenigen internationalen Medien[12] nur eine vergleichsweise kleine, vielfach selbst international agierende Elite betreffen. Bedeutsamer erscheint allerdings die Nutzung heimatlicher oder muttersprachlicher Diasporamedien durch eine wachsende Zahl von Migranten (vgl. Hardy 2008, S. 223), etwa der türkisch- und der

[11]Die fraglichen Prozesse werden seit mindestens einem halben Jahrhundert auch kritisch unter den Begriffen „Amerikanisierung“ und „(US-)Kulturimperialismus“ diskutiert. Dass die ökonomische, politische und ggf. auch militärische Dominanz einer Weltmacht auch im Mediensektor bedeutsam ist, dürfte unstrittig sein, erklärt aber nicht ohne weiteres die verbreitete Akzeptanz bei den individuellen Nutzern und in den Gesellschaften in Europa und weltweit.

[12]Zu nennen wären die US-basierten Wirtschaftszeitungen Financial Times und Wall Street Journal sowie International Herald Tribune sowie CNN, MTV und BBC World Service. Allerdings zeigt sich auch hier die Tendenz nationale Ableger zu etablieren, die auf Kultur und Sprache stärker Rücksicht nehmen.

russischstämmigen bzw. -sprachigen Menschen in Deutschland sowie Flüchtlingen aus vielen weiteren Regionen, was als Form „innerer Globalisierung“ gelten kann.

Der Erfolg ausländischer Medieninhalte bei der deutschsprachigen Bevölkerung hängt zumindest bislang an der nationalen Adaption und vor allem der Sprachfassung. Das gilt für Fernsehformate ebenso wie für Kinofilm und Buch, ändert sich aber allmählich bei jüngeren und höher gebildeten Gruppen. Der Faktor kulturelle Nähe prägt die Präferenzen der meisten Rezipienten, sodass weite Teile der deutschen Medien national bzw. regional und lokal ausgerichtet und verbreitet sind: Globalisierung spielt für Presse, Hörfunk und Fernsehnachrichten sowie weite Teile der Onlinemedien insofern eine untergeordnete Rolle: Globalisierung findet als „Glokalisierung“ an konkreten einzelnen Orten in jeweils spezifischer Form statt, letztlich sogar in den einzelnen Haushalten ganz unterschiedlich.

Ausländische Medienprodukte unterliegen einem individuell und medienspezifisch unterschiedlich hohen „Cultural Discount“, d. h. sie sind tendenziell schwerer zu vermarkten als die (jeweils) heimischen Angebote.

Beispielsweise gibt es bis heute trotz der Förderung durch die EU kein publikumsattraktives paneuropäisches Fernsehprogramm, sondern lediglich reichweitenschwache Angebote wie Euronews und Eurosport, das zweisprachige ARTE-Programm sowie Sprachraumprogramme (wie 3sat). Die Situation ist für die Presse und die Onlinemedien nicht besser, sodass von einer – demokratietheoretisch wünschenswerten – gemeinsamen europäischen Öffentlichkeit nicht gesprochen werden kann, allenfalls von europäisierten nationalen Medienöffentlichkeiten (vgl. Holtz-Bacha 2006, S. 316–328).

5.4.2 Mesoebene

Von Beginn an waren internationale Medien Instrumente staatlicher Politik, vor allem in Gestalt von Nachrichtenagenturen (in Deutschland: Wolff'sches Telegraphenbüro) und Auslandsrundfunk (Deutsche Welle). Dabei ging es in einer primär nationalstaatlich geordneten Welt bis zum Ende des Zweiten Weltkriegs und in der starren Blockstruktur des dann folgenden Kalten Krieges um die nationale Einflussnahme auf die Weltöffentlichkeit bzw. die Bürger anderer Staaten. Nachrichten aus aller Welt, vor allem aus dem Sender- und dem Zielland, und nicht zuletzt politische Propaganda sollten möglichst ohne technische Behinderung und am besten in der Landessprache empfangen werden. Umgekehrt wurde die eigene Bevölkerung oftmals vom Empfang internationaler Medien ausgeschlossen, um den ausländischen Einfluss auf die eigene Gesellschaft zu verhindern. In und für Europa spielen diese Logiken kaum mehr eine Rolle. Der Blick auf autoritäre Staaten in der unmittelbaren Nachbarschaft (Russland, Türkei) und in der übrigen Welt (z. B. China), die selbst Propaganda betreiben und vor allem eine rigide Medienkontrolle für die eigenen Bürger praktizieren, zeigt aber, dass Auslandsrundfunk, internationales Satellitenfernsehen und Online-Angebote keineswegs obsolet sind. Umgekehrt gilt aber auch, dass sich Hoffnungen auf ein Ende wirksamer Zensur und Kommunikationskontrolle aufgrund globaler Netze nicht bewahrheitet haben. Auch solche Netze sind durchaus kontrollierbar und manipulierbar, zudem erlauben sie eine genaue Beobachtung der politischen Opposition durch die staatlichen „Sicherheitsbehörden" (vgl. Morozov 2011, S. 85–112).

Für das deutsche Mediensystem besitzen allerdings in- und ausländische Medienunternehmen mit ihren kommerziell motivierten Internationalisierungsstrategien eine weitaus höhere Bedeutung: Auch deutsche Medienunternehmen, wenn man darunter solche mit Stammsitz in Deutschland versteht, internationalisieren ihre Strukturen und Angebote, einerseits als reaktive Anpassungsleistung an sich wandelnde Märkte und Rahmenbedingungen, andererseits sind sie selbst Motor der Internationalisierung. Die strategischen Ziele der Internationalisierung bestehen in Anbetracht gesättigter (oder in Deutschland: Demografisch gar schrumpfender) Binnenmärkte vor allem in der Marktexpansion, also der Erschließung neuer Absatzmärkte. Die Steigerung des Gesamtabsatzes ermöglicht die Produktion höherer Auflagen bzw. die Kostenverteilung auf eine höhere Zahl von Rezipienten. Die Nutzung der Fixkostendegression (Economies of Scale) bedeutet einen strategischen Wettbewerbsvorteil durch niedrigere Preise bzw. höhere Erträge. Zudem sollen Verbundvorteile (Economies of Scope) aus einer besseren Ausnutzung von Ressourcen und Core Assets, etwa international bekannter Marken, Titel oder Stars, sowie von Beschaffungs- und Produktionsnetzwerken erzielt werden.

Den Medienunternehmen stehen verschiedene, miteinander kombinierbare strategische *Instrumente der Internationalisierung* zur Verfügung:

- Der *Export* von Medienprodukten ist eine naheliegende aber aufgrund sprachlicher Barrieren nur begrenzt einsetzbare Möglichkeit, die bei der Musik (Streaming, Soundfiles, zuvor Tonträger) wesentlich einfacher als bei Büchern und Periodika ist.
- Stattdessen können an ausländische Kooperationspartner geografisch und zeitlich begrenzte *Lizenzen* für andere Sprachfassungen von Büchern, Film- und Fernsehproduktionen usw. vergeben werden. Lizenzen können statt konkreter Medieninhalte auch Fernseh- oder Zeitschriftenformate zum Gegenstand haben, die landesspezifisch adaptiert werden. Die Vergütung für die Lizenzen kann pauschal („Lump sum") oder über die gesamte Lizenzverwertungsdauer („Royalties") und ggf. auch erfolgsabhängig erfolgen.
- Gemeinsam mit ausländischen Medienunternehmen, die über gute Marktkenntnisse und -zugänge verfügen, können *Joint Ventures,* also zweckbezogene gemeinsame Tochterunternehmen gegründet werden, was die Markteintrittsbarrieren und damit das Investitionsrisiko erheblich senkt. Die Kooperation in solchen „Töchtern" reicht von Vertriebspartnerschaften bis zu technischen oder publizistischen Gemeinschaftsproduktionen (Druckereien, Redaktionen). Internationale Koproduktionen sind im Film- und Fernsehsektor weit verbreitet, oft wird hierzu auch ein Joint Venture gegründet.
- Die riskantere Internationalisierungsmaßnahme besteht in *Direktinvestitionen,* also dem Kauf eines ausländischen Medienunternehmens („Acquisition", meist durch Aktienkauf), die Fusion mit einem ausländischen Medienunternehmen („Merger", meist durch Aktientausch) oder gar der Neugründung eines Tochterunternehmens im Ausland (vgl. Wirtz 2006, S. 627–642; Lang und Winter 2005, S. 122–126).

5.4.3 Makroebene

Traditionell sind der *Filmmarkt* und der Fernsehprogrammmarkt in hohem Maße von international agierenden US-Firmen geprägt, die aufgrund eines großen Binnenmarktes Kostenvorteile genießen und die Präferenzen des internationalen Publikums seit langem bedienen. Der deutsche Kino- und Filmmarkt wird von den US-Majors beherrscht (vgl. Abschn. 4.3.3.2); die großen Medienkonzerne sind in Deutschland *medienübergreifend* tätig:

- Viacom mit den Fernsehprogrammen VIVA, Nickleodeon und dem Pay-TV-Programm MTV sowie dem Filmkonzern Paramount;
- Comcast Corporation/NBC Universal mit einigen Pay-TV-Programmen sowie den Universal Film- und Fernsehproduktionsstudios, dem Rechtehandel und Online-Angeboten sowie
- Twenty-First Century Fox (Rupert Murdoch) mit den Pay-TV-Angeboten von Sky und Fox Channel, verschiedenen Online-Angeboten und dem Wall Street Journal Europe (vgl. KEK 2016, S. 139–140, 105–107, 124–126).
- Mit Discovery sowie der Disney Company sind weitere große US-Unternehmen auch im deutschen Fernsehmarkt präsent.

Auch deutsche Medienunternehmen operieren längst europäisch und global:

Viele *Buch-* und vor allem *Presseverlage* haben bereits mit der politischen Wende in den 1990er Jahren Europäisierungsstrategien sehr massiv verfolgt.[13] Der Bauer-Verlag engagierte sich auf den Zeitschriftenmärkten in Tschechien, der Slowakei, Polen und Russland, der Axel Springer Verlag ist in Polen einer der Marktführer. Die Westdeutsche Allgemeine Zeitung (WAZ) hat sich seit 1996 (und bis vor kurzem) stark im bulgarischen Tageszeitungsmarkt engagiert. Auch mittelständische Verlage, wie die Neue Passauer Presse (vor allem in Tschechien und Polen) und die Rheinische Post expandierten gen Osten. In einigen mittelosteuropäischen Transformationsstaaten kontrollieren deutsche und andere westeuropäische Presseverlage weite Teile der Auflage; die deutschen Verlage dominierten in Ostmitteleuropa die anderen internationalen Investoren deutlich (vgl. Stegherr und Liesem 2010, S. 18–20). Die nationalkonservative polnische Regierung versucht, die polnischen Medien zu „renationalisieren“, vermutlich auch, weil sie die politische Berichterstattung für zu kritisch hält.

Im *Rundfunksektor* erreicht die mehrheitlich (über 75 % der Aktien) der Bertelsmann SE & Co. KGaA gehörende RTL Group mehr als 200 Mio. Menschen in Europa; sie ist in zwölf Ländern (Schwerpunkt: Deutschland, Frankreich, Benelux und Großbritannien) mit Beteiligungen an 57 Fernseh- und 31 Radioprogrammveranstaltern aktiv, zudem auch in der Produktion/Freemantle Media) und mit einem Mult-Channel-Network auf Youtube.

---

[13]Detailliertere Analysen zu den Strategien deutscher und internationaler Medienunternehmen bieten Sjurts (2005); Wirtz (2006, S. 643–657).

Bertelsmann SE mit Sitz in Gütersloh beschäftigt weltweit 117.000 Mitarbeiter und ist Besitz der Bertelsmann-Stiftung sowie der Unternehmerfamilie Mohn. Nur etwa ein Drittel ihrer Umsätze in Höhe von 17 Mrd. € werden in Deutschland erzielt, 28 % stammen sogar von außerhalb Europas (vgl. KEK 2016, S. 97; epd medien aktuell Nr. 62a, 28.03.2017).

Beispiel

Aus dem Hamburger Heinrich Bauer Verlag, einem Familienunternehmen, ist die (übrigens noch immer im Familienbesitz befindliche Bauer Media Group hervorgegangen, die 65 % ihres Umsatzes im Ausland erzielt und „sich als Europas größten Zeitschriftenverlag und Radiobetreiber [bezeichnet]. Sie ist mit über 600 Zeitschriften, mehr als 400 digitalen Produkten und über 100 Radio- und TV-Stationen in Europa (vor allem Deutschland, Großbritannien, Polen und Skandinavien) sowie den USA, Australien und Neuseeland vertreten.“ (KEK 2016, S. 94)

Auch die Hubert Burda Media Holding KG, vor allem im bundesdeutschen Verlags- und Radiomarkt tätig, erzielt ein Viertel ihres Umsatzes im Ausland (vgl. KEK 2016, S. 102).

Insgesamt kann man aber feststellen, dass die deutschen Medienkonzerne global an Bedeutung verloren haben, vor allem weil neue Akteure aus anderen Branchen nun im Mediengeschäft tätig sind, die global operieren und dabei weltweite Netzwerkeffekte der Onlinemedien nutzen. Der Mediensektor kann heutzutage weniger klar von anderen Märkten (Telekommunikation, Informationstechnik als Soft- und Hardware) abgegrenzt werden, sodass ein Ranking der globalen „Medienkonzerne“ fast schon obsolet erscheint.[14]

Beispiel

„20 Konzerne, die noch vor zehn Jahren Teil der Top 50 waren, sind in der aktuellen Rangliste nicht mehr vertreten, darunter auch die fünf deutschen Vertreter Axel Springer, ProSiebenSat.1, Holtzbrinck, Burda und die Funke-Mediengruppe.“ (Hachmeister und Wäscher 2017, S. 38) Nur Bertelsmann (Platz 11) wird noch aufgelistet.

5.4.4 Internationale Medien- und Kommunikationspolitik

Internationale Medienpolitik hat eine lange Tradition, weil mit dem Aufkommen bzw. der weiten Verbreitung transnationaler Medien im 19. Jahrhundert internationale Kooperationsverfahren notwendig wurden.[15] Es bildeten sich zunächst Akteure für das

[14]Hachmeister und Wäscher (2017) haben in der jüngsten Ausgabe ihres Standardwerks die Logik bereits umgestellt; es werden nicht mehr die 50 weltweit größten „Medienkonzerne“, sondern die „Medien- und Wissenskonzerne“ gelistet, ohne dass dabei deutlich wird, welcher Anteil der Umsätze aus den „Medien“ stammt. Dieses Vorgehen mutet einerseits hilflos an, spiegelt andererseits aber die Entgrenzung der Märkte durch einen strukturellen Wandel von Medien und Kommunikation.

[15]Eine hervorragende systematische Analyse der Entwicklung des Politikfeldes, der Institutionen und Organisationen der globalen Medien- und Kommunikationspolitik bietet Berghofer (2017).

Post- und Telekommunikationswesen: die International Telegraf- bzw. Telecommunication Union ITU (1865),[16] der Weltpostverein (1874) und für die Regelung der grenzüberschreitende Verwertung geistigen Eigentums 1886 die World Intellectual Property Organization (WIPO). Allerdings wächst seit dem Ende des Zweiten Weltkriegs die Bedeutung transnationaler medienpolitischer Akteure und partiell findet seit den 1980er Jahren statt einer nationalen Abschottung eine Ausweitung und (selektive) Öffnung der Märkte und nationalen Mediensystemgrenzen statt (vgl. Kleinsteuber 2005, S. 95–97).

Die Vereinten Nationen (UNO) haben in der 1948 angenommenen Allgemeinen Erklärung der Menschenrechte die Meinungs-, Meinungsverbreitungs- und Informationsfreiheit über nationale Grenzen hinweg garantiert (Art. 19), freilich ohne über wirksame Sanktionsmechanismen zu verfügen. Gleichwohl wurden grundlegende kommunikationspolitische Konflikte im Rahmen der UNO, genauer der United Nations Educational, Scientific and Cultural Organisation (UNESCO), ausgetragen.

Beispiel

In den 1970er Jahren ging es dabei um die internationalen Nachrichtenströme der „Neuen Weltinformations- und Kommunikationsordnung", die in hohem Maße auf die westliche Welt zentriert und von deren politischer, kultureller und ökonomischer Dominanz geprägt waren. Der umstrittene „free flow of information" war den realsozialistischen Staaten und vielen postkolonialen Autokratien aus politischen Gründen wenig willkommen, aber auch den westlichen Akteuren ging es nicht nur um freie Information, sondern um freie Medienmärkte, also die Erschließung neuer Absatzgebiete. Der Formelkompromiss des „free and balanced flow" bzw. des „free flow of information and development of communication" (1995) befriedete den Konflikt letztlich nicht.

Im politischen und vor allem wirtschaftlichen Interesse der westlichen Staaten setzte die *Welthandelsorganisation (World Trade Organization; WTO)* mit den internationalen Vertragswerken GATT, GATS und TRIPS eine Liberalisierung des Medienmarktes in Gang (vgl. Kleinsteuber 2005, S. 106–107):

- Das *General Agreement on Tariffs and Trade (GATT)* betrifft dabei vor allem den (möglichst) zollfreien und unbegrenzten internationalen Handel mit Presseprodukten und Büchern sowie Kinofilmen,
- das *General Agreement on Trade in Services (GATS)* hingegen dient Rundfunk- und Telekommunikations-Dienstleistungen,
- das Agreement on *Trade-Related Aspects of Intellectual Property Rights (TRIPS)* bezieht sich auf die weltweiten Urheberrechte (vgl. Puppis 2007, S. 134–137).

[16]Vgl. zur Historie und Politik der ITU die Fallstudie von Berghofer (2017, S. 288–367).

Die UNESCO hat eine Reihe von Medienentwicklungsprojekten finanziert und sich seit einigen Jahren insbesondere der Bewältigung der globalen digitalen Spaltung (Digital Divide) angenommen. Die beiden World Summits of Information Society 2003 und 2005 in Genf und Tunis haben vier Abschlussdokumente produziert, denen jedoch eine Rechtsverbindlichkeit ebenso fehlt wie dem UNESCO-Abkommen über den Schutz und die Förderung der Vielfalt kultureller Ausdrucksformen (2005/2007). Das globale Akteursnetzwerk arbeitet in Anbetracht der letztlich noch immer Ausschlag gebenden mehr als 190 Nationalstaaten insgesamt langsam und nicht effizient; die WTO und die UNESCO steuern zudem in unterschiedliche Richtungen (vgl. Puppis 2007, S. 137–143).

Insgesamt betrachtet ist die internationale Kommunikationspolitik durch die Aushandlungsprozesse zwischen den Staaten mit zum Teil stark divergierenden Interessen auch durch Vollzugsdefizite gekennzeichnet, d. h. auch die bestehenden Abkommen werden nicht überall und jederzeit wirksam durchgesetzt. Verschärft wird diese Situation durch divergierende Wertvorstellungen, die vor allem bei der Onlinekommunikation stärker zutage treten als dies zuvor bei Presse und Rundfunk der Fall war.

5.4.5 Europäische Medienpolitik

Für das deutsche Mediensystem von größerer unmittelbarer Relevanz ist das europäische Umfeld (vgl. Abschn. 2.1). Die wesentlichen Akteure einer europäisierten Medienentwicklung sind der Europarat und die Europäische Union.

Der *Europarat* hat 1950 ähnlich wie die UNO die grenzüberschreitende Kommunikations- und Medienfreiheit in Art. 10 der Europäischen Menschenrechtskonvention[17] deklariert. Anders als bei der UNO leitet sich hieraus ein individuelles Klagerecht aller Bürger der 46 Unterzeichnerstaaten vor dem Menschenrechtsgerichtshof in Straßburg ab. In einer Konvention über das grenzüberschreitende Fernsehen[18] wurden 1993 neben der Kommunikationsfreiheit nochmals explizit die Empfangsfreiheit und die Weiterverbreitungsfreiheit festgehalten, zugleich aber Mindestregeln für die Inhalte, insbesondere in Bezug auf Werbung und Jugendschutz, geregelt. Inhaltlich sind diese Regelungen mit denen der Europäischen Union identisch, erfassen aber viel mehr Staaten. Der Europarat fördert darüber hinaus die europäische Filmproduktion auf der Grundlage des Europäischen Abkommens über Gemeinschaftsproduktionen von Kinofilmen (1992) mit dem Förderfond „Eurimages." Hieran sind 37 der 47 Europaratsstaaten beteiligt; insgesamt stehen jährlich 25 Mio. € an Fördermitteln zur Verfügung.[19]

[17]Konvention zum Schutze der Menschenrechte und Grundfreiheiten in der Fassung des Protokolls Nr. 11 Rom/Rome, 4.XI.1950; aktualisierte Fassungen mit den Protokollen online unter: http://conventions.coe.int/Treaty/ger/Treaties/Html/005.htm [11.11.2011].

[18]Aktualisierte Fassungen online unter: http://conventions.coe.int/treaty/ger/Treaties/Html/132.htm [11.11.2011].

[19]Vgl. zum Übereinkommen: www.coe.int/en/web/conventions/full-list/-/conventions/treaty/147; zum Förderprogramm Eurimages: www.coe.int/t/dg4/eurimages/About/default_en.asp [31.08.2017].

Die aus der Europäischen Wirtschaftsgemeinschaft hervorgegangene, bis zum Austritt Großbritanniens 27 Staaten umfassende *Europäische Union (EU)* hat sich parallel mit dem Europarat zu einem wichtigen medienpolitischen Akteur entwickelt, der für das deutsche Mediensystem von ausschlaggebender Bedeutung ist.[20] Seit dem Vertrag von Lissabon (2009) gilt die Grundrechte-Charta der EU, die in Art. 11 die individuelle Meinungs- und Informationsfreiheit (gemäß der Europäischen Menschenrechtskonvention) bestätigt sowie Freiheit und Pluralität der Medien garantiert.

Die europäischen Garantien der Kommunikations- und Medienfreiheiten wiederholen – in reduzierter Form – die durch das deutsche Grundgesetz ohnehin geltenden Normen. Als entscheidender für die Strukturen des deutschen Mediensystems haben sich die ordnungspolitischen Vorgaben der EU für den Rundfunk sowie die Tele- und Onlinekommunikation erwiesen. Die medienpolitische Initiative liegt bei der Kommission der Europäischen Union, also weder beim demokratisch gewählten Parlament noch bei dem nationalstaatlich besetzten Ministerrat, der allerdings schlussendlich Richtlinien zu medienpolitischen Fragen erlassen kann, die für die nationale Gesetzgebung der EU-Staaten verbindlich sind. Die EU spielte bei drei hier relevanten Prozessen eine wichtige Rolle:

- Liberalisierung der Telekommunikation
- Dualisierung des Rundfunksystems
- Kommerzialisierung des Rundfunks

Die Europäische Union betrieb seit Ende der 1980er Jahre eine *Telekommunikationspolitik* der Deregulierung mit dem Ziel, die in Europa verbreiteten staatlichen Fernmeldemonopole aufzuheben. Die staatlichen Telekommunikationsunternehmen zeichneten sich durch mangelnde Innovation, hohe Preise und geringen Kundenservice aus. Durch Privatisierung und europaweiten Wettbewerb (Binnenmarkt) sollten diese Mängel behoben und europäische Unternehmen für den globalen Wettbewerb ertüchtigt werden. Die Universaldienstrichtlinie und die Zugangsrichtlinie der EU von 2002 sollen eine flächendeckende Infrastruktur zu erschwinglichen Preisen und eine internationale Marktöffnung für Telekommunikationsanbieter erwirken. Ziel ist Netzneutralität: Um zu verhindern, dass Netzbetreiber zum Beispiel bestimmte Fernsehprogrammangebote aus kommerziellen oder wettbewerbsstrategischen Gründen nicht verbreiten, können staatliche Regulierungsbehörden „Must Carry-Regelungen", also Verpflichtungen zur Verbreitung bestimmter Programme, oder „Must-Offer"-Verpflichtungen für Telemedien erlassen. Alle Vorgaben der EU werden in Deutschland primär durch das Telekommunikationsgesetz (TKG) des Bundes in nationales Recht umgesetzt (vgl. Abschn. 2.5).

[20]Vgl. für eine detaillierte kommunikationspolitische Analyse der EU: Holtz-Bacha (2006); für den Europarat Holtz-Bacha (2011).

In der *Rundfunkpolitik* ging die Initiative ursprünglich vom Europäischen Parlament aus. Ziel war die Errichtung eines paneuropäischen Fernsehprogramms, das zur Schaffung einer europäischen Öffentlichkeit beitragen sollte (vgl. Holtz-Bacha 2006, S. 67–83). Nach dem Scheitern dieser Idee konzentrierte sich die EU-Politik auf eine Deregulierung des Rundfunks mit dem Ziel, einen europäischen Binnenmarkt zu entwickeln. Dabei verstand die EU schon aufgrund ihrer bis 1992 ausschließlich wirtschaftspolitischen Kompetenz den Rundfunk – entgegen der europäischen Tradition – als Wirtschaftsgut. Hierfür wurde ein europäischer Binnenmarkt (Art 28, 49 ff. EG-Vertrag[21]) geschaffen, indem alle nationalen Rundfunkmärkte für europäische Wettbewerber geöffnet und nach einheitlichen Normen reguliert werden.

Auf das EU-Grünbuch „Fernsehen ohne Grenzen“ (1984) folgte die mittlerweile mehrfach novellierte *EU-Fernsehrichtlinie* von 1989[22], die eine Dualisierung und in der Folge die Kommerzialisierung des Rundfunks maßgeblich beförderte. Fernsehen wird als Dienstleistung angesehen, deren Verbreitung im Binnenmarkt nicht durch nationale Gesetze der Zielländer behindert werden darf. Vielmehr gilt das „Sendestaatprinzip“, d. h. Programme, die in einem EU-Staat den gesetzlichen Anforderungen entsprechen und dort zugelassen sind, haben damit alle Anforderungen im gesamten Binnenmarkt erfüllt.

Zur Vermeidung von Marktkonzentration existieren ein europäisches Kartellrecht und eine Fusionskontrolle der EU-Kommission.

Die *Audiovisuelle Medien-Richtlinie (AVMR)*[23] von 2007 weitete die Regulierung vom „linearen“ Rundfunk auf die nicht-linearen audiovisuellen Mediendienste (Abrufdienste), also die Onlinemedien aus. Diese müssen nur geringeren inhaltlichen Anforderungen genügen („abgestufte Regelungsdichte“).

Das deutsche Rundfunkrecht, in Gestalt der Landesmediengesetze, der Rundfunkgesetze und der Rundfunk- bzw. Teledienstestaatsverträge, vollzieht die Vorgaben der EU hinsichtlich Werbung und Jugendschutz nach.

Eine Harmonisierung der Kultur ist in Art. 151 des EG-Vertrages ausgeschlossen. Den Maastricht-Vertrag der EU ergänzt das Amsterdamer „Protokoll über den öffentlichrechtlichen Rundfunk in den Mitgliedstaaten“ (1997/1999), in dem die EU einerseits eine Kompetenz für das Kulturgut Rundfunk zuerkannt wird, andererseits aber auf die

---

[21]Konsolidierte Fassung des Vertrags zur Gründung der Europäischen Gemeinschaft (Amtsblatt der Europäischen Gemeinschaft C 325/35 v. 24.12.2002; online unter: http://eur-lex.europa.eu/de/treaties/dat/12002E/pdf/12002E_DE.pdf [11.11.2011].

[22]Richtlinie des Rates zur Koordinierung bestimmter Rechts- und Verwaltungsvorschriften der Mitgliedstaaten über die Ausübung der Fernsehtätigkeit von 1989 sowie die Änderungsrichtlinie RL97/36/EG.

[23]Richtlinie des Europäischen Parlaments und des Rates zur Änderung der Richtlinie 89/552/EWG des Rates zur Koordinierung bestimmter Rechts- und Verwaltungsvorschriften der Mitgliedstaaten über die Ausübung der Fernsehtätigkeit (RL 2007/65/EG) vom 11. Dezember 2007; online unter: http://eur-lex.europa.eu/LexUriServ/LexUriServ.do?uri=OJ:L:2007:332:0027:0045:DE:PDF [11.11.2011].

schutzwürdigen nationalen Besonderheiten und Kompetenzen im Rundfunksektor abgestellt wird (vgl. Dörr 2007, S. 113–115).

Der EG-Vertrag (Art. 87) untersagt im Binnenmarkt neben Zöllen, Sondersteuern und anderen diskriminierenden Maßnahmen auch staatliche Subventionen, sog. Beihilfen für nationale Unternehmen. Die EU stellte auf Betreiben der privaten deutschen Fernsehveranstalter klar, dass die damaligen Rundfunkgebühren (heute Beiträge) für ARD und ZDF solche Beihilfen darstellen, die nur unter besonderen Voraussetzungen erlaubt sind. Notwendig ist eine „Beauftragung" der Rundfunkanstalten und eine Präzisierung des Funktionsauftrages, eine Kontrolle der Leistungserbringung sowie eine klare, auch buchhalterische Trennung von sonstigen, z. B. kommerziellen Aktivitäten (EU-Transparenzrichtlinie). Im Ergebnis bedeutet dies für Deutschland eine wirksame Begrenzung der öffentlich-rechtlichen Online- und Digitalangebote sowie ein aufwendiges Prüfungsverfahren, den sog. „Drei-Stufen-Test"[24](vgl. Holtz-Bacha 2006, S. 237–252).

Die EU tritt nicht nur als (De-)Regulator auf, sondern auch als Medienförderer: Von 1990 bis 2013 gab es die MEDIA-Programme (vgl. Holtz-Bacha 2006, S. 257–302), bei denen allein für den Zeitraum von 2007 bis 2013 rund 755 Mio. € an Mitteln für europäische audiovisuelle Koproduktionen sowie die Ausbildung zur Verfügung standen. An die Stelle ist 2014 das Förderprogramm Creative Europe getreten, das bis 2020 eine Fördersumme von 1,46 Mrd. € vorsieht, wobei jedoch nur ein Teil im Unterprogramm MEDIA für Filme und Kinos im engeren Sinne gedacht ist.[25]

Die Europäisierungs- und Globalisierungsdynamik wird hinsichtlich der Medien durchaus kritisch diskutiert: Befürchtet wird eine kontraproduktive europäische Regulierungsbürokratie und eine Abkehr vom Public Service-Charakter der Medien. Die Debatte über die Globalisierung knüpft mitunter an kulturkritische Traditionen an, weil dahinter ein einseitiger „Kulturimperialismus" der USA oder der westlichen Welt und ihrer Medienkonzerne vermutet wird, während eine gerechter erscheinende weltweite Vernetzung gleichberechtigter Partner interkultureller Kommunikation vermisst wird. Empirisch trifft die Diagnose jedoch nur bedingt zu: An die Stelle des einseitigen Expansions- und Exportstroms aus den USA tritt zunehmend ein Netz von vielseitigen Flüssen. Zu nennen sind beispielsweise der indische Kinofilm mit erheblichen Marktanteilen in Asien und im arabischen Raum, aber auch die brasilianischen und mexikanischen Telenovelas. Der US-Fernsehprogrammexport hat zwar durch die Kommerzialisierung der dualen Rundfunksysteme in Europa erheblich zugenommen, seit Ende der 1990er Jahre verliert er jedoch erheblich an Bedeutung für diese Märkte. Während in der 1980er Jahren vor allem die Preisvorteile der US-Ware[26] angesichts der rasch steigenden Nachfrage

[24]Vgl. zum Verfahren auch: http://www.ard.de/intern/gremienvorsitzendenkonferenz-der-ard/dreistufentest/verfahrenserlaeuterung/-/id=1026832/1i5uutc/ [25.01.2012].

[25]Vgl. ec.europa.eu/programmes/creative-europe/media_de [31.08.2017].

[26]Demnach kosteten 60 min der Erfolgsserie „Dallas" soviel wie eine Minute Eigenproduktion; vgl. Hardy (2008, S. 215).

ausschlaggebend waren, steigerten die europäischen Privatfernsehveranstalter den Anteil der Eigen- und der Auftragsproduktionen erheblich. Großbritannien wurde Marktführer beim internationalen Fernsehformat- und -programmhandel und die amerikanischen Firmen gingen stärker zu internationalen Koproduktionen in den EU-Staaten über (vgl. Hardy 2008, S. 208–221; HBI 2009, S. 160).

Internationalisierung und Globalisierung des Medienkapitals auf der Unternehmensebene bedeutet also nicht zwangsläufig kulturelle Hegemonie der USA im Sinne der Kulturimperialismusthese. Offenbar gibt es weiterhin eine Vorliebe des Publikums einerseits für heimische Produktionen und andererseits für international ausgerichtete Medienangebote, die zwar vielfach in den USA produziert werden, aber nicht allein am – mehr oder weniger „multikulturell" geprägten – „amerikanischen Geschmack" orientiert sind.

5.5 Re-Regulierung und Media Governance

Nicht nur im europäischen Kontext hat der Nationalstaat als kommunikationspolitischer Akteur an Bedeutung verloren, weil Kompetenzen an internationale Organisationen delegiert wurden. Auch im nationalen Kontext stellt der Staat, sei es der Bundesstaat oder das Bundesland, nicht mehr den einzigen Steuerungsakteur dar. Hinzu gekommen sind für nahezu alle Mediensektoren Selbstkontrolleinrichtungen und Selbstverpflichtungen, wie der Deutsche Presserat und die Freiwilligen Selbstkontrollen für Kinofilm, Fernsehen, Multimedia, Unterhaltungssoftware usw.

5.5.1 Medienpolitische Leitbilder

Der Wechsel oder die Ergänzung der Regulierungsakteure sowie die Aufhebung oder Lockerung von Regelungen kann als Deregulierung oder als Liberalisierung begriffen werden. Beide Begriffe sind unterschiedlich konnotiert und als politische Schlagworte besetzt:

- *Deregulierung* deutet einen normativen Verlust oder gar ein Defizit an Ordnung, ein Absenken inhaltlicher und qualitativer Standards an, was empirisch allerdings durch zahlreiche neue Regelungen und ein komplexes Netzwerk zahlreicher neuer Akteure konterkariert wird.
- *Liberalisierung* ist im Sinne von „Befreiung" positiv besetzt. Ob und wer genau an Freiheit wozu gewinnt, ist damit aber noch nicht entschieden: Geht es um die Befreiung von institutionellen bzw. rechtlichen Markteintrittsbarrieren, um die Steigerung des Wettbewerbs (vgl. Künzler 2009, S. 50) mit vermeintlichen positiven Wohlfahrtseffekten, um die Aufhebung inhaltlicher Normen oder die Absenkung von Verhaltensstandards?

Mit Blick auf die bislang beobachtbaren Ergebnisse der fraglichen Prozesse, die im Folgenden skizziert werden, kann man von einer Re-Regulierung in veränderten, erweiterten Akteursnetzwerken sprechen, die sich als Media Governance beschreiben lässt.[27]

Die Dynamik der Deregulierung hängt mit dem Wandel politischer Leitbilder zusammen, die in einem Dreieck zwischen den Werten Sicherheit, Gleichheit und Freiheit verortet werden können (vgl. Vowe 1999): Traditionell herrschte in Deutschland ein eher konservativ-etatistisches, am Wert Sicherheit orientiertes Modell, bei dem der Staat bestimmte Leistungen garantiert oder gar selbst erbringt, Unerwünschtes unterbindet bzw. mildert oder positiv für ein Mindestmaß an Gleichheit und Freiheit sorgt.

Liberalisierung der Medien bedeutet eine Veränderung in der Akteurskonstellation, also das tendenzielle Zurücktreten staatlicher Akteure, und eine Veränderung der Steuerungsweise: An die Stelle von Hierarchie (gesetzliche Ver- und Gebote) treten partiell Verhandlung (Diskurs) und vor allem der Handel (Markt). Als Steuerungsmedium gewinnen gegenüber der (staatlichen) Macht nun Geld, zum Beispiel in Gestalt von Anreizsystemen, und Wissen (auch durch Forschung, Monitoring und Berichtspflichten) an Bedeutung (vgl. Donges 2002, S. 140–150).

5.5.2 Markt als zentraler Steuerungsmodus

In den letzten Jahrzehnten haben vor allem die liberal-konservativen Bundesregierungen und die EU (vgl. Abschn. 4.4.3) einen medienpolitischen Leitbild- und Paradigmenwechsel durchgesetzt. Unterstützt, vielleicht sogar instrumentalisiert, wurden sie dabei von den großen Medienkonzernen und den Branchenverbänden, die vor allem die Europäische Kommission zu ihrem Sachwalter gemacht haben. Die Versuche des machtlosen EU-Parlaments dem entgegen zu steuern, konnten kaum Wirkung entfalten; so gibt es bis heute keine mediensektorspezifische europäische Fusions- und Konzentrationskontrolle (vgl. Holtz-Bacha 2006, S. 308–316). Das entspricht einer neoliberalen Ideologie, die weitestgehend den Marktkräften vertraut, und widerspricht der sozial- und kulturstaatlichen Tradition in Deutschland, die aus der grundrechtlichen Garantie der Kommunikationsfreiheiten eine aktive Rolle des Staates ableitet, der bei einem Marktversagen regulierend eingreifen soll. Allerdings greift die EU durchaus dann ein, wenn es um wettbewerbsrechtliche Probleme wie den Missbrauch marktbeherrschender Stellung geht; dies zeigt beispielhaft die Geldstrafe in Höhe von 2,42 Mrd. € der EU-Kommission gegen Google.[28]

---

[27]Vgl. zur Frage der Begriffsdefinition und Differenzierung Künzler (2009, S. 49–53).

[28]Vgl. www.spiegel.de/netzwelt/netzpolitik/google-vs-eu-kommission-eu-verhaengt-rekordstrafe-von-2-42-milliarden-a-1154.605.html [31.08.2017].

Parallel zur „Entstaatlichung“ der Regulierung hat in vielen Fällen eine Privatisierung der Medienstrukturen und -aufgaben stattgefunden:

- In Deutschland sind private Programmveranstalter ergänzend neben die öffentlichrechtlichen Rundfunkanstalten getreten.
- In der Telekommunikation wurde der Staatsmonopolist Bundespost/Telekom (weitgehend) privatisiert und durch weitere private Wettbewerber das gesamte System erst zu einem Markt „kommerzialisiert.“
- Diese Privatisierung des Systems zeitigt ihrerseits Rückwirkungen auf die interne Steuerung der verbliebenen öffentlichen Medienorganisationen, deren Handlungslogik sich der Marktlogik adaptiert (vgl. Donges 2002, S. 180), um nicht an politischer Legitimation zu verlieren.
- Digitalisierung und Globalisierung werden als zusätzliche Argumente für eine Deregulierung benutzt: Die technischen und ökonomischen Markteintrittsbarrieren (Frequenzknappheit, Kosten) seien gesunken, eine wirksame Kontrolle aufgrund der Globalisierung gar nicht mehr möglich und die deutschen bzw. europäischen Medienkonzerne sollen im internationalen Wettbewerb nicht benachteiligt werden.
- Die Marktaufsicht mit dem Ziel einer Konzentrationskontrolle wird vernachlässigt; sie ist neuen Formen internationaler und crossmedialer Konzentration nicht angemessen.[29]
- Diese Dynamik greift auf alte Medienmärkte über: Das geltende Fusionsrecht (§ 35 GWB) für Presseunternehmen wurde gelockert indem die sog. Aufgriffsschwelle für die Genehmigung des Zusammenschlusses von 25 auf 62,5 Mio. € erhöht wurde.

5.5.3 Media Governance

Die Idee der Liberalisierung der Medien besagt: An die Stelle von staatlichem Government soll gesellschaftliche Governance als ein Netzwerk von staatlichen, öffentlichen bzw. zivilgesellschaftlichen und privaten Regulierungsakteuren treten, die gemeinsam eine Koregulierung oder (staatlich) regulierte Selbstregulierung etablieren. Die Praxis der Liberalisierung zeigt: Deregulierung ist kein linearer und homogener Prozess. Gerade die

---

[29]Die derzeitige Konzentrationsregulierung überzeugt aus kommunikationswissenschaftlicher Sicht nicht: Der Sinn der Marktanteilsbegrenzung besteht in der strukturellen Sicherung der Meinungsvielfalt, um den einzelnen Rezipienten wie dem Publikum insgesamt eine freie Meinungs- und Willensbildung zu ermöglichen. Unklar und wahrscheinlich kaum quantifizierbar bleibt, welche Mediengattungen (oder gar Medienangebote) zu welchen Anteilen an dieser Meinungs- und Willensbildung beteiligt sind. Wie lassen sich Fernseh- und Hörfunkreichweiten mit Page Impressions und Auflagenzahlen verrechnen, um den relevanten Markt zu bestimmen? Wie sind in einer crossmedialen Umgebung die kritischen Marktanteile zu definieren? Und: Ist das Marktmodell überhaupt angemessen, um die komplexen Prozesse individueller und gesellschaftlicher Meinungsbildung zu beschreiben? Würde eine Rückkehr zum Kapitalanteilsmodell bzw. dessen Ausweitung auf den gesamten Mediensektor das Problem (besser) lösen?

Öffnung von Märkten, beispielsweise in der Telekommunikation, macht erneute Regulierung (Re-Regulierung) notwendig, um die Marktdominanz vormaliger (Staats-)Monopolisten de facto zu brechen.

Entgegen naiver Liberalisierungsfantasien entstehen zumindest zunächst neue Behörden und bürokratische Verfahren, wie beispielsweise die Bundesnetzagentur und die 14 Landesmedienanstalten.

Eine differenzierte Analyse der De- und Re-Regulierungsdynamik zeigt Unterschiede zwischen den heterogenen Regulierungsfragen auf: So unterliegen die Vorschriften für den Kinder- und Jugendschutz aufgrund langfristigen gesellschaftlichen Wandels zwar einer Dynamik, aber eine Liberalisierung oder Deregulierung lässt sich hier kaum feststellen. Ähnliches gilt für den Daten- und partiell auch für den Urheberschutz, weil hier neu oder in potenzierter Form auftretende Probleme gelöst werden müssen.

Im Kinder- und Jugendschutz beschreibt Deregulierung tatsächlich eine Liberalisierung im Sinne von Entstaatlichung der Akteure und Verfahren: Die hoheitliche Kontrolle durch Behörden macht mehr und mehr einem Governancenetzwerk Platz, in dem private Akteure, nämlich Institutionen der Freiwilligen Selbstkontrolle, eine wichtige Funktion einnehmen. Eine Deregulierung der Normen im Sinne einer Liberalisierung der Kriterien und Maßstäbe ist damit zumindest nicht zwingend verbunden.

Im Zuge der Digitalisierung der Medien und des Bedeutungszuwachses von technischen und algorithmischen Organisationsprozessen gewinnt die Frage an Bedeutung, ob neben den demokratisch legitimierten Regulierungsakteuren und den Marktakteuren bzw. -kräften nicht auch „die Technik“ selbst eine sehr stark gestaltende Rolle einnimmt.[30] Schließlich sind es Hard- und Software, die mit darüber entscheiden, was möglich ist und wo die Grenzen von Medienzugang und -nutzung oder Kommunikationsflüssen verlaufen. Neben die grundlegenden Möglichkeiten und Grenzen, die Medien als technisch basierte Zeichensysteme menschlicher Kommunikation immer schon gezogen haben, treten nun programmierbare Strukturen. Letztlich erfolgt die Programmierung noch immer durch menschliche Akteure, die rechtliche und ethische Vorstellungen haben oder ökonomische Unternehmensinteressen verfolgen. Allerdings entsteht oftmals der Anschein, die Technik selbst trete eigenmächtig oder zumindest eigendynamisch regulierend auf den Plan, weil sie im Hintergrund wirkt, alternativlos oder gar „natürlich“ erscheint.

5.6 Zusammenfassung

Digitalisierung und Vernetzung von Medien bieten den Medienorganisationen Rationalisierungspotenziale durch veränderte Wertschöpfungsketten (Disintermediation und Re-Intermediation) und die Mehrfachverwertung von Medienangeboten mittels ver-

[30]Vgl. zur Frage nach (Medien)Technik als Governance-Akteur Katzenbach (2016).

schiedener Vertriebswege. Hierdurch kommt es tendenziell zu einer Integration von Medienunternehmen und einer Konvergenz von Angeboten wie Mediennutzung. Gleichzeitig führt die Kostenersparnis bei digitaler Lagerhaltung und Vertrieb zu einem „Long Tail"-Effekt, also einer Ausdifferenzierung der Medienangebote. Technische Konvergenz und wachsende Angebotsfülle eröffnen Unternehmen aus der Telekommunikations- und der Softwarebranche die Möglichkeit, an der Medienwertschöpfung teilzuhaben und dabei sogar Schlüsselpositionen (Portale, Suchmaschinen, Plattformen, Intermediäre) einzunehmen, womit neue nicht-publizistische Akteure in das Mediensystem kommen. Das Fehlen eines funktionierenden Geschäftsmodells (geringe Werbeerlöse, geringe Zahlungsbereitschaft bei „Paid Content") für journalistische Online-Angebote begrenzt den publizistischen Mehrwert der Onlinemedien und verstärkt tendenziell die Medienkonzentration trotz gesunkener Markteintrittsbarrieren. Hier zeichnen sich erst allmählich Alternativen ab: Zum einen alternative (datenbasierte) Erlösmodelle, zum anderen neue Organisationsformen (Journalistenkooperativen), deren Erfolgsaussichten noch nicht geklärt sind.

Das deutsche Mediensystem unterliegt seit den 1980er Jahren einer verstärkten Kommerzialisierung, die über die traditionell marktwirtschaftlich organisierten Printmedien und den Film hinaus auch Telekommunikation und Rundfunk sowie die Strategien multimedialer Konzerne erfasst. Medienunternehmen richten sich zunehmend an ökonomischen Effizienzkriterien, Kapitalrenditen und Profit aus, während publizistische Qualität primär als Kostenfaktor gilt. Weil Werbung für die meisten Medien die wichtigste Erlösquelle darstellt, werden die Medienangebote an die Reichweitenlogik der Werbekunden angepasst. Die Erfüllung der öffentlichen Aufgabe der Medien ist latent bedroht, wenn die Themen, Meinungen und medialen Präferenzen von gesellschaftlichen Gruppen (z. B. Minderheiten) weder auf dem Publikumsmarkt (Entgelte) noch auf dem Werbemarkt (werberelevante und kaufkräftige Zielgruppe) refinanziert werden können.

Offen ist ob und ggf. in welchem Maße alternative Trägerschaften, Organisationsformen und Finanzierungsmodelle, zum Beispiel über Stiftungen oder öffentlich-rechtliche Körperschaften, einen Beitrag zur Verwirklichung des öffentlichen Auftrags oder „Public Values" journalistischer Presse- und Onlinemedien erbringen werden.

Horizontale, vertikale und diagonale Konzentration als Strukturmerkmale des deutschen Mediensystems werden durch Kommerzialisierung, Medienkonvergenz und die maßgeblich durch die Europäische Union getriebene Deregulierungspolitik weiter verstärkt. Aus publizistikwissenschaftlicher Sicht ist Marktversagen zu konstatieren, d. h. der Medienmarkt allein führt nicht zu den gesellschaftlichen Kommunikationsverhältnissen und vielfältigen Qualitätsangeboten, die für eine funktionsfähige Demokratie konstitutiv sind. Für die Medienregulierung bedeutet dies, dass eine Abkehr von der rundfunk- bzw. letztlich sogar sehr stark fernsehzentrierten Konzentrationsaufsicht gefordert wird, um sowohl den Medienrepertoires der Nutzer als auch dem insgesamt gestiegenen Gewicht der Onlinemedien für die öffentliche Meinungsbildung[31] Rechnung tragen zu können.[32]

Das deutsche Mediensystem ist in mehrfacher Hinsicht international entgrenzt: Ausländische Medienangebote werden in Deutschland je nach kultureller Nähe in unterschiedlichem Maße und meist in übersetzter und adaptierter Fassung rezipiert, allerdings dominieren insgesamt deutsche Medien den Markt. Auf diesem sind ausländische und international operierende Medienunternehmen aktiv, so wie umgekehrt deutsche Medienunternehmen sich erfolgreich international engagieren. Die normative Ordnung des deutschen Mediensystems wird in weiten Teilen durch internationales Recht, vor allem die Europäische Union geprägt. Insgesamt verlieren die nationalen medienpolitischen Akteure auf der Ebene der nationalen Mediensysteme an Bedeutung: Das betrifft sowohl die Regulierungskompetenz, die an transnationale Akteure delegiert wird, als auch die Medienorganisation selbst, denn staatliche (Telekommunikation) und öffentliche Organisationsformen (Rundfunk) verlieren gegenüber privatrechtlich-kommerziellen Medienunternehmen an Gewicht.

Die Internationalisierung bzw. Europäisierung und Deregulierung und – als deren Folge – Kommerzialisierung stehen dabei in einem engen kausalen Zusammenhang mit Folgen für die nationalen Mediensysteme. Die wirtschaftlich motivierten Akteure erlangen im Zuge einer neoliberalen Deregulierungspolitik in den westlichen Nationalstaaten und zum Teil auch den internationalen Organisationen so viel Einfluss, dass nun auch die medienpolitischen Akteure eine „Internationalisierung" und „Globalisierung" der Medien vorantreiben (vgl. Lang und Winter 2005, S. 126).

Liberalisierung und Deregulierung des deutschen Mediensystems haben zu einem neuen Netzwerk von Regulierungsakteuren geführt, bei dem neben staatliche private Institutionen der Selbstkontrolle getreten sind. Im Sinne einer möglichst großen Staatsferne der Medien hat sich ein System regulierter Selbstregulierung (Co-Regulierung) etabliert, bei dem gesetzliche Normen durch branchenspezifische Freiwillige Selbstkontrolleinrichtungen umgesetzt werden. Dieses neue Media Governance-Netzwerk und die Marktöffnung der Medien verursachen einen erhöhten Koordinationsbedarf. Im Ergebnis führt dies zu einer Vervielfachung von Behörden und Institutionen (Bundesnetzagentur, 14 Landesmedienanstalten mit einer Vielzahl von gemeinsamen Kommissionen, sektorspezifische Selbstkontrollen) sowie einer Komplexitätssteigerung der Normenwerke, deren juristische „Halbwertszeit" sinkt.

---

[31]Der MedienVielfaltsMonitor der Landesmedienanstalten (2016, S. 5) beziffert das „Meinungsbildungsgewicht" des „Internet" mit 22,3 % bereits höher als das der Tageszeitungen (20,7 %), ohne dass klar ist, ob und welche Teile der genutzten meinungsrelevanten Onlinenachrichten nicht letztlich auf die klassischen Medienredaktion zur Quelle zurückgehen. Unklar bleibt, ob hier nicht Medien und Vertriebswege verwechselt oder zumindest vermischt werden.

[32]Als programmatisch kann hier der Titel der KEK-Publikation von 2015 gelten: „Von der Fernsehzentrierung zur Medienfokussierung. Anforderungen an eine zeitgemäße Sicherung medialer Meinungsvielfalt.".

Wichtige Quellen zur Dynamik des Mediensystems

- Hardy (2008); Holtz-Bacha (2006, 2011); KEK (2010); Kleinsteuber (2005)
- Medien & Kommunikationswissenschaft; Themenheft „Ökonomisierung der Medienindustrie: Ursachen, Formen und Folgen.", 49. Jg. (2001), Nr. 2

Gesetze und EU-Richtlinien

- *Telekommunikationsgesetz:* „Telekommunikationsgesetz vom 22. Juni 2004 (BGBl. I S. 1190), das zuletzt durch Artikel 2 des Gesetzes vom 22. Dezember 2011 (BGBl. I S. 2958) geändert worden ist"; online unter: http://www.gesetze-im-internet.de/bundesrecht/tkg_2004/gesamt.pdf [17.01.2012].
- *AVMD-Richtlinie von 2007:* Richtlinie des Europäischen Parlaments und des Rates zur Änderung der Richtlinie 89/552/EWG des Rates zur Koordinierung bestimmter Rechts- und Verwaltungsvorschriften der Mitgliedstaaten über die Ausübung der Fernsehtätigkeit (RL 2007/65/EG) vom 11. Dezember 2007; online unter: http://eur-lex.europa.eu/LexUriServ/LexUriServ.do?uri=OJ:L:2007:332:0027:0045:DE:PDF [11.11.2011].
- *AVMD-Richtlinie von 2010:* RICHTLINIE 2010/13/EU DES EUROPÄISCHEN PARLAMENTS UND DES RATES vom 10. März 2010 zur Koordinierung bestimmter Rechts- und Verwaltungsvorschriften der Mitgliedstaaten über die Bereitstellung audiovisueller Mediendienste (Richtlinie über audiovisuelle Mediendienste); online unter: http://eurlex.europa.eu/LexUriServ/LexUriServ.do?uri=OJ:L:2010:095:0001:0024:DE:PDF

Literatur

Berghofer, Simon. 2017. *Globale Medien- und Kommunikationspolitik. Konzeption und Analyse eines Politikbereichs im Wandel.* Nomos: Baden-Baden.

BDZV, Hrsg. 2017. *Zeitungen 2017/2018. Bundesverband Deutscher Zeitungsverleger (BDZV).* Berlin: BDZV.

Die Medienanstalten, Hrsg. 2016. *Medienkonvergenzmonitor der DLM. MedienVielfaltsMonitor. Ergebnisse 1. Halbjahr 2016.* Berlin: ALM.

Dörr, Dieter. 2007. Die Medienordnung der europäischen Gemeinschaft. In *Ordnung durch Medienpolitik?*, Hrsg. Otfried Jarren, und Patrick Donges, 111–130. Konstanz: UVK.

Donges, Patrick. 2002. *Rundfunkpolitik zwischen Sollen, Wollen und Können. Eine theoretische und komparative Analyse der politischen Steuerung des Rundfunks.* Wiesbaden: Westdeutscher Verlag.

Fengler, Susanne, und Stephan Ruß-Mohl. 2005. *Der Journalist als „Homo oeconomicus".* Konstanz: UVK.

Hachmeister, Lutz, und Till Wäscher. 2017. *Wer beherrscht die Medien? Die 50 größten Medien- und Wissenskonzerne der Welt.* Köln: Halem.

Hardy, Jonathan. 2008. *Western media systems.* London: Routledge.

HBI Hans-Bredow-Institut, Hrsg. 2008. *Zur Entwicklung der Medien in Deutschland zwischen 1998 und 2007. Wissenschaftliches Gutachten zum Kommunikations- und Medienbericht der Bundesregierung.* Hamburg: Hans-Bredow-Institut.

HBI Hans-Bredow-Institut, Hrsg. 2009. *Internationales Handbuch Medien*, 28. Aufl. Baden-Baden: Nomos.

HBI Hans-Bredow-Institut, Hrsg. 2017. *Zur Entwicklung der Medien in Deutschland zwischen 2013 und 2016. Wissenschaftliches Gutachten zum Kommunikations- und Medienbericht der Bundesregierung*. Hamburg: Hans-Bredow-Institut.

Holtz-Bacha, Christina. 2006. *Medienpolitik für Europa*. Wiesbaden: VS Verlag.

Holtz-Bacha, Christina. 2011. *Medienpolitik für Europa. Der Europarat*, 2. Aufl. Wiesbaden: VS Verlag.

Katzenbach, Christian. 2016. *Governance – Technik – Kommunikation: Perspektiven einer kommunikationswissenschaftlichen Governance-Forschung. Dissertationsschrift Freie Universität Berlin*. Berlin: FU Berlin.

KEK. 2010. *Auf dem Weg zu einer medienübergreifenden Vielfaltssicherung. Bericht der Kommission zur Ermittlung der Konzentration im Medienbereich (KEK) über die Entwicklung der Konzentration und über Maßnahmen zur Sicherung der Meinungsvielfalt im privaten Rundfunk*. Potsdam 2010. Zugegriffen: 18. Aug. 2011.

KEK. 2015. *Von der Fernsehzentrierung zur Medienfokussierung – Anforderungen an eine zeitgemäße Sicherung medialer Meinungsvielfalt. Bericht der Kommission zur Ermittlung der Konzentration im Medienbereich (KEK) über die Entwicklung der Konzentration und über Maßnahmen zur Sicherung der Meinungsvielfalt im privaten Rundfunk*. Leipzig: Vistas.

KEK. 2016. *18. Jahresbericht der KEK*. Berlin: ALM.

Kleinsteuber, Hans J. 2005. Medienpolitik. In *Globalisierung der Medienkommunikation. Eine Einführung*, Hrsg. Andreas Hepp, Friedrich Krotz, und Carsten Winter, 93–116. Wiesbaden: VS Verlag.

Knoche, Manfred. 2001. Kapitalisierung der Medienindustrie aus politökonomischer Perspektive. *Medien & Kommunikationswissenschaft* 2 (49): 177–194.

Künzler, Matthias. 2009. *Die Liberalisierung von Radio und Fernsehen. Leitbilder der Rundfunkregulierung im Ländervergleich*. UVK: Konstanz.

Lang, Günter, und Carsten Winter. 2005. Medienökonomie. In *Globalisierung der Medienkommunikation. Eine Einführung*, Hrsg. Andreas Hepp, Friedrich Krotz, und Carsten Winter, 117–136. Wiesbaden: VS Verlag.

Media Perspektiven Basisdaten. 2016. *Daten zur Mediensituation in Deutschland 2016*. Frankfurt a. M.: Media Perspektiven.

Morozov, Evgeny. 2011. *The net delusion. The dark side of internet freedom.*. New York: Public affairs.

Puppis, Manuel. 2007. Von guten und bösen Ordnungshütern – der Einfluss von UNESCO und WTO auf die nationale Medienregulierung. In *Ordnung durch Medienpolitik?*, Hrsg. Otfried Jarren, und Patrick Donges, 131–145. Konstanz: UVK.

Röper, Horst. 2010. Zeitungen 2010: Rangverschiebungen unter den größten Verlagen. *Media Perspektiven* 2010 (5): 218–234.

Sjurts, Insa. 2005. *Strategien der Medienbranche. Grundlagen und Fallbeispiele*, 3., überarb. u. erw Aufl. Wiesbaden: Gabler.

Stegherr, Marc, und Kerstin Liesem. 2010. *Die Medien in Osteuropa. Mediensysteme im Transformationsprozess*. VS Verlag: Wiesbaden.

Vowe, Gerhard. 1999. Medienpolitik zwischen Freiheit. *Gleichheit und Sicherheit. Publizistik* 44 (4): 395–415.

Wirtz, Bernd W. 2006. *Medien- und Internetmanagement*, 5., überarb Aufl. Wiesbaden: Gabler.

Das deutsche Mediensystem im Überblick

6

> **Wichtig** Dieses Kapitel vermittelt einen zusammenfassenden Überblick des deutschen Mediensystems, wie es im vorliegenden Band detaillierter untersucht wird. Auf den erneuten Nachweis der Einzelinformationen wird hier aus Gründen der besseren Lesbarkeit verzichtet (vgl. hierzu Kap. 3 und 4).
>
> Zunächst werden die grundlegenden Normen der deutschen Medien als institutionelle Medienordnung beschrieben. Im Anschluss werden mit den Nachrichten-, den Werbe- und den PR-Agenturen sowie den Telekommunikationsnetzen diejenigen Infrastrukturen zusammenfassend dargestellt, die für die einzelnen Medienfelder Buch, Presse, Rundfunk, Film und Onlinepublizistik erst die notwendigen Voraussetzungen schaffen.
>
> Und schließlich werden nochmals die wichtigsten Organisationsstrukturen dieser einzelnen Medienfelder mit ihren spezifischen Ausprägungen und Erscheinungsformen sowie ihren jeweiligen institutionellen Netzen dargestellt.

6.1 Die institutionelle Ordnung der Medien

6.1.1 Historische und politische Entwicklung

Das deutsche Mediensystem ist das Ergebnis eines historischen Ausdifferenzierungsprozesses; seine Entwicklung und Strukturen sind eng mit der politischen Geschichte verbunden. Die Anfänge der publizistischen Medien Buch und Presse reichen in Deutschland bis ins 15. und 16. Jahrhundert zurück; die gesellschaftliche und politische Bedeutung der publizistischen Medien ist seit dem 19. Jahrhundert mit der Etablierung einer Massenpresse erheblich gewachsen und hat durch die Einführung von Film, Hörfunk, Fernsehen und publizistisch

K. Beck, *Das Mediensystem Deutschlands*, Studienbücher zur Kommunikations- und Medienwissenschaft, https://doi.org/10.1007/978-3-658-11779-5_6

relevanter Onlinemedien weiter zugenommen. Prägend für die gegenwärtigen Strukturen der publizistischen Medien wirken die beiden Phasen nach dem Zweiten Weltkrieg und nach dem Beitritt der fünf ost- und mitteldeutschen Bundesländer: Vor dem Hintergrund der Erfahrungen mit einem gleichgeschalteten Mediensystem im totalitären Nationalsozialismus sorgten die Alliierten zwischen 1945 und 1949 für eine Neuordnung von Presse, Film und Rundfunk, die bis heute nachwirkt. Dabei folgten die USA, Großbritannien und Frankreich anderen ordnungspolitischen Vorstellungen als die Sowjetunion. Während die Westalliierten eine liberale, also möglichst staatsferne Medienorganisation auf kapitalistischer Grundlage anstrebten, sollten die Medien in der sowjetischen Besatzungszone (SBZ) und der späteren Deutschen Demokratischen Republik vor allem dem Aufbau des Sozialismus unter Führung einer Staatspartei (SED) dienen. Die Medien wurden einem leninistischen Presseverständnis folgend als Instrumente politisch-ideologischer Herrschaft begriffen und orientierten sich nicht am Ideal eines autonomen Faktors demokratischer Meinungs- und Willensbildung sowie politischer Kontrolle und Kritik an den Staatsgewalten.

Mit der deutschen Vereinigung nach 1989 wurde die Grundordnung der westdeutschen Medien auf die fünf neuen Bundesländer übertragen. Der „Medien-Beschluss" der DDR-Volkskammer vom Februar 1990 garantierte erstmals umfassende Kommunikationsfreiheiten (Meinungs-, Informations- und Medienfreiheit) und hätte die Basis für eine neue, demokratische Medienordnung in der DDR bilden können. In der Folge des Beitritts der wieder gegründeten Länder zur Bundesrepublik ist es zu einer solchen Neuordnung nicht gekommen. Die Chance einer gesamtdeutschen Revision oder Reform der bundesdeutschen Medienordnung verstrich ungenutzt. In Ostdeutschland wurden Landespressegesetze, Landesrundfunkgesetze und Landesmediengesetze bzw. die entsprechenden Staatsverträge nach dem westdeutschen Muster übernommen.[1] Damit setzten sich die bundesdeutsche Medienregulierungstradition und die dominant marktwirtschaftliche Ordnung der Medien, ergänzt um den öffentlich-rechtlichen Rundfunk, im vereinigten Deutschland rasch durch. Der Aufbau des DDR-Mediensystems wirkt bis heute nach. Das betrifft vor allem die ehemalige Bezirks-Presse, die allerdings unter veränderten Eigentums- und Einflussverhältnissen, nach wie vor die Struktur der Tageszeitungen in Ostdeutschland prägt: Die Buch- und Presseverlage wurden privatisiert und überwiegend an westdeutsche Verleger verkauft; die staatlichen Rundfunkorganisationen der DDR wurden gemäß des Einigungsvertrages (Art. 36) in einer Einrichtung zusammengefasst und abgewickelt. Damit wurde die Voraussetzung für die Neugründung öffentlich-rechtlicher Anstalten (bzw. für den Beitritt zu bestehenden bundesdeutschen Anstalten) geschaffen, deren Führungspersonal, wie in Politik und Verwaltung insgesamt, meist aus der alten Bundesrepublik stammte. Im Sinne des „dualen Systems" gründeten westdeutsche Medienunternehmer zudem privatrechtliche Rundfunkanbieter. Damit wurden zwar einerseits die Prinzipien der Staatsfreiheit der Medien übernommen und auf eine tragfähige

[1]Einige kleinere Innovationen gab es in Fragen der Inneren Pressefreiheit sowie der Informationsfreiheit; vgl. Machill et al. (2010, S. 14–16).

ökonomische Basis gestellt. Andererseits wurden aber ebenso die strukturellen und funktionalen Mängel des westdeutschen Mediensystems nun zu gesamtdeutschen Problemen: Medienkonzentration, Kommerzialisierung (durch Abhängigkeit von der Werbefinanzierung), (partei-)politische Einflussnahme auf den öffentlich-rechtlichen Rundfunk, Legitimations- und Managementprobleme des gebührenfinanzierten Rundfunks sowie die hieraus resultierenden Qualitätsprobleme publizistischer Medien.

6.1.2 Freiheitliche Kommunikations- und Medienordnung

Im Grundgesetz der Bundesrepublik Deutschland werden die Kommunikationsfreiheiten als umfangreiche Menschenrechte garantiert, d. h. jeder Mensch darf seine Meinung frei äußern, seine Meinung auch mittels Medien frei verbreiten und sich aus allgemein zugänglichen Quellen informieren. Dabei spielt es keine Rolle, welche Staatsbürgerschaft, ethnische, soziale, kulturelle oder religiöse Zugehörigkeit er oder sie besitzt. Deshalb ist in Deutschland auch der Zugang zum Journalismus formal unbeschränkt möglich, also weder an bestimmte persönliche Eigenschaften und Qualifikationen noch an Zulassungen, Lizenzen oder Mitgliedschaften gebunden. Für das Mediensystem besonders relevant sind die Kommunikationsgrundrechte der Medieninstitutionen und der sich hieraus ergebende Schutz vor staatlicher Zensur oder Lenkung.

Die Pressefreiheit wird im weiten Sinne als Medienfreiheit verstanden, die neben Rundfunk (Hörfunk und Fernsehen) und Film auch die publizistischen Onlinemedien umfasst. Medien sind Vermittler (Medium) und publizistischer Faktor der öffentlichen Meinungsbildung, d. h. sie bieten einen Kommunikationsraum (Forum) für vermittelte Kommunikation unterschiedlicher Akteure und sie tragen selbst durch ihre journalistische Themensetzung (Selektion und Agenda Setting) sowie ihre Kommentierung aktiv zur individuellen wie öffentlichen Meinungsbildung bei. Medien haben insofern eine dienende Funktion, um derentwillen sie eine besondere verfassungsrechtliche Stellung genießen. Medienfreiheit bedeutet vor allem Freiheit der Medien gegenüber dem Staat, was weit reichende Konsequenzen für die Medienordnung wie für die Medienpolitik in Deutschland hat:

Die Medien stellen keine „vierte Staatsgewalt" dar, sondern dienen der *Kritik und Kontrolle staatlicher Macht.* Ihre Stärke (oder Schwäche) resultiert weder aus der demokratischen Legitimation und Repräsentation durch Wahlen noch durch eine Stellung als Verfassungsorgan neben den anderen Staatsgewalten der Legislative, Exekutive und Judikative. Die konstitutive Funktion der Medien für die demokratische Öffentlichkeit und Gesellschaft begründet ihre starke verfassungsrechtlich garantierte Freiheit.

Der Staat scheidet als Eigentümer von Medienorganisationen ebenso aus wie staatsnahe Organisationen (Staatsparteien, Massenorganisationen o. ä.), er darf auch nicht als Anbieter oder Veranstalter von Medienangeboten auftreten, sofern dies über einen engen Rahmen der kenntlich gemachten Politikvermittlung (Bürgerkommunikation), staatlicher Öffentlichkeitsarbeit bzw. der internationalen Repräsentation (etwa durch die Rundfunkprogramme und

Onlinemedien der Deutschen Welle) hinausgeht. Die meisten Medien sind in Deutschland in Gestalt gewinnorientiert arbeitender *Unternehmen nach privatem Recht* organisiert; hinzu kommen *im Rundfunk- und Telemediensektor öffentlich-rechtliche Organisationen* sowie auf den anderen Medienfeldern private Non-Profit-Anbieter. Hierzu zählen die Medien etablierter sozialer Akteure, insbesondere die konfessionelle und die Parteienpresse sowie die Verbandspresse. Hinzu kommen verstärkt durch technologische Innovationen und gesunkene technische wie wirtschaftliche Barrieren in allen Medien (Print, Videofilm, Rundfunk und Online) die Medien ressourcenschwacher zivilgesellschaftlicher Akteure sowie Plattformen für die Publikation einzelner Angebote durch Laien.

Die *zentrale Institution der deutschen Medien ist der Markt,* die zentralen Steuerungsmodi sind dabei Angebot und Nachfrage, meist auf miteinander gekoppelten Publikums- und Werbemärkten. Weil Medien jedoch eine zentrale öffentliche Aufgabe in der demokratisch verfassten Bundesrepublik zukommt und eine rein kommerzielle Institutionalisierung hinsichtlich dieser öffentlichen, meritorischen Funktionen zu einem Marktversagen führt, hat sich im Rundfunk die durch die westlichen Alliierten begründete Institution des „Public Service“ erhalten: Statt der Finanzierung über die Märkte wird hier durch den Staat eine Beitragspflicht für alle Haushalte durchgesetzt, die der Finanzierung einer öffentlichen, aber nicht staatlichen Rundfunkorganisation mit einem entsprechend staatsfernen Programm dient. Die Staatsferne soll durch eine öffentliche Selbstverwaltung auf der Grundlage pluralistisch zusammengesetzter und auf Zeit gewählter Gremien mit Vertretern gesellschaftlich relevanter Gruppen realisiert werden. Die Anforderungen an interne Programmvielfalt (Binnenpluralismus) und Programmqualität sind besonders hoch, um auch vor dem Hintergrund des europäischen Rechts die Beitragsfinanzierung zu legitimieren.

Die verfassungsmäßig gebotene Staatsfreiheit der Medien beschränkt die Möglichkeiten des Staates in der Medienpolitik, der letztlich vor der paradox anmutenden Aufgabe steht, als Staat mit politischen Mitteln für eine möglichst *staatsferne Regulierung* zu sorgen. Tatsächlich wird in Deutschland jenseits von inhaltlichen Mindestanforderungen im Sinne des Grundgesetzes (Jugendschutz, Menschenwürde und Recht der persönlichen Ehre) und dem Rahmen der allgemeinen Gesetze die Regulierung der Medieninhalte weitestgehend nicht staatlichen Regulierungsakteuren überlassen. Es sind vielmehr freiwillige Selbstkontrollen, die allerdings bestimmte gesetzliche Anforderungen an die Medienaufsicht erfüllen müssen (regulierte Selbstregulierung oder Co-Regulierung), die hier als Regulierungsakteure auftreten. Die inhaltliche Steuerung der Medien findet also in einem *Media Governance-Netz* aus verschiedenen Akteuren und ihrem Zusammenspiel statt: Gesetzliche und staatsvertragliche Vorgaben bestimmen inhaltliche und formale Mindestanforderungen sowie Qualitätsstandards für die Selbstkontrollverfahren. Diese werden durch Institutionen wie die Freiwilligen Selbstkontrollen für Kinofilm, Fernsehen und Onlinemedien (FSK, FSF, FSM) usw. staatsfern durchgeführt und durch staatliche Institutionen wie die Bundesprüfstelle für jugendgefährdende Medien oder jugendschutz.net sowie im Zweifel auch die Maßnahmen des Strafrechts ergänzt. Die Anerkennung von Selbstkontrollinstitutionen des Jugendschutzes erfolgt wie die gesamte inhalte- und marktbezogene Aufsicht über den privatrechtlichen Rundfunk durch öffentlich-rechtliche Landesmedienanstalten bzw. ihre gemeinsamen Kommissionen.

Die Steuerung der Medienstruktur erfolgt in Deutschland also weitgehend durch die Übertragung der *marktwirtschaftlichen Ordnung* auf den Mediensektor. Diese ordnungspolitische Entscheidung sorgt für die normativ gewünschte Staatsferne, muss aber durch Marktregulierungen ergänzt werden, wenn man kein Marktversagen bzw. dessen normativ negative Folgen in Kauf nehmen möchte. Die wichtigsten Regulierungen bestehen in der Errichtung des öffentlich-rechtlichen Rundfunks, dem eine Bestands- und Entwicklungsgarantie gegeben wird, um das *Marktversagen* des privaten Rundfunks im Hinblick auf die öffentliche Aufgabe der Medien zu kompensieren. Die Regulierungsdichte des Rundfunks ist daher bedeutend höher als die Marktregulierung in allen anderen Mediensektoren. Hier geht es im Kern um zwei Ziele: *die flächendeckende mediale Versorgung und die strukturelle Vielfaltssicherung;* beides dient der Gewährleistung einer aktiven Meinungs- und Kommunikationsfreiheit als demokratischem Teilhaberecht. Um diese Ziele zu erreichen, werden in Deutschland Medien und Medienvertrieb einerseits steuerlich begünstigt (Buch und Presse) und zum Teil explizit gefördert (Film und Fernsehen). Andererseits unterliegen diese Medienmärkte besonderen Wettbewerbsregelungen: Zur Förderung der meritorischen Mediengüter gilt im Buchsektor eine Preisbindung, im Pressesektor wird dem Pressevertrieb eine Ausnahme vom Kartellverbot eingeräumt. Strukturelle Vielfaltssicherung folgt der Überlegung, dass eine Vielzahl unterschiedlicher Anbieter (Marktteilnehmer) eine inhaltliche Vielfalt zwar nicht garantiert, aber eine hilfreiche oder gar notwendige Voraussetzung für pluralistische Medien ist. Weil die kapitalistische Produktions- und Wirtschaftsweise aber regelmäßig zur Marktkonzentration führt und die Zahl der Anbieter und Angebote zurückgeht, bestehen für die Presse und für den Rundfunk strengere kartell- und medienrechtliche Konzentrationsregeln als für die anderen Branchen. Gleichwohl folgt hier auf das Marktversagen ein Regulierungs- oder Staatsversagen, denn die gesetzliche Konzentrationsbegrenzung wurde in der Presse erst eingeführt, nachdem der Prozess der Auflagen- und Verlagskonzentration weitgehend abgeschlossen war. Beim Rundfunk wurden die Marktanteilsgrenzen ebenfalls den tatsächlichen, bereits hoch konzentrierten Marktverhältnissen angepasst.

Die *Regulierungskompetenzen* unterliegen einem mehrgliedrigen System: Den 16 Bundesländern kommt die zentrale Kompetenz für den gesamten Rundfunk und de facto auch für die Presse zu, während es beim Film und bei den Onlinemedien geteilte Kompetenzen gibt und der Bund die Kompetenz für die Telekommunikation besitzt. Alle deutschen politischen Akteure sind zudem an die Richtlinien der Europäischen Union gebunden, die vor allem rundfunk- und onlinepolitische Vorgaben gemacht hat.

Die medienpolitischen Kompetenzen der Länder speisen sich primär aus der Kulturhoheit der Länder im föderalistischen Bundesstaat, die Zuständigkeiten des Bundes aus der gesamtstaatlichen Rahmengesetzgebungskompetenz und die der EU vor allem aus der wirtschaftspolitischen Zielstellung im Sinne des Europäischen Binnenmarktes. Zur Wahrung einheitlicher Rechtsverhältnisse koordinieren die Bundesländer ihre Medienpolitik in Staatsverträgen; gegenüber der EU tritt der Bund als Sachwalter der Länder auf.

6.2 Strukturen des deutschen Mediensystems

6.2.1 Überblick

Das deutsche Mediensystem besteht aus verschiedenen miteinander in Wechselwirkung stehenden Teilsystemen (vgl. Abb. 6.1), die aufgrund unterschiedlicher Zeichensysteme und technischer Grundlagen sowie verschiedener Organisationsformen und institutionalisierter Regeln unterschieden werden können: Die gedruckten Medien („Printmedien"), also das Medium Buch sowie die periodischen Pressemedien Zeitung und Zeitschrift; der Film (mit seinen Präsentations- und Organisationsformen Kino und Video), der Rundfunk, verstanden als Hörfunk und Fernsehen, sowie die publizistischen Onlinemedien.

Allerdings ist diese Systematisierung dynamisch zu betrachten, weil die technische und organisatorische Medienentwicklung zu Entgrenzungs- oder Konvergenzerscheinungen führt. Auch Buch, Presse, Film sowie der Rundfunk nutzen Onlinemedien als Distributions- und Verwertungswege, viele Angebote werden nahezu inhaltsgleich über verschiedene Wege in unterschiedlichen Teilsystemen des Mediensystems kommuniziert. Und schließlich treten neue Akteure auf den Plan, die traditionell keine oder nur begrenzte Rollen im Mediensystem spielten: Neue Intermediäre und Plattformen vermitteln zwischen Medienanbietern und Nutzern, indem

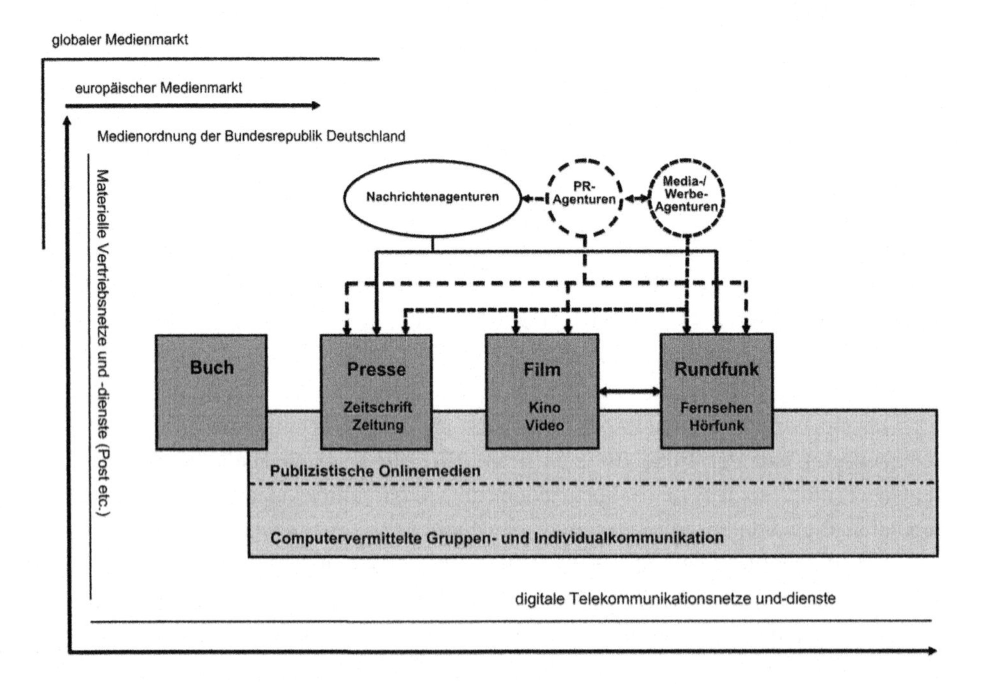

Abb. 6.1 Das deutsche Mediensystem im Überblick

sie Angebote selektieren, bündeln und vermarkten. In der Onlinekommunikation, die immer weitere Teile von Rundfunk- und Presse einschließt, kommt diesen Akteuren eine wichtige Schlüsselrolle zu.

Die in Abb. 6.1 skizzierten publizistischen Medien im engeren Sinne bauen alle auf einer gemeinsamen normativen (vgl. Kap. 2), technischen und infrastrukturellen Grundlage (vgl. Kap. 3) auf, die bei der Beschaffung (Agenturen) und bei der Verbreitung (Telekommunikation), aber auch bei der Finanzierung (Werbung) von Medien wichtige Leistungen erbringen.

6.2.2 Infrastrukturen des deutschen Mediensystems

Nachrichten-, PR-, Media- und Werbeagenturen können ebenso wie das Telekommunikationsnetz als grundlegende Infrastrukturen des gesamten Mediensystems verstanden werden. Sie bieten Leistungen an, auf die publizistische Medienorganisationen, wenn auch in je spezifischer Form und Umfang, zurückgreifen bzw. zurückgreifen müssen, um ihrerseits als Publikumsmedien ihre Funktionen erfüllen zu können.

6.2.2.1 Nachrichtenagenturen

In Deutschland bieten neben dem Marktführer dpa (Deutsche Presseagentur), der über eine regionale Infrastruktur und Landedienste verfügt, die Weltagenturen Associated Press (AP), Thomson Reuters (rtr) und Agence France Press (afp) deutschsprachige Dienste an. Hinzu kommen Spezialagenturen für Sport (SID) und Wirtschaft (dpa-AFX, Dow Jones-vwd), konfessionelle Agenturen (epd, KNA) sowie Dienste für Pressefotos, Hörfunknachrichten und Fernsehbeiträge. Die Nachrichtenagenturen sind staatsfern organisiert, die dpa ist eine Genossenschaft der Presseverleger und Rundfunkunternehmen. Alle publizistischen Medien mit aktueller Berichterstattung greifen auf eine (meist dpa) oder mehrere Agenturen zurück; insbesondere ressourcenschwache Lokalmedien beziehen ihre internationalen und nationalen Nachrichten nahezu ausschließlich von den Agenturen. Den Agenturen kommt aufgrund ihrer Position am Anfang des Nachrichtenprozesses eine Schlüsselstellung für die Prüfung (Verifikation), Auswahl (Selektion) und Einordnung (Ressortierung) der Nachrichten zu.

6.2.2.2 Werbe- und Mediaagenturen sowie Public Relations

Die meisten deutschen Publikumsmedien finanzieren sich zu einem beträchtlichen Anteil aus Werbeeinnahmen, sodass der Werbemarkt eine wesentliche ökonomische Grundlage unseres Mediensystems darstellt. Von den jährlich insgesamt rund 25 Mrd. € Werbeinvestitionen fließt ein seit Jahren sinkender Anteil (zuletzt 15,2 Mrd. €) in die Medien. Die Werbe- und Mediaagenturen nehmen bei der Gestaltung der Werbekommunikation wie bei der Planung und Schaltung von Werbung in den Medien eine Schlüsselstellung ein. In Deutschland dominieren einige umsatzstarke Agenturen, die meist Teil eines internationalen Netzwerkes sind; die drei größten Agenturen erzielen über drei Viertel des Umsatzes.

Journalisten sind auf die Zusammenarbeit mit Pressesprechern und PR-Agenturen angewiesen, wenn sie an bestimmte Nachrichten gelangen möchten oder Fakten im Rahmen ihrer Recherche prüfen müssen. Pressearbeit (Media Relations) als Teil der Public Relations wird in Deutschland entweder von organisationsinternen Stabstellen und Fachabteilungen oder von externen Agenturen und Beratern durchgeführt. Insgesamt verfügt die PR in Deutschland über mehr personelle und finanzielle Ressourcen als der Journalismus, der vielfach unter hohem Kostendruck steht. Die Gefahr ungeprüfter Übernahmen von Pressemeldungen und mangelnder Trennung zwischen journalistischer und PR-Tätigkeit bei Freelancern steigt tendenziell.

6.2.2.3 Telekommunikationsnetze

Die Verbreitung von Rundfunk (Hörfunk und Fernsehen) erfolgt in Deutschland mit Ausnahme des UKW-Hörfunks digital via Breitbandkabelnetz (Kupferkoaxial, Glasfaser), Satellit sowie terrestrische Sender (DVB-T2, DAB+). Fernsehen und Hörfunk werden darüber hinaus auch auf der Basis des Internetprotokolls (IP) verbreitet. Die Kabelnetze sind als Regionalmonopole in der Hand von vier Anbietern, zum Teil Tochterunternehmen internationaler Telekommunikationsunternehmen, der Satellitenrundfunk wird ausschließlich durch die luxemburgische SES-Astra und das Eutelsat-Konsortium betrieben, während im terrestrischen Hörfunk und Fernsehen die Deutsche Telekom AG den Markt dominiert. Die Deutsche Telekom AG, der ehemalige Staatsmonopolist, dessen Aktien noch immer zu rund einem Drittel dem Bund gehören, dominiert die Vermittlungsnetze für Telekommunikation und Internet mit Marktanteilen zwischen 40 und über 50 %. Als Eigentümerin weiter Teile des Festnetzes muss die Telekom Leitungen an ihre Wettbewerber „untervermieten", worüber die Bundesnetzagentur als Regulierungsbehörde gemäß Telekommunikationsgesetz (TKG) wacht.

6.2.3 Publizistische Medien

6.2.3.1 Buch

Das Buch gilt als ältestes technisch basiertes Medium öffentlicher Kommunikation und hat gerade in Deutschland eine lange Tradition, die ihm bis heute zu einem hohen Ansehen als Kulturgut und zu einer normativen Sonderstellung verhilft. Zwischen den Autoren als geistigen Urhebern und den Lesern hat sich eine Vermittlungsorganisation ausdifferenziert, in deren Mittelpunkt der Verleger bzw. das Verlagsunternehmen steht. Autoren schreiben meist als freie Schriftsteller oder angestellte Wissenschaftler Manuskripte und erwerben damit ein unveräußerliches Recht am geistigen Eigentum. Einkünfte hieraus erzielen sie primär durch den Verkauf von Verwertungsrechten an Buchverlage sowie durch die Mitgliedschaft in den Verwertungsgesellschaften Wort bzw. Bild-Kunst, die Autorenrechte aus der Bibliotheks- und Kopierverwertung wahrnimmt. Verlage beschaffen gegen Honorarzahlungen Autorenmanuskripte, erwerben Druckrechte (Lizenzen) oder lassen Texte redaktionell produzieren. Lektoren bewerten und wählen Manuskripte aus, um sie für die Publikation zu optimieren. Das hohe Erfolgsrisiko der Buchpublikation wird durch ein Verlagsprogramm, also ein Sortiment verschiedener Titel, abgemildert. Verleger nehmen eine zentrale medienökonomische Rolle bei der Produktion und Vermarktung von Büchern ein, verstehen sich aber traditionell meist auch als Kulturmittler mit einer öffentlichen Aufgabe. Wie andere Medien genießt die Buchkommunikation den grundrechtlichen Schutz des Art. 5 GG und die in den Landespressegesetzen geregelten Privilegien, darüber hinaus wird es durch einen reduzierten Umsatzsteuersatz indirekt subventioniert und unterliegt einer gesetzlichen Buchpreisbindung. Das Ziel dieser kommunikationspolitischen Maßnahmen liegt in der Aufrechterhaltung einer inhaltlichen Vielfalt und einer flächendeckenden Versorgung der Bürger: In der Bundesrepublik Deutschland kann jeder Bücher herausgeben, ohne eine Lizenz zu benötigen, und auch die wirtschaftlichen Markteintrittsbarrieren sind im Vergleich zu anderen publizistischen Medien niedrig. Unter den 15.000 deutschen Verlagen finden sich daher viele Klein- und Kleinstverlage, insgesamt handelt es sich um einen mittelständisch geprägten Mediensektor. Jedes Jahr werden rund 90.000 Titel neu produziert, insgesamt sind etwa 1,2 Mio. Titel lieferbar. Deutschland verfügt damit nicht nur über ein im internationalen Vergleich außergewöhnliches Buchangebot, sondern mit seinen rund 3500 Buchhandlungen und einem der leistungsfähigsten Vertriebssysteme auch über eine sehr gute Buchversorgung, die durch den zunehmend online unterstützten Versandbuchhandel ergänzt wird. Hinzu kommt ein differenziertes Netz öffentlicher Bibliotheken, die einen meist kostenfreien Zugang zu schöner Literatur, Sach- und Fachbüchern ermöglichen. In der Deutschen Bibliothek (Leipzig, Frankfurt) werden alle ab 1913 publizierten Bücher aufbewahrt.

Trotz dieser einmaligen Infrastruktur, der staatlichen Förderung sowie den niedrigeren institutionellen und ökonomischen Markteintrittsbarrieren ist die Marktkonzentration auf allen Stufen der Wertschöpfung weit vorangeschritten:

- Die zehn größten Verlage erzielen rund die Hälfte des Umsatzes.
- Rund ein Dutzend Verlagsauslieferungen und vier Barsortimenter dominieren gut 80 % des Buchgroß- und -zwischenhandels.
- Die beiden größten Buchfilialketten Hugendubel/Weltbild und Thalia konzentrieren ein Viertel des Gesamtmarktes; die neun größten Buchhändler ein Drittel des Marktes auf sich.

Insgesamt werden auf dem Buchmarkt (einschließlich Fachzeitschriften) rund 9,2 Mrd. € jährlich erwirtschaftet. Elektronische Bücher spielen bislang jenseits der wissenschaftlichen Fachliteratur nur eine marginale Rolle; allerdings sind die Produktionsabläufe bis hin zum Druck bzw. Print-on-demand weitestgehend digitalisiert und der Anteil des webbasierten Versandbuchhandels wächst.

Das Leseverhalten variiert stark in unterschiedlichen Bevölkerungsgruppen: 30 Mio. Deutsche lesen mindestens einmal pro Woche Bücher, rund 9 Mio. sogar täglich. Frauen und formal höher gebildete Menschen lesen deutlich mehr als andere Bevölkerungskreise.

Der Börsenverein des Deutschen Buchhandels als wichtigster institutioneller Branchenakteur kann auf eine bald 190-jährige Geschichte zurückblicken und vereint über 1700 Verlage und 3000 Buchhändler. Er legt in der „Verkehrsordnung“ die Normen der Branche fest, gibt mit dem Börsenblatt das wichtigste Fachmedium heraus, veranstaltet die Buchmessen in Frankfurt und Leipzig, vergibt publikumswirksame Literaturpreise und vieles mehr.

6.2.3.2 Periodische Presse: Zeitungen und Zeitschriften

Die Herausgabe periodischer Presse bedarf in der Bundesrepublik Deutschland keinerlei staatlicher oder sonstiger Zulassung (Lizenz). Die periodische Presse genießt ausdrücklich den Schutz des Grundgesetzes, weil ihr eine öffentliche Aufgabe für die demokratische Meinungs- und Willensbildung zugeschrieben wird. Die Regulierung der Presse erfolgt durch die 16 Bundesländer, die hierfür Landespressegesetze erlassen haben, während der Bund lediglich eine Rahmengesetzgebungskompetenz besitzt, die er aber de facto nicht ausübt. Die Presse genießt aufgrund ihrer wichtigen öffentlichen Aufgabe rechtliche und steuerliche Privilegien; sie unterliegt aus demselben Grund strengeren Wettbewerbsregeln als andere Branchen (Konzentrationskontrolle).

Typisch für die periodische Presse sind journalistisch arbeitende Redaktionen, die hierarchisch strukturiert sind und professionellen Normen und Standards folgen. Diese Normen sind u. a. in den Publizistischen Grundsätzen der deutschen Presse (Pressekodex) niedergelegt; auf ihre Einhaltung achtet auch der Deutsche Presserat als Selbstkontrolleinrichtung der Journalisten und Verleger.

Das traditionelle Geschäftsmodell der meisten auflagenstarken Pressetitel (jenseits der Verbands- und Fachpresse) koppelt den Leser- bzw. Käufermarkt mit dem Werbemarkt. Publizistischer Inhalt wird dabei primär erstellt, um eine hohe Publikumsreichweite zu erzielen oder ein bestimmtes Publikum (Zielgruppen) zu erreichen. Dies ist die ökonomische Voraussetzung für die Akquisition von Anzeigenwerbung, die meist etwa die Hälfte der Erlöse einbringt – allerdings mit seit Jahren deutlich sinkender Tendenz. Mit der Kopplung der beiden Märkte in Gestalt einer Anzeigen-Auflagen-Spirale entsteht eine Abhängigkeit der Presse von der werbetreibenden Wirtschaft, die sich negativ auf die Unabhängigkeit der Berichterstattung und die Innere Pressefreiheit auswirken kann. Die institutionelle Rolle des Presseverlages besteht in der Finanzierung und Vermarktung der Zeitungen und Zeitschriften unter Wahrung der redaktionellen Autonomie. Allerdings stellt der strukturelle Wandel des Werbemarktes und der Mediennutzungsgewohnheiten dieses pressetypische Geschäftsmodell zunehmend infrage: Einerseits hat der Lesermarkt an relativer Bedeutung gegenüber der Werbung gewonnen, andererseits ist die Zahlungsbereitschaft für Onlinepresseprodukte sehr begrenzt, während gleichzeitig die gedruckten Auflagen nachhaltig sinken. Hierdurch wächst der Kostendruck mit publizistischen Folgen: Verkleinerung oder Zusammenlegung von Redaktionen bedrohen tendenziell Qualität und Vielfalt der Presse. Die aus Kostengründen zunehmende Neigung zur Übernahme von PR-Material sowie fragwürdigen Praktiken wie Native Advertising stellen das Trennungsgebot und die Unabhängigkeit der Presse infrage.

Eine wichtige Aufgabe kommt dem Pressevertrieb zu, der in Deutschland besonders leistungsfähig ist. Dies gilt für die frühmorgendliche Hauszustellung der Abonnementzeitungen ebenso wie für die Pressepost und die flächendeckende und umfassende Belieferung von über 120.000 Verkaufsstellen durch die Pressegrosso-Gebietsmonopole. Auf diese Weise können auch auflagenschwache Titel ihr Publikum erreichen.

Typisch für die Periodika in Deutschland ist das Abonnement als traditionsreiches Geschäftsmodell und bis heute bedeutsamster Vertriebsweg: Neunzig Prozent der lokalen und regionalen sowie 70 % der überregionalen Qualitätszeitungen werden im Abonnement bezogen. Fast die Hälfte der Publikumszeitschriften und rund 90 % der Spezial- und Fachzeitschriften gehen ebenfalls an Abonnenten. Die meisten deutschen Tageszeitungen sind lokale und regionale Abonnementzeitungen (über 300 Titel mit rund 1500 lokalen Ausgaben); dies entspricht der traditionellen Zeitungskultur ebenso wie den dezentralen politischen Strukturen. Zudem verschafft es den Tageszeitungen abgrenzbare Märkte, auf denen nur wenige andere Medien agieren, und eine starke Leser-Blatt-Bindung. Lokale Berichterstattung leisten in eingeschränktem Maße auch die rund 1300 Anzeigenblätter, die gratis verteilt werden und meist den lokalen Tageszeitungsverlagen gehören; eine Gratispresse gibt es in Deutschland auf dem Tageszeitungsmarkt bislang nicht.

Hinzu kommen acht lokale bzw. regionale Boulevardzeitungen (mit dem Marktführer BILD, der bundesweit mit 28 Ausgaben präsent ist) und sieben überregional verbreitete Qualitätszeitungen. Bei dieser Qualitätspresse, also Titeln wie der Frankfurter Allgemeinen, der Süddeutschen Zeitung, der Frankfurter Rundschau und – in etwas geringerem Maße auch bei der tageszeitung (taz) und der Welt/Welt kompakt – handelt es sich um lokale verwurzelte Zeitungen mit bundesweiter Leserschaft, aber nicht um klassische nationale Titel oder Hauptstadtzeitungen wie in vielen anderen Ländern. Hinzu kommen parteinahe Tageszeitungen wie Neues Deutschland und die Junge Welt sowie mit dem Handelsblatt und der Börsenzeitung zwei bundesweite Wirtschafts- und Finanzzeitungen für eine spezialisierte Leserschaft.

Die überregionalen Qualitätsblätter erreichen zwar nur rund vier Prozent der Bürger, sind aber für die Meinungsbildung der gesellschaftlichen und politischen Eliten ebenso von großer Bedeutung wie die politische Wochenpresse, insbesondere die Nachrichtenmagazine Der Spiegel und Focus sowie die Wochenzeitung Die Zeit. Wichtig sind für den öffentlichen Diskurs auch die beiden überregionalen Qualitäts-Sonntagszeitungen Frankfurter Allgemeine Sonntagszeitung und Welt am Sonntag.

In Ostdeutschland wurde durch die publizistisch fragwürdige Politik der Treuhandanstalt die regionale Pressestruktur der DDR-Bezirke konserviert, sodass hier sehr große Verbreitungsgebiete und eine hohe Konzentration erhalten blieben. Über zwei Drittel der deutschen Städte und Kreise mit über 40 % der Bevölkerung sind Einzeitungskreise: In Westdeutschland sind ein Drittel aller Städte und Kreise sog. Einzeitungskreise, in Ostdeutschland sogar zwei Drittel, d. h. hier informiert jeweils nur eine Redaktion über Lokal- und Regionalpolitik.

Sieht man von der in Deutschland sehr geringen Bedeutung der Parteienpresse sowie der konfessionellen und der Verbandspresse ab, ist der Zeitungs- und Zeitschriftenmarkt durch einen Wettbewerb privater Verlagsunternehmen gekennzeichnet. Damit kann die

Presse in Deutschland als staatsfreie Institution ihrer öffentlichen Aufgabe einschließlich der Kritik und Kontrolle der Staatsgewalten grundsätzlich nachkommen. Die strukturellen Merkmale der periodischen Presse sind das Ergebnis dieser nahezu ausschließlich marktwirtschaftlichen Organisationsweise und des vorherrschenden Geschäftsmodells des Koppelprodukts, bei dem Erlöse auf dem Käufermarkt mit Erlösen auf dem Werbemarkt kombiniert werden. Durch die wirtschaftliche Abhängigkeit der Presse und die strukturellen Herausforderungen aufgrund veränderter Mediennutzungsmuster und von Online-Angeboten, erweist sich die Presse als krisenanfällig. Aus unternehmensstrategischer Sicht werden daher zur Reduktion von Kosten Redaktionen bzw. Verlage zusammengelegt, sodass eine beträchtliche Konzentration im Pressewesen die Folge ist. Hinzu kommen insbesondere im Markt der Publikumszeitschriften Größenvorteile der Medienkonzerne Burda, Bauer, Funke, Springer sowie Bertelsmann (Gruner+Jahr).

Die beeindruckende Vielzahl der Zeitungs- und vor allem der Zeitschriftentitel in Deutschland darf nicht mit publizistischer Vielfalt gleichgesetzt werden. Aus publizistischer Sicht ist vielmehr entscheidend, ob durch die kapitalistische Organisationsweise inhaltlich-thematische Vielfalt und Meinungspluralismus gewährleistet bleiben oder ob von einem Marktversagen auszugehen ist. Strukturelle Voraussetzung hierfür sind voneinander unabhängige Vollredaktionen, die alle wesentlichen Teile des Zeitungsmantels selbstständig erstellen. Der Zahl von mehreren Hundert Tageszeitungstiteln stehen dann aufgrund der in letzter Zeit forcierten Tendenz zu Zentralredaktion (Newsdesk) nur noch bundesweit schätzungsweise weniger als 100 Publizistische Einheiten gegenüber; ein vermutlich weiter rückläufiger Wert. Die anhaltende ökonomische Krise der Printmedien, insbesondere der Tageszeitungen, sowie die sehr hohen wirtschaftlichen Marktzutrittsbarrieren deuten jedoch auf eine weitere Konzentration bei einem insgesamt schrumpfenden Markt hin. Damit wird inhaltliche Vielfalt zwar nicht unmöglich, aber strukturell unwahrscheinlicher.

Das Angebot der Publikums- und der Special-Interest- sowie der Fachzeitschriften in Deutschland gilt auch im internationalen Vergleich als besonders reichhaltig. Die große Zahl von insgesamt mehreren Tausend Zeitschriften und die rund 1500 Titel alleine bei den Publikumszeitschriften sprechen für einen sehr weit ausdifferenzierten und heterogenen Markt, der sich aus sehr verschiedenen Quellen speist: Neben den populären Publikumszeitschriften der großen Verlagshäuser finden sich eine Vielzahl zum Teil kurzlebiger Special-Interest-Zeitschriften mit eng definierten Zielgruppen und einem hohen Werbefinanzierungsanteil. Vor allem aber tragen sehr viele Verbände, Vereine, Parteien, Kirchen, Gewerkschaften und wissenschaftliche Institutionen als Herausgeber von Spezial- und Mitgliederzeitschriften zu der hohen Angebotsvielfalt bei.

Die großen Zeitschriftenverlage Bauer, Burda, Springer, Gruner+Jahr (Bertelsmann) sowie die Funke-Gruppe dominieren den Publikumszeitschriftenmarkt mit knapp zwei Dritteln der stark gesunkenen Gesamtauflage; es sind zum Teil dieselben Verlage, die auch den Zeitungsmarkt wesentlich prägen: Neben Springer und Funke sind hier Madsack (Hannover), die Südwestdeutsche Medienholding (u. a. mit der SZ), DuMont und die Deutsche Druck- und Verlagsgesellschaft (DDVG) mi zusammen über 40 % Marktanteil zu nennen. Bei den Sonntags- und den Boulevardzeitungen dominiert der Springer-Verlag mit fast 80 % der Auflage.

6.2.3.3 Film: Kino und Video

Die Geschichte des Films begann in Deutschland und Frankreich im Jahre 1895. Das neue Medium entwickelte sich rasch zu einem populären Unterhaltungs-, Dokumentar- und Nachrichtenmedium. Deutschland blickt nicht nur auf eine lange Kunst- und Spielfilmtradition zurück; von Beginn an stand der Film unter starkem politischem Einfluss, lange Zeit war er Gegenstand von Zensur und staatlicher Lenkung sowie Mittel der Propaganda. Der Film genießt seit 1949 den expliziten grundrechtlichen Schutz nach Art. 5, der seit 1990 in Gesamtdeutschland gilt. In der DDR wurde ab 1946 am Standort der Ufa in Potsdam-Babelsberg die staatliche DEFA aufgebaut. Nach dem Zweiten Weltkrieg etablierte sich zunächst in West-, nach der deutschen Einheit dann auch in Ostdeutschland) eine starke Marktdominanz der US-Majorfilmkonzerne. Hoher Kapitalaufwand, große Produktions- und Marktrisiken sowie ein im internationalen Maßstab begrenzter Binnenmarkt sorgen dafür, dass die deutsche Filmproduktion seit Jahrzehnten durch den Bund, die Länder, die EU und den Europarat gefördert wird. In Deutschland werden jährlich etwa 300 Mio. € (davon die Hälfte Bundesmittel) in die Filmförderung investiert, die aus den Filmabgaben von Kinos, Video- und Fernsehprogrammveranstaltern sowie aus Steuermitteln finanziert wird. Neben den Filmfördergesellschaften der Bundesländer sind die Filmförderanstalt (mit Sitz in Berlin), und der Bundesbeauftragte für Kultur und Medien (BKM) mit dem Deutschen Filmförderungsfonds (DFFF) die wichtigsten Förderinstitutionen; die gesetzlichen Grundlagen enthält das Filmfördergesetz der Bundes- bzw. Landesgesetze.

Die filmpolitische Kompetenz liegt bei den Ländern, während der Bund sich auf die wirtschaftliche Filmförderung sowie den Jugendschutz begrenzt. Die wichtigsten Institutionen der Filmregulierung sind die Freiwillige Selbstkontrolle der Filmwirtschaft (FSK), die vor allem für den Jugendschutz und die Altersfreigabe von Filmen zuständig ist, und die staatliche Bundesprüfstelle für jugendgefährdende Medien, die jugendgefährdende Filme und Videos indizieren und damit deren Vertrieb an Minderjährige unterbinden kann. Die gesetzliche Grundlage bildet das Jugendschutzgesetz (JuSchG). Die FSK ist ein Tochterunternehmen der Spitzenorganisation der Filmwirtschaft SPIO, die auch an der Gesellschaft für die Verfolgung von Urheberrechtsverletzungen (GVU) beteiligt ist. Durch die starke Rolle der Branchenvertreter bei der Regulierung von Film und Video soll im Sinne einer regulierten Selbstregulierung dem Problem staatlicher Zensur vorgebeugt werden.

In Deutschland gibt es rund 900 Produktionsunternehmen bzw. etwa 200 Spielfilmproduktionsunternehmen im engeren Sinne, von denen aber nur vier Firmen mehr als vier Langfilme pro Jahr produzieren, während vier Fünftel aller Produzenten nur einen Film auf den Markt bringen. Regionale Schwerpunkte der Filmproduktion liegen in Berlin/Potsdam, München und Hamburg. 2015 kamen 76 deutsche Spiel- und 91 Dokumentarfilmproduktionen in die Kinos.

Von den rund 120 Filmverleihunternehmen vermarkten 90 % ebenfalls nur ein bis zwei Filme jährlich; drei Viertel der Verleihumsätze erzielen die Tochterunternehmen der international operierenden US-Majors UPI, Buena Vista (Disney), Warner Columbia und Fox.

Rund 4700 Kinosäle mit über 80.000 Sitzplätzen stehen in Deutschland zur Verfügung. Gut ein Viertel aller Kinoleinwände befinden sich in Multiplexkinos, die rund die Hälfte aller Kinobesuche und einen noch höheren Umsatzanteil für sich verbuchen können. Die mehr als 1300 Multiplexsäle sind in der Hand von nur vier Unternehmen.

Wirtschaftlich bedeutsamer als die Kinoauswertung ist die Vermarktung der Filme als Video (einschließlich DVD, BluRayDisc, Streaming und Download) und das Fernsehen: Etwa zwei Drittel des Filmumsatzes wird in Deutschland nicht im Kino, sondern über den Weg des „Home Entertainment" erzielt.

Deutlich erkennbar sind auf dem Kinofilmmarkt übergreifende Konzentrationserscheinungen, d. h. insbesondere die international agierenden US-Major Companies verfolgen sehr erfolgreich eine Strategie der vertikalen Integration. Es geht darum, von der Produktion über den Verleih bis hin zum Abspiel die gesamte Wertschöpfungskette der Filmkommunikation zu kontrollieren und darüber hinaus über Kooperationen und Konzernnetzwerke die Verwertung via Onlineplattformen, DVD und BluRayDisc unter einem Dach zu vereinen. Die Digitalisierung der Kinotheater und des Videovertriebs dürfte die Konzentration in beiden Märkten weiter beschleunigen.

6.2.3.4 Rundfunk: Hörfunk und Fernsehen

Der Rundfunk ist in Deutschland föderalistisch organisiert, weil die Bundesländer die alleinige Regulierungskompetenz aufgrund der Kulturhoheit der Länder besitzen. Hörfunk und Fernsehen sollen, wie alle Medien, staatsfrei bzw. staatsfern organisiert sein, um ihrer öffentlichen Aufgabe als Medium und Faktor der Meinungsbildung gerecht zu werden, ohne unter den Einfluss einer bestimmten politischen Gruppe oder Partei zu geraten bzw. allein kommerziellen Privatinteressen zu dienen. Hierzu diente nach dem Willen der westlichen Alliierten zunächst allein der öffentlich-rechtliche Rundfunk, der dem britischen Vorbild BBC nachgebildet, aber föderalistisch strukturiert war. Die Idee der öffentlich-rechtlichen Organisation beruht auf einer gesellschaftlichen (aber eben nicht: staatlichen) Kontrolle durch die Beteiligung gesellschaftlich relevanter Gruppen an der Selbstverwaltung und -kontrolle der Anstalten. In den pluralistisch zusammengesetzten Gremien Rundfunkrat (ggf. Fernsehrat, Hörfunkrat) und Verwaltungsrat sollen dabei die Interessen der gesamten Gesellschaft vertreten und ein binnenpluralistisches Programm sichergestellt werden. Die Programmverantwortung trägt letztlich der Intendant. Die deutschen Landes- und Bundespolitiker haben entgegen den normativen Idealen der alliierten Gründerväter die Gremien politisiert und versucht, den Rundfunk für ihre Machtinteressen zu instrumentalisieren. Der Parteieneinfluss reicht mitunter bis in die Redaktionen, die nach dem Proporzsystem besetzt werden. Gleichzeitig mehren sich die Zeichen für ein Versagen der internen Aufsicht angesichts einer Reihe von fragwürdigen Geschäftspraktiken in den Anstalten.

Die Anforderungen an die thematische Breite und Tiefe der Berichterstattung sowie die Ausgewogenheit und Vielfalt sind im öffentlich-rechtlichen System besonders hoch. Verfassungsrechtlich besteht der Funktionsauftrag darin, allen Bürgern ein inhaltlich vielfältiges (binnenpluralistisches) und sozial integrierend wirkendes Informations-, Bildungs- und Unterhaltungsprogramm zu bieten und die Bürger in wichtigen Fragen auch zu beraten. Es geht also weder um ein elitäres Bildungsfernsehen oder reines Kulturradioprogramm, das lediglich die im privaten Rundfunkmarkt bestehende Lücke füllt, noch um ein auf Reichweitenmaximierung angelegtes Konkurrenzprogramm zu den Privaten. Medienpolitisch in der Diskussion ist, inwieweit die öffentlich-rechtlichen Anstalten auch Telemedienangebote unterbreiten sollen und dürfen, die ihre Programme substanziell erweitern.

Die ARD-Anstalten bieten insgesamt rund 60 landesweite, und zum Teil länderübergreifende Hörfunkprogramme an. In Deutschland sind 21 öffentlich-rechtliche Fernsehprogramme empfangbar, von denen einige in europäischer Koproduktion und andere als Spartenprogramm für Zielgruppen ausgestrahlt werden. Für das Ausland bietet die Deutsche Welle (DW) als Bundesrundfunkanstalt Hörfunk- und Fernsehprogramme sowie Online-Angebote in deutscher Sprache und ausgewählten Fremdsprachen an.

Finanziert werden die neun öffentlich-rechtlichen Landesrundfunkanstalten der ARD sowie das ZDF und DeutschlandRadio (DLR) durch Rundfunkbeiträge in Höhe von insgesamt rund 8 Mrd. €, die durch eine fachkundige Kommission beraten und durch die Länderparlamente beschlossen werden, sowie durch Werbung im geringen Umfang (ca. 6 % der Erlöse).

Heute soll der anspruchsvollen und herausgehobenen Funktion des Rundfunks in Deutschland die Struktur in Gestalt des sog. „Dualen Systems" Rechnung tragen, das seit Mitte der 1980er Jahre an die Stelle des öffentlich-rechtlichen Monopols trat: Hörfunk und Fernsehen werden in Deutschland von öffentlich-rechtlichen Anstalten, von kommerziellen Unternehmen und als nicht-kommerzieller Bürgerrundfunk bzw. Offener Kanal betrieben. Es handelt sich bei genauerer Betrachtung daher nicht wirklich um ein „duales System", zumindest nicht um eines mit zwei gleichwertigen Säulen oder um ein planvoll errichtetes System. Zum einen gibt es mit dem nicht-kommerziellen Bürgerfunk und den Offenen Kanälen eine rudimentäre „dritte Säule." Vor allem aber ist die Möglichkeit, Rundfunk in privatrechtlicher Trägerschaft zu veranstalten, verfassungsrechtlich an die Funktionsfähigkeit des öffentlich-rechtlichen Rundfunks gebunden, der eine Bestands- und Entwicklungsgarantie (Fünftes Rundfunkurteil, 1987) genießt. Beide „Säulen" besitzen verschiedene Funktionen, Organisationsweisen und werden unterschiedlich reguliert: Die Anforderungen an die Programmqualität und -vielfalt sind für die privaten Veranstaltern geringer, die Regulierung der Werbung sehr viel großzügiger. Die privaten Rundfunkunternehmen agieren (mit Ausnahme des Pay-TV) praktisch ausschließlich auf dem Werbemarkt; Vielfalt soll marktförmig als Außenpluralismus entstehen.

Für die Veranstaltung von Rundfunkprogrammen bedarf es einer Zulassung durch die Landesmedienanstalten auf der Grundlage der Landesmediengesetze, während die Landesrundfunkgesetze die öffentlich-rechtlichen Rundfunkanstalten begründen.

Länderübergreifende öffentlich-rechtliche Rundfunkanstalten wie der NDR, der MDR, der RBB und der SWR sowie ZDF und DLR als Anstalten aller 16 Länder basieren auf Rundfunkstaatsverträgen. Auch die Zulassung und Regulierung überregionaler privatrechtlicher Rundfunkveranstalter wird durch einen Staatsvertrag über Rundfunk und Telemedien, den alle Länder geschlossen haben, ermöglicht. Der bislang bereits 19-mal novellierte Rundfunkstaatsvertrag folgt den Vorgaben der Europäischen Union (Fernsehrichtlinie bzw. Audiovisuelle Diensterichtlinie) und setzt diese seitens der Bundesländer in national gültiges Recht um. Finanziert durch einen knapp zweiprozentigen Anteil an den Rundfunkgebühren sind 14 öffentlich-rechtlichen Landesmedienanstalten sowie deren gemeinsame Kommissionen für Zulassung, Jugendmedienschutz und Konzentrationsfragen (ZAK, KJM, KEK) für die Programm- und Marktaufsicht beim privaten Rundfunk sowie die Förderung von Bürgermedien, Medienkompetenz und Infrastrukturen zuständig.

In Deutschland werden insgesamt 288 bundes-, landesweite oder lokale Hörfunk- und knapp 400 Fernsehprogramme von privaten Unternehmen angeboten, darunter 19 bundesweite Voll- und 60 „frei" empfangbare Spartenprogramme. Ökonomisch und publizistisch besitzen die nationalen Fernsehsenderfamilien die größte Bedeutung, denn sie weisen zusammen einen Publikumsmarktanteil von rund der Hälfte auf und dominieren den Werbemarkt zu über 90 %. Die publizistische Leistung des privaten Hörfunks, der meist als musikorientiertes Formatradio produziert wird, und sein Beitrag zur Vielfalt in der Region sind auch aufgrund der Eigentümerstruktur und der herausragenden Rolle von Presseunternehmen gering geblieben. Auch im privaten werbefinanzierten Fernsehen herrschen unterhaltungsorientierte Programmformate vor, die im Wesentlichen von den großen multimedial und multinational tätigen Medienkonzernen produziert werden. Marktbeherrschend sind die beiden „Senderfamilien" von RTL (Bertelsmann) und von der ProSiebenSat.1 AG.

6.2.3.5 Publizistische Onlinemedien

Öffentliche Kommunikation basiert in Deutschland auch auf den Onlinemedien, vor allem auf zahlreichen publizistisch relevanten Angeboten im Word Wide Web. Obwohl die technischen und ökonomischen Markteintrittsbarrieren so gering sind, dass in Deutschland nahezu jedermann online publizieren kann und eine praktisch unüberschaubare Vielzahl von Angeboten zum Abruf bereit steht, dominieren die professionellen Angebote von Medienorganisationen aus dem Presse- und dem Rundfunksektor. Sie verfügen über publikumsattraktive Angebote, Bekanntheit und Vertrauen bei den Mediennutzern sowie Erfahrungen in der Beschaffung, mediengerechten Aufbereitung und Vermarktung von Medieninhalten. Hinzu kommen weitere Marktakteure aus dem Telekommunikationssektor, die den technischen Zugang ermöglichen sowie zahlreiche neue Akteure, die Onlinedienstleistungen vom technischen Betrieb über die Bereitstellung von Plattformen für Blogs, Podcasts oder Videos sowie Social Network Services bis hin zu Suchmaschinen (Navigation) und Bezahlsystemen erbringen.

Auf allen Stufen der Wertschöpfung herrscht eine beträchtliche Marktkonzentration in Deutschland: Große Telekommunikationsnetzbetreiber dominieren den Markt für den Festnetz- wie für den mobilen Netzzugang. Die publizistischen Online-Angebote der etablierten Medien sowie die großen Portale der Service-Provider (bzw. der hinter ihnen stehenden Telekommunikationskonzerne) sowie der neuen Intermediäre (z. B. Suchmaschinenbetreiber) und der Plattform-Betreiber (Social Network Services) konzentrieren einen großen Teil der Publikumsreichweite und der Werbeerlöse auf sich.

Für die Beschaffung (Content Sourcing) und vor allem für das Angebot publizistischer (Qualitäts-)Inhalte hat sich bislang erst ansatzweise, vor allem über mobile Apps, ein tragfähiges Geschäftsmodell in Deutschland entwickelt; der Werbemarkt ist zwar stark gewachsen, aber für eine originäre Finanzierung von Onlinepublizistik insgesamt nicht ausreichend. Möglicherweise können genossenschaftliche Organisationsweisen und gemeinschaftliche Finanzierungsformen (Crowd funding) hier Alternativen bieten.

Die Onlinemedien bzw. die Infrastruktur des Internets hat für das Mediensystem insgesamt Bedeutung: Zum einen als neuer Vertriebsweg für materielle Medienprodukte (Electronic Shopping) und für die Mehrfachverwertung von Medieninhalten, zum anderen als Konkurrenz auf dem Werbemarkt. Ein zunehmender Teil der Werbeinvestitionen fließt in reichweitenstarke, nicht-publizistische Online-Angebote, sodass der Werbemarktanteil für die Finanzierung publizistischer Online-Angebote, aber auch von Presse, Rundfunk und Kino schrumpft. Indirekt trägt somit der Erfolg von Social Network Services und Social Media-Plattformen möglicherweise zu einer Krise der werbefinanzierten Publizistik insgesamt bei, während der neu generierte publizistische Mehrwert der Onlinemedien begrenzt bleibt.

Die Regulierung der Onlinemedien basiert in Deutschland im Wesentlichen auf dem Staatsvertrag für Rundfunk und Telemedien, dem Jugendmedienschutz-Staatsvertrag und dem Telemediengesetz des Bundes, die im Einklang mit den Vorgaben der EU-Richtlinie für Audiovisuelle Mediendienste stehen. Vergleichsweise hohe Bedeutung besitzen Institutionen der Selbstkontrolle, zumal sowohl technische Standards und Normen als auch die Regeln des alltäglichen Gebrauchs (Netiquette) zunächst von den Nutzern selbst ausgehandelt wurden. In Deutschland erfolgt die Net-Governance im Sinne einer regulierten Selbstregulierung (Co-Regulierung): Die Kommission für Jugendmedienschutz (KJM) der Landesmedienanstalten hat der Freiwilligen Selbstkontrolle Multimedia (FSM) eine Zulassung als Selbstkontrolleinrichtung der Branche erteilt. Die FSM wacht als Beschwerdeinstanz insbesondere über die Einhaltung des Jugendschutzes.

6.3 Medienausstattung und Mediennutzung

Medien sind Mittel zum Zweck der Kommunikation; ihr Wert realisiert sich erst durch die Nutzung und Rezeption von Kommunikaten. Die regelmäßige Nutzung von Medien führt zur Institutionalisierung von Medienkommunikation, die Nachfrage auf den Medienmärkten bestimmt maßgeblich die Organisationsweise der Medien. Die Ausdifferenzierung des deutschen Mediensystems mit seiner Vielzahl von Angeboten und Zugangsformen steht somit in einer Wechselwirkung mit der Medienausstattung und -nutzung auf der Mikroebene einzelner Akteure: Als Medienrezipienten und -konsumenten ermöglichen diese erst die Angebotsdifferenzierung, weil sie kaufkräftige Nachfrage erzeugen oder Teile ihres Zeitbudgets für die Rezeption aufbringen und damit die Medienfinanzierung auf dem Werbemarkt erst ermöglichen. Umgekehrt bedeutet Mediennutzung auf der Mikroebene immer individuelle Selektion aus einem ausdifferenzierten Medienangebot.

6.3.1 Medienausstattung und Medienbudget

Die Ausstattung der deutschen Bevölkerung mit Medienempfangsgeräten ist sehr weit vorangeschritten, der Markt gilt als gesättigt, sodass nur durch technische Innovationen und Ersatzbedarf noch Zuwächse entstehen. Bei Fernsehen und Hörfunk herrscht seit langem Vollversorgung. Allerdings hat die Zahl der Haushalte mit Radiogeräten leicht abgenommen, weil sich die Empfangswege ausdifferenziert haben. Radio und Fernsehen werden zunehmend auch über Computer, Smartphones und andere Wege genutzt. Beim Hörfunk kommt die Konkurrenz durch Streaming- und Downloadplattformen hinzu. Einen technischen Zugang zu den Onlinemedien via Festnetzanschluss (Modem, ISDN, DSL) haben 83,3 % aller Haushalte bzw. Nutzer; auch mobil über ein Smartphone sind zwei Drittel der Onliner im Netz (vgl. Koch und Frees 2016, S. 419, 422).

6.3.2 Mediennutzung

Die Ausdifferenzierung des Mediensystems korrespondiert mit einer ausdifferenzierten Gesellschaft: Unterschiedliche Lebenslagen und -phasen, verschiedene Einkommensverhältnisse, Bildungsgrade und ethnische Zugehörigkeiten sowie die Pluralisierung von sozialen Milieus und kulturellen Lebensstilen prägen einerseits die Mediennutzung und damit die Mediennachfrage. Andererseits bietet ein pluralistisches Angebot den Menschen vielfältige Möglichkeiten der Auswahl und der individuellen Zusammenstellung eines Medienrepertoires, das als identitätsstiftend und gemeinschaftsbildend gelten kann. Insgesamt weitet sich die Mediennutzung zeitlich aus, weil Medien offenbar immer häufiger parallel zu anderen Tätigkeiten oder Medien genutzt werden. Der gesamte Alltag vieler Menschen wird zunehmend „medialisiert", d. h. Medien halten Einzug in immer weitere Bereiche des Lebens, ohne automatisch direkte Formen der Kommunikation zu ersetzen. Im Durchschnitt nutzen die Menschen täglich 41 min verschiedene Medien parallel; mit höherer formaler Bildung und sinkendem Lebensalter nimmt diese Parallelnutzung mehr Zeit in Anspruch. Zunehmend werden auch Onlinemedien parallel zum Fernsehen (etwa 16 min durchschnittliche Seond Screen-Zeit) genutzt. (vgl. Best und Handel 2015, S. 544, 553).

Repräsentative Daten zur Mediennutzung, wie sie hier nur auszugsweise vorgestellt werden können, liefern Anhaltspunkte über gesamtgesellschaftliche Verteilungen und den Stellenwert von Medien. Sie vermitteln aber nur ein unvollständiges Bild der individuellen Medienrepertoires sowie ihrer persönlichen Bewertung und Bedeutung im Alltag. Die Mediennutzungsstile individualisieren sich zusehends, zugleich konvergiert Mediennutzung aber crossmedial, weil dieselben oder eng verwandte Medieninhalte über verschiedene Medien hinweg genutzt werden.

Ob mit der Individualisierung der Mediennutzung eine Fragmentierung der Öffentlichkeit einhergeht, die negative Folgen für die Integration unserer Gesellschaft haben könnte, wird viel diskutiert. Die entscheidenden Fragen wären, ob denn unter Bedingungen ausdifferenzierter und individualisierter Medienkommunikation noch gemeinsame Themen anschlussfähig kommuniziert werden und welche Integrationswirkungen von der Renaissance gemeinschaftlicher Rezeption (etwa beim Public Viewing), aber auch von neueren Formen der Netzkommunikation ausgehen. Die wachsende Bedeutung neuer Intermediäre, die algorithmisch selektierte Themen- und Meinungsmenüs personalisiert zusammenstellen, sowie von Plattformen die redaktionelle Auswahlen vornehmen, hat die Frage aufgeworfen, ob wir nicht zunehmend in sog. Filter-Blasen oder Echokammern leben. Gemeint ist damit, dass wir nur noch das zu sehen und zu lesen bekommen, was unserem automatisch errechneten Profil, unseren Interessen und Vorlieben (vermeintlich) entspricht, aber mit anderen oder neuartigen Inhalten erst gar nicht mehr konfrontiert werden. Empirisch gibt es bislang hierfür jedoch noch keine starken Belege.

Insgesamt hat die Mediennutzung in den letzten Jahren und Jahrzehnten stetig zugenommen, sodass heutzutage zumindest für einige Medien (Fernsehen) keine weitere Zunahme zu erwarten ist, für einige sogar ein Rückgang (Hörfunk, Presse). Zuwächse verzeichnen nur die Onlinemedien, wobei die vorliegende Statistik (Tab. 6.1) leider alle Kommunikationsmodi nur gemeinsam nachweist, sodass der Anteil der publizistischen Onlinemedien unklar bleibt. Als Wachstumsfaktor der Onlinemedien hat sich die mobile Nutzungsoption etabliert.

Im Jahr 2015 umfasste das Medienzeitbudget der deutschsprechenden Bevölkerung über 14 Jahre insgesamt durchschnittlich etwas mehr als 9 h, also mehr als einen normalen Arbeitstag. Im Vergleich zu 2005 waren dies eine halbe Stunde weniger, im Vergleich zum Jahr 1995 allerdings rund drei Stunden mehr (vgl. Breunig und van Eimeren 2015, S. 506). Wie sich das Zeitbudget des Durchschnittsnutzers auf die Medien, und wie sich die Reichweite der Medien in der Gesamtbevölkerung verteilen, zeigt die Tab. 6.1.

Bei den Reichweiten, die nicht zuletzt für die Werbefinanzierung vieler Medien entscheidend sind, ist der Rückgang bei der Presse und beim Hörfunk bemerkenswert; Wachstum weisen lediglich die Onlinemedien insgesamt auf. Allerdings spiegelt sich dieser Bedeutungsverlust der älteren Medien nur begrenzt in der Bindung der Menschen an die verschiedenen Medien wider: Hörfunk (50 %), Fernsehen (45 %) und Tageszeitung (36 %) würden stark oder sehr stark vermisst; „das Internet" (trotz seiner Multifunktionalität im Alltag) hingegen nur von 40 % der Befragten (vgl. Breunig und van Eimeren 2015, S. 520). Auch bei der Glaubwürdigkeit liegen die „alten Medien" vorne:

Tab. 6.1 Medienzeitbudget und Tagesreichweiten der Medien 2005 und 2015. (Quelle: ARD/ZDF-Langzeitstudie Massenkommunikation; Breunig und van Eimeren 2015, S. 510–511)

Medium	Nutzungsdauer in Min/Tag		Tagesreichweite in%	
	2015	2005	2015	2005
Fernsehen	208	220	80	89
Hörfunk	173	221	74	84
Internet ges.	107	44	46	28
Tageszeitung	23	28	33	51
Zeitschriften	6	12	7	17
Bücher	19	25	28	23
Video/DVD	6	5	4	4

„sehr“ oder „eher“ würden 69 % dem öffentlich-rechtlichen Rundfunk sowie den Tageszeitungen glauben, nur 24 % dem „Internet“, 21 % dem privaten Rundfunk und nur 10 % der Boulevardpresse (vgl. Schultz et al. 2017, S. 249).

6.4 Tendenzen des Mediensystems

Das deutsche Mediensystem ist das Ergebnis einer wechselhaften Geschichte, und es unterliegt auch gegenwärtig einem Wandel (vgl. Kap. 4), dessen Haupttendenzen hier abschließend zusammengefasst werden sollen:

- Auf der Grundlage der zunehmenden telekommunikativen Vernetzung und der Digitalisierung von Medieninhalten zeichnet sich eine widersprüchliche Medienentwicklung ab: Einerseits kommt es zu einer Konvergenz von Angeboten, die plattformneutral über unterschiedliche Wege genutzt werden können, zu crossmedialen Strategien von Medienunternehmen und zur Integration von Medienorganisationen über die verschiedenen Wertschöpfungsstufen und Branchen hinweg. Andererseits kommt es zu einer Ausdifferenzierung der Angebote, weil die technischen (Zugang) und partiell auch die wirtschaftlichen Barrieren (Kosten) für neue Medienanbieter gesunken sind. Ob hieraus tatsächlich ein publizistischer Mehrwert entsteht, kann noch nicht entschieden werden. Einerseits wird die Publikation durch nahezu jedermann erleichtert, andererseits fällt es gerade deshalb umso schwerer, noch die Aufmerksamkeit oder gar die Anschlusskommunikation einer relevanten Öffentlichkeit zu erreichen. Zu diesem „publizistischen Paradox“ tritt das Problem, dass es für publizistische Qualitätsangebote bislang kein hinreichend funktionierendes Geschäftsmodell in Deutschland gibt.
- Mit Plattformen und neuen Intermediären treten neue Akteure aus der IT- und Telekommunikationsbranche in das Mediensystem und gewinnen durch ihre Selektions-, Bündelungs- und Zugangsleistungen eine bedeutende Stellung – sowohl für die

Medienanbieter als auch für die Mediennutzer. Teil des Geschäftsmodells dieser neuartigen Medienorganisationen ist die automatisierte Sammlung, Aggregation und Auswertung persönlicher Profil- und Verhaltensdaten, die sich gegenüber der Werbe- und Medienwirtschaft verwerten lassen.

- Im Ergebnis könnte die Medienkonvergenz die seit langem sehr hohe wirtschaftliche und publizistische Medienkonzentration in Deutschland befördern. Die stagnierende, zum Teil strukturell rückläufige Entwicklung der Publikums- und der Werbemärkte verstärkt den Kostenwettbewerb und die Kommerzialisierung der Medien in Deutschland. Die relative Bedeutung der öffentlich-rechtlichen und anderer nicht-kommerzieller Medien geht zurück; alle Wettbewerber konzentrieren sich auf gut vermarktbare und möglichst preiswerte Mainstreamangebote, während publizistische Qualität vor allem als Kostenfaktor gilt. Aus publizistischer Sicht bedarf es zur Korrektur dieses Marktversagens eines kommunikationspolitischen Korrektivs. Der öffentlich-rechtliche Rundfunk könnte hierzu *einen* Beitrag leisten, wenn er seinen meritorischen Funktionsauftrag in den Vordergrund stellt, und sich nicht mit Imitationsstrategien, konvergenten Programmangeboten sowie ineffizientem Management seiner Legitimationsgrundlage beraubt.
- Neoliberale Ordnungsvorstellungen bzw. Leitbilder und marktwirtschaftlich orientierte internationale Akteure wie die Europäische Union fördern eine Liberalisierung bzw. Deregulierung der Medien nachhaltig. Im Sinne einer normativ wünschenswerten Staatsferne der Medien setzen sich mehr und mehr komplexe Media Governance-Netzwerke durch, in denen staatliche Akteure gemeinsam mit Selbstkontrolleinrichtungen eine inhaltliche Medienaufsicht organisieren. Eine strukturelle Vielfaltssicherung (Konzentrationskontrolle) wird hierdurch allerdings allenfalls unzureichend geleistet, zumal das Vertrauen in den Markt und das Verständnis von Medien als Wirtschaftsgütern überwiegt.
- Die deutschen Medien sind international vernetzt. Das gilt nicht nur für die Nachrichtenströme oder den Import von Medieninhalten aller Art, sondern auch für ihre Organisation und die Institutionalisierung: Deutsche und ausländische Medienunternehmen agieren grenzüberschreitend, zum Teil sogar global. Internationale Organisationen, allen voran die Europäische Union haben wesentliche Regulierungskompetenzen für den Mediensektor gewonnen.

Literatur

Best, Stefanie, und Marlene Handel. 2015. Parallele Mediennutzung stagniert. *Media Perspektiven* 2015 (12): 542–563.

Breunig, Christian, und Birgit van Eimeren. 2015. 50 Jahre „Massenkommunikation." Trends in der Nutzung und Bewertung von Medien. *Media Perspektiven* 2015 (11): 505–525.

Koch, Wolfgang, und Beate Frees. 2016. Dynamische Entwicklung bei mobiler Internetnutzung sowie Audios und Videos. *Media Perspektiven* 2016 (9): 418–437.

Machill, Marcel, Markus Beiler, und Johannes R. Gerstner. 2010. Einleitung: 20 Jahre freie Medien in Ostdeutschland. In *Medienfreiheit nach der Wende. Entwicklung von Medienlandschaft, Medienpolitik und Journalismus in Ostdeutschland,* Hrsg. Marcel Machill, Markus Beiler, und Johannes R. Gerstner, 9–54. Konstanz: UVK.

Schultz, Tanjev, et al. 2017. Erosion des Vertrauens zwischen Medien und Publikum. *Media Perspektiven* 2017 (5): 246–259.

Printed by Printforce, the Netherlands